D0790217

La herencia

JORGE G. CASTAÑEDA

LA HERENCIA

ARQUEOLOGÍA DE LA SUCESIÓN PRESIDENCIAL EN MÉXICO

LA HERENCIA. ARQUEOLOGÍA DE LA SUCESIÓN PRESIDENCIAL EN MÉXICO

De esta edición:
© D. R., 1999, Aguilar, Altea, Taurus, Alfaguara, S.A. de C.V.
Av. Universidad 767, Col. del Valle
México, 03100, D.F. Teléfono 688 8966

- Distribuidora y Editora Aguilar, Altea,Taurus, Alfaguara, S.A.
  Calle 80 10-23. Bogotá, Colombia.
- Santillana S.A.
  Torrelaguna, 60-28043. Madrid
- Santillana S.A., Avda San Felipe 731. Lima.
- Editorial Santillana S.A.
  Av. Rómulo Gallegos, Edif. Zulia 1er. piso
  Boleita Nte. Caracas 1071. Venezuela.
- Editorial Santillana Inc.
  P.O. Box 5462 Hato Rey, Puerto Rico, 00919.
- Santillana Publishing Company Inc.
  2043 N. W. 86 th Avenue Miami, Fl., 33172 USA.
- Ediciones Santillana S.A.(ROU)
  Javier de Viana 2350, Montevideo 11200, Uruguay.
- Aguilar, Altea, Taurus, Alfaguara, S.A.
  Beazley 3860, 1437. Buenos Aires.
- Aguilar Chilena de Ediciones Ltda.
  Pedro de Valdivia 942. Santiago.
- Santillana de Costa Rica, S.A.
  Apdo. Postal 878-1150, San José 1671-2050 Costa Rica.

Primera edición: abril de 1999
Tercera reimpresión: abril de 1999
ISBN: 968-19-0573-3

© Ilustración de portada: *Hombre con niño*, óleo sobre tela de Ricardo Martínez.
© Diseño de cubierta: Enrique Hernández López sobre un cuadro original de Ricardo Martínez.
© Fotografías de interiores: Revista *Proceso* e Imagen Latina

Impreso en México

ÍNDICE

A la memoria
de mi padre;
gracias a él,
es también mi herencia.

MANUAL DEL USUARIO

El libro que recibe el lector contiene dos partes separadas y, en alguna medida, contrastantes. La primera, titulada *La historia de los vencedores*, incluye cuatro entrevistas con los expresidentes de México en vida —Luis Echeverría Álvarez, José López Portillo y Pacheco, Miguel de la Madrid Hurtado y Carlos Salinas de Gortari—, dedicadas al tema de la sucesión presidencial; o, en la jerga de la picaresca política mexicana, a cómo fueron "destapados", y cómo "destaparon". La segunda parte, que he denominado *La visión de los vencidos*, abarca los mismos acontecimientos —las sucesiones presidenciales de 1970, 1976, 1982, 1988, 1994, I y 1994, II— desde dos puntos de vista, complementarios, aunque diferentes: por una parte, se trata de mi propio análisis de cada una de las coyunturas en cuestión, realizado a partir de lo que creo saber y entender de la política mexicana y de los años que he vivido cerca de ella; por otra parte, ese análisis se apoya, sobre todo, en un conjunto de entrevistas celebradas con una veintena de personalidades de la vida política nacional, que de distintas maneras fungieron como protagonistas centrales de la época.

Las conversaciones con los cuatro expresidentes tuvieron lugar durante 1998; tres en la Ciudad de México, y una en Londres. En los cuatro casos se grabaron las entrevistas, efectuadas en tres o más sesiones cada una; a principios de noviembre de 1998, los entrevistados recibieron sendas copias de los audiocassettes correspondientes, una transcripción *verbatim* y "sucia" de la entrevista, y una versión editada de su testimonio. La edición consistió esencialmente en recortar, ordenar y eliminar las repeticiones propias de un ejercicio de esta naturaleza. Como imaginará el lector, abundaron los temas acerca de los cuales mi curiosidad se estrelló contra la cautela, reserva o rutina de hombres políticos acostumbrados a cuidar cada palabra; los repetidos intentos —fructuosos o fallidos— de ir más lejos no aparecen como tales en la versión aquí presentada; sólo figura el resultado.

En los cuatro casos, solicité a los exmandatarios una revisión minuciosa de la versión que les sometí, para agregar, suprimir o modificar lo que les pareciera pertinente, con la súplica de que me devolvieran un texto definitivo, aprobado por ellos, antes de fin de año. Así sucedió, salvo en el caso de don Luis Echeverría, con quien, por razones de tiempo y de divergencias de criterio académico y periodístico, no fue posible acordar una versión común de su entrevista. Así, los capítulos respectivos de José López Portillo, de Miguel de la Madrid y de Carlos Salinas de Gortari, cuentan con la autorización explícita, detallada y documentada de los tres exmandatarios; en el caso de quien fuera Presidente de la República entre 1970 y 1976, la versión ofrecida al lector se apega, en mi opinión, tanto a la letra como al espíritu de las grabaciones de las siete sesiones llevadas a cabo, pero no goza de la aprobación del expresidente. Huelga decir que me esmeré en realizar la edición y el pulido de todas las entrevistas con el mismo cuidado y precisión.

Ahora bien, resulta indispensable aclarar lo que las entrevistas no son. Para empezar, por respeto a mi propio trabajo, y a la generosidad y confianza que me brindaron mis cuatro interlocutores, no constituyen un interrogatorio irreverente ni un debate acrimonioso carente de toda proporción o sentido. Algunos podrán objetar al leerlas: ¿por qué no se le preguntó a Echeverría sobre el golpe al *Excélsior* de Julio Scherer, a López Portillo por qué toleró o fomentó tanta corrupción en su gobierno, a De la Madrid quién consumó el fraude electoral del 6 de julio, y a Salinas si mató a Colosio? Las cuatro respuestas que siguen cumplen con el principio de la razón suficiente. El meollo de este libro es el mecanismo sucesorio mexicano, tal y como operó entre 1970 y 1994; existen otros temas de gran interés y afines a éste, pero forman parte de otros proyectos, de otros autores, de otros libros. En lo esencial, aquí se abordaron temas directamente relacionados con la transmisión del poder. En segundo lugar, me considero un académico, no un fiscal o entrevistador de oficio que se precia de exprimirle a sus "víctimas" más de lo que quisieran decir. Al contrario, en este trabajo lo fundamental reside en la plena disposición de los entrevistados para proporcionar su versión, cualquiera que ésta sea, no en hacerlos tropezar, contradecirse, o en "amarrar navajas" entre ellos. En tercer lugar, omití las hipotéticas preguntas mencionadas y muchas otras por el estilo, ya que, en mi opinión, las respuestas obtenidas hubieran carecido de todo interés. Y por último, a pesar de las críticas que a lo largo de los años he podido dirigir al sistema político mexicano y a las personas que lo encarnan, considero que la investidura presidencial —que comprende el desempeño de los mandatarios una vez abandonado Palacio— exige un determinado respeto, no reverencial ni adulatorio, pero sí cortés y deferente.

Ninguno de los expresidentes, en ningún momento, vetó o vedó temas de la entrevista; la selección de las preguntas fue exclusivamente responsabilidad mía. Debo mi gratitud y mi reconocimiento a Luis Echeverría, José López Portillo, Miguel de la Madrid y Carlos Salinas por haber corrido el riesgo de participar en un proyecto de esta índole, con este autor, en esta coyuntura. Es una muy pequeña prenda de por qué los expresidentes de la República son ellos, y no otros.

La segunda parte del libro se propone asimilar las tesis del filósofo francés Louis Althusser a propósito del fundador de la ciencia política o "de la política", a saber, Nicolás Maquiavelo. Para Althusser, *El Príncipe* y *Los discursos sobre la Primera Década de Tito Livio* no son recetarios de perlas preceptivas dirigidas por el sabio florentino a César Borgia o a Lorenzo de Medici sobre cómo gobernar a sus sujetos, sino auténticos tratados de teoría política dedicados a analizar la realidad política del *cincuecento* —el eterno problema de la unidad italiana— o de la Roma antigua. Como tales, se apoyan en dos instrumentos básicos, que según Althusser, Maquiavelo erige en verdaderos pilares de la ciencia política: la coyuntura —de la cual el autor de *El Príncipe* es el primer teórico— y la comparación, ambos vinculados siempre a la solución de "un problema político concreto". Althusser demuestra, en uno de sus textos más penetrantes, aunque también más tramposos ("Maquiavel et Nous", en *Écrits Politiques et Philosophiques*, Stock, París, 1995), cómo Maquiavelo habla siempre de coyunturas, y siempre las compara, para detectar, o descartar, las recurrencias, las rupturas y las excepciones: "En los doce primeros capítulos de *El Príncipe* (hay 26 en total), de ninguna manera se trata de una enumeración general abstracta de los casos posibles [...], válidos para todos los tiempos y sitios, sino al contrario, de un examen de ejemplos concretos, de situaciones concretas que constituyen la coyuntura italiana contemporánea y de los países vecinos, Francia y España."

La teoría política sólo existe en la medida en que se "invierte" en, o "aclara" las coyunturas y las comparaciones, no abstraída de ellas. Por ello, aquí hemos seguido el camino de describir, explicar y comparar las coyunturas sucesorias mexicanas, extrayendo patrones de conducta, reglas y variaciones únicamente en cuanto parten de las coyunturas estudiadas. No se proponen modelos o teorías generales, ni vastas construcciones abstractas; cuando mucho, se indican algunas reglas recurrentes que permiten entender el proceso. Por ello no se discuten, ni se avalan o rechazan, las teorías sucesorias existentes, elaboradas ya sea por estudiosos académicos del tema, ya sea por los políticos prácticos de nuestros días. Tampoco, por cierto, se trata de una revisión exhaustiva de cada uno de los sexenios en cuestión: se omite el análisis de la política económica, de las relaciones internacionales, de los conflictos sociales y de la evolución política como tal, no porque estos temas carezcan de importancia, sino sencillamente porque no constituyen el objeto de estudio de este trabajo.

Si en *La visión de los vencidos* el análisis parte de estas premisas teóricas, reposa también en los testimonios de primeros actores en el drama nacional. Para la elaboración de los seis ensayos sobre las coyunturas correspondientes, acudí extensamente a las entrevistas que me brindaron Rosa Luz Alegría, Francisco Javier Alejo, Manuel Bartlett, Manlio Fabio Beltrones, Manuel Camacho Solís, Jorge Carpizo, Jorge de la Vega Domínguez, Alfredo del Mazo, Alfonso Durazo, Fernando Gamboa, Emilio Gamboa, Fernando Gutiérrez Barrios, David Ibarra, José Ramón López Portillo, Alfonso Martínez Domínguez, Rafael Moreno Valle, Mario Moya Palencia, Porfirio Muñoz Ledo, Salim Nasta, José Newman, Samuel Palma, Federico Reyes Heroles, Francisco Rojas, Humberto Romero, Jesús Silva Herzog, José Luis Soberanes y Fausto Zapata. Tres interlocutores se negaron expresamente a ser entrevistados: Alfonso Corona del Rosal, Javier García Paniagua —meses antes de morir— y Pedro Aspe. Todas las entrevistas fueron realizadas *off-the-record*, es decir, no para atribución, a lo largo de 1998, en la Ciudad de México o en donde se encontraban los entrevistados. En cada caso, el entrevistado recibió, por escrito, una transcripción de los breves pasajes de su entrevista que me proponía citar *on-the-record*, es decir, para atribución, ya sea entrecomillados o indirectamente. Cada protagonista así requerido leyó, revisó, enmendó y aprobó las citas o referencias explícitas incluidas en el libro; por contra, nada de lo que aquí aparece sin comillas o referencias puede ser atribuido legítimamente a alguna de las personas mencionadas. Quien así lo desee, puede especular indefinidamente sobre quién dijo qué; el respeto por el casi desconocido *off-the-record* en México implica que sólo se sabe a ciencia cierta lo que dijeron quienes fueron citados formal y voluntariamente.

A nadie debe extrañar que difieran las visiones de la primera y segunda sección, o incluso que se contrapongan, tanto en las interpretaciones como en los hechos mismos. Los ganadores, por definición, tienen una explicación particular de su propia victoria y de los factores y elementos que los condujeron a escoger a quien escogieron para sucederlos; quienes contendieron y perdieron, o quienes observaron de cerca el espectáculo sin ser partícipes en él, necesariamente tienen un recuerdo diferente y una mirada distinta. Es *Rashomón*: ninguna de las versiones es más cierta que otra; todas se refieren a la misma coyuntura, pero los acontecimientos vividos y recordados, así como su explicación, divergen. Ni al autor ni al lector les corresponde juzgar la veracidad de una u otra, sino incorporar ambas a una exégesis de conjunto. Ello no significa, por supuesto, que mi propio discurso se abstenga de tomar partido. Existe, como ya se advirtió, una tercera voz en el libro: la de un autor que, si bien no retoma al pie de la letra ninguna de las dos primeras —la de los vencedores o la de los vencidos—, alimenta su perspectiva a partir de ambas y de su propio análisis. Es inevitable que las debilidades, los prejuicios, las preferencias ideológicas, políticas y sentimentales del autor se transminen al texto; es obvio también que impera en el texto una simpatía natural por los perdedores, no sólo por inclinación personal, sino por una causa política. Los ganadores tuvieron el poder, e hicieron con él cosas buenas y malas, y nadie puede pasar por alto las segundas: forman parte de la historia de México. Los perdedores acariciaron el poder, lo vieron pasar por su ventana —como Hegel al "espíritu del siglo a caballo", cuando entró Napoleón a Jena—, pero no lo poseyeron. Por ende, a pesar de sus contribuciones innegables al avance del país, y de su resposabilidad insquivable por los diversos desastres que nos han azotado, el juicio sobre los perdedores pertenence parcialmente al ámbito de la imaginación. Si tal o cual lector distingue una excesiva simpatía por mi parte hacia cualquiera de los precandidatos derrotados —Porfirio

Muñoz Ledo, Jesús Silva Herzog o Manuel Camacho, por ejemplo—, ello se debe no sólo a la amistad que puedo compartir con ellos, sino también a un hecho lógico: siempre subsiste la esperanza de que ellos lo hubieran hecho mejor. No se puede decir lo mismo, en el caso respectivo, de José López Portillo, de Carlos Salinas o de Ernesto Zedillo, por ejemplo; ya hicieron lo que hicieron, para bien y para mal.

El lector dispone de varios caminos para leer este libro; es, en cierto sentido, un *Modelo para armar.* Puede, desde luego, seguir el trayecto tradicional: de principio a fin. O, si prefiere, cabe la opción de una lectura alternada: la entrevista de Luis Echeverría, por ejemplo, y posteriormente los capítulos 1970 y 1976, para enseguida volver a la entrevista de José López Portillo y continuar con el capítulo 1982, etcétera. Hasta donde resultó posible, los nombres, las fechas y los acontecimientos, cuando pueden no ser del conocimiento de algunos lectores, sobre todo de los más jóvenes, han sido descritos o explicados en las entrevistas y en los capítulos. El lector también puede empezar por saltarse el testimonio entero de los expresidentes, revisar los ensayos sobre las seis coyunturas, y luego regresar a las entrevistas, leyéndolas a la luz de la visión de los vencidos. No es la secuencia sugerida; a propósito antepuse la versión de los expresidentes a las demás, justamente para no distorsionarla ni prejuiciar al lector en una dirección u otra.

No hay una conclusión final, porque no hay una teoría general. El objetivo de este libro no radica en vaticinar la evolución del sistema político mexicano, ni siquiera en divisar el desenlace inminente de la próxima sucesión. A lo largo del texto, el lector se topará con varias tesis intercaladas entre las múltiples narraciones y conjeturas. Si se insiste en conclusiones, dichas tesis pueden servir como tales: desde la extraordinaria fragilidad del mecanismo sucesorio, aunado al increíble éxito de su funcionamiento, hasta los elevados costos para el país; desde el exceso de poder en juego en cada sucesión, debido al exceso del poder político y presidencial en México, hasta el aplanamiento de la discusión y competencia políticas en nuestro país con motivo del tapadismo y del filtro del gabinete presidencial.

El lector hallará, igualmente, comentarios sobre la evolución del dispositivo: desde la época en que imperó un semi-consenso fraguado por el Presidente, hasta la imposición descarada de la voluntad presidencial; desde el predominio de la política hasta el advenimiento de la primacía de lo económico. Pero el lector no encontrará tesis grandilocuentes a favor del proceso de sucesión, ni tremendas denuncias en su contra. Se enfrentará a un pálido claroscuro, producto de un sentimiento ambivalente frente a los hombres, las instituciones y la sociedad nacionales. Si una conclusión se desprende del texto y de su elaboración, consiste en la confirmación de algo que sabe, de modo consciente o intuitivo, todo mexicano que se haya aproximado al poder y a la gobernabilidad de este país: México es infinitamente difícil de aprehender, de administrar, de gobernar. Cualquier ambición que presuponga o procure una desmesurada simplificación de los problemas del país se condena al fracaso; la verdadera herencia del sistema que se extingue con una lentitud desesperante yace allí: en la conciencia de la inmensa complejidad del alma mexicana.

Finalmente, se imponen aquí varios agradecimientos por la ayuda recibida en la confección de este libro. A Javier Barros, David Ibarra, Cassio Luiselli y Miriam Morales, les agradezco las agitadas discusiones en Tepoztlán y Marruecos, de donde nació la idea. Extiendo mi gratitud a David Ibarra, Roberto Mangabeira Unger, Bernardo Sepúlveda y Fausto Zapata por su ayuda para convencer o alentar a los expresidentes a colaborar en esta aventura. A Cassio Luiselli, a Miriam Morales, a Joel Ortega, a Andrés Rozental y a Mauricio Toussaint les debo mi agradecimiento por su paciente lectura del manuscrito en diversas etapas de maduración; sus comentarios, tanto de detalle como de fondo, resultaron invaluables, pero, desde luego, no suficientes para evitar eventuales errores o desviaciones cuya responsabilidad no es atribuible a nadie, más que al autor. A Manuel Camacho, José Newman, José Ramón López Portillo, Samuel Palma y Federico Reyes Heroles les agradezco el acceso o la autentificación de valiosas fuentes documentales. A Mariana Campillo y a Patricio "el Pato" Navia, mis asistentes de investigación en México y en Nueva York, les agradezco su paciencia, diligencia y seriedad; a Tamara Rozental, la idea de la portada, y a Ricardo Martínez, por supuesto, la generosidad con su obra; en Ramón Córdoba y en mi amigo y editor Sealtiel Alatriste, reconozco profesionalismo, sensatez y aliento.

LA HISTORIA DE LOS VENCEDORES

LUIS ECHEVERRÍA ÁLVAREZ

LUIS ECHEVERRÍA ÁLVAREZ nació en la Ciudad de México el 17 de enero de 1922. Estudió su carrera profesional en la Facultad de Derecho y Ciencias Sociales de la Universidad Nacional Autónoma de México, donde obtuvo el título de licenciado en Derecho en 1945.

Ingresó al gabinete de Gustavo Díaz Ordaz el 1 de diciembre de 1964, cuando fue nombrado secretario de Gobernación. Fue postulado por la Convención General del PRI como su candidato a la Presidencia el 8 de noviembre de 1969. Fue electo el 5 de julio de 1970 y tomó posesión el 1 de diciembre de ese año. Entregó la banda presidencial a José López Portillo el 1 de diciembre de 1976.

En 1970, México era un país de 48.3 millones de habitantes con un Producto Interno Bruto *per capita* de 690 dólares. Durante el sexenio de Luis Echeverría, la economía mexicana creció en un promedio de 6.1% anual; la inflación promedio anual fue de 13.7%, pero alcanzó un 27.2% en el último año de su gestión. El PIB *per capita* llegó a $1,670.00 dólares en 1976 (dólares corrientes).

Entre los principales acontecimientos internacionales del sexenio figuran: el fin del patrón-oro y los acuerdos monetarios de la Smithsonian Institution en 1971; el fin de la guerra de Vietnam y la caída de Saigón en 1975; el viaje de Richard Nixon a China en 1972; la severa crisis energética a finales de 1973; la guerra de Medio Oriente; y la renuncia de Richard Nixon por el escándalo Watergate. En América Latina se producen sangrientos golpes de estado en Chile, Argentina, Uruguay y Bolivia. En 1972 se firma el tratado de adhesión de Gran Bretaña, Irlanda, Dinamarca y Noruega (aunque este último país no lo ratifica) a la Comunidad Económica Europea. En septiembre de 1975 muere Francisco Franco, poniendo término a casi 40 años de dictadura en España.

¿Cuándo pensó por primera vez que quería ser Presidente?
Cuando la adolescencia se transforma en primera juventud, surge una vocación por la vida pública y, como en cualquier carrera, se quiere llegar a la cúspide. Esto se vuelve una idea permanente que forma parte de tu personalidad: es una pasión, una vocación, una ambición. Otra cosa no es real.

¿Cuándo? ¿A los 15, 18, 20 años...?
Muy concretamente, al pasar de la escuela secundaria a la preparatoria, de los 15 a los 17 años.

¿Allí empezó a gustarle la política y pensó que quería ser Presidente?
Surge esa vocación, existe un temperamento y una curiosidad y se van formando las ideas. Si mis colegas no le hablan de eso, se apartan de la realidad. No es que estuvieran accidentalmente en el camino y les dijeran: "Tú eres el elegido." No hay tal. Hay una disposición mental, una asociación de ideas, de lecturas, de amigos, de circunstancias. Cuando teníamos 19 o 20 años, López Portillo y yo fuimos en camioneta desde Santiago de Chile, atravesamos los Andes y regresamos. Teníamos la sensación de estar entrando a las nubes, una cierta ebriedad que se combina con la falta de oxígeno y hace un cierto delirio; ciertas ideas se perfilan.

Cuando usted realizó aquel viaje con López Portillo, ¿ya pensaba en ser Presidente algún día?
Sí, desde tres o cuatro años antes.

¿Y lo platicaba con él?
Sí, hablábamos de tradiciones y de personajes históricos. En la casa del Licenciado López Portillo* prevalecía una cultura excepcional. El Ingeniero López Portillo y Rojas era una persona de una ilustración histórica de gran categoría. Quisimos hacer, a nuestros 17 o 18 años, un viaje a Veracruz, acá por la ruta de Hernán Cortés. Después fuimos a Chile y luego a la Argentina, y platicábamos del futuro. José López Portillo tenía una plática muy especial de adolescente y de joven; él hablaba de filosofía, de Marx y de Hegel, notablemente, y de Shakespeare. Era un muchacho muy destacado entonces; tenía esas preocupaciones por la biblioteca que había en su casa y que frecuentábamos nosotros.

¿José López Portillo también ya pensaba en ser Presidente en ese viaje, tenía esa ambición?
Ya tenía una vocación de cierta infinitud y tenía, por cuestiones no solamente políticas, sino artísticas y filosóficas, una proyección con bastante vuelo y audacia, yo creo que desde los 15 o 16 años. Él demostraba una mayor capacidad y más lecturas. Su padre tuvo un solo hijo varón y estaban ahí las tres hermanas, y él pensó que iba a ser su heredero intelectual y tenía una maravillosa biblioteca. Eso a mí me influenciaba; en mi casa había un ambiente de estudio para la escuela, pero no había el ambiente de grabados y pinturas. ¿Usted ha visto lo que es la casa de López Portillo ahora? Todo lo que tiene; eso viene de la abuela y quizás de la bisabuela. Todo eso fue motivo de reflexión y admiración de joven. Fue un joven muy ilustrado, fue muy inquieto y extravagante, con cierto vuelo filosófico.

¿Cuándo pensó usted que podía *ser Presidente?*
Cuando fui secretario de Gobernación. Hay ideas que siempre nos han acompañado; para mí, es el paso de la adolescencia a la primera juventud, cuando se forman ideas madres y van definiendo la personalidad. Sales de la secundaria y ya dispones de más tiempo; si quieres vas a clase o no vas, y tienes más compañeros que en la secundaria, y hay cafés en el barrio universitario, había muy buen

* Respetuoso de las normas protocolarias, el entrevistado cita invariablemente a los personajes a los que menciona por su nombre completo, y con su título o cargo; para agilizar la lectura, después de la primera mención, se ha optado por suprimir o abreviar nombres y cargos (Nota del editor).

ambiente. En el viejo barrio universitario, entre las calles de Guatemala y Argentina, estaba Porrúa y los frescos de Palacio Nacional y de la Secretaría de Educación Pública. Guadalupe Rivera y yo ya éramos novios en Leyes, cuando teníamos 18 y 19 años, y yo fui a ver pintar a Diego y conocí sus ideas políticas.

Subestimamos las ideas en la juventud y en sus preocupaciones, a propósito del 68. En 1938, la expropiación petrolera, la figura de Lázaro Cárdenas, nos influyó a muchos jóvenes. Evidentemente, en esos momentos de la transición de la secundaria, de los 15 años a la preparatoria, vivimos la expropiación como un gran acto nacionalista, patriótico, audaz, que despertó una gran emoción popular. A muchos muchachos y a mí en lo particular, nos impresionó mucho y dejó una huella muy profunda.

En la preparatoria ciertas materias impartidas, algunos maestros y unas inquietudes se prolongaban en los cafés, en las charlas y en los conciertos del anfiteatro Bolívar y en el Palacio de Bellas Artes, en los años en que Carlos Chávez inicia las tareas de la Orquesta Sinfónica Nacional. Lo acompañaba la contemplación de los murales de la propia Escuela Nacional Preparatoria y de la SEP, donde notablemente Diego pinta a la provincia de México, y los de Palacio Nacional, donde está la historia de México. Fue una revolución intelectual que venía a coincidir con las preocupaciones del paso de la adolescencia a la juventud: el deseo de conocer la provincia, el contraste con una capital que ya estaba creciendo mucho, el vivir mucho entre la Colonia del Valle y el primer cuadro de la ciudad y asomarnos a la provincia. La vocación presidencial, así definida, es entonces una mezcla de interés y desinterés, de empeño en la continuación de una política fundamental, de que se cuidan las espaldas, lo cual es muy humano y muy natural, y de tendencias específicas que todo ciudadano que llega a la Presidencia de la República tiene para que continúe una línea específica en la política internacional, en la economía, en todos los ámbitos.

¿Continuidad también en los colaboradores, en el gabinete?
Sí, puede ser, aunque frecuentemente tiene la convicción el Presidente saliente de que aunque debe haber una inevitable renovación, pueden ser aprovechados en su administración algunos colaboradores y otros no. Lo cual es totalmente imprevisible, inclusive para quien está integrando su gabinete. El único momento en que realmente está uno solo es el momento en que integra su gabinete.

Se ha hablado de la soledad del hombre de Palacio, se ha hablado de la soledad frente a amigos y colaboradores; siempre hay con quién dialogar a lo largo de los años de la Presidencia y en el momento de los adioses. El momento real de la soledad es cuando se vuelve el Presidente electo un centro de todas las aspiraciones, ambiciones y esperanzas, y coge, sin la ayuda de nadie, un lápiz y una hoja de papel y comienza a apuntar: Secretaría de Gobernación, Secretaría de la Defensa, Secretaría de Relaciones Exteriores, etcétera, y abre una llave en cada dependencia y apunta varios nombres; sólo él, porque nadie va a influir, porque cualquier otro influiría o cometería una indiscreción, aun un secretario privadísimo o una secretaria de toda la vida, que inmediatamente saldría para decir a un interesado: "Tú ya estás apuntado", para hacer gala de información y posiblemente crear agradecimientos o intereses para el futuro. El único momento en que está solo es cuando toma un lápiz y un papel —y digo lápiz porque el lápiz tiene borrador y puede borrar o tachar fácilmente— y escribe nombres y tiene que hacer una valoración.

¿Ni siquiera con doña María Esther lo platicó usted?
No, absolutamente; ni con María Esther ni con mis hijos. Bueno, yo supe que iba a ser candidato tres meses antes de lo que coloquial, popular y folclóricamente se llama "el destape", y seguí mi vida como si nada.

¿La integración de su gabinete la comentó con doña María Esther?
Con nadie, pero absolutamente con nadie. Se hace una valoración y a unos les das una proyección y pegan un salto en su vida política y en su vida económica y en sus posibilidades, y tienes que valorar una serie de características, de aptitudes, de lealtades, de posibles ambiciones; eso sólo tú lo puedes valorar, no tienes a quién preguntarle. Porque, como los que van a ser tus colaboradores no lo son y como los que lo han sido hasta entonces son gente que vas a incluir o vas a desechar, entonces estás solo. Yo le quiero hacer hincapié en esto: en la soledad del hombre de Palacio. El momento de la soledad es en la integración de un par de hojas de papel en que vas a designar a los colaboradores y vas a influir en su vida definitivamente y en la tuya, y es una esperanza y es un riesgo. Ese momento es de absoluta soledad.

¿Usted ya en ese momento está pensando: "Uno de éstos va a ser mi sucesor"?

Bueno, es una cosa que está en el trasfondo, porque van a pasar más de cinco años y no estás pensando en ese momento en quién te va a suceder; eso viene después, ante los problemas. En ese momento estás pensando en quién te va a ayudar, quién te va a dar su colaboración, cómo es la familia —eso influye mucho, ¿no?—, si no ante un borlote serio o un escándalo lo tienes que correr, quiénes son los amigos y hasta dónde puedes saber.

¿Investiga o no investiga, manda investigar?
No, no mandas investigar, porque además no tienes los elementos para mandar investigar cuando eres Presidente electo, los tiene todavía el Presidente de la República. Pero además hay una cosa angustiosa, porque es cosa de los últimos cuatro, cinco días en que tienes que decidirte y entonces sí tienes que tener a una persona de mucha confianza en el teléfono para que te localice a fulano de tal, pero no sabe para qué. La persona que te está comunicando o que te lleva los teléfonos para que tú los marques, no debe saber nada. Desde afuera se le quedan mirando y salen con algún rumor, pero no saben de qué se trata y a lo mejor al que acabas de invitar a una Secretaría de Estado te dice: "Oye, muchas gracias" y luego te dice: "¿Por qué yo?"

La empresa más importante de México es Petróleos Mexicanos. Yo en mi borrador, así en la llavecita que abrí, pues puse a gente capaz en economía, y me acordé de un ciudadano, del ingeniero Dovalí, a quien yo no conocía, y dije: "Lo voy a invitar para manejar lo más importante"; pero lo que yo quería era a alguien que me guardara las espaldas y que fuera eficaz. La industria petrolera se había expropiado cuando tenía yo 16 o 17 años, cómo no iba a influir la emoción: "¿A quién voy a poner al frente de esto?" Sin conocerlo, absolutamente, entonces le mandé hablar. "Señor, buenos días, a sus órdenes", me dijo. "Lo quiero invitar a ser director de Petróleos Mexicanos." "¿Por qué yo?", me preguntó. Él era el director del Instituto Mexicano del Petróleo. Reyes Heroles, con quien tuve grandes diferencias después, fue muy buen director de Petróleos Mexicanos, fue muy bueno realmente y nombró a Dovalí. Me había impresionado que vivía allá por mi casa, en un departamentito; él y la señora pasaban al supermercado con dos niñas, con su canasta, con toda modestia, a tres cuadras. Mi mujer me decía que se la encontraba en el mercado: "Una señora muy simpática, estuve platicando con ella, comprando las cosas del mercado."

¿Le duró los seis años?
Sí, brillantemente: los más grandes descubrimientos en Campeche se hacen en 1974.

Volviendo a la soledad: cuando supe que iba a ser candidato a la Presidencia, llegué y como si nada. Con estas consideraciones: uno, ni yo soy indispensable para el cargo, ni el cargo es indispensable para mí, por más que pueda desearlo; dos, esto puede variar porque a cualquiera le da en dos días una pulmonía; tres, porque puede haber un cambio de orden político, así es que aquí a doña Esther y a los muchachos ni una palabra hasta el día del llamado destape, en que sí me acompañó ella al automóvil y le dije: "Vistes a los chamacos de charro, a los más pequeños de 11 y 17 años, pues va a haber mucha gente." Me preguntó: "¿Ya?", y le dije: "Ya. A trabajar."

¿Ella ya sabía?
Estaba apareciendo en los periódicos. Aparecimos el general Corona del Rosal, Antonio Ortiz Mena, Emilio Martínez Manatou y yo; pero ninguna esperanza específica, ni un cambio de vida.

En diciembre de 1964, el señor licenciado López Mateos, después de su campaña, designó a quien había sido el presidente del partido, Agustín Olachea, viejo revolucionario, como secretario de la Defensa. Era un símbolo que venía desde Cananea. El partido lo sustituyó con el general Corona del Rosal. Y nos designó el Presidente López Mateos subsecretario de Gobernación, el día 18 de diciembre de 1958. Ya tenía dos semanas y media de haber tomado posesión el general Corona del Rosal como presidente del PRI y me habló a la Oficialía Mayor: "Suba, abogado." Yo estaba encantado, dije: "me voy a quedar trabajando en el partido, con el general Corona, con mi vieja admiración", porque él había sido amigo de mi jefe, Sánchez Taboada, que era un poco más joven que él. Subí y me indicó: "Váyase usted para Bucareli, lo felicito. Que sea para bien, lo va a recibir en este momento el secretario de Gobernación." Me fui del PRI a Bucareli, me recibió el licenciado Díaz Ordaz, y me dijo: "Abogado, me ordena el señor Presidente López Mateos que lo invite a ser subsecretario." Me dijo con toda claridad: "Me ordena."

¿Usted no tenía ninguna relación personal con él?
Lo había saludado una vez y él no se acordaba de mí. Yo, muy franco, le dije gracias. Para mí era un ascensote enorme, porque el 18 de diciembre del 58 tenía 36 años de edad. Llegué a la casa, comí tran-

quilamente y le dije a mi esposa: "Hoy no voy a trabajar, vamos al cine Balmori", pero antes de entrar al cine, en la esquina de Avenida Chapultepec y Jalapa, compré la *Extra* y ahí venía una nota pequeña de que había sido designado subsecretario de Gobernación. Le dije: "Mira"; me contestó: "Ya te designaron y tú no dices nada."

Si yo hubiera vivido en San Ángel o en alguna zona lujosa, donde habíamos hecho una casa, y ella no hubiera tenido aquí la parte esencial de los ingresos para el gasto, pues hubiera sido más difícil para mí ser funcionario honesto, por los gastos. Pero lo fui y todo eso motivó unos rapidísimos ascensos, y aparentemente con mucha suerte.

Entro a la Subsecretaría; tenía a mi cargo la política migratoria, la previsión social, incluyendo la colonia federal de las Islas Marías, y la rehabilitación de los egresados después de cumplir su condena en la cárcel para la vuelta a la vida social. Tenía cinematografía; invité al señor Moya Palencia a la Dirección de Cinematografía y lo hizo espléndidamente.

¿Ahí empieza su relación con Moya?
Sí. Yo lo conocía porque había un grupo político de jóvenes, donde estaban Gómez Cacho y Ruiz de Chávez después, que él formó: la Plataforma de Jóvenes Profesionales de México, y nos hicimos amigos.

¿Pero usted nunca fue "plataformo"...?
No, a mí me apoyaron, yo era anterior a ellos. Invité a Mario Moya Palencia a ser director de Cinematografía, al señor Gálvez Betancourt, mi compañero de escuela, oficial mayor, que trabajó muchísimo y de ahí salió gobernador para Michoacán. La Plataforma le hacía propaganda al candidato del PRI, se la hizo a López Mateos, se la hizo a Díaz Ordaz y me la hizo a mí. Desde un principio eran alemanistas, porque en la escuela Moya fue compañero de Miguel Alemán Velasco. Estudiaron juntos, andaban en bicicleta juntos, iban a bailar juntos, y cuando Miguel Alemán comenzó a hacer una revista ilustrada, en sus inquietudes de joven comunicólogo, de 18 o 19 años, Moya le ayudó y era su asistente. Tenían una estrecha amistad de jovencitos, desde adolescentes; a lo mejor le ayudó para la Plataforma Mexicana con los estudiantes, con jóvenes recién recibidos.

¿Cómo fue su relación con el licenciado Díaz Ordaz?
De mucho trabajo. Cuando alguien —un subsecretario, un aspirante a gobernador o a diputado, después a senador— quería hablar de

asuntos políticos, les decía: "Discúlpeme, es asunto del señor secretario." Tuve muchas invitaciones y cosas de muy distinta naturaleza, porque así se fue haciendo una carrera política, ¿verdad? Un día llega un amigo mío, compañero de la escuela, que usaba un brillante muy bonito, el licenciado Ruiz: "Están expulsando aquí a una chilena muy guapa que vino de turista y se puso a trabajar, quiero que la conozcas. Mira, es martes; ¿no quieres que hagamos una cenita el viernes y así pueden hablar?; ¿qué te parece a las ocho?" "A las ocho." Entonces llegó a las ocho; yo tenía un colaborador muy feo y muy recto, y le dije a las siete y media: "Mire, señor García, le voy a encargar este asunto." Cuando hay mucho poder hay una bola de facilidades de todo género.

Empezó a trascender que estábamos conduciéndonos rectamente. De allí se desprendieron algunas cosas para mí muy significativas. Una vez se fue el licenciado Díaz Ordaz de vacaciones diez días. En ausencia del secretario, muy provisionalmente, durante esos días me encargaron el despacho. Me habla el jefe del Estado Mayor Presidencial: "Señor licenciado, que se venga usted con la señora, de sombrero, a una recepción que hay a las siete de la noche en honor del general De Gaulle." Yo le digo a María Esther: "Señora: vamos a Palacio, de sombrero"; y me dice: "No tengo sombrero". Las señoras ya no lo usaban. Pues a conseguir uno; se hizo una corona de bugambilias y así quedó muy bella con su sombrero de florecitas. Aún recuerdo esas cosas de gentileza de López Mateos: estaba la cola de los señores del gabinete con sus mujeres, primero el presidente de la Comisión Permanente o de las Cámaras de Diputados y Senadores, con las señoras, luego el secretario de Gobernación, el secretario de Relaciones, el secretario de la Defensa y todos los demás en la cola. Yo me fui a formar en la cola al final. Hace un gesto el Presidente, se le acerca el jefe del Estado Mayor y regresa corriendo a la cola: "Señor, que se vaya a su lugar, usted es el encargado del despacho, véngase. A encabezar el gabinete."

¿La Dirección General de Seguridad le respondía a usted?
No, le respondía directamente al secretario. Gutiérrez Barrios, que era el subdirector entonces, tenía un contacto con el secretario porque el director general de Seguridad era enemigo del secretario Díaz Ordaz. Donato Miranda logró que el Presidente nombrara a un general chaparrito, muy cuate del director general de Seguridad, pero estaba en contra de Díaz Ordaz. El de la confianza era Gutiérrez Barrios.

Alfonso Corona del Rosal.

Emilio Martínez Manatou.

Antonio Ortiz Mena.

Alfonso Martínez Domínguez.

¿Llegaron a ser amigos usted y el licenciado Díaz Ordaz?
En el Senado de la República, en el tiempo de Alemán, hubo un grupo de compañeros que manejaba la Cámara de Senadores: Adolfo López Mateos, Gustavo Díaz Ordaz, el licenciado López Arias, Alfonso Corona del Rosal. Cuando es nombrado Díaz Ordaz, quiere que el subsecretario sea un cuate de ese grupo. Pero el día 18 de diciembre de 1958, cuando me habla Díaz Ordaz porque pensó López Mateos en mí, no tiene remedio. De repente agarran a un muchacho de subsecretario, el segundo de la Secretaría más importante.

¿Por qué?
A mis 36 años de edad, yo trabajaba con el secretario de Marina en el régimen del señor Ruiz Cortines. Un día me dice mi jefe: "Váyase a Palacio, lo va a recibir el Presidente; hay dos vacantes: una en la Subsecretaría de Gobernación y otra en la Secretaría General del DDF, pero con Uruchurtu", como diciendo: "Si le toca, verá usted qué trabajo." Duro de carácter Uruchurtu. Fui a ver a Ruiz Cortines, y me designó en ese momento como oficial mayor de Educación y dijo: "Quiero, abogado, que tome posesión inmediatamente." Me fui caminando de Palacio a Educación, le dije al secretario: "Soy el nuevo oficial mayor." "¿Usted?" "Sí." "Tengo que darle posesión, se decidió el cambio."

Después fui al PRI. Vino la campaña de López Mateos, pero Rafael Corrales Ayala, un colega, llegaba muy tarde a trabajar; andaba con Isabela Corona, se parrandeaba y se echaba, después de todo, un discurso muy bueno con senadores, diputados; en desayunos y comidas se echaban sus copas, hablaban de alta política y yo me dedicaba al trabajo. El general Olachea tenía acuerdos con el candidato López Mateos y me llevaba a mí, aquí a la casa de San Jerónimo; entonces platicaba, yo hacía tarjetitas sobre la gira, sobre los invitados y, en un momento dado en la campaña, dos jóvenes, Rodolfo González Guevara, presidente del PRI en el D.F., y yo, oficial mayor, teníamos la carga de trabajo.

Con el apoyo del general Olachea, muy paternal, muy bondadoso, nos daba mucha cancha y le ahorrábamos mucho trabajo. Para cada quién había cartas con invitación personal firmada por el Presidente: "A ver, viene la gira de Coahuila, ¿a quién invitamos?" Yo llevaba la lista: "Señor: aquí está fulano de tal, fue constituyente, este es escritor, de familia revolucionaria, no a ese no, a ver ponga usted a este, y hacía la lista." Me iba a hacer mis cartas con la única mecanógrafa que tenía y lo alcanzaba en la gira, y me esperaba a la última cena, el último mitin, que acababa a las doce de la noche, y en el hotel, desecho ya, López Mateos trabajaba con nosotros. Me regresaba a las seis de la mañana a repartir las cartas, mandarlas a los invitados. En la convención en que fue postulado López Mateos, yo organicé la ceremonia, puse todo, puse el florero, los invitados y las entradas, todo eso. El caso es que a mí me nombró subsecretario López Mateos; desde su campaña me dio cancha para trabajar.

Volviendo a la relación con Díaz Ordaz: ¿llegaron ustedes a hacerse amigos, cenaban las familias juntas?
No, nunca. Con mucha formalidad, honrado, francote, violento con los flojos, distante, solo en el gabinete, porque no era de buen carácter, simpático, mal hablado. Y el candidato fue Díaz Ordaz.

¿Tuvo roces con Díaz Ordaz?
Nunca.

¿Ni un pleito?
Nunca; yo me dediqué a trabajar.

¿Ningún desacuerdo?
Al contrario, en algunos temas estuvimos de acuerdo intuitivamente nosotros, el secretario de Gobernación Díaz Ordaz y el Presidente López Mateos. En aquel tiempo no había oposición, no entraban diputados del Partido Popular de Lombardo, ni del PAN. "A ver cómo le hacemos, estudien algún sistema indirecto de representación proporcional para que los que voten por ellos tengan derecho a tener diputados", nos ordenó López Mateos. Él realizó un estudio, Díaz Ordaz otro y a mí me encomendaron otro. Ahí me ayudó Moya Palencia, nos pusimos a consultar los sistemas de representación proporcional en Alemania, en Italia, nos llenamos de libros y por fin quedaron los diputados de partido, una cierta representación indirecta y proporcional para que los votos siempre llegaran al 1.5% y tuvieran oportunidad de tres diputados y por cada por ciento de la votación global mayor tuvieran derecho a otro diputado. Así comenzó a haber diputados de oposición.

¿Pasan esos años sin roces y sin amistad?
A tal punto que un día me manda llamar el secretario y, con mucha sencillez, me dice: "Abogado, me voy de candidato; se queda usted

de secretario encargado del despacho mientras decide el señor Presidente." Le digo: "Que le vaya muy bien, encantado."

¿Usted lo apoyó? ¿Era su candidato?
Yo no me atreví a tener candidatos.

¿Cómo le hizo?
El secretario era mi jefe, era precandidato. No iba yo a decidir nada. El otro era Donato Miranda Fonseca, con el cual yo no tenía contacto. Yo me dediqué discretamente a trabajar; en ese sentido lo favorecí, porque el licenciado Díaz Ordaz tenía cubierto el patio trasero, donde a veces había cosas delicadas. Por ejemplo, el caso del asesino de Trotsky. En agosto de 1940, Jacques Mornard, entre comillas Ramón del Río Mercader, le da un pioletazo en Coyoacán a Trotsky y lo mata. Va a la cárcel. En 1960 se cumple la condena y dependía de mí, de Prevención Social, qué hacer cuando lo pusiéramos fuera de la cárcel de Lecumberri. Me dije: "¿Qué hago con este amigo? Si sale de aquí y lo pongo en la puerta de Lecumberri, lo van a matar los trotskistas." Lo van a matar, si mataron al líder mundial; y los Estados Unidos, que habían ayudado a Trotsky, y los estalinistas, que matan a todos, lo van a querer, y todo era responsabilidad mía, porque era el jefe de Prevención Social. Le dije a Gálvez Betancourt: "Oficial mayor, mira: vete a Lecumberri, saludas a Jacques Mornard, el señor ya va a cumplir su condena; pregúntale a dónde quiere irse y si tiene algún pasaporte por ahí." Él respondió: "Yo soy belga, pero ahora no tengo pasaporte." Entonces se presentó un abogado: "Señor, soy el abogado del señor Mornard y queremos saber a qué país lo van a enviar; él es belga." Le dije: "No, no es belga." "Bueno, perdió su pasaporte pero podemos quizás obtenerle uno." A los tres días me viene a ver: "Señor, vengo de la embajada de Checoslovaquia y ayer fue declarado ciudadano checoslovaco el señor Mornard y aquí tiene usted su pasaporte, así es que lo puede mandar a Checoslovaquia." Le dije a Gálvez: "Ve con un sastre, le tomas medidas, le das para un sombrero, le das para un traje, los zapatos. Dentro de 15 días ve a verlo, le llevas el traje y que se prepare." Le quedó perfecto el traje, su sombrero Stetson y unos zapatos muy buenos; sale en un camión que llevaba alimentos a Lecumberri. A dos cuadras, dos automóviles de la Dirección Federal de Seguridad, organizados por el subdirector, el capitán Fernando Gutiérrez Barrios, lo llevan hasta la pista. Ahí estaba el avión de Mexicana de Aviación que salía en viaje

de rutina a La Habana. Se subió y se fue. Al muy poco tiempo fue declarado héroe de la Unión Soviética, su esposa mexicana lo alcanzó. Son cosas que no hicieron escándalo.

De hecho, usted le ayudó a Díaz Ordaz...
Yo cubría el patio trasero de cosas delicadas. Sale de candidato y me dice: "Se queda usted de encargado del despacho en lo que designa secretario el Presidente; se puede cambiar de oficina." Se acostumbraba que el presidente del PRI fuera a comer con el secretario de Gobernación, pero el presidente del PRI había sido mi jefe y yo estaba encargado del despacho, entonces visitaba al general Corona del Rosal muy de vez en cuando en su casa, con el respeto de siempre. Me trataba muy bien, en la seguridad de que accidental y provisionalmente estaba encargado del despacho de Gobernación. Lo conocí muy bien, por eso después, ya cuando fuimos precandidatos, él era mi candidato. El licenciado López Mateos no designó secretario y yo me fleté de subsecretario y encargado de la Secretaría todo el último año de su gobierno.

¿No tuvo usted subsecretario?
No tuve; era subsecretario y secretario. Gálvez Betancourt, Moya Palencia, Hernández Ochoa y otras personas muy cercanas me ayudaron en muchas cosas, durante toda la campaña. El licenciado López Mateos marcaba desde Los Pinos o de Palacio a la Secretaría para hablar con el secretario; preguntaba: "¿Dónde está el licenciado Echeverría?" "Señor, está en su despacho." Ya me llamaba a mi oficina: "Abogado, ¿qué está haciendo ahí?" "Señor, aquí en la oficina." "¿Cómo va la campaña? ¿Cómo va el candidato?" Yo nunca me cambié de la oficina de encargado de despacho. En todo el año fui respetuoso de lo que me habían designado el señor Presidente y el secretario, y así llegamos al fin de la campaña. Tuve muy pocos acuerdos y nunca le llevé fajos de papeles al Presidente. Sólo este asunto y este asunto, diez minutos, que le vaya bien.

En la campaña se vieron muchas cosas. Una vez, platicando con el licenciado López Mateos sobre la planta de la Bayer en Toluca, donde hacían las aspirinas, me di cuenta de sus males: "El Presidente López Mateos tiene un fuerte dolor de cabeza." Tenía un cenicerito chiquito, un platito en el escritorio con aspirinas y se las comía sin agua como si fueran dulces, y luego se las llevaba en la bolsa.

¿Qué cálculo hizo usted de si podía quedarse en la Secretaría ya tomando posesión Díaz Ordaz como Presidente?
Muchos, porque había sido el encargado del despacho con el licenciado López Mateos, con quien había habido antecedentes de amistad en su campaña. Voy para atrás para explicar por qué. En tiempos de Alemán se murió el doctor Pérez Martínez, que era su candidato número uno para la Presidencia. Era dentista, buen lector, un gran escritor, muy simpático y un gran periodista. Lo querían mucho Alemán y todo el mundo. Entonces el licenciado Alemán se trae de Veracruz a un señor ya grande llamado Ruiz Cortines; se lo trae a Gobernación, nadie pensaba que iba a ser candidato, está muy grande. Además tenía en el Departamento Central al otro candidato principal, que era Casas Alemán. Las cosas como que se inclinaron por derecho político con Casas Alemán. Es más, Ruiz Cortines, uno de los mejores políticos que ha habido en Gobernación, estaba sentado y de repente decía "¡Ay, ay, dispénsenme!" "¿Qué le pasa, señor secretario?" "No, nada, estoy muy mal, a ver sígame diciendo." "Oiga usted, que la precandidatura." "No, hombre, váyase al Zócalo, es decir al Departamento." Y decían que era viejo porque tenía 62 años. No era viejo.

Así llegó Casas Alemán, y desbordó las previsiones del licenciado Alemán, y nadie tenía al licenciado Ruiz Cortines como candidato. Pero el señor Ruiz Cortines tenía un amigo senador joven, simpático, culto y caballeroso, llamado Adolfo López Mateos, y cuando los demás andaban por otro lado, el senador se iba a la Secretaría de Gobernación, donde había muy poca gente, a hablar con él a solas. Se hicieron mucho muy amigos y le decía: "Váyase a la casa" y se salían a su casa, Ruiz Cortines con el joven senador López Mateos, y solos, quizás llevaban escolta atrás, daban la vuelta a la manzana. Sale candidato Ruiz Cortines y decide el partido poner de secretario general al senador Adolfo López Mateos. Yo era secretario particular del presidente del partido, el general Sánchez Taboada, y jefe de prensa y propaganda.

Yo era como un amigo lejano y respetuoso; había en el Comité Nacional diputados, senadores, políticos más cercanos; iban a mítines, a parrandas. Y cómo se ligan las cosas, yo lo conocí ahí, hablé muy pocas veces con él, pero era muy perspicaz. Deducía que me gustaban ciertas cosas de cultura y de arte, que a mí no me gustaban los políticos. Una vez, ya Presidente electo López Mateos —que era un tipo muy simpático—, Guadalupe Rivera, que había sido mi novia y no sé dónde lo conoció, hizo una fiesta en su casa, una semana antes de que tomara posesión. A López Mateos le gustaban las cenas, la fiesta, los artistas; era primo de Gabriel Figueroa, amigo de los pintores, de los escritores; su hermana Esperanza había sido la representante de Bruno Traven; en su casa había buenos cuadros, era un Presidente que sabía de pintura y de música, culto desde joven, y siendo secretario del Trabajo siguió en contacto con intelectuales jóvenes y con artistas. Fue a la fiesta toda la palomilla de jóvenes, el Presidente electo, escritores, intelectuales, poetas, todo mundo hablándome de tú: "Oye, a ver tú, vente a bailar." Una fiestecita que no llegó a más, pero que eso era. Yo estaba ahí porque me invitaron, con un respeto por la campaña, y a veces quedaba ahí sentada junto a él una muchacha guapa y luego venía otra, y una pintora y una poetisa y él vacilando, felices, y otro jaibol. Dije: "Me estoy quemando aquí porque estoy incluyéndome en una fiesta que no llega a más, pero está demasiado frívola para quien ha sido una persona de mucho trabajo cerca del Presidente." A las tres semanas me nombraron subsecretario; yo estaba distante y respetuoso, hasta ensimismado y tímido, a pesar de estar todos los cuates en un ambiente muy simpático, medio bohemio.

¿Ya en 1964 lo nombra Díaz Ordaz secretario de Gobernación?
Díaz Ordaz integra el gabinete y seguramente es que a nadie le avisó de nada. Una noche me dijo: "Abogado, se queda usted en la Secretaría como secretario." "Sí, señor; muchas gracias, hasta luego." De los demás no supe, y el día primero de diciembre aparece la noticia de la integración del gabinete. El más joven era yo. Estaba gente como Corona del Rosal, secretario del Patrimonio; Marcelino García Barragán, secretario de la Defensa Nacional; don Antonio Ortiz Mena, secretario de Hacienda; un amigo suyo de muchos años, Emilio Martínez Manatou, secretario de la Presidencia; Agustín Yáñez, secretario de Educación, y un joven de apenas 40 años que encabezaba la lista, a quien el Presidente sienta a su derecha en la primera reunión, no les cayó bien en el gabinete. Dijeron: "Va a seguir mandando Díaz Ordaz en Gobernación."

¿Va a seguir mandando?
Díaz Ordaz había sido oficial mayor y había manejado la Secretaría porque el secretario Ángel Carvajal y el subsecretario estaban peleados y no se hablaban; entonces los problemas le caían al oficial ma-

yor. Estaba en contacto con el Presidente con el apoyo del secretario del Trabajo, que tenía una íntima relación afectiva de político joven con el Presidente Ruiz Cortines. Nadie nunca conoció la Secretaría de Gobernación como él.

Así llegamos al 68. Esto le sirve de alguna forma, no solamente porque era el comandante supremo del Ejército. Porque cuando me preguntan: "¿Usted mandó a los soldados a Tlatelolco?", siempre contesto: "No, el comandante supremo era él; yo no lo fui hasta el día primero de diciembre de 1970." En fin, comenzamos a trabajar y ahí era yo el secretario de Gobernación, y pensé: "Puedo ser candidato." Nos sentamos el día 2 de diciembre en la mesa de acuerdos de Palacio, sale el Presidente y llega el Estado Mayor y me sentó en primer lugar a su lado derecho, encabezando el gabinete, con todos los secretarios. Me habían visto tan joven; dije: "Yo me lo explico, tienen razón. Pero tranquilo, ya el tiempo dirá."

¿Cuáles eran, retrospectivamente, los puntos fuertes y los puntos débiles de sus rivales de 1969?

Se perfilaban varios. A los más conocidos se pueden agregar otros dos, porque se estaban perfilando, aunque con mucho menos posibilidades: el jefe del Departamento Agrario, el ingeniero Aguirre Palancares, y Alfonso Martínez Domínguez, que era presidente del partido.

Pasaron los años, los precandidatos fuimos don Antonio Ortiz Mena, don Alfonso Corona del Rosal, Emilio Martínez Manatou y yo. ¿Qué pasó? Las circunstancias nos empezaron a ventanear. De repente me llama el presidente del Consejo Mexicano de Hombres de Negocios: ¿quiero ir a comer con el Consejo? Yo ya sabía que había invitado a Ortiz Mena, que era muy amigo de ellos, a platicar con el Consejo. "Oiga usted, que este grupo de colaboradores de don Fidel Velázquez lo invita a un desayuno." "Pues vamos al desayuno a platicar algunas cosas de política." "Oiga usted, que la Confederación Nacional de Campesinos." "Oiga usted, que este grupo de senadores y diputados", y lo mismo estaban haciendo los sectores del partido con los tres candidatos. Yo estaba al final y era el más joven.

¿Que había pasado? Don Alfonso Corona del Rosal era mi candidato en la serie final. Pensé: "Qué bueno, voy a seguir trabajando en el gobierno." Con todos los cargos que había tenido, como nadie, siempre había salido bien. ¿Por qué no fue candidato si tenía a todos los estados en la Cámara de Senadores? Quizás por ser militar y había una tradición de civilismo, lo he pensado después.

¿Y por qué salieron las cosas al revés? ¿Por qué cree que el general Corona finalmente no fue el candidato?
Todavía ahora no me lo explico. Era una persona de mucho más experiencia Corona, y además, como hemos platicado antes, había en el Senado, en el tiempo de Alemán, un grupo de senadores muy cercano, y en ese grupo estaban Adolfo López Mateos, Gustavo Díaz Ordaz y Corona del Rosal. Así es que fue un misterio.

Para mí, él era mi candidato, él tenía todas las provisiones, por los cargos que había desempeñado con mucho acierto y con mucha experiencia. Siendo yo bastante más joven, sin embargo tuve contacto con él, fue amigo muy cercano de mi jefe, Rodolfo Sánchez Taboada. Durante esos años, Sánchez Taboada fue presidente del PRI, yo secretario particular y, a partir de la segunda mitad del sexenio de Alemán, también director de prensa y propaganda del partido en el poder. Corona estudió, siendo oficial del Ejército, y llegó a ser profesor muy respetado de la Escuela de Leyes. Me llevaba muy bien con él; yo era mucho más joven, así es que observé su precandidatura con entusiasmo, y con escepticismo la mía.

Usted dice que no se explica el caso del general Corona del Rosal, pero: ¿no tiene alguna explicación, por lo menos especulativa?
No hubo un problema en la administración de Corona. Tenía todas las condiciones positivas.

¿Él sí negoció con los estudiantes en 1968, o trató de negociar?
Evidentemente, como las demandas originales fueron la supresión de los granaderos, la destitución del jefe de la policía, eran asuntos del DDF y sí recibió algunas comisiones. Por su experiencia, quizás algunos de los líderes que tenían la proximidad de conversar o hacer entrevistas lo visitaron. Yo estimo que siempre fue de una gran lealtad al Presidente Díaz Ordaz.

¿No cree usted que la reincursión del Ejército en la vida política del país, nuevamente en el 68, dificultaba mucho que un militar fuera candidato?
Probablemente. Hay una etapa plena de civilismo que había progresado con Alemán, que había seguido con Ruiz Cortines, que había culminado con la Presidencia de López Mateos y con la Presidencia de Díaz Ordaz. Ello obligaba o condicionaba que siguiera siendo un

civil el Presidente. Probablemente, dentro de muchos factores, era el ambiente.

Frente a la opinión pública, ¿hubiera sido difícil un militar de candidato y de Presidente, después del 68?
No creo.

¿No cree usted que haya influido en el ánimo del licenciado Díaz Ordaz para descartar a Corona el hecho de que las cosas no hayan salido bien en el D.F. durante el 68?
No, él lo estimaba mucho, tenía gran cercanía; quizás con los años se fue acentuando la relación de Corona del Rosal con él. Probablemente —y subrayo lo que le digo, probablemente— da la impresión, en la medida en que se volvía al militarismo por la intervención del Ejército en los sucesos del 68, de que Díaz Ordaz pensó que era mejor que no fuera un militar, sin que Corona hubiera tenido una responsabilidad directa. Él no manejaba fuerzas militares, eso es lo que debe haber sido; las cosas son más complejas, hay más matices de lo que a veces nos imaginamos y sobre todo desde afuera.

¿Después de la intervención del Ejército se volvía más difícil su designación?
Probablemente; quizás tenemos que pensar en eso. No quiso el régimen y él personalmente dar la impresión de que era un problema que se había complicado demasiado. Realmente, después de los Juegos Olímpicos, la situación se serenó mucho en la República. No estoy desestimando el significado profundo del movimiento; yo me lo explico y creo que con el resentimiento de la población, con la abundancia de los jóvenes sin porvenir, estos problemas pueden repetirse en México. Es mi deber decirlo.

¿Y Ortiz Mena?
El señor Ortiz Mena tenía contacto con el mismo tipo de gente que invitó hace cinco años a la cena de su casa; con la gente más rica de México, que estaba en la lista de *Forbes*: que Slim, que Azcárraga, "Señores, 25 millones de dólares para el partido", delante del Presidente. Vino en 1969 el director del Chase Manhattan Bank, hubo una reunión de banqueros en el hotel Camino Real y pronunció un discurso: "Soy el secretario de Hacienda, banqueros y empresarios de México." Faltaban tres meses para postular al candidato a la Pre-

sidencia y el del Chase dice: "Ojalá sea candidato el señor Ortiz Mena, tiene entre todos ustedes un gran acuerdo."

Don Antonio, un muy eficaz funcionario financiero, probablemente tenía demasiado apoyo exterior, del mundo de las finanzas de Norteamérica, que lo consideraba muy eficaz. Era un hombre prudente de la Secretaría de Hacienda y su afán era el esquema presupuestal que le propuso al Presidente Díaz Ordaz, lo que después se llamó el desarrollo estabilizador. Significó en muy buena parte una paralización del nivel productivo de México; las universidades estaban con graves problemas económicos y había malestar en la juventud. En los ámbitos estudiantiles, fue un factor de los serios problemas después.

El elogio del presidente del Chase Manhattan Bank, ¿fue un factor en su contra?
Sí. Poco antes de que el PRI postulara candidato, se produjo una recomendación producto de un prestigio que tenía en el mundo de las finanzas de los Estados Unidos. Es un caso que de cuando en cuando se ha repetido: es sabido que, por el brillante papel que desempeñó don Ezequiel Padilla durante la guerra y cuando se comenzaron a formar las Naciones Unidas, pues tenía invitaciones y gran prestigio en Estados Unidos.* Fue un caso semejante a lo de Ortiz Mena; hay cierto paralelismo.

¿Usted cree que sí hubo un intento de impulsarlo por parte de la comunidad financiera?
Por conexiones, sí.

¿Y el Presidente Díaz Ordaz reaccionó?
Desde el punto de vista de que ha habido, y hay, consecuencias de ese lado.

¿Cómo lo habría tomado el licenciado Díaz Ordaz?
Pues, evidentemente, con antipatía. Porque además debemos de enfatizar que la dirección del país es la economía, pero hay muchos aspectos más que la economía.

---

* Ezequiel Padilla, secretario de Relaciones Exteriores durante la Segunda Guerra Mundial, aspiró a la presidencia en 1946, presumiendo del apoyo de Estados Unidos.

¿Usted cree que eso sí fue un elemento muy decisivo?
Sin duda alguna.

¿Por qué otros motivos no fue Ortiz Mena?
Tenía un modelo económico el señor secretario de Hacienda. Ortiz Mena había manejado las finanzas con mucha habilidad, pero sólo había estado inmerso en el mundo de las finanzas, y siempre la vida en el partido significa estar en contacto con los sectores y asomarse un poco más, quitarse el saco y la corbata y ponerse la chamarra o la guayabera.

Pasemos al caso del doctor Emilio Martínez Manatou: ¿se debilita o pierde en 1968, antes o después del movimiento?
En 1969, después del movimiento, porque habló con intelectuales distinguidos y no sé que pasó en las conversaciones y ya no fue candidato.

¿Le hablaban mal de Díaz Ordaz y él no contestaba?
No contestaba bien.

¿Usted no ayudó a que se enterara de ello el Presidente Díaz Ordaz?
No; a mí los intelectuales no me querían hasta que no fueron cambiando; hasta que Fernando Benítez dijo: "Echeverría o el fascismo."

¿Usted sintió que Díaz Ordaz pudo haberse disgustado con Martínez Manatou? Le encomendó atender a los intelectuales, a los artistas, a los escritores; se acercó a ellos y cuando empezaron a criticar al Presidente Díaz Ordaz se le atribuyó la culpa a Martínez Manatou. ¿Así fue?
Era bien sabido que tuvo la encomienda de Díaz Ordaz de explicar el punto de vista del Estado, del Presidente, a gente y a intelectuales importantes; es el hecho concreto. Eso no es fácil, es muy difícil en circunstancias tensas como aquellas, con gente de un pensamiento crítico, con un fuero especial dentro de la libertad, ponerse a discutir y a convencer, es difícil. De ahí probablemente hubo algún problema específico, digamos a mediados del 68, principios del 69; seguramente así fue.

¿No se puso la camiseta?
Sí, pero también pienso que era muy difícil. Desde un principio, en 1963, Emilio Martínez Manatou fue muy partidario del precandidato

Díaz Ordaz, quien como senador de la República y luego como secretario de Gobernación se hizo de muchas relaciones. Díaz Ordaz lo invitó a ser secretario de la Presidencia, los seis años estuvo junto a él. En el movimiento de 68 le encomendó tratar con escritores, con intelectuales que participaban de alguna forma o mostraban simpatías por el movimiento estudiantil, y el doctor tuvo contacto con ellos, era un signo de confianza, pero no bastó eso. Lo hemos visto siempre sectorialmente: hay que estar en contacto tanto con grupos políticos como con sectores extra Palacio; probablemente eso fue lo que decidió que el candidato no fuera Emilio Martínez Manatou.

¿Es decir que se concentró demasiado en ese sector?
Seguramente.

¿O el doctor Martínez Manatou quizás no defendía los puntos de vista del gobierno ante las críticas de esos sectores con la vehemencia que hubiera querido Díaz Ordaz?
Seguramente, el Presidente tenía algunos matices específicos. Era un contacto frecuentísimo con estos grupos, creyendo que era un puente Martínez Manatou, pero es lo que pasa a veces con los mediadores, como ha pasado ahora en Chiapas, que cada parte espera que todas las decisiones le sean cien por ciento favorables. Su comisión era mediar de alguna forma, y eso lo obligaba a escuchar ataques y críticas en un ambiente y en un terreno que probablemente no permitía la acometividad que la otra parte necesitaba.

¿Cree usted que Díaz Ordaz le habrá encomendado esa misión a Martínez Manatou justamente porque no era su candidato?
No, no fue por eso; era una persona muy cercana a él. Del gabinete fue seguramente el más cercano a él, había sido amigo suyo durante muchos años y además estaba conviviendo continuamente, permanentemente con él.

En el proceso de auscultación que condujo Díaz Ordaz, ¿hubo consulta a los expresidentes Alemán y Cárdenas?
Es un sistema muy centralizado, en que no abdica el Presidente frente a los expresidentes. En mi caso sí hubo una pequeña prueba, me lo hace pensar ahorita. Me habla por teléfono una vez el Presidente Díaz Ordaz y me dice: "Abogado, pídale una entrevista al señor general Cárdenas; dígale que el próximo candidato al gobierno de Mi-

choacán es Carlos Gálvez Betancourt y me lo saluda mucho." Las relaciones entre Díaz Ordaz y el general eran muy malas. Ha de haber sido en el cuarto año de gobierno del señor Díaz Ordaz. Fui a la entrevista con el señor Cárdenas. Serían las once de la mañana. Le expresé mi vieja admiración. Estábamos ahí en la sala de la casa de Andes: "General, me ordena el señor Presidente que le comunique a usted que el próximo candidato al gobierno de Michoacán va a ser el oficial mayor de la Secretaría de Gobernación, Carlos Gálvez Betancourt." Me dijo: "Magnífico, muy buen elemento, dígale usted al Presidente que le agradezco mucho la cortesía que ha tenido conmigo y me honra mucho; hasta luego."

¿Gálvez Betancourt era el candidato del general Cárdenas para Michoacán?
No, Cárdenas tenía un candidato de la izquierda que había salido de las juventudes de Michoacán, que se echaba seguido sus dos o tres copas, Natalio Vázquez Pallares. La gente le hacía propaganda a Natalio, y él andaba con un grupo de michoacanos que echaban discursos y le entraban a los tequilas con toda convicción. El Presidente no va a andar informando a nadie; se lo pudo haber dicho al general Cárdenas por teléfono, pero me mandó a mí. Con Alemán también me invitaba. Con Ruiz Cortines, con quien yo había trabajado cerca, me mandaba recaditos, me visitaban sus colaboradores. El Presidente me mandaba como una prueba, a ver si no había un rechazo.

¿Por qué cree usted que eso puede haber sido una prueba?
No pudo haber enviado una persona que tuviera antipatías del general Cárdenas. A su vez, Alemán me invitó una vez a su casa a desayunar con Fidel Velázquez, otra vez con la Central Campesina. Me mandó llamar el Presidente: "Abogado: vaya con Alemán." "Sí, cómo no, mañana y zas."

¿Él lo invitó a usted?
Cuatro o cinco veces. Pero para hablar de cualquier cosa, de turismo, de experiencias, muy simpático. No hubo un acercamiento sobre la sucesión. Con el señor Portes Gil también. Yo era secretario de Gobernación y Luis Vargas, un vecino nuestro aquí en San Jerónimo, tenía una agencia de seguros; el presidente de la Comisión Nacional de Seguros era el licenciado Emilio Portes Gil, y dentro de la política de acercamiento de don Luis estaba la idea de agasajar al

presidente de la Comisión. Así sucedió unas tres ocasiones, en domingos en que vino a comer Portes Gil, expresidente de la República, con una aseguradora importante de México. Me hablaban por teléfono a las 4:30 de la tarde: "Hola, abogado —me decía don Luis Vargas—; aquí está Portes Gil, vamos a visitar su granja, dígale a la señora." "Sí, hombre, véngase." Entonces venía don Luis Vargas con su señora, con tres hijos y con Portes Gil a ver las vacas, a ver las gallinas. A mí no se me olvida que al señor expresidente le gustaban las vacas, pedía un vaso y ordeñaba la vaca en el vaso y cuando acababa de comer, me decía, ranchero él: "Muy buena leche, señor Echeverría." Fue un gran Presidente; acabó con el conflicto religioso, dio la autonomía a la Universidad y protegió a Sandino; fundó la Campesina allá en Tamaulipas y fue un gran gobernador.

En las reuniones con Fidel Velázquez, ¿hasta dónde se llegaba a hablar explícitamente?
Poco. "Abogado, ¿cómo le va, cómo van las cosas?" No se produjo ningún conflicto, se andaba sobre las ramas, porque en resumidas cuentas el conjunto de políticos conocían la determinación del Presidente como "fiel de la balanza", en la expresión de López Portillo.

¿Fidel Velázquez lo apoyó a usted?
No, porque en caso de haber negativa se molestaba el Presidente. Pero yo le voy a contar del general Cárdenas. Estaba Gálvez conmigo, siendo yo candidato; me voy a Querétaro, a Guanajuato y a Michoacán y luego a Jalisco. En Morelia provoco un incidente con la Universidad Michoacana. Hay un minuto de silencio con el cual yo iba a dejar de ser candidato; ese día la Universidad fue izquierdista y me recibió muy mal. En Jiquilpan se detiene la comitiva; Cuauhtémoc Cárdenas quiere una comitiva, me había invitado, llegué allá y me dijo: "Señor candidato, queremos que usted se hospede en la casa de la familia Cárdenas." El general Cárdenas no aparecía; yo decía: "A lo mejor aparece aquí en la casa", pero no. A los dos días hablé con unos amigos y no apareció; estábamos allí en la estatua de Mújica y llegó el general Cárdenas: "Señor licenciado, lo felicito; yo deseo que sea para bien de México."

¿Cómo cree usted que influyó el 68 en la sucesión?¿De qué manera jugó un papel en la decisión y en el ánimo de Díaz Ordaz?

Realmente no creo que haya influido mucho. Él manejó todos los aspectos de la defensa del Estado. Sí querían los líderes del 68 que él cayera, que renunciara, pues había 50 o 70 mil muchachos pidiendo que bajara a dialogar. En los peores momentos quisieron incendiar la puerta de Palacio Nacional, una pugna muy personalizada. Pero había viejas demandas, pleitos con los cuerpos policiacos; también se fue pidiendo la renuncia del jefe de la policía, la disolución del cuerpo de granaderos, eso ha sido muy reiterativo. La Secretaría de la Defensa intervino por órdenes superiores, nadie más maneja el Ejército, es una cosa irreal.

¿De qué manera cree usted que el movimiento y todos los acontecimientos influyeron sobre la sucesión que tiene lugar un año después?
No creo que hayan influido realmente. Durante 1969, sobre todo los primeros meses, no es que Díaz Ordaz hubiera organizado una pasarela, pero en realidad hubo contactos con mayor interés de las personas de quienes se hablaba como precandidatos con organizaciones del PRI o gente de la iniciativa privada, con periodistas. Estaban muy atentos y platicaban con el Presidente, en una manera que, aunque es muy gráfica la expresión de López Portillo, del "fiel de la balanza", refleja en realidad cómo el presidente del partido hacía una auscultación para ver cómo andaban las cosas, para ver si los funcionarios no se autodescalificaban dentro de las aspiraciones que se manifiestan y que a veces se desbocan, como ahora lo estamos viendo.

Obviamente, Díaz Ordaz consideró que en todo caso el desempeño suyo durante los acontecimientos, por ejemplo, no lo defraudó...
Sí, en realidad ningún funcionario lo defraudó. Él manejó todos los aspectos en relación con los políticos, con la prensa, con la televisión, con el Ejército. Cualquier funcionario, por más cercano a él que hubiera podido ser, que en ese momento hubiera cometido un error serio, que se hubiese salido de sus lineamientos, hubiera sido descalificado en su ánimo, ya que el problema lo afectó tanto en lo personal.

¿Usted no tuvo interlocución con los estudiantes en 1968?
No.

¿Usted no negoció?
No negocié. En alguna ocasión lancé un mensaje llamando a un diálogo muy organizado ante la insistencia de multitudes que pedían que el Presidente saliera de Palacio al Zócalo a dialogar con ellos.

¿Pero usted no tuvo su canal propio, privado, de negociación?
No, no lo tuve.

¿Ni Jorge de la Vega ni Andrés Caso eran representantes suyos?
No. Tenían la comisión directa del Presidente para establecer el diálogo, pero no creo que hayan tenido tiempo de profundizar mucho.

¿Usted no tuvo un negociador?
No, no tuve contactos, muy al contrario. Evidentemente, le propusieron ambos al Presidente Díaz Ordaz que fueran comisionados para establecer una charla, pero no hubo tiempo de que llegaran más adelante.

¿Y usted por qué no tuvo contacto?
Porque no recibí instrucciones.

¿Y no lo propuso por su cuenta?
No, no lo propuse, porque el Presidente estaba al mando en todos los aspectos.

Pero usted tenía algunas amistades en el mundo académico, por ejemplo Ifigenia Martínez, que le hubieran querido traer estudiantes. ¿Nunca sucedió?
No, nunca lo hubo.

¿Usted nunca tuvo una reunión secreta con gente del Consejo Nacional de Huelga?
No, ni tuve instrucciones para hacerlo.

¿Porque no tuvo instrucciones para hablarlo o porque no se lo propuso?
Ni una ni otra.

¿Y no cree, pensándolo retrospectivamente, que el hecho de que usted no haya tenido ningún contacto le haya favorecido en la sucesión a ojos del licenciado Díaz Ordaz?
Bueno, él pensó que yo no había provocado problemas; no había habido asperezas directas.

¿Por qué cree usted que no le dio instrucciones de negociar? Lo lógico hubiera sido que fuera el secretario de Gobernación quien negociara con el movimiento...

Pues él empleó distintos conductos, y así lo consideró conveniente. O pensó que tenía a la persona adecuada, que era importante preservarme.

¿Por qué preservarlo?
Precisamente porque el Presidente siempre necesita —aunque no pueda siempre lograrlo— conservar algunos precandidatos que no hubieran tenido asperezas con ciertos sectores.

Por ejemplo, usted tenía un conducto que hubiera podido ser naturalísimo: su nuera, Rosa Luz Alegría...
Sí, en realidad ella levantaba simpatías dentro de la Universidad en la Facultad de Ciencias. Tan luego se casó, en pleno movimiento, y se fue con mi hijo Luis Vicente a París, se fue becada por el Instituto del Petróleo en Francia y Luis Vicente por el Banco de México.

¿Hubiera podido ser un conducto?
Probablemente lo hubiera sido. Y cuando los sucesos de Francia llegaron a tener manifestaciones muy subrayadas, yo hablé con Luis Vicente para decirle que no fuera a intervenir, que no se agachara por un adoquín. Él me dijo: "Sólo estoy de observador"; yo le dije: "Si intervienes te van a expulsar." No hubo tal cosa. Luego se vinieron, en octubre de 1969, cuando yo fui postulado candidato del partido. Ella había ido a manifestaciones y creo que conocía a Marcelino Perelló, al cual me han dicho que auxiliaba porque andaba con silla de ruedas.

¿Usted no tomó la iniciativa de buscar un conducto y el Presidente no lo instruyó al respecto?
Fue así. Sí en alguna ocasión platicamos, como una cosa excepcional, para hacer un llamado al diálogo como contestación a alguno de los movimientos de presión que había tenido frente a Palacio.

¿Usted llegó a hablar con el licenciado Díaz Ordaz del movimiento y del 2 de octubre, ya después?
Realmente poco; el asunto se transformó en la intervención del Ejército y en un problema policiaco.

¿Nunca habló usted ya con él después?
Nunca, la política la manejaba íntegramente. En conversaciones sí, pero no respecto de la estrategia esencial del Estado.

Me han contado que durante el movimiento, quizás antes del 2 de octubre, usted llevó a cabo una especie de concilio de familia: todos sus hijos, doña María Esther, para preguntarles cómo veían su papel y si usted debía permanecer en el gabinete y tratar de influir, o si debía renunciar. ¿Es cierto?
No, nunca llegaron las pláticas a ese extremo, yo creo. Claro que platicábamos: ocho muchachos en la casa y la señora con compromisos sociales, era un tema obligado de conversación. Pero no llegó la cosa a eso.

¿Nunca durante el 68 llegó a contemplar usted la renuncia?
No.

De las discusiones que han surgido sobre el 68 y el 2 de octubre, ¿qué opinión tiene usted? Hay dos hechos que se están confirmando. Uno, el Ejército no entró a la plaza en posición de disparo, ni con la intención de disparar. ¿Eso lo cree usted?
Sí, sí lo creo, el Ejército pudo intervenir desde aquellos momentos en el Zócalo, cuando alguno de los grupos que habían hecho un mitin para conmemorar el asalto al cuartel Moncada en Cuba estaban en el Zócalo y estaban muy acometidos. Estuvo presente en la Universidad, en el Politécnico, en el propio Zócalo y en la Vocacional.

¿Llevaba balas de salva el Ejército?
No sé.

Dice usted que el primer balazo fue a Hernández Toledo, y vino de arriba. ¿De dónde y de quién?
Un balazo de arriba para abajo. Me han dicho los miembros del Consejo de Huelga que ellos creen que eran personas que para provocar la balacera habían recibido instrucciones de dispararle a los soldados. Era un equipo militar que ya estaba arriba, que se había organizado en la Secretaría de la Defensa para garantizar la seguridad durante el desarrollo de los Juegos Olímpicos.

¿A quién le respondía el Batallón Olimpia?¿Bajo qué órdenes estaba?
Pues dentro de la región militar que concurrió, no puede ser de otra manera. No funciona de otra manera. No pudo estar en contra, sino coordinado entre ellos mismos. Respondía a la Secretaría de la Defensa; eran militares.

¿Por qué habría tantas órdenes cruzadas?
No, no órdenes cruzadas, es que estaba el Ejército allá y el Batallón Olimpia estuvo presente.

¿Pero por qué el Batallón Olimpia le dispararía a Hernández Toledo?
No; es lo que se ha alegado.

¿Qué cree usted?
Yo creo que no.

¿Quién le disparó a Hernández Toledo?
Siempre había muchachos armados en esos actos.

¿Usted cree que fueron los estudiantes?
Alguien; los estudiantes eran grupos muy heterogéneos, de muy distintos orígenes ideológicos, de diferentes edades.

Cuando cae Hernández Toledo, ¿quién queda al mando de la tropa?
No recuerdo, pero dentro de la jerarquía siempre hay un segundo.

Se ha dicho que era Jesús Gutiérrez Castañeda.
No, él estaba en el Batallón Olimpia.

Estuvo en el Batallón Olimpia. ¿Estuvo en Tlateloco?
No sé.

¿Usted no recuerda si él estuvo en Tlatelolco?
No. Cuando tuve que designar al jefe del Estado Mayor, cargo de muchísima confianza, habían sido varios candidatos y otros antecedentes; la estimación que le tenían los cadetes le valía sin conocerlo. Lo invité a ser jefe del Estado Mayor, o sea que iba a estar dentro de mi casa.

¿Pero nunca le preguntó si estuvo en Tlatelolco?
No, absolutamente. El ritmo de trabajo no lo permitía, así es que lo invité sin conocerlo, solamente por referencia, a ser jefe del Estado Mayor.

¿Pero sí tiene la certeza de que estaba en el Batallón Olimpia?
Pues sí, después lo he escuchado muchas veces.

¿Cómo va desarrollándose el año de 1969?
Con grandes expectativas. Se hablaba de las candidaturas de Corona del Rosal, de Antonio Ortiz Mena, de Martínez Manatou y de la mía. Yo estaba muy atrás, en cuarto lugar, el más joven y realmente no había hecho grupo político. Cuando algunos de los tres mencionados candidatos se reunían a tomar un café, yo no concurría, realmente no lo consideraba necesario, ni prudente, ni discreto; una mezcla de todo eso.

¿Usted cree en la versión de que Díaz Ordaz sondeó a Jesús Reyes Heroles para ver si él aceptaría la candidatura y se cambiara el artículo 82 de la Constitución?
Bueno, evidentemente el licenciado Reyes Heroles tuvo contacto con el Presidente Díaz Ordaz con mucha eficacia como director de Petróleos. Fue muy buen director. Y cuando hubo consultas del Presidente con distintos funcionarios y amigos y juristas sobre aspectos de una reforma política paulatina que fuera permitiendo que la oposición participara en el Congreso, dentro de la Cámara de Diputados, Reyes Heroles, que era un politólogo y fue profesor de Teoría del Estado, se acercó mucho al Presidente Díaz Ordaz.

¿Pero Díaz Ordaz contempló la posibilidad de que Reyes Heroles fuera el candidato?
Pues si la contempló, eso no trascendió.

¿Usted no se enteró? ¿Usted nunca supo si trató o no?
No, no me dijo nada Díaz Ordaz.

¿O si lo comentó, incluso con Reyes Heroles, el cambio en la Constitución?
No lo percibí.

¿Usted cree que Reyes Heroles apoyó a algún candidato?
No; la verdad, era muy cuidadoso. Tal vez con los otros tres más que conmigo.

Y el general García Barragán, ¿tenía candidato?
Él no hacía otra cosa más que lo que le indicara en todos sentidos su jefe, el comandante supremo del Ejército, el Presidente. Era un gran soldado.

¿Alfonso Martínez Domínguez tenía aspiraciones?

Se sabía como el más alto político de México. Realmente comenzó una política de principios muy nobles, con poca escuela, en el DDF, y pudo hacer un grupo muy importante en las relaciones con el sindicato. Alemán lo utilizó y ahí salió diputado. Luego lo trajo el señor Ruiz Cortines, López Mateos lo volvió a exaltar y lo recogió Díaz Ordaz, que había tenido muchas dificultades con todo el gabinete en tiempo de López Mateos. Se fueron agrupando todos alrededor de Donato Fonseca; cuando sale candidato Díaz Ordaz coge a grupos nuevos y entonces hace presidente del partido a Alfonso. Porque cuando tomó posesión Díaz Ordaz, me encomendó a mí, secretario de Gobernación —es un antecedente—, invitar en su nombre al licenciado Carlos Madrazo a ser el presidente del partido.

Estoy viendo la escena. Había gente en mi despacho, llegó Madrazo, se sentó en el salón verde de espera del secretario de Gobernación. Salí: "Señor licenciado, mucho gusto." "A sus órdenes", me dijo. "Me encomienda el señor Presidente Díaz Ordaz invitarlo a usted a ser presidente del partido." "Yo no acepto." "¿No?, le dije, ser presidente del partido es muy importante." "Bueno, acepto por usted", y fue presidente del partido. Las personas que predominaron en distintos escalones del partido no le dieron su colaboración, sino al contrario, y el Presidente puso entonces al doctor Lauro Ortega como segundo, y se aliaron con Lauro Ortega. Comenzaron a socavar todas las tendencias de renovación, la forma de trabajar de Madrazo; eso duró un año. Entonces Madrazo dice: "Vamos a escoger candidatos no de dedazo desde aquí, sino lo que nuestra gente quiera." Así provocamos auscultación, manifestaciones, mítines, y después salía el que Madrazo quería, porque decía que era el popular, porque él pensaba que la gente lo había pedido. Estaban con Madrazo, Bartlett de asesor o secretario, Rodolfo Echeverría de jefe de los jóvenes que se había conquistado y ahí estaban Camacho con Rodolfo y Chirinos, y otros más que después hicieron carrera, adorando a Madrazo. Todos contra Madrazo, de Lauro Ortega para abajo, y los jóvenes renuncian y sale Bartlett del partido y se quedó Lauro Ortega como secretario general. Después, en una convención, ya quedó Alfonso; le estoy hablando de la habilidad política de Alfonso, desde muy joven en el DDF. Él siempre abrigó la esperanza de ser candidato.

Claramente tenía aspiraciones presidenciales. ¿Cuando usted lo nombra jefe del Departamento también las tenía?

Él fue un excelente jefe de campaña, muy activo, muy hábil, pero nunca tuvo la cultura de Moya Palencia, que a mí me parece una persona muy culta; desde chico es escritor y orador.

¿Martínez Domínguez hubiera querido ser secretario de Gobernación?
Sí.

¿Cuándo empieza usted a sentir que las cosas se inclinan a su favor? ¿Cuáles son las primeras señales?
Muy cerca de la postulación que me hizo la Confederación Nacional Campesina, en realidad así fue. Yo pienso que fue allá por del mes de julio de 1969 cuando comencé a tener ciertos síntomas de visitas un poco más nutridas de líderes de los tres sectores del partido, que entonces desempeñaban un papel muy importante en el propio PRI. Comencé a notar un especial interés, incursionando en sus conversaciones a temas políticos. Pues sí, ahora pienso, ponderando las cosas muy retrospectivamente, durante el primer semestre de 1969 hubo una serie de invitaciones del Consejo de Hombres de Negocios, donde había prominentes empresarios, y de líderes de las centrales, para conversar. Yo había tenido que concurrir a desayunos y a comidas con jefes de los sectores del partido, pero comenzaron a multiplicarse las invitaciones y las visitas, de tal manera que ahora pienso que ya había una proclividad, un mayor interés, como es natural.

¿Díaz Ordaz no le dijo nada?
No. Yo le platicaba en realidad, porque me parecía que era prudente hacerlo, sin buscar nunca comentarios de él ni aprobatorios ni desaprobatorios, sino simplemente para platicarle, y sin que aparentemente le diera mucha importancia.

¿Él que le decía cuando usted iba y le platicaba?
Nada, sólo me escuchaba y seguíamos en la conclusión de los acuerdos naturales; él iba tomando nota, seguramente. Como todo Presidente, siempre veía los aciertos, la pasarela o el ventaneo, las reacciones que se esperan. El propio Presidente puede observar, porque en todo caso si en ese periodo de auscultación con sectores políticos esenciales hubiera errores, falta de seriedad, precipitación, pues el Presidente puede reaccionar.

¿Cómo va evolucionando la contienda a partir del segundo semestre de 1969?
Yo fui sintiendo un mayor interés de grupos, de sectores.

¿No había golpes bajos?
No, yo no tenía mucho contacto con los medios; como secretario de Gobernación no lo tuve mucho. Decían que era demasiado silencioso y que después me solté a hablar mucho; claro, en las campañas yo había dado 18 discursos diarios. Eso no tiene remedio, es natural en los candidatos.

¿No hubo por parte de sus rivales patadas por debajo de la mesa?
No, no recuerdo nada importante en realidad. Quizás por ser el más joven, quizás por tener, por lo menos visiblemente, menos oportunidades, no se preocupaban mucho.

¿Usted que hacía?
Dedicarme a trabajar mañana, tarde y noche. Siempre tuve en mi carrera política en esta casa, que era una granja, debajo de estos árboles, una gran solidaridad familiar. Aquí, mi esposa vigiló el crecimiento de mis ocho hijos; siempre tuvo preocupaciones sociales; ella se desenvolvió muy bien después cuando hablamos con la reina de Inglaterra y con la de Bélgica y con la familia real del Japón, pero no se le veía aquí mucho antes como una señora de sociedad. Se había movido con mucha discreción; venía de una familia muy progresista de Jalisco, su padre había sido un gobernador muy destacado en tiempo de Obregón; había fundado la Universidad; se había dedicado a hacer relaciones con Diego Rivera, con Orozco, con Siqueiros. Ese ambiente había en su casa. Yo nunca tuve el problema de una serie de manifestaciones, compromisos, veladas o cumpleaños de amigos a los cuales los políticos se ven frecuentemente obligados a asistir para no perder relaciones. Así es que el frente interno lo tuve bien cubierto, además con una tradición liberal, no lo que ahora se llama liberalismo, sino el liberalismo tradicional del siglo pasado, una familia enteramente laica, y no tuve tampoco el problema de intromisiones por ese lado que frecuentemente existen en la política mexicana. Mantuve relaciones muy respetuosas con miembros del clero; como secretario de Gobernación tuve buenas relaciones, por encargo presidencial, con el obispo primado de México. Lo sabía el Presidente, quien me lo había recomendado; cuando había

algún problema entre grupos religiosos distintos en pueblos, el secretario de Gobernación recurría al obispo primado para establecer la paz, y mantuve buenas relaciones. Pero no por lo que respecta a una posible acción tomando como puente a mi esposa, como algunas veces se ha acostumbrado en la política, que el marido aparenta ser muy liberal y muy laico y por otro lado hay una vida religiosa auténtica en el seno de la familia por la tradición más subrayada, en buena parte, de las mujeres mexicanas.

¿Quiénes fueron sus aliados?
En realidad, si puedo ponderar, en la Confederación Nacional Campesina, que era muy fuerte entonces, yo había establecido algunos contactos, pero sin la perspectiva de la candidatura. Cuando aquel sonado lío de los copreros, de hechos muy violentos en Acapulco, hubo cambios en la CNC y un joven líder que ocupaba una situación de segundo plano, Augusto Gómez Villanueva, quedó frente a la Campesina. Él era muy activo y llevaba con frecuencia comisiones de campesinos que iban al entonces Departamento de Asuntos Agrarios a sus gestiones. Era natural, gente desamparada que a veces se quedaba a dormir, porque no tenía dinero para pagar el más pobre mesón, en los corredores del Departamento de Asuntos Agrarios. Gómez Villanueva comenzó muy activamente a patrocinarlos, de tal manera que eso motivó algunas quejas del entonces jefe del Departamento, Norberto Aguirre Palancares, un hombre de muy buena fe, muy dedicado a su labores dentro de su oficina. Se quejó con el Presidente Díaz Ordaz de que Gómez Villanueva le llevaba a los campesinos y los dejaba dormir dentro del Departamento; pero no era que los dejara dormir: era que no tenían a dónde ir, ahí comían cualquier cosa, utilizaban los baños de las oficinas del Departamento. Entonces Díaz Ordaz me dijo: "Vaya y dígale a ese muchacho que los deje trabajar allá en el Departamento Agrario." Entonces yo lo llamé y le dije: "Augusto, ¿qué pasa con eso?"

Había un grupo de jóvenes que dirigía Mario Moya Palencia. Mario es una persona que ha sido muy talentosa siempre, excelente escritor y orador. Era un grupo de universitarios que me comenzaron a visitar con más frecuencia en 69. Eran muy jóvenes, algunos de ellos eran amigos del joven Miguel Alemán Velasco, pero ya en la campaña de López Mateos tomaron parte muy activa. Nos hicimos excelentes amigos.

¿Gobernadores?
En realidad mi trato fue muy equilibrado; no me veían muchas posibilidades. En el Congreso también tenía pocos amigos. Me comenzó a frecuentar un excelente elemento militar, el general Hermenegildo Cuenca Díaz, que resultó senador de la República cuando la candidatura de Díaz Ordaz, y nos hicimos excelentes amigos. Pasó un poco lo que había ocurrido sin duda cuando el señor Ruiz Cortines, a mediados del gobierno de Alemán por la muerte de Pérez Martínez, se había venido como secretario de Gobernación desde Veracruz. Él era gobernador y no le vieron dimensiones, lo vieron demasiado discreto, una vida muy sobria, y muy grande: andaba por los 62 años. Pero un joven senador con una gran sensibilidad, llamado Adolfo López Mateos, lo visitaba con frecuencia. Cuando no había un ambiente favorable en el medio político para Ruiz Cortines, surge una simpatía entre López Mateos y Adolfo Ruiz Cortines. Hubo una similitud en mis relaciones con Cuenca, que tenía una gran altura militar; él sí me veía con frecuencia en Gobernación y no tuve ninguna duda en invitarlo a ser secretario de la Defensa, y creo que fue muy bueno cuando lo integré en mi gabinete.

¿Entre los intelectuales, en la prensa?
En realidad me defendí trabajando desde muy joven con la mayor discreción posible, no frecuentando ambientes políticos, con mayor discreción quizás de lo acostumbrado en los cargos. Ahora estimo, ya mirando para atrás, que en años de formación estuve dentro de una estricta disciplina autoimpuesta.

Le hice la siguiente pregunta a Mario Moya: "En el sexenio del licenciado López Portillo hubo una figura muy cercana al Presidente que apoyó a un candidato, y que al apoyarlo le permitió tener una relación muy fluida con el Presidente. Esa persona fue José Ramón López Portillo. En el sexenio del Presidente De la Madrid hubo una persona muy cercana al Presidente que apoyó a un precandidato y le permitió tener una relación muy fluida con el Presidente. Fue Emilio Gamboa. ¿Quién fue el José Ramón y el Emilio Gamboa de Luis Echeverría en el sexenio del licenciado Díaz Ordaz?" Moya me dijo: "Yo creo que fue el general Gutiérrez Oropeza."
¿Qué cree usted?
Ni lo fue, ni yo lo hubiera necesitado, porque nadie conocía a López Portillo como yo.

No, pero con Díaz Ordaz, en el sexenio de Díaz Ordaz.
¿Cuando yo fui candidato?

Sí.
No lo necesitaba Díaz Ordaz.

¿Y usted tampoco?
No.

¿Pero sí era muy cercano a usted Gutiérrez Oropeza?
No, yo trataba a los colaboradores cercanos como él, pero en realidad me defendí trabajando y muy tarde llegué a ser candidato, después de muchos años de trabajo.

¿Pero no pasaba usted a veces recados, información, versiones al Presidente vía Gutiérrez Oropeza? ¿No lo utilizaba usted como intermediario a veces?
No.

¿No era un amigo cercano suyo?
No.

¿Gutiérrez Oropeza no lo apoyó a usted?
No, ni me apoyó ni me obstruyó.

¿Cuándo cree usted que Díaz Ordaz decide?
Cuando palpó que no había una oposición en sectores del partido. Yo creo que no hubiera habido esa determinación de Díaz Ordaz si hubiera encontrado algo. Además me fue muy útil, y debo decírselo, el haber sido el subsecretario de Gobernación con Díaz Ordaz. Tenía varios aspectos importantes en la Secretaría bajo mi responsabilidad, pero el principal era el manejo de toda la política migratoria. Yo creo que cien por ciento tuve una conducta decente, recta, honorable, durante mis años de subsecretario de Gobernación, para decir sí o no de acuerdo con muchas circunstancias. Tuve algunos casos en que podía pensarse que era violación de garantías por la drasticidad en la acción, y en otras una gran soltura ante consideraciones de integraciones familiares o sanciones a quienes habían cometido grandes violaciones, etcétera.

En balance, ¿por qué cree que Díaz Ordaz finalmente se inclinó por usted?
Porque no vio una oposición. Son cosas subjetivas que la historia quizás algun día revele, o quizás haya dejado escritas algunas memorias. Después, desde mi campaña, empezó a modificar su simpatía por mi candidatura. Mire, yo trabajé muchos años en el partido y en la Secretaría de Gobernación. En el partido trabajé siete sin interrupción y en la Secretaría de Gobernación once, y eso me permitió estar atento a las cuestiones políticas del país y establecer contactos con gente de los sectores del partido. De acuerdo con las características de la política, durante muchos años, esos contactos eran definitivos y nunca tuve con la iniciativa privada ninguna aspereza. Así es que evidentemente no tuve un mal ambiente, sino al contrario.

¿No había resistencias?
No.

¿No había ningún sector que se hubiera podido oponer?
No; fueron naturales rivalidades, más bien discretas, tácitas, de grupos políticos dentro del partido.

¿Había algún grupo político que más bien le jugaba las contras a usted?
No, no me veían a mí muchas dimensiones, ni edad, ni experiencia; no había sido diputado, no había sido senador, no había sido gobernador.

¿Pero resistencia abierta, ninguna?
No, quizás pensaban que era inútil cualquier resistencia porque no era un candidato de peso. Realmente yo me pasé muchos años trabajando muy intensamente.

¿Cómo le comunica a usted su decisión?
Con toda sencillez, al terminar un acuerdo que no había sido en Palacio, en Los Pinos, un día en la tarde, después de unas cosas no muy importantes me dijo.

¿Cuándo?
Debe haber sido a mediados de julio de 1969. Él me anunció mi candidatura en junio o julio, la postulación de CNC fue en octubre. Él

me dijo: "Usted va ser el candidato del PRI a la Presidencia, ¿está listo?" "Estoy listo." "Hasta luego." "Hasta luego."

¿Nada más?
Nada más. No hubo ni un compromiso, ni una particular, efusiva manifestación de emoción. Con toda sencillez.

¿No le dijo: "no se lo diga a nadie"?
No, realmente no hacía falta. Ni era para que me dijera "no se lo diga a nadie", que es la expresión que se acostumbra cuando alguien quiere que se sepan las cosas. Cuando viene la recomendación en el seno de la amistad, de la familia, es la manera de que, emocionado, el otro salga con su secreto. No, yo me vine tranquilamente aquí, sabía que era una misión de trabajo, llena de responsabilidades, de posibilidades, de perspectivas, de peligros.

¿No se lo comentó usted a doña María Esther?
Absolutamente no, ni siquiera cuando pasaron agosto y septiembre, y en los diarios se iba mencionando a los cuatro finalistas.

¿Por qué cree usted que le avisó a usted con tanta anticipación, en julio, aunque el destape fue en octubre?
Porque, evidentemente, el que va a resultar candidato debe pensar en sus condiciones, en detalles personales, en la familia, en hacer un examen de conciencia para ver si se siente dispuesto a trabajar intensamente, correr riesgos y quizás correr peligros. Tiene que haber preparativos. Un candidato a la Presidencia debe tomar precauciones para cuidarse la salud en primer lugar; algunos para hablar con la familia, yo no lo hice; algunos para revisar su vestuario; algunos para inventar o redescubrir antepasados ilustres; para hacer que los hijos no se porten mal, porque ya comienza a reflejarse en los diarios, los muchachos frecuentemente desbocados por la personalidad política o económica de los padres. En mi caso realmente no había la necesidad; mis hijos fueron aquí siempre a escuelas oficiales del pueblo, y se acabó y aquí había un ambiente de trabajo. Así es que no me vi obligado a cuidar en particular a la familia.

¿Usted no hizo ningún preparativo durante esos tres meses?
No, en ningún sentido; no me compré ninguna guayabera más.

¿Cómo se arrepiente Díaz Ordaz? ¿Son los incidentes en Michoacán?
Hubo una serie de detalles, que ahora puedo ponderar, cuando se anunció mi candidatura. Ya era la tercera semana de octubre de 1969; fue una manifestación campesina por Bucareli desde la esquina de Avenida Chapultepec. Subieron y les abrí las puertas y les dije: "Señores, ¿qué están haciendo?" Entonces ya me dijeron que yo era el candidato del sector campesino; comenzó a llenarse la Secretaría.

La fecha y el momento de la postulación, ¿quién la escoge: usted o él?
El día anterior ya me puse yo de acuerdo con la Campesina para esperarlos a determinada hora.

¿Pero coordinado esto con el Presidente?
Sí, obviamente, tratándose de detalles como ese. Pero nadie en la Secretaría de Gobernación, ni gente como el subsecretario Moya Palencia u otros funcionarios muy cercanos, lo habían percibido en ningún gesto, ante una posibilidad de riesgos y oportunidades de trabajo y de responsabilidades y peligros, pues no es como para enfiestar a los demás. Comenzó a ir mucha gente a Gobernación, se comenzó a llenar la Secretaría y de los estados comenzaron a venir delegaciones, a veces muy numerosas; hasta el patio de atrás de la Secretaría llegaron caballos de algunos estados, porque para hacer la cosa popular o populista o folclórica o pintoresca, como se le quiera llamar, entraron personas con trajes típicos y hubo momentos en que llegaron con caballos y con mariachis y todo eso. Cuando llegaron los tamaulipecos había mucha gente y se estacionaron en Bucareli, obstruyendo el tráfico; entonces los manifestantes pidieron permiso a unas viejitas que viven exactamente enfrente para ocupar su balcón y ahí estuve yo durante el mitin que se improvisó con Portes Gil y con los tamaulipecos. Comenzó a pensar el señor licenciado Díaz Ordaz que yo debía de abstenerme —lo deduzco— de ese tipo de manifestaciones hasta no ser declarado candidato del partido, porque era realmente precandidato. Sí hubo algo que quizás lo comenzó a hacer meditar acerca de si yo no saltaba un poco las trancas, pero iban miles de personas, en honor a la verdad, entusiasmados con las perspectivas de los cambios de la política; personas que querían acercarse a quien iba a ser poco después candidato formal a la Presidencia de la República. Cuando formulé con el partido mi campaña, incluí en la primera etapa a Querétaro para rendir

homenaje a la Constitución, y fui por tierra a Guanajuato, a Michoacán, a Jalisco, a Nayarit, a Colima y a Sinaloa, para regresar a Mazatlán y embarcarme a La Paz, contra muchas oposiciones, para recorrer toda la península de Baja California, que en gran parte era intransitable. Entonces Díaz Ordaz comenzó a preguntar a qué iba a Baja California, porque en gran parte no había electores, era el desierto. Luego, con el espíritu de renovación, comenzaron a participar muchos muchachos en una u otra forma en mi campaña o en la propia gira; algunos han sido gobernadores, diputados, senadores, y hubo una permeabilidad para muchos elementos jóvenes.

¿Cómo va evolucionando el antagonismo con Díaz Ordaz?
Yo deduzco que no iba a ser una cosa muy ostensible. Hubo esas manifestaciones como producto del mitin que resultó cuando la visita a la Universidad Nicolaíta, en Morelia. Durante la gira en Michoacán se incluía, como era tradición, el depósito de una ofrenda floral en el monumento a Hidalgo que está en el primer patio de la Universidad. En pueblos que visitamos previamente, me alcanzaron jóvenes de la Federación Estudiantil Universitaria de Michoacán para decirme que no veían con simpatía que fuera a la Universidad, ni siquiera a depositar la ofrenda floral a Hidalgo. Cuando les dije que sí iba a ir, que era un deber para mí depositar esa ofrenda al Padre de la Patria, me alcanzaron en otro pueblo para decirme que me iban a recibir mal, pero que si quería fuera a depositar la ofrenda. Yo les había preguntado si temían una discusión o un diálogo; que cuando menos me dijeran que aceptaban. Fui, estaba la Universidad en pleno, con gran expectación, y después de recibir ataques de los tres jóvenes, hablé y les manifesté ante el retrato de mi admirado Fidel Castro y de mi admirado Che Guevara, que no debían pedir héroes prestados a los extranjeros, teniendo ahí el ejemplo tradicional del padre de la patria, de Melchor Ocampo y de Lázaro Cardenas. Ya aplaudió la mitad de la Universidad, y al bajar del estrado un muchacho apellidado Sandoval, de la Juventud Comunista, gritó: "Un minuto de silencio." Yo dije, y lo oyó toda la Universidad: "Un minuto de silencio por los estudiantes y los soldados muertos en Tlatelolco." Pasó el minuto de silencio y seguí mi camino ya con una buena parte de la simpatía universitaria después de ese incidente. Aquí en México sí hubo conmoción por lo de Tlatelolco y al día siguiente en el partido hubo instrucciones de acuartelarse, y empezó a decirse que probablemente habría un cambio de candidato. Me

dijeron en Michoacán que se estaba creando una atmósfera para el cambio de candidato. Yo dije: "Les va a costar mucho trabajo hacer otra asamblea nacional." A los dos días se disiparon las dudas y ya no hubo más.

¿De donde venía esto? ¿De Díaz Ordaz, del Ejército?
Probablemente de una mala interpretación en algunos elementos no maduros, inferiores, del Ejército; probablemente en los medios políticos, porque todavía en octubre pudo haber habido un cambio de candidato, porque de sobra se cumpliría con los plazos. Hubiera sido posible cumplir con el requisito constitucional de la ausencia en un cargo público, y como había otros precandidatos que también ocupaban cargos públicos, pues probablemente no mal querientes sino bien querientes de ellos se habían movido con la esperanza de que hubiera un cambio de candidato.

¿Habló con Martínez Domínguez ese día?
No, no hubo necesidad porque realmente las sombras se disiparon.

¿Tuvo comunicación con Los Pinos o con el Ejército?
No.

¿Alguien le habló para comunicarle la molestia del general García Barragán?
No, nadie.

Le voy a leer las notas de mi entrevista con un excolaborador suyo que ocupaba un puesto altamente sensible en aquel momento, y a quien pude entrevisar a condición de no citar su nombre en este contexto: "Me llama García Barragán muy molesto por la imprudencia del licenciado Echeverría de ir a la Universidad. Me pide que sea el conducto con el licenciado Díaz Ordaz, que le informe a Díaz Ordaz sobre el disgusto o molestia de las Fuerzas Armadas. El Presidente Díaz Ordaz me ordena que hable con Echeverría por teléfono y le haga sentir el problema con las Fuerzas Armadas. Le digo que Díaz Ordaz le pide a Echeverría dedique su siguiente discurso a las Fuerzas Armadas. Así lo hizo Echeverría. Más adelante me pidió Echeverría poder ver a García Barragán en Jalisco." Esto último, para que pasara usted a saludarlo a Sayula. ¿Así fue?
Fue un saludo de paso en la puerta de su rancho.

Hugo Cervantes del Río.

Luis Echeverría, candidato a la Presidencia.

De izquierda a derecha figuran: Marcelino García Barragán, Emilio Martínez Manatou, Alfonso Corona del Rosal y Luis Echeverría Álvarez.

Luis Echeverría se ciñe la banda presidencial; en el extremo derecho, Gustavo Díaz Ordaz aplaude.

¿Este alto funcionario no le habló esa noche para pedirle que pronunciara ese discurso?
Hablábamos con frecuencia y quizás me dio algún matiz que a mí me parecía lógico que se lo diera, pero no como una cosa crítica.

¿Y con el Presidente Díaz Ordaz ese día usted no habló?
No.

¿Él no le habló, usted no le habló?
No. En el curso de la campaña hablamos muy pocas veces, porque yo estaba seguro de cómo había ocurrido el incidente, y si alguien estaba seguro de cómo se propició la visita fui yo, yo la provoqué.

¿Usted no recuerda con detalle la conversación esa noche que le he citado?
Pues platicamos.

Tiene que haber sido en casa de la familia Cárdenas, en su caso.
Solo ahí, porque después fuimos a Zamora, y después los discursos, y a Jiquilpan ya llegamos muy tarde.

Y cuando pasó a visitar a García Barragán en Jalisco, ¿no tocaron el tema?
No.

¿Hubo otros incidentes, problemas o roces con Díaz Ordaz durante la campaña?
Después he deducido algunos elementos que no habían sido de la simpatía de su gobierno que me acompañaron en la campaña, como el de hacer reformas al Código Agrario. Yo invité al secretario de la Campesina, Gómez Villanueva, que de joven le había caído mal por llevar tantas comisiones al Departamento de Asuntos Agrarios, y me acompañó en muchas ocasiones y fue una gran ayuda en la Campesina en toda la República.

¿A quién más incorporó usted que no fuera del agrado del licenciado Díaz Ordaz?
Algunos elementos que habían participado en disturbios juveniles o gente que no había participado en la política, pero nunca llegó a más, en honor a la verdad.

Alfonso Martínez Domínguez ha contado que él tuvo una conversación con usted, al regresar de Baja California, en algún momento de la campaña en enero de 1970...
La campaña fue a Querétaro, a Michoacán, a Guanajuato, a Jalisco, a Colima, a Nayarit, a Sinaloa, a toda la Baja California, un viaje muy largo, y a Sonora, y regresamos el 8 o 9 de enero; celebramos el año nuevo en Cananea.

Regresando de Baja California viene a México, lo busca Martínez Domínguez en el aeropuerto, se vienen ustedes platicando y él le comenta que cree que usted está descuidando al Presidente, que empieza a formarse un sentimiento adverso a su campaña en la Ciudad de México, que sus giras son demasiado largas, que los excandidatos derrotados en cambio seguían en la Ciudad de México y estaban malinformando al Presidente. Que él pensaba que usted debía reportarse más seguido con el Presidente. Usted le contesta: "El licenciado Díaz Ordaz sabe todo, no lo voy a distraer con minucias." ¿Así fue?
Así debe haber sido la conversación, entre muchos temas tratados. Fue una sorpresa para el partido y una molestia para mucha gente, por el trabajo que significó para ellos, que yo hubiera querido recorrer Baja California. Iniciamos el viaje atravesando buena parte del desierto.

¿Eso le molestó también al Presidente Díaz Ordaz?
Le extrañó mucho que hubiera hecho un recorrido donde no había electores, una opción de ver el tradicional aislamiento de Baja California.

¿Usted no empezó a hablarle más seguido al Presidente Díaz Ordaz?
No, porque además con el presidente del partido había comunicación; en la campaña es el propio candidato el que va palpando los problemas y mi campaña fue muy minuciosa. Creo que ha sido de las más minuciosas que ha habido.

Sigo citando a Martínez Domínguez. En ese mismo mes de enero, un par de semanas después de esta conversación, dice él que fue a visitar al Presidente Díaz Ordaz. Eran muy amigos; al entrar al despacho, Díaz Ordaz le dice: "¿Qué dice tu pinche candidato?" "Párale, Presidente, es tu candidato y el mío", le contestó. "Pues por qué anda dicendo que va a haber un cambio, ¿cuál cambio? Ya vamos a acabar con él, se va a la chingada. Lo vamos a enfermar y se va enfermar de a de veras. La convención del PRI todavía se pue-

de hacer, estamos a tiempo. Vete preparando para eso, estáte en tu casa sin salir tres o cuatro días, vigila al PRI por teléfono." ¿Qué comentario le merece?
Eso ha de haber sido después del incidente en Morelia. No me parece improbable. No tengo ninguna certeza, porque Alfonso no me lo dijo, pero no me parece improbable porque es cierto que no les cayó bien en el Palacio que yo dijera que había que avanzar, arriba y adelante.

¿Por qué?
Pues ante la pobreza del país, ante todos los sectores humillados y ofendidos, mis discursos los pronuncié siempre con convicción. Decir "arriba y adelante" era mostrar que estábamos estacionados, y para mí así había sido el desarrollo estabilizador. Entonces, era un problema para el partido no poder manejarme, siendo yo un joven candidato.

¿Usted nunca tuvo información de esos días de enero cuando el Presidente Díaz Ordaz, ya de motu propio, pensó cambiarlo?
No, pero —quiero matizarlo— no me parece improbable. A él no le gustó mi campaña —no me estoy justificando—, ni mi administración. Cuando tomé posesión ya no hablé de nada con él.

¿Nunca?
En mis seis años. Yo no volví a hablar con él. Nunca. Mi gobierno no le gustó y no le gustó la campaña, no le gustó que yo llamara a muchos jóvenes. El incidente con Martínez Domínguez no me parece improbable, pero también dentro de esa no improbabilidad puede indicar simplemente un desahogo, una forma de hablar. Una cosa así como para decirle: "Tú vigila a tu candidato." Él fue el jefe de mi campaña, pero todo lo que yo determiné lo hice por mi iniciativa.

Ahora, en la lejanísima posibilidad de que en efecto a usted lo hubieran desplazado como candidato, pues hubiera quedado Martínez Domínguez, ¿verdad?
Bueno, él siempre abrigó la esperanza.

¿Hubo más roces después?
Luego vino la integración del gabinete; yo no tuve de parte de él, de ninguna manera, una posibilidad de intromisión. Era una persona

responsable, fue una persona valiente Díaz Ordaz, asumía sus responsabilidades; él pensó que siempre estaba aplicando la ley y que la fuerza debía estar al servicio de la ley. Yo integré el gabinete aquí en la mesa del comedor, solo, con un lápiz en la mano, porque no se le puede confiar a nadie a quién se habría de invitar para ocupar cargos importantes. No hubo ninguna sugerencia de parte de él, como se dice que en ocasiones anteriores había ocurrido. Nunca supe a fondo si el gabinete le hubiera simpatizado o no.

Cuando usted integra su gabinete, ¿ya empieza a pensar en quiénes pueden ser posibles sucesores, o no?
En la integración del gabinete quizás hubo elementos que no le habían simpatizado, y desde luego entraron una serie de jóvenes o personas que él nunca hubiera pensado. Por ejemplo, me tuve que buscar para Pemex, de una lista de ocho que yo mismo había formulado, el que me parecía mejor en contraste con una persona que hubiera repetido, como Reyes Heroles, que fue muy buen director general de Pemex. En Gobernación invité a Moya Palencia, que a lo mejor le pareció muy joven a Díaz Ordaz.

¿Aunque ya lo había nombrado él secretario durante ese año?
Sí.

¿A sugerencia suya?
Me preguntó si yo no tenía inconveniente en que se quedara y le dije que no. Es muy importante en un gabinete presidencial el secretario de Gobernación. Hay muchas cosas subjetivas; en cada sexenio cambia la constelación de intereses, de gente; el Presidente tiene que quedar con una relación ideológica de propósitos, de programas, una nueva esperanza. Algunos no le simpatizaron. Quizás yo había sido un secretario de Gobernación demasiado discreto, quizás él pensaba que debía pedir algún consejo —nunca me lo insinuó—, quizás quería que yo buscara alguna opinión respecto a cambios que fuimos introduciendo —y sí me dispuse a modificaciones importantes en la política ante los obreros, ante los campesinos, en la política internacional, desde el primer año—, pero no recurrí a consejos de nadie.

Alfonso Martínez Domínguez cuenta que cuando usted lo nombra jefe del Departamento, en diciembre de 1970, se encuentra ahí con

la existencia de un grupo de una especie de paramilitares, "los Halcones"; un grupo que ya existía cuando él llega.
Sí, "los Halcones", sí, cómo no.

¿Cuándo se forma ese grupo y cuál es su historia?
Ha de haber sido a finales de 1968, principios de 1969, porque comenzamos a hallar bombas en el viaducto Miguel Alemán y echaron abajo una torre de transmisión eléctrica, y una serie de incidentes. Entonces, el Departamento del Distrito Federal, Corona del Rosal, fundó un grupo así, porque era más fácil; además fue sobre todo para prever, no para perjudicar o perseguir a nadie. Así fue y a partir de mí lo conservó.

¿Fue el grupo que luego participa en los acontecimientos del 10 de junio de 1971?
El mismo.

Pero se forma después del movimiento del 68...
Sí, así fue. Éste nunca se formó con vistas a los Juegos Olímpicos. El llamado grupo "los Halcones", que por su instrucción militar era un grupo preventivo sobre todo, de vigilancia, produjo un gran error. En 1971, cuando iban a prever que creciera un movimiento que pudo haberse iniciado, se presentaron armados con unos grandes palos. Los estudiantes se pelearon con ellos. Pero no hubo tal matazón realmente.

¿Qué sucedió el 10 de junio de 1971?
El 10 de junio fue así. Era un grupo preparado para hacer labor de prevención y vigilancia policiaca, que se había formado en tiempo de Corona del Rosal, del DDF, porque a cada momento del 68 y todo 1969 comenzó a haber una serie de incidentes de personas descontentas por lo que había pasado en todo el movimiento estudiantil en Tlatelolco, y hubo muchos incidentes. Entonces pusieron vigilantes, jóvenes disfrazados de civil, y por inercia quedó el asunto en el Departamento. En el mes de junio hubo una manifestación y, por un acuerdo que todos compartimos para que fueran y evitaran que llegaran al Zócalo, se destacaron los Halcones. Unos provocadores —porque siempre se metieron en la cosa juvenil— rompieron aparadores y quemaron camiones, pero fue una gran imprudencia de Alfonso y del jefe de la policía, que era muy amigo. Se presentaron

con unas estacas enormes, tipo japonés, frente a los estudiantes, y los estudiantes les pegaron a los Halcones, muchachos como ellos, y se trenzaron. Esa es la historia. La imprudencia consistió en no ver los detalles Alfonso y el jefe de la policía, del cual dependían los Halcones. Era una policía, no hubo tantos muertos ni mucho menos, han inventado y no es así, pero los que estaban en la manifestación querían repetir el movimiento del 68 y se les impidió. En mi administración no hubo manifestaciones, salía todo el mundo, había tranquilidad.

Después usted sí premió al coronel Díaz Escobar, que era el jefe de ellos en el Departamento de limpia del DDF...
Ni lo premié, ni me acuerdo. Se fue de agregado militar, lejos. Era gente del DDF.

Pero era militar.
Sí.

Y usted primero lo premió mandándolo a Chile de agregado militar...
No fue un premio, fue una comisión y para sacarlo del juego, inclusive. Sí, él era muy amigo de Corona. Él siguió con Martínez Domínguez, él se lo encuentra ahí.

¿Desterró usted a Martínez Domínguez?
No es cierto. Lo que sí hice, por los antecedentes que él tenía en el partido, fue un mitin en el Zócalo para avisar de la situación. Muñoz Ledo fue mi orador, y entonces en su discurso inventó lo de "emisarios del pasado". Si alguna vez platica con Muñoz Ledo, pregúntele.

¿Por qué no comenta uno por uno el gabinete?
Yo no tuve ninguna duda para que Moya Palencia fuera el secretario de Gobernación. A Gómez Villanueva lo invité a ser jefe del Departamento de Asuntos Agrarios y le dije: "Y vamos a convertir al Departamento en Secretaría por la importancia del campo." Y así fue.

¿Con Moya, obviamente pensó desde los primeros días que era uno de los posibles candidatos a la Presidencia?
Pensé que lo iban a mencionar y Moya tenía antecedentes brillantes. Había sido compañero de Carlos Fuentes y compañero de esa

generación llamada del 50, muy inteligente, y mantenía relaciones con ellos.

En Hacienda nombra usted a Margáin...
Sí, por las relaciones económicas a veces tan dependientes de los Estados Unidos, para tener facilidades o para evitar problemas o para evitar represalias, lo invité a ser secretario de Hacienda.

¿Le veía usted perspectivas de ser candidato?
No, no lo pensé en ese momento. No había participado activamente en la vida política. Sí pensé que se iba a perfilar, pero sin ese cálculo frío con que popularmente o comúnmente se piensa que el Presidente tiene toda la sucesión pensada; no es posible eso.

¿Quiénes eran los que usted pensaba desde un principio que serían candidatos?
Pensé en Gálvez Betancourt, que había sido un excelente y honesto director del Seguro Social. Fue un excelente gobernador de Michoacán; había sido conmigo oficial mayor de la Secretaría de Gobernación. Lo invité a ser director del Seguro Social, y aunque fuera ante mí mismo una cosa muy subjetiva por la inmediatez de la designación, y porque habían de pasar cuatro años para que se perfilara él o cualquier otro como candidato a la Presidencia y por mi convicción sobre la resolución tripartita —Estado, capital, trabajo— de muchos problemas, al designar al director del Seguro Social evidentemente hubo la posibilidad de una proyección. Pero sin llegar a la sofisticación de los detalles.

¿Quién más?
De otros muy destacados yo le vi a Porfirio Muñoz Ledo muchas capacidades. Era mucho más joven, tenía afinidades y diferencias con el gabinete.

¿Al principio no entra al gabinete?
No, no entra, pero fue muy destacado como subsecretario de la Presidencia.

¿Hugo Cervantes del Río?
Fue otro, digamos, leve precandidato, muy cercano, pero sin ese cálculo frío irreal que muchos suponen que es así. Estaba Muñoz

Ledo, que desempeñó un papel muy importante, muy brillante en la Secretaría; él compartió con el licenciado José Campillo Sainz, que primero fue subsecretario de Industria y Comercio y luego secretario, una labor de asesoría para mí muy importante por la sensibilidad y la preocupación social de Muñoz Ledo y la profundidad humanística del licenciado Campillo, que estaba muy en contacto con el sector empresarial. Cuando Carlos Torres Manzo salió de Industria y Comercio para ser gobernador de Michoacán, lo invité a ser secretario y fue muy brillante, así es que se comenzó a perfilar por las circunstancias también como un posible candidato.

¿Campillo Sainz?
Campillo, pero le digo, no es una cosa de promoción o de que haga promesas sin fundamento el Presidente.

Al principio del sexenio, ¿ya había pensado en López Portillo?
Con él tenía simpatías por una vieja amistad. En realidad yo no fui su candidato en 1970, no obstante esa vieja amistad. Pero eso nunca la empañó. Él estaba ya cerca del doctor Martínez Manatou, trabajando, y siempre mantuvimos inalterable nuestra amistad, pero cada quien con su destino y su actividad.

¿Pero usted cree que él más bien estaba con Martínez Manatou?
Digamos una cosa de inercia; en esto no hay muchas simpatías o antipatías personales, no hay muchas afinidades electivas, es una cosa de una mecánica que depende de muchas circunstancias. Yo creo que esto hay que entenderlo así. Él había entrado a trabajar a la Secretaría de la Presidencia con Martínez Manatou, le llegó a tener Díaz Ordaz mucho afecto por muchos estudios que llegó a hacer, llegó a ser subsecretario con Martínez Manatou. Cuando, como siempre ocurrió, el problema financiero del país se fue agudizando, yo creí conveniente, después de que lo invité a ser el director de la Comisión Federal de Electricidad, que fuera secretario de Hacienda y que tuviera contacto, ya siendo una persona independiente, con el sector financiero, con los banqueros, con la iniciativa privada. Entonces yo sí empecé a pensar que podía ser un buen candidato a la Presidencia.

¿Al nombrarlo ya en Hacienda?
Sí.

Usted decía que incluso desde que se trae a López Portillo de la Comisión Federal, ya estaba pensando claramente en él...
Sí, pero sin decir una palabra. Era una persona de confianza que andaba con los banqueros. Mis contactos en la política no habían sido con las personas de la economía, ni el Banco de México ni Hacienda; habían sido con los políticos, con los gobernadores, con la CTM, con la CROC, con la Campesina, con el sector popular; era mi ámbito.

¿Usted designa a López Portillo en Hacienda porque piensa que es el que tiene más posibilidades y debe tener contactos con el ámbito hacendario que no conocía, o al revés?
No, las dos cosas.

Cuando se lo trae a Hacienda, ¿ya estaba claramente pensando en él?
En que era posible, y era conveniente tener a alguien con cierta vinculación y experiencia con esa gente.

¿Con ese propósito lo pone en Hacienda?
Para que se fuera ambientando, por si él resultaba y no sobrevenía un problema serio.

¿Lo cuidó usted en esos tres años?
No, al contrario: le dije que hiciera frente a problemas muy serios. En una ocasión publicó Scherer, pariente de él, por cierto, que iba a haber impuestos sobre la propiedad y la riqueza. Si tenías una casa, aparte de pagar el predial, tenías que pagarle al Estado por ser propietario de la casa, entonces el que tuviera algo tenía que cederle algo al Estado —lo estoy simplificando demasiado—. Entonces yo tenía una reunión en Toluca y en el autobús vimos el rumor en el periódico, y al salir de regreso estaba la prensa muy interesada en que yo les aclarara este asunto, y no tenía ningún antecedente. López Portillo, secretario de Hacienda, me dijo: "Es un proyecto que se tiró a la basura." Le dije: "Quédate a hablar con la prensa." Y en el camino de Toluca dio una conferencia de prensa, diciendo que era lamentable que recogieran del basurero proyectos que no iban a prosperar.

¿Quién se lo habrá filtrado a Scherer?
Algún empleado. Muy probablemente alguien que no estaba con López Portillo.

¿Cuándo deja de pensar en Mario Moya?
Cuando me di cuenta de que los problemas financieros eran los principales; cuando la pobreza, cuando el desempleo, cuando el comercio internacional llegan a convencerte de que son el problema esencial, más que el problema de los políticos y sus respectivas aspiraciones en sí; cuando te das cuenta de que lo otro es lo esencial, la inequidad social, la población creciente, llegas a pensar que lo financiero se vuelve parte de lo esencial. Mario Moya fue un excelente, leal secretario de Gobernación, talentoso y brillante, y fue el candidato de grupos políticos importantes del partido, del país.

¿Como cuáles?
Fue de una gran popularidad en gobiernos de los estados y en los sectores del partido. Llegó a tener esa popularidad durante mucho tiempo, sobre todo poco después de su designación, aunque ya para el penúltimo año de gobierno estaban las opiniones divididas. Muñoz Ledo, que fue muy buen secretario del Trabajo, había hecho una importante política obrerista, se preocupó mucho porque hubiera más condiciones para un aumento de los salarios y en una lucha con los empresarios, no siempre bien comprendida por ellos, para desarrollar un mercado interior importante. Gálvez Betancourt, con muy buenas relaciones con los sectores de la producción en el seno del Seguro Social, por ejemplo. Así se va perfilando todo esto, pero López Portillo tuvo una ejecutoría muy importante el último año antes de la postulación, como secretario de Hacienda, sin ser un secretario alejado del país ni mucho menos, no encerrado en su oficina.

¿Veía a Moya como una persona demasiado vinculada al alemanismo?
No particularmente. Estaba vinculado con todos los sectores políticos. No lo veía como el alemanismo en particular. Lo vi siempre como muy afín al echeverrismo, al Presidente de la República, con buenas relaciones. De muchacho había ido a Los Pinos, era amigo personal de Miguel Alemán Velasco, estudiaban juntos, hicieron una revista juntos cuando Miguel y Moya eran muy jóvenes.

¿No fue una objeción?
No; lo veía sin ninguna objeción a él, ni al alemanismo, ni a los otros. Ahora, en cada cambio sexenal, los ismos se van diluyendo, no nos hagamos ilusiones: al día siguiente, por la influencia del Presidente, por la esperanza con que llega, por las ambiciones personales, por

la supeditación de muchos, hasta por fenómenos muy subjetivos, muy irracionales, al día siguiente se acaban los ismos anteriores.

¿Igual en algún momento usted descartó a Moya?
En un momento dado el candidato fue López Portillo y no hubo un descarte preestablecido, prefabricado, en ninguno de los demás. Era conveniente que asumiera la responsabilidad. El que es candidato, ya lo sabemos, se juega la tranquilidad, se juega la vida, se juega la salud. La gente lo ve como una maravilla, en realidad son los amigos, son muchos de los parientes, son los que se dicen compañeros desde la escuela primaria, los que hacen un ambiente en razón de su propio entusiasmo o para su propio provecho. El que sufre es el candidato; son siete años, desde la campaña hasta el último día, y después quienes no resultaron candidatos no ven con simpatía al que resultó, porque le tienen que dar el abrazo, y seis años después, los que no resultan candidatos respecto a su jefe dicen: "¿Y por qué yo no? ¿Que le vio a éste?" Entonces queda mal el Presidente, es un drama. Ojalá tuviera el Presidente la posibilidad de enterarse de todo tan rápidamente. Ahora es más fácil con los medios, cuyo volumen e importancia han aumentado, que el Presidente se entere, pero aun así cuántos errores se cometen, cuántas omisiones sin que el Presidente se entere, pero todo se lo atribuyen al Presidente.

¿Qué cree usted de la explicación generacional de Mario Moya, según la cual él siempre supo que no iba a ser, debido a que su designación hubiera implicado un salto generacional en un momento inadecuado?
No; él supuso que iba a ser. Era de toda mi confianza, con toda eficacia, con mucho talento; nos veíamos con grupos de amigos para tomar un café en Los Pinos, muy pocas veces, pero había eso. Antes de que yo fuera Presidente y él secretario de Gobernación, iba a su casa con frecuencia; las señoras entonces eran amigas.

¿Él sí supuso que podía ser?
Claro, pero también lo supuso Gálvez Betancourt y también lo supuso Hugo Cervantes del Río.

¿Y usted hacía lo necesario para que lo supusiera?
Bueno, los invitaba a hablar en público para ver cómo lo hacían y se ratificó eso después, porque en una gira por el estado de Morelos, en un terreno que después sería de la Universidad de Morelos, los

periodistas entrevistaron al secretario de Recursos Hidráulicos, y estuvo muy pintoresco. Al señor secretario, muy buen amigo mío, le preguntaron: "¿Los precandidatos, quiénes son?" "¡Ah!, pues son Moya Palencia, Cervantes del Río, López Portillo, Gálvez Betancourt…". Echó siete nombres; improvisadamente, tropicalmente, le salieron siete nombres.

¿Sin instrucción suya?
No, no hacía falta. ¿Yo para qué lo iba hacer? No tenía necesidad de hacerlo, y entonces lo destacaron muchísimo.

¿Usted sí cree que Mario Moya pensó que podía ser?
Evidentemente, sí.

¿Y no hubo en ningún momento una decisión negativa suya, algo que le hubiera dicho "Moya quizás no"?
No, para mí lo fundamental fue, como era y sigue siendo, la economía y el contacto con las fuentes de crédito. Pensé en él y en otros porque el Presidente necesita, cualquiera que sea su grado de intervención, exponer una baraja, un abanico abierto, no centrarse en una persona.

El cambio generacional no le parece un factor. Si usted hubiera querido poner a Moya, ¿lo pone?
Sin ningún problema en ningún sentido.

¿Aunque fuera más joven? ¿No importaba?
Tenía tantas aptitudes… No, para mí la determinación y mi gran influencia fue el contacto con las fuentes de crédito, con la banca de desarrollo.

¿Pero usted sí estaba enterado de las características de cada uno de los precandidatos?
Pues sí, en relación con el medio en que se movían, pero no del todo, imposible. El Presidente es un ser humano con el tiempo limitado también.

¿Cuándo decide usted finalmente?
Después de platicar con sectores del partido; insisto en que eso no se puede subestimar, porque para nosotros, los que nos formamos

en el partido, los votos nos los dieron los sectores del partido y puede haber sectores que sean forzados, pero si no hay algo expreso o tácito para despertar simpatías y apoyos, no hay una candidatura sólida y firme.

¿Cómo eran esas conversaciones?
¿Respecto a las personas?

Sí.
Bueno, con muchas cosas tácitas o expresas y por los resultados de las gestiones, también por las opiniones que delegados del partido recogían en la República. El acuerdo es más complejo de lo que parece; no es que el Presidente quiera simple y llanamente, no es así, es de lo más complicado.

¿Cómo funcionaba cuando usted se reunía con distintos dirigentes?
En todos los sectores que el Presidente tiene que recibir, y yo recibí en las oficinas de Los Pinos, en la propia casa presidencial, a mucha gente para hablar y para palpar y recibir opiniones, a veces muy cautas, a veces temerosas, a veces muy francas. Es labor política del Presidente ponderarlas.

¿Eran opiniones negativas o más bien positivas?
Frecuentemente las hay negativas y frecuentemente hay una guerra de baja intensidad —permítame aprovechar la expresión— en los meses precedentes a la postulación de un candidato del partido más poderoso a la Presidencia de la República.

Usted dice que son los equipos los que golpean. ¿Cómo sucede?
Los equipos de los otros. Los precandidatos siempre están rodeados de colaboradores, amigos, familiares, partidarios, simpatizantes, enemigos. Una cosa es ya el ser candidato y pensar en un compromiso grande que se acaba de tener y en que se pone en juego la propia seguridad, la propia vida, y otra cosa el entusiasmo del ambiente que se le hace a un candidato, del cual tiene que cuidarse, porque ambiciones, requerimientos, esperanzas y todo eso, es mucho más de lo que puede satisfacer.

¿Cómo se produce el desencuentro con Reyes Heroles en la Presidencia del PRI?

Yo lo invité por una relación ideológica, pensando en sus cualidades intelectuales. Hubo un incidente sin más importancia, cuando comenzó a correr la candidatura en Veracruz de un candidato que no tenía muchas posibilidades, frente a una persona cercana mía, el secretario del Trabajo Rafael Hernández Ochoa. Entonces Reyes Heroles dijo: "Yo, como veracruzano, no votaré por Carbonel de la Hoz." Entonces dijeron: "Es un presidente del PRI que se rebela." Tengo ahí todos los discursos pronunciados por Reyes Heroles en que se refería, en la forma más elogiosa, al Presidente. Hubo ese incidente. Luego él nunca tuvo como precandidato a López Portillo, porque decía con mucha sencillez: "El que cobra los impuestos no podrá ser candidato." Entonces se puso a hacer el programa del partido.

¿Tenía algún precandidato él?
No, no lo tenía. Tenía los deseos de hacer un programa para que el partido, que entonces él presidía, buscara candidato a la Presidencia. Pero las circunstancias precipitaron la candidatura de López Portillo, y él consideró que era algo fuera de sus convicciones que hubiera candidato antes de que hubiera terminado el programa. Mi pensamiento era que el candidato, en su gira por la República, afrontando los problemas, hiciera su programa.

¿Tenía una opinión negativa de que fuera López Portillo, o sólo pensaba que no era factible?
No en lo personal, sino funcional. Surgió la candidatura de López Portillo, no le simpatizó a Reyes Heroles y ya mostró deseos de no hacer la campaña. Entró Muñoz Ledo a ser el presidente del partido y Reyes Heroles se fue al Seguro Social, porque Gálvez Betancourt pasó a ser secretario del Trabajo. Después a Reyes Heroles, que habrá tenido sus razones, López Portillo lo nombró secretario de Gobernación, que lo fue poco menos de la mitad del tiempo del periodo del señor López Portillo, y poquito después el secretario de Gobernación comenzó a decir: "El gobierno anterior era populista." El término populismo ya tomó carta de naturalización, como algunas cuestiones en la política mexicana; hablamos por ejemplo de populismo, hablamos de los malosos, hablamos de los candados, hablamos de esto hasta sus últimas consecuencias, las investigaciones hasta sus últimas consecuencias. Entonces se hacen ciertas frases que en la política se usan con una gran comodidad mental, como estas que he dicho y otras.

¿Cuándo finalmente toma usted la decisión irrevocable de que sea López Portillo?
Cuando ya tenía un ambiente y para evitar confusiones. El Presidente tiene que ser un coordinador de todo eso.

¿Pero más o menos en qué fecha? ¿Cuándo decidió usted?
Septiembre, octubre del quinto año de gobierno.

¿Usted le dio un lapso semejante a López Portillo entre aviso y destape como el que le dio a usted Díaz Ordaz?
En realidad sí, solamente que yo no fui muy explícito. Yo fui conectando con las circunstancias y él se dio cuenta.

¿Cómo fue?
Pues sí, después de un periodo de auscultación muy grande que propició Díaz Ordaz y que yo también desarrollé para la sucesión, se acercaba el fin de mi sexenio. Pues sí le había dado a entender a José López Portillo que se preparara.

¿Cómo le fue dando a entender?
Pues conectándolo con gente de los sectores, el propio cambio de la Comisión Federal de Electricidad a la Secretaría de Hacienda, era ya un testimonio muy grande.

¿Pero usted le comunica más explícitamente a José López Portillo la decisión antes?
Yo sí le dije, bueno, ya al final: "Está decidido y te van a lanzar, y a trabajar."

¿Eso fue el último día?
Sí, en los últimos días.

¿No le comunicó algo semanas o meses antes? ¿Por qué no le dio usted ese lapso a López Portillo?
Porque no hacía falta.

Mario Moya Palencia me dijo que una vez, con López Portillo, en la casa de Fonatur de Ixtapa, López Portillo le dice a Moya: "Le tengo mucho cariño a esta casa, porque aquí fue donde Luis me anunció su decisión."

Probablemente fue una de las conversaciones en que él sintió que ya se iba acercando. Nunca fue un acuerdo tan expreso como lo que tuvo Díaz Ordaz conmigo. Pero sí hubo cosas muy tangibles.

¿Cómo qué, por ejemplo?
Pues conectarlo con personas, hablando de temas que excedían a lo específico de su misión concreta en la Secretaría de Hacienda, temas de política internacional.

¿Y usted cuándo empezó a hablar de estos temas con López Portillo?
Dos o tres meses antes.

¿Y él lo entendió?
Obviamente, si esta era una cosa tan importante para el que lo percibe. Por nuestra vieja amistad se podría explicar que habláramos de una serie de temas que excedían una función específica que él tenía; además es conveniente que así sea.

¿Usted quería que él entendiera?
Pues claro.

¿Cuando habrá sido?
Yo creo que por junio o julio de 1975.

En estas conversaciones con López Portillo, ¿le toca también usted temas como los que me acaba de mencionar, es decir, hacer examen de conciencia, organizar bien su vida familiar, su vida personal?
Sí, es una cosa tácita, porque evidentemente el Presidente no puede comprometer ante cosas que pueden sobrevenir y ser un factor decisivo y definitivo.

Este tipo de conversaciones que tuvo usted con López Portillo, ¿no las tuvo con los otros precandidatos?
No, pero sí los hice participar, ponerse a prueba.

¿Pero no empezó usted a decir "prepárate, organízate"?
No, porque ya hubiera sido el síntoma que hiciera un compromiso muy serio de parte del Presidente. Era conveniente que la gente fuera meditando acerca de una serie de circunstancias y de aspectos:

que va a cambiar de vida, que va a pisar un terreno totalmente distinto al de toda su vida; los riesgos, como le decía.

¿Quiénes fueron los finalistas?
Se va madurando, el Presidente tiene que ir ponderando. Moya Palencia sí llegó hasta el final, Muñoz Ledo, esos cuatro.

¿Cuál era el cuarto?
López Portillo, Moya Palencia, Muñoz Ledo y Gálvez Betancourt.

¿Gálvez Betancourt sí llegó al final?
Dentro de las consideraciones generales tenía mucho prestigio Gálvez Betancourt y lo tenía también Muñoz Ledo en el sector obrero.

¿Y por qué Porfirio no fue?
Pues porque fue el secretario que tenía que ver con las finanzas. Había estado en contacto López Portillo con los problemas financieros.

¿Eso que se dijo mucho de que Porfirio había tenido un veto de los norteamericanos o de los empresarios?
No, Porfirio no era ni es un elemento radical; tenía muchas simpatías. Mucha gente se asustó por el llamado socialismo europeo, pero era el socialismo de Willy Brandt y otros dirigentes europeos. Mitterrand era partidario de un socialismo que se basa en el capital, en las buenas y equitativas relaciones por el trabajo, y creo que es lo que hizo Muñoz Ledo.

¿Cómo se movían los candidatos? El Presidente recibía toda la información; ¿los veía moverse?
Se estaban perfilando como candidatos el licenciado López Portillo, el licenciado Moya Palencia, el licenciado Gálvez Betancourt, el licenciado Porfirio Muñoz Ledo, esencialmente. Ahora recuerdo, el hecho es que entonces los consideraban muy naturales, aunque en realidad fueron muy destacados, pero sí tenían la esperanza y el entusiasmo de familiares y amigos. No hubo ningún acto de agresión, probablemente a través de uno que otro columnista algún piquetito, pero no pienso que haya habido, realmente. Había un ambiente de sobriedad, quiero decir que nunca con ninguno de ellos, ni antes de la postulación ni durante la Presidencia, estuve en una

fiesta particular, de esas que van amigos a tomarse unas copas; yo estimo que no.

Porfirio cuenta que una vez usted lo llamó, lo convocó a Los Pinos y le dijo: "Oiga, licenciado, no se me ande juntando con los demás del gabinete en fiestas."
Eso sí.

¿Es cierto?
Me consta; y algunas copas... Le dije que no se echaran copas y además en todas las juntas nunca. Tenía un puritanismo de sentido práctico.

Pero además no le gustaba a usted que hicieran fiestas...
De ninguna manera.

¿Ni con usted ni sin usted?
De ninguna manera, ni en reuniones familiares, por sentido práctico de las cosas.

Usted va sondeando cómo se dan las opiniones de los distintos sectores. Ya para 1974 tenía usted su relación con el empresariado muy deteriorada, ya había sucedido el secuestro y asesinato de Eugenio Garza Sada en Monterrey, y los problemas que se conocen. ¿Qué quería el empresariado?
En primer lugar, es una tendencia que ha sido universal que los grandes intereses económicos quieran al Estado a su servicio. Luego, sí hubo una política permanente de incremento de los salarios, con la cual, por falta de visión, no simpatizaban algunos líderes empresariales. Pero, ¿cómo vamos a hablar de una política de mercado si no hay mercado, si no se elevan los salarios? El salario de los trabajadores, que se ha visto muy deteriorado los último 15 años con el neoliberalismo, se emplea en comer, en transporte, en habitación, en algunos periodos de descanso con la familia; el salario se gasta. Esto ha sido un principio injustamente llamado Estado benefactor, porque los propios empresarios ganan más cuando el dinero circula y debían de entender lo que les conviene, y por la estabilidad social.

¿Qué le llegaba a usted del empresariado en cuanto a sus preferencias para la sucesión? ¿Tenían un candidato claro?

No, realmente estimo que no hubo nunca algo subrayado en contra de nadie. López Portillo les simpatizaba porque estaba en contacto con la banca y con muchos empresarios. Gálvez Betancourt, en el terreno tripartita que es el Seguro Social, estaba en contacto con los factores esenciales de la producción. Se comenzó a mencionar, también en esos días, al licenciado Gómez Villanueva, muy en contacto con el sector campesino, con el cual se portó con toda lealtad.

¿No tenían un poco de renuencia con Porfirio?
Pasó una cosa muy especial. En realidad él podía discutir como el más calificado con personas que han sido llamadas guías de la iniciativa privada; creo que nunca rehuyó como secretario del Trabajo ninguna discusión. En una ocasión tuvo una discusión a fondo, con ribetes un poco tensos, con gente prominente de la iniciativa privada de Monterrey. La prensa lo exageró mucho, pero no por sus puntos de vista socialdemócratas, que eran los de mi administración en realidad. La industria creció mucho, en particular la de Monterrey. Petróleos creció mucho por el buen director que tuve, el ingeniero Dovalí. Fundamos el Instituto Mexicano de Comercio Exterior, luego lo clausuraron porque decían que no había qué exportar; precisamente porque no había mucho qué exportar fundamos el Instituto, como fundamos el Infonavit después del primer desfile obrero, porque era esencial el problema de la habitación. Cuando íbamos volando en un viaje en que estuvimos en Canadá, en Inglaterra, en Bélgica, en Francia, en la Unión Soviética y en China, cuando habíamos despegado de París, me acompañaba un grupo de empresarios. Íbamos volando rumbo a Moscú, y con una frase demasiado poco expresiva, don Juan Sánchez Navarro me dijo: "Señor Presidente: ¿y ahora vamos a ser comunistas?" "No, hombre; vamos a llegar a la Unión Soviética y luego a China, tenemos que tener relaciones con todo mundo." No me dijo "ahora vamos a tener influencia" con demasiada simpleza, sino "ahora vamos a ser comunistas", curiosamente. Les había impresionado mucho el ambiente aristocrático en la Casa Real de Inglaterra, la de Bélgica y un ambiente muy elegante que había en Francia. Porque fuéramos a la Unión Soviética y a China había sobresalto.

¿No diría usted que tenían un candidato, ni que tenían renuencias o desacuerdos?
No, no hubo ninguna opinión negativa para ninguno de ellos, expresamente. Creo que no, creo que a cualquiera lo hubieran acepta-

do, hasta al propio Muñoz Ledo, que lealmente había luchado por puntos de vista para el desarrollo económico, que incluía la ampliación del mercado.

¿La Iglesia?
No, ningún problema en ningún momento, sino todo lo contrario. Yo como secretario de Gobernación había tenido, de vez en cuando, pláticas con monseñor Miranda cuando había algunos problemas o dudas por la formación del libro de texto. No querían que se hablara expresamente del aborto, de planeación familiar, de los principios de educación sexual, que lo siguen manteniendo, aunque ha habido ya más elasticidad, con excepción del problema del aborto. Pero no, de tal manera que para evitar cualquier problema, allá por febrero o marzo de 1974, pedí al cardenal Miranda, el entonces obispo de la Diócesis de la Ciudad de México, que me concediera una entrevista con el Papa, lo cual les cayó muy bien porque ningún Presidente había hablado con el Papa; nunca un Presidente había ido al Vaticano y desde la Guerra de Reforma la escisión había sido muy profunda.

¿Y don Fidel?
Don Fidel, muy prudente, estaba a la expectativa.

¿No opinó para nada?
Unos me dicen que la candidatura del licenciado Muñoz le simpatizó mucho, aunque después fue del todo leal su colaboración con el partido.

¿Usted sintió que se inclinaba por Porfirio?
Durante una buena temporada, unos tres años, un par de años. Tuvo una gran sensibilidad sobre el significado social y moral de la elevación de los salarios.

¿Cómo llegó usted a percibir que don Fidel estaba con Porfirio?
Don Fidel y los organismos obreros todos, íbamos con frecuencia a mítines obreros y muchas veces, discursos de líderes menores eran contestados, por indicación mía, por Muñoz Ledo. No hubo ninguna expresión muy tangible, pero sí por la aceptación de ir a juntas, a discusiones. Cuando se creó el Infonavit, por ejemplo, muy al principio del gobierno, los líderes obreros trataron ampliamente con

Porfirio cuando era subsecretario de la Presidencia. De tal modo que estimo que no hubo manifestaciones muy tangibles de apoyo, más bien tácitas.

¿Usted sintió que tenía las manos libres, sin presiones?
Sí.

Sus colegas me han dado respuestas distintas en torno a la pregunta sobre qué tanto querían saber y qué tanto sabían sobre la vida de los precandidatos. López Portillo me dijo: "sí investigué las finanzas, mandé investigar las finanzas de cada uno porque sí era importante para mí". El licenciado De la Madrid me dijo: "no, no mandé investigar nada desde ese punto de vista, e incluso, cosas que debía haber sabido no las supe". En el caso suyo había una peculiaridad, por lo menos en lo que se refiere a López Portillo: lo conocía mejor que nadie. Conocía sus virtudes y sus defectos; ¿éstos no le parecieron suficientes para no inclinarse por su candidatura?; ¿por ejemplo, su vida familiar?
No, no, no. Objetivamente hablando, durante el tiempo en que fue alto funcionario en mi administración, yo no percibía más que la ratificación de lo que había observado desde la primera juventud: valiente, decidido, de mente ágil. Así me pareció siempre, desde estudiantes.

López Portillo tenía fama de ser muy amigo de las mujeres...
De una forma u otra todos lo hemos sido, o más o menos. Para mí es una cosa absolutamente secundaria. No era una cosa relevante. Para mí nunca lo ha sido. Nunca creí en la búsqueda de un modelo de vida matrimonial con una moralina pequeñoburguesa tradicional. No hay un matrimonio aparentemente sin ningún incidente; es decir, si de algo me enteré nunca fue en ningún sentido un motivo de alarma, en ninguna de las personas de las que hemos hablado. A lo mejor algo se contó, algo se dijo, algo sucedió, pero de mi parte una moralina tradicional maniquea, ahora pienso que nunca la tuve.

¿Llegó a tener alguna duda sobre López Portillo?
Ninguna, y creo que hizo muy buena campaña y que Muñoz Ledo la manejó bien. No obstante la labor de Muñoz Ledo, pienso que no simpatizaron a fondo íntimamente durante la campaña, no sé por qué detalles. Una campaña electoral trae problemas de organización, de comitivas que se organizan, de discursos que se preparan.

Probablemente López Portillo, cuando empezó a decir "la solución somos todos", ya aludía a la necesidad de armonizar factores de la producción que seguramente, al final de mi administración, estimó que se habían desequilibrado un poco. Probablemente vio en Muñoz Ledo no una profunda simpatía por la idea.

¿No lo veía como un alfil suyo?
Bueno, no sé hasta qué punto en una campaña presidencial como las que se estilaban, con las características de entonces, podía uno apartarse de la idea de que el presidente del partido fuera alguien que se apartara del Presidente de la República. Es natural que en una campaña organizada con éxito, el presidente del partido siempre se hubiera acercado al siguiente Presidente de la República y que hubiera entrado al gabinete, y no está mal, habiendo recorrido la República con él, habiendo ponderado los problemas.

Porfirio tiene la tesis de que usted de alguna manera pensó en dos sucesiones...
¿Dos sucesiones?

Sí, López Portillo en 76 y Porfirio en 82, y que por eso lo manda usted al PRI. Él no quería ir al PRI; incluso pensó que si usted lo mandaba al PRI, se lo encajaba, por así decirlo, a López Portillo, y que a mediano plazo se iban a pelear y él iba a tener que salir.
En primer lugar, hubiera sido de lo más ingenuo pensar en lo que pudiera pasar 20 años después. No se me hubiera ocurrido; esto se lo digo, yo no hubiera tenido esa ingenuidad. En segundo lugar, para mí era una responsabilidad propiciar las cosas para que saliera bien la campaña de López Portillo, y Porfirio, muy inteligente y muy buen orador y un temperamento cien por ciento político, podía ser el jefe del partido. Porfirio no es una persona que le diga ni al Presidente, y menos a un candidato, "sí, señor" o "no, señor": es una persona con ideas, con cultura para proponer variantes a una recomendación del Presidente.

¿Él no se resistió cuando usted lo manda al PRI?
De ninguna manera; es un político. Lo que sí pasó es que no se entendió con el licenciado López Portillo.

¿No se entendieron?
Muy políticos los dos.

¿Y no cree que si hubiera simplemente quedado en el gabinete Porfirio, hubiera podido entrar al gabinete de López Portillo más fácilmente?
No.

¿O al revés?
Hubiera sido darle vuelo a la imaginación y a la ingenuidad, realmente nunca lo había escuchado. Él pensó que podría ser, seguramente, de haberse entendido mejor con López Portillo, pero evidentemente chocaron desde la campaña.

¿Pero no cree que chocaron en parte porque López Portillo lo veía como una persona suya, con mayor lealtad hacia el Presidente que hacia el candidato?
Pudo haber sido una percepción, pero de ninguna manera fue así.

¿Se le enojó a usted alguno de los precandidatos?
Ninguno. Fueron a darle un abrazo a López Portillo y seguimos trabajando, y probablemente tenían la esperanza, por la buena armonía que había habido durante la campaña, de continuar con él.

¿Usted no le dio explicaciones a ninguno?
Claro que no, ni por qué no fue, ni por qué antes habría habido la posibilidad de que lo fuera. Son cosas a veces muy subjetivas y muy tácitas, en las que no se puede entrar en muchas explicaciones, en primer lugar porque no es necesario.

¿Nunca ha hablado después con Mario Moya de por qué no fue?
Sí, pero de eso no, nunca.

¿Y él no le ha preguntado?
Nunca me ha preguntado.

¿Cómo fue el episodio del general Cuenca Díaz y la gubernatura de Baja California?
El general Cuenca Díaz hizo un papel brillantísimo. Creamos la Universidad, construimos un colegio, construimos la escuela, que era una vieja misión. Era la persona más decente y equilibrada, y un secretario de Defensa con experiencia política. Me pidió ser gobernador del estado de Baja California, donde había servido con gran

eficacia, pero cronológicamente hubiera sido una determinación del régimen ya en tiempo de López Portillo. Antes de que terminara el sexenio, le hablé a López Portillo para ver si no tenía inconveniente de que fuera gobernador de Baja California el general. Entonces me dijo: "Tú eres el responsable hasta noviembre y yo tomo nota." Se anticipó la postulación; donde no les cayó mal fue en Baja California, salvo a los grupitos políticos que apoyaban a algún otro que quedó fuera, como siempre ocurre.

¿No siente usted que López Portillo sí se puede haber molestado un poco?
No. Él era muy amigo de Roberto Delamadrid, era su gran cuate. Todas las demás postulaciones fueron de López Portillo, todos los demás; sólo Cuenca no. Porque mire, para mí que se la merecía, fíjese que había como 350 generales jubilados que cobraban la pensión, pero con el grado estaban obstruyendo el ascenso de las nuevas generaciones. Entonces él me propuso un cambio: "Nos vamos a meter en un lío, y sobre todo usted." "Yo lo arreglo." Dimos de baja a 350 generales; eso fue importantísimo. Fuimos una vez a un desayuno del Colegio Militar; al salir del desayuno hicimos un recorrido y lo comentamos. Los cadetes apretados, había dos turnos para el desayuno, entramos al gimnasio y estaba todo descuacharracado, nos asomamos a unas aulas y muy mal, y me dijo el general Cuenca a la salida: "Ojalá, señor Presidente, algún día pudiéramos hacer el Colegio Militar." Le dije: "Busque el terreno." Lo encontró por ahí, por el camino a Toluca, en La Marquesa, y entonces comenzaron a hacerse estudios y los ecologistas se dieron cuenta y se comenzaron a oponer. "Pues encontremos otro", y encontró uno allí donde está el Colegio, se convocó a un concurso y se construyó. Le supliqué que no pusiera en la placa mi nombre, como lo hice en otras ocasiones. Me dice: "¿Por qué? Lo voy a poner, porque es justo." Y así se construyó la candidatura de él; en plena campaña se murió.

¿Cómo evoluciona su relación con López Portillo, en la campaña y ya Presidente él?
Él tuvo la idea, por rumores interesados, de que ni el expresidente Díaz Ordaz ni el expresidente Echeverría dieran la sensación de que intervenían en algo de la política. Nos invitó a Díaz Ordaz a ser embajador en España y a mí a ser embajador en Francia. Yo luego luego

le dije que no hablaba francés y que me disponía a salir a China a mediados de 1977; ya tenía los boletos comprados, mi mujer estaba lista y cuatro de mis hijos. Le manifesté que no me sentía el indicado para ser embajador en Francia y que me disponía a viajar en lo particular y por mi cuenta a distintas partes del mundo. Cogió el teléfono y le ordenó al licenciado Roel, que era el secretario de Relaciones Exteriores, que me expidiera un pasaporte diplomático para poder viajar con libertad y que me asignara un asesor. Me fui rápidamente a China y luego a París. Estando en París, vi que estaba vacante la pequeña Embajada ante la Unesco, le hablé al licenciado Roel y en veinte minutos obtuve el nombramiento y me quedé un año. Ese año, sin muchos compromisos protocolarios, conocí casi toda Europa, y abundaban las invitaciones para conciertos de música sinfónica y para la ópera y para los ballets y para dar conferencias.

Los rumores interesados eran de Reyes Heroles, según López Portillo. ¿Está de acuerdo?
Había algo especial. Creo que le he dicho antes que nunca había sido su candidato, como presidente del PRI. Suponía que el que cobra los impuestos no puede ser candidato a la Presidencia. Entonces López Portillo, seguramente con el recuerdo de que había sido muy estudioso Reyes Heroles, como ideólogo político, lo llevó a la Secretaría de Gobernación. Eso duró un par de años; se distanciaron seriamente.

López Portillo dice que él ya ahora no cree que usted trató de moverle el tapete, sino que Reyes Heroles exageró la actividad que había aquí en San Jerónimo.
Estaba muy preocupado, pues yo tenía amigos y parientes, ¿cómo aislarnos? Imposible. Con cordialidad, amigos de toda la vida, colaboradores de muchos años. ¿Por qué no? Es decir, después de haber pasado por la Presidencia de la República, hubiera sido ingenuo tratar de intervenir en alguna determinación del Ejecutivo.

Usted dejó a Porfirio primero en el PRI y a Gómez Villanueva en la Cámara de Diputados...
No los dejé; él los invitó.

A Porfirio en el PRI lo puso usted...
Pero hasta el fin de la campaña.

Y a Gómez Villanueva a la Cámara, también lo puso usted...
Con entero palomeo de López Portillo. Así fue, no de otra manera. Por lo que respecta a Muñoz Ledo, él lo invitó a ser secretario de Educación; fue cosa de él.

¿Usted le dijo a López Portillo que alguien entrara al gabinete?
Nunca a nadie, yo sé lo que es eso. Él invitó a gente de mi gabinete y a amigos cercanos.

¿Pero usted no intercedió por nadie?
No; inclusive a un hijo mío, a mis dos hijos mayores, economistas, los nombró, muy amable y generosamente, directores de fideicomisos importantes: el Banco de Crédito Rural y luego a Álvaro lo mandó como representante en la FAO un par de años. Luego vino aquí a San Jerónimo y fue el testigo principal del nacimiento de un nieto mío, en 1978.

¿En alguna medida intervino el factor de la amistad en su decisión de inclinarse por López Portillo?: "Tantos años de amigos, me va a cuidar."
Eso de "me va a cuidar" me parece un valor pequeño ante los riesgos que el Presidente acepta con la candidatura. Hay situaciones peligrosas, hay momentos con muchos riesgos, que se aceptan. En realidad, dentro de la complejidad psicológica de cada quien, al llegar a la Presidencia de la República, con muchas facultades, con muchas posibilidades, como que se expande una inclinación a persistir, a trascender con base en cosas positivas. Además, de acuerdo con las realidades de la época, un precandidato resultaba candidato, y obviamente los demás se estaban preguntando por qué ellos no, y luego seis años después, al postularse un candidato, pues dejaba el originalmente postulado a un lado. Además de que, como es bien sabido, frecuentemente los amigos son de mentiras y los enemigos de verdad. Hay que saberlo, son los riesgos de cada actividad: los toreros tienen sus riesgos, los paracaidistas tienen los suyos, los actores tienen al público.

Díaz Ordaz llegó a decir que él se había equivocado...
Sí, lo dijo, porque no le gustó mi campaña, no le gustó la política exterior que yo deseaba y no le gustó que abriéramos Los Pinos a todo el mundo. Es cierto; así lo dijo; bueno, estaba en su derecho.

¿Usted no cree que se haya equivocado con López Portillo?
Yo no. Díaz Ordaz, francote, decía que se había equivocado. Les repitió a los amigos que todos los días ante el espejo, al rasurarse, con otra palabra, decía: tonto, tonto, tonto. "¿Por qué, Gustavo?" "Porque me equivoqué."

Por último, su participación en la última sucesión, la de 1994: ¿cómo fue su conversación con el Presidente Salinas en marzo de 1994, a la que Salinas se ha referido públicamente, pero de la que usted no ha dado su versión?
Se supo en el atardecer del 23 de marzo que se había agredido a Colosio y en la noche, como a las ocho, por radio y por televisión, que había muerto. Entonces dije: "Voy a dar el pésame." Yo nunca había tenido ninguna dificultad ni mucho contacto con el Presidente Salinas. Fui a Los Pinos, estaba entrando mucha gente y en un salón abajo de la casa estaba el licenciado Salinas con gente del gabinete y otras personas que habían ido. Entonces fui a hablar con ellos y les di el pésame, y desde luego entré con mi chofer a dar el pésame; como buen mexicano le di un abrazo. Al día siguiente fui al PRI, y había estado López Portillo y luego llegó De la Madrid al salón Plutarco Elías Calles, y otras personas, e hice una velada ahí mismo con otras personas del partido. Estaba todo el gabinete ahí, y dije unas palabras muy emocionadas, y el candidato y la Revolución Mexicana y arriba y adelante; aplaudieron. Saludé a Salinas y me retiré. Los otros expresidentes no dijeron nada, pero yo vi a la gente y hubo unos aplausos que venían de la galería. Y pasó el tiempo; luego él declaró que yo había ido unos días después a recomendar la candidatura de Emilio Gamboa; he sabido después, por el propio Emilio y otras personas que me han contado, que siendo secretario de Comunicaciones ya habían tenido grandes diferencias, que estuvo a punto de pedirle la renuncia, entonces era una cosa contra él decir que fui a recomendar su candidatura. Eso fue todo.

¿Usted nunca habló con Salinas esos días más que para el pésame?
No.

¿Ni le propuso candidato, ni habló con él?
No. Gamboa era su colaborador, yo no sabía que estaban peleados.

¿No le propuso ni a Gamboa ni a nadie más?
No.

¿Y usted no tuvo ninguna conversación sustantiva con él? O sea que lo de Gamboa simplemente es falso...
En efecto. Le ofrecí después una cena a Gamboa, y estaba Ortiz Arana, que es mucho más joven que yo y amigo de mucho tiempo atrás. Se aclaró que la alemancita, la güera Bodenstedt, había tenido una amistad muy cercana con Córdoba Montoya y con Emilio, y ella dijo que iba a la Secretaría de Obras Públicas a vender cuadros; la muchacha había tenido una vida muy agitada, de mucho rompe y rasga. Entonces se dedujo que Emilio había sido amigo de ella y de Córdoba Montoya, y trascendió una conversación telefónica que tuvo desde casa de ella, cuando está el Presidente en Europa, y estuvo hablando de cosas, informando al Presidente en casa de ella, y por las sospechas que había sobre ella, porque había estado ligada de alguna forma con narcos, trascendió y *Reforma* publicó en primera plana la conversación de Córdoba Montoya en casa de ella.

En todo caso, el otro incidente es falso...
No habría tenido la ingenuidad de recomendar un candidato. Algo sí sé de esto.

José López Portillo y Pacheco

JOSÉ LÓPEZ PORTILLO Y PACHECO nació en la Ciudad de México el 16 de junio de 1920. Estudió su carrera profesional en la Facultad de Derecho y Ciencias Sociales de la Universidad Nacional Autónoma de México, donde obtuvo el título de licenciado en Derecho.

Ingresó al gabinete de Luis Echeverría el 1 de junio de 1973, con el cargo de secretario de Hacienda y Crédito Público. Fue postulado por el PRI a la Presidencia el 22 de septiembre de 1975, y electo el 4 de julio de 1976; tomó posesión el 1 de diciembre de ese año. Entregó la banda presidencial a Miguel de la Madrid seis años después.

En 1976, México era un país de 62.3 millones de habitantes. Durante el sexenio de López Portillo, la economía mexicana creció en un promedio de 6.2% anual; la inflación promedio anual fue de 32.7% y llegó a 98.9% en el último año de su mandato. El PIB *per capita* alcanzó $2,840.00 dólares en 1982.

Entre los principales acontecimientos internacionales del sexenio figuran los siguientes: Jimmy Carter toma posesión como Presidente de Estados Unidos en 1977; el sha de Irán se marcha al exilio, mientras que el ayatolah Khomeini proclama la República Islámica en 1979. Egipto e Israel firman el Tratado de Paz de Campo David en Washington. Carter y Leonid Brezhnev firman el SALT II. En 1979 cae Anastasio Somoza y triunfa la revolución sandinista en Nicaragua. La URSS interviene militarmente en Afganistán. En 1980 muere Tito en Yugoslavia y estalla la guerra entre Irán e Irak. En 1982 estalla el conflicto de las Islas Malvinas entre Argentina y Gran Bretaña, del que sale victorioso este último país.

El licenciado Miguel de la Madrid ha comentado que nunca creyó que Javier García Paniagua fuera su rival más peligroso en 1981, y que sus dos rivales reales eran el licenciado Jorge de la Vega y el licenciado Pedro Ojeda Paullada. ¿Qué piensa usted?

Con pena desmiento al Licenciado De la Madrid.* Efectivamente, en la selección presidencialista en que me tocó intervenir, al final de cuentas fueron esas dos personalidades, esos pre-precandidatos: García Paniagua y Miguel de la Madrid, exclusivamente. Ya habían salido los demás de la posibilidad y del panorama político de 1981 en función de los factores políticos que prevalecían; quedaban esos. Yo recogía el resultado de encuestas, de impresiones, de opiniones en el partido que se dan —aunque no sean las determinantes— y que fueron parte del ritual político mexicano para que no ocurran cosas, como sucedieron después en que hay sectores del partido que no se muestran totalmente acordes con la selección que personalísimamente hace el Presidente. Quedaron esos dos. Sigo sosteniendo que la función del Presidente presidencialista, como lo fui yo, es que él siente la balanza; esto es, se van recibiendo los pesos políticos específicos en dos platillos o en una balanza, y esa balanza se va inclinando, se va inclinando hasta que definitivamente señala quién debe ser. A veces es por un peso mínimo y entonces la reacción es: "Bueno, fue por el peso de un cabello." Sí, es el peso de un

---

* Respetuoso de las normas protocolarias, el entrevistado cita invariablemente a los personajes a los que menciona por su nombre completo, y con su título o cargo; para agilizar la lectura, después de la primera mención, se ha optado por suprimir o abreviar nombres y cargos (Nota del editor).

cabello y además el enorme peso que está abajo del cabello, que es lo que con el cabello mueve el cielo. No hubo otro y sí estuvo Javier García Paniagua. Quien opinaba sobre él consideraba que era un hombre fuerte, con una personalidad y una sabiduría popular muy peculiar, que tenía una influencia fuerte y especial sobre el Ejército, no sólo por el prestigio de su padre, sino por sus valores personales y por el manejo que hacía de los principales militares que entonces tenían mando. Todo ello indicaba que en el caso de un país desordenado, quien pudiera meterlo en orden sin que fuera un militar era Javier García Paniagua. Por otro lado, los factores que pesaban eran que, si el problema con que yo iba a dejar el país era fundamentalmente financiero, mi sucesor tenía que ser un especialista en finanzas. Y en la forma de seleccionar precandidatos que privaba entonces, encerrándolos dentro del gabinete —algo que ya se estaba desbordando o se va a desbordar ahora—, eran las personalidades que entonces se distinguían en el país y se señalaban ante los sectores, y los sectores opinaban eso. De alguna manera era la síntesis que yo recogía y era además mi opinión personal, que también, claro, influía.

¿Cómo se crea la lista de los seis?
Pues es un poco convencional decir exactamente que fueron seis, porque pueden ser más, pueden ser menos. Uno empieza a pensar en la sucesión desde el momento en que toma posesión.

¿Desde el primer momento?
Porque tiene uno que formar un gabinete, y uno es consciente de que el próximo Presidente va a salir de ese gabinete, de acuerdo con la forma de tomar decisiones que tuvimos los presidentes presidencialistas a partir de la fórmula de Ruiz Cortines. Fue él quien culminó el proceso que después siguió con los que resultamos y ahora estamos asistiendo a su terminación. Sabíamos que al designar secretarios de Estado, uno de ellos, o alguien del gabinete, de los cuadros inferiores (porque hay que preverlo todo; la nominación del gabinete es una cosa muy complicada), va a ser Presidente. Tiene uno que pensar en los primeros que son secretarios, tiene uno que pensar en los subsecretarios que eventualmente van a llegar a sustituirlos, etcétera. El rito del gabinete es algo muy especial en el régimen presidencialista y, en ese caso, resultó como estaba previsto: quedaron eliminados los primeros que yo tenía supuestos.

¿Quiénes eran?
Lo tenía yo que considerar al designar a mis secretarios en las posiciones que estimaba, fundamentalmente, claves, que eran Gobernación, Hacienda, Programación y Presupuesto y alguna otra de las técnicas, pero esas fundamentalmente. Había designado ahí a Tello y a Moctezuma, y cuando inesperadamente Tello renuncia, la necesidad de un equilibrio en el gabinete y en la política económica nacional exige la dolorosa decisión de pedirle a Moctezuma su renuncia sin una razón específica, salvo las políticas que prevalecían. Entonces se me turba todo el panorama político y los cuadros entre los cuales podía haberse pensado en la selección. Ya con otros secretarios de Estado, la situación varió fundamentalmente.

En el caso de Jesús Reyes Heroles, ¿alguna vez pensó usted en cambiar el artículo 82 constitucional?
No, porque pensaba que eran cambios constitucionales con dedicatoria para dos fuertes personalidades de mi gabinete: Carlos Hank González y Jesús Reyes Heroles, ambos como hijos de extranjeros con impedimento constitucional. Si hubiera hecho el cambio en la Constitución, en caso de que el Congreso lo hubiera aprobado, eran cambios con dedicatoria; hubiera acabado sin jefe del Departamento y secretario de Gobernación, que me eran excelentes en aquel momento. Sigo pensando como entonces: si a alguien en algún momento se le ocurriera el cambio constitucional, debía hacerlo para periodos posteriores, no de inmediato, porque se descomponen todas las cosas; la dedicatoria entraña muchas interpretaciones que, en mi caso, hubieran sido muy dañinas.

Entonces su juego al principio no eran muchos, eran Tello, Moctezuma...
Ojeda mismo.

¿Solana?
Solana, Jorge Díaz Serrano, de alguna manera.

Desde el principio, ¿él figuraba entre los posibles?
Entre los posibles estaba Jorge, porque conocía mucho el fenómeno petrolero. Estaba el embargo petrolero y el mundo bajo el síndrome del petróleo. Sí, pensé en que posiblemente Jorge fuera el indicado, porque aunque no tenía una experiencia política, esa se fabrica. En

realidad la Presidencia de la República sólo se aprende siendo Presidente, es la única escuela, porque no hay escuelas para Presidente. Se aprende para Presidente en la Presidencia y es cosa de todos los días, cada día recibe uno su lección, su experiencia, amarga a veces, dolorosa otras, jubilosa, y cuando va aprendiendo uno acabó el término presidencial. Sí, en algún momento pensé en Jorge.

¿Por qué concluyó usted que no?
Jorge era íntimo amigo mío desde niño, a quien estimo mucho. Pero chocó frontalmente con el gabinete económico cuando tomó las decisiones fundamentales que me orillaron a una de las decisiones políticas más dolorosas de mi vida: pedirle la renuncia. Había chocado con los factores fundamentales de mi política y faltaba todavía algún tiempo para la sucesión, y tal vez el más importante; teníamos que terminar lo que se había empezado y se nos caía la fuente fundamental del financiamiento; para nosotros el petróleo era el eje del desarrollo, era el recurso para desarrollar recursos. Quise aprovechar el petróleo, se me cae éste, me endeudo; entonces, cuando varía el panorama y el mundo ya no es petróleo, el mundo es financiero, el dinero empieza a ser atraído de nuevo por Occidente a partir del manejo de intereses y periodos de préstamo. Los préstamos que teníamos contraídos se nos dificultan, variaron de un día para otro. El interés subió de 7% a 21% y los plazos se nos acortaron. Entonces teníamos que manejar precisamente ese fenómeno y los que de él se derivarían. Estábamos viviendo en un mundo en que privaba como problema básico el financiamiento del desarrollo, y quien había participado en forma más permanente en el mundo financiero, prácticamente desde la época de Ruiz Cortines, desde abajo, era Miguel de la Madrid, que había ocupado posiciones en los regímenes sucesivos y en los últimos, pues estuvo en todas las negociaciones, tanto adentro de México como afuera. Tenía la conciencia de que la única persona del gabinete titular con conocimiento de la situación financiera, su pasado y presumiblemente su porvenir, era Miguel.

¿Y David Ibarra?
Bueno, David Ibarra no fue, en parte porque alguno de sus colaboradores se desproporcionó en la precampaña. Eso me deformó mucho la contienda. Empezó a tirarle muy fuerte a Miguel de la Madrid. Yo todavía quería tener el país controlado; se me estaban saliendo de cuadro. Para que no me sucediera que el presidencialismo no fuera

efectivo, tenía que mantener cierta disciplina, y la mantuve con la fidelidad del fiel.

Cuando usted nombra a Miguel de la Madrid al gabinete, en mayo del 1979, ¿ya había pensado en él como una opción?
Necesariamente. Hasta allí el problema del presupuesto era mi preocupación fundamental, porque mi experiencia en todas las áreas que había administrado, Patrimonio, Comisión Federal, me indicaba que la Secretaría de Hacienda reunía una serie de condiciones que la congestionaban y dificultaban muchas decisiones. Era una vieja marquesa que ya había envejecido, que había reunido una gran cantidad de joyas de la Corona. Entonces esa Secretaría era fundamentalmente el centro de la reforma administrativa. Cuando elaboro, con mis colaboradores, previamente a la toma de posesión, el proyecto de Ley de Administración Pública, el eje de la reforma es quitarle facultades a Hacienda y otorgárselas a Programación, para separar la presupuestación de la programación, dándole prioridad a la última. A la larga, esa institución burocrática adquiere una vida propia y reverdece y va por lo suyo. La Secretaría de Programación se agachó y milagrosamente, después de haber sacado a dos secretarios como candidatos, pierde otra vez las facultades que le había quitado a la Secretaría de Hacienda. Se le otorgan de nuevo esas facultades; es una reconquista, mire usted, kafkiana, estremecedora.

¿Usted sí vio a Miguel de la Madrid como una opción?
Desde luego, naturalmente.

¿Lo fue poniendo a prueba?
Naturalmente. La prueba básica, con todo acierto lo dice él, fue el Plan Global de Desarrollo. En el Plan Global tenía fundadas esperanzas para que fuera el instrumento de desarrollo del país. Ya no era muy oportuno, porque estábamos terminando ya algunos planes sectoriales y la cuestión era integrarlos en ese Plan Global que acabó él como secretario de Programación presentándomelo; después de jornadas, algunas pesadas, en la que puse a prueba su disciplina, salió el Plan Global, satisfactoriamente discreto, digamos.

¿Cómo puso a prueba su disciplina?
En alguna sesión no autoricé los términos, porque me parecía que no satisfacían algunos de los requisitos que entendía como fundamenta-

les. Lo dije públicamente en una sesión de gabinete económico, en la que comprendí que se llegaba a molestar la imagen de un secretario con sus colaboradores. Pero para mí era más importante que yo hiciera prevalecer el criterio y las tesis presidenciales que cuidar la imagen de un secretario. Le puedo decir otra cosa que me decían quienes no eran partidarios o prepartidarios de Miguel: "Pero fíjese usted que Miguel va a ver al psicólogo antes de tener un acuerdo con usted, para que el psicólogo le dé indicaciones de cómo tratarlo." Esto me lo decían como una gran acusación y a mí me pareció que era un gran acierto que nunca se me ocurrió. Pensé: "Quien tiene el cuidado tan extremo de hacer consultas y acudir hasta a ese procedimiento para tener un buen acuerdo, pues es un hombre cuidadoso administrativamente y ese es un elogio que yo recojo, en lugar de un defecto por el que lo rechazo." Era una de esas pequeñas intriguitas que me llegaban.

¿Lo mandó usted a encontrarse con distintos sectores sociales en este proceso de consulta?
No, porque entonces, para el sistema de selección, le quitaba espontaneidad. Yo prefería recoger directamente de los sectores la experiencia correspondiente para ver qué opinaban.

¿No lo inducía usted a hablar con ciertas personas, ciertos sectores?
La pasarela no la ejercí para nada. Me parece que es una forma muy artificial de conducir el proceso de selección presidencialista; que es algo que, en fin, no era mi estilo. Yo prefería mi propio juicio, directamente, con los sectores.

¿Cómo auscultaba usted? ¿Preguntaba directamente?
Se pregunta de alguna manera, en ocasiones directamente, en otras con generalidades como: "¿Cómo van las cosas? ¿Qué le parecen? ¿Qué apuntan?" Durante todo el término en que trabajan se está recogiendo el resultado con los responsables, con los afectados, con los simples testigos. Entonces se va recogiendo, o se iban recogiendo, las impresiones: "¿Cómo está trabajando su sector?" "Pues, bien, tengo este problema." Le voy a decir que a quien se acude (por lo menos yo acudía), fundamentalmente era, por ejemplo, a don Fidel y al sector laboral. Era el que más me importaba porque de los sectores del partido es el que tiene más raigambre y mayor fuerza en el momento de tomar las decisiones y apoyarlas. Para mí don Fidel fue un elemento al que constantemente estuve acudiendo; y a otros líderes,

no sólo a él. Creo que en todos los regímenes en los que sobrevivió o transvivió Fidel, esa fue una de sus funciones; no le voy a decir que haya sido el gran elector, pero sí el gran formador de criterios para la selección de candidatos.

¿Él llegó a opinar sobre los que estaban?
Naturalmente, con toda amplitud.

¿Qué le dijo de los que estaban?
Pues él daba sus opiniones sobre sus cualidades, sobre sus posibles defectos, como su conducta, como la deformación posible, como las previsiones que debemos tener, en fin.

¿Objetó a alguien?
Bueno, no recuerdo, mentiría si dijera que efectivamente objetaba a alguien. Pero a Miguel, especialmente, lo estimaba, tenía por él cierta simpatía y su opinión fue favorable, coincidente con la mía. Porque hay otras formas de auscultar, de preguntar sobre los problemas fundamentales del país y es ahí donde uno siente que el sector está siendo afectado, está conforme, está bien con el personaje o tiene antipatías, o ha tenido o va a tener problemas. En fin, una riqueza que se vive cada día, y debo decirle que no hay una actividad especial que se llame "encuestas para seleccionar candidato"; no las hay. Cada día, durante todo el tiempo que es uno Presidente, esto forma parte del trabajo habitual.

Platicó mucho con Fidel Velázquez de la sucesión; él hizo comentarios sobre los distintos precandidatos. ¿Qué le pudo haber dicho sobre tal o cual candidato?
Como esa consulta o ese sondeo es una acción casi constante del Presidente que va a intervenir en el proceso sucesorio, no puedo recordar un interrogatorio formal o respuestas formales. Simplemente van siendo en ocasiones indirectas, porque claro, hay el cuidado, por lo menos en mi caso, de que Fidel no fuera a considerarse como el gran elector. Es un aspecto sutil; pero que exige manejo político: que nadie se sienta el gran elector, y eso obliga a que las preguntas o los planteamientos sean sutiles y soslayados.

¿Usted recuerda si tenía opiniones más favorables sobre alguno, menos favorables sobre otro, dentro de este carácter elíptico, sutil, indirecto?

Pues no podría contestarle de manera terminante. Simplemente puedo decirle que, ya entrado en la materia, no tenía objeciones en contra de Miguel, lo veía hasta con simpatía, se mostraba dispuesto a conducir el tramo de responsabilidad institucional que le correspondía, ya cumpliendo los estatutos del partido. No había una predilección porque nunca le planteé: "Oiga: ¿que le parece este o este?" Nunca formalmente, nunca como un interrogatorio institucional en el que se registran las respuestas, como una prueba confesional o alguna cosa de esa naturaleza; no, muy lejos de eso.

¿Los empresarios?
Lo mismo. Con menos frecuencia y con mayor desconfianza, porque en ellos siempre hay un interés muy específico, muy particular, que en el caso por ejemplo de Fidel no se daba, porque el hombre pensaba, más que en el interés de clase, en el interés nacional. Sabiéndolo tratar llegaba uno a extraerle su sabiduría, qué cosa era el interés nacional en el que podía apoyar a la Presidencia y, en este caso, la selección, con mayor razón, era un plato no frecuente; pero cuando se daba, muy completo.

Algunos estudiosos sostienen que el proceso de consulta abarcaba a la Iglesia, al Ejército, a los expresidentes, a los Estados Unidos. ¿Es cierto?
No, no, en mi caso no es así. Precisamente la importancia de la encuesta es que no lo es; la importancia de la encuesta está implícita, no es explícita, una encuesta explícita daría resultados amañados, donde se expresaría mucho el interés especial del encuestado. Entonces cobra una importancia de elector, y la esencia del presidencialismo es que no hay electores, hay un fiel de balanza pero no hay electores. Si la encuesta se formaliza y se instituye, se deforma y por lo menos en mi caso (yo no le voy a hablar de todos) la encuesta es una cosa tan informal, tan de todos los días, tan de criterios amplios y no formales, que se hubiera desvirtuado totalmente con la formalización.

En este proceso de consulta informal, ¿tanteó usted a la Iglesia, por ejemplo?
A la Iglesia, puedo decirle que no llegué a tantearla de ninguna manera. Mis vínculos con la Iglesia no sólo eran escasos, sino que prácticamente no se daban, y cuando se daban era para problemas muy

concretos en los que no se admitía una plática generalizada como la que exige una encuesta o pulseo del tipo de las que yo hacía; entonces con la Iglesia no. El Ejército, desde luego.

¿Sólo con el general Galván, o con muchos?
Con muchos, con todos los que podía hablar.

¿Y qué eco recibió? ¿Tenían alguna preferencia además de García Paniagua?
Nunca se concretó en la personalidad de García Paniagua. Ahí estaba la importancia de lo que yo hacía, que, simplemente, veía muy espontáneamente y sin que hubiera una pregunta concreta, una consulta concreta. La función que tenía García Paniagua dentro del Ejército era ser mi enlace con las fuerzas, por debajo de la institución. Institucionalmente la relación era con mi general Galván, que era un hombre muy completo; con él, que lo que tenía que saber lo sabía. Sin hacer encuestas formales sino pláticas, con alguna maña, lograba el objetivo de información que quería; pero sin que se sintieran electores. Porque entonces me deformaban totalmente mi propósito; es algo tan *sui generis*; es una función tan exquisitamente exclusiva y fina; era cosa de todos los días, con los directores de la prensa, los articulistas. Mi estimación era valiosa porque no era formal.

Esa estimación, ¿era para saber cuál era el mejor o para saber si el que usted quería podía ser un problema?
Pues las dos cosas. De alguna manera es el trabajo que uno quiere que sea, como el físico que tiene la balanza. ¿Por qué razón cae el fiel? Pues por una serie de circunstancias; el cabello que está arriba y el peso que está abajo, por una y por todas las demás cosas, no nada más por una, ni por dos, sino por muchas.

¿Tanteó usted a los norteamericanos sobre la posibilidad de García Paniagua? ¿Recibió usted alguna indicación?
Nunca. Con los norteamericanos no me permitía ninguna conversación sobre cuestiones interiores del país en ningún sentido. Así es que a los norteamericanos ninguna conversación, ni a propósito de pum o de no pum. No me hubiera atrevido. Me hubiera dado vergüenza, se me hubiera caído la cara, hubiera dejado de llamarme como me llamo.

¿Y a través de algún intermediario, no tanteó?
No, para nada, eso es precisamente uno de los resultados de la encuesta fina. Se llega a la conclusión de que no va a haber antipatía norteamericana por la indagación que sesgadamente hace uno. No hay necesidad de consultarlos; el personaje va a ser, entre otras razones, porque no va a haber obstáculo; sin preguntarles, porque sería una humillación que nada ni nadie justificaría.

Si usted hubiera captado, con toda la sutileza del caso, que los norteamericanos hubieran visto mal a alguien, ¿qué hubiera sucedido?
Pues claro, hubiera buscado a otro candidato que reuniera además algo indispensable para un político mexicano de la jerarquía que estábamos, en ese caso, seleccionando: debía tener la simpatía norteamericana, necesariamente. Una antipatía expresa y subrayada, de ninguna manera. Uno de los matices que uno busca en la encuesta es la simpatía o antipatía que el presunto puede tener de los norteamericanos o de los sudamericanos. Claro que la importancia de Norteamérica es mayor y tiene uno que considerarla. Pero para nada los consulté, ¡qué vergüenza!

¿Impera una situación semejante en relación con la Iglesia? Si usted hubiera sabido que tal o cual candidato tenía una relación pésima con la Iglesia, ¿eso hubiera tenido el mismo peso que Estados Unidos?
No se me había ocurrido hacer una comparación entre fuerzas políticas u opiniones en esta materia. Meditándolo ahora, en mi condición de expresidente y de ciudadano que contempla los procesos, tenía desde luego menos importancia la opinión de la Iglesia, porque no tenía esta institución internacional la fuerza que ahora tiene, que ha readquirido por una decisión política tomada en oportunidad por quien creyó que era conveniente.

¿Pero en su momento, en 1982?
Definitivamente no.

¿No la equipararía?
No la equipararía, no se me había ocurrido hacer esa comparación, se lo confieso; es ahora que le estoy contestando.

¿Cuándo pensó usted por primera vez en la aspiración y en la posibilidad de ser Presidente?

Tardíamente, porque entré a la política a los 40 años. No tuve tiempo ni de hacerme ilusiones, porque era ya grande. Pensaba que mi carrera política, una vez definida mi vocación, llegaría cuando mucho a secretario. Secretario, dije, "sí lo voy a alcanzar, porque creo tener posibilidades y capacidades para ello". Conforme fui cubriendo una gama de posiciones políticas que me capacitaron extraordinariamente, pensaba, confirmadamente, en que tarde o casi seguro llegaría a secretario. Pero para Presidente me empezó a latir esa posibilidad. Recuerdo que Luis era muy formal; a pesar de la enorme amistad que teníamos, era muy formal en su trato conmigo. Alguna vez me dijo al terminar un acuerdo, ya como secretario de Hacienda: "Venga usted, señor licenciado, le voy a enseñar la parte de Los Pinos que no conoce." Entonces me dio una paseada por la planta baja de Los Pinos, donde me asombraron las enormes instalaciones que hay ahí: boliche, cine, salones y más salones; me enseñó bodegas con regalos inusitados que le llegan al Presidente y me confió intimidades de los intestinos de Los Pinos, y a mí me latió, pero una cosita, un cantito de sirena nada más.

¿Cuándo le pasó por la cabeza la idea: "A lo mejor voy a ser Presidente" "Quiero ser Presidente, quiero ser Presidente"? ¿Cuando lo nombran secretario, o antes?
Bueno, desde luego, cuando subo como director de la Comisión Federal de Electricidad a secretario de Hacienda, admito la posibilidad de llegar a la Presidencia. Digo: "Bueno, ahora ya soy un precandidato."

¿Automáticamente?
Por el sistema presidencialista, del que yo era un estudioso. Pero Hacienda es una Secretaría que no reúne calificativos para que de ahí salga el candidato; sería muy revolucionario. Entonces admití la posibilidad pero no me hice esperanzas, que esas son cosas distintas. Luego, cuando sentí que podía tener posibilidades, fue cuando me pide Luis que haga una comparecencia para defender mis adecuaciones fiscales, y en ella sentí que tenía ciertas características en mi imagen y comportamiento en las tribunas. No era antipático; a pesar de que estaba sirviendo una purga muy amarga, fui bien recibido en la opinión pública, en la prensa, entre mis amigos, entre mis familiares, que me subrayaban que había quedado bien. Entonces, digo: "Bueno, pues admito que estoy en la carrera."

Echando, como dicen los cineastas, el *playback*, pienso que ahí admití la posibilidad.

¿Era su juicio realista o sus ganas?
¡Ah! Ganas.

¿Cuándo empezó a tener realmente ganas de ser Presidente?
Cuando tenía 10 años y contestaba el teléfono de mi casa: "Habla el Presidente de la República." Ganas, como todos los mexicanos —o por lo menos una gran cantidad— que en algún momento de su vida se sienten con el derecho, esa es una de las ventajas de la democracia, y democracia en México hay desde 1824; estamos en transición desde entonces.

¿Larga, no?
Larga, pues somos un pueblo con problemas muy profundos que no podemos adecuarnos de un día para otro a instituciones que son resultado de una experiencia ajena, y a la que tenemos que adecuarnos, tenemos que ahormarnos a las instituciones occidentales. Somos hijos de dos absolutismos, idiosincráticamente tenemos esa característica. Democratizarnos ha sido y será todavía muy pesado, como lo ha sido para tantos pueblos del mundo. Claro que esa transición dura más; no seamos protagónicos y pensemos que hasta "ahorita" la empezamos, no: la transición es muy vieja.

Cuando lo nombran secretario de Hacienda, ¿es ese el momento en que se empiezan a juntar sus ganas de toda la vida con sus posibilidades?
No. Ganas de toda la vida no, porque no era algo que normaba mi vida y que tuviera en el horizonte de mis propósitos y objetivos. Más aún, mi convicción era que había entrado a la política tarde, para los cánones de México. Iba a ser Presidente a los 56 años y hubiera sido plenamente consciente de que, si tuviera alguna posibilidad, se agotaba en cuanto cumpliera más de 56 años, ¿verdad? Entonces nunca tuve, hasta el momento en que le digo, una conciencia objetiva de que podía llegar a la Presidencia.

Cuando eso sucede, ¿se fija una estrategia, una táctica de qué hacer, qué no hacer, cómo moverse, cómo no moverse?
De ninguna manera.

Carlos Gálvez Betancourt.

Mario Moya Palencia.

Rosa Luz Alegría.

José López Portillo, Porfirio Muñoz Ledo y Luis Echeverría Álvarez.

¿Cuál es su reflexión interna?
Mi táctica es no tener ninguna, y como soy un hombre que cree fundamentalmente en la lealtad, serle leal al Presidente y trabajar, exclusivamente eso pensé. "Y si esto me sirve, en buena hora; si no me sirve, en buena hora. Se trata de un amigo mío que es Presidente de la República y con el que estoy colaborando; él me ha dado la posibilidad de colaborar, entonces voy a trabajar, nada más que a trabajar y sólo trabajar." Mi táctica fue esa, admitiendo que la táctica es moverse en el campo de batalla y la estrategia es llevar al Ejército al campo de batalla. En ningún caso tuve estrategia para adelantar el momento de entrar en combate con otros precandidatos, ni habiéndolos ya, ni táctica para brillar entre ellos. No tuve táctica, esa era mi táctica. Simplemente trabajé, cumplí, al extremo de que cuando estaba presentando la cuenta pública, en forma muy abierta, Luis me hizo favor de mandarme a Fausto Zapata para que condujera mis relaciones y me moderara. Esto fue en septiembre de 1975. Me lo manda unos diez días antes de la entrevista correspondiente; ahí sí, ya empiezo a pensar muy seriamente en la posibilidad, pues: ¿por qué me manda a mí a Fausto, que es su brazo derecho en materia de comunicación social? ¿Me lo manda en exclusiva y para que me oriente? Pero claro, piensa uno que también se lo manda a otro. No sé, pero ya admito la posibilidad ahí. Fue ahí, en ese momento, que admití la posibilidad seria de llegar a la Presidencia.

¿Pocos días antes?
Diez días antes de la fecha en que me manda llamar, que es un 17 de septiembre.

¿Cómo es esa plática?
Luis me llamó a un acuerdo. Tuve la impresión de que era para que tratáramos algún problema hacendario que estaba presente, como impuestos, porque ya se acercaba la época en que tenía que presentar el presupuesto. Llevé todo lo que tenía, que era mucho, unos libros. Era un montacargas, por cierto, y dijo: "¿Qué es eso?" Le contesté: "Bueno, lo que le traigo a acuerdo, señor, que son todos los documentos." Nos tratábamos muy formalmente, siendo íntimos amigos, yo de usted y él de usted, yo de señor Presidente y el de señor secretario o señor licenciado, cuando más familiaridad había.

¿Aun estando solos?

Absolutamente solos. Luis es muy solemne, y yo muy respetuoso por naturaleza; me divertía el trato de usted, pero pronto me acostumbré. Iba a presentar el presupuesto; él tuvo un gesto de familiaridad, se bajó de su sillón enfrente de la mesa. Ahí, en el despacho de Los Pinos, me invitó a que me sentara en uno de los sillones coloniales y coloquiales que tenía, es decir, me cambió de sillón para establecer otra relación psicológica y simplemente me dijo, señalando la bandera que ahí estaba y algunos otros símbolos de poder: "Señor licenciado, ¿se interesa usted por esto?" Hizo un gesto con las manotas que tiene, un gesto amplio que envolvió a todo lo que era el símbolo que da el poder del Presidente, el ámbito. Yo sinceramente le dije: "Pues sí, señor." "Bueno, pues entonces el próximo lunes (esto sucedió un jueves, si mal no recuerdo) vendrá usted aquí y los sectores del partido se pronunciarán por usted, pero todavía en forma privada, no pública." Y ya; fue definitivo en sus palabras, y en ese momento se me trabó el estómago, el diafragma, el corazón. Hay un sentimiento de mancuerna clavada que no se quita ya nunca más, hasta que deja uno la Presidencia. Eso se llama responsabilidad, físicamente sentida, visceralmente sentida, y ya tuve que pensar: "Yo voy a ser el responsable, y responsable quiere decir el que responde, y voy a tener que responder, cuando me toque, en adelante, sin acudir más que a mi buen consejo y ya no a la asesoría que mi gabinete me pueda brindar. Voy a tener que ser el Ejecutivo, el que decida entre alternativas, el que se responsabilice de ellas, el que dé respuesta a las preguntas, el que le dé respuesta a los problemas." Entonces surge ese sentimiento que, en mi caso, no me abandona ya nunca más, de responsabilidad, que se sublima en un orgullo, un orgullo correspondiente y en un júbilo que se expande en el pecho. Es una impresión *sui generis* que sólo he sentido una vez en la vida, que no volveré a sentir, seguramente, y que sólo un mexicano, cada seis años, entre todos los demás, mientras estas instituciones duren, sentirá. Yo no sé cómo lo puedan decir los otros, yo lo digo como una mezcla interesantísima de responsabilidad y orgullo que hace que uno se sienta distinto. Ocurre una cosa muy curiosa: cuando se hace público, todos, hasta los de casa, lo tratan a uno distinto, los amigos íntimos, todos empiezan a tratarlo a uno distinto y a partir del momento en que se formalizan las cosas, que fueron ocurriendo poco a poco, se siente uno que le están dando una alimentación como a una abeja reina para que el ciudadano común y corriente que es uno se transforme en Presidente. Le empiezan a dar una dosis constante de información cada vez más intensa; una información que antes uno no recibía más que a través de los periódicos, una información específica que uno sabe que es la que le llega al Presidente. Luego, añádale a eso responsabilidad, es otro alimento que poco a poco le van a uno dando. No sé, el sistema no tiene una intención específica, pero la naturaleza de las cosas así lo va determinando. Le van a uno dando esa responsabilidad poco a poco, con información.

¿A partir del destape?
A partir del destape, si quiere usted usar esa expresión, muy interesante, de la picaresca política mexicana, que tiene un momento de nacimiento y que va a tener un momento de extinción. El momento en que nace la capucha es en el régimen de Díaz Ordaz, como usted sabe, y se va a caer en el régimen de Zedillo, aparentemente, ¿verdad? Cuando llega uno a la Presidencia con información y con responsabilidad, tiene uno que añadir otro ingrediente para alimentarse de Presidente, que es la paciencia; saber escuchar empieza a ser fundamental para la Presidencia. ¡Ay de aquel Presidente que no sepa escuchar!: nunca entenderá a su oposición. Saber escuchar es una cosa fundamental, esos tres elementos hacen a un hombre común y corriente Presidente de la República.

¿Por qué cree que Echeverría se inclinó por usted?
Puedo ponerme trascendental y pensar en cosas importantes, pero creo que, en primer lugar, por la amistad entrañable que teníamos desde niños. Eso significa confianza en el conocimiento del hombre y en sus pasiones, sus cualidades, sus defectos. Él conocía mis facultades, sabía la posibilidad que tenía, mi capacidad, desde luego. Muy niños recorrimos, prácticamente a pie, gran parte de la República, y nuestras precoces conversaciones eran a propósito de México. Teníamos en común, y eso fue lo que unió y caracterizó nuestra amistad, una plática constante sobre México, sobre sus problemas, sus virtudes, sus características, sus cualidades, su historia, y recorrimos su geografía a pie, precisamente para conocerlo y amarlo mejor. Entonces sabía de mi entrañable amor a México por el conocimiento que tenía de mí; sabía de mi patriotismo, de mi lealtad absoluta al país y, en consecuencia, a él. No lo traicionaría. Luego mi trabajo, un trabajo serio y entregado, mis opiniones en las

juntas, en las muchas juntas que en Los Pinos teníamos, las responsabilidades que yo asumía; nunca lo puse en problemas por mis determinaciones, siempre fui responsable de lo que hacía, nunca di "presidentazos", siempre era yo el que tomaba la decisión, no derivaba la responsabilidad hacia él. Como secretario de Hacienda o como director de la Comisión hago tal cosa no porque el Presidente lo manda; había acuerdos generales también que yo acataba. Mi disciplina, mi salud, el conocimiento personal que de mí tenía tan completo, que no cambió con el trato político, y supongo que por esas razones y por algunas otras que él le dirá.

¿Usted no sintió un empeño de Echeverría por conservar parte del poder?
Bueno, de alguna manera cuando, me designa al presidente, al secretario y al presidente en el D.F. de mi partido; como precandidato yo ya tuve una estructura que no califiqué ni quería calificar. Sabía que en algún momento determinado las instituciones prevalecerían, como había sucedido en la época de Calles, a quien se le habían olvidado las instituciones y había establecido el maximato, por no aceptar la reelección, para conservar el poder. Pero siempre pensé que Luis era, fundamentalmente, un político que toda su vida, desde que éramos niños, había soñado con la política y que ya conociéndolo de hombre maduro, actuaba políticamente. En su política se le aconsejaba de una cierta manera, y yo aceptaba, y en su momento vería la oportunidad y establecería la mía. Tenía una amistad tan entrañable con él, que llegó a aceptarlo como yo aceptaba lo suyo. Así de sencillo.

¿No cree que uno de los factores que intervinieron en la decisión de Luis Echeverría fue que usted no tenía grupo político porque no había hecho una larga carrera de 20 o 30 años, y que sería más fácil conservar él el poder, o una parte del poder, por ese motivo?
Francamente, nunca lo pensé en esos términos, nunca, porque le tenía a Echeverría, como le tengo, mucha estimación y lo sentía, en mi caso, sin esa malicia. Efectivamente, no tenía yo grupo político, pero eso podía ser una ventaja respecto de los compromisos. Por ejemplo: "No tiene grupo político, no tiene compromisos; luego, va a ser un gobierno de utilidad a la patria." Así lo interpretaba, no lo interpretaba maliciosamente.

Obviamente la tenía, esa malicia...
Específicamente no. Sé que eso es lo que se maneja con frecuencia y puede ser que no se le olvide a él, ¿o no? Porque no es algo que se confiesa, ¿verdad?, salvo en un arranque de sinceridad muy objetiva que me aclararía las cosas. Pero no, nunca pensé en eso.

¿No habrá pensado que usted lo cuidaría por la amistad que tuvieron en la infancia y en la juventud?
Eso sí, desde luego, sabía de mi lealtad y de que no habría una traición.

Ni política ni personal.
No, aunque conforme pasó el tiempo me di cuenta de que el presidencialismo tenía una regla implícita: romper para estabilizar, y por la misma rudeza del presidencialismo, al terminar un Presidente hay una inercia de quienes lo acompañaban al anterior; quieren, de algún modo, conservar el poder y entonces empiezan a moverse políticamente con independencia de su jefe, en este caso de Luis. Conforme pasaba el tiempo, sobre todo los primeros meses, Jesús Reyes Heroles, mi secretario de Gobernación, empezó a informarme de que en San Jerónimo había una cola constante de automóviles y una congregación de políticos. Él me informaba, ahora me doy cuenta, con malicia, porque desde la escuela tenía animadversión contra Luis.

¿Desde muchachos?
Desde muchachos, y por cosas de muchachos y de muchachas que no sé y que posiblemente Luis le refiera. Pero me informaba muy negativamente de San Jerónimo; después surgió en mi subconsciente político la idea de la Casa Blanca como institución autónoma y de San Jerónimo también personalizándose. Esa personalización en San Jerónimo era muy negativa, profundamente negativa, porque lo que Chucho hacía conmigo lo hacía también con los medios. Fue dejando correr la especie del maximato, y ese problema de comunicación de Chucho con los medios, manejado en forma autónoma, sin mi conocimiento ni mi consentimiento, fue la causa fundamental de que tuviera que prescindir de él. La acumulación de datos sobre lo de San Jerónimo llegó a crear la adversidad en momentos en que yo necesitaba la consolidación nacional basada en la confianza. La posible acción o actuar de Luis en la política alarmaba a ciertos sectores que él había afectado y no contribuía a un clima de confianza, que era

indispensable para que yo pudiera cumplir con los tres plazos de bianualidades que me había propuesto. Tuve que llamarlo y decirle: "Mi hermano, por razones esta y estas te voy a pedir que salgas del país a donde quieras. Ayúdame, ayúdame, porque es un factor de ingobernalidad con el que me vas ayudar; tu personalidad, tu inercia, el movimiento de tu gente, está haciendo que se me dificulte la gobernación de este país." Algo me dijo entonces de Chucho que me prendió un foquito, pero no le di mayor importancia, porque tenía plena confianza en Chucho.

¿Sí se lo dijo Echeverría?

Alguna cosita me dijo de Chucho, pero ni muy profunda, ni muy fundada, ni muy explícita; algo me dijo. Mi tesis era que, como quiera que fuera —por el manejo de Chucho o no—, su presencia me estaba impidiendo obtener de mi pueblo la confianza completa y había ciertos sectores que estaban todavía parpadeando, y le dije: "Me vas a tener que ayudar y te vas a tener que ir del país; te ofrezco, por ejemplo, la embajada de Francia, te ofrezco, todavía, la de España", que se la ofrecí inmediatamente después a Díaz Ordaz y por la misma razón, para que no se creyera que había un pleito entre uno y otro, etcétera. Tantas cosas que se tienen que manejar muy sutilmente en la política mexicana. Le dije a Luis: "Luis, ya." Entonces me dijo: "Mira, no quiero París, déjame pensar a dónde me voy, te digo en unos cuantos días." Y bueno, pues con esa confianza: "Tú y yo hemos sido presidentes, tú y yo somos políticos, tú y yo entendemos esto; esto obviamente no creo ni espero que dañe nuestra amistad; yo a ti te debo mucho, a ti te estimo mucho, hemos sido amigos de toda la vida; precisamente por eso espero que no haya daño." Y lo admitió con una gran autodisciplina, y días después me dijo: "Mira, la embajada de París ratifico que no, lo que quiero es la Unesco." "Pues inmediatamente vas a la Unesco." Y allá fue y así salió del país, con su consentimiento, con su conocimiento, con todas las explicaciones que la amistad merecía, con el respeto grandísimo, incluso con el cariño que le tengo. Luis salió. Le agradecí mucho su gesto, que se haya ido a la Unesco; fue a Francia, hizo un buen papel como representante de México, aunque, claro, hacía mucho ruido, ¿verdad? Era un expresidente, hacía mucho ruido y cuando había necesidad de que una misión mexicana presentara puntos de vista, pues había que considerar el que él tenía. Las cosas se tranquilizaron, pero las implícitas —bueno, iba a decir intrigas—; las afirmaciones de Reyes Heroles siguieron, y ya no sólo contra Luis, sino contra otros miembros del gabinete, contra Porfirio, fundamentalmente. Ahí tenían una rivalidad. Eso explica también la renuncia que le tuve que pedir a Porfirio, porque ya no aguantaba yo, ni el país toleraba más, los resultados de la antipatía que se tenían y de sus pugnas con el sindicato de maestros, que atizaba Chucho, que trataba de apaciguar Porfirio.

¿Usted buscó mantener un equilibrio entre Luis Echeverría y Gustavo Díaz Ordaz al nombrarlos a los dos embajadores?
Las cosas fueron un poquito más separadas en el tiempo, pero sí evidentemente conexas. Me parecía que los antecedentes que había del trato entre Díaz Ordaz y Echeverría me obligaban a que si le pedía a Luis, mi amigo, que saliera del país, iba a procurar también que el que había sido mi jefe y que merecía mi respeto saliera por igual, para dar una igualdad de trato. Sí hubo una conexión, pero no tan expresa.

¿Usted habló con Echeverría de todo esto, siendo ya expresidente?
No lo hemos vuelto a tratar. Es como un granito en nuestra amistad. De ninguna cosa desagradable hemos hablado. No, es difícil tratar estas cosas, ya ni él ni yo somos presidentes.

Al final de cuentas ¿usted ya no está tan convencido de que era Echeverría el que le movía el tapete?
¡Ah, no! Estoy seguro de que no lo hacía; recibía a la gente como recibo yo.

¿No estuvo intrigando?
No, de ninguna manera.

En aquel momento, ¿sí lo pensó usted?
En aquel momento creía en la información de mi secretario de Gobernación, porque estaba obligado a creer lo que mi secretario me decía mientras lo fuera. Hasta que me convencí de que había una dosis de cuestionamiento político peculiar.

¿Cómo evoluciona su opinión sobre Reyes Heroles?
Chucho fue uno de los compañeros más brillantes, si no es que el más brillante, a tal extremo que cuando se dio el caso de formar el

gabinete fue el único al que le di a escoger. Le dije: "Oye, Chucho, considero que tú eres un gran valor intelectual mexicano." Lo dije seriamente, no como ironía, según me tomaron después la afirmación: "Tú, si te dedicas, puedes llegar a tener un valor equivalente a Ortega y Gasset. Si te quieres dedicar a escribir, ahí tienes a Nacional Financiera que te deja tiempo, oportunidad para escribir y función pública para que tengas una ubicación y se te respete; o la Secretaría de Relaciones Exteriores, o la Secretaría del Trabajo, o la Secretaría de Gobernación; escoge por favor." Inmediatamente escogió Gobernación, algo que me dio mucho gusto porque ahí necesitaba un hombre fuerte que me ayudara a manejar la situación política, ya que fundamentalmente me iba a dedicar al manejo de la situación económica. Necesitaba un operador. Lo que ocurrió fue algo que entonces no me resultó tan evidente como después que lo reflexioné. Como Jesús era hijo de español, carecía de esa condición constitucional para ser Presidente de la República y en su oportunidad, como no tenía clientela política que cultivar, fue un secretario de Gobernación un poco extremista, violento y hasta poco considerado. Empecé a recibir quejas del trato que le daba a los gobernadores, que los recibía de pie y que los apremiaba para que dijeran lo que los llevaba al secretario de Gobernación. Me di cuenta de que eso iba a significar un problema, porque cada vez estaba manifestándose más bruscamente esa condición.

¿Por no tener boleto?

Bueno, por no tener boleto. No tenía, si usted quiere con esa expresión picaresca determinar lo que yo catalogaba como falta de clientela política que cultivar. Esa fue una de las razones. La otra fue que por méritos de Chucho debía integrarse al gabinete económico, y lo llamé y acudió al gabinete económico y a partir de ese momento empezaron a ocurrir cosas en la comunicación, como después lo fui armando. Ocurría sencillamente que Chucho tenía la impronta de la forma en que Ruiz Cortines manejaba la comunicación, especialmente con la prensa. Ruiz Cortines era un político muy avezado que conocía muy bien al género humano, conocía muy bien a su gente y cuando tenía un propósito, pues mandaba llamar a alguien de sus operadores y comunicadores, fundamentalmente De Negri o Pancho Galindo, o cualquier otro, y le indicaba lo que debía decir, como cosa del propio columnista o informador, lo que fuere. Eso era perfectamente correcto, porque Ruiz Cortines era Presidente y él sabía lo que quería y cómo lo quería. Pues de la misma manera me empezó a manejar especialmente la prensa Chucho, pero sin consultarme, simplemente dando por sentado que eso era lo que convenía. Yo me fui encontrando con que había enfrentamientos en el gabinete, como con Roel, con Porfirio Muñoz Ledo, que empezaba a haber cuestiones en las que se me estaba desordenando mucho la comunicación social.

¿Sobre todo en el gabinete económico?
En el gabinete económico se me empezaban a filtrar algunas informaciones que yo consideraba necesario que fueran reservadas. Empezaban a filtrarse, como las filtraba don Adolfo; hice mi indagación y resultó que salía de Gobernación, y ya no me pareció que Chucho estuviera manejando la Secretaría como al principio. Empezó incluso a aprovechar la Secretaría para desahogar una animosidad o rivalidad contra Luis Echeverría y me empezó a hablar de un concepto San Jerónimo, de las reuniones en San Jerónimo, de las multitudes que iban allá y de los no acuerdos, pero sí disposiciones o líneas que de ahí salían. En gran parte esto fue lo que me llevó a pedirle a mi amigo Luis que saliera del país, porque se manejaba ya la idea del maximato, e investigando encontré que esto era una fantasía, o una malicia, o que sé yo, de Jesús.

Investigando, ¿cuándo?, ¿poco después?
Poco después, cuando me di cuenta de que había una estructura ahí y tenía que saber quién la estaba provocando o quién era el responsable al que se le pudiera imputar lo que estaba aconteciendo. Esto determinó que hiciera mis investigaciones, y me encontraba en una línea a Jesús; entonces me pareció conveniente, por muchas razones, decir: bueno, se acabó.

¿La primera visita del Papa Juan Pablo II a México, en enero de 1979, no fue un factor?
No, lo del Papa es una de las leyendas, que no sé quién —posiblemente él mismo— filtró, para hacerse el liberal o qué sé yo. A estas alturas de la vida lo que menos quiero es crear confusiones. La visita de Juan Pablo II le parecía muy bien; él me decía: "Nos va a hacer mucho provecho, no va a pasar nada." Así que no hubo oposición de su parte. El discurso que pronunció en Acapulco, que después se manejó como una especie de llamada de atención al Presidente, lo discutimos previamente; yo lo acepté en sus términos. Eso lo manejó

después como una proyección personal de su verticalidad liberal; significaba un manejo político de opinión que contribuyó a la decisión que tomé, desde luego.

Luis Echeverría, cuando salió a la Unesco, le comentó algo muy de pasada sobre Reyes Heroles...
En detalle, ya no lo recuerdo con precisión. Pero, para usar una expresión vulgar, era el "pique" que estaba provocando entre nosotros la posición de Chucho, que desde la Facultad de Derecho tenía problemas de trato con Luis.

¿Por?
Pues no lo va usted a creer, pero yo creo que por la imagen de éxito con las mujeres que tenía Luis.

¿Tenía esa imagen?
Sí, sí, Luis era un hombre que tenía entre las mujeres mucho atractivo por su voz y por sus manos, por su trato, por su conversación, incluso por su figura, él tenía muy buena presencia. ¿Por qué otra razón surgen rivalidades entre muchachos? Porque rivalidad política no la hubo; en la sociedad de alumnos no participaba ninguno de los dos, en los estudios no eran contemporáneos, Chucho iba un año adelante. La única razón que encuentro como posible explicación de esa rivalidad, totalmente escolar y sin mayor relevancia, es cuestiones de faldas.

¿Existe alguna manera de que, democráticamente, contiendan tres o cuatro candidatos dentro del PRI y haya una convención o una primaria y salga uno porque es el que recibió más votos, y que el Presidente no se meta? ¿Es posible esto?
En un PRI clásico, como el que me tocó vivir y como el que cerraba como un broche el sistema político que nació desde la época de Cárdenas y Calles, esa figura es muy difícil porque nació precisamente para que una voluntad política indiscutible fuera la prevaleciente y resolviera los conflictos. Ahora esa época ha pasado y se va a experimentar si es posible resolver de otra manera los conflictos que van a surgir, indudablemente, por la proliferación de candidatos. De tal suerte que aunque en estas materias no hay nada definitivamente escrito y al final de cuentas viene siendo una convención, esa convención en un momento determinado puede cambiarse, alterarse

sin que haya una forzosidad, ni lógica, ni arqueológica, para que suceda de otra manera. Lo tradicional es que, ante el conflicto, una voluntad que no se discute sea la que lo resuelva. Yo creo que ahora se va hacer el intento de una experiencia que servirá para la reorganización futura de un partido que tiene que cambiar de fisonomía y de función política dentro de un sistema que ya se agotó.

Con una convención, ¿hubiera podido imponerle a Javier García Paniagua su derrota en vista del resentimiento que desarrolló en contra de usted?
Claro, yo era la punta de la pirámide y todas las caras, todas las facetas, iban a terminar en la punta. Hubiera sido absolutamente imposible que una convención, para la que no había estatutos que la pudieran manejar, hubiera podido resolver un problema que estaba calculado todavía para que lo resolviera el Presidente de la República, con esa función delicadísima, totalmente metajurídica, totalmente metaconstitucional. Hubiera sido impensable que Javier pudiera manejar, aunque lo hubiera querido, una convención. No había circunstancias, no había momento político, no había peso específico, fuera de lo que significaba dentro de las líneas de las fuerzas armadas, sobre las cuales el Presidente de la República tenía un control institucional, como afortunadamente ha sucedido desde la época en que esto empezó a trabajar.

El carácter inapelable de la decisión, ¿fue una parte esencial del mecanismo?
Claro, con eso se completaba, precisamente ese mérito tenía: su indiscutibilidad. Era un acuerdo tácito de las fuerzas operativas, que convenían en que el fiel de la balanza iba a determinar hacia dónde señalaba y se resolvían los problemas. Hubo momentos en la historia de nuestro partido en que eso no sucedió, como con Almazán, y hubo conflictos. Precisamente desde la época de Ruiz Cortines, en que se perfecciona el sistema, no vuelve a ocurrir. Ruiz Cortines ya marca la pauta definitivamente, incluso hasta en las expresiones de la picaresca política —el "tapado"—, porque entonces su malicia manejó esa figura para que las fuerzas se inclinaran a quien él quería como el indicado, el "tapado."

¿Cómo fue el reclamo de Javier García Paniagua en 1981?
A mí no me reclamó; no hubo reclamo.

¿Sí conversó con él después de la postulación de Miguel de la Madrid?
No, no lo recuerdo. La disciplina partidista y la disciplina militar y la amistad personal que yo tenía con Javier García Paniagua estaban sostenidas por un respeto mutuo, que lo determinó a disciplinarse. Yo no sentí en ningún momento hostilidad; esa hostilidad la sintió el candidato De la Madrid, que sí me pidió literalmente: "quítemelo de encima", pero fue Miguel el que por otras razones lo hizo; todavía no era Presidente, no tenía ni la función, ni el respeto a que obligaba la solución del caso político sucesorio que nos ocupa.

Usted mencionó que entre las razones que pudo haber tenido Echeverría para inclinarse por usted figuraba obviamente la amistad, y lo bien que lo conocía usted, y entre otras cosas la salud. ¿Es un criterio?
Desde luego, la salud es algo fundamental para la vida institucional del país. Un Presidente al que le empiezan a dañar la salud es un Presidente que va a tener ausencias, y las ausencias merecen suplencias. Tiene uno la obligación de inclinarse por una persona saludable, exultada en su vitalidad, que le garantice a uno que no va a tener ausencias por enfermedad.

En el caso de Echeverría, él sabía que usted contaba con buena salud porque eran amigos de toda la vida. Pero, por ejemplo, usted ¿cómo sabía que De la Madrid gozaba de buena salud?
Por el trato.

¿Nada más?
Nada más, claro.

¿No investigó?
No, la verdad no investigué, no hice un parámetro de la salud de los candidatos, de ninguna manera.

¿A ojo?
A ojo eso se ve, eso se siente. La experiencia de la vida lo hace confiar a uno en su propia experiencia. Yo era ya un hombre mayor cuando este acontecimiento sucede, ya estaba sobre los 60 años; la juventud del candidato fue una razón que tuve que tomar en cuenta, porque no podía yo designar o intervenir en la selección de un con-

temporáneo, porque iba a ser de 62 a 68 años. Tenía que haber un cambio generacional intencionalmente; eso lo consideraba como una condición fundamental en la nominación, como ocurrió también con Alfredo del Mazo en el Estado de México, pese a la opinión de mis magníficos amigos Carlos Hank y Jorge Jiménez Cantú, que se inclinaban por otro candidato y yo por Del Mazo. Consideraba que allí iba yo a empezar a formar los cuadros que iban a participar en la siguiente, como sucedió. Así fue. Pero eso hay que visualizarlo con su oportunidad y no emperrarse en soluciones obvias como la contemporaneidad.

¿Cual era su relación con Emilio Martínez Manatou cuando él fue secretario de la Presidencia del licenciado Díaz Ordaz?
Subsecretario de la Presidencia y antes director jurídico.

¿Por qué cree que él no fue el candidato?
Bueno, pues yo entonces no tenía la cercanía que después tuve con Díaz Ordaz, así que no le podría decir por qué se cae. Lo que le puedo decir es que él apreció mi condición personal frente a una precandidatura de mi jefe (Martínez Manatou), y la precandidatura de mi amigo (Luis Echeverría). Con mucha elegancia, el doctor Martínez Manatou, sabiendo mi estrecha relación con Luis, me dijo textualmente: "Mire, licenciado, yo aquí en la Secretaría no necesito partidarios, necesito colaboradores." Le dije: "Pues usted va a tener en mí un colaborador, pero usted sabe mi relación con Luis; voy a abstenerme de participar en la definición." Entonces estaba maquilándose un libreto en el que se ponderaba, por una serie de colaboradores, de intelectuales de Emilio, la exaltación de la planeación. Lo lógico hubiera sido que se me hubiera incluido en ese grupo, porque yo tenía contacto con todos. Pero la elegancia del doctor me sacó de ese compromiso y pude mantenerme simplemente como colaborador, director jurídico primero y después subsecretario, lo que le agradecí mucho.

Si Jorge Díaz Serrano no se hubiera tropezado; si no viene la caída del precio del petróleo en julio de 1981; si no viene el gran pleito con Oteyza y el resto del gabinete económico; si sobrevive esa coyuntura, ¿qué hubiera sucedido?
Me está usted poniendo una hipótesis imposible, pero bueno. Si alguna posibilidad tenía Jorge para que en la consulta previa el fiel de

la balanza se inclinara hacia su candidatura, era por el conocimiento que tenía sobre la materia petrolera. En el momento en que el petróleo deja de ser tan importante, el personaje tiene que borrarse; en el momento en que entra en conflicto con mi gabinete económico —porque no es nada más con Oteyza, también es con De la Madrid, con todo el gabinete económico, porque él simplemente lo desdeñó al tomar la decisión—, tiene que irse. Eso fue lo que le reclamé: "Oye, Jorge, tal vez tengas razón en la decisión que tomaste, pero en vísperas de un acontecimiento internacional como la Reunión Norte-Sur en Cancún, en la que obligadamente tengo que seguir revalorando las materias primas y la posición de los países en desarrollo frente a los monstruos del Norte, me pones en un predicamento y no voy a poder acabar de manejar la sucesión, que es una cosa que tengo pendiente." Esa fue una de las razones por la que ya desestimé totalmente la figura, que pudo haber sido, como cualquier otra, motivo de una nominación en su oportunidad, si el petróleo hubiera seguido con la importancia determinante que había tenido antes. Es una de las consideraciones que le muestran a usted la amplitud de la consulta y el manejo que el Presidente tiene que hacer de todas las cartas posibles de las que dispone, en cada momento.

Si usted hubiera anotado en una tarjetita, en mayo de 1981, tres meses antes de los incidentes del petróleo, cómo iban los precandidatos, ¿dónde hubiera colocado a Díaz Serrano?
En una buena posición. Yo tenía que ponderar: si el problema que iba a dejar al siguiente sexenio era fundamentalmente de ingresos, me hubiera inclinado por quien supiera manejar el petróleo; si hubiera sido financiero, pues quien resultó serlo; si hubiera sido de orden, hubiera sido García Paniagua, por lo que significaba como enlace entre las fuerzas armadas y por el carácter y la mano firme que tenía.

¿Díaz Serrano figuraba entre los tres finalistas?
Pues no, no llegaría tan lejos, estaba en la aproximación.

Desde el punto de vista de afecto, sí era el hombre más cercano a usted...
Bueno, en afecto, tanto él como mi compadre Pedro Ojeda. Pero confianza de amistad vieja, desde luego con Jorge, si eso fuera un peso

determinante en la valoración y en el movimiento del fiel de la balanza. Pero eso es tal vez lo que menos pesa, por lo menos en mi caso.

¿Cuándo decidió usted quién iba a quedar?
Pues un poco después de esa situación. Yo quería tomar la decisión después de Cancún.

¿Quería tomar la decisión, o anunciarla después de Cancún?
Quería tomarla y anunciarla después de Cancún, para tener un manejo más amplio de un problema que yo estimaba como fundamental para el país. La Norte-Sur iba a tratar problemas que no podía resolver aquí adentro y que tenían que plantearse como problemas de afuera. Su trascendencia tuvo entonces una pobre calificación; a la larga va a tenerla.

Usted hubiera querido tomar la decisión después. ¿Puede recordar cuándo se decide finalmente por De la Madrid? ¿Cuándo se lo dice a él, cuándo lo decide en su mente?
Es tan sutil la toma de decisión. La decisión va formándose en forma tan sutil que no me dejó huellas precisas de su secuencia. Simplemente le puedo decir que para la fecha en que se lo comuniqué a Miguel, unos quince días antes, una semana antes, ya estaba conformada.

¿No más tiempo antes?
No más tiempo antes.

¿Por lo del proceso o porque dudó?
Más que por la duda, porque en el momento en que anuncia uno la sucesión resuelta, el manejo del país varía cualitativamente. Ya el sol está por ponerse y está naciendo otro, y los acomodos políticos empiezan a suceder con la fuga hacia el sol que nace. Uno, por mantener el control del país el mayor tiempo posible, la retarda lo más que se pueda, hasta que ya...

¿Hay una demora sicológica de la decisión o una renuencia a tomarla?
Pues no renuencia; francamente, inconveniencia, no por uno mismo sino por el país, porque empieza a dificultarse incluso el manejo del gabinete, el manejo de las fuerzas políticas actuantes, el

manejo de las decisiones. Empieza a nacer otro sol, empieza a surgir otra fuerza que de alguna manera la quita para tomar las decisiones fundamentales que todavía vienen y que yo advertía en las épocas más duras de mi mandato. No por uno mismo, no es ese fanatismo de poder ni mucho menos; es conveniencia política de decisión.

¿Usted lo platicó con alguien ya al final?
Con nadie lo platiqué.

¿Con José Ramón?
Con José Ramón no, con José Ramón menos que con nadie porque era funcionario de Miguel. Es una decisión solitaria del fiel de la balanza.

¿Con Rosa Luz?
Tampoco; se enteraron al mismo tiempo que todos, en un viaje que hicimos al sureste. Lo anuncié en la mañana y salimos de viaje; ya estaba corriendo la noticia cuando estábamos viajando en un batiscafo entre Cancún e Isla Mujeres o entre Cancún y Cozumel.

Usted cree que José Ramón y Rosa Luz no sabían hasta que se enteran públicamente...
Hasta que se enteran públicamente; no se enteran por mí.

¿Cómo le comunica usted a De la Madrid?
De una manera muy sencilla. Hay tantas leyendas en torno a ese momento que ocurre con una naturalidad absoluta, porque esa es precisamente la importancia que tiene: la forma en que se toma la decisión y una vez tomada ya todo se simplifica porque así son las cosas. Lo llamé a un acuerdo y, como en el caso mío, al finalizar le confíe que el partido había determinado que él fuera el candidato a la Presidencia de la República. Con toda sencillez, en la oficina de Los Pinos; ahí cerca estaban los sectores y le dije: "Ahí están los cabezas de sector del partido; vamos a legitimar su investidura."

¿Habló usted con los perdedores?
No, porque no estaban enterados de su consideración; de ninguna manera, hubiera sido un protocolo absurdo; de ninguna manera, con ninguno había compromiso.

¿No daba usted explicaciones?
Entonces dar explicaciones era una formalidad no prevista, ni útil siquiera.

La vida familiar, ¿fue un criterio importante o no lo era?
Es un criterio importante, desde luego. En el caso de Miguel estaba garantizado por el conocimiento personal que tenía yo de su señora esposa, que merece todo mi respeto y que estaba muy interesada en la carrera de Miguel, de tal suerte que era una garantía de que ese aspecto iba a ser irreprochable.

¿De nuevo, sin investigar?
Bueno, era innecesario, era notoria la armonía matrimonial de Miguel y Paloma.

¿No le buscó más de lo que usted sabía?
No le busqué más de lo que yo sabía: una familia que entonces la conocía como irreprochable y eso lo consideraba, claro, no fundamental, sino como accesorio, digamos.

De no haber sido el caso, ¿hubiera sido un impedimento?
No necesariamente. Eso iría a un puritanismo como sucede ahora en Estados Unidos con el caso Clinton.

Al principio de su mandato, doña Paloma lo va a ver para pedirle que permaneciera Miguel en su puesto. ¿Así fue?
Sí, es cierto.

¿Cómo es eso?
Simplemente se presentó en Coyoacán; una dama muy respetable, con una misión muy explicable, y le garanticé el destino administrativo en la responsabilidad de su marido. Me pareció un muy bonito gesto de una mujer con su marido; por eso admiro a la señora, entre otras cosas.

¿Honorabilidad pecuniaria?
Tenía información por mi propia experiencia y por indagaciones; esa sí, ahí sí, claro, no había ningún rumor de la honorabilidad de Miguel.

¿Ahí sí hizo indagaciones?
Ahí sí se hacen indagaciones.

¿A todos o sólo al bueno?
Pues a los que va siendo necesario, pues en el caso este ya sabemos a quiénes: Miguel desde luego; prácticamente todo mi gabinete estaba sujeto a escrutinio y no tenía dudas de la honorabilidad de los fundamentales. Porque pese a lo que después se dijo, creo que es uno de los gabinetes más honestos que ha tenido este país, sobre todo los funcionarios que manejaban recursos importantes, secretarios de Hacienda, de los bancos de desarrollo, de las secretarías inversoras, de la Secretaría de Programación; no había rastros de fugas por ningún lado.

En el caso de De la Madrid y de otros dos o tres más, ¿sí investigó?
Sí, le soy franco; sí hicimos investigaciones, por lo menos yo.

¿Le parecieron concluyentes?
Definitivamente. No era cubrir nada más una fórmula. Eran indagaciones serias, claro que sí.

¿Y en efecto le pareció todo en orden?
Suficiente, todo en orden.

¿Y fue un factor el que usted se sintiera seguro y que pensara que su obra, su persona, su familia estaban en buenas manos?
Pues fíjese que por lo menos yo no lo pensé. Pensé nada más en el país, no lo consideré, jamás lo consideré; desde luego, no me inclinó para nada en la decisión. Yo no lo tomé en cuenta.

El hecho, por ejemplo, de que José Ramón trabajara con De la Madrid, ¿no le daba una cierta seguridad de que lo trataría bien?
Tampoco. No, al revés. Yo consideraba que cuando Miguel me pidió designar a José Ramón —porque fue él el que me lo pidió— como subsecretario le pedí que pensara en las consecuencias políticas del acto. Así es que desde luego tampoco fue un factor. Fueron puras consideraciones de carácter nacional, institucional.

¿Cuáles fueron los aliados o apoyos que tuvo De la Madrid, que haya detectado en ese momento o después?
Si los hubo, fue tan cuidadoso que jamás me los mostró ni los consideré; los que eran ostensibles eran los opositores, eso sí: fundamentalmente el grupo de David Ibarra, el grupo de García Paniagua.

JOSÉ LÓPEZ PORTILLO Y LUIS ECHEVERRÍA: PRESIDENTE Y EXPRESIDENTE.

JESÚS REYES HEROLES.

¿Vinculados a precandidatos, no a fuerzas políticas?
De ninguna manera.

¿No hay aliados?
No es cierto. Si los hay, son totalmente ajenos al Presidente, porque en el momento en que se supiera o que lo supiera, sería un factor en contra. Sí suponía yo, por ejemplo, que había una simpatía entre Miguel y García Paniagua; que podríamos considerar que esa simpatía o relación positiva permitiera después manejar una proyección interesante entre los dos. Pero no sucedió así, porque Miguel me pidió expresamente que se lo quitara de encima; fueron sus palabras expresas.

¿Usted sintió que podían entenderse?
Yo creía que se iban a entender.

Muñoz Ledo cuenta que él lo buscó a usted en un momento determinado y le dijo: "¿Por qué no me considera a mí?"
Es cierto.

¿Cómo fue?
Fue un movimiento o una expresión de la audacia de Porfirio, una manifestación de su vocación política, y desde luego consideré imposible tomarla en serio por la posición que tenía un hombre que había salido de mi gabinete, que ya no tenía ningún manejo dentro de las tradiciones políticas fincadas a partir de Ruiz Cortines. Hubiera exigido un trabajo de proyección, que hubiera significado dificultades en el caso de que hubiera yo admitido la necesidad de un personaje como Porfirio, que tiene tantos derechos y méritos como cualquier otro. Hubiera necesitado un trabajo preelectoral muy especial, por eso no lo consideré, y porque nunca había pensado en él y porque no iba a ser recibido con la naturalidad con que un funcionario en ejercicio iba a ser recibido, como ocurrió. Porque la proyección de Miguel fue relativamente fácil y su legitimación no tuvo ninguna sombra. Fue una decisión perfecta, limpia, la cuidé en forma extrema. Fue cierto el hecho; no lo consideré seriamente, pero sí con toda oportunidad me lo dijo.

Se dice que había una especie de división en su entorno más cercano sobre los candidatos; que sus dos hermanas apoyaban más bien a García Paniagua...

Nunca me enteré, porque nunca se atrevieron a proponerme nada, ni siquiera a hablar del tema. Jamás. Después me enteré de que tenían simpatía por García Paniagua, especialmente Margarita. Es probable que Alicia también, pero nunca se atrevieron a manifestarme absolutamente nada.

¿Usted no tuvo la impresión de que le ayudaban en alguna medida?
Veía que tenían simpatía y cercanía con él, pero eso no pesaba en mi ánimo porque no son de las consideraciones que toma en cuenta el fiel de la balanza.

Y a la inversa, ¿José Ramón y Rosa Luz?
Tampoco. Ninguno de los dos se atrevió a hacer manifestación alguna. Fue una decisión propia. Me respetaban, me respetaban profundamente y no se atrevieron a decir nada. Fue una sorpresa para ellos, como para todos.

¿Cuándo conoció usted a Javier García Paniagua?
Lo conocí en mi campaña; si mal no recuerdo, lo conocí en Coyoacán.

¿No lo conoció en la Subsecretaría de la Presidencia con Martínez Manatou?
No. Tal vez lo habré visto.

¿Pero no tenía relación con él en aquella época?
No, de ninguna manera.

¿Por qué le tuvo tanta confianza tan pronto?
Porque lo vi muy sólido; un hombre que sabía lo que quería; era un hombre apegado a la sabiduría popular, con una política muy sencilla, sin ninguna complicación intelectual. Y también un vínculo con cierto sector del Ejército que iba yo a utilizar y que me iba a hacer falta.

En una ocasión, recién nombrado Miguel de la Madrid secretario de Programación, va a un acuerdo con usted y le dice: "Oiga, me vino a ver Javier García Paniagua, de la Federal de Seguridad, para decirme que tenía una serie de requerimentos de fondos extrapresupuestales y pues lo quiero consultar con usted." Usted le contesta: "Sin consulta, adelante, lo que le diga Javier es como si fuera yo."

No lo recuerdo exactamente, pero hay algo de cierto, porque Javier tenía manejo de fondos para arreglar ciertas cosas, que sería una indiscreción que me pusiera yo a divulgar.

Ya pasaron veinte años...
Son veinte años, pero es un sistema.

¿Sí le autoriza a De la Madrid que entregue los fondos sin consultarle a usted cada vez?
Sí, así es. Si con el punto se satisface su pregunta, así fue. Era todo para gastos de control de las fuerzas armadas. Eso, fundamentalmente.

¿Usted no lo usa como una cuña en Gobernación, primero contra Gutiérrez Barrios, subsecretario, y luego contra Reyes Heroles?
No, de ninguna manera. Yo no manipulo la política, no tenía experiencia en esas cuestiones, y a mí Gutiérrez Barrios siempre me dio la mejor impresión. Estaba yo creando, tal vez, una fuerza paralela, ahora me doy cuenta, una fuerza paralela dentro de la Secretaría de Gobernación, pero de ninguna manera era una cuña intencional.

¿Sí le llegaron a usted las versiones de que desde ese momento Javier había establecido una relación amistosa, de colaboración cercana, con doña Margarita, y de alguna manera la protegía de Reyes Heroles?
Sí. Chucho tenía características misóginas. No le gustaban las mujeres funcionarias, y pese a que Margarita era mi hermana, tenía ciertos rasgos no cordiales con ella. Así lo sentía Margarita, y siempre le estaba coartando alguna decisión que ella tomaba.

¿Cómo estableció Javier García Paniagua su relación con Margarita, y para qué efectos?
Creo que llegó a apreciarla bien, y Margarita a él. Yo no podría afirmar que por protegerla de Reyes Heroles; tal vez simplemente la respaldaba.

¿Pero sí se hicieron ellos amigos en Gobernación?
Sí, se hicieron amigos en Gobernación.

¿Y doña Margarita le comentaba a usted esa colaboración estrecha?
Pues no, no me la comentaba; yo no hablaba mucho con Margarita, no tenía tiempo; cuando teníamos acuerdo, hablábamos de lo que teníamos que hablar, pero nada más.

¿Ella no le comentó más adelante de los retratos que mandó hacer de Javier García Paniagua, de Miguel de la Madrid y del profesor Olivares?
¿Qué retratos?

Unos cuadros...
Pues yo lo ignoro totalmente.

He visto el que mandó hacer de De la Madrid, y el de García Paniagua sé que existe; se los regaló a cada uno de ellos...
¿Margarita, mi hermana? Pues es una sorpresa. Es una sorpresa lo que dice usted, no sabía. Le voy a preguntar.

Viene esto a colación porque es evidente que Javier García Paniagua se enoja cuando no sale de candidato, y es evidente que se siente engañado.
Pues posiblemente; yo no lo registré así; simplemente, me explico el desencanto. ¿Por qué se creía con posibilidades? Sin duda por la relación con mi hermana, asumiendo que mi hermana la mayor influía en mí, cosa que jamás pasó por aquí, de ninguna manera.

La amenaza que García Paniagua profiere contra José Ramón López Portillo después del destape, vía Gilberto Fierro, ¿no le llegó a usted nunca?
Nunca.

¿Nunca se lo comentó José Ramón?
Es la primera noticia que tengo; jamás me lo comentó.

¿No fue un motivo suyo de molestia con Javier García Paniagua?
No supe.

¿Está usted convencido de que escoge a De la Madrid por la cuestión financiera y porque los otros se habían quedado en el camino?
Fundamentalmente porque iba a dejar un problema financiero en el país, en el que amenazaba caída de precios e inestabilidad monetaria, y tenía que dejar una firmeza política acrecentada por la expropiación de la banca, pero eso fue después. Mi decisión, le repito, como fiel de la balanza, fue fundamentalmente por reflexiones de ese tipo.

¿Y las reflexiones negativas sobre los demás?
Pues no llegaban a ser negativas; simplemente, la excelencia del candidato De la Madrid fue la que destacó, no necesariamente por contraste, sino por suficiencia, digamos.

¿Al final hubiera podido decidirlo de otro modo, o en realidad las cosas ya estaban muy encaminadas?
Pues ya estaban encaminadas, pero hubiera podido decidir de otro modo. No había nada que lo impidiera.

¿Surgen dudas después? ¿Me equivoqué, no vaya a ser que me haya equivocado?
Bueno, cuando expropio la banca, el candidato ya no era Miguel. Hubiera yo escogido a otro precandidato. Fue hasta entonces cuando naturalmente tuve las dudas nacidas de la comunicación que le hago de la medida, que fue en el último momento, antes de dar mi Informe. Mando a Pepe y él me cuenta la escena en la que Miguel dice: "Bueno, ¿qué le voy a decir a mis amigos fulano y zutano?" Entonces digo: "Ah, caray, no es solidario con esta medida. Es una medida que voy a tener que consolidar constitucionalmente para que sea más firme", y ahí tomo la decisión de hacer la reforma constitucional pertinente.

¿La reforma constitucional viene a raíz de la reacción de Miguel de la Madrid?
En gran parte.

¿Y ahí sí duda?
Claro, ahí sí ya pienso que el candidato resultante de la expropiación bancaria y el control de cambios no iba a ser un financiero relacionado con todas las fuerzas tradicionales. Pero ya eso era otra cosa porque ya estaba lanzado y no había más que apoyarlo firmemente para que la transmisión fuera perfecta y la legalización absoluta, como sucedió. No tuvo ningún problema de legitimidad.

En el periodo previo, de octubre de 1981 a la elección, ¿no tuvo usted dudas?
No, ninguna.

En 1976, ¿cuáles fueron sus rivales más fuertes, más serios?
Pues mis rivales más serios: el más inteligente, Porfirio. Es el único que se da cuenta de la relación y de la situación, el único. El más

serio era Porfirio, luego Betancourt, por la cercanía que tenía con Luis; esos dos fueron fundamentalmente.

¿Cervantes del Río no?
Cervantes del Río sí, también, yo consideraba que tenía posibilidades, aunque menores que Gálvez y que Porfirio.

¿Cuándo se da cuenta usted de que Moya Palencia se había caído?
Cuando empieza de alguna manera a manifestarme Luis que voy a ser yo; hasta entonces, mantenía mi partidismo a favor de Moya.

¿Usted fue partidario de Moya?
Yo suponía que iba a ser y que tenía cualidades suficientes para poder serlo, por su inteligencia, brillantez y manejo político.

Ha dicho el licenciado Moya Palencia que, siendo usted Presidente y él director de Fonatur, una vez en la casa de Ixtapa usted le comentó que le tenía mucho cariño a esa casa, porque ahí Luis Echeverría de alguna manera le había comunicado la decisión a su favor. ¿Así fue?
No, de ninguna manera. Todo sucedió en Los Pinos, desde la primera noticia, que ahora entiendo fue conforme al modo de ser de mi amigo, era un anuncio de que de algún modo se inclinaba por mí. Nada fuera. Sucedió en Los Pinos.

Le hice esta misma pregunta al licenciado Echeverría. Con una sonrisa me dijo: "Bueno, la verdad es que durante un largo periodo le fui insinuando al licenciado López Portillo que las cosas se encaminaban por él."
Eso se entiende ahora. Esos son incidentes que me ilustran sobre la cadena de antecedentes. Creo que entonces no llegué a interpretarlos sino como expresiones de un misterio que se iba despejando.

¿Incidentes como cuáles?
Como enseñarme todo Los Pinos, desde el segundo piso hasta el sótano, especialmente el sótano. Yo dije: "Bueno, seguramente algo me quiere decir con este gesto tan espontáneo." Detalles de trato, de trato con el gabinete; realmente no podría precisar mucho más.

Don Luis decía que en muchas ocasiones trató de hablar con usted de temas que no eran de su estricta incumbencia en tanto secreta-

rio de Hacienda, de otros temas que trataban en acuerdo o en otras pláticas, en aviones, en viajes, y que eso él lo consideraba como una señal.

Otra señal, ahora me acuerdo. Siendo yo secretario de Hacienda me llevó a un viaje que hizo con el sha de Persia, e indujo una conversación sobre las reformas administrativas que le interesó mucho al sha. Estaba ahí Luis, efectivamente; ese hecho de que me haya llevado con el sha primero, y después que yo haya acompañado al sha a su viaje por algunos lugares de la República, me indicaban algo. Yo entendía que se me quería indicar algo; ahora lo puedo decir porque ahora lo asocio a una cosa que ya ocurrió; entonces no sabía exactamente qué implicaba.

Con el Presidente de Venezuela, Carlos Andrés Pérez, ¿también hubo un viaje de ese tipo o una conversación?

Con él también, en efecto. Con Carlos Andrés Pérez como que Luis me lucía, así en forma totalmente inmodesta, como diciendo: "Aquí tienes a un mexicano, un funcionario que tiene una cultura, que tiene una preparación muy alta"; alguna cosa así.

Porque don Luis insiste mucho en que él le dio a usted varias señales. Dice: "No, yo le di muchas señales al licenciado López Portillo y él entendió muy bien."

Lo entiendo ahora. Cuando suceden, no. En el momento yo veía un trato preferencial, pero Luis, que es tan especial, podía interpretarlo de una u otra manera.

Cuando sale la filtración a Excélsior *del impuesto patrimonial en 1975, se le echa a usted encima la prensa. En un autobús en Toluca, don Luis le dice: "Dé unas declaraciones de prensa, ande, anímese." ¿Cómo fue eso?*

Simplemente así como lo dice. Fue una filtración sobre un impuesto que se había contemplado y que se había desechado, y por las rivalidades de campaña, alguien imprudente entregó el proyecto a Julio Scherer. Salió en el *Excélsior*, y entonces fuimos a un banquete del que tenía que separarme y volver a México. Entonces, al finalizar la estancia allí me mandó llamar Luis y me dijo: "Mire, aquí tiene usted esta noticia, contéstela y en la tarde se va a Los Pinos para darle seguimiento." A mí se me ocurrió decir, en un discurso totalmente improvisado, que desgraciadamente ciertos medios de difusión sacaban su información de los botes de basura. En la tarde me encontré a Julio Scherer en Los Pinos y tuvimos un encuentro, como los que he tenido siempre con Julio, que es un personaje muy peculiar, del cual salí con la impresión de que Luis quería cuidar el asunto en sí, pero no me quería cuidar a mí; ahora lo entiendo perfectamente, había una estructura, pero ¡oh ingenuo de mí!

¿Es cierto que la fuente de la filtración fue Porfirio Muñoz Ledo?
Era el más inteligente de los rivales y entendió que yo era el más peligroso.

¿Qué roces hubo en la campaña? ¿Cómo fue lo del general Cuenca Díaz en Baja California?
Lo del general Cuenca se trata de una decisión en la sucesión gubernamental que es muy próxima a la del Presidente federal. Con muchísima anticipación, Luis sacó la candidatura del general. Fue fundamentalmente por la presión que ejerció el general Cuenca; se trataba de un general del Ejército mexicano con el que el Presidente seguramente tenía obligaciones.

¿Qué obligaciones?
No tengo idea. Las que tiene el Presidente con el que lleva el Ejército, fundamentalmente. No puedo decirle más.

¿No cree que hayan tenido que ver con el 68 y las pugnas con el general García Barragán?
No, no creo, porque Cuenca no intervino mucho, hasta donde sé, en el 68.

No, pero el general García Barragán sí, y había sido un adversario del licenciado Echeverría.
Pues sí, pero eso sería dentro de la estructura del Ejército, sólo así se entendería. Si usted supone que eso es posible, pues yo lo admito como posible. Me hizo sentir de alguna manera la obligación con Cuenca por algún compromiso, por alguna circunstancia especial. El hecho es que sucedió. Luis sabía que mi candidato para Baja California era Roberto Delamadrid; el general Cuenca también lo sabía, había hecho parte de su carrera, la más importante, en Baja California y le interesaba mucho llegar a la gobernatura y tener así su carrera política, y seguramente llamó al Presidente y él accedió.

¿Cómo se lo plantea a usted Echeverría?
No, no me lo plantea de ninguna manera; simplemente sale la decisión por medio del PRI. Yo no tenía que ver con las decisiones de ese tipo; estaba muy claramente establecido en México que la estructura presidencialista otorga esas funciones, llamadas metaconstitucionales o metajurídicas, al Presidente, de principio a fin.

Pero normalmente Baja California le correspondía al nuevo Presidente...
Pues de alguna manera, a mí Luis no me da ninguna explicación, ni yo se la pido, ni Porfirio me la da ni yo se la pido. Simplemente acepto como una cosa muy natural que el Presidente cumpla con un amigo.

¿Usted no se molesta? Da la impresión de que Echeverría sigue metiendo gente suya...
No, no me molesto, porque espero acontecimientos. Quién sabe; es increíble que se acelere tanto un razonamiento en ciertas circunstancias que es casi una intuición. En Baja California de todas maneras tuvimos regularidad.

¿Usted de alguna manera intuye que las cosas se van a resolver?
Había mucho tiempo, y la campaña de Cuenca llegó demasiado pronto.

El atentado contra doña Margarita, su hermana, ¿qué creyó usted que fue en el momento, y qué creyó después?
Creí estrictamente que se trataba de un atentado de la Liga 23 de Septiembre para amedrentarme, o para chantajearme, o para perjudicarme y lastimarme, y para proyectarse políticamente tocando a una persona de mi familia. Eso lo creí al principio, lo creí después y lo sigo creyendo.

¿Nunca tuvo usted dudas de que podía ser otra cosa?
Pues, ¿qué podía ser? Nunca tuve dudas, ninguna.

¿Hubo más roces en la campaña entre usted y el Presidente Echeverría?
No.

¿Ninguna fricción?
Ninguna fricción. Lo que más significativamente afectó mi campaña fueron las decisiones en Sonora, que eran la consumación, en el aspecto agrario, de la Revolución Mexicana. Me adherí a ellas y las

seguí, así es que de ninguna manera hubo fricción. La única cosita que contrariaba un poco mis proyectos era que me empezó a llamar para acudir a mítines en los que trataba asuntos de su gobierno e iba yo. Formaba parte del sistema, así es que no tenía mayor importancia; no se la di. Yo sabía que empezaría a gobernar cuando me correspondiera, no que empezara a participar en actos políticos.

Se me ha comentado que una de las razones por las que usted le deja las manos totalmente libres a De la Madrid en la formación de las Cámaras en 1982 es porque usted conservaba el recuerdo de que Echeverría sí le había metido a usted mucha gente en la Cámara y en el Senado en 1976.
El hecho es cierto; la razón, no. La razón fue por mi modo de ser. Creí que el partido necesitaba empezar a trabajar de otra manera, más espontáneamente, más de abajo para arriba, y que no necesitaba yo, realmente, un Congreso en el que la gente me agradeciera su posición. Yo creía —y se lo confié más bien a Carvajal— en que el propio partido fuera cambiando. Ese era mi razonamiento fundamental.

¿Pero sí sintió usted en 1976 que Echeverría le nombró a mucha gente?
Bueno, Luis tiene pasión política y me pareció natural que continuara la línea del régimen. Eso era.

Viendo el mecanismo en varios sexenios, ¿cree que lo que sucede es que el Presidente, consciente o inconscientemente, tiene un candidato casi desde el principio, lo trata de sacar, y a veces lo logra y a veces no?
Pues no conozco ningún caso que corresponda a ese tipo que está definiendo. En mi caso, yo tenía otros prospectos de origen que incluían a Moctezuma, a Carlos Tello y a los demás. Fueron las circunstancias las que me hicieron ir cambiando y poniendo la sucesión en mi gabinete de modo tal que no me fuera a quedar sin cartas.

¿La formación del gabinete es el momento más difícil, más solitario?
Definitivamente, porque está uno pensando que entre ellos va a salir el próximo Presidente.

¿Eso tampoco se consulta con nadie?
Con absolutamente nadie.

De los que usted nombró al principio, ¿había tres?
¿De los que yo puse de origen? Pues tenía yo a Moctezuma, a Tello, tenía a algún otro.

¿A Díaz Serrano?
No, a Díaz Serrano todavía no, hasta que demostró su enorme eficiencia. No tenía antecedentes de servidor público, sino como miembro de la iniciativa privada. Por lo demás, era un mexicano tan elegible como cualquier otro. Pedro Ojeda era otro.

¿Al formar el gabinete, sí?
Así es. Y después, cuando nomino a García Sainz, también era uno de mis prospectos, que también se me cae en el camino.

En Mis tiempos, *usted termina aceptando que Hacienda y David Ibarra tuvieron razón a propósito de la magnitud del déficit de 1981, frente a Miguel de la Madrid.*
De la Secretaría de Programación, así es.

Pero lo que usted no reconoce en el libro, o no acepta, es que tal vez SPP lo engañó. ¿Qué ha reflexionado al respecto?
No tengo una idea contraria a los hechos, tal y como sucedieron. ¿Qué razones habría? Yo supongo que se trataba de un problema técnico, sin ninguna otra liga política.

En ese momento, ¿no se planteó usted que las cifras tan optimistas que le daba De la Madrid podían estar vinculadas a la sucesión?
No, no me lo planteé; tal vez ingenuamente, pero no me lo planteé.

¿Ninguno de sus asesores, como Rafael Izquierdo, se lo planteó?
Ninguno.

José Ramón López Portillo escribe en su tesis que Rafael Izquierdo, al contrario, estaba claramente con De la Madrid y claramente contra David Ibarra. ¿Eso es cierto?
De alguna manera, sí.

¿No se sintió usted engañado?
Sí, sí me sentí engañado. Yo pugnaba por que me dieran la información congruente y consistente; era mi insistencia en el gabinete eco-

nómico. De otra manera se convertían en volados las decisiones de gabinete económico. Yo quería tomar decisiones fundadas.

¿Las tuvo que tomar con base en datos falsos?
Ahora se supone que son falsos.

¿No lo vincula al problema sucesorio?
No, no le puedo decir que sí. Tal vez mi ingenuidad y mi convicción de servicio público me impiden pensar tan maliciosamente. Pero no podría decirlo, ni admitirlo.

¿No pasó por su mente, en ese momento ni después?
Ni en ese momento ni después.

José Ramón dice que si usted hubiera aceptado las cifras de Ibarra, de que el déficit iba a ser más grande, entonces se hubiera tenido que hacer un recorte más duro, y el recorte lo tenía que hacer De la Madrid, no Ibarra. ¿Usted tenía conciencia de esta dinámica?
No, hasta ahora se me ocurre.

¿No veía usted que así le hubiera dado la razón a Ibarra?
No, porque entonces no sabía el problema de la información. Eso lo vine a averiguar después.

¿Cuándo se empieza usted a dar cuenta del problema de la información?
Más tarde, desde luego no inmediatamente. Tan es así que tomo la decisión. Más tarde, no recuerdo la fecha.

¿Todavía Presidente o ya después de salido de la Presidencia?
Tal vez ya salido de la Presidencia.

Cuando sucede la conversación, que usted cita en su libro Umbrales, *entre José Ramón y Carlos Salinas a finales de 1982, cuando José Ramón ve a Salinas en una cena y le dice: "Le vamos a tener que pegar a tu padre", y José Ramón obviamente se lo relata a usted de inmediato, ¿usted no establece el vínculo entre eso y los números maquillados de 1981?*
¿Pues usted cree? No, de ninguna manera. No puedo pensar en que se establezcan relaciones tan a largo plazo, no tan encaminadas a un propósito político tan malicioso.

¿Cree usted que De la Madrid maquilló deliberadamente las cifras, o que el equipo de De la Madrid se las maquilló a él para que él a su vez se las maquillara a usted?
No tengo idea de lo que sucedió, lo único que sé es que sucedió.

¿Cómo fue el incidente de la auditoría a Pemex que se filtra a Proceso*? Es obviamente un golpe muy duro a Díaz Serrano; lo lógico era que usted pensara que la filtración provenía de De la Madrid. José Ramón le informa a usted que no fue el caso y que no fue de mala fe, que se trató de una filtración de la oficina de José Ramón, del norteamericano Peter Steele.*
Así es. Sí, y así lo creo.

¿José Ramón fungió como una especie de aval de la integridad y de la rectitud de De la Madrid?
Pues sí, de alguna manera. No voy a suponer que fuera desleal el muchacho en informarme.

Cuando De la Madrid insiste dos veces en nombrarlo subsecretario, ¿no se pregunta usted por qué?
Bueno, es obvio que me pregunto, si le digo a él que iba a haber una crítica de la sociedad de por qué están nombrando a mi hijo y de por qué yo lo estoy haciendo. Pero Miguel me insistió en que era por la capacidad profesional de Pepe y me pareció injusto no permitir que culminara la carrera de él, que estaba haciendo un estupendo trabajo de documentación y podía seguir haciéndolo como subsecretario. Yo comprendí, y así lo tratamos con Pepe, que era un poco prematuro y que, como se dice en la picaresca política, se iba a "quemar" porque, dada su juventud, no era habitual que exhibiera un cargo como ese. Pero, después de pensarlo bien, acepté el riesgo y cuando alguien, más adelante, me hizo algún señalamiento, dije que era el orgullo de mi nepotismo.

¿Usted sintió que De la Madrid estaba sacando un seguro de vida al tener tan cerca a José Ramón y a la doctora Alegría?
Bueno, no era yo tan ingenuo como para no suponerlo. Pero me pareció una maniobra política natural dentro de una ambición y sin que tuviera características negativas, porque a nadie le hacía daño.

No, pero le deba una ventaja al licenciado De la Madrid sobre los demás...

Pues sí le daba ventaja. Ocurre lo que me ocurrió cuando alguien me dijo: "Miguel antes de venir a acuerdo va a ver al psiquiatra." "Bueno, es un hombre que toma sus providencias y que es suficientemente inteligente y capaz como para hacerlo, y esa es una de las características de su personalidad." Y tal vez fue una de las razones que lo acercaron al poder.

¿Por qué adelanta usted la designación del candidato en 1981?
Por Cancún, por la Norte-Sur. Quería dedicarme a ese asunto con tranquilidad, ya que estaba resuelto eso. Y porque había ya mucha intriga, mucha intranquilidad, y quería llegar tranquilo a una reunón de lo más importante para mí.

¿Intriga de quiénes contra quiénes, o a favor de quiénes?
Pues intrigas de abajo; no quiero darle nombres de funcionarios. Había mucha inquietud. Empezaba a sucederme lo que le sucedió a Luis, que acabó sin secretario de Gobernación, sin secretario de Patrimonio, etcétera. Entonces empezaba yo a ver la inquietud de los prospectos y que empezaban a pensar en cosas ajenas a su responsabilidad. Así fue.

¿Y usted no tuvo ninguna señal de que Javier García Paniagua se estaba moviendo en el Ejército?
No.

¿De que quería adelantar las cosas y presionarlo?
No, al contrario. Tenía yo la impresión de que era absolutamente leal y por esa razón era un posible prospecto.

Usted había dicho lo contrario: que quería hacer la designación después de Cancún para llegar con todo la fuerza de la Presidencia a Cancún.
Sí, pero a última hora pensé que era mejor llegar con el problema resuelto y no tenerlo como pendiente en Cancún.

¿No eran más bien esas intrigas de las que me habla?
Bueno, era todo.

¿Por qué culpa de la inflación en 1979-1980 a David Ibarra vía el IVA?

Yo no le echo la culpa a Ibarra, porque la decisión del IVA no es una decisión de Ibarra, sino mía, y me la echo como culpa mía, no de Ibarra. Ibarra era uno de los que estaba a favor de que estableciéramos el IVA; el único que estaba en contra era Rafael Izquierdo. En el análisis para atrás, me doy cuenta de que ahí se rompió la disciplina inflacionaria, pero no le echo culpas a David, no; es un gran funcionario. Si es culpa de alguien, es mía. El IVA no era una cosa vinculada a la personalidad de Ibarra, sino a todo el gabinete.

¿No lo tomó como un criterio a favor o en contra de David Ibarra como precandidato?
No, eso es totalmente ajeno.

Algo que no fue ajeno es que usted convocó a Óscar Lewin y lo regañó...
Creo que sí. Porque era una de las cuestiones que estaba moviendo, enturbiando el agua.

¿Él estaba fomentando demasiados ataques contra De la Madrid?
Así es. Me parecía precisamente que era una de las cosas que me estaban enturbiando el agua y deformándome la función pública de uno y de otro, de Hacienda y de Programación, y que las quería tener totalmente disciplinadas y ordenadas. Había decisiones importantes que se tenían que tomar; además, empezaban a regatear aspectos desagradables.

¿Sí le hizo daño eso a David Ibarra?
Pues de alguna manera, sí.

En su libro Umbrales, *usted comenta que ya siendo Presidente De la Madrid, usted lo va a ver y le pide que actúe en contra suya en lugar de en contra de sus colaboradores.*
Específicamente en contra de Jorge Díaz Serrano.

¿Fue a propósito de Díaz Serrano?
A propósito de Jorge. Se rumoraba que iban a acusar a Jorge y yo creí elemental abogar por él con el Presidente, y explicarle que la acusación que le hacían respecto a los barcos había sido un problema de oportunidad. Él vio la oportunidad de adquirir algo indispensable, que no estaba en el mercado ordinario, nunca una maniobra

para hacerse de dinero (que Jorge era incapaz de ello), y que si alguien tenía que responder por eso era yo, porque yo lo había autorizado, y que procediera contra mí. Entonces me dijo muy enfático: "No sería político." Fue cuando le pedí que se actuara con mi amigo con estricto apego a derecho; si algún reproche tengo que hacerle a De la Madrid es que no se procedió con derecho, es que se procedió contra derecho.

¿Usted siente que fue más allá de lo necesario en romper para estabilizar, que es la fórmula suya?
Yo creo que sí. Sí pienso que en el tratamiento que le hicieron a Jorge Díaz Serrano hubo algo más, mucho más, incluso, que la llamada "renovación moral" que lanzó De la Madrid. Siempre me pareció que procurar la moral desde el Estado era regresar a tiempos superados por el derecho. El "Estado moral" fue el Estado medieval, inquisitorial, pero el Estado de derecho es otra cosa, y cuando se establece como se ha implementado, al atacar una "moralidad" se está actuando en el pasado.

¿Y en términos generales usted cree que la actitud del régimen de De la Madrid, ya no frente a Díaz Serrano en lo particular, sino en general frente a usted y su régimen, rebasó el ámbito del "romper para estabilizar"?
Pues probablemente sí, fue más riguroso, radical, desagradable que lo que había acontecido antes, evidentemente. ¿Quién fue el responsable? No lo sé.

En Umbrales *usted en todo caso apunta que el emisario, si no el responsable, fue Carlos Salinas.*
No lo sé.

Y ya retrospectivamente, ¿de dónde cree usted que venía tanto afán en romper con su régimen?
Yo lo atribuyo a que mi régimen terminó con el prestigio de la banca ante los grupos de izquierda que inquietaban a una persona en el sistema, y que entonces, de algún modo para quitarnos ese prestigio (es la hipótesis), se me acusó de lo que yo reprochaba a las clases empresariales: enriquecimiento indebido, sacadólares, etcétera. Todo lo que se anunció contra mi prestigio. Entonces, creo que algún funcionario le aconsejó, o alguien que tuvo la fuerza suficiente para actuar.

¿No tiene usted una idea clara de quién pudo haber sido?
Pues no tengo idea clara como para hacer una acusación.

¿Nunca lo ha hablado con De la Madrid?
Nunca lo he hablado.

¿Ni con colaboradores cercanos que también hayan sido amigos suyos?
No, tampoco, ni con el licenciado Salinas, ni con Rojas, ni con Bartlett, ni con nadie.

Su hijo sugiere que si usted hubiera nacionalizado la banca antes, digamos ocho o diez meses antes, y como se lo llegaron a plantear Tello, Oteyza, hubiera sido no sólo una decisión más estratégica y menos coyuntural, sino también una decisión que hubiera comprometido al candidato, cualquiera que haya sido. ¿Usted está de acuerdo con esta interpretación?
Pues tal vez sí, porque evidentemente De la Madrid no era el candidato para la nacionalización de la banca.

¿Y por qué no se lo planteó usted antes, digamos un año antes?
Porque no estaban dadas las condiciones para ello. La idea la traía yo desde el principio, desde marzo del primer año, desde entonces la traía yo arrastrando, pero no encontré la coyuntura. Encontré motivos y la ocasión para ello hasta después.

¿Nunca la vio usted como una decisión estratégica que había que tomar?
No, era demasiado grave para que sucediera; tenía que haber razones muy específicas para justificarla.

José Ramón sugiere que quizá fue un error suyo no haber querido meter a nadie ni a la Cámara, ni al Senado, ni al gabinete; que usted se ató las manos en la sucesión con De la Madrid. Sostiene que fue un error, porque usted quedó desprotegido...
Lo mismo me han dicho muchos políticos, aduciendo que un Presidente saliente se cubre las espaldas con el Congreso, y esto por lo menos funciona en el primer periodo. Pero yo quería que el PRI funcionara mejor, y las mismas razones que tuve para no meterme en la nominación con Echeverría las tuve para no meterme en la nominación con De la Madrid.

Pero aunque no fueran perseguidos penalmente o legalmente, sino políticamente, quedaron desempleados, marginados...
Bueno, esas estructuras son nocivas para el país, porque precisamente una de las caracteríticas del presidencialismo es que se ejerce el poder durante seis años, transcurridos los cuales llega otro poder y es la renovación lo que le da esperanzas al país, lo que desahoga. Lo lógico es que se renueven los cuadros; no tenía yo por qué garantizarles empleo a mis colaboradores. Sentí una obligación mayor con el país que con mis colaboradores.

¿No pensó: "Me voy a quedar solo"?
Jamás; es característica del régimen la posibilidad de la renovación total. Ese es el presidencialismo.

¿Por qué renuncia García Paniagua a la Secretaría del Trabajo en 1982?
Yo lo atribuí a que se venía una revisión de salario mínimo y que él no se sintió con capacidad suficiente, porque significaba una serie de decisiones que tenían alguna implicación política. Ahí me ayudó mi compadre Ojeda, y sustituyó de alguna manera la función de García Paniagua.

¿Él hizo la negociación?
Así es.

La del salario mínimo y luego las otras, ¿más que García Ramírez?
No; esa específicamente. Después ya no intervino.

¿Pero la de fin de año sí?
La de fin de año sí.

¿Pensó en mandar a Javier García Paniagua de candidato a gobernador de Jalisco?
Nunca se me ocurrió.

Cuando él se va, también se va Miguel Nazar de la Federal de Seguridad. ¿Por qué nombra usted a José Antonio Zorrilla y a raíz de qué?
Pues porque era la persona que estaba a mano; ya faltaba poco tiempo y creía que este muchacho Zorrilla reunía las características. Me lo recomendó Guillermo Rossell porque había sido su secretario; en

ese momento yo no tenía cabeza para pensar en detalle la nominación de quien iba a ocupar ese cargo. Me lo recomendó Rossell y creí en Rossell.

¿No fue un nombramiento hecho de acuerdo con el candidato De la Madrid?
No; el que me recomendó a Zorrilla fue Guillermo Rossell, que me dijo: "Este fue mi secretario y es un muchacho que reúne las características." Nada más.

Cuando muere Colosio, ¿conversa con Salinas en esos días?
No, nada. Me entero por el periódico y nada más.

¿No le consulta a usted qué hacer?
Nunca.

¿No lo invita a desayunar?
No; no es el estilo del presidencialismo mexicano.

¿Y usted tampoco se acerca?
No intento. No, de metiche no. Ni de metiche. Ni me llaman.

¿Y no manda usted recados ni en un sentido ni en otro?
Lamento el hecho profundamente, los acontecimientos por venir los intuyo, y eso es todo.

¿No tiene ninguna vinculación con Los Pinos en esos días, ni en un sentido ni en otro?
Ni en un sentido ni en otro.

MIGUEL DE LA MADRID HURTADO

MIGUEL DE LA MADRID HURTADO nació en la Ciudad de Colima el 12 de diciembre de 1934. Cursó estudios de Derecho en la UNAM y obtuvo una maestría en Administración Pública en la Universidad de Harvard.

Ingresó al gabinete de José López Portillo el 19 de mayo de 1979, como secretario de Programación y Presupuesto. Fue postulado como candidato presidencial por el PRI el 25 de septiembre de 1981, y electo presidente el 4 de julio de 1982; tomó posesión el 1 de diciembre de ese año. Entregó la banda presidencial a Carlos Salinas de Gortari el 1 de diciembre de 1988.

En 1982, México era un país de 67.4 millones de habitantes. Durante el sexenio de Miguel de la Madrid, la economía mexicana creció en un promedio de 0.2% anual; la inflación promedio anual fue de 86.7%, pero llegó a 159.2% en 1987. El PIB *per capita* alcanzó $1,990.00 dólares en 1988.

Entre los principales acontecimientos internacionales del sexenio figuran: la celebración de la primera cumbre entre Reagan y Gorbachov en 1985, y el recrudecimiento de la Guerra Fría en Afganistán, Nicaragua, Angola e incluso Europa Oriental. La crisis de la deuda externa azota a América Latina, pero comienza también el proceso democratizador en la región.

¿Cree usted en la teoría del péndulo de la sucesión presidencial?
Creo que por razón natural cualquier nuevo gobierno se enfrenta a un clima de opinión, de circunstancias; que se preocupa por afianzar lo que ha resultado exitoso, por corregir los errores que se puedan haber cometido y por innovar frente a las nuevas circunstancias. Entonces el péndulo depende de cada transición y es difícil formular una ley del péndulo absoluta.

Los cambios de gobierno han variado mucho de énfasis, dependiendo de las circunstancias del cambio; así que no creo en una ley del péndulo absoluta sino relativa, en cuanto que el sistema político mexicano ha dado la oportunidad de hacer cada seis años una especie de balance de situación para actuar en consecuencia.

Este balance lo hace un amplísimo número de mexicanos, por no exagerar y decir que lo hace todo el país; las campañas presidenciales sirven para eso. Muchas de las ideas que los candidatos hemos tenido en el arranque de la campaña se han visto matizadas, enriquecidas, por la experiencia misma de la campaña, porque la campaña es un gran ejercicio de diálogo, de discusión, de polémica.

Durante el sexenio del licenciado José López Portillo, ¿sintió usted que el gobierno era más centrista o más conservador que el del licenciado Luis Echeverría y que iba corrigiendo sus excesos o exageraciones?
Sí. El licenciado José López Portillo se encontró con un clima muy polémico entre el gobierno y el sector privado, por las líneas gene-

rales que siguió el Licenciado Echeverría,* por los actos en que incurrió al final: las expropiaciones agrarias de Sonora y luego, bueno, las polémicas que sostuvo Echeverría a lo largo de su mandato, inclusive muchas de ellas sin más trascendencia que la expresión verbal, pero lo verbal también es un hecho político. Entonces, López Portillo se preocupó por reconstruir cierta concordia entre gobierno y sector privado; de ahí su bandera o programa de Alianza para la Producción, de ahí un discurso que cambió casi milagrosamente el panorama desde el día de toma de posesión, de relaciones bastante amistosas con el sector privado, que solamente se rompieron gravemente hasta el final, con la nacionalización bancaria.

Si usted dice que las buenas relaciones sólo se deterioraron al final, ¿por qué López Portillo se inclina por usted en septiembre de 1981, antes de la ruptura con el sector privado? Dentro del elenco que había, usted más bien estaba ubicado en el centro o centro-derecha.
Yo me ubicaría en ese contexto en el centro; es decir, trataba de seguir básicamente las líneas del gobierno de López Portillo. La ruptura de López Portillo con el sector privado realmente se da hasta el año de 1982, a partir, diría, de la devaluación de febrero, de la forma en que se trató de corregir el problema a partir de febrero, que no fue muy exitosa, y con una serie de medidas que desembocaron en un agravamiento gradual de la crisis, que explota el primero de septiembre de 1982, con la medida de López Portillo de nacionalización de la banca y de control de cambios. Ahí el sector privado sí realmente se sintió ofendido, traicionado, en cuanto que sentía que había una ruptura de un *modus vivendi* que había tenido el gobierno con el sector privado. Al sector bancario lo consideraban como sector gozne o intermediario entre el gobierno y el resto de los sectores productivos, y entonces eso les cayó muy mal, junto con la forma sorpresiva y hasta cierto punto arbitraria en que se hizo.

Pero cuando la decisión se inclina a su favor en septiembre de 1981, no era para recomponer una relación con el sector privado, ya que no había conflicto; en ese momento no es para nada pendular la decisión,

---

* Respetuoso de las normas protocolarias, el entrevistado cita invariablemente a los personajes a los que menciona por su nombre completo, y con su título o cargo; para agilizar la lectura, después de la primera mención, se ha optado por suprimir o abreviar nombres y cargos (Nota del editor).

a menos que se considere así frente a Estados Unidos. Vista después, puede parecer pendular, pero en ese momento no lo pareció, ¿o sí?
Mire, creo que más bien la política hacia los Estados Unidos se ha diseñado como reacción o acomodo a las actitudes de los gobiernos de Estados Unidos frente a México. A José López Portillo le tocó la entrada de Ronald Reagan, y a mí, de punta a punta, una actitud del gobierno de los Estados Unidos caracterizada por la última etapa de Guerra Fría. Reagan fue muy rudo y eficaz en derrotar a la Unión Soviética, pero estaba muy nervioso frente a ella. En consecuencia, cualquier problema regional, como fue en nuestro caso el de Centroamérica, lo veía como un episodio más de la Guerra Fría. Creo que esta actitud del gobierno norteamericano influyó mucho en el tono de las relaciones con Estados Unidos. Tuve que seguir los principios tradicionales de la política exterior mexicana, defendiendo la soberanía, la autodeterminación, fundamentalmente de Nicaragua frente a los Estados Unidos. Desde López Portillo veníamos ya con la herencia de la declaración franco-mexicana en el caso de El Salvador; en realidad México se había acercado más a Centroamérica porque descubrimos que era un área estratégica para nosotros y que lo que pasaba en Centroamérica se iba a reflejar en México de una manera mucho más directa, mucho más rápida de lo que antes se había pensado.

Esta posición diferente del gobierno de México frente a los Estados Unidos no cabe duda que trajo una serie de fricciones, de roces, de desavenencias entre ambos gobiernos. López Portillo había tenido también incidentes negativos frente a los Estados Unidos, por su misma política centroamericana y por las decepciones que sufrió, sobre todo en el caso de la venta de gas natural, donde México se lanzó a construir un gran gasoducto y luego Washington reaccionó diciendo que no le interesaba. Eso le provocó al gobierno de López Portillo una gran decepción. También, tradicionalmente, las posiciones de México en Naciones Unidas y en la OEA no han sido coincidentes con los Estados Unidos y eso nos ha atraído también una hostilidad de algunos sectores del gobierno norteamericano. Ahora, mi balance en la relación con Estados Unidos fue que pudimos deslindar nuestras diferencias políticas, y en cambio lograr ciertos avances, aunque no del todo satisfactorios, en materia económica. Los Estados Unidos reaccionaron favorablemente, dentro de las limitaciones que había, a los procesos de reestructuración de la deuda externa y también en el proceso de abertura a nuestras exportaciones.

¿Cree que cuando José López Portillo se inclina por usted la reacción de Estados Unidos haya sido un factor?
En mi experiencia, las sucesiones presidenciales en México se cuidan frente a Estados Unidos sobre todo para no despertar en ellos animadversión, pero no para darles gusto. En mi experiencia, tanto en la candidatura como en la participación en la sucesión presidencial, esencialmente no hubo una intervención de Estados Unidos en el proceso sucesorio. Yo estaba preocupado cuando era Presidente de la República de si no iba a tener presiones de los norteamericanos para la sucesión, en un sentido o en otro. Afortunadamente no las tuve. Inclusive, alguna vez que platicaba con el embajador Pilliod, él me mostró una opinión muy favorable respecto a los seis famosos precandidatos. Me dijo que todos eran gente muy positiva, que Estados Unidos tenía respeto por ellos, o sea, declaró total neutralidad.

¿En lo tocante a Manuel Bartlett, nunca le llegó a usted alguna duda o algún resquemor estadounidense?
No, no me llegó una presión respecto a ninguno de los candidatos en un sentido o en otro.

¿Tiene usted alguna razón o algún motivo para pensar que en 1981 haya sido distinto?
No, tampoco, no recuerdo que haya habido ninguna actitud de Estados Unidos a favor o en contra de alguno de los precandidatos.

Por lo menos desde Echeverría, es decir desde 1975, hay una lista formal de presidenciables...
Sí, que filtró Rovirosa Wade.

En el caso suyo, usted la formalizó abiertamente; en el caso de López Portillo, era evidente. ¿Cómo se hace la lista? ¿Cómo lo incluyen a usted en la lista y cómo decidió usted? ¿Cómo funciona la lista?
Creo que no hay una lista preconfigurada cuando arranca un gobierno, sino que se va formando de acuerdo con el comportamiento que la opinión pública aprecia de parte de los secretarios de Estado, que hasta ahora han sido los que han podido aspirar a la candidatura. Creo que a todos los secretarios de Estado, en principio, se les da un boleto, salvo hasta ahora a los de Defensa y de Marina. Conforme avanza la administración, la misma opinión pública va haciendo su selección y las listas de precandidatos se van configurando, no por-

que se diseñen en una oficina presidencial o en el PRI, sino de manera natural. Cuando yo era Presidente, en 1987, ensayamos aquel procedimiento llamado "la pasarela", mediante la declaración oficial del presidente del partido de cuáles eran los seis priístas que estaban siendo considerados. Esos seis ya estaban en la boca de todos; inclusive un mes antes, me acuerdo que un periodista, de nombre Javier Lozada, había ya sacado un libro con los seis precandidatos.

En la lista de los seis "distinguidos priístas" había por lo menos dos que la opinión pública difícilmente veía con auténticas posibilidades, que eran Ramón Aguirre y Miguel González Avelar. Por ende había dos grupos, los cuatro buenos y dos a quienes se les quiso dar una oportunidad. Ahí hay más que simplemente la opinión pública. Si usted hubiera procedido a una auscultación de opinión pública pura, dudo que Ramón Aguirre o González Avelar hubieran estado en su lista, ¿no?

Mire, lo que pasa es que ellos tenían menor puntaje, pero sí tenían algún puntaje. La estrategia que se siguió en el partido en aquel tiempo fue configurar la lista con los seis, porque siempre se ha pensado que es conveniente tener entre cinco y seis para distribuir el golpeteo que normalmente se produce cuando alguien va a destacar. El procedimiento que seguimos en aquel tiempo fue que Jorge de la Vega hiciese un recorrido muy amplio por toda la República a partir de marzo. Fue a cada estado a visitar a la dirigencia priísta, a los líderes de opinión, y fue recabando cuál era el sentir respecto a los posibles candidatos a la Presidencia por parte del PRI. Después de haber hecho esa auscultación, nos reunimos —y claro, yo tenía también mis propias fuentes de información a través de mi contacto con los demás medios del partido, con líderes de opinión, líderes políticos, empresariales, obreros, campesinos— y no fue difícil que llegáramos a la conclusión de que esos seis podían integrar la lista.

Conversamos sobre si no era conveniente reducirla a cuatro o a tres, pero llegamos a la conclusión de que era mejor aerear todo y que se discutiera a todos. Aquello de la pasarela, que mucha gente critica todavía diciendo que fue un formalismo, una mascarada, no fue tal, porque creo que el hecho de enviar o de invitar a los precandidatos a comparecer ante el Comité Ejecutivo Nacional con prensa, fue tomar riesgos. Si ahí hay una mala actuación de alguno de ellos, en cualquier sentido, una frase de más, un gesto nervioso, algo, hubiera podido descalificar a cualquiera. Finalmente, los seis hicieron un papel decoroso en su presentación ante el Comité Ejecutivo Nacional y ante la opinión pública, ya que sus comparecencias fueron televisadas, transmitidas por radio y cubiertas amplísimamente por la prensa.

Aquello lo terminamos en agosto. Convinimos el partido y yo en que daríamos un compás de espera de 15 días para que pasaran los efectos del Informe Presidencial, las fiestas patrias, y que luego volveríamos a reanudar el ejercicio. Así lo hicimos: Jorge de la Vega repitió el ejercicio de auscultación, no ya viajando a cada estado de la República, sino mandando llamar aquí a los líderes del partido, platicando con ellos y viendo, de los seis, cuáles eran los punteros. Por mi parte, mantenía mi ojo atento a lo que decía la prensa, a lo que decían las personas que me visitaban, a los líderes de opinión; finalmente, llegamos a la conclusión de que ya estábamos maduros para la designación del candidato. Se fijó el día de la designación, el 4 de octubre, y le pedí a Jorge de la Vega que ese día me fueran a informar de los resultados de la reunión del Consejo Político en forma pública, y que en privado los invitaba a desayunar a todos los miembros del Comité Ejecutivo, que eran como 12, para que ahí ellos me dijeran cómo veían la situación y por dónde se inclinaban. Yo no le dije a Jorge cuál era mi pensamiento antes del 4 de octubre.

¿No se lo dijo?
No se lo dije, ni a nadie más.

¿A nadie, al licenciado Salinas tampoco?
El viernes 2 de octubre le advertí a Salinas que yo veía que él tenía muchas posibilidades y que estuviera tranquilo, discreto, pero que todavía no le podíamos dar ninguna seguridad.

¿No le dijo lo mismo a otro?
No, a ningún otro.

Sólo a Salinas...
Sólo a Salinas. Entonces el domingo 4 de octubre, ya en el desayuno con el Comité Ejecutivo Nacional, Jorge de la Vega expuso que, después de haber cambiado impresiones con los líderes de partido y con el mismo Comité, ellos habían llegado a la conclusión de que había una terna final, integrada por Manuel Bartlett, Alfredo del Mazo y Carlos Salinas, pero que pensaban que yo tenía ya que pronunciar una opinión. Entonces les dije que mi opinión era que esos tres eran

efectivamente la terna finalista, y que ya que me pedían mi opinión, pues opinaba a favor de Carlos Salinas, pero que invitaba a cada uno de los miembros del Comité Ejecutivo Nacional a pronunciarse.

¿Cómo se pronunciaron?
Todos se pronunciaron por Carlos Salinas, ¿verdad? No hubo ninguna duda, ninguna reserva, ni nada. Ellos se fueron al PRI y ahí ya se dio a conocer la opinión de los tres sectores del partido en favor de Carlos Salinas. Acabando el desayuno con el Comité Ejecutivo Nacional, le hablé por teléfono a Carlos Salinas y le dije: "Oiga Carlos, pues lo que yo había previsto salió, así es que ya usted va a ser candidato o precandidato por los tres sectores; prepárese, espérese a que el PRI le dé el aviso y, mientras tanto, usted no se mueva ni nada, usted siga acuartelado en su casa."

Pero dice que le avisó sólo el viernes 2 de octubre. ¿No le mandó señales previas?
Al viernes 2, no.

¿Ni inconscientemente?
Creo que no. A ninguno de los seis precandidatos lo ilusioné previamente, sino que quise que las cosas se hicieran muy, muy limpiamente, sin que yo estuviera animando a uno y a otro, porque me decía que no era lo correcto. Fue esa la forma en que participé.

Muchas personas con conocimiento de causa opinan que hasta 1964 se consultaba realmente a varios sectores, a los secretarios, a los líderes sindicales, a los expresidentes con vida —sobre todo al general Cárdenas y al licenciado Alemán—, quizás a la Iglesia, a los militares, etcétera. Pero que a partir de 1970 ya no; el licenciado Díaz Ordaz impone a Echeverría sin mayor discusión, sin consulta, y por ende ya no es un candidato consensual. El mecanismo de consulta o bien desaparece, o bien se vuelve tan sutil y elíptico que termina siendo un mecanismo, si no de imposición, en todo caso mucho más unipersonal que antes. ¿Usted cree en esta disyuntiva de dos épocas?
No tengo un testimonio totalmente claro. No sé si esa pretendida consulta a expresidentes, Ejército, Iglesia, empresarios, norteamericanos inclusive, se hacía o no. Me inclino a creer que no. Cuando soy Presidente me doy cuenta de que López Portillo no había hecho

esas consultas explícitas, expresas; que sí había estado tanteando el terreno, auscultando, preguntando, pero así consultas expresas creo que no. En mi caso, no hice consulta alguna de estas explícitas que se señalan, sino que conduje todo el proceso de la sucesión presidencial dentro del partido y tomamos la decisión colegiada el día 4 de octubre. En mi caso no hice esa consulta explícita y dudo que en el pasado se haya hecho.

En el caso de López Portillo, ¿la impresión que usted tiene es que no?
Creo que no. Él iba platicando con la gente, tomaba sus opiniones, pero mire, hay un ejemplo muy significativo de cómo me dieron la opinión los empresarios. Se acostumbraba desde hacía dos o tres sucesiones que iban los secretarios de Estado ya el último año a platicar con el Consejo de Hombres de Negocios; ellos me pidieron autorización para invitarlos; yo les dije que sí e inclusive los sorprendí un poco, porque además de los seis que ya se habían perfilado les dije: "Inviten también a otros de los secretarios distinguidos, como puede ser Soberón o García Sainz"; no recuerdo si a algún otro. Se sorprendieron, pero siguieron esa sugerencia; ya en alguna fecha de septiembre me fue a ver el vocero de ellos y me dijo: "Oiga usted, pues todos los secretarios que hemos invitado han causado muy buena impresión, pero destacan tres: Bartlett, Del Mazo y Salinas. Me indicaron mis mandantes que le transmitiera únicamente ese recado, porque dentro de este Consejo de Hombres de Negocios las opiniones están divididas, no llegamos a una conclusión definitiva, pero esos tres nos parecieron los más capacitados." Hasta ahí los empresarios. Con el Ejército, de ninguna manera traté el problema, en lo absoluto.

¿Ni indirectamente?
En lo absoluto; no lo traté; no lo consideré ni conveniente ni necesario. Durante mi gobierno, el Ejército siempre me manifestó su más absoluta disciplina y lealtad, y también me habían advertido los dos jefes, de Defensa y Marina, que ellos estarían al servicio de las instituciones y que no tenían que opinar nada respecto a la sucesión. Los norteamericanos, como le acabo de decir, el embajador Pilliod explícitamente, sin que se lo preguntara, me dijo que los seis que sonaban le parecían gentes de primera e inclusive me aduló, porque dijo: "Yo ya quisiera que en Estados Unidos hubiera una lista de la calidad que ustedes tienen para escoger." A los expresidentes no los consulté.

Nada mas había dos en vida, ¿no habló usted con ellos?
Sobre el tema no, ni ellos me lo preguntaron. A mí me parece que hay que poner en duda esa leyenda de las consultas previas. No me cabe la menor duda de que, de alguna manera, los presidentes sí consultaban a los factores reales de poder, entre los cuales estaban los expresidentes. Después, me imagino que cuando se trató la sucesión de Abelardo Rodríguez a Cárdenas, ahí sí hubo consultas muy expresas y hay testigos que lo dicen. Ya en la sucesión de Cárdenas a Ávila Camacho, no estoy seguro si Cárdenas les preguntó a los expresidentes, me imagino que no. De Ávila Camacho a Alemán, creo que de alguna manera elíptica se le trató el asunto al general Cárdenas y en lo sucesivo también, pero así, una consulta formal de "señor expresidente, ¿qué opina usted de las naranjas que tenemos, por cuál se inclina?", creo que no. Por otra parte, para un expresidente es una pregunta embarazosa, porque qué tal si el nombre que recomienda no sale, entonces él queda mal por haberse pronunciado por alguien que no salió.

En este caso lo que se ha dicho de que, según Fidel Velázquez, "el que se mueve no sale en la foto", ¿sería falso?
No. Con Fidel Velázquez traté el tema de la sucesión, desde luego; cuando yo iba a ser candidato, un día me invitaron a desayunar los líderes obreros, entre ellos don Fidel. Entonces me dijeron: "Oiga, licenciado, sabemos que usted está figurando entre los precandidatos del partido; lo único que queremos manifestarle es que no podemos pronunciarnos en este momento, nos esperamos a que esto se decida, pero le manifestamos que de nuestra parte hacia usted hay simpatía personal"; hasta ahí llegó.

Ya como Presidente, ¿cómo trató el tema con Fidel Velázquez? ¿Sí habló con él?
Hablábamos de que estaban ya los precandidatos y teníamos que prepararnos. Primero que nada me dijo que estaba puesto para lo que dispusiera el partido. No se pronunció a favor de alguien en particular.

¿Es cierto que se pronunció en contra de un precandidato y dijo: "Al que le tengo miedo por rudo es a Bartlett"?
Sí.

¿No se opuso al licenciado Salinas?
No, de ninguna manera. Salinas fue muy hábil en construir su candidatura. Con motivo del desempeño de su cargo, él tenía mucho trato con los demás secretarios de Estado, con los gobernadores de los estados y con los sectores sociales, sobre todo porque tuvimos que ser muy dialogantes y persuasivos para aplicar el programa económico. Él estaba en continuo contacto con Fidel Velázquez, con otros líderes obreros, con líderes empresariales y en general con la sociedad. Fue construyéndose su candidatura de manera extraordinariamente hábil, y a pesar de que era el menor de los tres precandidatos, eso lo suplió con un gran trabajo político.

¿Nunca le llegó a insinuar o a decir La Quina que mejor Salinas no?
Sí, desde luego, porque La Quina se molestó mucho con las medidas que tomamos desde el año 1984 para someter a concurso o licitación los contratos de obra y de mantenimiento en Pemex. El canal por el que tenía que salir el acuerdo era la Secretaría de Programación y Presupuesto, porque era la encargada de aplicar la Ley de Obras Públicas y la Ley de Adquisiciones. La Quina pensó que Salinas había sido el inspirador fundamental de ello y él sí mostró su desacuerdo con Salinas. Lo manifestaba en diversas formas; fue al único candidato que se le organizó una pequeña manifestación.

¿De quiénes?
De mujeres, y La Quina estaba atrás.

¿Usted lo sabía?
Yo lo sabía perfectamente, claro, por las informaciones confidenciales que le llegaban al Presidente. La Quina no quería que fuera Salinas, le tenía miedo.

El famoso libro o libelo Un asesino en la Presidencia, *¿creyó usted que provenía de La Quina?*
No, no lo sabía, ni nunca he llegado a saber quién fue el instigador ni el que financió la publicación.

¿Algún otro que estaba en contra de alguien, que usted recuerde?
Bueno, desde luego Cuauhtémoc Cárdenas y Porfirio Muñoz Ledo. Desde un principio la Corriente Democrática se formó, entre otros

motivos, por el temor de que Salinas fuera el candidato a la Presidencia, porque pensaban que Salinas representaba una corriente de pensamiento económico contraria a lo que ellos pensaban. También había algo de antipatías personales; no sé a qué se debían en el caso de Cuauhtémoc; en el caso de Porfirio, él sentía que no tenía un contacto personal con Salinas.

¿Porfirio sí se lo dijo a usted directamente?
Sí, claro, directamente: "Con Salinas no tengo plataforma para entenderme, es al único que no he tratado, es al único que no conozco, es el único que no me ha buscado." Ellos fueron muy abiertos en oponerse a la candidatura de Salinas.

Pero fuera de ellos y de La Quina, ¿no recuerda usted otra renuencia?
No recuerdo una opinión contraria que se me hiciera explícita. Me daba cuenta de que había entre los gobernadores, entre los secretarios de Estado, más simpatías por uno o por otro, pero no una oposición.

¿Usted no orientó las cosas, en el caso de ciertas gubernaturas, para que se hiciera un bloque favorable a alguien?
No, no lo hice, y en realidad no se formó un bloque, porque la opinión de los gobernadores estaba dividida: unos tenían más simpatía por un secretario que por otro.

¿Pero sí había un bloque salinista o que se decía salinista?
Bueno, sí me di cuenta de que muchos tenían simpatía por Salinas, pero no eran un bloque activista, para hacer una presión, un comentario; me hubiera dado cuenta.

¿Usted no los puso por salinistas?
No.

¿No fue un factor?
No fue un factor determinante

¿Cuándo pensó por primera vez en la posibilidad de ser Presidente?
Pues cuando me nombraron secretario de Estado. Toda mi carrera pública y política la hice en la línea administrativa, y para mí la máxima

ambición era llegar a ser secretario de Hacienda, ese era mi horizonte. Yo no había participado muy activamente en las tareas electorales del partido, no había tenido un puesto de elección popular, tenía relaciones cordiales con el partido, colaboraba de vez en cuando con el partido a través del IEPES, participé en las campañas presidenciales de Echeverría y de López Portillo, aportando una ponencia en alguna reunión a la que fui invitado. No veía horizontes para la Presidencia. Inclusive, cuando llega López Portillo me deja en la Subsecretaría de Hacienda, o sea era una muestra de que no me ponía en su equipo de primera línea. Pero cuando me dan ya la cartera de Programación, sabía que era una gran oportunidad. Ya dos secretarios de Programación y Presupuesto no habían podido realizar el proyecto de López Portillo, que era muy caro para él, de formar una nueva Secretaría de Estado que le hiciera contrapeso a Hacienda y que le hiciera el Plan Global de Desarrollo y todo el sistema de planeación. Cuando a mí me ofreció esa oportunidad, a pesar de que me había opuesto a la creación de la Secretaría de Programación y Presupuesto siendo subsecretario desde Hacienda, acepté y dije: "Ahora, a sacar el cargo." Pero sí pensé: "Bueno, ya con esto me dieron boleto."

¿Así lo entendió usted desde el primer momento, esa tarde en mayo de 1979?
Así es. Si yo saco el proyecto de la Secretaría, si saco el Plan Global de Desarrollo, si me mantengo en los lineamientos de administración pública de López Portillo, mis posibilidades van a aumentar mucho, y efectivamente, en la medida en que fui avanzando en el proceso constructivo de la Secretaría de Programación y Presupuesto, fui viendo que había opiniones favorables a mí en todo el país. No solamente dentro del gabinete, sino en el partido, en las Cámaras, entre los gobernadores, etcétera. Así fue cuando me percaté de que tenía esa oportunidad, al ser nombrado secretario.

¿Cree usted que cuando lo nombra secretario López Portillo ya tenía la idea de que quizás o seguramente sería usted?
Más bien quizás; creo que López Portillo pensó: "Bueno, lo pongo y depende de su desempeño si llega a las finales."

¿Pero desde ese momento ya lo contempló como una posibilidad?
Como una posibilidad.

¿Desde el primer momento?
Sí, creo que sí.

¿Lo habrá puesto con esa intención?
No creo. Creo que me puso porque creyó que yo era capaz de sacar el proyecto.

¿Se sintió usted a prueba durante esos dos años?
A prueba estaba todos los días. Cualquier resbalón me podía echar para abajo. Hacía bien mi trabajo, y en esa medida a mí me consideraba más López Portillo, y me apoyaba más y me tenía confianza.

¿Usted sí lo fue notando en el trato con él?
Sí, me iba percatando.

¿Qué tipo de señales le llegaban? ¿En qué lo notaba, en la confianza, en la simpatía?
Por ejemplo, en los acuerdos; por ejemplo, era un invitado reiterado a diversas reuniones y giras.

¿Y esto usted lo platicaba con sus amigos y colaboradores?
Sí. Les dije: "Miren, señores, entramos en la Secretaría con un reto enorme que consiste en tales problemas. Si nos va bien, posiblemente esto nos abra niveles superiores de actuación a todos nosotros; si nos va mal, pues nos descartamos. Ustedes van a correr en parte la suerte que corra, así es que les pido primero que hagan su trabajo lo mejor que puedan, porque esa es la medida en que podemos tener más posibilidades." Bueno, la gente empezó a decirme, mis amigos o conocidos, o los políticos mismos: "Oiga, usted está ya en la posibilidad de llegar a ser candidato." "Bueno, pues sí, acepto pero no sé realmente qué suerte vaya a correr." Luego, en aquel tiempo coincidimos en el gabinete varios muy buenos amigos desde la juventud: Pedro Ojeda, Jorge de la Vega, Fernando Solana y yo. Un día nos invitó Solana a una cena y dijo: "Señores, nos van a poner a jugar la candidatura; quisiera invitarlos a que sigamos siendo amigos." Durante dos años antes de la sucesión eso se tradujo en que periódicamente nos reuniríamos con nuestras esposas en una cena, donde platicamos de todo y de nada, pero mantuvimos una relación personal amistosa, respetuosa, entre nosotros. Creo que eso sirvió para que entre nosotros la guerra no fuera muy violenta.

¿Hubo golpes bajos?
Bueno, los partidarios siempre se salen de las instrucciones superiores, ¿no? No me extrañó que algunos colaboradores nuestros hicieran algunas cosas, pero era contra nuestra línea de pensamiento.

¿Cuándo sintió que por primera vez José López Portillo claramente estaba tanteando las aguas con usted?
Yo sentí que el punto de inflexión fue cuando presentamos, en el año de 1980 —un año después de haber llegado a la Secretaría—, el Plan Global de Desarrollo. El Plan era muy difícil, porque no nada más era una cuestión de cálculo económico, ni mucho menos, sino un proceso de negociación política. Fui capaz de sacarlo porque lo negocié con todos, lo negocié con cada secretario de Estado, con sus equipos, en parte con el sector obrero, el sector privado, el sector campesino y finalmente llegamos en mayo de 1980 a las negociaciones. Ese fue mi primer éxito destacado, y a partir de entonces mi nombre empezó a sonar más y dije: "Ya estoy ahora sí en la carrera."

¿Lo mandó López Portillo con alguien para que usted lo convenciera, lo sedujera, lo tranquilizara?
Bueno, mi cartera fundamentalmente era, respecto al gabinete y a los gobernadores de los estados, arreglar los presupuestos, los programas, etcétera. Mi mera función de secretario de Programación y Presupuesto me dio una gran exposición política; tenía diálogo con los sectores de opinión, obreros, empresarios, campesinos, con líderes del partido. Sí estuve expuesto; esa fue la forma de trabajar, pero no aprovechaba la oportunidad para insinuar que yo estaba ahí ya como precandidato. Pensaba: "Soy el secretario, esta es mi función. Pero además tengo posibilidades de ser precandidato, depende de cómo saque mi función." Más bien les decía: "No, fíjense que hay otros muy buenos también", y lo creía sinceramente. Creí que los competidores realmente fuertes eran Pedro Ojeda y Jorge de la Vega, en ese orden. Nunca llegué a pensar que Javier García Paniagua, como lo dijo después López Portillo, fue mi real competidor.

¿Nunca lo pensó?
No lo sentí. Javier García Paniagua sí me decía francamente: "Oye, Miguel, vamos a ser tú o yo." "Pues Javier, no puede ser. Hay otros, no tú o yo." Y López Portillo por lo menos da esa indicación, al final él tenía dos opciones. A Javier si el problema a la vista era un proble-

ma de orden político, o yo sí era un problema económico. Yo me resisto a creerlo.

Cuando usted llega a SPP, lo viene a ver poco tiempo después Javier García Paniagua para tratar asuntos de gasto extrapresupuestal, de partidas no justificables.
Estaba en la Federal de Seguridad.

"Para los asuntos que hacemos aquí", dijo él, y usted le respondió que tomaba nota, pero que sí lo quería consultar con el Presidente.
Yo le dije: "Tomo nota y tú pásame la nota mensual", y entonces checo con López Portillo y me dice: "Miguel, le tengo plena confianza a Javier, lo que Javier le diga es como si yo se lo estuviera diciendo." "Bueno, señor, tomo nota y trataré simplemente de tiempo en tiempo de informarlo." "No es necesario", me dijo López Portillo. Su confianza en Javier era total.

¿Usted sí está convencido de que Javier era viable?
Yo no lo pensé; sabía que era de la confianza total de López Portillo, pero nunca llegué a concebir a Javier como candidato.

Pero si este tipo de comentario lo hacía López Portillo con otros, eso le llegaba finalmente a Javier García Paniagua, ¿o no?
Claro, y el hecho de que lo haya mandado al partido lo corroboraba.

¿Veía más a Ojeda y a De la Vega?
Yo los vi a ellos como mis competidores más importantes.

¿Por qué?
Pues mire, veía que los dos gozaban de la confianza del Presidente López Portillo, del aprecio personal. En el caso de Pedro, era su compadre; en el caso de Jorge, tenían un trato muy cercano. Veía que las fuerzas, las opiniones, los mencionaban a ellos sobre todo, pues creí que por ahí estaba la decisión.

Se ha comentado que Jorge de la Vega perdió muchos puntos en la discusión sobre la entrada al GATT, por ejemplo, por no defender su causa con vigor, con decisión. ¿Es cierto?
Así es. Jorge era excesivamente cauteloso en todas las materias, porque es el temperamento de Jorge, ser cauteloso, ser muy cuidadoso

en sus cosas. Se notaba en las reuniones. López Portillo quería más participación, más polémica de nuestra parte.

¿Y García Paniagua por qué no?
Pues porque García Paniagua era un prototipo de político mexicano de la vieja escuela, muy zorro, muy conocedor de los vaivenes de la vida política del país, sobre todo en el aspecto partidista, en el aspecto político. Pero no tenía experiencia administrativa ni internacional. Entonces yo decía: "Este no es el hombre apropiado para las perspectivas del país." Yo se las veía más a Pedro Ojeda y a Jorge de la Vega.

¿A David Ibarra?
David Ibarra sí se animó a trabajar para ser candidato, pero yo no veía que hubiese una relación muy cercana, muy de confianza entre López Portillo y él. David es un hombre muy franco, a veces muy seco en la expresión de sus opiniones, y vi varias discusiones bastante agrias entre él y el Presidente. Entonces me formé la idea de que por ahí no iba. El equipo de David sí se preocupó mucho por promoverlo a través de la prensa y de las relaciones públicas, pero me di cuenta de que esa campaña no le servía; inclusive le llamaron la atención por eso. Ibarra le entraba demasiado a las discusiones, y en una forma muy categórica, alegándole al Presidente con arrogancia intelectual. Al Presidente no le podía caer bien eso.

¿Le llamó la atención López Portillo?
Sí, porque era una campaña de mucho golpeteo al resto de nosotros.

¿Sí le mandaban trancazos a usted?
Sí, me mandaban trancazos.

¿Usted sabía que era él?
Vía columnistas. Lo hacían sus colaboradores, Óscar Levín, Heriberto Galindo, Reséndiz; inclusive hablé con David: "David, me está atacando tu gente, ¿no habría manera de limar esto? Además: ¿por qué vamos a pelearnos tú y yo si somos buenos amigos?" "No, Miguel, no te preocupes de ninguna manera." Le insistí: "Llámale la atención a tus muchachos." No pasó nada y seguía el golpeteo, no así rudo, pero sí las críticas del caso que a mí me llegaban.

¿El profesor Enrique Olivares Santana?
El profesor Olivares fue un magnífico secretario de Gobernación. Cuidó un arbitraje muy neutro. Mis relaciones con él fueron excelentes, tanto profesionalmente como en lo personal. Yo no vi de su parte una actividad política de preparación de la candidatura y tampoco vi que López Portillo tuviera alguna disposición.

¿Usted no hizo campaña?
Mi campaña fue mi trabajo. Yo sí me preocupé mucho de ir cumpliendo las tareas que me habían encomendado, la planeación, la reforma presupuestal, las cuentas nacionales, el censo, etcétera. Me preocupé porque fuera trabajo de alta calidad.

¿Pero buscaba usted a gente que no estuviera dentro de su trabajo?
No, no la buscaba. Ellos me buscaban, ¿verdad? Periodistas, analistas, políticos, pero nunca era promoción mía, de invitarlos a platicar sobre la sucesión presidencial. Yo los invitaba a platicar sobre mi tarea de secretario de Programación y Presupuesto. Una vez, don Francisco Galindo Ochoa, un hombre peculiar, que era jefe de prensa de López Portillo y que yo sabía que era uno de sus informantes, me pidió que lo invitara a desayunar. Me dijo: "Oiga, ¿ya sabe que usted puede ser candidato?" "Sí, don Pancho, sí lo sé" "¿Está usted preparado para ser candidato?" "Sí, sí estoy, y también para no serlo, depende como estén las cosas; sé que hay circunstancias muy complejas que orillan o inducen las decisiones en un sentido o en otro; estoy preparado anímicamente, don Pancho, para ser y para no ser." "Bueno, ¿que está haciendo usted?" "Pues trabajando como secretario de Programación y Presupuesto, esa es mi tarea política." Eso fue un posible calado por encargo de López Portillo o de Pancho, que es muy inquieto y que les andaba preguntando a todos y luego iba con López Portillo y le reportaba toda la conversación.

¿Con algún empresario tuvo reuniones?
Los empresarios simplemente me decían: "Oiga, usted está entre las primeras opciones para ser candidato." Yo lo reconocía, pero no hacía labor de proselitismo.

¿Le ofrecieron apoyo? Hubo factores de poder que le hayan dicho "Queremos apoyarlo, ¿qué podemos hacer para echarle una mano?"

No, no me hicieron ninguna oferta de este tipo; no de que en qué lo ayudo, qué hago, no, no; ni empresarios, ni políticos, ni gente de fuerza real. Mi plática con Fidel Velázquez, de su parte fue muy cautelosa. Lo mismo tenía conversaciones con los líderes campesinos, con los líderes del partido. Pero nadie decía: "Oye, estás ahí, ojalá que seas, cuentas con mis simpatías, tú dices qué hacemos."

¿Cómo incidió el debate sobre el GATT en la campaña?

Desde que era secretario de Hacienda, López Portillo empezó a participar como observador en las reuniones del GATT. Él simpatizó con el GATT, se dio cuenta de que México ya no podía permanecer al margen de ese foro de negociación comercial, y les encargó a Jorge de la Vega y a Héctor Hernández negociar el protocolo de adhesión. Hicieron muy buen trabajo, sobre todo el equipo de Héctor, y llegó el momento en que se tuvo ya el protocolo. Pero había resistencias internas en el gabinete. No les gustaba el GATT, sobre todo a José Andrés de Oteyza, a Relaciones tampoco, por la idea de que nos íbamos a limitar en nuestra política comercial, y José Andrés de Oteyza alegaba que si teníamos el petróleo, esa era una arma de negociación muy importante en materia comercial. Se ordenó entonces la organización de una serie de consultas públicas donde se cargaron mucho los dados hacia los proteccionistas y públicamente hubo grandes reservas, grandes resistencias a favor de los proteccionistas.

Yo tomé la posición de aprobar, de dar mi opinión favorable respecto al ingreso de México al GATT. Estaba convencido desde entonces de que México ya no podía estar marginado de él. Estábamos participando en el Fondo Monetario Internacional, que era el fondo de financiamiento, en el Banco Mundial; en cambio, en el foro comercial éramos sólo observadores. Tanto Estados Unidos como Europa nos señalaban su insatisfacción de que México no estuviera en el GATT, y cuando planteábamos negociaciones comerciales bilaterales con Estados Unidos y con Europa nos decían que mientras no estuviéramos en el GATT ellos no podían avanzar mucho en la negociación comercial. Llegó el momento en que López Portillo sometió el asunto a la opinión del gabinete económico; en mayo de 1980 nos mandó decir que era tan importante el asunto que él quería que cada uno de los miembros del gabinete expresáramos nuestro voto por escrito. Hubo una reunión y vi cómo David Ibarra cambió; él en un principio estaba de acuerdo con el GATT y después ya no. Vi como Trabajo cambió, a pesar de que nos había dicho que también estaba a favor. Llegamos a la reunión, cada quien expuso sus comentarios y luego llegamos a una especie de empate, de parte de los que estábamos en favor de la negociación del ingreso de México y de parte de los que se oponían. De la Vega, ahí sí, se mantuvo a favor del GATT porque no podía tener otra actitud, la negociación la había hecho su subsecretario. Pepe Andrés de Oteyza en contra, David Ibarra también reservón, Relaciones en contra; a favor estuvieron Banco de México, Banco de Comercio Exterior y Gobernación, a quien invitaron a asistir a esa reunión; a Gobernación la invitaban de vez en cuando a las reuniones de gabinete económico. Se llegó a una especie de empate. López Portillo dijo: "Ya tomé nota de las opiniones de ustedes, voy a tomar mi decisión." Él resolvió posponer las negociaciones con el GATT aceptando el argumento de que, por la riqueza petrolera, México podía tener armas de negociación comercial en términos bilaterales.

¿Cuándo conoció usted a José López Portillo?
Lo conocí cuando yo era estudiante de la Facultad de Derecho. Él daba la clase de Teoría del Estado; en el año de 1953 tomé clases con él y saqué 10, o sea que le dejé buena memoria, ¿no? Luego hubo encuentros casuales en los tribunales, donde yo asistía también en mi práctica legal, pero sin que tuviéramos mayor acercamiento. Posteriormente, cuando él es nombrado director jurídico de la Secretaría de la Presidencia, yo era subdirector de Crédito y tenía muchos trabajos de coordinación con la Secretaría de la Presidencia. Con este motivo sí tuve un trato más frecuente con él.

¿Amigos nunca fueron?
Alguna amistad personal, no. Si se refiere a una amistad en que nos frecuentáramos, ya sea en lo personal, en lo familiar, no.

¿Tuvo usted alguna gente con quien se asesoraba sobre la sucesión durante esos dos años y medio en el gabinete?
Con mi equipo de trabajo. Es decir, con mis subsecretarios; con Carlos Salinas, que era el director de política económica y social; Manuel Bartlett, que era mi asesor en asuntos políticos; Bernardo Sepúlveda, en asuntos internacionales. Ahí sí le seguíamos la pista a las cosas, platicábamos de vez en cuando sobre cómo se estaba presentando el panorama. Yo les daba mis directrices: "Señores, el tra-

bajo es lo que nos va a llevar o no nos va a llevar; discreción, no quiero ataques a mis competidores, porque no creo que así se lleven; ayúdenme a crear un buen ambiente." Y realmente todos lo hicieron muy bien.

Carlos Salinas ha dicho que entre sus cartas fuertes en la sucesión de 1987 figuraba el hecho de que él venía con un equipo; ¿usted hizo lo mismo con López Portillo en 1981?

Para cumplir la encomienda que me dio López Portillo de la Secretaría de Programación y Presupuesto, traté de formar un equipo de primera. El reto era hacer la Secretaría de Programación y Presupuesto, ya que por diversas circunstancias ni Carlos Tello ni Ricardo García Sainz lo habían logrado. Me preocupé mucho por hacer un equipo muy fuerte; escogí a los subsecretarios y a los directores entre gente que conocía, claro, y a la que le tenía confianza, pero que yo sabía que tenía mucho oficio. Los subsecretarios fueron: en el ramo de presupuesto Ramón Aguirre, que tenía gran experiencia en la materia y era una persona con gran habilidad política, que era una cosa indispensable para darle a la Secretaría viabilidad política; a Francisco Labastida, que era ya una gente también muy hecha, un funcionario público de carrera; lo conocí en la Secretaría de la Presidencia, como analista de alto nivel, después en la Secretaría de Hacienda como director de Promoción Fiscal; lo nombré en la Subsecretaría de Programación, estaba más maduro en ese tiempo que Carlos Salinas; a Carlos Salinas lo puse en la Dirección de Política Económica y me dio espléndidos resultados. Me quedé con Rosa Luz Alegría porque sabía que era una colaboradora muy eficiente y cercana del Presidente López Portillo y no quería empezar con problemas, ¿no? De oficial mayor me llevé a Adolfo Lugo Verduzco, que era también un funcionario público de carrera con experiencia administrativa, con manejo político. Yo pienso que eso que dicen que los tecnócratas no tienen habilidad o sensibilidad política es un error. Creo que en cualquier función de la administración pública, diría que de director general para arriba, o se tiene sensibilidad política o no se cumple la función. Era un equipo fuerte, de gente destacada; la historia lo ha probado. Muchos de ellos todavía están vigentes o su desempeño así lo acredita y creo que eso sí le dio a López Portillo la impresión de que en esa Secretaría había un equipo fuerte. Tengo la impresión de que también pesó en el ánimo de López Portillo que yo era capaz de armar un buen equipo.

Quizás en contraste con la situación del propio López Portillo, cuando es postulado por el PRI y llega sin equipo…
Exacto. De la Secretaría de Hacienda él no saca gente para su campaña. Además de Julio Rodolfo Moctezuma, al único que invita a la campaña, y a medias, es a Carlos Tello, que siguió siendo su subsecretario de Ingresos, pero el resto de su equipo no estaba en la Secretaría de Hacienda. Era un equipo heterogéneo. Creo que fue un factor que tomó en cuenta López Portillo.

¿El equipo de Salinas sí fue un factor para usted en 1987?
Sí, Salinas se mostró como un buen líder de equipo y la Secretaría funcionó muy eficazmente.

¿Y le pareció a usted que el equipo era bueno?
Sí, fue un factor que tomé en cuenta, la capacidad de Salinas para formar equipo era ideal.

¿Era mejor el equipo de Salinas que el de Del Mazo o el de Bartlett?
Sí, más coherente, con más sentido de equipo.

¿Llegó usted a tener roces con López Portillo? Me han comentado que en una reunión de gabinete económico él fue un poco seco con usted, pero que usted aguantó vara…
Yo empecé a participar en el gabinete económico aun desde mi posición de subsecretario. Me llevaban al gabinete económico, primero Julio Rodolfo Moctezuma y después David Ibarra. Yo tenía más antecedentes de detalle que ellos; querían que aportara esos detalles. Al principio la polémica fue muy álgida porque teníamos muy diferentes puntos de vista José Andrés de Oteyza y Carlos Tello por una parte, y el grupo de la Secretaría de Hacienda y el Banco de México por la otra. A mí me tocaba llevar la argumentación fuerte, y quizá en alguna ocasión fui demasiado vehemente en mis expresiones y le causé alguna molestia tal vez al propio López Portillo. Tan es así que el licenciado Jesús Reyes Heroles, que asistía a las reuniones de gabinete económico, me invitó a comer y me dijo: "Oiga, licenciado, creo que se le está pasando la mano en su participación en el gabinete, porque usted es muy vehemente en sus argumentaciones y argumenta de tú a tú con los secretarios de Patrimonio y de Programación y, licenciado, usted no tiene categoría de secretario de Estado." Le contesté: "Licenciado, ¿qué hago si me lleva el secre-

tario de Hacienda y me dice que participe con toda energía?" "Pues cuídese, porque no es normal que un subsecretario polemice en plan de igualdad con los secretarios. Modérese, cambie de estilo, de tono de voz, en fin, de estrategia." Le agradecí mucho esa llamada de atención, que no sé si me la hizo *motu propio* o porque el Presidente le dijo: "Calme a Miguel." Yo traté de moderarme, sin dejar de participar, pero siendo más terso en mis argumentos, pero creo que hubo más de una vez en que López Portillo sí se molestó, más bien de cuando yo era subsecretario. De repente le daba sus trancazos a José Andrés de Oteyza y a Carlos Tello, pues también para él era un poco delicado que a sus dos secretarios un subsecretario se los bailara, ¿no? Y eran sus dos secretarios preferidos; entonces, a veces hice quedar mal a los dos en la reunión del gabinete. Aguanté vara sin dejar de participar, porque yo sí, por mi temperamento, por mi modo de ser, no me gustaba agacharme. Pero sí era muy alegador con él, en privado y en público.

¿Y no se llegaron un poquito a tensar las cosas en alguna otra ocasión?
En alguna ocasión, en el Plan Global de Desarrollo, tuvimos una tensión porque presenté una primera versión y me la atacó mucho Rosa Luz Alegría en cuanto a metodología. Me quedé con un sabor de boca muy amargo; dije: "ya perdí también", porque ese había sido el motivo por el que no había podido desarrollarse el Plan con Carlos Tello y Ricardo García Sainz. Sin embargo aguantamos, me reuní con mis demás colaboradores, incluyendo a José Ramón López Portillo y dije: "Señores, Rosa Luz está muy enamorada de su esquema matricial; móntenle un anexo matricial, ¿qué perdemos?, y además hagamos caso de las demás observaciones que recibimos del Presidente López Portillo." Nos pusimos a trabajar, volvimos a ver a Rosa Luz Alegría y ya llegamos con el Presidente con una nueva versión que a él lo satisfizo.

¿Quiénes fueron sus aliados, que hayan trabajado a favor suyo, que usted lo supiera o no, que le haya servido o no, en el gabinete, en los estados, o en la clase política, entre las personas más cercanas a López Portillo?
Quien sé que habló a mi favor muy enfáticamente, fue José Ramón López Portillo. De Rosa Luz Alegría no estoy seguro. José Andrés de Oteyza se fue inclinando hacia mí cuando se fue cerrando el abanico; conmigo era con el que más simpatizaba, a pesar de que había-

mos tenido divergencias en materia de política económica muy fuertes al principio de la administración de López Portillo. Pero creo que vio las opciones y dijo: "Miguel es el que me simpatiza más." Eso si lo recuerdo más; creo que varios secretarios de Estado le hablaban bien al Presidente de mí, en la manera en que yo era capaz de resolverle sus problemas de manera adecuada. Creo que varios gobernadores también habrán hecho lo mismo, pero no en relación con mi candidatura sino en relación con que "Oiga usted, arreglé este asunto con Miguel, se portó muy bien y ya calmamos el problema, no hay conflicto." Creo que este tipo de opiniones fueron construyendo la viabilidad de mi candidatura.

¿José Ramón López Portillo sí fue un factor en ese sentido?
José Ramón López Portillo sí creo que haya sido un factor en ese sentido; no podría desmentirlo. Seguro que sí, la relación de López Portillo con José Ramón era íntima.

¿Por qué cree que lo eligió López Portillo?
Bueno, porque creo que pensó que para la perspectiva del país, mi experiencia como encargado de política económica era un activo importante. También pienso que iba a ser bien recibida mi candidatura por las fuerzas reales de poder; no tenía yo realmente ninguna fuerza de poder en contra, ni la desconfianza seria de algún sector. Creo que esas fueron las circunstancias; igual una simpatía personal que fuimos construyendo. Al final, cuando él me dio a conocer que las cosas se iban por mi lado, fue un poco más anticipado que yo con Salinas, por ejemplo. Tuve acuerdo el lunes y la postulación como precandidato fue un viernes; él me dijo: "Bueno, pues creo que hay fuertes corrientes del partido que se inclinan por usted, creo que usted está capacitado, fundamentalmente por su experiencia en política económica, por sus concepciones de planeación, que han sido convicción mía también, así es que prepárese." Fue todo el razonamiento que me hizo.

¿Usted entendió clarísimamente que no había pierde?
Pero él también, como yo a Salinas, me dijo: "Oiga, Miguel, esto se lo digo como anticipo, pero usted sabe que en estos asuntos del plato a la boca se cae la sopa, así que usted sea muy reservado y trate de no exhibirse públicamente, y vamos a esperar estos días para hacer toda la decisión."

¿Usted se lo comentó a alguien?
No se lo comenté a nadie. No, porque inclusive me dijo: "Ni a su esposa se lo comente."

¿Y en efecto, no le dijo nada?
Nada, se lo comenté a mi familia el jueves por la noche en la víspera, porque ya me había invitado López Portillo al desayuno el viernes en la mañana por conducto del jefe del Estado Mayor Presidencial. Hice algunas preguntas: por qué puerta entraba, si por la principal o por la de atrás; me dijeron que por la de atrás. Pregunté si, dado que íbamos a ir de gira al sureste, iba yo de ropa de gira o de traje y después me cambiaba. "No, pues vaya de traje". Entonces dije: "Ya se hizo."

¿Por qué se adelantaron las cosas? López Portillo quiso posponer la postulación hasta después de la reunión Norte-Sur de Cancún...
Fíjese que nunca supe con detalle, porque lo anunció a su regreso del viaje que hizo a Estados Unidos; al regresar a Monterrey declaró que había reconsiderado la fecha y que era mejor adelantar la decisión. Nunca me dijo cuál había sido la motivación real, probablemente el temor de que se le descompusiera el cuadro político, ¿verdad? Dijo: "Pues de una vez." Y bueno, pues así lo hizo: a mí me avisó un lunes, me invitó a desayunar un viernes, entonces me dijo: "Mire, tengo citado a García Paniagua aquí en mi despacho y luego tengo a los sectores del partido y a los líderes de las Cámaras; déjeme platicar con el presidente del partido, yo le aviso." Ahí me quedé en el comedor privado de Los Pinos. A los 15 o 20 minutos que bajé, me dijo el Presidente: "Miguel, queremos platicar ya con Javier, y hemos llegado a la conclusión de que es el mejor que nos puede representar." Después de eso pasamos a la biblioteca anexa; ahí estaban los líderes de los sectores, Fidel Velázquez, Víctor Cervera Pacheco de los campesinos, Humberto Lugo Gil del sector popular y ahí sí llego ya López Portillo con Javier y conmigo, y pues: "Señores, les vengo a presentar al candidato." O sea que creo que él no hizo la auscultación previa en forma explícita.

¿No les avisó?
A nadie. Después de eso ya pasé al otro salón, donde estaban Luis Farías y Joaquín Gamboa Pascoe, líderes respectivamente de las Cámaras de Diputados y de Senadores.

JORGE DE LA VEGA DOMÍNGUEZ.

PEDRO OJEDA PAULLADA.

Javier García Paniagua.

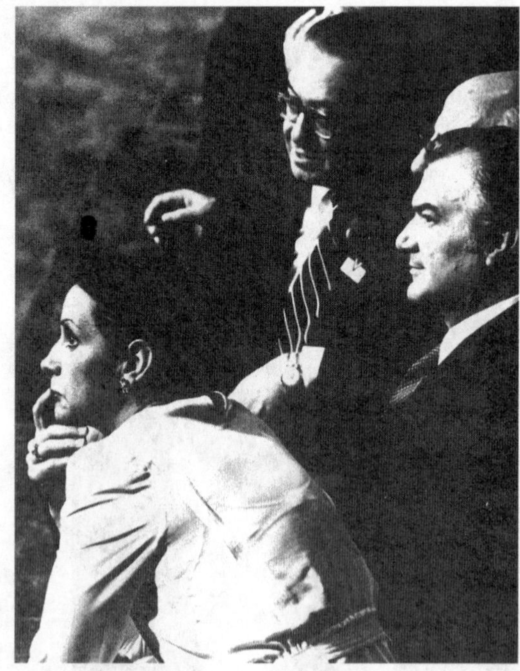

En primer término, Rosa Luz Alegría.

¿Qué pasó con García Paniagua, en aquel momento presidente del PRI?
Bueno, Javier García Paniagua creo que se sintió alentado por López Portillo; hasta dónde tenía bases o no, pues no sé.

Gabriel García Márquez ha contado que Margarita López Portillo mandó hacer un retrato de Javier García Paniagua...
Nos mandó hacer retratos a tres, hasta donde sé, a tres de los precandidatos. Ahí tengo abajo en mi sala el que me mandó hacer a mí, le mandó hacer uno a Javier y le mandó hacer uno a Olivares Santana. Margarita sí estaba definitivamente inclinada por Javier. Ella sí, definitivamente.

¿Fue un apoyo importante?
Pues sí, la hermana consentida.

¿Y que pasó con Javier?
Como le digo, creo que Javier se sintió alentado por López Portillo, no sé si con base o sin ella, pero él se sentía muy, muy alentado. Aprovechó su puesto de jefe del partido para hacer proselitismo abierto; lo podía hacer porque el jefe del partido podía hacer actividades políticas: esa es su función. Pero él lo aprovechaba en lo personal para hacerlo. Cuando se le dio a conocer la decisión a mi favor, se molestó mucho.

López Portillo no le dijo que no a nadie; sólo le dijo que sí al que sí. No le dio explicaciones a García Paniagua, pero igual éste reclamó...
Hubo un reclamo de García Paniagua, pero fue más bien implícito. Desde luego, en el momento en que López Portillo se lo comunica, García Paniagua renuncia a la presidencia del partido. Entonces, cuando ya entro a la reunión, me dice López Portillo: "Oiga, Miguel: Javier dice que no sería conveniente que él siguiera, que ya se nombre otro presidente del partido; ¿usted qué opina?" "Bueno, opino que se quede Javier, somos amigos, él me puede ayudar, sabe cosas que no sé; en fin, quisiera que se quedara Javier." Javier volvió a insistir: "No, Miguel, mete tú a toda tu gente y todo tu equipo, yo no te sirvo en eso." Le insistí: "Pero me puedes servir, Javier." Se quedó a regañadientes, pero empezó a hablar mal de López Portillo y a éste le llegó la noticia; inclusive le llegó la versión de que estaba emitiendo

amenazas contra José Ramón López Portillo, y entonces sí dijo: "No, no lo puedo dejar." López Portillo tenía la mejor de las opiniones sobre Javier. A mí me dijo: "Oiga, Miguel, le recomiendo que utilice a Javier; él puede ser un buen secretario de Gobernación."

Se sintió traicionado. Yo me daba cuenta y tenía una gran preocupación porque Javier estaba totalmente ausente de la precampaña que yo tenía que hacer, desde el momento de mi situación como precandidato hasta la asamblea, que iba a ser el 10 de octubre, pero estaba hablando muy mal de López Portillo.

¿No de usted?
No, de mí no tanto. A mí me daba pena y hasta pensaba que no era apropiado decírselo a López Portillo, porque él me había dicho: "Oiga, Javier lo puede ayudar mucho en la campaña y en el gobierno." "Señor Presidente, deje ver cómo se comporta en la campaña." "¿Tiene usted dudas?" "Sí, sí tengo dudas." "¿Por qué?" "Pues porque Javier es de un temperamento muy diferente al mío. Él es una gente, o por lo menos eso dicen, afín a métodos rígidos, y yo no. A mí me parece que la rigidez es el recurso último, extremo de la política, pero no el primero." "Caray, me extraña mucho." "Vamos a probarlo, señor Presidente." Con eso me sentía muy inhibido de decirle: "Oiga, sé que está pasando esto." Hasta que un día fue una persona y me dio pelos y señales de lo que andaba vociferando Javier.

¿En qué términos?
Se sentía traicionado por López Portillo.

¿Lo engañó?
Lo engañó, lo ilusionó: "Esto es una traición, me las va a pagar", cosas así. A esa persona que me fue a ver para dar ese informe le dije: "Mira, yo no debo ser quien informe de esta situación; tú tienes acceso a los medios, tú dala a conocer." López Portillo se dio cuenta de eso y me lo comentó: "Oiga, que Javier está muy enojado conmigo y con usted también, que no está apoyando su precampaña, está muy enojado. Así, yo creo que no le puede quedar bien el partido." Respondí: "Señor, usted dirá hasta cuándo; sería conveniente que Javier llegara a la asamblea, y ya que la asamblea me designe candidato, pues ya usted tome los acuerdos que convengan." "Bueno, bueno, voy a ver esto, es una lástima, pero así no se puede dejar." "Señor Presidente, usted dirá." Llegamos a la asamblea, Javier muy

seco, enojado, mostrando su enojo ya conmigo. Yo le empecé a decir: "Oye, Javier, quiero que me acompañes en las giras." Contestó: "No, yo me quedo aquí en México." "Oye, no creo que sea conveniente, porque de por sí los chismes están muy duros de que no recibiste bien mi candidatura. Ahora, si no me acompañas a las giras, se va hacer muy patente, ¿no? Yo quiero que me acompañes por lo menos a las capitales de los estados y luego te regresas acá para hacer tus tareas." "Bueno, voy a ver." Supe que López Portillo lo llamó, le recriminó, Javier me lo dijo: "Oye, me acaba de pegar una regañada tremenda López Portillo." Le dije: "Pues Javier, qué quieres que haga él, si sabe que andas vociferando en su contra." "No es cierto", contestó. Yo insistí: "Es lo que se dice; por otra parte, te has mostrado muy frío con mi candidatura, no has hecho declaraciones de apoyo, no me acompañas a mítines, el chisme es que no me apoyas y que estás enojado." "¿Qué quieres que haga?", me preguntó. "Cambia de actitud, llama a conferencia de prensa, muéstrate entusiasta con lo de la campaña, en fin." Nunca lo hizo. Decidí iniciar mis giras el 14 de octubre, y el día 13 me habló Javier por teléfono y me dice: "Oye, me citó el jefe mañana a las ocho de la mañana, así que no puedo salir contigo a Apatzingán. ¿No sabes de qué se trata?" Le dije: "No, Javier, no sé, vete a ver al licenciado López Portillo, ves qué quiere y me alcanzas en Colima." Al día siguiente salgo a la gira, destino a Apatzingán primero, y al llegar al aeropuerto entra un telefonazo de José López Portillo: "Miguel, para comunicarle que he decidido hacer un enroque: Javier va a la Secretaría del Trabajo, Pedro Ojeda va al partido. Creo que usted se entiende bien con Pedro Ojeda." "Sí, así es, señor Presidente." "Pues lo hago para facilitarle su campaña." "Se lo agradezco mucho, yo creo que vamos a marchar mejor." "Ya veremos."

¿Hay alguna verdad de los rumores sobre un altercado físico entre García Paniagua y López Portillo?
No.

¿Tuvo que intervenir el Estado Mayor?
De ninguna manera. Tuvieron varios diálogos, pero violencia física no. Javier es muy zorro y sabe hasta dónde llega.

¿Y nunca pensó en insubordinarse?
No.

¿Estaba molesto, perdone usted el término: encabronado?
Muy, muy encabronado, pero no lo vi en disposición de tomar acciones. Nunca percibí amenazas de ese tipo.

¿No se fue con el Ejército?
No. Ni la jugó por allí, porque no podía jugarla. Esa relación de Javier con el Ejército era una leyenda. Obviamente, tenía amigos en el Ejército, por haber sido su padre secretario de la Defensa, pero así como que hubiera un grupo del Ejército dispuesto a apoyarlo y a jugársela con él, no.

El problema tan delicado de las espaldas: ¿usted cree que López Portillo tomó en cuenta o pudo haber tomado en cuenta el criterio de que usted le cuidaría las espaldas por inclinarse a su favor?
Nunca percibí por parte de López Portillo, en su relación conmigo, que esperara que yo le cuidara las espaldas. Él sí tenía la idea de que yo podía representar una continuidad de algunos esfuerzos fundamentales de su parte. Cuando a mí me comunicó que el partido se estaba inclinando por mí, me dijo que uno de los factores que más se había tomado en cuenta era mi trabajo alrededor del sistema nacional de planeación. Él pensaba que el país necesitaba seguir teniendo un sistema de planeación, un sentido de planeación de mediano y corto plazo, y que era uno de los seguimientos que se habían visto en mí para inclinar la balanza a mi favor. Pero nunca hubo de su parte una insinuación de que yo debía de cuidarle las espaldas, como se dice; más bien, un sentido de proyección respecto a ciertos programas de trabajo.

La cercanía suya con José Ramón López Portillo, ¿puede haber jugado en ese sentido? Que él pensara: "Va a cuidar a Pepe, ya tienen una buena relación."
Creo que sí importaba. Hice buena relación de trabajo con José Ramón; él se quedó ahí en la Secretaría, primero como director de Información, de Informe Presidencial y después, cuando llegó el momento, ascendió a la Subsecretaría de Evaluación que dejaba Rosa Luz Alegría cuando se le nombró secretaria de Turismo. Hice buena relación, no solamente laboral sino humana, con José Ramón, y es cierto que él simpatizaba con mi candidatura y que se lo hacía ver de alguna manera a López Portillo. Sí creo que esa amistad que formamos José Ramón y yo haya sido un elemento en el proceso de

toma de decisiones de López Portillo. Tomaba en cuenta muchos factores, pero no podía dejar de tomar en cuenta los factores familiares, íntimos.

¿Un poco lo mismo sucedía con Rosa Luz Alegría?
Rosa Luz Alegría era subsecretaria de Evaluación y yo sabía que había una relación de trabajo muy estrecha entre López Portillo y ella. Rosa Luz organizaba prácticamente todas las giras, sobre todo cuando empezaron a tomar una tónica de evaluación de trabajos, y yo sabía que no había congeniado con los dos anteriores titulares de Programación y Presupuesto. Entonces López Portillo, cuando me invitó a Programación y Presupuesto, me preguntó si no tenía inconveniente en que Rosa Luz siguiera de subsecretaria; le dije que no, que no la tenía, que yo consideraba que era una persona inteligente, valiosa, y que además trabajaba con él en una relación muy cercana en la organización de giras y en la preparación del Informe Presidencial. Yo no tenía inconveniente; no sabía si Rosa Luz se iba a acomodar conmigo en el trabajo y yo tendría que ver cómo trabajaba bajo mis órdenes, pero sugerí que hiciéramos la prueba de dejarla en el puesto y que ya veríamos con el tiempo si nos acomodábamos recíprocamente o no. Bueno, Rosa Luz realmente no actuó en una forma muy funcional, muy lineal, sino que, obviamente, le daba prioridad a los trabajos que le encargaba López Portillo y conmigo cumplía con lo indispensable. Sin embargo, creo que hice una relación razonable con Rosa Luz Alegría, que no chocamos.

¿No tan cercana como con José Ramón?
No; mi relación con José Ramón fue más cercana, porque él sí era una gente muy institucional, que se reportaba conmigo, que trabajaba bajo mis órdenes, que me pedía orientación. En cambio, Rosa Luz tenía una esfera bastante independiente de mí.

¿No pensó López Portillo que quizás usted la cuidaría más a ella?
Sabía que me llevaba bien con ella.

¿Mejor, quizás, que los otros precandidatos?
Quizás mejor que los otros precandidatos, y desde luego sí creo que él esperaba que yo cuidara a Rosa Luz. Pero las circunstancias no hicieron posible que la incorporara a mi equipo de trabajo; las circunstancias no aconsejaron que le diera una posición relevante en

mi gobierno. Creo que lo de la nacionalización bancaria sí fue un grave error político de López Portillo y sí empañó nuestras relaciones. Pero, además, la situación en la que él quedó cambió el panorama. Yo pensaba, por ejemplo, utilizar a José Ramón en alguna posición del sector descentralizado, pero salió de él mismo, viendo el ambiente en el que terminaba el gobierno de su padre, decirme que prefería que le diera la comisión de la FAO en Roma. Yo estuve de acuerdo con él y lo hice representante de México en la FAO. En el caso de Rosa Luz se me hacía más difícil todavía, dada la relación tan estrecha que tuvieron López Portillo y ella, visible y evidente. Entonces, no pude colocarla en ninguna posición dentro de mi gobierno. Rosa Luz lo entendió muy bien; probablemente López Portillo no lo entendió tan bien y fue uno de los motivos, digamos, de resentimiento conmigo.

¿Doña Margarita y doña Alicia López Portillo estaban mucho más claramente con Javier García Paniagua?
Sobre todo Margarita. Era buena amiga de Javier, quien la había ayudado mucho cuando él era subsecretario de Gobernación y Margarita, directora de Radio, Televisión y Cinematografía.

¿En alianza contra Jesús Reyes Heroles?
No simpatizaban con Reyes Heroles ninguno de los dos y Javier la protegió bastante. Yo sí creo que doña Margarita tenía francamente sus simpatías del lado de Javier García Paniagua. Con doña Alicia, no registro que ella haya tenido opinión o intervención en la sucesión presidencial; ella era secretaria privada del Presidente López Portillo.

En el caso del ingeniero Jorge Díaz Serrano, ¿usted qué impresión tiene? ¿Tuvo posibilidades?
Mire, no percibí en ningún momento que López Portillo tuviera inclinación por Jorge Díaz Serrano para la Presidencia. Respecto a Díaz Serrano, López Portillo tenía una gran amistad, un gran afecto y motivos de agradecimiento; lo consideraba un buen director de Pemex, que fue una palanca de López Portillo para la recuperación económica; desde ese punto de vista, Díaz Serrano le hizo un buen trabajo. Pero creo que López Portillo no alentó la candidatura de Díaz Serrano; más bien, percibí que cuando en la Reunión de la República de Hermosillo, el 5 de febrero del año 1981, Díaz Serrano

pronunció un discurso evidentemente político que no fue del agrado de López Portillo. Vino después, a la mitad del año, la cuestión de los precios: Díaz Serrano tomó la medida de ajustar los precios a la baja del mercado. Creo que se le adelantó al proceso burocrático aconsejable en esa medida. No consultó con su presidente de Consejo, José Andrés de Oteyza; no consultó con su Consejo de Administración, con el gabinete económico. Entonces, López Portillo sí sintió que Díaz Serrano había actuado de forma inconveniente. Sobre todo, la crítica que le hizo Oteyza fue muy dura porque señaló que parecía que México estaba, digamos, boicoteando la posición de la OPEP, estaba esquiroleando, y eso molestó mucho a López Portillo. Sin embargo, creo que Díaz Serrano obró de acuerdo con las condiciones del mercado.

¿Tenía razón?

Tenía razón, pero le faltó la formalidad burocrática. Por otra parte, Díaz Serrano había entrado en conflicto muy serio con Oteyza, porque no tomaba en cuenta a la Secretaría del Patrimonio Nacional, a Oteyza como presidente de su Consejo, para administrar a Pemex. Jorge Díaz Serrano se saltaba todas las trancas, hacía y deshacía con base en su acuerdo bilateral con López Portillo, no cuidaba, no entraba en un proceso de toma de decisiones institucional. No cabe duda de que Díaz Serrano logró elevar la producción y la exportación, pero con un desorden administrativo muy serio y con elementos de corrupción importantes. Creo que eso influyó también en el ánimo de López Portillo. Por allá de 1981, a principios de año, José Ramón, que era subsecretario de Evaluación, me presentó un informe de auditoría de Pemex en donde se hacía una gran crítica del desorden administrativo y se apuntaba como consecuencia un fenómeno de corrupción. Me preocupé mucho, pero le pregunté si ese informe, como era costumbre, ya se había sometido a la opinión del director de la entidad. Él me respondió que no; entonces le dije: "No puedo llevar a la Presidencia de la República este informe si no se le ha dado derecho de audiencia a Jorge Díaz Serrano. Así es que trátelo usted, platique con él, vea cuáles son sus razones y vuélvame a traer el asunto." En eso, *Proceso* consiguió copia del informe de auditoría y lo publicó. Yo me preocupé mucho, porque como para entonces ya estaban en juego los nombres de Jorge Díaz Serrano y el mío para la Presidencia de la República, se hubiera podido pensar que era una maniobra mía para molestar a Jorge, que yo lo había filtrado. Le hablé a Jorge Díaz Serrano y le dije: "Oye, me da mucha pena que *Proceso* haya publicado este material, pero mira, eran apenas papeles de trabajo que se estaban manejando en la Secretaría; todavía no reflejaban una posición oficial." Contestó: "No, hombre, no te preocupes." Fui con López Portillo en mi acuerdo y le dije: "Oiga, estoy muy preocupado por esta filtración en este momento." Pero me tranquilizó: "Licenciado, no se preocupe, ya José Ramón me explicó de qué se trata y sé que usted no intervino indebidamente."

¿Ahí sí contó mucho el apoyo, la simpatía de José Ramón López Portillo?
José Ramón tuvo el valor de decirle a su padre: "Oye, estos papeles de trabajo se hicieron en mi dependencia; el licenciado De la Madrid me dijo que consultara con Díaz Serrano las observaciones de los auditores y mientras se nos fue el documento."

No había nadie más confiable que José Ramón para su padre ¿verdad?
Sí, exacto. Me sirvió mucho y creo que no fueron solamente los movimientos de precios que hizo Díaz Serrano los que influyeron en su separación, sino la preocupación que ya tenía López Portillo con la promoción de José Andrés de Oteyza y de José Ramón. Fue lo que lo hizo decir: "No, mejor lo separo y todavía tengo el último año de gobierno para arreglar las cosas que no nos quedaron bien."

¿Ahí también se produjo el incidente de los barcos, la compra de los dos barcos y la vinculación con su hermana?
Eso quedó ahí en el ambiente, pero cuando llego a la Presidencia me encuentro con que ya se había iniciado un proceso en contra de funcionarios de Pemex por la compra de unas compresoras. Se hizo la consignación debido a que Hugo Margáin, que era el embajador en Washington, vino a ver a López Portillo y le dijo: "Oiga, señor Presidente, las autoridades norteamericanas me avisaron que van a emprender un juicio de corrupción por este caso de las compresoras y van a salir a relucir funcionarios de Pemex." López Portillo ordenó que se actuara por parte de la Procuraduría General de la República, y se actuó centrando la responsabilidad en aquellos dos subdirectores, Chavarría y De León, que huyeron del país y se refugiaron en Chile. A Díaz Serrano lo apartaron del problema. Cuando llegué

a la Presidencia, ya tenía un proceso abierto en contra de Díaz Serrano, más una versión de opinión pública de los barcos, que había corrido mucho. Me vi obligado a pedir que la Contraloría hiciese una investigación; la hizo muy profundamente, mandó funcionarios a Europa a platicar con la gente de los astilleros, y me llegó con un informe de donde se derivaba una responsabilidad de Díaz Serrano también, porque había autorizado la operación. Ahí estuvo implicada de alguna manera, en la versión del rumor, Alicia. Yo, a Alicia la hice a un lado; no me parecía conveniente para el país involucrar a la hermana del Presidente. Creo que Alicia fue simplemente el conducto para que se le turnara el asunto a Díaz Serrano. Salió que Díaz Serrano sí había tenido responsabilidad y me vi obligado a actuar, después de que la PGR revisó la investigación de la Contraloría y me informó que, en su opinión, sí había una presunta responsabilidad de Jorge Díaz Serrano. Esa es la historia.

¿Por qué José Andrés de Oteyza lo apoya a usted? No era muy lógico, ¿verdad?
Por eliminatoria.

¿Porque no había otro, o por parar a otro?
Creo que las dos cosas. Oteyza se volvió un crítico muy ácido de Jorge Díaz Serrano. Creo que en esa crítica lo acompañó José Ramón López Portillo. Los dos hicieron, digamos, una mancuerna que trabajó muy eficazmente frente al Presidente López Portillo. En general, en el resto del gabinete había un sentimiento de indignación en potencia frente a Jorge Díaz Serrano, porque Jorge hacía lo que quería y ya después nosotros, los secretarios de Estado, simplemente teníamos que sancionar o regularizar sus decisiones. Había la sensación de que en Petróleos Mexicanos había un gran desorden administrativo y de que se había propiciado inclusive la corrupción; había la sensación de que se le habían dado excesivas concesiones al sindicato petrolero. Cuando viene la caída de precios de 1981, me di cuenta de cuál era el problema y dije: "Creo que aquí lo que ha habido es una falla en el proceso de toma de decisiones; la política de precios de exportación de petróleos rebasa el ámbito de Pemex y es un asunto tan delicado que debe someterse a su Consejo de Administración, que prácticamente coincidía con la composición del gabinete económico. Si el mercado así lo señala, tenemos que ser realistas y ajustarnos a los precios, pero de aquí en adelante debe-

mos ser más rigurosos en el proceso de análisis y toma de decisiones. Veo que este no es un asunto que deba ser sometido en un acuerdo bilateral por el director de Pemex al Presidente de la República, sino pasar por el Consejo de Pemex, gabinete económico, y allí tomar la decisión." Unos días después López Portillo removió a Díaz Serrano y puso en su lugar a Julio Rodolfo Moctezuma. Tengo la impresión de que no fueron solamente los asuntos del precio del petróleo los que lo llevaron a remover a Díaz Serrano, sino que él ya tenía algunos otros motivos, entre los que se encontraba muy probablemente la precampaña de Jorge Díaz Serrano a la Presidencia de la República, que se hizo manifiesta desde el discurso de Hermosillo. Supe que a López Portillo no le gustó ese discurso. Por otra parte tenía las quejas permanentes de Oteyza respecto a la falta de disciplina institucional de Jorge, respecto al desorden administrativo en Pemex y respecto a la corrupción que se había derivado del desorden administrativo. José Ramón López Portillo, que tenía bajo su dependencia a la Auditoría Gubernamental, ya había avanzado, señalando una serie de problemas internos de Pemex. Siento que todo este conjunto de factores llevó al Presidente a remover a Jorge Díaz Serrano. Me di cuenta de la gran pena que eso le causó. A los pocos días lo vi y me dijo que estaba profundamente triste por la remoción de Jorge, que era su gran amigo, pero que él había tenido que tomar esa decisión.

¿Oteyza lo apoyaba a usted antes de eso?
José Andrés y yo teníamos desde hacía mucho tiempo visiones diferentes de la política económica. Desde que yo estaba en Pemex como subdirector había ciertas posiciones mías que no le parecían a Horacio Flores de la Peña, y en consecuencia a Oteyza. También teníamos enfoques muy diferentes respecto al manejo de la política económica; cuando llega López Portillo al gobierno, a mí me llevan al gabinete como subsecretario. Tuve allí unos encontronazos fuertes con Carlos Tello y con José Andrés; bueno; cuando entro a la Secretaría de Programación y Presupuesto, una de mis tareas principales era armonizar las diferentes posiciones de política económica. Por un lado venía la tesis expansionista de alto crecimiento que José Andrés sostenía; en su Plan de Desarrollo Industrial llegaba a proponer como meta de crecimiento más del 10%. Por contra, David Ibarra sostenía que el 6 o 6.5% era lo máximo que la economía aguantaba. Yo hice una composición para efectos del Plan Global de Desarrollo

y quedamos con una tasa de 8% que, bueno, no satisfizo totalmente a José Andrés ni a David Ibarra, pero entonces pensaron que era una meta manejable. Allí ya empezó una relación mía con José Andrés, bastante coordinada, de cooperación; ya no hubo broncas entre él y yo frente a López Portillo, y él me apoyaba en la medida en que ya no tenía una animadversión a mi actitud como secretario de Programación y Presupuesto y de que logramos trabajar muchas cosas en equipo. Creo que fui quedando por eliminatoria frente a José Andrés. No descarto que José Andrés también veía la amenaza de Díaz Serrano y dijo bueno, mejor voy a trabajar a favor de otro.

Cuando le pregunté a don José López Portillo si los factores personales contaron me dijo que sí: la salud, la vida familiar, honorabilidad pecuniaria, y me dijo: "Eso sí lo investigamos." ¿Usted sabía algo de eso?
No supe que me hubieran investigado, pero sí sabía que era un elemento que se tomaba en consideración. No sé hasta dónde llegaron las investigaciones; yo había llevado una vida patrimonialmente honesta y sabía que el elemento se estaba tomando en cuenta. A mí no me preocupaba.

¿Lo sabía deductivamente?
Deductivamente, no porque me sintiera vigilado en ese aspecto. Además, en ese sentido me sentía muy tranquilo por el hecho de tener dentro de la Secretaría a José Ramón. Era un testigo de cómo actuaba yo, y era un testigo de calidad. Pero no me sentí investigado.

¿Cuando cree que decidió López Portillo?
Creo que fue un proceso. Es difícil decirlo en este momento. En la medida en que hice un buen trabajo en la Secretaría de Programación y Presupuesto, con todo lo que ello implicaba, no solamente el trabajo técnicamente bien hecho, sino un trabajo políticamente viable, políticamente operable, pues fui ganando puntos. Pero a mí el Presidente no me dio señales claras sino hasta el lunes anterior a la postulación de mi precandidatura del viernes, o sea con cuatro días de anticipación.

¿Pero tiene que haber decidido antes?
Creo que sí, pero por lo menos a mí no me dio señales previas. Lo único que sabía era que mi relación con él era muy buena, crecien-

temente buena, pero así, de que me haya dado una señal de: "usted va para ahí", no me la dio hasta el lunes previo a la ceremonia pública.

Cito la tesis de doctorado en Oxford de José Ramón López Portillo: "De la Madrid fue considerado por muchos como un adepto de la ortodoxia económica, aunque para subir la escalera burocrática y llegar a la Presidencia adoptó puntos de vista relativamente heterodoxos. Demostró ser lo suficientemente flexible para unirse, apoyar e incluso alentar con energía las políticas económicas expansionistas del gobierno de López Portillo, disimulando su propia posición económica para no poner en peligro su futuro político. De la Madrid dijo: 'Ningún miembro del gabinete hubiera ido deliberadamente contra la voluntad del Presidente y contra su filosofía básica porque eso hubiera sido suicidio, y en el gabinete de lo que se trataba era de sobrevivencia política.' De acuerdo con De la Madrid, había límites a lo que un secretario le podía decir al Presidente, particularmente en un gabinete heterogéneo, agobiado por luchas ideológicas y políticas, y por el enfoque dogmático del gobierno en su conjunto en materia de crecimiento económico y creación de empleos." ¿Tiene razón?

En materia económica siempre he sido ortodoxo y conservador, en el sentido tradicional del término. Pero sentía que para ser efectivo no tenía que irme al extremo, sino tenía que ir logrando que mis ideas matizaran la política expansionista adoptada por el Presidente de la República. Tan fue así que logré que la meta de 10% promovida por Oteyza la bajáramos en el Plan Global de Desarrollo a 8%, acercándonos más al 6.5% de David Ibarra, que yo en el fondo consideraba que era lo prudente. Pero cuando entré a Programación y Presupuesto, ya estaba eso lanzado, ya el crecimiento del 8% se iba a dar, sobre todo por las perspectivas del precio del petróleo que había entonces. Además, creo que ningún miembro de ningún gabinete gubernamental puede tener una tesis totalmente contraria a la del jefe de gobierno, porque en esa medida o renuncia o lo renuncian.

Un secretario técnico sin aspiraciones presidenciales, ¿tiene un mayor margen para discutir u oponerse al Presidente?

Pues sí, pero yo era parte del gabinete económico. Tenía que entrarle al problema de la economía y mi problema era moderar sin romper. Entonces moderé del 10.5% al 8% de crecimiento por fijar la meta fundamental. Además, también en mi papel de secretario de Programación y Presupuesto luchaba por evitar un gasto excesivo, que se vio fundamentalmente en tres áreas, sobre todo en Petróleos Mexicanos; también se desbocó en Agricultura y en el Departamento del Distrito Federal. A esas tres entidades nunca las pude controlar, porque tenían acuerdo bilateral y el Presidente les daba luz verde; cuando yo entraba, ya estaba tomada la decisión.

En su tesis, José Ramón López Portillo explica que cuando viene la caída de los precios del petróleo en 1981, empieza una discusión en el gabinete económico sobre la magnitud del déficit fiscal que va aparecer ese año y qué medidas tomar. Él vincula esto con la sucesión y refiere una evolución de las cifras de SPP, que tal y como las cita, es notable. La primera estimación que manda SPP en julio de 1981 es de 490 mil millones de pesos de déficit; para septiembre ya están cerrando en 866 mil millones, es decir un aumento de casi el doble en tres meses ¿No fue parte de la sucesión este juego de cifras?
En mi memoria, después de aquella sesión en donde se trató el problema de los precios del petróleo, ya no volvió a haber ninguna reunión de gabinete económico para tratar problemas sustantivos. Estábamos en vísperas de la sucesión, que se dio a fines de septiembre, y le perdí la pista a la discusión de la política económica desde aquella última reunión de junio de 1981 donde se trataron los precios del petróleo. Ya pasó lo demás, pasó el problema de sostener precios altos del petróleo perdiendo mercados; pasó que el gobierno sostuvo que esa caída de los precios era temporal, que había que librar ese plazo de precios bajos y que, en tanto, había que tapar los hoyos con crédito externo de corto plazo. El endeudamiento de corto plazo así, importante, de 1981 se da a finales de año, a partir de que se cae el precio del petróleo. Yo ya en eso no me metí, porque además no había oportunidades de meterse, no hubo reunión de gabinete económico para eso.

¿Pero le adornaron usted y SPP las cifras del déficit fiscal a López Portillo?
No lo recuerdo así. López Portillo tuvo esa impresión de que nosotros le adornamos las cifras en contra de la estimación más realista de David Ibarra. Yo no recuerdo que lo hicimos deliberadamente; como le digo, después del evento de junio ya no volvimos a tratar el problema.

Y sus colaboradores, ¿no eran demasiado entusiastas con los números?
Pues mire, ya no lo registré porque como salgo a fines de septiembre de candidato y me llevo a Salinas prácticamente, que era el economista de Programación, pues ya no tuvimos tiempo de revisar el problema.

Pero esta evolución de cifras es de julio a septiembre, o sea antes del destape...
Del problema no se trató ya, ni yo lo vi; ya no había clima.

¿Usted ya no vio números de presupuestos?
No.

¿Los mandaban directamente a la Presidencia?
Sí.

Los números son sorprendentes. Reflejan una evolución muy notable, de un primer cálculo de déficit muy prudente, muy optimista obviamente, a uno que revienta la economía dos meses después. ¿No es así?
Efectivamente. Pero mire, creo que esa reestimación de déficit, con la posible implicación de que SPP maquilló cifras, no se dio antes de que me nombraran candidato. Porque si el Presidente López Portillo hubiera pensado que SPP lo había engañado, a lo mejor yo no soy el candidato, así que creo que eso fue ya hasta después.

López Portillo ha sugerido que casi pospone la decisión hasta que no queda de otra, por lo irreversible y trascendente que es el paso final. ¿Qué cree al respecto?
Él se había planteado como meta tomar la decisión después de la reunión de Cancún, que fue a finales de octubre, pero hubo algo que lo llevó a anticiparla. No sé exactamente qué lo llevó a hacerlo, pero me di cuenta de que iba a anticipar la decisión el domingo anterior, es decir un día antes de que él me hiciera el comentario, porque el domingo él regresaba de un viaje a Estados Unidos —creo que había ido a la apertura de la biblioteca de Gerald Ford—, llega a Monterrey y ahí hace una declaración de que probablemente la decisión tenga que anticiparse y no esperar a Cancún. Cuando leo eso el domingo —yo estaba en Colima; había ido a representar al Presidente en el Informe de la gobernadora Griselda Álvarez—, me digo:

"esto ya se va anunciar la próxima semana". El lunes que voy al acuerdo ya estaba anímicamente preparado como para que él me hiciese un comentario, como efectivamente sucedió.

Él dice que no dudó, pero que cuando la nacionalización de la banca su candidato no hubiera sido usted...
Es probable, sí, y él mismo lo dice en sus memorias, que no fui el candidato apropiado para manejar la nacionalización. La nacionalización fue realmente un pierde y un alejamiento recíproco.

¿Se habían producido ya discusiones o roces en la campaña?
No, para nada. En la campaña me di cuenta de que a él no le gustó mi tema de renovación moral; me di cuenta de que algo pasó ahí que lo había considerado como un ataque a él en lo personal. En realidad no fue así, sino que el tema prendió y la gente me exigía que hablara de renovación moral. Ahí hubo ya cierta reserva, pero creo que lo fundamental de nuestro alejamiento fue la nacionalización bancaria. López Portillo me había tocado el tema desde mayo; me dijo: "Mire, estoy viendo que esto se me deshace, me apena mucho estarle dejando a usted el país en estas condiciones y estoy pensando en todo, inclusive en la nacionalización bancaria y en el control de cambios." Reaccioné diciendo: "Mire, señor, el control de cambios es una medida temporal que, de una manera o de otra, prácticamente todos los gobiernos han adoptado, pero es una medida que, por su carácter de emergencia, es reversible. En cambio, la nacionalización bancaria es una medida estructural, de fondo, que difícilmente a mí me permitiría revertirla al entrar al gobierno. Además, no creo en la nacionalización bancaria; dado el régimen de economía mixta que tenemos, dada la relación con Estados Unidos, no creo que la nacionalización bancaria funcione; el gran riesgo es que perdamos la credibilidad. Un sistema bancario sin credibilidad no sirve para nada; yo sí, francamente, opino que no sería conveniente."

En julio, otra vez me tocó el tema. Me dijo: "No se preocupe, no he tomado la decisión, pero bueno, la tengo que estudiar." "Pues ojalá que no se tome la decisión", le dije. Él me prometió que antes de tomarla me consultaría. Ya no lo hizo. No me volvió a consultar. Yo sabía que se lo había consultado en cierta forma a Jesús Silva Herzog, que éste se había opuesto y de repente me cayó José Ramón el día 31 de agosto del año 1982 y me dijo que ya se había tomado la medida. Le manifesté que, desde el punto de vista político, yo tenía que seguir siendo solidario con el Presidente hasta el final, pero que, desde el punto de vista sustantivo, me parecía una medida muy desacertada. Le iba a acarrear consecuencias serias y negativas al propio López Portillo, aun antes de que saliera del gobierno, y a mí me iba a dejar un panorama bastante tenso en mis relaciones con el sector privado y con los Estados Unidos. Yo creía que no iba a servir, pues efectivamente, pasada la euforia de las dos primeras semanas, de adhesiones y apoyos populares, se empezó a revertir toda la tendencia y aun antes de que saliera López Portillo ya tuvo serios problemas con el sector privado y con los Estados Unidos. La economía se desplomó.

En una nota, a propósito del llamado Fondo de Desprestigio contra José López Portillo, dice José Ramón López Portillo en su tesis: "De la Madrid confirmó la existencia de tal fondo, pero dijo que se opuso a él y que le advirtió a los exbanqueros que la indemnización no procedería si siguiera operando el fondo. Pero el clamor para enjuiciar a López Portillo por la presunta corrupción llevó a De la Madrid a investigar seriamente el asunto, contra la tradicional intocabilidad de los presidentes mexicanos. Según De la Madrid, no se le encontró nada a López Portillo." ¿Así fue?
Cuando termina el gobierno y hay una gran irritación contra López Portillo, sobre todo alentada por el sector privado y los norteamericanos, empezaron a pedir que yo actuara en contra de él. El licenciado Ignacio Burgoa presentó la denuncia ante la Procuraduría General de la República, acusando a López Portillo de que había dispuesto del dinero derivado de la deuda externa, una acusación absurda. Le pedí a Sergio García Ramírez, el procurador general de la República, que tomara pronto un acuerdo sobre el particular. Dijo García Ramírez: "Es absurda la acusación de que López Portillo se apropió de 80 mil millones de dólares, que es la deuda externa del país, puesto que año con año se fueron previendo las cuentas públicas y año con año las fue aprobando el Congreso. La deuda externa se contrató para programas del Gobierno Federal, así es que no procede la denuncia de Burgoa." Y se archivó el asunto. Yo sí puedo decir que defendí a López Portillo de las pretensiones de enjuiciamiento que muchas voces exigían.

El licenciado Luis Echeverría dice que el momento de más soledad, y más difícil de un Presidente, es formar el gabinete, porque ahí ya

sabe uno que está metiendo a los que van a ser o algunos de los que quizá van a ser. ¿Quiénes eran en los que usted estaba pensando al formar su gabinete en 1982?
Empecé a pensar en el gabinete en el mes de octubre. Ya faltaban dos meses, ya tenía que tomar providencias, tenía que hacer algunas consultas, algunas investigaciones, y me incliné a llevar a mi gabinete a una gran parte de los que trabajaron conmigo en la campaña y de los que habían sido colaboradores míos en la época anterior. Fue así como escogí a Manuel Bartlett, que había sido mi asesor político cuando yo era secretario de Programación y Presupuesto, que había sido mi secretario general de partido y un elemento fundamental en la campaña. Fue así como me incliné por Carlos Salinas, que había trabajado conmigo desde la Secretaría de Hacienda, luego en Programación y Presupuesto. A Bernardo Sepúlveda se le nombró secretario de Asuntos Internacionales del PRI y López Portillo lo manda de embajador a Washington, consultándomelo, con lo que estuve de acuerdo. En materia de gabinete económico, traté de tener uno de pensamiento homogéneo; pensaba que se había perdido mucho tiempo en las polémicas internas durante los gobiernos de Echeverría y de López Portillo, y que al Presidente lo habían puesto con frecuencia sus colaboradores en situaciones muy difíciles porque tenía muy dividida la opinión del gabinete. El Presidente se inclinaba siempre por la decisión salomónica, pero en materia económica yo creía que o se tomaba una decisión o se tomaba la otra, no medias soluciones. Mi gabinete económico fue bastante homogéneo, por lo menos de pensamiento, de tesis económicas fundamentales; sí tenía sus divergencias en materia de instrumentación, de oportunidad, de estilo, pero no eran grandes divergencias.

En materia de fuerzas armadas, busqué a los escalones superiores del escalafón. No tenía relación de amistad con ninguno de los dos cuerpos, ni con Defensa ni con Marina, pero sabía cuáles eran de los candidatos más avocados. Tomé en cuenta la opinión de los titulares anteriores, del general Galván, del almirante Cházaro, y llegué a esa conclusión. En realidad no tuve que hacer un gabinete de composición política, como dicen que otros presidentes han tenido que hacerlo, favoreciendo a distintos grupos, a distintas tendencias. Me sentía con plena libertad.

¿López Portillo no le pidió que cuidara a nadie?
No.

¿A nadie?
Al único que me pidió que cuidara fue a su padre. Me dijo: "Mire, Jorge Castañeda ha sido un secretario de Relaciones Exteriores muy noble, muy leal, y yo quisiera que lo nombrara embajador en París." Fue la única recomendación que me hizo; de los demás secretarios, nada. Es más, ni siquiera quiso opinar sobre la composición de las Cámaras, ni de Diputados ni de Senadores. Yo, por atención, cuando ya estaba haciendo la composición de Cámaras, le dije: "Señor Presidente, ya tengo unas propuestas, un esquema, y quisiera que usted las conociera y que opinara." Me dijo: "No, ya no es mi obligación, ya no es mi responsabilidad, va a ser un Congreso que va a trabajar con usted, usted intervenga con el partido y los sectores y haga su composición." No intervino para nada.

Del gabinete que usted nombra, ¿cuáles eran en su mente, desde el arranque, posibles candidatos a la sucesión?
En el arranque no tenía una idea muy clara de quiénes iban a pintar para candidatos. En principio, pero no por las personas, sabía que iban a pintar los tradicionales: el secretario de Gobernación, el secretario de Hacienda, pero no en razón de la persona. Más bien pensé: "Por lo pronto empezamos a trabajar y ya de acuerdo con la experiencia y con la opinión pública irán destacando los que sean probables candidatos."

¿Pero en el momento de nombrarlos no pensó usted en ellos?
No, no nombré a ninguno como eventual precandidato, los quería de secretarios primero.

¿Cuándo los empieza a ver como candidatos, como precandidatos?
Bueno, pues en todo el curso del gobierno, al ver su comportamiento, su eficacia, al ver la reacción de la opinión pública, en relación con resultados.

¿Qué tan importante fue el affair *Silva Herzog?*
Bueno, fue un parteaguas. Fue un episodio muy molesto para mí porque Chucho Silva Herzog había sido amigo mío desde los principios de nuestra vida pública, desde el Banco de México. Éramos muy amigos en lo personal, éramos amigos familiarmente, y pensé que él era un prospecto importante.

¿Siempre lo vio usted como tal?
Como un prospecto. El problema es que no se entendieron como compañeros de equipo Silva Herzog y Salinas. Creo que Silva Herzog siempre tuvo, digamos, el sentimiento de que tenía más derecho a ser el jefe de la política económica, y al ver que Salinas le iba ganando terreno reaccionó muy negativamente. Se me empezaron a picar los dos y Salinas se comportó con más astucia que Chucho, quien empezó a vociferar, a criticar la política económica, a amenazar con la renuncia y de plano no me funcionaba ya como secretario. No presentaba sus ponencias, no me presentaba opciones, sino que hacía críticas muy vagas, muy generales. Entonces tuve que llegar a la decisión, en 1986, de separarlo. Él también tenía deseos de separarse ya.

¿Para entonces él ya sabía que había perdido la batalla?
Él sentía que había perdido, él se autoderrotó prematuramente.

¿En realidad no había perdido?
No había perdido.

¿Usted no lo había descartado?
No.

Se ha comentado que usted se molestó por las fanfarronadas de Silva, por su protagonismo. ¿Así fue?
Lo que me molestaba más de Chucho es que las críticas que hacía a la política económica no me las hacía a mí suficientemente documentadas, y que hacía comentarios dentro y fuera del gabinete en ese sentido. Eso sí me parecía que no era adecuado.

En el momento de la separación, cuando la crisis de 1986, y el famoso viaje a México de Paul Volcker, presidente de la Reserva Federal de Estados Unidos, ¿cuáles eran las posiciones de Silva Herzog por un lado y de Salinas por el otro?
Nunca fueron totalmente diferentes, eran matices. Chucho creía que había que apretar más el gasto público. "Bueno", le decía, "dime dónde y cómo". Nunca me lo sustanció. Era una crítica muy global, pero sobre todo ya no quería trabajar en equipo. Yo ordenaba que se reunieran las dos secretarías para presentarme opciones y Chucho empezó a dejar de asistir a las reuniones, mandaba al subsecre-

tario. Dije: “No es posible que contraríe una de mis instrucciones de reunirse y tratar de llegar, si no a una conciliación, sí a una definición clara de opciones.” Y eso Chucho no lo hizo.

¿Sobre la deuda externa, hubo una diferencia?
No, no había diferencia seria.

¿Silva no era pro-moratoria, ni quería suspender pagos?
No, de ninguna manera.

Simplemente se autodescartó; ¿usted no lo había descartado?
No, yo estaba abierto a que él trabajara y compitiera.

¿Usted no había decidido?
No, para entonces todavía no.

Cuando sale Silva Herzog, usted hubiera podido nombrar en Hacienda a un secretario fuerte pero no necesariamente vinculado a uno de los precandidatos. Usted tomó la decisión de nombrar al licenciado Gustavo Petriccioli, que se llevaba bien con Salinas; usted le entrega la política económica a Salinas.
Lo hice conscientemente. Sentía que si volvía a nombrar una gente que me repitiera el conflicto de SPP y Hacienda, me iba a hacer la vida muy difícil. Preferí nombrar a Petriccioli, quien yo sabía que tenía por temperamento un espíritu eminentemente negociador y que además llevaba una buena relación con Salinas de Gortari. Conscientemente, ratifiqué que el jefe de la política económica era Salinas de Gortari, ya sin discusión.

Cuando toma esa decisión ¿reflexionó en que encaminaba ya mucho la sucesión?
Bueno, le entregaba ese poder, pero también con su riesgo de que no salieran las cosas y él se quedara en el camino. Era todavía el año de 1986.

La famosa discusión teórica sobre el déficit operacional y el superávit primario, ¿la gana realmente Salinas? ¿Es una idea que él plantea, de la que lo convence a usted y después a Washington?
Eso salió conceptualmente de SPP y de Salinas, obviamente, pero muy apoyado por Pedro Aspe. El concepto de déficit operacional no se ha-

bía manejado hasta entonces. Dentro de la argumentación con el Fondo Monetario Internacional surgió el argumento del déficit operacional, distinto al déficit financiero total. Allí sí demostrábamos que habíamos corregido muy seriamente el desbalance de las finanzas públicas y que lo que ocasionaba el déficit era la carga financiera de la deuda.

¿No se le hizo raro, cuando de repente surge la idea del déficit operacional y sale Silva Herzog de Hacienda, que va el nuevo equipo a Washington y los norteamericanos, que habían estado muy reacios a cualquier flexibilidad, dicen: "Qué buena idea tuvieron; les vamos a prestar más dinero"?
Creo que el Fondo Monetario Internacional y el Tesoro norteamericano se dieron cuenta de la necesidad de flexibilizar su posición. Cuando vino todo el problema de la nueva crisis del precio del petróleo en enero y febrero de 1986, pronuncié un discurso bastante fuerte aquí en México, diciendo que ya no podíamos aguantar tantas cosas y que teníamos que reaccionar, y que nuevamente ratificaba la tesis de que para poder pagar había que crecer. Ya me puse más fuerte, más rígido, aprovechando el cambio de secretario de Hacienda, y Gustavo Petricciolі ya pudo ir al Fondo a pelear las cosas con mucho mayor firmeza.

¿No tiene la impresión de que Salinas había hablado con los norteamericanos?
Las negociaciones con el Fondo Monetario y el Tesoro siempre se canalizaban vía Secretaría de Hacienda y Banco de México. Programación estaba pendiente, pero el canal eran Hacienda y el Banco de México. Creo que la salida de Silva Herzog los preocupó, junto con mi discurso en febrero. Dijeron: "Si seguimos estirando la cuerda se van a romper las negociaciones", y además vieron la realidad de las cosas, que ya no se podía apretar más a México.

¿A Manuel Bartlett como lo veía?
A Bartlett lo veía como un competidor muy serio, muy hábil, muy profesional. Fue de los finalistas. Los finalistas fueron Bartlett, Del Mazo y Salinas.

¿Usted mete a Alfredo del Mazo al gabinete con la intención de que corra?
Sí.

¿Para eso claramente, para ver si puede?
Sí, y que hubiera otra opción.

¿Para que hubiera otra opción o para ver si la ganaba?
No, para que hubiera una opción. Tuve que enviar a Francisco Labastida a Sinaloa porque iba a postularse Manuel Clouthier como candidato del PAN; entonces dije: "Ahí necesito un gallo fuerte", y por eso enviamos a Labastida a Sinaloa, y Labastida se la ganó a Clouthier de buena ley y fue un excelente gobernador. Del Mazo, con quien tengo relaciones muy cercanas de amistad —él es mi compadre—, quería venirse a trabajar acá en el gabinete. Se abrió el hueco de Energía y Minas e invité a Alfredo, sabiendo que cuando llegara iba a ser un prospecto.

¿Quiénes se movieron más? ¿Se estaban moviendo todos?
Pues se movían todos, pero fundamentalmente Bartlett, Del Mazo y Salinas. En alguna medida Ramón Aguirre también se movió, y los que no se movieron muy dinámicamente fueron García Ramírez y González Avelar. Creo que dijeron: "ahí le entramos y a lo mejor nos cae", pero no se movieron.

¿Y Silva Herzog sí se movió?
Pero Silva Herzog ya estaba afuera, en 1986.

¿Pero entre 1983 y 1986 sí se movió?
Se movió, pero como secretario de Hacienda. A Chucho siempre le ha gustado lucir, es muy protagonista. Como secretario de Hacienda sí se movía muy bien, pero no en relación con la sucesión presidencial. Hizo un muy buen trabajo en la reestructuración de la deuda externa y en el proceso de modernización bancaria.

Entonces los que más se movían eran los tres. ¿Se movían dentro de los cánones, o se movían demasiado?
Creo que todos respetaron las normas de la discreción, de no rebasar límites. Ninguno realmente se me salió de esas normas; hacían su trabajo como secretarios, y aprovechando su posición de secretarios fueron tejiendo una red de simpatías y de apoyos.

¿Cuándo toma usted la decisión?
Creo que la tomé en el curso de la segunda quincena de septiembre.

¿Tan tarde?
Sí.

¿No había usted decidido ya?
No, no había decidido. Realmente dije: "Voy a esperar a ver cómo se presentan las cosas, cómo reacciona la opinión pública, las fuerzas reales del poder; que el PRI complete la auscultación." Estaba muy atento, desde luego, a lo que decía la prensa; tenía pláticas, obviamente, con los gobernadores, con los líderes políticos; entonces, así me fui encaminando hasta el momento de la decisión. Creo que tomé la decisión en la última semana de septiembre y la comuniqué el día 4 de octubre.

En el círculo cercano a usted, ¿cómo estaban alineados los personajes? Se dijo, por ejemplo, que Emilio Gamboa tuvo un papel clave...
Emilio simpatizaba, desde luego, con Salinas; Manuel Alonso, el de Comunicación Social, también. Sin que me lo dijeran muy explícitamente, porque eran muy respetuosos, yo sabía que simpatizaban con Salinas. Sabía más o menos la posición de los secretarios de Estado, por quién tenían simpatías o por quién tenían temores, que también es otra manera en que se forma la decisión.

¿Algún temor le resultó particularmente importante?
Había temor respecto al temperamento de Bartlett. Lo serio, lo fuerte de carácter.

¿Se lo mencionaban, se lo hacían saber los secretarios?
Bueno, me lo mencionaban algunos, sí, y los gobernadores y los líderes sociales.

¿Y Del Mazo?
Del Mazo tuvo su roncha de simpatizantes. Yo sabía quiénes eran, más o menos. Él trabajó su precandidatura; además, le dimos prácticamente autorización a partir de agosto de que se moviera.

¿Hubo alguien que ocupara el papel que José Ramón López Portillo desempeñó en el sexenio anterior en el grupo de sus colaboradores más cercanos?
No, los más cercanos eran Gamboa, Alonso, pero eran también muy respetuosos conmigo y nunca me hicieron pronunciamientos explícitos, pero ya sabía que tenían simpatías mayores por Salinas.

¿Le ayudaron a Salinas?
Es posible que sí; no de manera directa.

¿Pero no se daba cuenta? ¿Llegó a pescar detalles?
Detalles, de la rapidez con la que Gamboa me pedía las citas de acuerdo con Salinas, el muy buen entendimiento de Alonso con Salinas en materia de comunicación social, pero hasta ahí. Nunca ellos me dijeron: "Oiga, licenciado, le queremos decir que nosotros opinamos esto en favor de fulano." Nunca se llevó el tema a eso.

Los gobernadores, ¿llegaron a opinar abiertamente?
Sí; opinaron unos a favor de Bartlett, otros a favor de Salinas, principalmente.

¿Menos con Del Mazo?
Menos con Del Mazo. A nivel empresarios estaba muy dividida la opinión.

¿También entre Salinas y Bartlett?
Entre Salinas, Bartlett y Del Mazo. Siguiendo la tradición de la pasarela en el Consejo Mexicano de Hombres de Negocios, autoricé a que fueran a comer con ellos los seis que se habían nombrado y además, un poco para darle más movimiento al asunto, les sugerí que también invitaran a Soberón, a Ricardo García Sainz y me parece que a Camacho también.

¿No hubo vetos a Del Mazo en algunos sectores?
No, vetos formales, ninguno.

¿Renuencia, reticencia?
La reticencia era por el carácter de Bartlett; lo juzgaban de un carácter muy fuerte.

¿Entonces quedó Salinas?
Salinas fue el que al final consideré que, además de sus cualidades personales, tenía el mayor grado de consenso de las fuerzas reales de poder dentro y fuera del partido.

¿Por qué mayor consenso?
Porque consideraban que había sido un buen secretario; porque había trabajado de manera hábil con ellos, porque consideraban que

era un continuador de mi política económica; en fin, no había reserva respecto a él.

¿Y en lo personal también, aunque no había una relación de amistad suya con él?
No, porque la diferencia de edades era de cerca de 15 años. Carlos siempre había sido un empleado subordinado mío y no había relación personal de amistad, era amistad en el trabajo. En la vida personal no. Yo con quien tenía la mayor amistad personal era con Alfredo del Mazo. Es mi compadre.

Carlos Salinas tiene muy grabada en la memoria una ocasión, probablemente a principios de 1987, en que usted y doña Paloma invitan al matrimonio Salinas a almorzar a Cuautla, solos, sin colaboradores. ¿Fue para calarlo una última vez, o para darle una señal ya de un afecto especial?
Fue la primera vez que invité a la familia Salinas a mi casa de Cuautla. Pero yo había invitado a otras personas, también del gabinete, ya sea a Los Pinos, ya sea a mi casa de Cuautla, en plan simplemente de convivir socialmente y sin ninguna segunda intención política. En general llevé una vida social muy recortada, pues estaba tan agobiado y tan apurado que no tuve una vida social intensa cuando fui Presidente. Pero de vez en cuando invitaba los domingos a algunos de mis colaboradores en la tarde a ver una película, allí en la sala de proyecciones de Los Pinos. Me acuerdo que iban Manuel Bartlett, Francisco Rojas, Alfredo del Mazo, y a Cuautla también invité a varios de mis colaboradores. No fue un caso único, ni fue una señal.

¿Por qué no Del Mazo y por qué no Bartlett?
Consideré que el mayor grado de consenso lo tenía Salinas y era el que tenía un proyecto más claro de gobierno. Le digo cercanía personal, familiar: Del Mazo. Amistad, compañerismo: Bartlett. Trabajo de colaboración y de cumplimiento de lo que yo quería, de lealtad, de defensa de mis tesis: Salinas.

¿Qué tanto los investigó a los tres?
Fíjese que no hice investigaciones personales; por ejemplo, no hice investigaciones de vida familiar, más que lo que sabía toda la gente, pero mandar investigar la vida familiar no lo hice, la vida patrimo-

nial tampoco, yo tenía una idea de más o menos cuál era su situación, pero mandarlos investigar no lo hice.

¿De la salud?
No, pues la salud yo veía por cómo aguantaban el tren de trabajo.

¿Por qué no investigó, no le pareció pertinente, no le gustaba la idea?
Me daba pena hacer la investigación de ese tipo de cosas; ninguno había dado motivo para tener una mala fama en materia moral o en materia patrimonial.

En el caso de dos de ellos, eran de familias ya adineradas Salinas y Del Mazo, y Manuel Bartlett en alguna medida.
A Bartlett, su papá le dejó cierta situación patrimonial; ninguno era extraordinariamente rico, eran de clase media alta burocrática. No vivían con ostentación.

¿No le pareció a usted que valiera la pena investigar?
No; tampoco quise investigar la vida personal. Sabía más o menos cuál era su vida familiar, sabía que algunos eran medio traviesos en ese aspecto. Pero las travesuras no llegaban a ser un riesgo para la estabilidad familiar, hasta donde yo captaba las cosas.

¿No le pareció a usted un asunto pertinente?
Sí, quizá en el futuro se tenga que ser más cuidadoso en ese aspecto, aunque da pena mezclar vida privada y vida pública. Pero, según las cosas van evolucionando, no solamente en México sino en el mundo, también al rato vamos a tener supervigilancia de la vida íntima de los candidatos y de los presidentes, y por lo menos hay que saber en qué terreno se pisa, qué vulnerabilidades hay; pero, en ese sentido, durante la campaña de Salinas no hubo mayor ataque, ni a su vida íntima ni a su conducta patrimonial. No lo hubo.

No hay pruebas, pero la fortuna de los Salinas en ese momento sólo era explicable por don Raúl Salinas, ¿no?
Sí, sabía que don Raúl tenía dinero. Creía que ya don Raúl estaba lejos y veía que Carlos era bastante independiente de don Raúl.

¿Usted no vio a la familia Salinas como un grupo muy cohesionado, como un clan con una especie de ánimo revanchista?
No lo aprecié así.

EN CAMPAÑA.

LA INVESTIDURA.

¿No investigó las relaciones políticas y de negocios de don Raúl, ni la posibilidad que se hubieran hecho extensivas a sus hijos Carlos y Raúl, ni la relación tan cercana, que resultó después evidente, entre los Salinas y el profesor Carlos Hank González, incluso tal vez en materia de negocios?
No, no lo investigué. Sabía, por ejemplo, que don Raúl había sido asesor de este señor González, el de Maseca, porque ahí sí vi que una vez don Raúl llegó a la Secretaría de Hacienda acompañando y asesorando al señor González. Yo dije: "Bueno, es natural que un secretario de Estado que sale del gobierno, pues tenga que hacer algo de trabajo." Que asesoraba a González, bueno: asesoraba a González, pero hasta ahí. De la posible relación de la familia Salinas con el profesor Hank, no tuve mayor información; el profesor no participó en mi gobierno, aunque sostuvimos una relación cordial.

¿Esa relación no la detectó usted?
No la tomé en cuenta.

¿De los colaboradores cercanos de Salinas, tampoco?
José Córdoba era un técnico, un asesor que, hasta donde yo sabía, no tenía mayores relaciones de negocios con nadie. Tenía un acercamiento enorme con Salinas, pero yo sabía que Pepe Córdoba merecía esa confianza de Salinas. Lo que pasa es que el papel que tomó Pepe Córdoba ya en la Presidencia fue exorbitante. Sí se disparó de lo que es un secretario, un asesor presidencial, y se convirtió en un participante en la toma de decisiones al más alto nivel. Eso no lo aprecié mientras Córdoba fue asesor de Salinas en Programación y luego lo ayudó en la campaña en algunos trabajos.

Lo que se ha llamado el lado oscuro de los Salinas, ¿no lo conoció? ¿Nadie se lo mencionó en el transcurso de la decisión?
No, nadie me lo comentó.

¿Ni si quiera los enemigos de Salinas? ¿Bartlett no le hizo llegar alguna información?
No, porque creo que Bartlett y Salinas hicieron un pacto de no agresión; entonces Bartlett, que se supone era el encargado de la inteligencia política, nunca me llevó un dato de Salinas, quizá porque, como él era competidor, no quería aparecer como haciendo un juego

sucio por Salinas. Ellos hicieron una gran amistad y creo que hicieron un pacto de no agresión.

Sí lo hubo, ¿verdad?
Creo que sí. Tal parece que, a pesar de que Bartlett quizá no manejó el proceso electoral con la eficacia del caso, Salinas lo nombró secretario de Educación. Lo tuvo dos años ahí y después lo ayudó a ir a Puebla.

Jorge Carrillo Olea, que era tan cercano a usted, ¿nunca le dijo "cuidado con eso"?
No, nunca me dijo nada; creo que más bien por la ineficacia del sistema de información del sistema político. Desde entonces era muy malo. Creo que se deterioró a partir de que se empezó a usar a la Dirección Federal de Seguridad como policía del orden común, cuando se metió a narcóticos, a secuestros, a robos; se le hizo una policía más y dejó de tener su función de policía política, más bien de cuerpo de inteligencia política. Eso no lo ubico exactamente cuándo, pero venía de muy atrás.

Cuando llega usted a la Presidencia, la Federal de Seguridad que se encuentra, ¿ya no sirve?
Sí, ya no sirve y desde un principio dije: "Hay que cambiar esto, hay que hacer un verdadero cuerpo de inteligencia política, hay que quitarle responsabilidades policiacas." Le pregunté a Bartlett: "¿A quién nombramos en la Federal de Seguridad?; no tengo la intención de tener a la dirección bajo mi dependencia lineal, quiero que sea una responsabilidad del secretario de Gobernación." Entonces Bartlett me recomendó a José Antonio Zorrilla, a quien conocía por haber sido compañero de trabajo en la Secretaría de Gobernación. Durante la campaña, Zorrilla nos dio buen servicio de información política y, cuando me lo propuso Bartlett, acepté. Después nos empezamos a dar cuenta de que Zorrilla estaba implicado en juegos sucios; se lo dije a Bartlett un par de veces y él no me lo creyó, hasta que explotó el problema de Camarena.

Algunos dicen que fue Gutiérrez Barrios quien se lo propuso. ¿No es cierto?
No.

¿El que lo propone es Bartlett?
Sí.

¿Y usted presupone entonces que existe una relación estrecha y de confianza entre Bartlett y él?
Y de confianza, no sólo personal, sino profesional. Como yo no quería manejar la Federal de Seguridad, le dije a Manuel: "Mira, no voy a manejar la Dirección Federal de Seguridad, la vas a manejar tú, propónme candidatos." Me dijo: "Zorrilla, que se ha formado allí con Gutiérrez Barrios, pero ya es independiente de él; nos ha servido mucho en la campaña, es un profesional, no es el policía típico." "Adelante", le dije. Nunca tuve acuerdo con Zorrilla; una vez nada más me lo llevó Bartlett a saludarme. Lo que pasa es que Manuel ya no quisiera que le achacaran tanto la paternidad de Zorrilla, ¿verdad?, porque él le fallo después, lamentablemente. Lo de Buendía, como se vio después, pero también muchas indisciplinas de que Manuel le había dicho: "Tales y tales comandantes me los corres porque ya es un rumor público que están metidos en el narco." Entonces Zorrilla le dijo "Sí, cómo no", y después Bartlett se dio cuenta de que los había puesto de asesores; no había cumplido sus instrucciones. A raíz ya de lo de Camarena, cuando gente de la Federal de Seguridad ayuda a fugarse a Caro Quintero, le pone el ojo Manuel. Se da cuenta de esas indisciplinas; le llegan más noticias y es cuando dice: "De plano me equivoqué con éste, me traicionó. Vamos a retirarlo y en una primera instancia, para no arriesgarnos a pelearnos con él, vamos a ayudarlo a que sea candidato a diputado." Fue en las elecciones de medio periodo, en 1985; Manuel lo arregla y dos meses después me dice: "Oye, fíjate que he sabido cosas más graves de Zorrilla, entonces ni la diputación se merece." "Pues arréglalo", le contesté. Obtuvo de Zorrilla su renuncia a la candidatura de diputado. Y se va y se pierde. Hasta que aparece en 1989, ya con la imputación del asesinato de Manuel Buendía.

¿Usted no tuvo un relación autónoma con don Fernando Gutiérrez Barrios?
Sí. Manuel Bartlett fue el que me dijo, en octubre o noviembre de 1982, que Gutiérrez Barrios le había dicho que ya se había cansado de ser policía y quería una posición de servicio público de tipo administrativo. Manuel Bartlett, que no llevaba una muy buena relación con Gutiérrez Barrios, me dijo: "Oye, es la oportunidad de sacar a Gutiérrez Barrios de donde ha estado 25 o 30 años, ya de que entre otra gente; yo sí recomiendo también que le encuentres una posición administrativa." Fue cuando nombré a Gutiérrez Barrios direc-

tor de Caminos y Puentes. Siendo director, Gutiérrez Barrios me veía con alguna periodicidad y me hacía evaluaciones generales de la situación política, muy bien hechas, análisis de que esto está así, esto está asado, cuidado con esto, no entrando en detalles nunca, pero evaluaciones generales por escrito. Llevé muy buena relación con Gutiérrez Barrios y, cuando se acercó Veracruz, dije: "Éste para Veracruz" y se fue para allá. Mientras estuvo de gobernador, el estado estuvo bien controladito y hubo buen gobierno, porque Gutiérrez Barrios es muy inteligente.

¿Sí fue acercándose a Salinas?
Sí, se fue acercando a Salinas. Desde Caminos llevaban relaciones. Salinas lo oía, le hizo algunas faenas políticas, entonces sí se acercó con Salinas.

¿Inteligencia militar tampoco le servía para el propósito de investigar a los candidatos?
No llegaba a los resquicios que yo quería llegar. Cumplía sus funciones de estar vigilando las condiciones de seguridad general en las zonas, pero ya sofisticaciones de información política, no las tenía. De eso la Secretaría de Defensa no se preocupaba, ni las investigaba. Tampoco la pedí; no, en ese aspecto no la pedí. Es difícil; comprendo al secretario de Gobernación, que es un competidor natural, cuando se le diga: "Oye, dime cómo son tus compañeros, qué familias tienen, qué vida personal tienen"; es muy difícil, creo que el Presidente, en ese aspecto, si es que quiere hacer esas investigaciones, tiene que usar otros mecanismos diferentes del cuerpo de seguridad dependiente de Gobernación. Pero eso es ya otro papel. En la medida en que el Presidente se llena de responsabilidades lineales, en esa medida también pierde eficacia. Pero sí son datos importantes.

Se ha dicho que en 1987 se creó una burbuja económico-financiera artificial. ¿Se mantuvo la economía en una situación artificialmente sana, que después revienta en noviembre de aquel año?
En 1986 dimos un apretón bastante fuerte y pudimos controlar la crisis del petróleo. Digo, la pudimos controlar en la medida en que la economía se cayó en menor proporción a la caída del petróleo, en la medida en que no hubo nuevamente una crisis financiera, en la medida en que logramos un nuevo acuerdo con el Fondo Mone-

tario Internacional y la Tesorería norteamericana. 1986 fue un año horrible, lo libramos y al final del año todos sentimos que habíamos salido del hoyo negro. 1987 empieza todavía con una inflación muy fuerte, por todo el arrastre que venía del terremoto de 1985, la crisis petrolera de 1986, y 1987 es el año de la sucesión. Es muy posible que sí dejamos de apretar lo que hubiera sido en otros años conveniente. Toda la gente estaba muy contenta porque 1987 venía muy bien, venía con recuperación económica, con confianza. Pero teníamos el gran peso de la inflación y lo advertí en mi Informe Presidencial del primero de septiembre de 1987, que las cosas se iban mejorando notablemente, pero que todavía teníamos el gran problema de la inflación. Así las cosas, vino el *crack* bursátil internacional de octubre y entonces se empezó a asustar la gente otra vez, empezó a sacar dinero, y se nos vino otra vez la crisis, que nos obligó a devaluar y nos indujo a buscar un plan de estabilización heterodoxo, que fue el Plan de Solidaridad Económica.

Pero de 1986 a 1987, ¿no tiene usted la impresión de que las cifras del Programa de Aliento y Crecimiento resultaron exageradas? ¿No le maquillaron las cifras a usted? SPP y Salinas, ¿no le presentan un panorama demasiado optimista?
Bueno, optimista sí, porque habíamos salido de 1986 y porque el país necesitaba tener un respiro después del apretón brutal.

A propósito, Carlos Salinas ha dicho: "Hubo un descuido en la devaluación." Otro de los precandidatos finalistas responde: "No hubo tal descuido, sino un manejo de la economía para que aguantara hasta la candidatura de Salinas." ¿Usted qué cree?
No era por la candidatura de Salinas, sino por las condiciones objetivas de que era el año de la sucesión y además era necesario darle al país un respiro, después de lo que habíamos pasado con los terremotos y del tremendo año de 1986. Yo ya sentía que de darle otro apretón al país, pues ya corría yo riesgos serios. Probablemente bajamos la guardia, visto ya en el contexto político de años sucesorios, pero eso nos permitió salir adelante.

¿Fue un descuido la devaluación?
No. Después del *crack* bursátil, las fugas de capital fueron muy importantes. O sea, fue una devaluación provocada por las circunstancias, no una medida preventiva o deliberada del gobierno; es decir,

ya no había remedio. Creo que se presenta el *crack* de la Bolsa y entonces la comunidad económica se da cuenta de cosas que había querido hacer a un lado, como que seguíamos con una inflación muy fuerte, como que la Bolsa mexicana se había inflado excesivamente. Allí sí creo que hubo un descuido en el manejo de la política del mercado de valores, se dejó inflar demasiado el mercado, ahí sí creo que nos falló.

¿Descuido de quién?
De Hacienda, de la Comisión Nacional de Valores y del Banco de México.

¿Por algún motivo en particular?
Incapacidad.

Cuando usted ya toma la decisión a favor de Salinas, ¿sabía que le podía crear una turbulencia interna en el PRI?
Bueno, incluso se me creó con la Corriente Democrática, con Cuauhtémoc Cárdenas y con Porfirio Muñoz Ledo y con el grupo que los acompañó. Pero no creía que Cuauhtémoc y Porfirio iban a levantar el movimiento, que fueran capaces de hacerlo. Francamente los subestimé, creí que era simplemente una posición personal, una ambición de poder personal, una oposición a la política económica, pero no creí que fueran a ser capaces de levantar la oposición que lograron levantar.

¿Cree usted que eso fue espontáneo, o los dejó actuar el aparato, y el propio Bartlett quizá?
Posiblemente sí se descubra ese aspecto, porque también lo subestimamos. Bartlett subestimó a Cuauhtémoc y a Porfirio.

¿No cree usted que los dejó hacer?
No, no creo.

¿Bartlett no les jugó rudo a usted y Salinas después de haber perdido? ¿No se resintió?
No, de que se resintió sí. Todos los que pierden se resienten. Bueno, se ve en su misma actitud, el trato personal, la moral se les baja. Alfredo del Mazo fue el más afectado, sobre todo después de este error que cometió con creer que era García Ramírez.

¿Qué sucedió?

Según las informaciones que recibí, hubo amigos de Del Mazo que le fueron a decir que era Sergio, no sé con base en qué, pero hubo amigos, como Heriberto Galindo, que dijeron: "No eres tú, es García Ramírez." Creo que a Del Mazo le vino un impacto emotivo muy fuerte, se sintió muy mal y al mismo tiempo sintió la necesidad de mostrar su disciplina y su adhesión; entonces felicitó públicamente a García Ramírez. Cometió un error, y gracias a que García Ramírez se portó muy discreto, muy serio, no pasó el asunto a mayores. Entonces llamé el mismo día a Del Mazo y le dije "Oye, ¿qué pasó?" "Bueno, recibí informaciones de que era García Ramírez, incluso me llegó el comentario de que tu hijo Federico lo había dicho en una cena de amigos y me lo transmitieron." Yo le dije: "Oye, Alfredo, ¿de cuando acá sabes tú que utilizo a mi hijo Federico para transmitir decisiones mías?" "No, pues me equivoqué." "Te equivocaste; pues disciplínate y ve a ver a Salinas y muéstrale tu adhesión públicamente y ahí muere al incidente."

Pero Del Mazo se sintió muy deprimido y entonces a los pocos días me dijo: "Oye, me siento muy deprimido, ya no siento que te soy útil, quiero renunciar." Le respondí: "No, Alfredo, no se va a ver bien que tú renuncies porque tú sientes insatisfacción por la candidatura de Salinas; esto te va a perjudicar políticamente en el futuro, espérate." Se desesperó y al mes me dijo: "Pues no me siento bien de humor para seguir trabajando, estoy muy lastimado, me desgasté, no te sirvo." Le pregunté: "Dime, Alfredo, ¿que solución le buscamos?" Me contestó: "Quisiera que me encontraras un lugar en alguna embajada." Le hablé a Bernardo y le dije: "Oiga, tenemos este problema, búsquele algún acomodo en alguna embajada razonable." Encontramos disponible Bélgica y nombré a Alfredo embajador ahí. Sí se derrumbó, cosa que no pasó con Bartlett, que es muy profesional, muy duro, y él siguió trabajando hasta el final; Ramón Aguirre también siguió, no obstante que también salió lastimadón. Creyó que tenía posibilidades.

¿Bartlett no se quebró?

No se quebró.

¿Usted no le dio explicaciones a nadie?

No, no se hace.

¿Ni a Del Mazo, por la cercanía, lo buscó usted para explicarle lo que había sucedido?

No; "no te tocó" y ya, y nada más. No, ninguna otra explicación. Creo que cometí un error en el proceso al no haberle avisado de manera expresa a los contendientes que no eran. Me confié en mandar recados vía el presidente del partido. Le dije a Jorge de la Vega: "Háblales a todos que no se muevan hasta que no haya señales claras." Pero no lo hice; entonces, quizá ahí tuve una falta de previsión.

Cuando se decide por Carlos Salinas, ¿lo comenta con alguien?
No, con nadie. Ni con mi esposa, ni con mis hijos, ni con Gamboa; con nadie, absolutamente nadie. Ni a Jorge de la Vega le había dicho de Salinas.

¿Pero De la Vega lo intuía?
Probablemente lo intuía, pero no se lo dije. Yo le había dicho: "Mira, Jorge, dime tú después de haber consultado con tus compañeros cuál es la terna final." Entonces Jorge me la expresó: "La terna final, después de haber consultado, son Bartlett, Del Mazo y Salinas, y ahora queremos que usted nos diga su opinión." Entonces ya la di en favor de Salinas, pedí que cada miembro del Comité Ejecutivo se expresara y todos lo hicieron a favor de Salinas; entonces ya se había tomado la decisión.

¿Fuera de La Quina, nadie tuvo un problema con Salinas?
Ningún problema. Sentí que teníamos el dominio del aparato. Ya después se vino la campaña donde se produjeron distintos eventos; no cabe duda de que la situación económica y social ya nos había perjudicado. Y también creo que Salinas condujo la campaña en tal forma que no tuvo al partido muy cerca de él. Llegó con un grupo muy pequeño a manejar la campaña. Hizo a un lado a Jorge de la Vega, al resto de la dirigencia del partido, y no se coordinó en forma suficiente con los gobernadores. Eso fue otro elemento que explica los resultados de julio de 1988.

¿Tuvo usted dudas en algún momento de la campaña?
Mire, yo tenía observaciones, tenía dudas de cómo se estaba llevando adelante la campaña, pero ya no me sentía en condiciones de tomar una intervención muy directa. Como había tenido la experiencia de que López Portillo me había dejado mano libre para todo, con esa enseñanza, con esa experiencia personal, traté igual a Salinas. Ya no intervine para nada en la campaña de Salinas, ni

en la mecánica, ni en la selección de candidatos a diputados y senadores, nada.

¿Llegó a pensar que a lo mejor se había equivocado?
No; es la fecha en que pienso honestamente que no me equivoqué dadas las circunstancias de entonces. Que Salinas cometió errores, que levitó, que le fue mal al final, pues ya fue un problema de él. Pero recuerdo que los tres primeros años de gobierno de Salinas fueron gloriosos en todos los aspectos, con un prestigio creciente, con éxitos de política económica, con los éxitos en las elecciones de medio término y entonces más bien ubico los problemas hacia la segunda mitad de gobierno.

Las debilidades de carácter reales de Carlos Salinas, junto con las muchas virtudes y su talento notable, deben haber sido relativamente visibles, ¿o no?
Creo que sí, pero cuando se hacen los juicios de las personas se hace un balance: bueno, tiene esto positivo, tiene esto negativo, ¿qué pesa más? Nadie puede llegar a la Presidencia siendo un ángel químicamente puro; todos llegamos con virtudes y defectos; entonces, creo que se nos hace un balance.

¿Pero no llegó usted a dudar?
No, ni es el momento en que dude. Cuando tomamos la decisión, era el candidato más adecuado. Que después reaccionó mal frente al poder, que después pareció que dejó correr demasiado el asunto del hermano, cometió otro tipo de errores políticos, que en lo de 1994 se derrumbó con el problema chiapaneco, eso ya es otro problema. Que se equivocó en la estimación de la política de tipo de cambio, de proteccionismo, ese es otro problema.

¿Usted cree que el método tradicional de elección del candidato fue un mecanismo funcional?
Era hasta donde podíamos llegar. Creo que no estábamos preparados para una apertura política más amplia de lo que pudimos hacer. Yo di el paso aquel de la pasarela, que fue un avance en que el partido dijo "estos son los seis", en que el partido los invitó a que se expusieran públicamente. Fue un avance. Creo que no hay que aferrarnos al pasado en forma alguna para seguir con el mismo proceso de selección; creo que ese proceso va a tener que ser mucho más abierto.

Si en lugar de ser una decisión del Presidente saliente, inapelable, irreversible; si hubiera habido un mecanismo de convención, de primarias, y Salinas vence a Bartlett, por ejemplo, ¿Bartlett, hubiera aceptado sin más?
Sí, creo que sí hubiera aceptado. Hubiera competido con más vigor. El problema de aquel tiempo es que ante la falta de experiencia y ante la cultura política que teníamos, haber dejado sueltas las cosas nos hubiera provocado probablemente serias divisiones del partido.

¿Usted cree que Porfirio y Cuauhtémoc estaban con Bartlett y que en el fondo rompen porque se dan cuenta de que Bartlett no va a ser?
Más bien mi percepción fue que ellos decían: "Cualquiera, menos Salinas." También creo, sinceramente, que estaban muy críticos de mi política económica en los dos aspectos que la caracterizaron más notablemente, que fueron la compactación de tamaño del sector público y la liberación de la política comercial. Eso, que había sido parte de nuestra cultura política, a ellos no les penetró, no lo entendieron. Veían a Salinas como el continuador de esa política.

Manuel Camacho tiene una teoría a propósito de Cuauhtémoc y su escisión. En sus denominadas Memorias apócrifas, *que en realidad fueron documentos robados de su domicilio en 1994 y cuya autenticidad, a propósito de los pasajes citados en este libro, fue corroborada por el autor con el propio Manuel Camacho, el exregente de la Ciudad de México dice: "Cuauhtémoc Cárdenas empezó siendo obstáculo para el destape que el Presidente De la Madrid quería impulsar. En ese momento, un cambio en las reglas de selección del candidato del PRI a la Presidencia era percibido como un intento para debilitar la voluntad del Presidente y, por tanto, de apoyar candidaturas distintas que iban a debilitarle el esfuerzo de ajuste financiero que había sido el objetivo central del gobierno de De la Madrid. Por esa percepción, desde ese momento, presionar a De la Madrid era combatir a Salinas, y combatir a Cárdenas era apoyar a De la Madrid y, por tanto, aumentar las posibilidades de alcanzar la candidatura. Aunque no había ninguna diferencia personal previa, los intereses políticos de Salinas y de Cárdenas desde entonces se fueron dividiendo." ¿Qué comentario le merece?*
Evidentemente, la Corriente Democrática que encabezaron Cuauhtémoc y Porfirio tenía como contenido sustancial la protesta ante la

política económica y la oposición a Carlos Salinas. En consecuencia, querían que el Presidente de la República dejara a juego libre dentro del partido la decisión, pensando que en un juego libre podían tener más posibilidades de llegar a algo o de negociar la candidatura. Frente a esa situación, me negué a retirarme del juego y seguimos adelante con el sistema, digamos tradicional, de dejar en las manos del Presidente la conducción del proceso y el arbitraje final.

Y por ende, es cierta esta percepción de que quien estuviera con Cárdenas de hecho estaba contra usted y contra Salinas, y a la inversa, el que estaba con usted estaba con Salinas...
Más o menos. El hecho de que estuvieran en contra mía Cuauhtémoc y Porfirio no significaba automáticamente que iba a salir Salinas, puesto que había otras opciones.

Pero, por ejemplo, en ese juego, ¿el licenciado Jorge de la Vega cómo se condujo?
El licenciado De la Vega Domínguez se mantuvo institucional. No tomó partido por ninguno. Sí estaba furioso con Cárdenas y con Porfirio, porque a pesar de que platicó muchas veces con ellos y quedaban en una cosa, luego no le cumplían. Jorge de la Vega se desesperó y entonces dijo: "Con estos no hay remedio, estos quieren rompimiento."

Y el famoso discurso de De la Vega en la XIII Asamblea del PRI, ¿lo consultó con usted?
Lo comentó conmigo previamente: "Señor Presidente, voy a decir esto; si usted me para no lo digo." Le respondí: "No, Jorge, si es lo que tú piensas, adelante." Fue cuando sacó lo del caballo de Troya.

¿Él ya tenía la impresión de que ellos querían la ruptura?
Él tenía la impresión de que de cualquier forma ellos querían la ruptura.

En la primera plática suya con el ya candidato Carlos Salinas, la misma noche del 4 de octubre, ¿él le pide sustituir a Jorge de la Vega en la presidencia del PRI con Manuel Camacho?
Es cierto, y yo me niego. Él pide que sustituyamos a De la Vega con Camacho. Yo me niego con dos argumentos. Le digo: "El primero, Jorge de la Vega, por la generación a la que pertenece, por su

larga experiencia política, puede ser un buen gozne de usted con el resto del partido, puesto que usted es muy joven; segundo, hay que respetar al Presidente saliente y dejarlo que llegue hasta el final con su equipo político, entre ellos el presidente del partido." Con esos dos argumentos me niego y Salinas lo acepta.

¿No le propone usted que entre Camacho al IEPES?
No, le digo: "Dejemos a Camacho donde está, pero le doy libertad de que con la discreción debida lo ayude a usted en la campaña."

¿Sus consideraciones tenían que ver más con De la Vega que con Camacho, o es que usted se oponía a que Camacho fuera presidente del partido?
Yo tenía cierta desconfianza de la madurez política de Camacho.

¿Si le hubiera propuesto Salinas a una persona de otra generación?
No, me hubiera mantenido.

Sin embargo, con López Portillo usted había logrado el cambio del presidente del PRI; de secretario general había entrado una persona absolutamente suya. ¿No era lo mismo?
Sí, pero fue otra circunstancia. Fue que Javier García Paniagua se inconformó, se enojó, empezó a vociferar y no lo pedí, sino que el licenciado López Portillo se dio cuenta de la situación y me lo cambió por Pedro Ojeda.

Pero el nombramiento de Manuel Bartlett como secretario general del PRI en 1981, ¿es a petición suya?
Sí, eso se lo pido al Presidente, cuando López Portillo me dice: "Hay un enroque: Javier se va Trabajo y Ojeda pasa al partido." Yo le digo: "Hay otras ideas que tengo en este momento respecto a los otros funcionarios del Comité Ejecutivo." López Portillo me avisa: "Eso ya no lo platique conmigo, platíquelo con Pedro." Entonces le digo a Pedro: "Mira, de secretario general está el licenciado Guillermo Cosío Vidaurri, que siempre ha sido una gente muy, muy ligada a Javier, y está el oficial mayor, que es Arturo González Cosío, que también es gente muy ligada a Javier. Yo quisiera que nombraras secretario general a Bartlett para formalizar su carácter de coordinador de campaña, y quisiera en la Oficialía Mayor a Adolfo Lugo Verduzco." Ya Javier me había aceptado el nombramiento de Carlos Salinas como

director del IEPES, de Francisco Rojas como tesorero y de Miguel González Avelar como director de Comunicación Social.

¿Por qué se negó usted a una petición equivalente de Salinas?
No, pero la petición era la presidencia del partido.

¿El licenciado Salinas no reviró con la propuesta de incluir a Manuel Camacho como secretario general?
No.

¿Cree usted que Salinas haya pensando que a lo mejor no iba a querer usted?
¿Antes de que dijera? No, creo que me tanteó; creo que pensó que a lo mejor decía que sí.

¿No tiene usted dudas sobre lo juicioso que fue haber dejado a Bartlett en Gobernación el último año?
No. Creo que también, por principio de institucionalidad, era bueno que siguiera Bartlett. Yo no quería sustituir a ninguno de los perdedores. Si cambié a Alfredo del Mazo, es porque él me dijo que ya no tenía el ánimo de seguir en el gabinete.

¿No temió usted que Bartlett, por haber perdido, reaccionara con resentimiento?
No, siempre consideré a Manuel Bartlett muy institucional.

¿Salinas en ningún momento le planteó la sustitución de Bartlett?
No, en ningún momento. Yo tenía la opinión, y la sigo teniendo, de que Bartlett se comportó con mucha institucionalidad. No tenía razón para cambiarlo; además, tenía noticias de que había una amistad muy estrecha, y quizás hasta un pacto, entre Salinas y Bartlett.

Hubo un incidente entre ellos a propósito del famoso libelo contra Salinas, Un asesino en la Presidencia. *¿Usted los convoca a ambos y resuelve el asunto?*
Salinas va muy preocupado a mostrarme el libelo; yo ya lo tenía. Me dijo: "Señor Presidente, mire nomás lo que acaban de hacer." Dije: "Bueno, Carlos, pues ya es parte de la lucha por el poder, y lo que quiero es que vaya con Bartlett y entre los dos me averigüen quién fue." Tomé la red y le dije a Manuel: "Manuel, aquí tengo a Salinas

con el asunto del libelo, va para allá y te pido que me averigües quién fue."

¿Usted involucró a Bartlett por ser el secretario de Gobernación?
Como encargado de inteligencia política.

¿No por pensar que él era el autor de la maniobra?
No. Y nunca me dijeron quién fue. Ya después corrió la versión de que había sido La Quina.

Salinas da a entender que el haber permitido la candidatura de Cuauhtémoc en el PARM fue en alguna medida responsabilidad de Bartlett.
No lo hizo nunca explícitamente, pero, en efecto, no sólo Salinas sino otra gente de la política se extrañó de que el PARM y el PPS, que habían sido tradicionales aliados del PRI, se hubieran ido con Cuauhtémoc. Es decir, para alguna gente quedó la duda de que Gobernación no actuó oportunamente para evitar esa situación.

Y usted, ¿qué piensa?
Mire, pienso que el PARM era un partido oportunista y dividido, que un poco apostaba al mejor postor y se había venido cayendo brutalmente. El PPS sí había criticado mucho la política económica y había inculpado a Salinas de ella. A mí lo del PPS se me hizo muy lógico, ideológicamente hablando, mientras que lo del PARM fue oportunismo liso y llano. Creo que el gran estratega de todo eso fue Porfirio; él fue quien le armó a Cuauhtémoc toda la estrategia, quien convenció al PARM de que lo lanzara de candidato, quien convenció al PPS de que se le uniera y quien fue tejiendo todo el frente que se le unió a Cuauhtémoc. Porfirio fue el gran estratega de Cuauhtémoc.

¿Cuándo se entera usted de que el PARM va a postular a Cuauhtémoc? ¿En los periódicos?
Es un movimiento muy rápido. Salinas sale candidato del PRI el 4 de octubre y unos cuantos días después Cuauhtémoc se afilia al PARM y éste lo lanza de candidato. No tuve noticias antes de eso.

¿Si las hubiera tenido?
Hubiera probablemente intentado decirle al PARM: "Oye, quédate adentro", pero estaba muy avanzada la maniobra. La hicieron muy bien.

Si Bartlett la dejó pasar o no, ¿puede ser un factor adicional?
Pues queda en su conciencia, ¿no?

Él insiste en que no, que "no era asunto mío ya, ya estaba el candidato, ya no era cosa mía".
No, sí era, porque el secretario de Gobernación es el enlace del Presidente con los partidos, y sobre todo con los partidos satélites. Creo que sí, en ese caso fue un error de apreciación de él, ¿no?

¿Cuándo empieza a percibir, junto con Jorge de la Vega, que las cosas se están complicando en la campaña de Salinas?
Ya avanzado el año de 1988, el propio Jorge de la Vega me dijo: "No soy útil, no me toman en cuenta, reléveme usted." Me lo planteó unas dos veces y le dije: "No, Jorge, te quedas allí porque tengo razones para que tú estés allí. Ayúdale todo lo que puedas a Carlos, tú eres al fin y al cabo mi presidente del partido y necesito al partido para acabar de gobernar."

¿Le contaba De la Vega que no veía bien la campaña, que la votación no iba a salir como siempre salía, o usted tenía otros elementos de información además de los de De la Vega?
Pues sí, oía que había problemas internos de ajuste entre el grupo de Carlos y Jorge de la Vega por una parte, y otros funcionarios del partido, los sectores del partido y los gobernadores, por la otra. En el Distrito Federal no se logró una coordinación adecuada entre Ramón Aguirre, el regente, Jiménez Morales, el líder del partido del Distrito y la gente de Salinas. Se lo advertí a Salinas: "Oiga, me llegan noticias de este tipo, tome usted medidas", pero ya no podía meterme a organizar la campaña.

¿Sí llegó usted a compartir con Salinas en esos meses previos a la elección sus inquietudes?
Sí, sí, claro.

¿Cómo reaccionaba él?
Pues que lo iba a ver y que iba a actuar y etcétera.

¿Cuándo tuvo usted conciencia de que la elección venía complicada?
Unos dos meses antes. El crecimiento de Cuauhtémoc es al final, los dos meses al final.

¿Desde el acto en Ciudad Universitaria?
Sí, por allí. Yo para mayo ya estaba más preocupado. Pero no tanto como salió. Fue una sorpresa, para mí fue una sorpresa. Ni el partido estaba preocupado a ese grado, ni Salinas estaba preocupado a ese grado; Gobernación no me lo dijo.

¿Usted no mandó a hacer encuestas de Presidencia?
No, ya no. En el momento en que hubo candidato, saqué las manos de la campaña totalmente.

¿En las listas de diputados y senadores, sí participó usted o actuó como López Portillo?
Cero, nada. También Salinas intentó consultarme la integración de diputados, la integración de senadores y dije: "cero". Realmente fue una sorpresa para mí, el propio 6 de julio.

¿A qué hora empieza usted a enterarse el 6 de julio de que las cosas vienen muy complicadas?
Después del mediodía.

¿De dónde supo?
De Gobernación.

¿De Manuel Bartlett directamente?
Bartlett directamente me dice: "Oye, las cosas están saliendo muy negativas; por lo que me estoy dando cuenta las cosas vienen mal." Dije: "Bueno, ¿qué, vamos a perder?" "No, no tanto", contestó. Ya como a las siete de la noche me avisó que el D.F. estaba muy mal, que estaban mal el Estado de México y Michoacán. Entonces fue cuando dijo: "No puedo dar estas cifras porque estarían muy ladeadas, y aunque después sigan las cifras de otros estados en donde creo nos vamos a recuperar, si damos desde un principio la tendencia a favor de Cuauhtémoc, después no nos van a creer." Allí fue cuando no dio las cifras, como había prometido, hacia las 11 de la noche, porque en realidad no le habían llegado. Sobreestimó el sistema de información y no le llegaron. Pero sabía que estaban por llegar cifras que lo más probable era que iban a ayudarle a Salinas. Bartlett decía: "Cuando nos lleguen los estados muy priístas, como Puebla, Chiapas y otros, allí nos vamos a emparejar." Así fue.

Pero, ¿fue una decisión que él toma, la de diferir la entrega de cifras?
No. Me la consulta y estoy de acuerdo.

¿Lo va a ver a usted esa noche, o es por teléfono?
Por teléfono.

¿No sale de Gobernación a verlo?
No, nadie sale. Bartlett estaba en Gobernación, yo en Los Pinos y Salinas en el PRI.

¿Todo por teléfono?
Todo por la red.

¿Por qué cree usted que días antes de las elecciones, después de meses de negarse a dar resultados preliminares, de repente, ante la nueva insistencia de la oposición, Bartlett acepta ponerle sus terminales a los partidos en Insurgentes Sur y proporcionar los datos que lleguen? No tenía obligación legal de hacerlo, no tenía la capacidad técnica, pero acepta hacerlo. ¿Por qué cambia de idea?
Tuvo una excesiva confianza en su sistema de información y al final le falló. Fue de buena fe.

¿No sabía que no iba a resultar?
No, hasta el mero final el sistema no le funcionó. No le llegaban los datos con la rapidez que él pensaba que le iban a llegar.

¿Por qué se esconde o se disimula el asunto del centro de cómputo? ¿Por qué se dice que había varios, cuando había uno solo?
Allí fue torpeza, inhabilidad, crear expectativas que no tenían fundamento técnico suficiente. No creo que haya sido mala fe.

¿Bartlett le consulta a usted esta idea de posponer la entrega de los resultados hasta cuándo?
Hasta que hubiera un mapa más completo.

¿Aun si eso tomara muchas horas?
Sí. En realidad Manuel Bartlett se precipitó al prometer que iba a dar cifras a las 11 de la noche o inclusive al día siguiente. Los hechos han mostrado, en las elecciones posteriores, que no se pueden dar

cifras antes, digamos, de los siguientes tres o cuatro días. Aun con el sistema ya tan modernizado, tan controlado, en las elecciones de Zedillo las cifras más avanzadas se dieron hasta tres, cuatro días después. El error fue haber prometido cifras demasiado anticipadas, porque Bartlett le tomó demasiada confianza al sistema de información, de concentración de datos.

Jorge De la Vega cuenta que él sube varias veces a ver al licenciado Salinas esa noche, para pedirle que baje y pronuncie su discurso de victoria. Recuerda que Salinas no quiere; le habla De la Vega a usted y le informa al respecto. ¿Cómo fue?
Salinas estaba en el PRI, encerrado en un despacho con Camacho y Córdoba. En otro despacho estaba Jorge de la Vega, yo en Los Pinos y Manuel Bartlett en Bucareli, y había un contacto entre los tres centros, ¿verdad? Ya llegando a cierta hora, le hablé dos veces a Salinas: "Oiga, licenciado, ¿no ha pensado en proclamar su triunfo?" Respondió: "Es que no tengo bases para hacerlo." Insistí: "Oiga, Carlos, esto va a ser motivo de generar suspicacia de la gente, porque tradicionalmente el candidato del PRI sale hacia las 11 o 12 de la noche y proclama su triunfo. Si usted no lo hace va a haber problemas." Contestó: "Pues sí, pero no me siento con las bases suficientes." Según Jorge de la Vega, esa era la posición que le aconsejaba Camacho. Hasta que finalmente Jorge me dijo: "Mire, señor Presidente, si no salimos a proclamar el triunfo, esto se nos va a ensuciar mucho en la opinión pública, así que, si usted me autoriza, lo proclamo." Le respondí: "Ándale, proclámalo."

¿Y por qué cree usted que Salinas no quiso?
Porque también llegaban noticias de que Cuauhtémoc había avanzado mucho, que había dudas sobre las cifras, sobre el manejo de la información. Él quería ser muy quisquilloso, sobre todo aconsejado por Camacho, quien pensaba que, si se manejaban con más prudencia y con más gradualismo en las cifras, se facilitaría la negociación con la oposición.

Según De la Vega, Salinas insistía mucho en que Bartlett proclamara el triunfo, en tanto presidente de la Comisión Federal Electoral. ¿Así fue?
Sí, él quería que la base de la información fuera Gobernación. Gobernación decía: "No tengo bases."

¿Se lo decía a usted o a ellos?
A los dos.

¿Bartlett seguía hablando con usted toda esa noche?
Así es.

¿La falla de Bartlett entonces la vería usted en haberse comprometido a dar resultados?
Haber creado expectativas que después no pudo cumplir.

No tanto en el procedimiento en la noche. ¿Eso ya lo manejó más bien correctamente?
Creo que sí; correctamente de fondo, muy torpemente de forma, cuando permitió que saliera aquella frase que dijo alguno de sus subordinados, de que el sistema se había caído. Se cayó el sistema; bueno, entonces se cayó y ahí empezaron los problemas. No supo presentarlo, no supo explicarlo. Allí ya quedó vulnerado.

Usted no cree que en Guerrero, por ejemplo, ¿no enderezaron los números después?
Mire, no tanto que los enderezaron *a posteriori*, sino en el camino, usando los otros elementos tradicionales del PRI de llevar a los votantes, de inflar la votación en casillas sin representación de los otros partidos, los que se podían antes. No dudo de que en los estados, digamos menos desarrollados, como Guerrero, se haya dado el procedimiento.

¿Pero no a posteriori*?*
No.

Una frase suya a propósito de la rebelión de Marcos en Chiapas coincide con una idea de Jorge de la Vega. Usted me dice: "y luego viene el derrumbe de Salinas cuando Chiapas". Usted usa el término derrumbe, De la Vega dice: "Yo vi a Salinas tres veces en una situación muy difícil: los incidentes en La Laguna cuando su campaña; el 6 de julio de 1988 y la rebelión de Chiapas. Como que se pasma, aunque en otros momentos es un tipo que pelea y se levanta." Usted usó el término derrumbe; ¿podría desarrollar la idea?
Yo lo elaboraría de la manera siguiente. Como dice De la Vega, Salinas siempre fue un tipo muy duro, muy de reacciones rápidas, siem-

pre con una solución a la mano. Esa era mi impresión. Tuvo cinco años de gobierno esplendorosos, con una imagen pública nacional e internacional enorme, todo le estaba saliendo aparentemente bien. Entonces viene lo del primero de enero de 1994 y digo que se derrumbó, no porque lo haya visto, porque Salinas no me llamó en todo enero, pero tenía información de fuentes cercanas a él, de que estaba sumamente deprimido y pasmado. Por eso digo que se derrumbó.

¿Y usted le notó ya retrospectivamente una actitud, una reacción semejante el 6 de julio de 1988?
¿Por la red?

Por la red.
Por la red, sí.

¿Usted cuándo lo vuelve a ver?
A los pocos días, y ya estaba repuesto. Esa noche sí lo noté muy bajo de ánimo. Pero no lo vi. De la Vega, pues que sí, que lo vio muy decaído.

Cuando el asesinato de Colosio, ¿platicó usted con Salinas? ¿Cómo se da esa reunión y esa plática?
Mire, a Colosio lo asesinan el miércoles 23 de marzo de 1994 y Salinas me invita a desayunar el sábado 26. Nos fuimos a Los Pinos y mi primer comentario es que estaba sumamamente presionado, triste; en el curso de la conversación se le llenaban los ojos de lágrimas. Comentamos la desgracia y me dijo: "Licenciado, ¿cómo ve usted las posibilidades?" Le dije: "Hay dos hipótesis, una es si se reforma la Constitución para que los que tengan actualmente puesto en el gabinete puedan competir, y la otra es sin reforma. En mi opinión, la reforma constitucional no es viable, porque se van a negar rotundamente los partidos de oposición y aun gente del propio PRI; no creo que usted lo logre. Más bien, vamos a platicar sobre la hipótesis de que sin reforma constitucional; ahí ya se reduce el abanico. Yo simplemente voy a exponerle cuáles son las opciones que veo sin hacerle una recomendación, porque no tengo ya ni esa responsabilidad ni los elementos de juicio; eso será usted el que lo sabe, pero desde fuera veo a los siguientes." Las opciones eran Fernando Ortiz Arana, presidente del partido, Fer-

nando Gutiérrez Barrios, que no estaba en el gobierno, Zedillo y Francisco Rojas. Esa fue la baraja que le manejé como viable. En cada caso le daba pros y contras; traté de ser muy ascéptico, de no cargar dados.

¿No cargó dados?
De que él dijera: "Me vino a recomendar a fulano de tal", no. Me di cuenta de sus reacciones; en el caso de Ortiz Arana dijo: "No, no sé si sea totalmente viable." De Gutiérrez Barrios: "No, no podemos dar un salto para atrás." A Zedillo lo defendió, porque le dije: "Zedillo es un buen economista, es un buen funcionario: activos; pasivos: no tiene experiencia política y no sé cómo haya quedado su relación con el Ejército por lo de los libros de texto." Ahí me paré. Me dijo: "No hay problemas con el Ejército y es de aprendizaje rápido." Pasamos a Rojas y no me dijo nada; de Rojas no hablé mucho: "De Francisco Rojas no necesito abundar con usted en pro o en contra porque es su amigo íntimo, usted lo conoce mejor que yo." Le dije: "Es buen funcionario, es leal, es un hombre de concepción, algunos dicen que no tiene experiencia política; bueno, creo que no hay director de Pemex que dure sin experiencia política." Al único que me defendió con ganas fue a Zedillo; al salir de ahí me dije: "Es Zedillo", y ahí quedó la conversación.

¿Ya lo tenía resuelto?
Creo que sí. Mire, empezó el movimiento este a favor de Ortiz Arana desde el jueves o viernes, y eso parece que a Salinas lo molestó mucho y disciplinó a Ortiz Arana de una manera muy fuerte, muy tosca. Creo que él ya tenía decidido lo de Zedillo para cuando platicó conmigo y, según sé, un factor de opinión que pesó mucho en Salinas para favorecer a Zedillo fue el consejo de Pepe Córdoba.

Eso ha comentado Salinas: "Córdoba intervino con los argumentos precisos, más convincentes, en el momento preciso." ¿Así fue?
En efecto, creo que de parte de Pepe Córdoba había una gran simpatía con Zedillo desde un principio, desde el tercer año, desde que Zedillo estaba ya de secretario de Educación. Pero luego Zedillo se debilitó, principalmente por el incidente de los libros de texto; entonces Córdoba y Serra, que operaban en par, se dieron cuenta de que ya Zedillo había perdido oportunidades y se cargaron del lado de Colosio.

¿Estaban con Colosio?
Sí, porque se había debilitado Ernesto Zedillo.

Se ha escrito que cuando Diana Laura Riojas de Colosio va a ver a Salinas días después de la designación de Ernesto Zedillo, ella le pregunta: "¿Por qué Zedillo?", y Salinas responde: "Era lo que quería Donaldo." A lo cual ella replica: "No es cierto, si ya te había avisado Donaldo de su intención de cambiarlo." Y Salinas dice: "Pero ese recado a mí no me llegó..."
Sí, se habló mucho de que Colosio iba a cambiar a Zedillo.

Se ha publicado que el mensajero era Pepe Córdoba; por tanto, tiene sentido que no haya llegado el mensaje, ¿no?
Pero Salinas sabía que Colosio no estaba funcionando bien como candidato. Se lo dije a principios de febrero: "No está levantando Luis Donaldo; primero, porque frente a Chiapas y al protagonismo de Camacho no ha sabido Colosio decir pues aquí estoy yo; y segundo, porque yo veía una falta de integración en el equipo del PRI." Yo veía que estaba, por un lado, la dirigencia formal de Ortiz Arana; por otro lado el grupo de los colosistas, que ya estaban adentro, como Soberanes, Liébano, y muy aislado de los otros dos, Zedillo. Se lo dije a Salinas; contestó: "Oiga, y usted ¿no ha platicado con Colosio?" "No." "¿No lo ha buscado?" "No." "¿Y él tampoco?" "Menos." Me dice: "Lo va a ver Colosio pronto." Al día siguiente me estaba llamando Colosio. No lo había visto a él en lo personal desde que fue designado; me habló por teléfono para decirme que ahí estaba y que esperaba que estuviéramos en contacto, y listo. Pero no lo busqué, porque no está en las reglas del juego. Como a mediados de febrero vi a Colosio; vino a verme aquí. Me preguntó: "¿Cómo ve las cosas?" Le dije lo mismito: "Mire, Luis Donaldo, veo que usted no ha levantado y desde fuera se ve que no hay una cohesión del partido."

¿Esto fue antes o después de su discurso del 6 de marzo?
Antes, a mediados de febrero. Le dije: "Mire, Luis Donaldo: no hay de otra, más que usted agarre su campaña. Además, es muy fácil: llama a los tres grupos y les dice: señores, yo soy el jefe de la campaña y a ti te toca esto, a ti esto y a ti esto, entre sí colaboran y cada semana les voy a pasar lista. Así de sencillo es esto y verá si no se le disciplinan." Contestó: "Sí, ya llegó la hora; lo voy a hacer, y sí pienso que voy a tener ya que introducir nuevas modalidades y cambio de equipo."

¿No le comentó nada de la distancia con Salinas, si había que tomarla o no había que tomarla?
No, nada. Le pregunté: "¿Cómo van sus relaciones con Salinas?" "Muy bien", me dijo. "Mire", le dije, "durante la campaña, el riesgo de alejamientos y malos entendidos entre Presidente y candidato es muy alto; no se deje usted caer en esa trampa, porque no sirve para la campaña." Reaccionó muy vivamente: "De ninguna manera."

Según Salinas, ya para ese momento le había dicho a Colosio que tenía que empezar a poner cierta distancia...
Bueno, sí, eso es normal; cuando yo era candidato también López Portillo me dice: "Oiga, Miguel, ya sabe usted mi teoría de la ruptura para la estabilidad; entonces, critíqueme."

¿Se lo dice López Portillo?
López Portillo me lo dice. Respondí: "Mire, señor Presidente, sé que debo tomar distancia, pero yo sabré la forma y modo y oportunidad. O sea que no siento que tenga que empezar a echarme con críticas en contra de usted." "Pues hágalo." "Yo sabré cómo lo hago."

¿Usted no le dijo lo mismo a Salinas como candidato?
No le dije.

¿Cómo supo usted de qué modo lograr una sucesión adecuada?
Pues yo sabía cómo había sido antes.

¿Es por la experiencia propia?
Por la experiencia del sistema.

¿No hay memoria colectiva?
¿Formal? No, pero el sistema consistía básicamente en que el Presidente en turno conducía el proceso y era el árbitro final o el decisor final. Yo dije: "Yo conduzco el proceso en cuanto a tiempos, modalidades, y le voy a imprimir una modalidad innovadora, que va a ser llevar la sucesión dentro del partido, apoyándome mucho en el partido, en Jorge de la Vega, no haciendo jugadas laterales, como se hicieron en otras oportunidades." Cuando Jorge y yo llegamos a evaluar la conveniencia de que se anunciaran los seis precandidatos, fue de común acuerdo y pensé: "Es mucho mejor que lo diga el presidente del partido, que un vocero oficioso, como había pasado antes."

Estaba convencido de que había que hacerlo dentro del partido. Por eso llevé el proceso como se lo he contado, con el anuncio de Jorge de la Vega, con la invitación de los seis a la pasarela, con el desayuno final en donde todo el Comité Ejecutivo toma conmigo la decisión, y no como en otras ocasiones había sido, donde el Presidente habría tomado el teléfono o anunciado; así, digo, como pasó conmigo.

¿Pero el aprendizaje le viene sobre todo de su experiencia?
De la experiencia histórica. Debíamos de haber observado cómo se hacían las cosas. Yo las tenía muy frescas, personalmente, de la sucesión de Díaz Ordaz a Echeverría, de Echeverría a López Portillo, de López Portillo a mí. Esa fue mi escuela personal.

CARLOS SALINAS DE GORTARI

CARLOS SALINAS DE GORTARI nació en la Ciudad de México el 3 de abril de 1948. Cursó estudios de Economía en la Universidad Nacional Autónoma de México (1969) y obtuvo su título de doctor en Economía Política por la Universidad de Harvard.

Ingresó al gabinete de Miguel de la Madrid el 1 de diciembre de 1982, como secretario de Programación y Presupuesto. Fue postulado como candidato presidencial por el PRI el 4 de octubre de 1987, y electo el 6 de julio de 1988; tomó posesión el 1 de diciembre de ese año. Entregó la banda presidencial a Ernesto Zedillo el 1 de diciembre de 1994.

En 1988, México era un país de 87.8 millones de habitantes. La deuda externa era de 81,003.2 millones de dólares. Durante el sexenio de Carlos Salinas, la economía mexicana creció en un promedio de 3.7% anual; la inflación promedio anual fue de 15.9%. El PIB *per capita* en 1994 llegó a $4,180.00 dólares.

Entre los principales acontecimientos internacionales del sexenio figuran los siguientes: en 1989 el colapso del bloque socialista y el fin de la Guerra Fría. Se da la fragmentación de la URSS, de Checoslovaquia y de Yugoslavia. Se completa el retiro de tropas soviéticas de Afganistán. En junio de 1989 se produce la represión del gobierno chino contra los estudiantes en la Plaza de Tienanmen. Frederick de Klerk es elegido Presidente de Sudáfrica, libera a Nelson Mandela y culminan las negociaciones para poner término al *apartheid*. En 1991 estalla la Guerra del Golfo Pérsico. En 1992, William Clinton gana las elecciones presidenciales en Estados Unidos, después de doce años de predominio republicano. La crisis de Bosnia se acentúa en 1993, y en febrero de ese año se firma el Tratado de Maastricht, dando inicio a la Unión Europea. En enero de 1994 entra en vigor el Tratado de Libre Comercio de América del Norte.

Directa o indirectamente, usted vivió o vio varias sucesiones, no sólo las dos que le incumben. ¿En qué son distintas? ¿Qué ha cambiado y qué permanece igual?
Fueron cinco sucesiones las que de una u otra forma me tocó observar; desde lejos, de cerca, como activo participante y una más como factor de decisión. Primero, cuando mi padre fue secretario de Industria y Comercio con el Presidente Adolfo López Mateos, de 1958 a 1964. La sucesión ocurrió en 1963...

Una pregunta a propósito de don Raúl Salinas, su padre: ¿estaba con Antonio Ortiz Mena en 1964?
No. Tenían una buena relación personal y al mismo tiempo muchas áreas de roces, normales por las diferentes responsabilidades derivadas de las tareas que les correspondían en la Secretaría de Industria y Comercio y en la Secretaría de Hacienda y Crédito Público. Pero no recuerdo que mi padre se haya manifestado a favor de él. Sí puedo decirle que mi padre tenía una relación estrecha y muy cercana con el ingeniero Javier Barros Sierra, entonces secretario de Obras Públicas. De mi padre escuché siempre expresiones de admiración sobre el ingeniero Barros Sierra y se refería a él con una gran calidez.

¿Y en 1970?
Diría que en 1969 mi padre tenía simpatía por el doctor Emilio Martínez Manatou para suceder a Díaz Ordaz. Pero mucho más de cerca me tocó observar la sucesión del licenciado López Portillo, que se resuelve en 1981 para el licenciado De la Madrid, de quien yo era

cercano colaborador. Posteriormente, ya como activo participante, en la sucesión del propio Licenciado Miguel de la Madrid,* que se resuelve a mi favor, y más tarde, cuando viene la decisión del partido en 1993 a favor de Luis Donaldo Colosio. Finalmente, después de los acontecimientos trágicos de marzo de 1994, en la decisión a favor del doctor Ernesto Zedillo.

Son cinco. ¿Cuál es la diferencia entre ellas? En primer lugar quisiera señalar que la decisión de quién sería postulado como candidato por el PRI a la Presidencia de la República significaba un conjunto de condiciones políticas objetivas y también subjetivas favorables para la contienda electoral; obviamente, los trabajos del Colegio Electoral en la Cámara de Diputados y la proclamación del Presidente electo eran actos solemnes que en la práctica mexicana se desarrollaban sin vicisitudes para el abanderado priista. En ese contexto, me parece que la diferencia crucial está en que hasta 1982 la competencia por el poder en México se daba casi exclusivamente al interior del PRI. Todavía no se podía hablar en términos estrictos de partidos nacionales de oposición, aunque el PAN había venido trabajando por muchos años, desde finales de los treinta, y las fuerzas de izquierda se habían organizado de diferentes maneras. Sin embargo, excepto el PRI, ninguno de ellos había logrado una presencia con alcance nacional, sino más bien en competencias regionales. Entonces, hasta 1982, la decisión de quién iba a ser el candidato a la Presidencia del PRI significaba casi automáticamente postular a quien iba a ser el siguiente Presidente de la República. Fue a partir de 1988 cuando se inauguró propiamente la etapa de la verdadera competencia electoral en México. Desde entonces, la decisión de quién va a ser el candidato del PRI no es ya más garantía automática de que ese va a ser el siguiente Presidente de la República. Esta es para mí la diferencia fundamental de las sucesiones a partir de 1988. Ahora bien, a mi modo de ver, hasta ahora todas han tenido un denominador común, un elemento de similitud, y éste es el de la responsabilidad del Presidente de la República frente a la sucesión presidencial. Ésta está precedida de una serie de condiciones relevantes: la historia, el acontecer político y el porvenir del país en relación con todas las mani-

* Respetuoso de las normas protocolarias, el entrevistado cita invariablemente a los personajes a los que menciona por su nombre completo, y con su título o cargo; para agilizar la lectura, después de la primera mención, se ha optado por suprimir o abreviar nombres y cargos (Nota del editor).

festaciones de su vida cotidiana: la educación, el trabajo, la economía, en fin, la sociedad en su conjunto. Por ello, las decisiones concretas le obligan a cuidar la cohesión del partido. Por ello podría decirse que siempre fue la misma: en un marco de reformas era necesario cuidar la cohesión del partido y evitar que el proceso sucesorio fuera a degenerar en una confrontación abierta entre los distintos grupos o fuerzas políticas.

¿Cómo ve usted el mecanismo sucesorio mexicano? ¿Cuáles son sus prelaciones y sus imperativos? ¿Cómo se perpetuó? En la sucesión de Miguel de la Madrid, ¿cómo se hace la lista de candidatos?
Yo creo que el mecanismo tenía sentido principalmente en el marco de un sistema de partido casi único, en el cual la competencia política se daba en gran medida en el interior del propio partido; grupos, corrientes e incluso algunos aspectos *sui generis* de lo que podríamos llamar alternancia de equipos o grupos gobernantes se daban dentro del propio partido gobernante. Esa fue la fórmula que encontraron nuestros antepasados al final de los años veinte y fue perfeccionada en las siguientes décadas para poner fin a dos taras de la política nacional: la tendencia a la perpetuación de los gobernantes en el poder y la apelación a la violencia para conquistar el poder. Lo que se había mostrado era que desde la sucesión de 1928 —que marcó el inicio de esta fórmula que, de manera algo simplista pero ilustrativa, se ha llamado la facultad decisoria del Presidente en la selección del candidato— y más tarde, en la sucesión de 1940, en la que se dio uno de los desgarramientos más riesgosos para el propio partido, la responsabilidad principal del Presidente de la República era garantizar la cohesión interna y ejercer un liderazgo capaz de sobreponerse a los intereses particulares y de grupo, lo mismo que a caciques regionales y grupos de presión siempre en busca de decidir la sucesión conforme a sus intereses. Alcanzar el objetivo de la cohesión suponía que la fórmula no fuera el resultado de una imposición, sino el producto de un acuerdo, de un pacto, podríamos decir, alcanzado en el seno de una sociedad decidida a salir del círculo vicioso que marcó prácticamente toda la historia del México independiente, y que iba de la perpetuación en el poder de los gobernantes al uso de la violencia para sustituirlos por otro, que intentaría igualmente perpetuarse hasta la llegada del siguiente, que lo derrocaría también por la violencia, y así sucesivamente. Lograr la cohesión en cada proceso sucesorio suponía también que éste fuera conocido

y aceptado, con sus reglas, por los participantes en el juego. En ese sentido también ganaba la cohesión en la medida de que no se trataba de procesos cerrados o excluyentes, sino al contrario, cada proceso abría oportunidades de renovación de cuadros y de desarrollo de nuevos liderazgos. Adicionalmente, el proceso, cada seis años, abría oportunidad a diversas figuras públicas del equipo de trabajo del Presidente que por su desempeño, sus cualidades humanas y profesionales, y sus talentos y habilidades, lograban abrirse paso y construir su participación en esa singular competencia; hasta llegar al momento de la decisión sucesoria, en que los participantes asumían los resultados del proceso entre expresiones de unidad. Sin duda, la participación central se daba desde el gabinete, pero también tenían participación los gobernadores y los legisladores, los gobernadores que pasaban al gabinete y contendían por la sucesión presidencial, políticos provenientes de los estados al Congreso, desde donde trabajan a favor de unas u otras opciones. El proceso, insisto, no era excluyente; sí era limitante.

¿Cuáles fueron, a lo largo de estos años, las principales ventajas de este mecanismo, y cuáles sus defectos?
A mí me parece que si se tiene en cuenta, antes que nada los intereses nacionales y la vida pública del país, entonces la ventaja más importante era la de mantener cohesionado al partido, impidiendo que fueran los caciques locales o regionales los que pudieran imponer al candidato; y, también, la de crear condiciones para que participaran aquellos que mostraban mayor talento, mayor capacidad, mejor desempeño. La principal limitación que se ha señalado es que, mientras había un partido prácticamente único, quien resultaba el candidato del PRI a través de esa fórmula que, aceptémosla o no, marcaba una línea de sucesión desde el poder, se convertía automáticamente en el siguiente Presidente de la República. Paradójicamente, a partir de 1988, y sin duda en 1994 y en el 2000, cuando ya no hay un partido prácticamente único y la competencia electoral es verdadera, por lo que el resultado de la elección es producto directo de la voluntad de los ciudadanos, entonces el mecanismo de selección interna de los candidatos se vuelve asunto de cada partido, de su legalidad interna. Otro aspecto básico que había que cuidar al aplicar el método y no experimentar con un proceso interno para el que, a nuestro juicio, no había condiciones, fue el de evitar la injerencia de intereses al margen de la ley en los procesos sucesorios. Me refiero, además de

los caciques y grupos de poder, al crimen organizado. Y es que, si bien con la nueva legislación electoral habíamos logrado alejar este riesgo en lo que atañe al financiamiento de las campañas electorales, la verdad es que, hasta donde sé, no se había ni se ha previsto nada respecto a las campañas preelectorales, es decir, al financiamiento de las promociones que hacen los precandidatos para obtener sus candidaturas, y que cada vez consumen más recursos fuera de control. A las dolorosas y conocidas experiencias latinoamericanas, debíamos agregar que ya habíamos tenido algún motivo de preocupación en contiendas estatales en nuestro país, en las que intereses ligados a estas bandas criminales habían financiado o pretendido financiar promociones de aspirantes a obtener candidaturas a cargos de elección. Y si en mi gobierno habíamos logrado mantener a raya a estas bandas, no debíamos arriesgarnos a que se metieran por la coyuntura sucesoria. Máxime que esas bandas, según sostiene un profesor norteamericano, han logrado infiltrar a la propia representación de la DEA en México, para tratar de doblegar a las instituciones nacionales a través de filtraciones y otros recursos de descrédito y difamación.

En la sucesión de Miguel de la Madrid, ¿cómo se hace la lista de candidatos?

En la medida en que hasta 1982 la sucesión se resolvía con la selección del candidato del PRI, eso hacía que los miembros del gabinete fueran quienes tuvieran una verdadera proyección nacional y quienes, por tanto, tuvieran mayor presencia política. Eso convirtió a los secretarios de Estado en los contendientes naturales por la sucesión. Ellos tenían exposición pública nacional; en cambio, en el caso de los gobernadores o de los mismos legisladores, su ámbito de acción era diferente y con una resonancia distinta. Eso es lo que fue llevando a que los miembros del gabinete fueran los naturalmente considerados como posibles candidatos del PRI a la Presidencia. ¿Cómo se integraba la lista? En 1981, como observador externo, lo que yo veía y escuchaba, era lo que se percibía fundamentalmente a través de fenómenos de opinión pública. Vamos, no conocí candidatos o precandidatos que pudieran ser prefabricados a partir solamente de la voluntad presidencial. Si no tenían capacidad de dar consistencia a sus ideas, a sus formas de discurrir sobre los problemas que enfrentaban; si eran inconsistentes sus argumentos y además su carácter no daba para defenderlos dentro y fuera del gobierno; si no eran capaces de construir consensos entre las diversas fuerzas políticas y sociales, dentro y fuera del Congreso; en fin, si carecían de aptitudes y no tenían una personalidad que los hiciera idóneos para contender en lides nacionales, pues ni con todo el apoyo, la puja, o el aliento del Presidente podían convertirse en precandidatos. Lo que el Presidente de la República hacía era que, en el cumplimiento de las responsabilidades que tenían como secretarios, los más destacados miembros del gabinete tuvieran oportunidades de mostrar públicamente sus capacidades y también de que, al interior del gobierno y del partido, se conocieran esas cualidades o la ausencia de ellas. Así que las listas se iban —o todavía se van, creo— configurando en una interrelación de valoración de la opinión pública, rendimiento del trabajo sustantivo, espíritu de equipo al lado de los programas presidenciales, y se iban depurando por circunstancias derivadas principalmente de las características de los propios participantes.

Cuando nombran secretario de Programación y Presupuesto a Miguel de la Madrid, en mayo de 1979, ¿percibe usted inmediatamente que pasa a ser un candidato? Usted trabajaba con él en Hacienda.

Así es. Tuve que optar entre quedarme en la Secretaría de Hacienda con quien había sido mi maestro en la Escuela de Economía, director de tesis y miembro del jurado de mi examen profesional, David Ibarra, o irme con De la Madrid, con quien había laborado directamente sólo unos meses, pero con quien había tenido contacto de trabajo por varios años. Fue este último quien me invitó a acompañarlo a la Secretaría de Programación y Presupuesto, a un puesto similar al que yo ya tenía en Hacienda. Decidí irme a trabajar con él, ya que siempre aprecié su talento, su trato personal y la posibilidad de aprender de sus conocimientos y experiencia. Cuando De la Madrid llegó a Programación y Presupuesto, efectivamente había la posibilidad de que fuera candidato, o mejor dicho precandidato; pero no había la seguridad. Primero había que resolver el nudo gordiano que había terminado con la presencia en el gabinete de los dos secretarios anteriores, que era elaborar el Plan Global de Desarrollo. A mí me encargó De la Madrid hacer la negociación con los grupos de especialistas de los diferentes secretarios de Estado. Esta negociación consistía en armonizar sus puntos de vista, para que sus respectivos titulares pudieran decir que aceptaban la consistencia del Plan Global con sus propios planes y propuestas sectoriales. Esto último, naturalmente, correspondió ya a la negociación política que De la

Madrid hizo con los distintos secretarios. Esa negociación tuvo éxito. Ese éxito fue muy importante para convertir a De la Madrid en precandidato. Él se convirtió en precandidato cuando presentó el Plan Global de Desarrollo, y en la comparecencia que siguió ante la Cámara de Diputados. La comparecencia fue muy importante, porque ahí tuvo que mostrar conocimiento, capacidad de negociación, sentido político, sentido del Estado y firmeza para defender las posiciones sin llegar a la confrontación o al atropellamiento de la opinión de las distintas fuerzas políticas representadas en la Cámara.

José López Portillo sostiene que al final había dos candidatos: García Paniagua y De la Madrid. Pero Miguel de la Madrid afirma que: "Yo nunca creí en García Paniagua, no era un rival viable para mí. Los viables al final eran Ojeda y De la Vega, sobre todo Ojeda." ¿Usted que cree?
Bueno, es que son apreciaciones desde dos diferentes planos de observación. Uno es el de quien era Presidente de la República en ese momento. Lo escribió posteriormente en su libro *Mis tiempos*, así que podemos creer que efectivamente fue así y esa era su óptica. La óptica del precandidato Miguel de la Madrid era diferente y me imagino que eso lo llevó a estrategias diferentes al buscar la candidatura. No creo que se contraponga una opinión con la otra; López Portillo se estaba refiriendo a alguien que *podía* ser y De la Madrid estaba haciendo un juicio sobre alguien que él pensaba o piensa que no *debería* ser.

¿Cuándo pensó por primera vez que podía ser Presidente?
Por las condiciones políticas de los últimos sesenta años en el país, acceder al gabinete presidencial siempre abría una posibilidad de ser precandidato. Pero nunca era una garantía, porque hay titulares de un despacho que permanecen en él los seis años de la administración, y a veces incluso más tiempo, sin acceder a una precandidatura, y otros que no duran un año o dos y resultan candidatos. Lo que eso refleja son las intensas luchas, una contienda permanente y no sólo necesariamente personal por el poder, sino una lucha de los distintos intereses que hay alrededor del ejercicio del poder; esto significa que estos intereses están promoviendo sus concepciones y defendiendo sus áreas burocráticas, las que consideran casi como reservadas. En esa batalla tremenda es muy difícil pensar que cualquier mexicano que acceda a la responsabilidad de secretario del

despacho al inicio de la administración esté en esa misma posición al final o a la mitad del sexenio. López Portillo había llegado a secretario de Hacienda a la mitad de la administración del licenciado Echeverría. De la Madrid llegó a secretario del despacho a la mitad de la administración de López Portillo. En mi caso, formé parte del gabinete desde el inicio del gobierno de De la Madrid, y después de cinco años de desempeñarme como secretario fui postulado candidato. Y el licenciado Luis Donaldo Colosio llegó a la Secretaría de Desarrollo Social a la mitad de mi administración. En esas condiciones surgía la posibilidad de alcanzar la candidatura. No sólo se trataba de sobrevivir dentro de la burocracia, sino de destacar en el cumplimiento de la responsabilidad, lograr armonía y consensos suficientes para que la precandidatura fuera bien considerada por la opinión pública.

Se ha comentado que desde muy temprano usted tuvo una especie de grupo al que llamaban en la universidad "Los Toficos", que tenía una ambición presidencial a largo plazo. Citan la frase de don Raúl Salinas, su padre, al ser usted postulado en 1987: "Tardamos 20 años, pero llegamos."
Primero, la frase no fue de él, sino mía. Fue una forma amable de decirle que él había contendido en la sucesión de una u otra manera en la época de López Mateos. Y no tuvo éxito. Mi padre nunca nos alentó, por lo menos en mi caso, una aspiración presidencial; nunca me fomentó la ambición por posiciones o poder. Lo que siempre me inculcó fue el trabajo en el servicio público; eso sí. Pero que en mi familia hubiera habido un diseño para el poder, eso es nada más producto de mentes que han de tener mucho ocio para dedicarse a inventar esas cosas.

¿Y el grupo?
¿Pero cuál grupo?

Bueno, usted, Camacho, Levín, Lozoya, a quienes les decían "Los Toficos, qué ricos son"; ¿existió en efecto? ¿Pensaban y actuaban en esos términos?
No. Lo que sí había eran compañeros y amigos de la Escuela Nacional de Economía, como eran Manuel Camacho, Emilio Lozoya, Hugo Andrés Araujo —al cual, por cierto, no veo cómo le pueda quedar ese apelativo al que se está refiriendo—, que hablábamos sobre lo

que acontecía en el país y de diversas maneras lo manifestamos en nuestras respectivas tesis universitarias. Desde entonces dejamos testimonio de una vocación de servicio, de nuestra sensibilidad sobre la situación política nacional. Algunos también queríamos hacer trabajo partidista; yo entré al PRI en 1967, antes de terminar la carrera en la UNAM, y creo que Camacho y Lozoya también. El caso de Hugo fue diferente; él se fue al trabajo de base. Nada que tuviera que ver con obsesiones presidencialistas adolescentes ni ambiciones de poder.

¿Qué es lo que hay que hacer: juntar apoyos o limar resistencias?
Para responderlo recurro a lo que aprendí con don Jesús Reyes Heroles. Tuve la fortuna de hacer amistad con él a finales de 1982, un poco antes del arranque del gobierno de Miguel de la Madrid. Cuando De la Madrid estaba reflexionando sobre quiénes podían integrar su gabinete, nos había pedido a algunos colaboradores que le ayudáramos con nombres, perfiles para las distintas áreas, y al mismo tiempo que entre el IEPES, que yo dirigía, y la coordinación, que llevaba Francisco Rojas, integráramos los materiales que se habían derivado de la campaña para cada una de las dependencias. Un día de noviembre, De la Madrid me pidió que fuera a ver a Jesús Reyes Heroles y le llevara la carpeta que contenía todos los materiales sobre Educación integrados durante la campaña. Llegué a casa de don Jesús en Arenal, allá en Coyoacán; él había sido amigo de mi papá, habían tenido una cercana relación; yo lo había tratado brevemente cuando él había sido presidente del PRI a principios de los setenta, y director del Seguro Social.

Pero en noviembre de 1982 ya no era la vinculación del personaje Jesús Reyes Heroles con el hijo de su amigo, sino con quien ahora trabajaba en cercanía con el Presidente electo. Me senté con él en la biblioteca de su casa, se sirvieron unos quesos y vino, y platicamos muy largamente en lo que iba a ser una muy intensa relación (lamentablemente falleció a los pocos años). En la conversación, con una gran suavidad, hizo una reflexión muy clara: me expresó cuáles eran los ejes para responder a la tarea que había que llevar a cabo: primero, defender la verdad en la que uno cree. Me dijo: eso es indispensable, porque si no se pierde la brújula y al rato suceden los bandazos, el andar pasando de una posición a otra: es como los barcos sin rumbo, los cuales nunca tendrán viento favorable. Segundo, se acepta la responsabilidad de trabajar para el Presidente, porque los secretarios del despacho son en realidad líneas de defensa del Presidente de la República frente a los intereses de las burocracias y de los grupos vinculados al área que tiene esa responsabilidad; es decir, los secretarios no son embajadores de esos grupos ante al Presidente. No, en realidad son sus líneas de defensa, y tienen que trabajar para el Presidente, porque es él quien tiene la responsabilidad mayúscula de cumplir con la nación, para lo cual fue electo. Después, insistió mucho: "Sume. Son responsabilidades a las que se va a sumar." Y bueno, él siempre con esa frase que tanto le citan, de "lo que resiste apoya", que es esencialmente dialéctica. "Se pueden sumar las resistencias —me dijo—; a veces son más fáciles de sumar que los apoyos." Y precisamente, en gran medida, así intenté realizar mi trabajo.

Basado en lo anterior, yo consideraba que para poder tener éxito en la tarea encomendada había que cumplirla, pues estaba de por medio sobre todo el pueblo mexicano; no puede aspirarse a buscar una precandidatura si antes no se ha cumplido con la asignatura. Por esos días, al darme el Presidente Miguel de la Madrid la oportunidad de ser secretario de Programación y Presupuesto, me abrió un formidable campo de trabajo político. Primero, porque me obligaba a negociar intensamente con mis compañeros de gabinete; un secretario de Programación y Presupuesto, en el marco de un plan ejecutándose en medio de la crisis por la caída de los precios del petróleo y del endeudamiento excesivo, repartía escasez de presupuesto, ya que las necesidades eran muy grandes y los recursos muy escasos. Era una constante negociación; pero, además, como cada año había que explicar, de cara a las fuerzas políticas del país en el Congreso, por qué se había propuesto ese plan y por qué un presupuesto tan reducido, todo eso exigía un trabajo político a lo largo del año, en particular antes de la comparecencia anual ante el pleno de la Cámara de Diputados a la que el secretario de Programación y Presupuesto estaba obligado a presentarse por ley. En primer lugar, el trabajo político lo hacía con la mayoría legislativa del PRI y después con los partidos representados en el Congreso. Adicionalmente, como el presupuesto tiene un reflejo territorial, había que dialogar con los gobernadores y enfrentar sus válidas peticiones al Presidente de la República. El secretario de Programación y Presupuesto era el que tenía que decir que no, para que el Presidente pudiera decir que sí cuando realmente podía, y de esa manera acomodar cantidad de planteamientos, entendiendo las ansiedades de los gobernadores y, al mismo tiempo, sin llegar a romper las restricciones presupuestales. Además, como corresponsable del diseño general de la política económica, participaba en toda la negociación con los dirigentes obreros, con amplios sectores de campesinos y con el sector empresarial. A mí me correspondió cada año acompañar al secretario del Trabajo para explicar, dialogar y negociar, primero con don Fidel Velázquez y después con los dirigentes del movimiento obrero organizado; también con los dirigentes del sector empresarial, con los dirigentes campesinos, con profesionistas y con miembros destacados de la sociedad civil. Fue un constante construir consensos y, en el camino, establecer alianzas del gobierno con ellos.

La auscultación que haría De la Madrid, ¿empieza desde un principio o más tarde? ¿Cuándo cree que empieza ya a escuchar el Presidente lo que le está llegando sobre los precandidatos?
Yo creo que él, como Presidente de la República —y también fue mi caso—, constantemente escuchaba comentarios y evaluaciones sobre los colaboradores, no tanto porque se esté en un proceso de auscultación, sino porque de lo que está más preocupado y ocupado el Presidente de la República es del gobierno de la nación. Invariablemente, sus colaboradores, están ayudándole en esa tarea tan importante y él lo que quiere es que cumplan bien su función. Porque colaborador que no cumple bien se vuelve problema del Presidente; colaborador que cumple bien es un área que funciona en la tarea tan compleja de gobierno. No creo que fuera tanto una auscultación permanente como una evaluación constante, por las necesidades y las responsabilidades de la Presidencia de la República.

La frase de Fidel Velázquez, "el que se mueve no sale en la foto", ¿es cierta?
Yo creo que hay que entenderla en su significado. Lo que don Fidel decía, y era cierto en el sistema político mexicano y en las prácticas del PRI, era que quien buscaba desde su posición en el gabinete, deliberada, abierta y públicamente, el apoyo de los sectores o de los grupos del PRI, o de los gobernadores o de los legisladores para sus aspiraciones a la Presidencia de la República, en realidad estaba haciendo un trabajo a su favor, usando como instrumento la posición que le había dado el Presidente de la República. A eso era a lo que se refería el que "el que se movía no salía en la foto", y por supuesto, si un colaborador a quien se había invitado a servir en una

responsabilidad para ayudar a resolver problemas, en realidad estaba usándola para servirse a sí y a sus intereses políticos de manera prioritaria, pues no era útil para la invitación que se le había hecho. Moverse en el sentido de establecer comunicación, diálogo, vinculaciones con los gobernadores, con los legisladores, con los otros secretarios, con los distintos sectores sociales, esa no sólo era una posibilidad sino una necesidad del trabajo. Lo hice todos los días durante los cinco años que fui secretario, y ya como Presidente de la República eso vi hacer a mis secretarios y colaboradores todos los días; y me parecía indispensable; ¿por qué?: porque también para cumplir bien su tarea tenían que realizar esa labor. Lo dije siempre: no era para que vinieran de embajadores de esos grupos, intereses o representantes ante mí, sino para ayudar a resolver los problemas frente a ellos. Allí sí había que moverse; allí, el que no se movía no salía.

¿Cuándo empezó a sentir, a saber claramente que era uno de los precandidatos?
¿Cuándo lo supe realmente? Cuando el partido anunció públicamente, a mediados de 1987, que yo formaba parte del grupo de los seis precandidatos, que iban a realizarse presentaciones públicas, que esa era una propuesta a los militantes del partido.

¿Y cuándo lo sintió sin tener absoluta certeza, pero ya como un fuerte presentimiento: al salir Jesús Silva Herzog del gabinete o desde antes?
Bueno, en la medida en que había salido bien el Plan Nacional de Desarrollo que a mí me había correspondido integrar; en la medida en que frente a la dura crisis de 1983 se habían logrado presupuestos de consenso al interior del gobierno; que no había habido conflictos serios con los gobernadores; que se había podido mantener el diálogo con el sector obrero, con el sector empresarial. A mí me parecía que esos eran elementos objetivos que mostraban que había factores propicios para aspirar a ser precandidato y después, si las condiciones eran favorables, para ganar la candidatura. 1983 fue un año tremendo, porque el arranque del gobierno fue muy difícil y las tensiones muy grandes, pero nuevamente las circunstancias eran cambiantes. Por eso, si en 1983 alguien utilizaba su tiempo para pensar que era un precandidato, tal vez poco tiempo después ya no hubiera sido ni secretario.

¿Cómo fue el debate con Jesús Silva Herzog, tanto en lo que se refiere al fondo, es decir a la política económica, como en lo que se refiere a lo que era obviamente, ya para ese momento en 1986, una disputa sucesoria?
No creo que en 1986 haya habido una disputa sucesoria. Había sido un tiempo terrible; unos meses antes, en septiembre de 1985, había ocurrido el sismo, y después una nueva caída, espectacular, de los precios del petróleo. El país estaba en una situación muy tensa, y realmente lo que existía era una gran cohesión del equipo alrededor del Presidente de la República. Pero no se daba a partir de tratar de aplicar a toda costa lo que uno pensaba, sino que era obligación de cada uno presentar opciones, argumentar, pero no confrontarse al no considerar las razones de los otros. Y realmente las discusiones llegaron a ser muy tensas, porque el licenciado Silva Herzog insistía en que había que recortar más el gasto y llegó un momento en que era evidente que el ajuste ya no podía basarse en ese recorte, que ya había llegado, como bien se decía en aquellas épocas, "al hueso". Y ahí se encontró que había un serio problema de ingresos; la recaudación fiscal había venido cayendo en esos años. En realidad lo que se mostraba es que parecía ser que se quería pasar al instrumento del presupuesto todo el ajuste, planteando más ajustes, cuando no se estaba haciendo lo propio para aumentar la recaudación de ingresos. Y bueno, si lo que se requería era hacer más recortes al gasto, pues adelante, pero me parecía —literalmente— injusto seguir apretando programas cuando había todavía margen por la vía de esforzarse en obtener mayores ingresos. No sé si la salida de Silva Herzog fue por una diferencia sustantiva de política o por una cuestión de personalidad, pero eso, en todo caso, lo tendría que aclarar De la Madrid. La relación personal entre Chucho Silva y yo siempre fue buena; siguió siendo buena a pesar de que se hablaba de que habíamos tenido diferencias, que sí las tuvimos. Durante mi gobierno se desempeñó como mi embajador en España, e incluso al final de mi administración participó dentro del gabinete, como secretario de Turismo.

Pero en la discusión de 1986, ¿se jugó algo importante de la sucesión? ¿De la Madrid sintió que usted se ponía la camiseta institucional?
Yo creo que si él hubiera sentido que mi debate con Silva Herzog era con la intención de ver si lograba que él se saliera de la carrera sucesoria, en esa fecha hubiéramos salido del gabinete ambos, Silva

Herzog y yo. Mis argumentos siempre los presenté de manera institucional. No los litigué en la prensa, los argumenté frente al Presidente de la República y frente a mis compañeros de gabinete. De esa forma mostré que la posición que yo tenía era defender los mejores intereses del país desde mi perspectiva, y presentando al Presidente de la República, con franqueza, cuáles eran las opciones, en lugar de pretender encajonarlo en una sola.

Cuando sale Silva Herzog y entra Petricioli, ¿arregló usted algún tipo de gestión en EU *y con el Fondo Monetario Internacional para que aflojaran un poco una vez que hubiera salido Silva Herzog, y para que resultara que Silva Herzog estaba equivocado y que sí había más margen de negociación en la parte externa?*
Con la llegada de Petricioli tuvimos un papel más activo en el diálogo con los organismos multilalerales, tanto el Fondo como el Banco Mundial. Hubo un verdadero trabajo en equipo, institucional, donde el criterio que se presentaba entre Hacienda y Programación y Presupuesto era más coordinado, y eso le daba al gobierno una mayor capacidad de negociación.

¿Por qué cree usted que los norteamericanos se mostraron más flexibles? ¿A qué atribuiría el cambio del Banco Mundial y del Fondo?
Pues porque el ajuste había sido ya muy importante y por eso había elementos que permitían dar el cambio que se estaba planteando y que finalmente resultó exitoso.

¿No tenía un topo en el equipo de Silva, en esos últimos meses, que dejó de discutir en contra de algunas de sus tesis?
No; eso siempre terminaba revirtiéndose contra quien lo intentara. Realmente estaba yo más ocupado consolidando un equipo y bueno, fueron los tiempos también de la reestructuración de mi propio equipo.

¿Qué piensa de esta frase de Miguel de la Madrid a propósito de la Presidencia?: "Ningún miembro del gabinete se hubiera opuesto intencionalmente al Presidente y a su filosofía básica porque hubiera sido un suicidio, y en el gabinete lo que cuenta es la sobrevivencia política. Había límites de lo que se podía decir a un Presidente, sobre todo en un gabinete heterogéneo."
Yo diría que a un Presidente se le debe decir todo, dependiendo de la manera como se le diga. Si es en un tono de confrontación, de

arrinconamiento o de ofensa, en realidad es decírselo para despedirse. Si es en un tono constructivo para fijar una posición y proponer una solución, ese, sin duda, es el camino. Así funcionó durante mi administración. Yo tenía un gabinete homogéneo en el aspecto económico, pero había un debate constante y posiciones diferentes. Sus diferencias y distintas percepciones se manifestaban libremente en las reuniones del gabinete económico. En las minutas que conservo de esas reuniones se aprecia la calidad del debate que se llevaba a cabo en su interior. Lo único que se pedía era que una vez que se tomara la decisión, todos tenían que sumarse a ella; es decir, puede estarse en contra de la propuesta inicial, pero una vez tomada la decisión, no se vale andar discrepando de ella en los corrillos burocráticos o en la prensa. Son dos cosas totalmente diferentes el diferir ante el Presidente y el litigar en los medios contra las decisiones tomadas después del debate interno.

¿Le llegaban con malas noticias sus colaboradores?
Yo siempre dije que a la oficina del Presidente, a mi oficina, sólo entraban problemas y tenían que salir soluciones. Ahí, quien llegaba lo hacía con la petición de resolver su problema, y en muchas ocasiones, sin duda, con una propuesta para resolverlo. No había posibilidad de ocultar la realidad, y mal le iba a aquel que, queriendo tener una buena imagen, ocultaba lo que al día siguiente se iba a hacer evidente.

¿No recuerda instancias de que alguien le haya disimulado un asunto, le haya escondido un asunto, haya tratado de que no supiera de un asunto?
Yo no supe ni detecté una intención deliberada por esconderme un problema sustancial o una mala noticia. Pudo haber —y sí las hubo— insuficiencias en la información, deficiencias en la información; pero eso es muy diferente a una actitud deliberada de no llevar malas noticias. Al contrario, todos los días llegaba un problema cuando menos, una mala noticia, una circunstancia difícil que había que enfrentar y resolver. La mía era una oficina a la que todos los días llegaban problemas y todos los días tenían que salir decisiones, acertadas, equivocadas, pero finalmente decisiones que implican una solución. Lo único que no se podía en esa oficina era estar sin decidir, no se podía estar en la contemplación suponiendo que los problemas desaparecerían con el tiempo, porque abstenerse de decidir

era también una decisión, pero la peor, pues en realidad era dejar a la inercia o a otras voluntades la solución de los problemas. Sin duda no siempre acertamos, pero siempre decidimos.

Usted no empezó a trabajar con Miguel de la Madrid hasta mayo de 1979. ¿Qué relación previa tenía con él?
Yo ingresé a la Secretaría de Hacienda como analista en 1970, al concluir mis estudios en la UNAM, invitado por su titular, el licenciado Hugo B. Margáin. Fui apoyado entusiastamente por el licenciado Mario Ramón Beteta. En 1972 me fui a estudiar a Harvard; saqué mi doctorado, regresé y ocupé en la misma Dirección General el puesto de jefe de departamento. Realmente me tocó en la administración pública recorrer todo el escalafón: jefe de departamento, subdirector de área, director de área, subdirector general, director general; me faltó ser subsecretario, pero la posición del IEPES me dio una experiencia fundamental, y luego cinco años secretario. Siendo jefe de departamento me designaron como jefe de lo que se llamaba el Grupo Interno. Ahí estaban ya como secretario José López Portillo, el subsecretario Mario Ramón Beteta, el director general de Crédito Miguel de la Madrid, el oficial mayor Julio Rodolfo Moctezuma. Ahí conocí a De la Madrid; era 1974 y yo estaba recién regresado de Harvard. En 1976 él pasa a ser subsecretario de Hacienda. Cuando López Portillo tomó posesión como Presidente de la República, De la Madrid permaneció en la Secretaría de Hacienda en el mismo puesto, y sólo nos quedamos con él dos de los colaboradores anteriores: Francisco Rojas y yo. Entra un nuevo equipo, llegaron Francisco Labastida, Bernardo Sepúlveda, nos conocimos ahí, y ahí aprendí a apreciarlos; y continué laborando en la Dirección de Estudios Hacendarios hasta que a principios de 1979 me designan director general de Planeación Hacendaria, dependiendo directamente del subsecretario Miguel de la Madrid.

¿Nunca tuvo una relación de amistad personal con él?
Creo que el uso del término amistad requiere de algunas precisiones. Hay amistades que se forman en la infancia, en la juventud; también amistades que se forman por compartir estudios; y hay amistades que se forman en la lucha, por compartir aspiraciones, ideas, propuestas y acciones. Yo no fui amigo de Miguel de la Madrid, ni de la infancia, por la diferencia de edades, ni en los estudios, ni existió esa, llamémosla vinculación personal, pero sí compartimos convic-

ciones, acciones, decisiones, y en ese sentido diría que, para mí, en un sentido justo de la palabra amistad, sí tendría que ser comprendida así la relación con De la Madrid.

¿Cuándo siente usted que aparecen claramente los tres finalistas de la sucesión de 1988?

Ya he escuchado eso de los tres finalistas y siempre me he quedado con la idea de que, bueno, a Manuel Bartlett lo consideré un competidor formidable, y lo describí como un político excepcional cuando el PRI me postuló; con Alfredo del Mazo, aunque teníamos muy buena comunicación personal, incluso platicábamos un poco de las distintas posibilidades y cuyos atributos son conocidos, yo le observaba sin embargo ciertas características que, me parecía, impedían que se le considerara con seriedad para una responsabilidad como la candidatura presidencial. A mí en realidad quien siempre me pareció que podía figurar era Sergio García Ramírez. He escuchado críticas sobre cuestiones relativas a su carácter, pero me parecía que De la Madrid le tenía una gran admiración por su talento como abogado, a pesar de los serios problemas que tenía en la PGR; tenía una presencia destacada entre algunos intelectuales.

¿Cuáles eran los atributos de Alfredo del Mazo que en su opinión hacían que no estuviera en el grupo final; que no le viera visos de viabilidad?

Había cuestiones de temperamento. Creo que en cierta medida su reacción de las horas siguientes, las semanas siguientes a mi postulación como candidato del PRI a la Presidencia, mostró que le afectó sensiblemente no haber sido postulado por el PRI. Creo que al final de cuentas son una serie de circunstancias, de hechos y también de trayectorias que van definiendo el perfil de quien será candidato con sus cualidades y también con sus defectos. Evidentemente, él contendía en términos de opinión pública; no sé cuánto en términos del ánimo de De la Madrid.

¿Bartlett era un rival más peligroso?

No, diferente. Bartlett estaba en la Secretaría de Gobernación. Había hecho alianzas muy fuertes con todos los partidos a través de la reforma electoral de 1986-1987. Había construido puentes importantes y eso sin duda le daba puntos adicionales.

Miguel de la Madrid ha comentado que él tenía la impresión de que usted y Manuel Bartlett tenían un pacto de no agresión, una especie de entendimiento de competir pero también de no pegarse.
Diría que no eran pactos explícitos. Pero sabía que entrar en conflicto con mis compañeros de gabinete era generarle un problema al Presidente; y en esos tiempos, un secretario que generaba problemas era candidato, pero para irse a su casa. Entonces busqué concordia con Bartlett, con Del Mazo; busqué concordia, sin tener mucha relación, con Sergio García Ramírez; tuve una relación distante pero respetuosa con González Avelar y con Ramón Aguirre, quien aparentemente se manifestaba con gran cordialidad y, yo diría, en las fases finales hasta con amistad interesada. Pero, poco antes de decidirse la sucesión, realmente, ante la ambición que abrigaba de alcanzar la postulación, se alejó mucho.

¿Se la creyó Ramón Aguirre?
Creo que todo mexicano que está en una posición donde el partido lo reconoce como precandidato, válidamente aspira a serlo. Ahora bien, no se trata de que se la crea, sino de que si no tiene ganas mejor que no se meta a la competencia por la candidatura, porque para ser candidato se requieren, entre otras cualidades, ganas de serlo. No para atropellar, sino para tener la emoción y la fibra de enfrentar la responsabilidad y la lucha que se viene por delante; tener ganas y saber tenerlas.

¿Jesús Silva Herzog tenía ganas de ser Presidente?
Eso habría que preguntárselo a él. Se comportaba como si realmente tuviera muchas ganas. Realizaba mucho manejo en prensa, o cuando menos su gente manejaba mucho algunos sectores de la prensa. Promovían su imagen como un precandidato natural, a pesar de que era muy temprano en el sexenio. Yo supongo que si su equipo hacía eso, era porque tenía esa instrucción. A mí me pareció que sí tenía ganas, pero no supo administrarlas. Él puede decir ahora otra cosa; pero mi impresión es que sí, tenía muchas ganas.

¿Con Bartlett sí tenía una relación más estrecha? ¿Era entendimiento o pacto?
Yo igual me iba a cenar con Alfredo del Mazo, que iba a ver cine con Manuel Bartlett, que jugaba tenis con Ramón Aguirre. Para mí era muy importante la camaradería; era muy grande la tensión,

pero yo estaba convencido de que se podía contender por la candidatura sin ofender.

En la sucesión de 1981, José Ramón López Portillo fue un elemento central en la medida en que le permitía a Miguel de la Madrid tener la certeza de que José López Portillo sabía que él estaba jugando derecho, con lealtad. Contaba así De la Madrid con un conducto privilegiado, con una mirada privilegiada por parte de José Ramón. ¿Emilio Gamboa jugó ese papel con usted?
Tengo la misma impresión. El licenciado Gamboa es una persona a la que he visto evolucionar en el tiempo de manera muy peculiar, pero en ese momento me parece, reflexionando desde la perspectiva de hoy, que era tan grande su aversión a Bartlett que desde la posición tan poderosa que tenía como secretario particular con mucha influencia sobre el Presidente, decidió promover a dos personas ante su jefe Miguel de la Madrid: a Carlos Salinas y a Alfredo del Mazo. Sí, me parece que la influencia que Gamboa tenía sobre De la Madrid era muy grande, muy grande; sabía qué decirle, en qué momento decírselo y conocía muy bien el efecto que tenía sobre él. Es una gente que sí ha ejercido una gran influencia sobre De la Madrid.

¿En qué le ayudó? ¿En coyunturas donde había una tensión posible entre usted y De la Madrid que él haya presentado una discusión a una luz más favorable?
Él era un termómetro de los estados de ánimo en Los Pinos; en especial, tenía la habilidad de detectar los estados de ánimo de su jefe con una gran certeza. Entonces orientaba con su termómetro; era una gente que administraba, dosificaba, negociaba la información de que disponía sobre cada paso del Presidente, pero no es un hombre de ideas que pudiera intervenir, ni mucho menos influir en debates sobre programas. No participaba en el debate, pero es un hombre de habilidades. Y, precisamente, usaba esas habilidades, y las sigue usando intensamente, para reciclar en cada sexenio sus intereses, y los que representa, en las esferas de poder.

¿Fue decisivo su apoyo?
Supe reconocer lo que supuse que significó ese apoyo. Al grado de que fue a la única persona a la que le pregunté, a unos días de asumir la responsabilidad de la Presidencia de la República, qué opcio-

nes contemplaba. Me dijo tres y ocupó las tres: director del Infonavit y del Seguro Social, y secretario de Comunicaciones; colaboró conmigo hasta el final de mi gobierno. Ya terminado mi gobierno, fue de las personas que llegaron a mi casa a mostrar su presencia, además de que aparece como autor de un libro cuajado de elogios a la labor de construcción de carreteras durante mi gestión.

Siendo usted precandidato, ¿cuidó que no lo golpearan, que no salieran a relucir sus posibles desventajas?
Cuando se está en la lucha siempre hay choque, golpeteo, desgaste. Realmente, para mí lo fundamental no eran las opiniones de la gente de influencia al grado de la que tenía Emilio con De la Madrid; lo más importante era la capacidad de mostrar que cumplía con mi responsabilidad, que sabía construir consensos y decidir.

¿Usted siente que hubo veto indirecto de alguien, alguien que le haya hecho saber al Presidente "Salinas no"?
¿Respecto a mí? No, no lo supe. Y si la alusión es al lema y a las publicaciones que se alentaban contra mí desde la dirigencia de entonces del sindicato petrolero, no olvidemos que De la Madrid, primero, era amigo muy cercano del licenciado Reyes Heroles, que no tenía ninguna afinidad con Joaquín Hernández Galicia, "La Quina"; segundo, De la Madrid había trabajado en Pemex y en esa responsabilidad no había tenido una opinión muy favorable sobre ese dirigente; y, finalmente, fue De la Madrid quien nos instruyó, a mediados de los ochenta, a Francisco Rojas y a mí, a terminar la prebenda que se daba a quienes controlaban el sindicato petrolero, y que consistía en entregarles la mitad del programa de inversiones para que la distribuyeran como ellos decidieran, en lugar de someter ese gasto a concurso público. A mí me tocó estampar la firma en el acuerdo que liquidaba esa prebenda porque era el secretario del despacho, pero fue una decisión que tomé en plena consulta y coincidencia con el Presidente de la República.

¿Esto lo dice porque piensa que un hipotético veto de La Quina no hubiera valido gran cosa, porque igual De la Madrid sabía que estaba confrontado con usted o no le interesaba mucho lo que pensara La Quina?
No creo que De la Madrid haya tenido muchos diálogos directos con La Quina.

Manuel Bartlett Díaz.

A la derecha, Manuel Camacho Solís.

Alfredo del Mazo y el Presidente.

Jesús Silva Herzog y Carlos Salinas de Gortari flanquean al presidente De la Madrid.

El famoso libelo Un asesino en la Presidencia, *¿usted se lo atribuye a La Quina?*
Pues no tengo pruebas de ello; se dieron varias versiones sobre su posible procedencia. Era una historia vieja de un hecho muy lamentable que sucedió cuando yo tenía tres años de edad y que en ocasiones se levantaba cuando querían afectar mi desempeño, así que no consideré que tuviera mucha importancia. Me pareció que el asunto de las mujeres que llevaron al partido cuando yo llegué a hacer mi presentación, ese traía más jiribilla, porque con eso querían hacerle creer a la opinión pública que había grupos dentro del partido que no podían ver con simpatía mi candidatura. Pero fue una fabricación muy débil y no trascendió.

¿Entonces usted no tiene la impresión de que algún sector se haya opuesto a su candidatura?
Pues no lo supe entonces. No me lo dijo De la Madrid después, y durante mi Presidencia nadie llegó con la información confidencial para corroborarme que había habido tal oposición. Hubiera sido atractivo traerme la información, vendérmela como se dice, vender un favor. Pero no, y además, ¿qué importancia hubiera tenido?

¿Cuándo cree que De la Madrid decide que va a ser usted?
Eso sí no sé.

Él da una respuesta que sin duda es cierta, pero formal...
Él me dice a mí el viernes 2 de octubre que hay corrientes en el partido muy favorables a mi candidatura. Yo lo que hago es inmediatamente ir a preparar un texto por si hay la posibilidad, estar muy sereno. Recuerdo que llegué a mi acuerdo con él y al concluir me dijo: "Carlos, usted ha participado con los seis precandidatos y quiero decirle que hay una muy fuerte corriente de opinión favorable a su candidatura. Aquí no hay nada asegurado hasta que el partido se manifieste; manéjese con discreción y esté listo porque se ha anunciado que el domingo el partido hará su postulación." Eran casi las dos de la tarde cuando terminamos, había una comida después con él, una comida pública en un hotel, un evento de trabajo; quedaba algo de tiempo. Entonces me fui a la Librería de Cristal en Reforma, arriba de la Fuente de Petróleos, a comprar unos libros, me fui caminando, compré un par de libros.

¿Solo?
Sí; llegué a la comida, me senté a trabajar.

¿Sintió usted antes que sí era?
No, antes de eso no. Porque yo había escuchado y conocido de muchos que suponían que ya eran. Y la historia no los registra como Presidentes sino como precandidatos que no lo lograron.

¿No hubo un momento en que usted sintió que De la Madrid ya había tomado la decisión?
Yo tuve nada más un detalle muy cordial, personal, familiar, de su parte. Unos pocos meses antes nos hizo favor de invitarnos a mi familia y a mí a su casa en Cuautla, a una comida totalmente familiar. Yo diría, pues, que sí pudiera haber habido alguna señal, aunque no sé si lo hizo con alguien más. A veces sí nos invitaba a su cumpleaños en alguna ocasión, pero esa relación de amistad de juventud no había.

¿Esa comida en Cuautla fue distinta?
Yo creo que sí, por las fechas. Y yo hice lo mismo seis años después con Luis Donaldo Colosio.

¿Por qué cree que Miguel de la Madrid se inclinó por usted?
Esa es una pregunta que él tendría que contestar. Él evaluó las características que mencioné. Trabajé institucionalmente para servir a mis conciudadanos, y con lealtad completa al Presidente, no fingida. Construí consensos y alianzas. Siempre le decía lo que pensaba. Pero, además, me preocupé por presentarle a mi equipo de trabajo, llevarle a mi gente para que él viera con quién iría yo a trabajar: a Pedro Aspe, a Manuel Camacho, a Luis Donaldo Colosio, que había salido de la Secretaría para irse de diputado y coordinador de la Comisión de Programación y Presupuesto en la Cámara; a Rogelio Montemayor, a Otto Granados, Manuel Cavazos, María de los Ángeles Moreno, Patricio Chirinos, en fin, todo el equipo. Le estaba yo diciendo: "Este es el equipo."

¿Cree usted que eso fue muy importante?
Creo que sí, que cuenta mucho. Él lo hizo frente a López Portillo, yo frente a él y me parece que en ese caso se otorga un papel importante al equipo de trabajo; también resultó esencial decirle lo que pensa-

ba; y, al mismo tiempo, trabajar para el Presidente y estar dispuesto a desgastarme al defender lo que pensaba para cumplir mi responsabilidad frente a la gente y por el Presidente, como lo hice siendo director de Política Económica en aquel evento del Colegio de Economistas en Guadalajara en 1981. Después firmando el acuerdo frente al sindicato petrolero, y también teniendo que ajustar el gasto y defendiendo decisiones muy difíciles e impopulares de política económica ante los sectores más diversos; y construyendo concordia y armonía con gobernadores, dirigentes sociales, legisladores de todos los partidos, dirigentes empresariales, grupos populares; todo ello en circunstancias muy complicadas, por la terrible crisis que se vivía en los ochenta derivada del endeudamiento excesivo de los setenta. Creía en lo que se estaba haciendo, de evitar los excesos en el sector público, de corregir el sobreendeudamiento del país, de abrir la economía; cuando viene la propuesta y la decisión de entrar al GATT, yo argumento en favor, porque creo que eso beneficiará al país a pesar de las grandes resistencias. Y lo más importante, sobre todo, ir empezando a construir puentes con grupos de la sociedad civil, como principalmente a partir del sismo de 1985, cuando los mexicanos mostraron una gran solidaridad.

¿Cree que haya habido factores que hubieran llevado a De la Madrid a pensar: "Por todas estas razones, este es el bueno, pero mejor no"?
Ya como Presidente de la República, yo lo traté con gran respeto y cordialidad; y en esa muy cordial, respetuosa, amistosa relación que conservamos mientras fui Presidente, nunca me hizo sentir que tuviera alguna duda.

Parece que es el único que no está arrepentido.
Ojalá seamos dos. Pero creo que hay más.

A propósito de la ruptura de Cuauhtémoc Cárdenas y de Porfirio Muñoz Ledo, que se empieza a gestar desde principios de 1987, hay quienes sostienen que se debió a que pensaban que usted iba a ser el candidato. Hay quienes dicen que fue porque estaban con otra candidatura, en particular la de Bartlett. ¿Cómo es que Cuauhtémoc pasa a ser candidato del PARM en octubre de 1987, lo cual por lo menos era sorprendente, tomando en cuenta el control que el secretario de Gobernación debe tener sobre los partidos llamados paraestatales?

Sí, a mí me parece que aquí hay una de las cuestiones más importantes y delicadas en términos de cómo asumo la responsabilidad de la candidatura a la Presidencia, y radica precisamente en el formato que se utilizó para seleccionar al candidato. Había el interés de ensayar nuevas modalidades, había la decisión de buscar medios para presentar con más claridad a los posibles contendientes.

Yo siempre he pensado que la responsabilidad del Presidente de la República con la democracia se cumple en la elección constitucional, al garantizar su desarrollo transparente y democrático; y su responsabilidad con el partido se cumple con un desempeño de su labor que beneficie al partido ante el electorado, y sobre todo durante el proceso de selección del candidato. Y esta última, la responsabilidad con el partido durante el proceso de selección, consiste en conservar la cohesión de sus miembros, promover su entusiasmo, alentar su alta moral para la competencia electoral, al tiempo que evita que intereses creados y grupos y caciques locales o regionales traten de imponer sus preferencias.

Todos los partidos del mundo tienen distintos métodos para elegir a sus candidatos; no hay uno que sea el definitivo. Me parece que el método que se ensayó en 1987, con las cualidades que pudo haber tenido, mostró el enorme defecto de crear corrientes explícitas dentro del partido. Ello fue un factor de desunión y, por tanto, un procedimiento inadecuado. No quiero con esto decir que los anteriores eran mejores, sino que el método de la selección tenía que garantizar la cohesión y la unidad del partido; y ese requisito no lo cumplió. Tan no se cumplió, que fue la gota final que provocó una de las rupturas más importantes en la historia del partido, como fue la representada por la Corriente Crítica, más tarde llamada Democrática. Fue un mal cálculo en todos los sentidos. Ciertamente, los inconformes estaban contra el método tradicional de selección, pero el método utilizado finalmente no sirvió para convencerlos de que se estaba democratizando al partido. Tampoco sirvió para quitarles la bandera en favor de la discusión abierta de las opciones para la candidatura presidencial. En cambio, sí sirvió para generar fisuras entre los partidarios de los precandidatos, e incluso confusiones de última hora propiciadas por la inmadurez de algunos y las ambiciones incontroladas de otros. Y hubo otro cálculo mal hecho al decidir el método en 1987: se pensó al principio que eran unas cuantas personas las involucradas en la Corriente Democrática, pero en realidad fueron cinco millones de votos. La decisión del ingeniero Cárdenas y del licenciado Muñoz Ledo, con otros que los siguieron, tiene que ver en parte con esta mecánica, que no ayudó a la cohesión interna del partido; y, claro, también a sus propios proyectos y ambiciones personales, porque realmente ellos ya habían prácticamente anunciado que se salían del partido desde aquel acto en el Auditorio Nacional, que quiso ser de unidad al invitarse a todos los expresidentes de la República. Después del discurso del licenciado De la Vega, al final del acto, Porfirio Muñoz Ledo prácticamente anunció su renuncia al partido.

Había tenido una relación cordial con el ingeniero Cuauhtémoc Cárdenas; mi padre había conocido al general Cárdenas; yo había tenido oportunidad de saludar al general en casa de mis papás en algunas ocasiones; pero, sobre todo, siendo secretario de Programación y Presupuesto, había yo tratado a Cárdenas cuando él era gobernador de Michoacán. Había ido con la representación del Presidente De la Madrid al último Informe de Cárdenas; también a varias giras de trabajo con él. Siempre que fui de visita, su trato hacia mí fue muy cordial. Tengo varios obsequios que me dio durante esas visitas, y otros que me entregó cuando dialogué con él en las oficinas de la Secretaría de Programación y Presupuesto, buscando soluciones a los problemas que él enfrentaba como gobernador. Así que, yo diría, había una relación cordial, respetuosa, de buena comunicación. Esa hipótesis, según la cual ellos dejaron el partido debido a mi candidatura, es una tesis elaborada después de los acontecimientos. Porque, como usted dice, si había otra candidatura que les simpatizaba más, como podría haber sido la de Manuel Bartlett, pues a lo mejor ahora, en 1998, deberían de sumarse a su precandidatura presidencial; o si era la de Alfredo del Mazo, pues en lugar de haber competido con él en 1997 por el gobierno del Distrito Federal, Cárdenas debió sumársele. Recuerde que durante el debate previo a la elección por la jefatura de gobierno del Distrito Federal que sostuvieron Cárdenas y Alfredo del Mazo en 1997, se dijeron cosas tan agresivas y lesivas entre ellos, que es difícil pensar que ese fuera el precandidato de la predilección de Cárdenas en 1987.

¿Es cierto que la pasarela sí creaba perdedores?

Es que siempre los hubo. A lo que me refiero es a que la mecánica que se utilizó en 1987, en realidad dejó comprometidos a corrientes y grupos con precandidatos. En el momento en que no se materializaron sus aspiraciones, sí hubo desprendimiento de grupos del partido. Para regresar a lo del método, me parece que se decidió tomar un riesgo y esa fue una cualidad; eso habla bien de esa decisión, que sin embargo no concluyó bien.

El Presidente De la Madrid hace algo en 1987 que en ese momento parecía extraño. Uno de los tres finalistas, quizás uno de los dos finalistas, fue el secretario de Gobernación. Era el finalista derrotado que, por la función que ocupaba, tenía que jugar un papel muy importante en la campaña y en la organización y celebración de las elecciones. Fue mantenido en su puesto, siendo que se podía uno preguntar si eso era lo más conducente para una buena relación entre el candidato y el gobierno. ¿Usted sintió que ese fue un problema? ¿Hubiera preferido que Manuel Bartlett se fuera a una secretaría técnica esos últimos meses y tener a alguien más cercano en Gobernación?
Realmente la designación de los secretarios de despacho era y es una prerrogativa constitucional del Presidente. Lo único que yo podía hacer era comentar con él sobre el estado de ánimo del licenciado Bartlett; y él me dijo que lo sentía bien y que, por lo tanto, decidía continuar con él como secretario de Gobernación para que organizara la elección.

Se produjeron, sin embargo, varios incidentes entre usted y Manuel Bartlett. ¿Por qué Bartlett, de repente, el primero de julio después de decir durante varias semanas en la Comisión Federal Electoral que no va a haber resultados en la noche y que la ley no obliga a darlos, accede a la demanda de Alcocer y de Cevallos y dice: "Bueno, vamos a hacer lo posible para entregarles lo más rápidamente posible los datos que hay, vamos a montar el mecanismo para que haya datos rápidos"? ¿Por qué cambia de opinión?
No sé, y me parece que sería importante que él comentara sobre eso. Ya el licenciado Bartlett publicó un libro, en 1994, en el cual explica los detalles de la elección de 1988.

¿Usted no tiene idea, no le consultó, no lo platicó con usted?
La responsabilidad de organizar la elección era una tarea del gobierno.

¿Por qué cree usted que se esconde o se disimula la existencia de un mecanismo especial, para resultados rápidos, cuando en realidad no existía, sólo había una computadora?

Yo conocía el sistema del PRI para obtener información proveniente de los estados, que finalmente iba a ser alimentado por los resultados de casillas. Como no había método de conteo rápido, ni encuesta a la salida de las casillas como los que introdujimos en la elección presidencial de 1994, era prácticamente imposible que fluyera información oportuna desde las más de 50 mil casillas. Casi en ningún país del mundo se obtiene información oportuna de todas las casillas inmediatamente después de la elección; generalmente se dan datos oportunos provenientes del método de conteo rápido y de las encuestas a los electores a la salida de las casillas, las llamadas *exit-poll*.

¿Por qué en Gobernación disimulan? ¿Por qué no transparentan?
Nuevamente, me parece importante leer el libro de Bartlett. Ahí está la explicación.

A propósito de una de las diferencias entre ustedes en ese entendimiento que tenían, usted le planteó el llamado asunto del libelo. En una reunión con el Presidente De la Madrid usted y él ventilaron el asunto; él dio explicaciones que parecían sensatas. Después tuvieron una reunión más amplia con su gente, donde demostró que gran parte del problema venía de algunos de sus colaboradores, que atrajeron la atención sobre la publicación. ¿Así fue?
Hubo una reunión convocada por el Presidente De la Madrid, que me pareció muy sensata de su parte, para que no hubiera la imagen de golpes bajos entre colaboradores que ya eran posibles precandidatos a la Presidencia. Con buen tino, nos convocó a los dos y dijo: "Aclárenlo". Terminamos la reunión con el Presidente De la Madrid en su despacho de Los Pinos, descendimos a un salón y allí, con miembros de nuestros respectivos equipos, conversamos, se aclaró y yo no volví a tocar el tema. Mi relación con Bartlett continuó cordial.

Sobre el tema de la candidatura de Cárdenas por el PARM, Manuel Bartlett afirma que no había cómo pararla, que era imposible y que en todo caso eso les tocaba a ustedes; que no era su responsabilidad. ¿Qué cree?
Bueno, en la medida en que él, como secretario de Gobernación, había coordinado la reforma electoral en 1986-1987, misma que le había dado un muy buen impulso a los partidos pequeños, él era el que tenía los amarres con ellos. Esos amarres no estaban en el PRI,

ni estaban en la Secretaría de Programación y Presupuesto; esos amarres estaban en la Secretaría de Gobernación. Mi impresión es que a Cuauhtémoc se le facilitó la candidatura en el PARM porque la Secretaría de Gobernación perdió o soltó los amarres cuando Bartlett no alcanzó la candidatura presidencial.

¿Si les tocaba a ellos, no era algo que lógicamente tocara al PRI o al candidato del PRI?
Bueno, esos amarres se habían hecho y se hacían siempre en la Secretaría de Gobernación.

¿Comentó usted lo mismo que de Bartlett con Miguel de la Madrid a propósito del presidente del partido?
El licenciado De la Vega se había portado espléndidamente conmigo. Era un político de larga carrera, un hombre de excelentes maneras, y su trato había sido muy deferente en el proceso selectivo del candidato. Tengo aprecio por su desempeño como presidente del partido, así que me expresé muy bien de él. Recordaba que seis años antes, al momento de su postulación, De la Madrid no se había expresado bien del presidente del partido, Javier García Paniagua, ante el Presidente López Portillo, así que hice explícito mi aprecio por Jorge de la Vega. También recordaba que seis años antes, cuando vino el relevo del presidente del partido, De la Madrid pidió la Secretaría General para Manuel Bartlett. Entonces hice un planteamiento similar: que el presidente de mi partido, con quien me entendía muy bien, se mantuviera, y que la Secretaría General, donde estaba Humbero Lugo Gil, un político que respetaba mucho, y quien tenía interés que tuviera participación en otras tareas políticas, la ocupara Manuel Camacho. Él había sido colaborador mío. Camacho tenía una posición de gabinete, era secretario de Desarrollo Urbano y Ecología, y desde esa responsabilidad había establecido muy buenas relaciones con grupos muy afines a las posturas de Cárdenas y podía realizar un trabajo importante de comunicación. Sin embargo, De la Madrid me dijo que prefería que Camacho permaneciera con él en el gabinete. Como ya tenía decidido que el coordinador de mi campaña fuera Luis Donaldo Colosio, entonces le pedí que, con esa función, ocupara la Oficialía Mayor del partido. Él accedió y realmente me sentí muy bien con la coordinación de Luis Donaldo. Al Presidente De la Madrid le planteé mi deseo de invitar al gobernador de Tabasco, Enrique González Pedrero, a la dirección del IEPES;

me dijo que no tenía inconveniente, que lo hablara con el gobernador, quien de manera entusiasta aceptó. Conformamos el equipo y nos fuimos a la campaña.

¿Por qué cree usted que Cuauhtémoc pudo ser candidato del PARM, un partido que se solía controlar fácilmente?
Porque me parece que la reforma electoral de 1986-1987, la cual determinó que la Cámara de Diputados se iba a conformar con 500 legisladores y que el Informe Presidencial iba a ser el primero de noviembre, así como una serie de nuevas condiciones de negociación con los partidos políticos, había sido una reforma que, entre otras cosas, le dio activos políticos al secretario de Gobernación y le permitió establecer relaciones políticas, en el mejor sentido de la palabra, con los partidos de oposición. Ahora bien, cuando ese secretario de Gobernación no resulta postulado, de alguna manera quedan sueltas las comunicaciones con esos partidos, y yo estaba muy concentrado terminando de hacer los arreglos en el interior del PRI. Cuando me di cuenta, la situación, que suponía de diálogo, comunicación y armonía de los partidos con la Secretaría de Gobernación, en realidad ya era que uno de esos partidos, el PARM, estaba postulando a Cárdenas como primera pieza de un bloque de partidos que le dieron toda la infraestructura organizativa de la que su campaña carecía.

¿Usted se lo planteó a Bartlett?
¿Ese hecho?

Sí, ya como candidato.
Platicamos sobre eso; la respuesta fue que era decisión de los partidos, y tal vez así fue; pero en realidad faltó una conducción más adecuada. O para matizarlo mejor: había una situación nueva, desconocida para algunos operadores políticos tradicionales, que además se movían entre estructuras anquilosadas e inercias, sin los reflejos que demandaban las nuevas realidades.

¿Y no le volvió usted a tratar el tema al Presidente De la Madrid?
Había que ver hacia adelante, pero el futuro inmediato traería una nueva adversidad. Al mes siguiente vino una circunstancia que, junto con esta ruptura en el partido, iba a ser, desde mi óptica, la que más votos le dio a Cárdenas en la elección de 1988: la devaluación

de noviembre de 1987. Esa devaluación, de acuerdo con los análisis que se han publicado, fue por un descuido, porque resulta difícil comprender ahora que se quiera dar como explicación de las devaluaciones el déficit en cuenta corriente y la sobrevaluación del peso; frente a eso, en noviembre de 1987 el peso estaba subvaluado y había superávit en la cuenta corriente de la balanza de pagos. Y viene una devaluación mayúscula del peso. Hubo un descuido, evidentemente. Si alguien hubiera diseñado la forma de darle más votos a Cárdenas, sin duda era con un quebranto adicional en el nivel de vida de los mexicanos, como sucedió con la repercusión de la devaluación de noviembre de 1987. Ésta tuvo una secuela inmediata de alzas en el precio de la gasolina, de la tortilla, de la leche, provocando una irritación popular tremenda. Nunca olvidaré aquella tarde de noviembre de 1987, de campaña en Baja California; el clima helado, pero era mucho más fría la actitud de la gente que la temperatura exterior, después de que había yo tomado la decisión de dar todo mi apoyo a las medidas que estaba introduciendo el gobierno de la República, consistente en los inevitables aumentos de precios que siempre siguen a una devaluación.

¿Descuido de quién? ¿Del secretario de Hacienda? Era muy partidario suyo...
Era una gente a la que yo le tenía enorme aprecio y un gran afecto.

¿Del secretario de Programación?
No tenía responsabilidad en esas materias. Yo creo que si hubiera habido una atención cuidadosa, no hubiera habido ese quebranto; y ya hemos visto que las devaluaciones también ocurren por errores. Y repito, la devaluación y su secuela de alzas de precios fueron los hechos que más votos le dieron a Cárdenas. Por eso comento que si se quería, realmente, en las circunstancias que a mí me tocó vivir, alentar una candidatura de oposición, no importa tanto el apellido del candidato, sino la circunstancia económica y social que viven los votantes. Por contra, con estabilidad de precios en 1994, Cárdenas ocupó el tercer lugar en la elección presidencial.

¿Pero quiere insinuar que el descuido se debió a alguna voluntad de apoyar la candidatura de Cárdenas?
En absoluto. Estaban recién lanzadas mi candidatura y la campaña. No, no había una voluntad de ir en contra de ella, pero fue un des-

cuido cuyo efecto político fue haberle dado a Cárdenas millones de votos provenientes de ciudadanos disgustados por las alzas de precios y la inestabilidad. La devaluación fue lo que realmente galvanizó su campaña.

¿Usted o sus colaboradores participan en el pacto que se firma en noviembre de 1987?
No, los amarres que yo tenía que hacer eran en el terreno político-electoral, con las organizaciones del partido; y parte de ello era convencerlas de que teníamos que apoyar lo que el gobierno estaba haciendo en ese momento, porque además, frente a la debacle cambiaria, era lo único que se podía hacer. Y el mecanismo de diálogo y concertación del Pacto resultó muy atinado. Al mismo tiempo, frente a las alzas de precios, tenía que darle a los votantes un mensaje de aliento y de esperanza. La campaña, a partir de ese momento, se volvía una tarea cuesta arriba.

¿Cuándo empieza usted a sentir que Cuauhtémoc va a sacar muchos votos? ¿Cuándo empieza a ver que las cosas están complicadas?
A partir de que la población resiente los efectos de la devaluación. Principalmente para el primer trimestre de 1988.

¿Después de los acontecimientos de La Laguna?
Antes. Ya teníamos encuestas nacionales hechas por Gallup o por la UNAM, y ya se estaban publicando. Periódicos como *El Norte* y *La Jornada* ya traían encuestas realizadas a nivel nacional y del D.F., que mostraban con toda claridad que el PRI iba a alcanzar alrededor del 50% de los votos, Cárdenas alrededor del 30% y el ingeniero Clouthier la diferencia. Ya se veía al D.F. totalmente perdido, los 40 distritos, la zona conurbada; Michoacán, no perdiendo todo el estado pero sí muchos distritos electorales. La situación estaba muy complicada en diferentes puntos y regiones en el país. No existía un riesgo nacional de perder la elección, pero ya anticipábamos muy fuertes descalabros regionales. Teníamos una idea bastante clara, lo que nos alentaba en la opción de victoria nacional, pero al mismo tiempo mostraba que íbamos en una circunstancia totalmente diferente de la que se había vivido antes; entre los dos candidatos de oposición, ahora se iban a llevar la mitad de los votos de la elección.

¿Usted contempló la posibilidad de perder la elección de 1988?
No; nunca vi una encuesta que mostrara esa posibilidad. En todas las que se publicaban —ya mencioné las de Gallup, o *El Norte* y *La Jornada*— salía mi candidatura adelante a nivel nacional. Además, las que nosotros hacíamos internamente nos mostraban, desde el primer trimestre de 1988, que iba a ser una elección en la cual resultaba que el PRI iba a estar en primer lugar con alrededor del 50%, Cuauhtémoc alrededor de 30% y Clouthier con la diferencia de 20%.

¿Tiene esas encuestas, las privadas suyas?
Deben de estar en mis archivos.

¿Me las podría proporcionar?
Sí, y le doy las que se publicaron también. Lo que pasa es que nadie esperaba el resultado ya anunciado por esas cifras. Porque todo el mundo estaba hecho a la idea de que, pasara lo que pasara, en el PRI se ganaba con 85% y 90%.

¿Entonces, ya para marzo usted tenía una idea de esta situación?
Entre marzo y abril. Era una pérdida notable de votantes; y es que costaba mucho trabajo la campaña, pues era muy difícil lograr que la gente respondiera ante un mensaje que decía: "Apoyo las medidas duras que está tomando el gobierno; y ahora les pido que voten por mí como una esperanza."

La insistencia tan repetida de que fue un descuido la devaluación y de que fue tremendamente dañina para la campaña, ¿la vincula con su propia decisión de 1994 de no devaluar, siendo que tal vez se imponía una devaluación?
Creo que podríamos tener una larga discusión sobre el alineamiento del tipo de cambio en 1994. Durante mi gobierno nunca consideré que el peso debía mantenerse inamovible, que no debería devaluarse. De lo que siempre estuve convencido, y lo sigo estando, es de que se podía devaluar el peso sin provocar traumas nacionales; y durante mi administración fue precisamente lo que logramos: el peso se devaluó más de 50% a lo largo de los seis años, y no se detuvo el crecimiento económico, ni se desató la inflación. En particular, durante el año de 1994, entre enero y noviembre, el peso se devaluó casi 15% y no hubo crisis nacional. Es decir, construimos y diseñamos un esquema y una estrategia económica que entre otras cosas

permitía ir depreciando el peso, pero sin traumas como el que se había provocado en noviembre de 1987, por ejemplo.

¿Tuvo usted contactos con la oposición durante la campaña de 1988?
Tuve un diálogo largo, positivo, respetuoso, con el ingeniero Heberto Castillo, varios meses antes de la elección y en casa de Luis Donaldo Colosio. Como coordinador de mi campaña, con los excelentes puentes que tenía, le pedí a Luis Donaldo que buscara al ingeniero y él accedió. Conversamos de manera muy respetuosa, en muy buenos términos; siempre le tuve mucho respeto y me reuní con él cuando todavía no declinaba su candidatura a favor de Cárdenas.

La noche de la elección, el 6 de julio de 1988, usted está reunido en el PRI con su estado mayor, en la oficina de arriba, la sala llena abajo. Pasan las horas, no baja a dar su discurso de victoria; Jorge de la Vega sube una y otra vez a pedirle, casi a suplicarle, que baje a pronunciar un discurso de proclamación de triunfo. No lo hace hasta el día siguiente. ¿Por qué?
Porque ese discurso iba a ser definitorio, y lo único que no podía ser era un discurso que pretendiera no reconocer las nuevas realidades. El Presidente De la Madrid me dijo que el jefe del Departamento del Distrito Federal, Ramón Aguirre, unos días antes de la elección le había pronosticado que se iban a ganar todos los distritos en la Ciudad de México: en realidad se perdieron los 40. No se los llevó todos la oposición porque no habían hecho candidaturas comunes. Cárdenas sacó en la Ciudad de México el mismo porcentaje de votación en 1988 que en 1997, alrededor de 47%. El resultado fue un gran *shock* para la estructura tradicional del partido, acostumbrado siempre a las grandes cifras de votación a su favor, y a los triunfos por 80% o 90%. Yo no estaba dispuesto a dar un discurso que no reconociera esa nueva realidad. Entonces, lo primero que tuve que hacer fue hablar con la estructura del partido, tener cifras más confiables y hablar con el Presidente de la República para compartirle mi visión de las cosas. Una vez que realicé todo ese armado político, llegó el momento de dar el discurso, y afirmé públicamente que había llegado a su fin la época de partido prácticamente único en México. En ese discurso estaba dispuesto a reconocer que se había perdido el D.F., que se habían perdido otros estados, pero había una resistencia tremenda a reconocer resultados. Con objeto de mantener la cohesión interna en el partido, en un momento de tremenda tensión en

su interior, es que hice el discurso sobre el resultado electoral nacional, pero no reconocí públicamente las derrotas del D.F., de Baja California y de Michoacán, porque no quisieron que lo hiciera.

¿Cómo se fueron conociendo los resultados?
La información de varias regiones tardó en entrar, pero una parte importante ya se mostraba como nosotros lo habíamos anticipado en las encuestas. Se veía nuevamente que la oposición tenía su voto dividido en dos, con una preferencia evidente para Cárdenas y otra para Clouthier, del PAN; y con un desbalance regional. Si la oposición hubiera hecho coalición nacional entre el FDN y el PAN, con un solo candidato, el resultado de la elección hubiera sido: PRI 50.7%, coalición opositora 49.3%; pero como había, o hay, una estructura del voto dividido en tres partes, ese hecho hizo que con mi candidatura el PRI no ganara por un punto, sino como fue en realidad, con 50.7% frente a 31% del segundo lugar. Es decir, se ganó con casi 20 puntos porcentuales de diferencia, alrededor de cuatro millones de votos más respecto de Cárdenas.

Se dice que había tres flujos de información: Gobernación y la Comisión Federal Electoral, el viejo sistema del PRI de Jorge de la Vega, y según el licenciado De la Vega, usted tenía su propio sistema. ¿Así fue?
Nosotros teníamos un sistema que quería asemejar un conteo rápido, o las encuestas de salida de casillas, pero de un nivel muy rudimentario. Lo que se demostró en esa elección era que disponer de información oportuna era crucial para la credibilidad del resultado electoral. Así que eso iba a normar de manera fundamental la acción que en materia de reforma política nosotros íbamos a desarrollar, ya desde la responsabilidad de gobierno.

¿Por qué se cae el sistema?
Pues eso hay que preguntárselo a quienes eran los responsables, porque ese fue el tercer elemento que hizo muy difícil el arranque de mi gobierno, después de los dos anteriores —el desmembramiento del PRI y la devaluación—. Luego viene este tercer elemento, la presentación del resultado de la elección. Yo entiendo que haya sido muy complicado, porque los métodos para hacerse de información oportuna no estaban hechos como en todos los países donde se dan inmediatamente los resultados, que es a través del conteo rápido y de las encuestas a la salida de las casillas. Para decirlo con otras pa-

labras, el sistema electoral de 1988 no estaba diseñado para procesar elecciones verdaderamente competidas, como el que logramos consensar para las elecciones de 1994. En 1988, además, los partidos de oposición no querían que la información se diera desde el centro, sino que partiera de cada una de las casillas, luego a los 300 distritos electorales, y de los distritos al centro, de la periferia al centro. Así, en realidad lo que se provocó fue un congestionamiento; pero me parece que lo más desafortunado de la jornada electoral y las horas siguientes fue que no se dio una explicación ni lo suficientemente clara, ni con la difusión que se requería, para quitar la suspicacia que se levantó por la falta de información oportuna; por el otro lado, porque los opositores, como estrategia política, dijeron: "Ante la falta de información de la autoridad damos la nuestra y la nuestra nos da como ganadores."

Ya también se ha determinado que la información que tenía Cárdenas no lo daba como ganador. Provenía de una muestra sesgada a su favor, de las regiones donde su votación era evidentemente mayoritaria, y con ella habían hecho una proyección nacional, que resultó evidentemente equivocada. También se sabe ahora que no había nada dentro de su sistema de información que apuntalara su victoria. En realidad se declaró ganador por estrategia política. El otro hecho que me parece que no se difundió adecuadamente, fue que esa elección había sido una de las más vigiladas de la historia, porque se tuvieron las actas de todas las casillas, y en la casi totalidad de ellas había la firma de más de un representante de la oposición. Es una elección que está documentada; todas las actas están en el Archivo General de la Nación, a disposición de quien quiera analizarla. No hay ninguna elección anterior que esté documentada y depositada en el Archivo General. Después de la elección del 6 de julio de 1988, durante varios años se conservaron paquetes de boletas en el archivo de la Cámara de Diputados, hecho que no tenía precedente en ninguna otra elección federal o local, mucho menos en una presidencial. Años después la Cámara decidió su destrucción, pero tuvo el cuidado de conservar en su archivo las 55 mil actas que documentaban la elección, otro precedente histórico. En agosto de 1994 hubo una entrega formal de este archivo de la Cámara de Diputados al Archivo General de la Nación: las 55 mil actas de escrutinio y cómputo de la elección, los discos ópticos con la digitalización de cada una, un lector de esos discos para su fácil acceso y consulta, y por supuesto el sistema de cómputo necesario para leerlo. Ahí están, y ya se han hecho análisis de cada una de ellas. Puedo citar como ejemplo el que contiene el libro *Elecciones a debate: 1988, las actas electorales perdidas*, publicado por la editorial Diana. Entre los análisis realizados en ese texto, el de Francisco Báez muestra que, con todas las sumas y restas que se les quieran hacer a los resultados derivados de las actas, no hay escenario en que la victoria hubiera sido para la oposición; en todos gana el candidato del PRI. Lo más importante es que el resultado de la elección se correspondió con las encuestas que se publicaron antes de ella. Hay que recordar que recientemente, en 1997, lo que muchos enfatizaron como uno de los elementos de mayor credibilidad para la elección fue que las encuestas estaban mostrando que sí eran instrumentos con confiabilidad, contra lo que se había dicho de que no reflejaban la opinión de los electores. Pues en 1988 las encuestas también predijeron el resultado de la elección.

Yo tenía la impresión que tienen muchos: se mandaron quemar los paquetes, y los paquetes son el acta y las boletas.
No, en el Archivo General de la Nación están las actas y los discos ópticos con la digitalización de cada una. Se entregaron, y contienen la firma de los representantes de los partidos de oposición.

Decía usted que quería hablar con De la Madrid antes de pronunciar su discurso. ¿Para qué?
Para intercambiar opiniones.

¿Y sí hablaron?
Sí, cómo no.

Pero no personalmente.
No.

¿Por teléfono?
Por teléfono.

¿Cómo fue esa conversación?
La conversación con el Presidente fue fluida, y lo comenté con el propio De la Vega. Hice ver que iba a hacer el discurso de fin del partido prácticamente único, pero ellos me hicieron la observación de que era mejor no reconocer, porque se trataba todavía de tendencias.

¿De la Madrid se inclinaba en un sentido o en otro?
No, para nada. Era sencillamente que yo le hacía saber que iba a hablar y le dije lo que me proponía decir. Era una declaración sin precedente, de la mayor trascendencia para el partido y sin duda para la vida política del país. Así que no quería que lo tomara de sorpresa. A mí me pareció muy adecuada la actitud de De la Vega, y además él bajó al auditorio del partido y dio un discurso fuerte; se comportó muy bien en esas horas, muy bien.

Dice De la Vega que usted insistió mucho en que quien tenía que proclamar su triunfo era Bartlett y la Comisión Electoral, y que él le insistía en que no había manera, que no lo podía hacer Bartlett esa noche. Estaban con usted Manuel Camacho y José Córdoba en la oficina de arriba y que sobre todo Manuel no quería que se pronunciara un discurso de victoria.
Bueno, es que inicialmente las reglas que se habían establecido señalaban que el anuncio del resultado de la elección lo hacía la Comisión Electoral. Había sucedido algo similar seis años antes, y hubo un roce entre el partido y Gobernación, porque en 1982 el partido le decía a Gobernación: "Ya sal o salgo yo." Entonces, en 1988, decidí, de acuerdo con las reglas electorales que se habían fijado, basarme en ellas y respetar la decisión de que fuera la Comisión Electoral la que hiciera el anuncio de resultados, pero no hacía la declaración. Entonces salió el presidente del partido a dar información, a dar su anuncio con base en la información que teníamos. Él sí insistía, efectivamente, en dar el anuncio. Bueno, le dije, "adelante", y una vez hecho el anuncio por él, pronuncié el discurso definitorio sobre el final de la época del partido prácticamente único en México.

¿Usted sigue convencido de que el resultado real de la elección fue exactamente el resultado oficial?
Por supuesto. Y mi convicción se apoya en la información contenida en las 55 mil actas de la elección. Y porque fue una elección calificada con base en esas actas y conforme a la ley, por el órgano respectivo, es decir, el Colegio Electoral integrado por la Cámara de Diputados; y su resolución publicada como bando solemne a lo largo de toda la República.

¿Ni siquiera diez años después acepta lo que se ha llamado un fraude que ajustara los números, que enderezara los números?

Lo que resultó del cómputo de las actas fue lo que sirvió de base para la calificación por la Cámara de Diputados. Pongo un símil: la elección de 1997 en el D.F., con tantos elementos a su favor, como los diez años de campaña de Cárdenas, de promoción pública, del conocimiento que él mismo ya tenía, y lo más importante a su favor: la devaluación de diciembre de 1994. Pues con todos esos elementos a su favor, en 1997 sacó el mismo resultado que en 1988. Quiere decir que lo que sacó en el D.F. y en el resto del país coincidía con lo de 1997.

Si hubo manipulación de las cifras en 1988 no fue en el D.F.; fue en Chiapas, en Veracruz, en Guerrero.
¡Ah! ¿Conque sólo tiene validez el D.F. porque ahí favoreció a la oposición? Me parece una afirmación poco seria.

Es lo que se ha dicho.
Es lo que se ha dicho por la oposición. Pero lo importante es que, primero, hubo casi cuatro millones de votos de diferencia entre el primero y el segundo lugar; cuatro millones son cuatro millones de boletas: ¿dónde estaban las boletas de ellos que supuestamente acreditarían su triunfo o que habrían sido cambiadas?; y segundo, las actas firmadas por representantes de todos los partidos fueron la base de la calificación legal del resultado de la elección, y ahí están en el Archivo para su consulta. Con la calificación legal de la elección, la evidencia en el Archivo y los análisis que se han hecho de ella a lo largo del tiempo, la verdad histórica confirma el triunfo del PRI en la elección presidencial de 1988. Me parece que la confusión que entonces se creó provino de un muy hábil manejo de opinión de parte de la oposición, y una muy deficiente presentación por parte de aquellos a quienes correspondía la organización de la elección.

¿A quién le correspondía?
Al gobierno.

Pero, ¿a quién en el gobierno?
A las distintas áreas encargadas de ello.

¿Al secretario de Gobernación?
Principalmente, pero no era el único.

Entonces, esas fueron las tres condiciones que hicieron muy complicado el arranque de gobierno: el proceso de selección del candidato, la organización de la elección y, sobre todo, la devaluación y su impacto en los niveles de vida de los mexicanos. Frente a ello, al tener el honor de asumir la Presidencia de la República, había una opción: hacer una presentación que enfatizara los problemas que hacían tan difícil el inicio del gobierno, o convocar a la cohesión interna primero, y a trabajar hacia adelante en el programa de reformas, apoyado en los muchos activos que también recibía. Entonces decidí trabajar a partir de los activos, e ir resolviendo los problemas, particularmente por el impacto psicológico y político que había tenido en las estructuras del PRI un resultado que no se parecía para nada a los anteriores.

Aquí no quiero dejar la impresión de que los saldos con los que asumí la Presidencia eran adversos. Miguel de la Madrid, como Presidente de la República, dejó activos muy importantes, y pude apoyarme en ellos para enfrentar los problemas que tuve en mi arranque. Y debo decir que, entre los activos, sin duda uno muy importante en el terreno económico fue el camino iniciado en el mecanismo de concertación que fue el Pacto, el cual había arrancado entre enero y diciembre de 1988. Entonces hay que equilibrar el terrible problema que recibí con la devaluación, frente al activo del Pacto. Y equilibrar el enorme problema producido por el manejo de la elección a partir del 6 de julio, frente a los avances electorales que se habían llevado a cabo; y finalmente, el problema de la mecánica para postular al candidato del PRI debe balancearse con la oportunidad que el partido me brindó. Menciono estos tres grandes problemas por primera vez, diez años después de que los enfrenté. Y lo hago porque con la perspectiva que dan el tiempo y la distancia, ya no puede suponerse que ahora hable de ellos con la pretensión, tan común, de utilizarlos como justificación ante lo que no se pudo hacer, o como excusa ante los errores cometidos, sino, simplemente, para tratar de dar un contexto adecuado al intenso proceso electoral de 1988, el cual parece que no agota sus referencias anecdóticas, pero que no avanza mucho en el análisis sustantivo. Enfatizo los activos que recibí, porque me parece que de alguna forma se ha perdido de vista que todo Presidente enfrenta problemas al iniciar su responsabilidad, pero también recibe activos; y la responsabilidad en el ejercicio de la Presidencia significa aprovechar, en beneficio del pueblo mexicano, esos activos, que no son otra cosa que la fortaleza institucional y los avances logrados con el esfuerzo de todos; sin duda a partir del uso de los activos, se tiene la responsabilidad de evitar que los problemas se conviertan en crisis, ¿no es así?

¿Hubo un esfuerzo de negociación entre usted y su equipo y Cuauhtémoc Cárdenas en julio, agosto y septiembre de 1988?
Yo diría que hubo comunicaciones con todos los partidos de oposición entre la elección y la toma de posesión.

En sus llamadas Memorias apócrifas, *pero cuya autenticidad ha sido confirmada por el propio autor, Manuel Camacho afirma que le propuso una reunión, dos días después de las elecciones de 1988, con Cárdenas. ¿Así fue?*
Sí.

"Le propuse al licenciado Salinas que tuviéramos una reunión con el ingeniero Cárdenas, y al ingeniero Cárdenas que nos reuniéramos con el licenciado Salinas. Nos reunimos en casa de Manuel Aguilera; la reunión fue un signo de buena fe de parte de Salinas y de Cárdenas."
Es cierto, y yo hasta la fecha he guardado la confidencia de esa reunión. La confirmo porque el texto del licenciado Camacho lo menciona.

"Propuse que dentro de la ley hubiera un equipo técnico que revisara los datos. Salinas me encargó que precisáramos la propuesta sin cerrarse en principio a la revisión. Cárdenas reiteró su posición; al final, Salinas le propuso a Cárdenas que mantuvieran la comunicación." ¿Es cierto?
Sí, pero hubo algo muy importante. En un momento en que Manuel Camacho le dijo a Cuauhtémoc Cárdenas: "Esta ha sido una elección limpia porque los votos fueron contados", pensé que Cuauhtémoc se iba a parar y se iba a ir; y lo único que hizo fue quedársele viendo y decirle: "No estoy de acuerdo." Eso fue todo. Y yo sé por qué se lo decía Manuel Camacho: porque sabía que de las 55 mil casillas, nueve de cada diez estaban firmadas por más de un partido, y eso quería decir que más de 90% de las actas estaban firmadas por un representante de Cuauhtémoc Cárdenas o de Manuel Clouthier.

¿Cómo fue el ambiente de esa reunión?
Yo diría que fue tenso unos minutos, al principio, y después la conversación fluyó, fluyó bien, sobre temas relativos a cómo había

desarrollado su campaña, cómo había desarrollado la mía, cómo se sentía después del trajín tan intenso, y luego ya nos pusimos a dialogar sobre mecanismos que dieran certidumbre y clarificación sobre los resultados de la elección.

¿No hubo espacio para un entendimiento o para una negociación? ¿O fue un principio de negociación que abortó?
La cuestión es ¿qué se iba a negociar?; y lo único que, desde mi punto de vista, podía plantearse, era la idea precisamente de analizar las cifras, siempre dentro de la ley. Si había dudas sobre ellas, pues proceder a su análisis, que es lo que finalmente se ha venido haciendo con las 55 mil actas, meterse acta por acta; esa era mi propuesta, pero al final no quisieron.

¿Es cierto que a principios de septiembre usted le indicó a Manuel Camacho que le propusiera a Cárdenas que él encabezara el gobierno del D.F., pero que ya no hubo tiempo de transmitir la propuesta?
Sí. Yo platiqué con Manuel Camacho qué opciones podríamos tener para incorporar las corrientes y opiniones de Cárdenas en la formación del gobierno. Me pareció que habiendo él triunfado en el D.F., una opción era precisamente que él fuera el jefe del Departamento del Distrito Federal. Me parecía adecuado y correcto, y autoricé a Camacho para que se lo planteara.

¿No hizo un planteamiento por otra vía?
No.

¿Sólo vía Camacho?
Sólo vía Camacho.

¿Cuándo empieza usted a visualizar la formación de su gabinete? Todos dicen "El gabinete es la clave", es el momento más solitario, más difícil y en cierto sentido más definitorio...
Bueno, en primer lugar, como el gabinete es modificable a lo largo del sexenio, es difícil decir que es definitorio; en segundo lugar, hay diferentes formas de integrarlo. Como comentaba anteriormente, en 1982, siendo De la Madrid Presidente electo, nos incorporó a varios de sus colaboradores para auxiliarlo en esa tarea. Seis años más tarde también invité a varios en esa tarea, y todavía tengo los apuntes que

integré sobre diferentes perfiles para cada una de las dependencias consideradas en el gabinete legal y en el gabinete ampliado. Pero tenía que partir de este énfasis en cohesionar a las distintas corrientes que siempre han existido y existían dentro del PRI, y por eso fue un gabinete de espectro muy amplio. La designación de don Fernando Gutiérrez Barrios en la Secretaría de Gobernación era un mensaje a las oposiciones de que habría diálogo y habría firmeza; al partido, de que habría respeto a sus posiciones, y también a las de las oposiciones, y sin duda una búsqueda constante de ampliar y consolidar las afinidades. De la Vega, quien había presidido el partido durante la campaña, por supuesto ocupó una posición muy destacada en el gabinete, la Secretaría de Agricultura y Recursos Hidraúlicos, que yo sabía que había sido siempre un área de interés profundo para él. Y, al mismo tiempo, en la parte económica integré un gabinete muy cohesionado, con gente de mucha experiencia en las partes más complejas y difíciles de la conducción económica. Otra consideración fue la de incorporar a todos los que habían sido precandidatos, con un ánimo de sumar y porque cada uno tenía tras de sí a su gente, con legítimas aspiraciones, pues de otra manera todos los equipos de quienes no resultaron con la candidatura hubieran quedado muy desalentados.

Para Del Mazo, ¿había pensado en un puesto del gabinete?
No, porque tenía pocos meses de haber aceptado la embajada en Bélgica, y era de muy malas formas diplomáticas mover a alguien que tenía unos cuantos meses de haber llegado con ese carácter, como era su caso. Pero lo ratifiqué inmediatamente. Es decir, a todos los precandidatos que contendieron conmigo los invité a participar en la tarea de gobierno. Y el otro elemento que para mí era muy importante era la cortesía con los expresidentes de la República, y de manera muy especial con el expresidente Miguel de la Madrid; esto por convicción personal, por el respeto y aprecio que yo tenía y tengo por él. Y también porque otra etapa que consideré que debía terminar era esa mal llamada tradición de pretender que el Presidente se afirmara a costa del expresidente, su antecesor. Y es que tal vez eso podía haberse justificado en las épocas cuando no había competencia electoral frente al PRI. Entonces podía comprenderse que el Presidente tuviera que actuar con severidad frente a su antecesor, por esa estructura de falta de competencia externa. Pero cuando el adversario ya estaba fortalecido fuera del partido, y con fuerzas y

resistencias tradicionalistas buscando socavar el programa de modernización dentro del PRI, me pareció tan innecesario como contraproducente mantener esa práctica. Decidí, además de las razones personales, darle un trato muy respetuoso a Miguel de la Madrid. Lo invité a encabezar el Fondo de Cultura Económica, y mucho aprecio que haya aceptado. Cuando empezaron a percibirse algunas actitudes de hostilidad hacia él, en una reunión con miembros del gabinete y gobernadores hice ver que ello estaba sucediendo; les dije: "Como haz de voluntades nos hemos de reunir todos para no permitir que se actúe y se agreda a Miguel de la Madrid, expresidente de México."

Desde el principio de su sexenio, tres de los cuatro finalistas precandidatos están en el gabinete y Colosio está en el PRI. ¿Por qué no incluye a Colosio en el gabinete y qué pensaba de los precandidatos? Los que sí incorporó al gabinete, ¿ya los veía como precandidatos, o todavía no?
Bueno, los veía como colaboradores de una gran capacidad y talento, y lo que se necesitaba en ese momento era un equipo sólido, cohesionado, para enfrentar las circunstancias tan adversas en las que se había iniciado el gobierno. Pero una parte crucial era el partido, porque teníamos de inmediato elecciones estatales y la perspectiva de un nuevo Congreso a elegirse en sólo dos años, así como la necesidad de hacer una serie de reformas constitucionales y legales. Entonces, a mí me parecía crucial la labor en el partido, y Luis Donaldo Colosio tuvo el perfil adecuado y formidable para realizar esa tarea. Prueba de ello es que gracias a las reformas que se hicieron dentro del partido y a la acción del gobierno, para 1991 logramos recuperar todo el D.F. y dos terceras partes del Congreso. Nadie esperaba un resultado como ese.

¿Cómo se va dando la contienda entre quienes terminan siendo los precandidatos?
Van formando sus perfiles de acuerdo también a como evolucionan las condiciones objetivas porque, por dar dos o tres ejemplos, en el partido, Luis Donaldo arranca de inmediato un proceso de acercamiento a las bases en cada uno de los estados, de volver a tomar los hilos que se habían tensionado por las condiciones en que se había perdido la elección de muchos legisladores en 1988; realizó una labor muy intensa para atender a los candidatos que habían resultado perdedores en esa elección, de ponerle atención a los que, habiendo ganado,

estaban en una situación de no tener las mayorías tan holgadas de antes. Había que cohesionarlos y empezar a plantear la reestructuración interna del partido hacia la XIV Asamblea. Simultáneamente, dentro del gobierno, en el área financiera, Aspe arrancó de inmediato la revisión de la deuda externa con un planteamiento innovador, mayúsculo, pues por primera vez se estaba insistiendo en reducirla y no sólo en renegociar el calendario de sus pagos. Pedro Aspe realizó una tarea extraordinaria al haber alcanzado en 1990 la primera reducción de deuda externa en la historia moderna de América Latina. Además, con su trabajo ejemplar, logró credibilidad y certidumbre, lo que permitió recuperar el crecimiento económico y lograr la estabilidad de precios perdida durante un cuarto de siglo. En lo que respecta a las circunstancias en el D.F., éstas eran de enorme tensión, porque finalmente ahí había salido victorioso Cárdenas; el regente, Manuel Camacho, debía tener una conducción muy delicada para poder gobernar la ciudad sin el recurso de la fuerza. En cuanto a las relaciones exteriores, el licenciado Solana, con gran talento, había tomado iniciativas para hacer ver la capacidad de México de acometer los cambios que se estaban anticipando con el fin de la Guerra Fría. Don Fernando Gutiérrez Barrios en Gobernación, dialogando con los partidos. Yo tomé posesión el primero de diciembre de 1988; al día siguiente, el día 2, en la tarde, ya estaba en Palacio Nacional con los dirigentes del PAN, dialogando los términos de la reforma política.

¿Quién más?

En Programación y Presupuesto, el doctor Zedillo estaba integrando con gran talento todo el proceso de planeación, resolviendo las dificultades del presupuesto, realizando una labor política para aprovechar el marco del pacto, un camino de concertación y de construcción de acuerdos. Realmente me sentí muy alentado con la selección del secretario de la Defensa Nacional, el general Antonio Riviello Bazán, porque a pesar de que no lo conocí con mucha anticipación, su calidad de ser el general de división de más antigüedad y prestigio militar significaba que dentro de las fuerzas armadas esa cualidad, además de las muchas otras que tenía, adquiría una relevancia fundamental. En la Secretaría de Marina, el almirante Luis Carlos Ruano Angulo tuvo un desempeño excelente.

Ya para el tercer y cuarto año, sobre todo con la entrada de Colosio al gabinete, ¿cómo evoluciona la contienda?

Diría que la elección federal de 1991 fue el evento que más proyectó a Donaldo hacia la posibilidad de una candidatura. Mostró una gran capacidad política para unificar al partido, y supo aprovechar el trabajo de gobierno en beneficio del partido y así lograr el notable resultado electoral que tuvimos.

Se dijo entonces que por primera vez el que fuera el candidato del PRI tenía que ser no sólo un buen Presidente, sino que sacara votos. ¿Fue un criterio o en realidad no lo fue tanto?

Íbamos a un proceso electoral en 1994 en el que reitero lo señalado antes: el Presidente tenía dos responsabilidades diferentes. Como Presidente, mi responsabilidad con los mexicanos era garantizar una elección democrática y un resultado verdaderamente inapelable, transparente, con información inmediata. La segunda responsabilidad que yo tenía era la de lograr, por medios democráticos, que el resultado del cumplimiento del trabajo gubernamental se reflejara en votos que favorecieran al candidato del PRI. Como miembro del PRI, el partido me había brindado la oportunidad de ser su candidato a la Presidencia; sus legisladores habían apoyado mis reformas; sus dirigentes y miembros habían hecho suyos los postulados del liberalismo social: como en todo país democrático, era válido y casi diría obligatorio que el Presidente se abocara a apoyar, limpia y transparentemente, al candidato presidencial de su partido y a los candidatos a legisladores del PRI. A propósito de la elección de 1994, se han hecho muchos comentarios y no tantos análisis objetivos sobre los motivos por los cuales la gente votó a favor del PRI. Algunos dicen que votaron así porque había temor o porque había polarización. Creo que si hubiera habido temor no se hubiera dado la participación electoral excepcionalmente alta, de casi 80%, la cual resultó en un récord mundial; y recuérdese que en México votar no es obligatorio, sino el ejercicio de un derecho. En análisis objetivos, de rigor académico, que he leído, como el que hace un reconocido profesor norteamericano en el libro *Democratizing Mexico*, se concluye que en las elecciones de 1994 los ciudadanos evaluaron fundamentalmente el desempeño del gobierno surgido del PRI, y en la elección presidencial el desempeño del Presidente, su gestión. Esos análisis muestran, con base en las encuestas realizadas entre votantes al salir de la casilla, que la filiación partidista y la evaluación del Presidente de la República fueron los dos elementos decisivos para determinar la manera como votaron. Ahora, por lo que hace a los perfiles de los precandidatos, he mencionado lo que significó para las perspectivas de Luis Donaldo el resultado de la elección de 1991; para Pedro Aspe, el resultado de la renegociación de la deuda fue extraordinario, así como lograr la estabilidad económica, apoyado en un notable grupo de jóvenes bien preparados, con convicción y ánimo en la tarea que realizaban, y con sentido social; con él estaba también el equipo que integró con Paco Gil, quien logró lo que no se había visto, bajar tasas impositivas y subir recaudación. Con Manuel Camacho se logró el ejercicio de la autoridad en la Ciudad de México recurriendo al consenso, al diálogo, y se tuvieron resultados inmediatos en áreas fundamentales para la ciudadanía; por ejemplo, en materia de seguridad, a los pocos meses de iniciado el gobierno se tenían resultados positivos, y se mantuvieron a lo largo de la administración: los ciudadanos podían circular por la ciudad sin el agobio de la inseguridad excesiva; además, se introdujo la gasolina sin plomo para lograr avances concretos en el problema crucial de la calidad del ambiente, apoyado en la innovación del programa "Hoy no circula", tan debatido en la ciudad y tan copiado en otros países. Se pudo realizar el programa de obras más grande de la historia de la Ciudad de México, pero sin recurrir al endeudamiento excesivo, y al mismo tiempo llevando obras a las delegaciones más necesitadas; todo ello en el marco de un proceso de reforma política y de convertir a la Asamblea de Representantes del D.F., esa iniciativa tan afortunada de De la Madrid, en el foro político por excelencia para la construcción de consensos. En la Secretaría de Programación y Presupuesto, el doctor Ernesto Zedillo estaba trabajando con gran eficacia para la integración del plan nacional de desarrollo, y bajo su responsabilidad se puso en marcha el Programa Nacional de Solidaridad, ubicado administrativamente dentro de la Secretaría de Programación y Presupuesto. Pero para esas fechas todavía no había nada seguro para Luis Donaldo Colosio, porque todavía era presidente del PRI, y era obvio que desde la presidencia del partido no podía surgir el candidato.

¿Por qué es obvio?

Porque si se permitía que fuera juez y parte se sentaba un precedente funesto para el futuro del partido, ya que entonces, a partir de ese momento y mientras el PRI tuviera la responsabilidad nacional del poder, iba a haber un verdadero desequilibrio político fundamental a favor de quien fuera presidente del PRI.

¿Cuándo empieza usted a recibir información más precisa sobre quién está con quién, a quién ven bien, a quién ven mal?
La verdad, comentarios sobre el equipo de trabajo se van recibiendo constantemente a lo largo de los seis años, algunos objetivos y otros "con el dado cargado". Pero, finalmente, se puede observar en el desempeño y en el trabajo cómo van creciendo unos y otros no, y cómo algunos deliberadamente se excluían de la contienda presidencial. Tal fue el caso de Jorge Carpizo, quien en 1993 era procurador general de la República y explícitamente dijo: "Yo soy apartidista, yo no compito por la postulación del PRI." Lo dijo en privado y lo dijo en público.

Hubo una comida en Los Pinos el 2 de septiembre de 1993, un mes y medio antes de la postulación, con varios de los precandidatos y Fidel Velázquez.
¿Quién le contó de ella?

Una larga comida, donde primero hablaron ellos y después habló usted de cada uno de los precandidatos, y luego salió usted con don Fidel.
Sería para acompañarlo a su automóvil.

¿Qué dijo Fidel en esa comida?
Yo le dije a don Fidel: "¿Qué le sugiere usted a ellos?" Y él dijo: "Que estén unidos, que haya buena camaradería, que trabajen para el Presidente, que cumplan con su responsabilidad."

Esa fue una reunión convocada para crear un clima de concordia entre aquellos que estaban figurando como los más posibles precandidatos del PRI. Yo quise hacerla frente a don Fidel Velázquez, cuya opinión dentro del PRI era crucial, para que fuera él quien les hiciera ver que, desde la óptica del PRI, lo más importante era seguir cumpliendo con su responsabilidad en un clima de cohesión interna. Volvía al punto central, lo que significaba para la candidatura presidencial la cohesión, y don Fidel, que entendía la importancia central de eso, se los dijo con mucha claridad. Por mi parte, me referí a cada uno en términos elogiosos; lo hice respecto a Manuel Camacho, pero como parte de las referencias que hice a cada uno de los que estaban allí. Tal vez la fuente que usted tiene es el propio Camacho, y él le comentó que sintió que las referencias a él eran más elogiosas que a otros; pero tal vez otros pensaron que mis comentarios eran más elogiosos para ellos, para sus personas. Finalmente, nunca escatimé elogios a mis colaboradores, porque los creía y estaba convencido de ellos; si tenía un reclamo que hacerles, nunca lo hacía en público, se los hacía personalmente; pero si había un elogio, un reconocimiento, por supuesto que lo hacía públicamente.

Con usted a solas, ¿no opinó nada?
No, claro que no. No, don Fidel era cuidadosísimo en las formas y en el fondo.

¿Nunca llegó a expresar una opinión sobre alguno de los candidatos?
Sólo cierta reserva respecto a Camacho.

¿En qué sentido?
Que lo sentía muy desbordado.

¿Qué querrá decir desbordado?
Me dijo: "Oiga, pero si casi llegó a plantearme una alianza." Me dijo: "¿Qué le pasa a este muchacho?"

¿Camacho hacía las cosas demasiado por su cuenta?
En ocasiones.

¿Cuáles fueron sus razones negativas? ¿Por qué Gutiérrez Barrios no?
Bueno, don Fernado cumplió una labor muy importante, sobre todo en las condiciones de arranque que ya señalé. Al final del cuarto año me parecía que se necesitaba desde la Secretaría de Gobernación otra conducción, más en el sentido de llevar la Secretaría a la par del trabajo del Presidente hacia el punto sucesorio.

Pero eso implicaba que él no era uno de los precandidatos posibles, que usted decidió que él no...
A lo mejor lo fue al principio; pero por las circunstancias y las condiciones, al dejar de ser secretario de Gobernación, evidentemente dejó de figurar en esas condiciones ante la opinión pública.

¿Dejó de ser secretario de Gobernación porque dejó de ser candidato?
Más bien dejó de ser secretario por las circunstancias, y al dejar de ser secretario, dejó de perfilarse.

Quedaban cuatro que fueron los finalistas, uno fue y tres no fueron. ¿Cómo formularía las razones que pudieron haber llevado a que no se inclinaron las cosas a favor de Camacho?

La verdad es que no he meditado sobre las cualidades que tenían unos u otros. Lo que siempre he enfatizado es que dentro del PRI la corriente a favor de Luis Donaldo Colosio era muy fuerte, a pesar de que los tradicionalistas habían reaccionado muy ásperamente en su contra cuando reconoció el triunfo de la oposición en las elecciones para la gubernatura de Baja California; existían también resistencias en su contra por las reformas que había introducido en el partido, alejándolo de su estructura corporativista, surgida en los años treinta, y promoviendo la alianza obrero-campesina, la presencia de nuevos grupos populares y una clara vinculación con organizaciones de la sociedad civil. Además, una transformación de los postulados básicos del partido, para que con apoyo en las mejores tradiciones populares se pudiera proyectarlo hacia los nuevos tiempos que se vivían en el mundo y en México. Esto no agradaba nada a los grupos tradicionales dentro del partido; por ello su precandidatura había sido construida cuidadosamente a lo largo de varios años, habiendo sido presidente del Comité Ejecutivo Nacional del PRI, diputado, senador, oficial mayor, coordinador de mi campaña. Ya como miembro del gabinete, su desempeño en SEDESOL hacía que, independientemente de las cualidades que tuvieran los otros precandidatos, y que eran muy grandes, las de Donaldo resultaran muy importantes para el PRI. Más que defectos que tuvieran otros, el punto central estaba en quién era el que tenía el perfil de unificador y reformador, desde adentro del partido y del sistema, y claramente comprometido con el programa de cambios a favor del liberalismo social; y ese era Luis Donaldo. Por eso yo he dicho que Luis Donaldo Colosio era el candidato necesario y esperado por el PRI durante años.

Camacho afirma que su defecto, su debilidad, era ser amigo de los enemigos del Presidente, y que eso, si no lo invalidaba, representaba un gran obstáculo para él en sus aspiraciones presidenciales. ¿Qué piensa?

Camacho fue un excelente regente del Distrito Federal, que pudo conducir la tarea de gobierno en la Ciudad de México como se lo pedí y era su convicción, por la vía del diálogo, sin confrontación, ni represión, y con avances muy importantes en la solución de los problemas fundamentales de la capital del país. Sólo tengo motivos de reconocimiento para su labor como regente. Si bien Camacho fortaleció notablemente al PRI del Distrito Federal y participó activamente en la promoción de sus candidatos a puestos de elección popular y apoyó de diversas maneras al partido, su forma de trabajo le generó muchas animadversiones dentro del partido a nivel nacional; Manuel Camacho era una candidatura muy difícil desde el PRI, porque, por la forma de realizar su trabajo en la ciudad, en el PRI nacional se consideraba que había una actitud demasiado complaciente de su parte hacia los adversarios más agresivos del partido.

¿Fue un problema del PRI o suyo?
Un problema fundamentalmente con el PRI.

¿Por qué no fue Pedro Aspe?
Realmente lo que tengo presente, tanto de Pedro como de los distintos contendientes, son sus cualidades. Diría que además de los cuatro nombres que se han mencionado, había varios otros que estaban trabajando con mucha capacidad y dedicación. Por ejemplo, Emilio Lozoya desde SEMIP y Francisco Rojas desde Pemex. Había algunos que eran amigos de la juventud y estudios, y otros, compañeros de la lucha por los cambios que habíamos dado. De la época de estudiantes, eran Manuel Camacho, quien incluso me había invitado a ser su compadre, bauticé a su hijo, así que no nada más es mi amigo; Lozoya, quien venía de una relación familiar larguísima; y Francisco Rojas, de quien había tenido el privilegio de ser compañero de trabajo desde la Secretaría de Hacienda y siempre había respetado y admirado su honestidad personal, talento y hombría. Por otra parte, a Pedro Aspe, como a Luis Donaldo Colosio o al propio Zedillo, los había conocido más adelante y aunque no eran amigos del perfil de juventud o de estudios que he señalado, tanto con Luis Donaldo como con Pedro había una cercanía de largo tiempo, por haber trabajado juntos intensamente, y con Zedillo mucho más reciente, menos cercana.

¿Por qué Colosio?
Bueno, en primer lugar, Luis Donaldo había logrado cohesionar al partido, introducir elementos importantes de reforma y había mostrado capacidad de liderazgo entre las bases del PRI; había mostrado tener la capacidad para reformar al sistema desde adentro. Donaldo iba realmente a entusiasmar a los cuadros modernizadores del partido;

además, desde el PRI, él había sabido construir, con su talento negociador, puentes con generaciones anteriores del partido. Ya en el gobierno, había demostrado un gran oficio político; en la Secretaría de Desarrollo Social, creada al asumir él la titularidad, le dio una dimensión notable al programa de Solidaridad; eso permitió resultados muy alentadores en términos de equidad y de justicia en el país.

Colosio compartía la convicción de que si la economía tenía que abrirse a la globalización, la única manera de fortalecer la soberanía era por medio del fortalecimiento del Estado, pero no basado en su mayor tamaño, sino en la mejoría en los niveles de vida de la población, y sobre todo de los más pobres, de los que menos tenían. También compartía la convicción de que eso no se iba a lograr solamente con mayores presupuestos o programas asistenciales públicos, en los que el gobierno decidía, conducía y hacía, sino logrando la organización popular, para que los participantes organizados fueran sujetos de su transformación y no meros objetos de la atención gubernamental. Era un proyecto para terminar con la manipulación desde el aparato estatal, como se hizo en la época del populismo, y con las desigualdades que deja a su paso el mero eficientismo económico, como ocurre en el modelo neoliberal. No se olvide que Luis Donaldo Colosio afirmó sin cortapisas ni medias tintas una completa convicción en el programa del liberalismo social: literalmente lo hizo suyo, en las palabras y en los hechos. Nunca hubo simulación de su parte.

Además, tanto desde el partido como desde la presidencia de la COPPAL, como en SEDESOL, con las inicitivas internacionales en un área crucial como es el medio ambiente, Luis Donaldo había tenido muy buena presencia internacional y recepción en América Latina, en Estados Unidos y en Europa. Cuando fuimos a la reunión sobre medio ambiente convocada por la ONU en Río de Janeiro, en 1992, recuerdo que Luis Donaldo Colosio impresionó a muchos dirigentes mundiales por su excelente desenvolvimiento en los grandes eventos internacionales.

Respecto a la estrategia económica, su participación era muy cercana a Pedro Aspe, con quien realizaba una labor de coordinación esencial en el gabinete económico. Pedro, como secretario de Hacienda, tenía ya la responsabilidad de la programación y el presupuesto, pues se había fusionado la SPP cuando al doctor Zedillo lo designé secretario de Educación Pública. Sin embargo, Luis Donaldo tenía una clara comprensión de toda la estrategia económica y de la importancia de los cambios estructurales que se estaban dando.

Luis Donaldo Colosio era la mejor opción para la reforma del sistema desde adentro, precisamente por esas convicciones y cualidades políticas y profesionales. Y, caray, sus cualidades personales eran notables; a quienes tuvimos la fortuna de conocerlo cercanamente, de dialogar intensamente con él, de compartir ilusiones, esperanzas, luchas y frustraciones, nadie podrá jamás contradecirnos cuando afirmamos que Luis Donaldo Colosio destacaba por su generosidad, su altura de miras; por supuesto que tenía un carácter fuerte, pero jamás hubo rencor o resentimiento en Donaldo, jamás. Y cuando daba su palabra, la cumplía. Las suyas eran unas cualidades humanas excepcionales. Cómo nos han hecho falta en estos tiempos tan aciagos para todos. Cómo nos ha hecho falta él.

Cuando me cuenta de la comida a la que lo invitó el Presidente De la Madrid a Cuautla en 1987, siendo usted secretario de Programación, me dice: "Yo haría lo mismo seis años después." ¿A qué se refiere?
A que invité a Luis Donaldo Colosio, me parece que en octubre o principios de noviembre de 1993, a mi casa en Ticumán, Morelos. Mi familia y yo los recibimos, a él y a Diana Laura, su esposa; abrí una botella de vino muy especial para la ocasión, y realmente tuvimos un ambiente familiar cordialísimo esa noche, cenando y conversando. Platicamos de aspectos personales, de cómo se había formado él, de que montaba a caballo allá en Magdalena, Sonora, su tierra natal. Temas íntimos, cercanos, muy humanos.

¿La intención fue la misma que tuvo De la Madrid con usted?
Para mí fue muy grata aquella visita familiar y personal, invitado en 1987 por el Presidente De la Madrid, quien me daba una muestra de amistad. Como fue tan estimulante, quise compartir un momento similar seis años después con Luis Donaldo. Ese fue uno de los momentos más gratos que compartimos. Era una noche muy clara en Ticumán; entonces, salimos al jardín a sentarnos en el pequeño kiosko a tomar una copa de vino, y a conversar con la calidez y la fraternidad que daban la cercanía de años de relación estrecha y un momento tan propicio. Sabía que dentro de él estaba en ebullición su legítimo deseo de aspirar a la candidatura presidencial; pero, también, en ese momento tan íntimo pude constatar que ese deseo no era superior a su sencillez.

¿Con Pedro Aspe no tenía este tipo de relación?
También personal y cercana, pues con Pedro varias veces estuve en su casa, él estuvo en la mía. Le guardaba, y todavía lo hago, un afecto muy especial.

¿Pero no ese tipo de relación, más filial incluso con Colosio, aunque la diferencia de edad no lo justificara?
No era filial; era de afinidad, enorme afinidad. En esa fecha en Ticumán, entre octubre y noviembre de 1993, con Luis Donaldo y Diana Laura, fue un momento cercano, sin barreras de responsabilidades o aspiraciones. Tuvimos otra ocasión similar en diciembre de 1993, ya siendo Luis Donaldo candidato, en la que comimos juntos en Los Pinos; muy a gusto, muy suelto, muy íntimo durante la muy larga conversación. Porque ya iba abierto, él era el candidato, mientras que en Ticumán podía haber habido algún motivo para frenar su emoción; ya en diciembre, no había ningún motivo que pusiera límites a la comunicación y a la cercanía; era la afinidad total, hubo un instante en que le obsequié, siendo unos días antes de la Navidad, un boceto a lápiz realizado por Velasco. Y él me obsequió también algo muy bello, pequeño, muy sencillo, de un gran valor sentimental.

¿Cuándo siente usted que decidió?
Bueno, la candidatura de Luis Donaldo se consolidó después de todos los elementos positivos de noviembre de 1993. El ambiente era ideal hacia finales de noviembre. Normalmente, los candidatos se postulaban entre septiembre y octubre del año previo a las elecciones; pero hay que recordar que, a diferencia de todas las elecciones presidenciales anteriores, por las reformas introducidas durante el mandato de De la Madrid, la elección de 1994 se celebraría a finales de agosto y no a principios de julio. Así que noviembre fue un mes propicio para la postulación, y coincidió en que unos días antes se había ratificado el Tratado de Libre Comercio de América del Norte. El clima de opinión era muy favorable, los estados de ánimo nacionales muy positivos; el domingo 28 de noviembre de 1993 se anunció la postulación de Luis Donaldo. Yo había hablado con él el día anterior.

¿Un día antes?
Sí, el sábado 27.

¿Cómo fue?
Lo invité a conversar esa mañana en Los Pinos. Fue uno de los dos momentos más intensos de mi vida política, en el ámbito privado. Sin duda, el más emotivo de mi vida política y pública fue cuando tuve el honor de rendir la protesta de ley como Presidente de la República ante el Congreso de la Unión y el pueblo de México. Pero en el ámbito personal, en el fuero interno, el primero de los dos había ocurrido aquel viernes 2 de octubre de 1987, cuando Miguel de la Madrid me dijo que las corrientes del PRI iban a mi favor. Fue realmente un momento muy especial para mí. Y algo igual me ocurrió el sábado 27 de noviembre de 1993, cuando le dije a Luis Donaldo que el partido se estaba inclinando decididamente por él. Nos sentamos en los sillones, había escritorio de por medio, un sillón como este, un sillón como ese. Le dije que había conocido de corrientes muy fuertes dentro del partido a favor de su candidatura; le decía que yo sabía que uno se emociona al escuchar esas palabras. Le dije que el PRI estaba prácticamente listo para el final de su reflexión. Yo había estado hablando intensamente con Fernando Ortiz Arana quien se había desempeñado con una extraordinaria lealtad y capacidad como presidente del partido. Ya veíamos que era un momento muy preciso por los tiempos respecto de la elección, respecto al estado de ánimo del país. Entre Luis Donaldo y yo había una relación generacional y personal muy intensa y fue un momento de gran responsabilidad, de gran emotividad. Le dije: "Pero esto no es hasta que es, por las condiciones políticas que entiendes mejor que nadie. Así que la discreción es fundamental." Suponía que él se iba a llenar de emoción, lo cual sucedió, pero no sabía que yo me iba a emocionar tanto. Entonces a la mañana siguiente me reuní con el CEN del partido; ya con varios de ellos había comentado, y la conclusión fue que era oportuno y que el candidato natural era Luis Donaldo. Entonces lo invité a pasar; él estaba en la biblioteca.

¿Esto es el domingo 28 de noviembre?
Así es. Y se fueron con Luis Donaldo al partido. Don Fidel Velázquez, quien tenía un enorme afecto por Donaldo, estaba radiante y me dijo: "Oiga, señor Presidente, ahorita vamos al partido, nada más tengo que pasar a ver unos compañeros que están reunidos para un acto." Ante lo que parecía una intención clara de postularlo por adelantado, y con evidente regocijo, le dije: "Oiga, don Fidel, yo creo

que el partido quiere que vayan todos juntos." De buen grado aceptó, y se subieron juntos a un autobús. Así postularon a Luis Donaldo Colosio, en un evento muy cálido, muy emotivo. A la mañana siguiente tuve la reunión que acostumbraba cada lunes con los comités de Solidaridad, pero ya no estuvo Luis Donaldo. Juntos celebramos su nueva responsabilidad.

Pero usted tenía que haber decidido antes. ¿Cuándo pensó en definitiva en él?
Como he relatado a lo largo de esta entrevista, había contendientes de mucho peso, cuyas cualidades eran evidentes. Pero llega el momento de la postulación, y entonces sólo uno resulta vencedor; y dadas las circunstancias que he mencionado y el desempeño de Luis Donaldo que he descrito, todo ello hizo que la decisión se inclinara a su favor. Ahora, sobre la forma de su postulación, conviene reiterar que había la convicción en el PRI de que tenía que ser un método que garantizara la cohesión del partido. A principio de los noventa, siendo Luis Donaldo presidente del PRI, se habían analizado varios métodos de selección de candidatos. Después de la XIV Asamblea se pusieron en marcha varios de ellos, entre otros, la consulta a la base, y así, en algunos estados, se lanzaron abiertamente varios precandidatos a realizar campañas para buscar la postulación del PRI a la gubernatura; también en otros en que se celebraban solamente elecciones municipales, se presentaron varios candidatos para buscar las postulaciones a la candidatura respectiva. Parecía volverse a dar el problema que ya habíamos observado en 1987, cuando al formalizarse los seis precandidatos, inmediatamente se integraban corrientes que contendían por la posibilidad de una candidatura, las cuales quedaban comprometidas con aquellos a los que les habían manifestado su apoyo. Por eso, cuando conversé con Luis Donaldo, siendo él presidente del partido, sobre los méritos a favor y en contra de esos procedimientos, consideramos que habían resultado en problemas mayores para el PRI. Yo había escuchado también que, por esos tiempos, algún partido de oposición había decidido escoger a su dirigente mediante una elección abierta a todos, pues no contaba con un padrón de militantes, ni con la posibilidad de organizar a nivel nacional una elección interna así; y supe que se decía que algunos grupos del PRI habían intentado participar en esa elección para inclinar la balanza a favor de uno de los contendientes de ese partido de oposición. No me recuerdo lo que

finalmente resultó, pero se decía que lo mismo podía suceder en el caso del PRI, y fue otra de las razones que hicieron que, en noviembre de 1993, en el PRI se diera prioridad a mantener la cohesión alrededor de su candidato.

Además, tengo la convicción de que, cuando viene la postulación del candidato a fines de 1993, si hubiera habido una contienda abierta entre precandidatos, Luis Donaldo la hubiera ganado por su enorme presencia en el PRI y por su trabajo con las bases sociales a través de Solidaridad. Aunque, claro, no se descartaban problemas provocados por la oposición de los tradicionalistas a la propuesta de Donaldo de consolidar, con los correctivos que hicieran falta, las reformas modernizadoras. Me parece que, finalmente, en una consulta abierta, Luis Donaldo no hubiera tenido mayores dificultades; pero aún habiéndose logrado eso, podía haberse corrido el riesgo nuevamente de las divisiones internas, o del pretendido dominio de fuerzas locales o regionales y caciques en determinar la postulación de su candidato, y a mí me preocupaba, sobre todo, evitar que se repitiera un desgajamiento del partido, como sucedió en 1987, o en 1940, o en 1952. Porque desplantes de algunos de los precandidatos porque no resultaron favorecidos, siempre se habían dado. Ahí entra el desplante de Manuel Camacho.

¿Qué pasó con Manuel Camacho? Primero, con la cena en casa de Patrocinio González Garrido pocos días antes de la designación de Colosio, a la que acuden él y los otros precandidatos y llega usted más tarde. ¿Quién la propuso?
No recuerdo si la propuse. Estoy seguro de que Patrocinio la hizo comentándomelo antes.

¿Para entonces ya había decidido?
El partido ya estaba muy encauzado a favor de Donaldo.

Entonces llega a la cena, ¿y ahí qué sucede?
Estaban conversando entre ellos y lo que yo recuerdo de esa cena, a la cual no le di mucha importancia, es que tenía un antecedente, que le da un contexto que debe considerarse. Al final del desfile conmemorativo que siempre se celebraba el 20 de noviembre ante Palacio Nacional, yo había reunido al gabinete para decirles: "Señores, hemos logrado hace unos días la ratificación del Tratado de Libre Comercio, tenemos por delante una etapa alentadora, y me

parece que debe hacerse un reconocimiento a Jaime Serra por haber realizado un trabajo extraordinario para sacar adelante el Tratado." Hubo una manifestación muy cálida en favor de Jaime. Y les dije también: "Me ha informado Jaime que José Córdoba lo apoyó en su trabajo." Recuerdo que durante la cena que comentamos, Manuel hizo alguna expresión de que no le parecía adecuado que el Presidente le hubiera dado un reconocimiento así a José en un tema como el del Tratado. Pero yo lo único que reconocí fue lo que había sucedido en los hechos.

En la cena, usted se expresó de una manera muy favorable a Manuel Camacho, ¿o no?
A favor de cada uno, porque el mensaje que les di esa noche fue: "Cada uno de ustedes tiene sus propios méritos." Era un poco decirles: "¡Cómo quisiera que todos fueran!" Entonces lo que hice fue destacarlos, pero dije: "No se les olvide que siento un gran orgullo por el programa de Solidaridad, y me gustaría que en el horizonte fructificara sobre todo la reforma educativa que hemos realizado." Porque estaba y sigo convencido de que la educación es un pilar fundamental del crecimiento económico, de la justicia social, de la dignidad del ser humano. Enfaticé la reforma educativa, eso es lo que más recuerdo.

¿No recuerda haber sido particularmente elogioso de Camacho?
Yo recuerdo haber sido elogioso con todos, de todos.

A propósito de la cena en casa de Patrocinio Gonzalez Garrido, en noviembre de 1993, Manuel Camacho dice en sus Memorias *que habló usted mejor de él que de los demás, y en particular dijo que el mayor mérito de Colosio era haber trabajado de cerca con Camacho. ¿Es cierto?*
En esa reunión elogié a todos. Alguien dijo que el mayor mérito había sido el Programa de Solidaridad y yo dije que un Presidente buscaba, sobre todo, dejar huella en la reforma educativa, y que para mí había resultado de la mayor importancia la magnitud de la reforma educativa que habíamos llevado a cabo. Podría decirse que tal vez se trata de una proyección de sus propios pensamientos, más que de lo que realmente se dijo. Al expresar mi reconocimiento por cada uno, sin duda lo elogié a él. Pero lo que más recuerdo fue el énfasis que hice en la cuestión educativa.

¿Para cuando tiene lugar esa cena ya tenía claro qué iba pasar?
Cuando esa cena ocurrió, ya las corrientes iban muy fuertes en favor de Luis Donaldo Colosio, pero todavía no se habían consensado al interior del partido.

Existe la versión de que la cena fue para engañar a Camacho. Según el propio Camacho, desde el 20 de noviembre en Palacio siente una distancia suya hacia él y decide tener una conversación decisiva, detallada y explícita con usted. ¿Así fue?
Habló conmigo en esos días. La verdad, no recuerdo un planteamiento con esas características; y es que Manuel, que siempre fue brillante, en ocasiones puede ser confuso, y no me pareció que en esa ocasión hubiera tenido las precisiones y claridades que años después ha señalado. Me parece que, al paso del tiempo, ha querido fabricar un estereotipo de dos líneas que suponía existían al interior del gobierno para poder edificarse una posición, y en realidad confundía lo que en el terreno de los hechos políticos se estaba dando. Existía la lucha para llevar a cabo una reforma desde adentro, frente a resistencias tremendas. Los cambios se daban mediante esa lucha constante, y yo tenía la convicción de que quien podía conducir esa reforma desde adentro era precisamente Luis Donaldo, porque, aunque él también había padecido la oposición de caciques y tradicionalistas, era quien cohesionaba al PRI y tenía los puentes con quienes contendían con el propio PRI. Mientras que Manuel, con su gran capacidad y talento, tenía puentes, pero no cohesionaba al PRI; esa era una circunstancia muy importante. Por lo que entiendo de los comentarios que él ha hecho años después, parece que tenía en su mente la idea de un pacto entre él como precandidato y yo como Presidente; y francamente en ningún momento, como Presidente de la República, ni consideré, ni propuse, ni formulé pactos con nadie que aspirara a la máxima responsabilidad.

Según la tesis del engaño, usted se espanta por la conversación con él y organiza la cena para tranquilizar y "engañar a Camacho". ¿Es cierto?
Esa es una elucubración y, como ha sucedido con tantos comentarios de oídas, sólo se fabrican esas interpretaciones con el propósito de utilizarlas para sus fines particulares. Estos años han tenido su máxima expresión y su mayor abuso. Por eso ya están tan desgastadas como método, aunque hay que reconocer que dejan una estela

de confusión y daño. En esa cena no hubo más elogios para los presentes que los que hubo en la comida con Fidel Velázquez. Un poco el mensaje que les estaba compartiendo era: "Ojalá todos pudieran ser, porque con esta calidad de equipo y de gente, cada uno, en sus términos, lo merece, pero sólo uno puede ser."

¿No temió que hubiera un desplante de Manuel Camacho en esos días?
No.

¿Un arrebato?
No, porque finalmente yo contaba con la institucionalidad de Manuel. Cumplió con ello, excepto al no haber ido a felicitar a Donaldo el 28 de noviembre.

En enero, después del alzamiento en Chiapas, tiene usted con Camacho la conversación de donde saldrá la idea del comisionado, de la negociación, del cese al fuego. Él insiste en abrir el tema de la sucesión, a lo cual usted responde: "¿Qué vamos a ganar con esta plática, para qué? Ya está y no hay nada que hacer al respecto"; él dice: "La única pregunta que tengo no es por qué fue Colosio sino por qué no fui yo", y pone en boca suya la respuesta siguiente: "Manuel, yo creo que tú cometiste algunos errores, cometiste errores de trato con el equipo y errores de posición política; eres un hombre sincero y sé lo que piensas; eres inteligente, estás bien informado; por ello mismo, a veces tus comentarios y respuestas, por ejemplo en las reuniones del gabinete, provocaron reacciones adversas que se fueron acumulando. Fuiste en diversas ocasiones muy duro con tus compañeros; esa actitud tuya te fue aislando del resto del gabinete. Créemelo que así ocurrió: en lo político, Camacho, cometiste el error de aliarte con mis enemigos y eso hizo que disminuyera la confianza hacia ti."
No era mi función darle una explicación, y ante la insistencia de él, le hice ver que, efectivamente, se había aislado del resto del equipo y que en el terreno político su afinidad con los adversarios del propio partido hacía imposible una postulación de él por el PRI. Ahora, en estos tiempos, ante las condiciones tan agresivas en mi contra, él lo quiere poner como un asunto personal, porque tal vez quiere fabricarse una ventaja política que le permita presentarse ante los auditorios que le cuestionan haber trabajado conmigo hasta el final,

y responderles más o menos con lo siguiente: "Miren ustedes, la persona a la que ustedes se refieren, que es el expresidente, no quiso que fuera yo por razones personales." Y no fue el caso.

¿Que pasa el día de la designación de Colosio con Camacho? ¿Usted no le avisa antes?
¿A quién?

A Manuel Camacho.
El partido nunca le ha avisado nada a nadie antes de la postulación; todos los que participaron, y participamos, bajo esas reglas, sabíamos que el partido no avisaba antes. Sabíamos también que en esa competencia se ganaba o se perdía, y que ganando o perdiendo había una responsabilidad con el partido de mantener la cohesión alrededor del que resultara seleccionado. Bajo esas reglas todos participamos, y yo estoy seguro que así lo entendieron, pues fue el caso de Pedro Aspe, por ejemplo, que inmediatamente fue a felicitar a Colosio.

Pero Manuel no. ¿Qué sucedió con Manuel?
Manuel me habló por teléfono momentos antes de que el partido hiciera la postulación. Yo no le pude tomar la llamada en ese momento; seguía con gran cuidado cómo se desarrollaba todo, y una vez que el partido postula a Colosio, le llamo y me dice: "Sé que se va postular a Donaldo." Le dije: "Ya lo postularon". Entonces me dijo: "¿Por qué no supe yo antes?" Le respondí: "Manuel, porque el PRI no avisa" y le comenté: "Pero Manuel, me parece muy importante que pases a saludar a Donaldo." Me respondió: "Pues no lo voy a saludar hasta que antes pueda platicar con el Presidente." Frente a eso, lo invité: "Pues vente mañana en la mañana y platicamos." Todavía le volví a hablar ese día en la tarde, acompañado de un destacado colaborador de Luis Donaldo, para decirle que era importante que fuera a ver al candidato Colosio; pero se negó, aduciendo que él quería platicar antes conmigo. Al día siguiente, lunes 29 de noviembre, platicamos con franqueza y con respeto. Le hice ver que una vez que el partido había tomado su decisión, y dado que se veía que él no estaba participando con ningún entusiasmo, me parecía que no podía permanecer en el Departamento del Distrito Federal. Entonces lo invité a que siguiera colaborando conmigo, y frente a los cambios que se estaban dando, producto del reacomodo natu-

ral de responsabilidades ante la integración del nuevo equipo de campaña, le propuse el área de Educación, que yo sabía que siempre le había interesado, o la de Relaciones Exteriores, que había sido su especialidad académica. Él aceptó colaborar como secretario de Relaciones Exteriores. En realidad, su actitud no representó, ni mucho menos, una crisis interna en el partido, el cual, por cierto, estaba ya consolidando su apoyo a Luis Donaldo, sino una manifestación personal de él, la cual se pudo conducir sin problemas mayores. Así, la postulación de Luis Donaldo Colosio sucedió sin desprendimientos de militantes ni de organizaciones en el partido.

Si no se hubiera aprobado el Tratado de Libre Comercio; ¿igual hubiera sido Colosio?
Caray. Es muy difícil responder a esa pregunta, porque realmente hubiera tenido primero que verse cuál era el impacto que iba a generar un rechazo del Tratado. Yo creo que hubiera sido muy desfavorable en la situación económica; hubiera dañado enormemente la estabilidad de los mercados cambiarios y financieros, el clima de inversión. Se hubiera tensado también la situación política; creo que en esas circunstancias la postulación del candidato del PRI hubiera exigido un compás de espera para reagrupar fuerzas, reevaluar circunstancias y entonces proceder. ¿Qué hubiera surgido de esa reagrupación de fuerzas, de esa reevaluación? Pues hubiera dependido del tamaño del problema, de su repercusión, y entonces hubiera tenido que plantearse el perfil del candidato. No tengo dudas de que Donaldo lo hubiera llenado, pero es una pregunta totalmente hipotética que no veo qué importancia pueda tener ahora.

Usted ha sugerido, a propósito de Marcos y del Tratado de Libre Comercio, que "Acaso no se podría plantear la especulación al revés, es decir, qué tal si quienes critican que el gobierno no haya actuado contra la guerrilla por no afectar la negociación del Tratado de Libre Comercio ni la sucesión, en realidad contaban entre sus planes con la aparición de la guerrilla y con una respuesta de represión masiva en Chiapas, para descarrilar la negociación del Tratado de Libre Comercio y bloquear una candidatura presidencial comprometida." ¿Qué quiere decir?
Yo creo que está muy claro, porque quienes reclaman que no hayamos terminado con la guerrilla en 1993 —lo cual está probado, por otras experiencias internacionales, que no hubiera sido posible en

unos cuantos meses— en realidad están exigiendo que se hubiera dado una solución represiva a un problema que se ha mostrado eminentemente social, con todas las consecuencias que eso hubiera acarreado. Yo sí creo que una represión masiva de grupos indígenas en 1993 no sólo hubiera descarrilado el Tratado de Libre Comercio, que siendo importante, hubiera palidecido frente al clima de zozobra que se hubiera desatado en el país, en el año en que, por cierto, se registraba el vigesimoquinto aniversario del movimiento de 1968, con una sociedad mucho más participativa, más crítica y más abierta.

¿No sabía quién era Marcos en ese momento, ni de los zapatistas?
Había tenido reportes por parte del secretario de la Defensa, a mediados de 1993, sobre la existencia de un campo de entrenamiento, y se habían publicado reportajes sobre su existencia en revistas mexicanas de circulación nacional. Pero información sobre una guerrilla de la dimensión que se materializó en enero de 1994, no. Y sobre su nombre, pues debe tomarse en cuenta que en México hay más de dos mil organizaciones que llevan el nombre de Emiliano Zapata.

El tema de la salud siempre ha sido muy importante para todos estos procesos. Obviamente Colosio gozaba de buena salud, pero obviamente también existía el problema de Diana Laura. Su enfermedad ya se conocía, usted tenía los datos y éstos eran incontrovertibles. Él podía tener sus esperanzas, pero usted tenía los datos innegables. ¿Qué pensó al respecto?
En primer lugar, no me puse a investigar las situaciones personales o familiares de ninguno de mis colaboradores. Lo que llegué a conocer de la señora Diana Laura fue por conversaciones con Luis Donaldo, con quien en la circunstancia de amistad, de cordialidad y de respeto que teníamos, lo comentamos. Había la esperanza de que saliera adelante, dentro de la gravedad de su situación, pero no fue algo que yo me ocupara de investigar, ni tampoco creo que fuera adecuado, ni moral, hacerlo. Para mí, lo fundamental era el perfil de cada uno de los contendientes. La salud de ellos era importante, pero hasta donde yo sabía, la salud de todos estaba bien.

¿No le preocupaba el hecho de que ella iba a fallecer en un lapso breve y que iba a haber dos niños chicos que Colosio iba a tener que criar solo?

Yo estaba concentrado totalmente en los procesos de gobierno y el delicado proceso de la sucesión. Además de las consideraciones morales que hice antes para no pretender investigar sobre la vida particular de nadie, estoy convencido de que no existían tampoco las facultades legales para investigar las vidas particulares de los colaboradores en asuntos concernientes al proceso sucesorio. Sugerir que se pudiera haber hecho una investigación así, pues más bien reflejaría actitudes autoritarias o totalitarias, porque en un régimen democrático son tareas a realizar, en todo caso, mediante el escrutinio que hace la opinión pública. Además, si Donaldo estaba en la competencia y así lo asumía explícitamente, era porque él se sentía capaz de conducir sus asuntos particulares, familiares, y yo no tenía duda de ello ni tampoco tenía por qué ponerlo en duda.

¿Ni de la vida familiar, ni de sus finanzas?
No, porque: ¿con qué fundamento legal se iba a investigar la situación familiar o de sus finanzas? Como servidores públicos, todos teníamos la obligación de presentar nuestra declaración patrimonial.

¿Usted las pidió?
No. Para mí era suficiente que cada uno cumpliera con esa obligación legal; además, por disposición legal, las declaraciones tenían carácter reservado y confidencial. Nunca conocí la declaración de ninguno de mis colaboradores.

¿Por qué Ernesto Zedillo es nombrado coordinador de la campaña de Colosio?
Ese sábado 27 de noviembre de 1993, después de pasar la emoción tan intensa que antes mencioné, Colosio me comentó algunos aspectos sobre cómo deseaba estructurar la campaña, lo cual muestra que estaba preparado mentalmente por si le llegaba la oportunidad. Planteó la necesidad de un responsable de la coordinación y me propuso que quien coordinara su campaña fuera el ingeniero Carlos Rojas, quien había coordinado el programa de Solidaridad desde su arranque, y era subsecretario con Luis Donaldo. Pidió entonces que pasara como su coordinador de campaña. Para mí fue muy alentadora su petición, porque mostraba el enorme aprecio de Luis Donaldo Colosio por Carlos Rojas, por sus cualidades personales, convicciones sociales y su vocación política; la petición, además, era la confirmación del respado total de Luis Donaldo al programa de Solidaridad.

Quizás también por eso lo propuso...
No creo, porque la coordinación de la campaña está en función de otra cosa; como candidato se piensa quién le va a ayudar, y no a quién va a complacer.

¿No le planteó cambiar al presidente del PRI, ni usted se lo ofreció?
No, Ortiz Arana estaba desempeñándose muy bien.

Entonces él plantea a Carlos Rojas, ¿y qué pasa?
Y me parecía una selección estupenda. El problema era que Carlos Rojas era el relevo natural de Luis Donaldo Colosio en la Secretaría de Desarrollo Social, y además quien estaba haciendo los trabajos de consolidación de todo el programa de Solidaridad. Compartimos estas reflexiones, y él comprendió la importancia estratégica que representaba Carlos Rojas en SEDESOL. Me dijo que lo entendía, se quedó meditando y dijo: "Bueno, el doctor Ernesto Zedillo." También me pesó en ese momento, porque el doctor Zedillo estaba realizando una labor espléndida en la SEP. Yo estaba realmente muy complacido con su desempeño como secretario de Educación Pública, y era necesario consolidar todo el proceso de reforma educativa en marcha. Pero ya no le podía decir dos veces que no, y entonces accedí a su petición.

¿Hubo antes del asesinato de Colosio un entendimiento, ya sea con usted, ya sea con alguien de su equipo más cercano, de que el doctor Zedillo dejaba la coordinación de la campaña?
¿En qué fecha?

Poco antes de que falleciera Colosio.
En marzo, no supe.

¿En febrero?
No, no supe.

¿En enero?
No, no supe.

¿Nunca fue algo que conversaron?
Que él y yo conversáramos, no. No, ni se lo propuse ni me lo propuso en las conversaciones que tuvimos.

¿Llegó de alguna manera a escuchar de Colosio que el nombramiento de Manuel Camacho y su desempeño estaban creando problemas?
Sí lo platicamos, cómo no. Él sentía que a partir de enero de 1994 los medios le daban más espacio al comisionado que a su campaña y yo le decía que entendía lo que me estaba diciendo, pero que eso no dependía de la campaña ni de las campañas de los otros candidatos, porque los medios no atendían a ninguna campaña. Era de tal magnitud el problema de Chiapas, que la atención de los medios se concentraba en ese tema y en la posibilidad de un levantamiento en el resto de Chiapas, y en otras regiones del país. Había medios, nacionales e internacionales, que hacían reportes como si estuviéramos al borde de una guerra civil, o de una inestabilidad política que hiciera imposible la convivencia armónica entre los mexicanos. Había muchas y serias dudas sobre la posibilidad de mayor confrontación, porque a los pocos días del levantamiento en Chiapas explotó una bomba en la Ciudad de México, lo que además había contribuido a generar un fenómeno de psicosis en muchas oficinas gubernamentales, pues había que desalojarlas ante las continuas amenazas anónimas de bombas; también se habían derribado torres de energía eléctrica; se vinieron secuestros de empresarios. Es decir, había una enorme tensión que requería el encauzamiento del conflicto por la vía política, pacífica; y, sobre todo, el poder sentarse a atender las legítimas demandas de los indígenas, que era lo más importante.

En ese contexto, la presencia del comisionado tenía una gran difusión en los medios, precisamente por ser el comisionado para la paz. Pero, además, Manuel Camacho decía —y me parece que con razón— que los medios eran dominados por la guerrilla, por Marcos, por su innegable capacidad de comunicación. Por ello, era indispensable una presencia muy activa en medios de nuestra parte, para que hubiera voz y eco a las propuestas de conducción política. Y se logró. Pero ahí empezó a enrarecerse el ambiente, ante la duda de si esta ofensiva de medios podía presuponer alguna posibilidad adicional de Camacho en materia electoral. Su carácter de comisionado, con una presencia tan activa, sí llegó a generar tensiones en el ambiente de opinión. Con Donaldo lo platiqué varias veces; le hacía ver que teníamos que acabar de consolidar la negociación a favor de la paz y la justicia para darle espacio a las campañas, y eso fue precisamente lo que se logró a partir de mediados de marzo. Cuando se establece el diálogo y la negociación, se termina con el riesgo de un conflicto armado, que si bien en el terreno militar no había tenido ninguna posibilidad de éxito, política y socialmente exigía la negociación. Simultáneamente, habíamos logrado el acuerdo entre candidatos a la Presidencia para lograr condiciones claramente democráticas para la elección, y también la gran transformación de todo el aparato electoral a favor de la sociedad civil.

¿Cuándo tuvo lugar el intercambio de puntos de vista con Colosio a propósito de Camacho en Chiapas, de los medios, de los argumentos que usted le daba? ¿A finales de enero, a principios de febrero?
No, las conversaciones con Luis Donaldo alrededor de Chiapas se dieron en los primeros días de enero. Yo diría las primeras horas del levantamiento, y hacia el 5 o 6 de enero, que ya se estaban perfilando los cambios en el gabinete y el diseño de la respuesta al levantamiento. Lo conversé con él, porque significaba el relevo del secretario de Gobernación y la designación del comisionado para la paz. Luis Donaldo Colosio, quien siempre tuvo la altura de miras para entender decisiones de nivel de Estado, comprendió las iniciativas gubernamentales. Pero sí apuntó en ese momento que, en caso de tener que recurrirse a la habilidad de Manuel Camacho en materia de negociación, no fuera desde la responsabilidad de secretario de Gobernación.

¿Cómo fue la designación de Camacho como comisionado?
Bueno, el levantamiento en Chiapas fue un cambio radical del contexto político en el cual se estaban desarrollando la tarea de gobierno y las campañas electorales. Si bien la ofensiva del EZLN se contuvo inmediatamente y no tuvo ningún éxito militar, estrujó al país y tuvo un efecto mundial sin precedentes. Conforme pasaban los días, y esas primeras horas del mes de enero de 1994, se venía una cadena de eventos que estaban tensando y poniendo en enorme riesgo incluso la celebración de la elección. Por eso es que decidí dar prioridad, desde la tarea de gobierno, a encauzar el conflicto en Chiapas, sabiendo que la prioridad en el terreno de la campaña era del candidato del PRI. Donaldo y yo lo platicamos, le comenté de mi idea de poner como comisionado de la paz a Camacho, porque precisamente se había distinguido en el Departamento del Distrito Federal por su capacidad negociadora.

¿Y a él que le pareció?
Él me dijo: "Señor Presidente, nada más no lo haga secretario de Gobernación." Y yo le dije: "Muy bien, va a ser comisionado."

El Presidente De la Madrid recibe al candidato a sucederlo.

Elba Esther Gordillo saluda al candidato.

Porfirio Muñoz Ledo y Cuauhtémoc Cárdenas: surge la oposición.

Ernesto Zedillo, Luis Donaldo Colosio, Manuel Camacho y Carlos Salinas de Gortari.

¿Por qué cree que le dijo eso?
Porque la Secretaría de Gobernación iba a tener la responsabilidad de organizar la elección.

¿No quería que pasara lo que le había pasado a usted?
Pues no quería que Manuel fuera a la Secretaría de Gobernación.

¿Por qué?
Más bien, la expresión de él era que no veía que Manuel tuviera la estabilidad o la conducción política que se requería en la Secretaría de Gobernación. La reflexión que yo hacía era que con el levantamiento de Chiapas todas las campañas se vieron disminuidas en los medios, no sólo la del PRI, sino también la de los otros candidatos, la del PAN y la del PRD. En consecuencia, reitero, el propio comisionado ya designado, Manuel Camacho, me planteó que, dada la presencia del EZLN en los medios, era indispensable tener una contraofensiva de medios de esa magnitud, y que tenía que venir de parte de la iniciativa de paz que promovía el comisionado. Yo estuve de acuerdo, lo comenté con Luis Donaldo Colosio y le compartí la reflexión de que la negociación y la paz eran la única manera de volver a darle a las campañas el espacio que requerían, y que les era indispensable, para que la ciudadanía pudiera aquilatar las propuestas que se le hacían.

¿Y Colosio estuvo de acuerdo?
Él sin duda comprendió el razonamiento, y lo que observé fue que hizo un rediseño y un literal relanzamiento de su campaña.

¿Había decidido ya que Camacho fuera el comisionado, o estaba pensando ponerlo en Gobernación?
Pues es que una posibilidad es que la negociación la hiciera desde Gobernación.

¿Camacho va a verlo a usted para plantearle esto, o usted por su cuenta piensa en él? ¿De dónde viene la iniciativa de involucrarlo en lo de Chiapas?
Bueno, la decisión de Chiapas no es del día 1, ni del 2 ni del 3, sino conforme se va complicando toda la circunstancia nacional e internacional, y ante la urgencia evidente de poder encauzar un conflicto con esas características. Ya para el 7 u 8 de enero, Manuel me había visitado, pero todos los miembros del gabinete y Donaldo también.

¿Manuel le planteó la idea "Mándeme a Chiapas"?
Sí.

Él dijo: "Yo quiero ser el comisionado."
Sí, como no.

¿Como una amenaza de "Si no, me voy"?
No; eso también lo he leído por ahí. Pero no fue así, porque si hubiera habido amenaza, pues no hubiera sido comisionado. Por otra parte, debe comprenderse que para encauzar a un grupo que se ha levantado en contra del gobierno, se necesitaba un comisionado con un perfil que le diera confianza a ese grupo para convencerlo de sentarse a dialogar. Dentro de todos los inconvenientes que tuvo la designación de Manuel, en la distancia y visto desde la perspectiva actual, no cabe duda de que en ese momento, dada la prioridad que representaba conducir el conflicto en Chiapas por la vía de la paz y la justicia, su designación cumplió bien, porque hasta ahora es la única iniciativa que ha logrado que en la mesa de negociación estuvieran todas las partes: el gobierno y el grupo que se levantó en armas. Marcos se sentó durante horas a dialogar con Camacho.

La idea de que fuera comisionado, ¿fue suya, de Camacho o de Colosio?
No. Platicamos Manuel y yo el perfil que se requería; y él, con razón, me insistía en que un perfil de funcionario público no daba el mensaje de confianza que se requería para que se sentaran a la mesa.

Algunos colosistas afirman que Colosio nunca supo, y que usted no le informó nada al respecto, que Manuel Camacho iba a ser nombrado comisionado sin sueldo y sin puesto en el gabinete, volviéndose así elegible para ser candidato; que incluso Colosio pensó que Camacho conduciría las negociaciones en Chiapas desde la Secretaría de Relaciones Exteriores. ¿Es cierto?
Ellos no estuvieron presentes en las conversaciones que yo tuve con Donaldo. Sus testimonios son de oídas y ahora se sabe que son interesados y parciales. No tengo interés en comentar sobre dichos testimonios.

Más adelante, en febrero y marzo, cuando se empieza a difundir el rumor o la versión de que hay una nueva ambición de candidatura de Manuel Camacho, ¿llegó a reclamárselo Colosio?

Lo único que me llegó a plantear Luis Donaldo fue que, si era necesario, él le daría un debate público a Manuel. Pero a mí me parecía que cualquier acción así, más que resolver diferencias, iba a dar una imagen de división interna. Por eso es que asumí con él un compromiso de exigirle a Manuel una declaración pública relativa a no insistir en buscar una candidatura presidencial, si quería permanecer como comisionado para la paz. Y precisamente el 22 de marzo Camacho hizo una declaración pública diciendo que no aspiraba a la candidatura; fue uno más de los elementos que se sumaban a un verdadero relanzamiento de la campaña de Luis Donaldo, y le daba excelentes perspectivas.

La declaración pública de Camacho, ¿se la pidió Colosio o usted se la ofreció?
Yo no recuerdo que él lo haya planteado como tal. Luis Donaldo no era una gente que viera con temor a ningún contendiente o competidor. Pero a mí sí me interesaba que no hubiera ambigüedades en las posiciones públicas; en todo caso, si Camacho hubiera optado por una candidatura, en ese momento le hubiera retirado la designación de comisionado. Para que él pudiera concentrarse en las actividades a favor de la paz, de enorme trascendencia nacional e internacional, era indispensable una declaración de que no aspiraba a una candidatura presidencial. Sin ambigüedades.

¿Lo aceptó?
Así se lo pedí, y eso fue lo que declaró el 22 de marzo. Él hizo sus evaluaciones y finalmente lo declaró públicamente. El día que Camacho hizo esa declaración, Luis Donaldo Colosio y yo lo comentamos ampliamente; le sugerí: "Sé generoso al hablar de Manuel, porque en circunstancias así, pues puente de plata." Y Donaldo, con esa generosidad que lo caracterizaba, fue elogioso con Manuel, porque finalmente se había quitado esa inestabilidad que estaba generando su actitud ambigua.

¿Cómo evolucionó la campaña de Colosio, la tensión con Colosio hasta su muerte? ¿Cómo se van dando el juego separación-acercamiento-entendimiento y la necesidad de cobrar una identidad propia?
En primer lugar, el levantamiento de Chiapas viene literalmente a retirar del panorama informativo a todas las campañas presidenciales; se dice que se le quitó atención a la campaña de Colosio, y así

sucedió, porque la población y los medios concentraron su atención en el conflicto que se estaba dando en Chiapas. Por eso yo insistía: para lograr que las campañas, todas, la de Colosio, la de Cárdenas, la de Diego Fernández de Cevallos, recuperaran la atención de la población, era indispensable encauzar el conflicto en Chiapas. Colosio y yo nos vimos muy seguido en esos días. Vino la cuestión de la fecha para el inicio de su campaña; él la tenía prevista en los primeros días de enero, pero, por las propias circunstancias de Chiapas, se pospuso para el día 10. Y las horas tan intensas de los días anteriores hicieron que en esa misma fecha tuviera que anunciarse la designación del comisionado, del nuevo secretario de Gobernación y la iniciativa para el cese al fuego. Yo lo platiqué con Donaldo; sabíamos que iba a coincidir con el arranque de su campaña, pero reitero que Donaldo siempre tuvo esa altura de miras y ese talento de hombre de Estado para entender que había decisiones nacionales que debían tomarse en tiempo y a tiempo, y que podían no ser compatibles con las decisiones de la propia campaña. Él decidió de todas maneras arrancar su campaña el 10 de enero.

¿Es cierto que Colosio quiso ir a Chiapas y usted le pidió que no fuera?
Efectivamente; él planteó desde el principio su interés de trasladarse a Chiapas, pero yo le hice ver que, tratándose del candidato del PRI, y habiéndose levantando el grupo armado contra el gobierno y también contra el PRI, su presencia allá era una circunstancia muy complicada. Además de mi reflexión, el comisionado me hizo ver que no era conveniente la presencia del candidato del PRI, hasta que no estuviera encauzado el proceso de negociación con el EZLN. Eso le hice ver también a Donaldo; era inevitable e indispensable que él estuviera en Chiapas, pero no era posible durante los primeros días del conflicto.

Usted ha dicho que poco a poco era importante que se estableciera una cierta distancia entre el candidato del PRI y el Presidente saliente, como siempre sucede. ¿Esto también lo percibía Colosio, o era más renuente a ello? ¿Cómo se dio esta discusión entre ustedes?
Siendo Luis Donaldo Colosio coordinador de mi campaña, había estado conmigo en Tlaxcala, en enero de 1988, cuando reinicié mi campaña presidencial después de la devaluación de noviembre, después del paquete de medidas económicas tan adversas para la población, y que habían provocado un rechazo popular generaliza-

do a su introducción. Y reinicié en Tlaxcala con un discurso en el que afirmé que no tenía ningún compromiso de continuidad; fue un momento muy difícil y muy fuerte, porque fue un distanciamiento del candidato respecto al gobierno, sin dejar de apoyar las medidas económicas ya anunciadas. Por lo que respecta al discurso de Luis Donaldo Colosio en marzo de 1994, si bien tuvo la atención de enviármelo antes, no lo comentamos previamente, pues no hubiera sido lo correcto. Pero antes de esa fecha yo le había enviado una nota, haciéndole ver que una de las opciones para el relanzamiento de su campaña era precisamente tomar distancia del gobierno. Dentro de su comité de coordinación de la campaña, personalmente me dijeron que no compartían esa visión de separación o distanciamiento entre la campaña y el gobierno. Varios conocimos esa nota.

¿Se acuerda cuándo?
Debió ser entre fines de febrero y principios de marzo. Pero desde la campaña se respondió que por ningún motivo podría eso ser una opción.

La carta del doctor Zedillo a Colosio, que se ha publicado posteriormente, ¿puede ser una respuesta a la nota suya a propósito de la distancia?
Creo que no, porque Zedillo no compartía la propuesta de la nota que yo le había enviado a Luis Donaldo Colosio.

¿No la compartía?
No.

¿Zedillo no estaba de acuerdo con la idea de que hubiera esa distancia?
No, no estaba de acuerdo.

¿Conocía sus argumentos, sus razones?
Esa fue su opinión.

En los días después del asesinato de Colosio, usted lleva a cabo una especie de auscultacion acelerada. ¿Cómo fue?
La trágica muerte de Luis Donaldo Colosio fue un acontecimiento terrible. Fueron los momentos más dramáticos que he vivido como ser humano, los más dolorosos por la relación personal con Luis

Donaldo; y como Presidente de la República, los más traumáticos por el riesgo en que se puso la estabilidad política del país. Y, sobre todo, porque terminaron con la posibilidad que representaba Luis Donaldo Colosio, es decir, la de reformar el sistema desde adentro. La respuesta a lo que usted me pregunta es que, la verdad, no fue una especie de auscultación, Jorge. Requirió de una verdadera y muy intensa auscultación.

¿Con quién habló y qué le dijeron?
Hablé con la mayoría de los expresidentes del PRI; por supuesto, con el presidente en funciones, con varios colaboradores, con el expresidente De la Madrid, con varios de los que contendieron conmigo en 1988.

¿Por ejemplo, con Bartlett?
Con Barlett, con García Ramírez. Eran momentos en los que ya estaba escuchando opiniones.

¿Con don Fidel también?
Sí. Tenía que proceder a ver quiénes llenaban los requisitos. Decidí hacer esas auscultaciones para asegurar que toda opción se había evaluado.

Opiniones como la de Fidel Velázquez, ¿en qué sentido se expresaron? ¿Personales o de procedimiento?
Sobre todo, que era indispensable resolver a la brevedad. Dentro de todo el dolor que yo tenía y que había entre nosotros por la trágica muerte de Luis Donaldo, había que resolver la candidatura por el método más cohesionador para evitar cualquier fisura en el partido. El partido también estaba dolidísimo con la muerte de Luis Donaldo.

¿Hubo alguna otra corriente, algunos otros nombres?
Muy fuertes a favor de Ortiz Arana, de Francisco Rojas, manifestaciones a favor de Genaro Borrego y también de Pedro Joaquín Coldwell, exgobernador, exsecretario de Estado y miembro de la dirigencia nacional del PRI.

¿Es cierto que todavía se pregunta usted por qué no se inclinó por Francisco Rojas, y que a la hora de la primera formulación de esta pregunta no tenía una respuesta completa y definitiva?

Es cierto, pero ya tengo una respuesta que sin embargo considero que habrá de esperar a circunstancias propicias para comentarla.

¿Cómo transcurrieron esos días entre la muerte de Luis Donaldo Colosio y la postulación del doctor Zedillo?
Estábamos ante la incertidumbre total; no se sabía si era atentado aislado, o si era una secuela de los hechos violentos que habían empezado en Chiapas, que habían continuado con los secuestros.

¿Sí lo llegó a pensar?
Cómo no. Este ya era un hecho monumental, la muerte de Luis Donaldo; era la combinación de una dinámica de hechos violentos, y la muerte de Luis Donaldo Colosio, sin precedente. Había gran incertidumbre sobre lo que sucedía y lo que podría seguir sucediendo; y junto a todo esto, junto al dolor personal y a la circunstancia inédita, yo tenía que actuar frente a la nación, evitar una crisis económica y enfrentar la crisis política que la trágica muerte de Luis Donaldo Colosio había producido.

¿Cuánto tiempo pensó que tenía para resolver el asunto?
Pensé que íbamos a poder realizar el sepelio de Luis Donaldo Colosio con pleno respeto a su memoria, frente al hecho trágico y abominable que había ocurrido. En realidad, lo que me encontré fue que en el momento de ir viajando hacia su sepelio en Sonora, ya estaban desbordándose los grupos, ya había corrientes dentro del PRI para tratar de imponer un relevo a la candidatura de Luis Donaldo.

¿Cuándo empieza el proceso de auscultación? ¿Antes del sepelio en Magdalena ya empieza a ver gente?
No, después del sepelio.

El 24 de marzo es el acto en Gayosso, el sepelio en Magdalena el 25 de marzo. El 24 y 25 no sucede nada, ¿y luego?
Fueron dos días en que el tiempo transcurrió con una terrible intensidad, pues hubo que trabajar para enfrentar la crisis nacional que su muerte significaba; había que sobreponerme al dolor personal, para enfrentar la responsabilidad institucional.

¿Vio a expresidentes?
Al licenciado De la Madrid y al licenciado Echeverría.

¿A petición suya?
Luis Echeverría, expresidente de México, se presentó intempestivamente en mi oficina la misma noche de la muerte de Colosio. Descendí las escaleras de mi despacho para recibirlo, y había pedido que lo pasaran al salón Morelos; de pie me da el pésame y a continuación, de inmediato, propone que el candidato debía ser alguien que no hubiera tenido nada que ver con Colosio, y propone a Emilio Gamboa. Esto me extrañó notablemente, porque entonces no sabía que Gamboa y Echeverría tuvieran una relación así.

¿Dijo por qué?
No recuerdo.

¿Y se despide y se va?
Pues más bien me despido de él y regreso a lo que tenía que hacer. Pero, al mismo tiempo, Agusto Gómez Villanueva, muy cercano colaborador de Echeverría, ya había empezado a recolectar firmas y a mover grupos a favor del presidente del PRI, Ortiz Arana, sin conocimiento de él.

¿Cual es el tenor de su plática con Miguel de la Madrid?
Lo invité a desayunar el sábado 26, para intercambiar impresiones sobre lo que había sucedido y escuchar su opinión.

¿Le propone un candidato?
Su opinión y consejo, como siempre, fueron de lo más serio e institucional.

¿Le pide su opinión sobre candidatos que usted ya contemplaba?
Platicamos sobre diferentes personalidades.

Me dicen que vio tres veces al doctor Zedillo en esos días.
Lo vi en varias ocasiones.

¿Decidió sin hablar con los posibles?
Fue un proceso inédito, que requirió intensos diálogos y negociaciones con los miembros y las corrientes más destacadas del PRI.

¿Pero sí habló con Zedillo?
Sí, en varias ocasiones.

¿De si él podía o no podía ser?
Una sola vez.

La idea de cambiar el artículo pertinente de la Constitución para que los otros miembros del gabinete pudieran ser candidatos, ¿con quién la sondeó y cuáles fueron las reacciones?
Hay que recordar que la Constitución Política de los Estados Unidos Mexicanos establecía en su artículo 82, fracción sexta, que ningún secretario o subsecretario de Estado, jefe de Departamento Administrativo, ni el procurador, ni ningún gobernador de algún estado podría ser electo Presidente de la República, a menos que se separara de su puesto seis meses antes de la celebración de la elección. La tragedia ocurrió casi cinco meses antes de la fecha de la elección. No podía ser candidato ninguno de los considerados en la fracción constitucional antes mencionada. Frente a eso, y repito, en medio del dolor por la pérdida de Luis Donaldo Colosio, había que analizar todas las opciones. La posible modificación constitucional requería, ante todo, de los votos de los legisladores del PRI en el Congreso de la Unión, y luego en las legislaturas locales. La opinión entre los legisladores del PRI fue que no participarían en esa reforma constitucional, y varios gobernadores también expresaron que el ánimo de sus legislaturas locales no estaba para aprobar una reforma así.

¿Primero el PRI no quiso y luego el PAN?
El PAN también hizo saber que era imposible para ellos participar en una reforma a la Constitución *ad hominem*; supe la opinión del PAN después de haber conocido la opinión del PRI.

¿Y el PAN dijo que por ningún motivo?
El PRI dijo que no, el PAN dijo que no.

¿Porque tenía muy clara dedicatoria para Aspe, o por principio?
No; el PAN se negó porque unos meses antes había votado la aprobación de una reforma al artículo 82, que modificó la fracción primera, permitiendo que pudieran ser candidatos los hijos de padre o madre mexicanos, pero sin el requisito anterior de ser necesariamente nacidos en México. Esa modificación la votaron aceptando que entrara en vigor hasta 1999, para que no se dijera que tenía dedicatoria para alguno de ellos. El PAN expresó: "Después de haber votado hace unos meses por la reforma del 82 de esa manera, no podemos ahora

participar en una que sí llevaría dedicatoria." Yo había hecho esta consulta con el PRI en primer lugar, con el PAN y con otros partidos, para que nadie tuviera duda de que hubo la intención de buscar, en medio de ese momento trágico, todas las opciones.

¿Y con el PRD?
No directamente.

¿No habló con Porfirio o con Cárdenas?
No.

¿Luego la opción de posponer las elecciones?
También la analicé con el secretario de Gobernación, Jorge Carpizo. Él me dijo que era imposible recorrer la fecha —para evitar la limitante constitucional de los seis meses—, pues hacerlo impediría cumplir con todos los requisitos que mandaba la ley para calificar la elección en la forma y tiempos establecidos.

¿Tenía razón o era una pretexto?
La información, que me dio con detalle, confirmaba que lo que me estaba diciendo era verdad.

¿Habló en esos días con Aspe sobre la opción de modificar la Constitución?
Estuve todos los días en contacto con Aspe por los muy difíciles problemas económicos que estábamos enfrentando, derivados de salidas de capitales que superaban los mil millones de dólares por día. Estábamos en riesgo de una crisis económica mayúscula.

¿No creyó él que a la mejor sí se podían arreglar las cosas de ese modo?
Mi impresión siempre fue que no estaba dispuesto a participar en algo que hubiera requerido una reforma constitucional. Sus principios y su forma de ser lo hubieran llevado a rechazar la posibilidad.

¿Es cierto que los argumentos más convincentes, y más oportunos, a favor de Ernesto Zedillo provinieron de José Córdoba? ¿Cuáles fueron esos argumentos?
Fueron convincentes y oportunos. Eran amigos entrañables, más de lo que yo sabía en su momento. No entiendo por qué lo ha tratado de esa manera.

¿Quién pide la carta de Diana Laura sobre Manuel Camacho? ¿Él o usted?
Camacho me pide a mí la carta de la señora Diana Laura; y yo, con ánimo de reducir las tensiones, confrontaciones y hasta riesgos personales para el propio Camacho, acepté solicitársela a la señora Diana Laura.

¿No es algo que usted hace para ver la posibilidad de designar a Camacho como candidato?
¿Cómo? Si era una carta cuyo propósito era reducir los riesgos personales y físicos en los que estaba Camacho por la animadversión de los priistas hacia él, dado su comportamiento previo con Luis Donaldo Colosio.

¿Se planteó la posibilidad de que fuera Camacho?
Nadie; ninguno de los miembros del PRI nos planteamos en ningún momento la posibilidad de que Camacho fuera el que relevara a Luis Donaldo Colosio.

En casos anteriores, los presidentes salientes seleccionan a un segundo precandidato como seguro; Porfirio Muñoz Ledo en 1975, Pedro Ojeda Paullada en 1981...
Y parece que fue el caso en 1987 con Jorge de la Vega, con quien, independientemente de que yo tuviera muy buena relación, fue decisión del Presidente de la República. Pero en este caso, cuando se integró el equipo de campaña de Luis Donaldo, fue a petición del propio licenciado Colosio que el doctor Ernesto Zedillo fuera nombrado coordinador de su campaña.

¿Pero por qué se cerró usted las puertas a sabiendas, por definición, de que puede haber un accidente?
Porque nunca pasó por mi cabeza que pudiera suceder algo tan trágico como lo que ocurrió.

El 20 de noviembre de 1994, en la famosa reunión en su casa en Santa Teresa sobre si debía haber una devaluación, hay quienes sostienen que, hasta donde se mostró usted anuente a ella, lo hizo porque sabía que Pedro Aspe estaba en contra. ¿Cómo fue la reunión?
Después de varios meses de estabilidad cambiaria, ocurrió una muy importante salida de capitales el viernes 18 de noviembre. Nos reu-

nimos para evaluar las diferentes opciones ante el riesgo inminente de enfrentar otra corrida contra las reservas el lunes 21 de noviembre. Una posibilidad era precisamente modificar el tipo de cambio. Se reunieron conmigo el Presidente electo, doctor Ernesto Zedillo; el secretario de Hacienda, Pedro Aspe; el secretario del Trabajo, Arsenio Farell; Jaime Serra, secretario de Comercio; el director del Banco de México, Miguel Mancera; y Luis Téllez. Yo abrí la reunión expresando: "Señores, tenemos este problema grave de inestabilidad cambiaria y salida de capitales; quiero decirles que, si es necesario devaluar, estoy dispuesto a hacerlo. Frente a las repercusiones adversas que pueda tener la medida, me parece muy importante que evaluemos aquí, entre todos, cuáles pueden ser las opciones." Con claridad se dijo que la decisión consistía en abrir la banda de deslizamiento, y se propuso que pudiera abrirse 15%. El licenciado Mancera, con mucho tino, expresó: "Nada más que si se abre el 15% y no resiste, va a tener que abrirse 100%. Por ello, en lugar de abrirla 15%, mejor dejémosla abierta completamente. Porque lo peor es tomar la decisión y no sostenerla porque la reviente la especulación." Inmediatamente, el licenciado Farell agregó que para tomar una decisión de apertura de banda se tenía que convocar al Pacto, porque siempre se había concertado así; eso es lo que permitía que fuera una medida creíble, viable y sostenible. Él tendría entonces que convocar a las distintas partes. Era fin de semana y veía muy difícil convocar a todos ese día, pero señaló que trataría de hacerlo.

Pedro Aspe expresó que se disponía de una línea de la Tesorería norteamericana y Canadá, que proporcionaba 6 mil millones adicionales a las reservas internacionales del país; éstas, las reservas, ascendían a 12, 800 millones de dólares. Por eso, entre esa línea de apoyo y las reservas de que se disponía, Aspe solicitó actuar, con la credibilidad que tenía, para detener la fuga. Aspe abundó con un argumento que me pareció fundamental: para que una decisión cambiaria fuera creíble, y por lo tanto se sostuviera, tenía que ser acompañada por un paquete de decisiones económicas complementarias, consistentes e inmediatas. Y esto requería que el gobierno tuviera el tiempo necesario para ejecutarlo. A mi gobierno le quedaban diez días de mandato constitucional, de los cuales sólo siete eran hábiles. El argumento resultó concluyente: mi gobierno no podía asumir compromisos más allá de su responsabilidad para sostener la modificación cambiaria. Me pareció adecuado, y sin embargo le pedí a Farell que intentara convocar al Pacto, pero nos dijo que no había posibilidades de reunirlos en ese momento. Por ello autoricé a Pedro Aspe a intentar recuperar la estabilidad en los mercados. El lunes 21 de noviembre, a la una de la tarde, me llamó Pedro y me dijo: "Los mercados se han calmado y ya están estables." Yo tomé la red y se lo transmití al Presidente electo.

¿Cuál fue la posición del doctor Zedillo en la reunión?
Él fue respetuoso de la decisión que tomó el gobierno.

¿Serra y Tellez tampoco insistieron, o fueron más vehementes?
A veces me da la impresión de que quienes insisten en que debió haberse devaluado el 20 de noviembre, lo hacen en realidad porque consideran que Aspe hubiera realizado la medida adecuadamente. Pero reitero que, de haber sido realmente una medida necesaria, sólo hubiera funcionado con un paquete económico creíble, con una concertación adecuada y con los soportes externos que siempre construíamos antes de proceder a una decisión de esa importancia. Es decir, la labor que puede realizar un gobierno cuando tiene el horizonte de tiempo suficiente para llevarlo a cabo, y construye la credibilidad en sus decisiones. Mi gobierno tenía credibilidad, pero ya no tenía tiempo. Y reitero, habíamos ya devaluado durante el año más de 15%, y lo habíamos hecho sin provocar una crisis.

¿En parte se debe no sólo al equipo en su conjunto y no sólo al caso suyo, sino muy específicamente al caso de Aspe?
Sin duda, la credibilidad que tenía Pedro Aspe como secretario de Hacienda era notable, porque la había construido a lo largo de los años, cumpliendo siempre con sus compromisos. Era una credibilidad basada en hechos.

¿Se planteó la permanencia de Aspe en Hacienda? ¿Usted le pidió al doctor Zedillo que algún colaborador cercano suyo permaneciera en un cargo?
Yo transmití la propuesta de un colaborador.

¿Diputados y senadores?
Los candidatos a las dos Cámaras fueron determinados durante la campaña por el partido. Por eso, a partir del primero de noviembre de 1994, cuando se instala formalmente el Congreso, éste ya respondía a la nueva administración.

José Ramón López Portillo sostiene que uno de los errores más graves que cometió su padre fue no sólo no haber intervenido en la designación de los candidatos a la Cámara y al Senado en 1976, sino tampoco haber recomendando a ningún colaborador. Eso dejó a López Portillo indefenso, e incluso con amigos o colaboradores resentidos porque no peleó por ellos; ¿no tiene usted la misma impresión?
Lo más importante era dejar una libertad total al partido y a quien iba a tener la responsabilidad superior, y así ocurrió en este caso. Yo creo que fue el comportamiento adecuado.

¿No cree que cuando usted plantea en noviembre de 1994 la posibilidad de inscribir el nombre de Luis Donaldo Colosio en letras de oro en la Cámara de Diputados y dicha iniciativa es frenada, ello se debió justamente al hecho de no haber intervenido más activamente en la formación de esa Cámara?
En gran medida, sí.

Cuando Marcos finalmente rechaza los acuerdos en junio de 1994, ¿a qué cree que se debe que los haya rechazado y cómo compararía los acuerdos a los que se llegó entre el gobierno y Marcos, con los que se han podido concertar posteriormente?
Bueno, empezando por la última parte de la pregunta, me sería muy difícil hacer un balance comparativo entre los acuerdos que alcanzamos desde el gobierno de la República con el EZLN y los que posteriormente se han realizado. Pero para mí el factor que literalmente descarriló la posibilidad de llegar a la firma de la paz en Chiapas en 1994 fue la muerte de Luis Donaldo Colosio. Estoy convencido de que si ese trágico hecho no hubiera ocurrido, habríamos podido sin duda llegar a un acuerdo honorable para la paz y la justicia, y así atender las demandas de los indígenas en Chiapas.

¿Usted cree que se negoció bien con el Ejército Zapatista de Liberación Nacional?
Yo creo que Manuel Camacho hizo una negociación muy adecuada. En lo que respecta a las negociaciones en sí, él llevó este proceso con seriedad, con un sentido de responsabilidad y, sobre todo, fue posible establecer el diálogo rápidamente, gracias a la forma en que se presentó el perfil del comisionado: como un representante del Presidente de la República que no era funcionario del gobierno y por

eso no recibía un sueldo; con capacidad de comunicación directa con el propio Presidente de la República y por lo tanto de repuesta oportuna. Todo ello construyó la credibilidad indispensable ante el grupo que se había levantado. No podemos olvidar lo que ya alguien que participó en movimientos guerrilleros de los años setenta ha escrito recientemente, y es que, cuando un grupo como este se lanza a la guerra, quiere decir que lo ha venido meditando por mucho tiempo, y es muy difícil que, por esa dinámica, pueda lograrse que estén dispuestos a negociar. Y, sin embargo, eso fue precisamente lo que logramos en el primer trimestre de 1994. Fue realmente un hecho notable el haber logrado sentar a una guerrilla a la mesa de negociación a menos de dos meses de que le había declarado la guerra al gobierno. La presión de la sociedad civil sobre el EZLN fue crucial.

¿Cuál es el papel del Presidente, históricamente, en la selección del candidato? ¿El fiel de la balanza como dice López Portillo, el dedazo como dice la picaresca?
En lo que he insistido a lo largo de estas reflexiones es en que mi responsabilidad desde la Presidencia de la República fue que los cambios y reformas que promovimos desde adentro —una lucha por cambios a favor de una amplia reforma social que pusiera el proceso en manos del pueblo organizado, como medio indispensable para fortalecer la soberanía del país— pudieran consolidarse e incluso modificarse con la candidatura de Luis Donaldo Colosio; y al mismo tiempo, evitar que el PRI se desgajara por la confrontación entre los diferentes grupos y corrientes que militan en el partido. En mi caso, el Presidente tenía una enorme responsabilidad de mantener la cohesión del partido. Además, el Presidente de la República tenía que participar en la conducción del proceso, para garantizar que no fueran camarillas o grupos de poder dentro del propio PRI los que impusieran al candidato. Era un proceso de decisión en el que había una constante retroalimentación entre el Presidente de la República y los miembros del partido, su dirigencia y su estructura.

¿Hizo usted bien en conservar el mecanismo sucesorio mexicano?
Comentaba anteriormente que cuando Luis Donaldo Colosio era presidente del PRI, dialogamos largamente sobre el proceso de reforma interna del partido, sobre los mecanismos de selección de sus candidatos, sobre la modificación de su declaración de principios, sobre sus estatutos, sobre su nuevo programa de acción y mucho de

esto fue reflejado en la XIV Asamblea; también en la XV, ya cuando Luis Donaldo estaba en el gobierno. Después de promover reformas en el partido, después de alentar su transformación desde la Presidencia de la República como priista, yo estaba convencido de que mi labor tenía que ser, sobre todo, avanzar en la reforma desde adentro del sistema, y al hacerlo garantizar la cohesión del propio partido, para que el candidato que surgiera tuviera la capacidad para acometer ese enorme reto. Y Colosio sin duda la tenía. Así que ese procedimiento, en ese momento y en esas circunstancias, estoy convencido que fue el adecuado para cumplir este propósito fundamental en el interior del partido.

¿No tiene dudas sobre si hizo bien en conservarlo o si debió quizás abandonarlo?

Creo que en esas circunstancias, en esas condiciones, y sobre todo dado que el perfil de Luis Donaldo Colosio llenaba plenamente el propósito de realizar una profunda reforma desde adentro del sistema, fue el procedimiento más adecuado para su postulación.

LA VISIÓN DE LOS VENCIDOS

1970

El destape de Luis Echeverría Álvarez se produjo el 22 de octubre de 1969, en plena conformidad con las mejores tradiciones mexicanas. Según Alfonso Martínez Domínguez, fueron convocados a la oficina presidencial de Los Pinos los principales dirigentes del PRI: nueve en total, incluyendo a Fidel Velázquez; Augusto Gómez Villanueva, quien encabezaba la Confederación Nacional Campesina (CNC); Renaldo Guzmán Orozco, de la Confederación Nacional de Organizaciones Populares (CNOP); Luis Farías, jefe de control político de la Cámara de Diputados; Rafael Galván, el dirigente obrero electricista; y Napoleón Gómez Sada, líder de los mineros. Antes de pasar con ellos a la sala de juntas, Gustavo Díaz Ordaz le reveló a Martínez Domínguez, a la sazón presidente del PRI, su veredicto: el vencedor era el secretario de Gobernación.

El político regiomontano preguntó insistentemente a su jefe y amigo si estaba seguro; el Presidente respondió a su vez con una interrogante: "¿Por qué me preguntas? Es la decisión más importante de mi vida y la he pensado bien." Antes de manifestar esa decisión a los demás, don Alfonso sugirió que el Presidente le avisara a los candidatos derrotados; al principio Díaz Ordaz se negó rotundamente: "No tenemos por qué tenerles consideraciones especiales; que se enteren por los medios normales; bastante distinción se les ha hecho al nombrarlos secretarios de Estado." Martínez Domínguez volvió a la carga, aduciendo razones de tacto: habría que seguir trabajando con ellos y convenía tratarlos con deferencia. Díaz Ordaz concluyó: "Si quieres, hazlo tú." Así que Martínez Domínguez habló personalmente con los tres perdedores: Alfonso Corona del Rosal, Emilio Martínez Manatou y Antonio Ortiz Mena, asegurando así una fuerte adhesión al PRI y la aceptación de la candidatura de Luis Echeverría.

Ya frente a los dirigentes del partido, el Presidente anunció formalmente su elección: "Me permito comunicarles que don Alfonso, el líder de nuestro partido, después de haber celebrado una auscultación muy completa, como a ustedes les consta —con los gobernadores, con las fuerzas sociales y con cada uno de ustedes— ha llegado a la conclusión de que el candidato que reúne las mejores condiciones y aquel por el que se inclina la mayoría del país es Luis Echeverría. Como miembro distinguido de nuestro partido, he sido comisionado para comunicárselos. Lo hago con mucho gusto, y entiendo que ustedes también han llegado a esa misma conclusión. Los felicito por su decisión, y cuento con su colaboración." Martínez Domínguez relata que Napoleón Gómez Sada se expresó a favor del general Corona del Rosal, pero aceptó la resolución presidencial; asimismo, Rafael Galván externó su preferencia por Martínez Manatou, pero se retrajo ante la "sugerencia" de Díaz Ordaz. Huelga decir que los demás accedieron, y así fue como Luis Echeverría se convirtió en el séptimo candidato presidencial al hilo en ser designado por el partido único sin mayores incidentes, controversias o contratiempos. Los problemas comenzarían después.

En varias ocasiones, el propio Martínez Domínguez ha contado cómo Gustavo Díaz Ordaz explicó y justificó la designación de Luis Echeverría. En 1972, durante una cena en su casa de Sierra Ventana, ante la pregunta de uno de los comensales —entre ellos Luis M. Farías, el hijo del viejo líder agrario Javier Rojo Gómez y varios periodistas, tales como Margarita Michelena, Mauricio González de la Garza y José Pagés Llergo—, el expresidente recurrió al símil del carreterazo y a la analogía de los delincuentes con el movimiento estudiantil del 68 para iluminar a sus amigos sobre una decisión de la que se arrepintió y cuya racionalidad retrospectiva parecía misteriosa. "Supongamos —dijo— que vamos en un automóvil por un camino encumbrado, y de repente nos asaltan unos bandidos sin escrúpulos. En el coche viaja conmigo Antonio Ortiz Mena: se esconde cuando nos conminan a descender del vehículo y desaparece de la escena. Me acompaña Emilio Martínez Manatou, quien sugiere a los asaltantes que no me pidan dinero a mí, sino que se entiendan mejor con él; igual muy pronto será más rico y poderoso. Alfonso Corona del Rosal, por su parte, empieza a negociar con los maleantes y a proponerles diversos tratos que oscilan entre la audacia y lo inconfesable. Sólo Luis Echeverría salta del carro, confronta a los forajidos y les advierte: 'Lo que es con él, es conmigo'." La conclusión del poblano era que, al menos en esos momentos, la lealtad de Echeverría superaba con creces a la de sus rivales; en ella residía la razón última de su elección.

En realidad, la anécdota demuestra algo mucho más significativo y consustancial al proceso sucesorio mexicano. Así como Carlos Salinas de Gortari ha reconocido, en distintos momentos de franqueza o claridad, que con mucha antelación preparó a Luis Donaldo Colosio para sucederlo en la Presidencia —lo que demuestra que su candidato lo fue por decisión—, así Gustavo Díaz Ordaz confesó en esa charla de sobremesa que optó por Luis Echeverría porque, en el instante decisivo, carecía de alternativa. Díaz Ordaz procedió por eliminación: escogió a Echeverría porque representaba, según la afortunada frase de Porfirio Muñoz Ledo, "la única carta restante".

Han prevalecido, pues, dos grandes tipos de sucesión, por lo menos desde 1969: por elección o decisión, y por descarte o eliminación. De cada tipo se derivan consecuencias y procedimientos diferentes; cada uno emana de orígenes distintos. Como en cualquier taxonomía propia de las ciencias no exactas, ninguna de las sucesiones es pura: todas han sido en parte por eliminación, en parte por elección; todas pasan por varias etapas, en las cuales puede reinar el rasgo accesorio durante un breve lapso. Pero la característica dominante termina por imponerse e imprimir su sello al proceso entero.

Para empezar a entender el mecanismo sucesorio mexicano, conviene clasificar las últimas seis sucesiones en dos categorías; primera: los "dedazos" por eliminación, que beneficiaron a Luis Echeverría en 1969-1970, a Miguel de la Madrid en 1981-1982 y, en la supuesta madre de todos los descartes, a Ernesto Zedillo en 1994. Segunda categoría: los "destapes" por elección o decisión, que favorecieron a José López Portillo en 1975-1976, a Carlos Salinas de Gortari en 1987-1988 y, de modo efímero, a Luis Donaldo Colosio en 1993. Incluso si nos remontamos a la época anterior, comprobamos, por ejemplo, que de acuerdo con Humberto Romero —encargado de prensa de Adolfo Ruiz Cortines y secretario particular todopoderoso de Adolfo López Mateos—, la alternancia data de más atrás. El veracruzano optó por López Mateos al final; éste, en cambio, se decidió por Gustavo Díaz Ordaz desde "el primer día de su mandato" —según Romero—, sin contemplar jamás una alternativa. Si revisamos desde esta óptica las transferencias del poder que nos ocupan, podremos más tarde elucidar los efectos, los costos y los daños que cada una involucró, dependiendo del tipo al que pertenece. Anunciemos por ahora, en síntesis, la lógica de la tipología: las sucesiones por descarte exacerban la ruptura entre saliente y entrante; en cambio, las sucesiones por elección maximizan el engaño por el saliente de los pretendientes derrotados y extreman los resentimientos entre los competidores.

Un teorema —es decir, algo demostrable— de la sucesión presidencial en México advierte que el filtro de las posturas de sustancia y del apoyo u oposición de las fuerzas políticas reales se da previamente a la conformación de la terna o del cuarteto final. La inclusión en el gabinete presidencial cumple esta función: sólo acceden a él, y enseguida pasan a integrar el círculo de posibles, quienes ya proveen garantías suficientes de continuidad sustantiva, de construcción de alianzas y de salvar vetos definitivos que nadie desea ver pronunciados. En otras palabras, quienes llegan a las semifinales suelen haber aprobado ya todas las pruebas, de tal suerte que entre ellos la elección no depende en verdad de criterios sustantivos o estratégicos. Todos los finalistas se identifican básicamente con las políticas —económicas, sociales, internacionales— del saliente o, en todo caso, todos representan un riesgo equivalente de traición o retoque. Todos cuentan con la misma capacidad potencial de forjar alianzas entre diputados, senadores, gobernadores, líderes sindicales, etcétera; y todos los participantes en la última ronda, de hecho, ya esquivaron un veto hipotético de los poderes fácticos: si el Presidente en funciones supiera o sintiera que Fidel Velázquez, o el empresariado, o la Iglesia, o —como dijo López Portillo en su entrevista— Estados Unidos se opusieran con vehemencia a algún pre-precandidato, éste dejaría de serlo *ipso facto*. Así, al final de la contienda, la competencia se celebra ante todo en el terreno político-táctico, en lo personal, y en el juego de seducción-engaño-reaseguro entre candidatos. Por ello los sesudos análisis sobre la supuesta afinidad o animosidad de tal o cual candidato frente a una determinada línea política, o en relación con una fuente de poder real, suelen pecar de irrealidad: dentro del universo de candidatos predeterminados, todos son partidarios del Presidente, todos comparten su enfoque y todos cuentan con un visto bueno tácito de los factores de poder.

Gustavo Díaz Ordaz cumplió fielmente con el axioma de Adolfo Ruiz Cortines; según recuerda Rafael Moreno Valle, el médico militar de Puebla que llegó a ser el amigo más íntimo de Díaz Ordaz en sus últimos años de vida, amigo a secas de Adolfo Ruiz Cortines y gobernador de su estado por tres años, Ruiz Cortines alguna vez le explicó: "El Presidente no puede tener ni más de tres candidatos, ni menos de tres. Si son dos y se inclina por uno desde el principio, la jauría lo hace pedazos y llega muy lastimado. Además, si el predestinado se enferma o tiene un escándalo, hay que echar mano de otro, y éste se va creer o plato de segunda mesa, o que llegó por sí mismo, y los demás van a pensar que el Presidente se equivocó. Pero nunca el número es superior a tres: lo demás es relleno para que se repartan los trancazos." Curiosamente, treinta años después, Miguel de la Madrid ha compartido una reflexión similar con diversos interlocutores a propósito de la contienda dentro del PRI para suceder al doctor Ernesto Zedillo: si son sólo dos candidatos, el perdedor puede dividir al partido; si son más de tres, se atomizan los apoyos.

Al final de la ruta sucesoria, a mediados de 1969, Díaz Ordaz se quedó con una terna: Luis Echeverría, secretario de Gobernación; Emilio Martínez Manatou, secretario de la Presidencia; y Alfonso Corona del Rosal, jefe del Departamento del Distrito Federal. Antonio Ortiz Mena, el hombre de las finanzas y artífice del milagro mexicano, nunca figuró, según los cercanos, entre los verdaderos finalistas: carecía de una relación personal con Díaz Ordaz, había competido con él de manera excesivamente acre en 1963 para suceder a Adolfo López Mateos y, como explica el propio Luis Echeverría en la primera entrevista de este libro, había buscado con demasiado afán el apoyo de los círculos políticos y financieros norteamericanos. Era, en efecto, un especie de Ezequiel Padilla de los sesenta: anatema para la extraña obsesión anticomunista y nacionalista que llegó verdaderamente a poseer a Díaz Ordaz.

En las sucesiones por descarte, el Presidente tiende a seguir explorando, a veces con desesperación, nuevas alternativas. En el caso que nos ocupa, al verse orillado a optar entre los integrantes de la mencionada tercia de ases malqueridos, Díaz Ordaz buscó otras salidas. De acuerdo con las reminiscencias de Fernando Gutiérrez Barrios, director de la Federal de Seguridad y colaborador cercano de Díaz Ordaz desde el sexenio de López Mateos, coqueteó con la idea de postular a Antonio Rocha Cordero, gobernador de San Luis Potosí y exprocurador general de la República. Era un candidato natural, con un impedimento: la edad; tendría cincuenta y ocho años en 1970. En una ocasión, saliendo de su acuerdo con el Presidente, meses antes del destape, un periodista —quizás inducido— le preguntó sobre sus posibilidades. Respondió lacónicamente: "México es un país joven y necesita de un Presidente joven." Con ello parecía descartar a varios precandidatos de edad similar.

Pero Díaz Ordaz caviló largamente sobre una alternativa ideal, porque satisfacía todos los requisitos imaginables, salvo el constitucional: Jesús Reyes Heroles. No había cumplido cincuenta años: marcaría un cambio generacional innegable, siguiendo la teoría del ritmo de las generaciones con la que Mario Moya Palencia explica el triunfo de José López Portillo en 1976. Provenía del mundo político, pero gozaba ya, con sus seis años en el Seguro Social y otros seis al frente de Petróleos Mexicanos, de la experiencia administrativa necesaria. Su lealtad y cercanía personal con Díaz Ordaz se mantenían, en la medida de lo posible, impolutas: durante las terribles semanas del movimiento del 68, nadie, salvo quizás Marcelino García Barragán, conservó como él la confianza del Presidente. El problema estribaba en el artículo 82 de la Constitución: el padre de Reyes Heroles había nacido en España, y la ley exigía en aquel entonces —por esas razones impenetrables y contraproducentes propias de nuestro país— que se fuera hijo —o hija, aunque no viniera al caso en ese tiempo— de padres mexicanos por nacimiento para poder ocupar la silla presidencial.

Según las reminiscencias de Reyes Heroles, relatadas a su hijo menor, Federico, o anotadas en sus diarios —y sin prejuzgar la comprensible exageración que puede imperar en conversaciones o anotaciones de esa naturaleza—, por lo menos en dos oportunidades Díaz Ordaz sondeó a Reyes Heroles sobre la posibilidad de convertirlo, de una manera u otra, en el candidato del PRI a la Presidencia. Repetidamente procuró en vano que el político de Tuxpan aceptara escudriñar las distintas vías legales o para-legales de acceso a la candidatura. En una ocasión, en la primavera de 1969, según los relatos de su padre que guarda Federico Reyes Heroles, hubo un sondeo en el vuelo de regreso de una gira de Pemex a provincia. De acuerdo con la versión del diálogo que recuerda Federico, Díaz Ordaz abrió fuego: "Abogado: ¿conque usted se autodescarta de la contienda por la Presidencia?" Reyes Heroles respondió: "Sí, señor Presidente; el artículo 82 constitucional establece que para ser Presidente de la República se necesita ser mexicano por nacimiento e hijo de mexicanos por nacimiento." Díaz Ordaz replicó: "Bueno, pero usted sabe que don Manuel Ávila Camacho era hijo de español", provocando una primera respuesta negativa de Reyes Heroles: "No, no lo sé. Tenía mucho el aspecto, pero no lo sé. Sí quiero recordarle que Ávila Camacho no era abogado; seguramente eso explica de alguna manera que haya podido llegar a la Presidencia de la República." Díaz Ordaz retoma su argumentación: "Usted sabe que el Presidente López Mateos era hijo de guatemalteco." Reyes Heroles: "Eso sí lo sé, no guatemalteco pero guatemalteca. Por haber sido secretario general del Seguro Social me tocó ver la documentación al respecto, y me encontré con que es verdad que el licenciado López Mateos era hijo de guatemalteca. Pero tampoco era abogado, cursó la carrera de derecho pero nunca se recibió." Con resignación, Díaz Ordaz concluye: "¿Usted definitivamente se elimina, se autoelimina de la contienda?" "Sí señor Presidente, yo sí soy abogado." "¿No le importaría que le dijera a los otros contendientes que se encuentran a bordo del avión?" Díaz Ordaz llama entonces a Antonio Ortiz Mena, a Luis Echeverría y a Emilio Martínez Manatou al sillón circular de la cabina y les narra lo ocurrido.

No era la primera vez que el Presidente trataba de persuadir a su director de Pemex. En los diarios de Jesús Reyes Heroles —que obran en posesión de su familia, y varios pasajes de los cuales fueron leídos al autor por Federico— se relata que el 5 de noviembre de 1968, recién concluida la Olimpiada y consumada la matanza de Tlatelolco, sucedió lo siguiente: "Me pregunta el Presidente qué opino de la limitación constitucional [del artículo 82], y le digo que durante 16 años la he defendido en clase y que me parece una limitación conveniente para México. Me repite: '¿Pierdo un as en mi baraja?' Le aclaro: 'Hace dos años que se lo dije al doctor Martínez Manatou, y me aseguró que no era necesario que se lo dijera a usted, que él se lo iba a informar... ¿No lo hizo?' El Presidente contesta: 'No. Cuando se comentó el asunto de la gobernatura de Veracruz me contaron algunos chismes, que usted era hijo de español.' Le confirmé: 'Como le decía a usted, sustancialmente eso es cierto, soy hijo de mexicana por nacimiento y de mexicano por naturalización'."

Todo indica, en efecto, que Díaz Ordaz se quedó sin ases; escogió a Echeverría por eliminación y porque éste se lo ganó al final de la contienda. El Presidente probablemente seleccionó a quien lo sucedería en el poder durante los primeros meses de 1969, aunque le avisó al agraciado hasta junio —según Luis Echeverría— y la postulación oficial fue hasta el 8 de noviembre. Jorge de la Vega da una primera pauta de los tiempos: en marzo de 1969 fue citado por el Presidente Díaz Ordaz a Palacio Nacional para tratar asuntos del Instituto de Estudios Políticos, Económicos y Sociales (IEPES) del PRI, del cual era director. Al término de la entrevista, el Presidente le dijo que en lo sucesivo, para consultas de tipo político, buscara a "don Luis". Se refería al secretario de Gobernación. De la Vega comenta que el tono particularmente cordial del Presidente Díaz Ordaz y la expresión "en lo sucesivo busque a don Luis" constituyeron, de hecho, una orientación política inequívoca acerca de quién sería el candidato del PRI a la Presidencia. Díaz Ordaz agradecía la lealtad de De la Vega con un invaluable "pitazo", disimulable e incluso negable, pero concluyente para quien quisiera comprenderlo. Gutiérrez Barrios evoca un recuerdo semejante: en febrero de aquel año, de repente recibe una llamada del Presidente convocándolo a Cuernavaca al día siguiente —un sábado—, en compañía de su jefe, el secretario de Gobernación. Van juntos Echeverría y el director de la Federal a la casa de fin de semana del Presidente, donde asisten a una larga exposición de Díaz Ordaz sobre la personalidad de Lyndon Johnson, sobre las relaciones con Estados Unidos y la política internacional, que carecía por completo de urgencia o pertinencia, incluso para Echeverría. Al salir de la reunión, Gutiérrez Barrios pensó: "El Presidente había querido compartir con quien sería el próximo candidato del PRI sus reflexiones sobre la situación internacional para irlo preparando." Gutiérrez Barrios interpretó su propia presencia como una forma críptica del primer mandatario de comunicarle su simpatía por Luis Echeverría.

El conjunto de incidentes ilustra una característica peculiar del mecanismo: el titular del Ejecutivo envía constantemente señales a los candidatos, y en particular al destinado a ganar, pero éste no necesariamente las capta o las comprende. Echeverría me dio la impresión de haber confundido este encuentro con otro, con los mismos asistentes, en el mismo sitio, meses antes: una reunión banal, dedicada principalmente a la seguridad de Lady Bird Johnson, la esposa del mandatario norteamericano, quien visitaría la Ciudad de México para inaugurar la estatua de Abraham Lincoln que hasta la fecha adorna un parque de Polanco. La memoria sin duda falla, y en la abundante miscelánea de señales recibidas, unas permanecen y otras se desvanecen con los años. Como veremos, sin embargo, el patrón es recurrente: candidatos más recientes y más jóvenes que Luis Echeverría también confundieron y se confundieron con los mensajes cifrados y cruzados enviados por sus jefes. Es explicable: el Presidente en funciones se acostumbra, a lo largo de los años, a borrar sus huellas y cultivar el circunloquio al extremo; cuando quiere decir algo, ya no sabe cómo.

El movimiento del 68 desempeñó un papel decisivo en la sucesión en varios sentidos, pero uno en particular destaca; he allí, por lo demás, el corazón de la sucesión, y quizás del 68: quienes propusieran una negociación, en el torbellino de odios, pasiones y resentimientos que llegaron a envolver y a obnubilar a Díaz Ordaz, estaban destinados a perder; quien se abstuviera de pugnar por una salida pactada, llevaba todas las de ganar. El único que lo entendió cabalmente fue también el único que hubiera podido realizar con éxito la hazaña concertadora, pero que al hacerlo se habría autoeliminado del torneo sucesorio. En efecto, el ministro idóneo para negociar con los estudiantes era Luis Echeverría: ocupaba la cartera indicada; generacionalmente su afinidad era superior a la de los demás; por ser percibido por muchos como el hombre duro y más institucional del régimen, cualquier acuerdo al que arribara se beneficiaría de una gran legitimidad; y contaba, a diferencia de algunos otros intermediarios reales o en potencia, con la experiencia requerida para la faena. No lo hizo porque sabía que cualquier atisbo o susurro negociador condenaba su candidatura a muerte, a ojos del único juez del tribunal supremo. De allí la responsabilidad del sistema, más allá de los hombres: una vez echada a andar la carrera sucesoria, comienzan a perder fuerza las consideraciones de Estado y empiecen a fortalecerse los criterios personales. En todos los sistemas políticos acontece algo similar, pero en ausencia de contrapesos, de instituciones autónomas y de barreras acotadoras, el resultado puede ser desastroso para el país. Así lo fue.

Los otros aspirantes se vieron descarrilados por los acontecimientos de aquel verano y otoño. Antonio Ortiz Mena ya había sido marginado por su salud —según el entonces yerno de Díaz Ordaz, Salim Nasta, cuyo presidente del Consejo de Guanos y Fertilizantes era justamente el secretario de Hacienda, éste nunca colocaba las manos encima del escritorio para evitar que se le notara la severa y prematura temblorina semi-parkinsoniana que padecía desde entonces—, por su cercanía a los medios financieros internacionales y en menor medida por su edad —el 22 de septiembre de 1968 cumplió sesenta años—. El responsable hacendario, por quien Díaz Ordaz sentía un gran respeto pero poca afinidad o afecto, no ganó puntos durante esos meses con su perfil discreto; su parsimonia política le impidió remontar la cuesta. Sin embargo, en el caso de los otros dos y verdaderos rivales de Echeverría, los días de plomo y de asombro del movimiento estudiantil barrieron con ellos.

El doctor Martínez Manatou era el amigo entrañable de Díaz Ordaz en el gabinete; sin embargo, en los comentarios de varios testigos del desenlace de la carrera presidencial se filtra la sensación de que imperaba un cierto desprecio del jefe por su colaborador. Un gran defecto debilitaba al tamaulipeco, a ojos de Díaz Ordaz: no era abogado, y Díaz Ordaz lo era obsesivamente. La estrecha relación trabada desde esos años entre el poblano y el director jurídico de la Presidencia, y luego subsecretario de la misma dependencia, José López Portillo, descansaba justamente en la identidad de orígenes profesionales y de mentalidades propias de la abogacía. El médico no encajaba, y además, tampoco despertaba un gran respeto presidencial por su talento hipocrático; en varias ocasiones se le escuchó a Díaz Ordaz una sugerencia despectiva dirigida a un amigo enfermo: "Aunque sea, que te vea Emilio." Pero sin duda la puntilla a la presunta candidatura de Emilio Martínez Manatou no provino de su profesión errada o de su magra pericia jurídica, sino de su comportamiento durante el último año de la contienda. Fue, como alguien ha comentado, el Manuel Camacho de aquella época; es decir, el encargado de atender a los críticos y opositores, que paga un alto precio por cumplir con éxito su misión.

El doctor Moreno Valle lo recuerda como si fuera ayer; tanto más que su candidato era Martínez Manatou, que nunca se entendió con Echeverría ya como Presidente, y que Díaz Ordaz lo instó a acercarse al secretario de Gobernación —al igual que en el caso de De la Vega y de Gutiérrez Barrios—. En una ocasión, en 1968, los rumores empezaron a acusar a Moreno Valle de proselitismo a favor de Martínez Manatou; incluso el profesor Carlos Hank González, director de Conasupo y próximo gobernador del Estado de México, transmitió al médico un recado del presidente del PRI: Díaz Ordaz se quejaba de que el doctor Moreno Valle ya tenía candidato, mientras que el Presidente de la República no. Pidió ver a Díaz Ordaz, aclaró que se trataba de una calumnia y las relaciones entre ellos se normalizaron. Al despedirse, el Presidente le preguntó si había visto a "don Luis". Moreno Valle le pregunta: "¿A quién se refiere?" "Pues a Luis Echeverría, ¿qué, no lo ha visto?" "No, porque no tengo nada que tratar con él; pero si usted me dice que vaya, lo haré." Se sorprende Díaz Ordaz: "¡Hasta que conozco a un gobernador que no tenga nada que tratar con el secretario de Gobernación! Pero en todo caso, esto es como el juego de Juan Pirulero, cada quien atiende su juego."

Semanas antes del destape, el Presidente le comentó a su amigo, ya para entonces gobernador de Puebla: "Los economistas no sirven para nada. Vea al doctor Martínez Manatou; se ha rodeado de economistas que sólo me estorban; si les hubiera hecho caso, ya hubiéramos parado al país." Se refería, entre otros, a Ifigenia Martínez de Navarrete y al grupo de intelectuales de la Universidad afines a Martínez Manatou. Díaz Ordaz le había insinuado con anterioridad a su secretario de Salubridad y Asistencia la incomodidad provocada por Martínez Manatou, y Moreno Valle le había cuestionado a su "gallo" esas amistades: "Tienes a Ifi, a los González Casanova aquí en tus oficinas. ¿Cómo es posible que tengas aquí a los enemigos del Presidente?" Martínez Manatou, al igual que Manuel Camacho veinticinco años después, contestó confiado: "El Presidente lo sabe; es un valor entendido entre nosotros; nos conviene." El famoso panfleto *Autoritarismo o dictadura*, que recibiera en las columnas de prensa el subtítulo de "Siete contra Tebas", firmado por intelectuales como Gastón García Cantú, Víctor Flores Olea, Henrique González Casanova y Francisco López Cámara, y que buscaba tender puentes entre el rector Javier Barros Sierra y Martínez Manatou, simplemente fue la gota que derramó el vaso: en el sistema sucesorio mexicano, no hay peor pecado que vincularse con los enemigos del jefe, cualquiera que sea el origen de la animosidad presidencial, cualquiera que sea la encomienda presidencial al respecto, y cualquiera que sea la relación presidencial con dichos enemigos, que puede en efecto existir, con o sin el conocimiento del interesado.

La creciente seguridad y arrogancia de Martínez Manatou también irritaban a Díaz Ordaz. En una oportunidad, a medio sexenio, le comentó a su yerno Salim Nasta: "Este ya se siente Presidente." Recuerda también Moreno Valle que en una de sus últimas conversaciones, previas al destape, con Martínez Manatou en Palacio Nacional, éste le había comentado que las cosas iban bien: "Voy a toda madre, tengo a veinte gobernadores de mi lado, a la CNC, hasta los enemigos del Presidente me apoyan: Manuel Moreno Sánchez, Raúl Salinas Lozano, Donato Miranda Fonseca. El Presidente lo sabe." Moreno Valle nunca procuró averiguar si, en efecto, a Díaz Ordaz le complacía este comportamiento. Pero varios años después de haber abandonado la Presidencia, Gustavo Díaz Ordaz lo invitó a acompañarlo a Nueva Orleans: un viaje fácil y entretenido para dos viejos amigos. Nunca habían platicado de la sucesión de 1969, aunque tal vez ninguno de los colaboradores del expresidente mantenía su amistad como él. Después de una larga y típica cena en algún restorán *cajun* del barrio francés, regresaron a su hotel y conversaron hasta la madrugada. Moreno Valle se animó, por fin, a suscitar el tema de la sucesión: "Licenciado: si Emilio me dijo que él le informaba de quiénes lo apoyaban, incluso sus enemigos, ¿qué sucedió?" Contestó Díaz Ordaz: "Sí, es cierto. Y entonces yo pensé: que mis enemigos lo hagan Presidente." El reclamo calza a la perfección con otro, manifestado veinticinco años más tarde, atribuido por Manuel Camacho a Carlos Salinas: "En lo político, Camacho, cometiste el error de aliarte con mis enemigos."

Si a todo ello agregamos la anécdota —posiblemente falsa, pero muy difundida en círculos vinculados a Luis Echeverría, ahora y entonces— de la lluvia de clips que se abatió sobre la tropa bajo las ventanas del despacho de Martínez Manatou en agosto de 1968, al ingresar el Ejército al Zócalo de la Ciudad de México, comprendemos por qué, salvo en ausencia de otro candidato, el secretario de la Presidencia no podía convertirse en el sucesor. El ambiente de paranoia, acoso, aislamiento y anti-intelectualismo que imperaba en Los Pinos durante y después del movimiento estudiantil, sólo exacerbó la irritación presidencial ante la soberbia y la insensibilidad de Martínez Manatou. Para Díaz Ordaz tanto como los estudiantes, los culpables de la crisis eran sus profesores.

La otra carta en juego era el jefe del Departamento del Distrito Federal, Alfonso Corona del Rosal, "general entre abogados, y abogado entre generales". Tenía todo, como asegura Echeverría en su entrevista, para salir avante, salvo el beneplácito del gran elector. Había sido diputado, senador, gobernador de su Hidalgo natal, secretario de Patrimonio Nacional y presidente del PRI. Desde la década de los cuarenta y durante sus años en el Senado, forjó una sólida amistad con Díaz Ordaz, y en tanto regente de la Ciudad de México antes y durante los Juegos Olímpicos de 1968, se encontraba no sólo en el candelero, sino en el sitio más apetecible, vistoso y privilegiado. El hombre de la fedora extemporánea era un candidato natural.

Tres factores contribuyeron a su derrota. El primero —invocado con mayor frecuencia y énfasis— radicaba en su edad. Corona nació el 1 de julio de 1908; cumplió 62 años a escasos meses de la toma de posesión presidencial de 1970; habría salido de Los Pinos, al terminar su mandato, rebasando los 68 años. Hubiera tenido entonces exactamente la misma edad que el decano de los presidentes modernos de México, Adolfo Ruiz Cortines, que asumió la primera magistratura a los 61 años y once meses, y llegó en parte por haber insistido durante medio sexenio en que no era "más que un viejito" sin perspectivas. Corona del Rosal pertenecía a la generación de Gustavo Díaz Ordaz, que a su vez era coetáneo de Adolfo López Mateos; según la teoría de Mario Moya Palencia, se imponía ya un salto generacional. Y es cierto que Díaz Ordaz había esgrimido cierta debilidad por la inclusión de jóvenes, si no en el gabinete, por lo menos en otros puestos, y recurrió al argumento de la "sangre nueva" en varias oportunidades. Pero el razonamiento podía leerse también al revés: en un país ya maduro, seguro de sí mismo y en plena expansión económica, con un civilismo consolidado y una presentación esplendorosa en la escena mundial a través de la Olimpiada, ni la etiología militar ni la edad, en sí mismas, parecían obstáculos insuperables. De haberse resuelto el movimiento del 68 sin estragos, y de no haberse manchado el éxito organizativo e internacional de los Juegos Olímpicos con la sangre de Tlatelolco, Corona del Rosal, con todo y sus sesenta años, y gracias a sus antecedentes políticos, administrativos, regionales e ideológicos, podía convertirse en un Presidente funcional y adaptado a las necesidades del país: el guardián de una transición a la vista, pero no inminente. La edad, a pesar de ser México un país cada vez más joven en aquel momento, no constituía un impedimento infranqueable en sí mismo; en un entorno de revuelta estudiantil, tal vez sí.

Un segundo factor, probablemente el decisivo a la luz de los acontecimientos de 1968, consistió justamente en el origen militar del regente. La clave aquí reside en el contexto, no necesariamente en el hecho absoluto. El 68 encerró una infinidad de significados para México, pero entre otros entrañó la reaparición de las Fuerzas Armadas en la vía pública, en la vida política y en el imaginario social de la nueva clase media mexicana. Ciertamente, no conviene exagerar la nota: en 1958 y 1959, durante el movimiento ferrocarrilero y magisterial, ante los primeros brotes guerrilleros de los años sesenta, y en la represión esporádica y aislada, pero siempre presente, de los fugaces despertares obreros y campesinos, el Ejército no brilló por su ausencia. Pero de allí a divisar a la tropa en las inmediaciones del Zócalo, de Ciudad Universitaria, del Casco de Santo Tomás y sobre todo de la Plaza de las Tres Culturas, se interponía un abismo: el sitio de la represión, sus víctimas, sus motivos y su extensión pertenecían ahora a otro registro. Por primera vez, las Fuerzas Armadas interrogaban y golpeaban a estudiantes y profesores en los recintos militares de la capital de la República: a escasas cuadras de donde vivían sus padres, sus esposas o madres, cerca de las escuelas, cafés y librerías que frecuentaban.

En esas circunstancias se antojaba mucho más a contrapelo que antes la nominación de un militar, por civilista que fuera, por enfatizada que haya parecido la sustitución del "Mi general" por el "Señor licenciado", por negociador y prudente que perjuraran sus adeptos que era el jefe del Departamento. De hecho, su designación podría haber alentado la idea de que había una entrega del país a las Fuerzas Armadas al momento de quiebre del sistema político: precisamente lo que Díaz Ordaz no procuró nunca durante los acontecimientos, y precisamente lo que el secretario de la Defensa se negó siquiera a contemplar durante los momentos más álgidos del movimiento. De ninguna manera la postulación de Corona del Rosal hubiera equivalido a una asonada, pero podía parecer un golpe blanco. De los recuerdos de Jorge de la Vega Domínguez, colaborador ultracercano del presidente del PRI, Alfonso Martínez Domínguez, se infiere una cercana amistad y simpatía de don Alfonso por Corona del Rosal. Pero como el propio De la Vega reflexiona hoy: "El movimiento del 68 y la participación leal e institucional del Ejército mexicano hacían prácticamente imposible que el candidato del PRI fuera un militar, no obstante las altas cualidades y merecimientos políticos de Corona del Rosal." Conviene recordar, afirma De la Vega, los señalamientos y calificativos de toda índole dirigidos por intelectuales y periodistas a Díaz Ordaz y al Ejército después de los acontecimientos del 2 de octubre. El mismo regente lo presintió, y por eso buscó, durante las semanas previas al desenlace sangriento, una salida pacífica: no sólo porque la prefería, sino porque lo salvaba de la derrota.

El último factor, ya mencionado, consistió justamente en su proclividad a la negociación. A través de Rodolfo González Guevara entabló repetidamente contactos con el Consejo Nacional de Huelga y con la Juventud Comunista, en la persona de Arturo Martínez Nateras. Por supuesto que no vaciló en recurrir a la mano dura cuando lo consideraba indispensable y oportuno, pero intuitivamente, por lo menos, comprendió que el empleo de la fuerza lo dañaría de modo irremediable. No se opuso al recurso a la fuerza, pero dejo entrever su inclinación por otra salida. Acarició demasiado la solución tranquila y ordenada, sutil y suave, al estilo de la política de toda su vida. Se equivocó.

A la inversa, no se requiere de un gran talento de ajedrecista o estratega militar para adivinar que la salida dura favorecía al candidato de la dureza civil: por ubicación burocrática, por trayectoria y por carácter aparente, Luis Echeverría. Con el desbordamiento de la agitación estudiantil y la consiguiente respuesta militar, el secretario de Gobernación lograba simultáneamente dos objetivos, a saber: descalificar al rival más poderoso, y mostrarle su mejor cara al Presidente: la de la lealtad, la firmeza y la eficacia. Hoy, treinta años después, comienzan a surgir pequeños indicios de algo sospechado desde tiempo atrás: en la medida en que el movimiento favoreció a Echeverría y perjudicó a sus dos principales adversarios, se torna inevitable la especulación sobre el uso-instigación-amplificación del movimiento por el precandidato triunfante. Desde las insistentes aunque endebles versiones sobre el desconcierto de Díaz Ordaz el 2 de octubre, hasta el papel contradictorio que pudieron haber desempeñado determinadas figuras posteriormente asociadas con Echeverría, e incluyendo el obstinado empeño de Díaz Ordaz por mostrar a un Presidente engañado por la "celada echeverrista", se vuelve irresistible la tentación de vislumbrar un complot de Gobernación. No será ni el primer ni el último complot alimentado por los hechos, la imaginación y la especulación en estas páginas. Este complot en particular no es ni más ni menos inverosímil que los otros con los que el lector se topará en estas páginas.

De la Vega Domínguez ha narrado ya en varias ocasiones cómo la tarde del 2 de octubre se encontraba con algunos líderes del movimiento estudiantil en el domicilio particular de Andrés Caso Lombardo. Ahí recibió una llamada telefónica del Presidente Díaz Ordaz indicándoles que escucharan la radio y vieran en la televisión lo que estaba aconteciendo en la Plaza de las Tres Culturas. Tanto Caso Lombardo como el propio De la Vega debían, dijo Díaz Ordaz, cuidar la integridad física de los estudiantes, con algunos de los cuales ya habían iniciado negociaciones, gracias a la intervención del rector Javier Barros Sierra. Según De la Vega, Díaz Ordaz estaba profundamente preocupado por los acontecimientos de Tlatelolco y, si bien el Presidente de la República era el jefe supremo del Ejército, la única instrucción que pudo dar en relación con la Plaza de las Tres Culturas fue para evitar la marcha estudiantil hacia el Casco de Santo Tomás, ya que la fuerza militar tenía ocupadas las instalaciones del Instituto Politécnico Nacional. De la Vega considera que en Tlatelolco se armó una celada política que aún no ha sido posible dilucidar, donde incluso fue agredido el destacamento militar encabezado por el general Hernández Toledo. En su opinión, bajo ninguna circunstancia Díaz Ordaz pudo haber ordenado la represión de los estudiantes.

Los apuntes de Jesús Reyes Heroles también brindan cierta credibilidad indirecta a esta interpretación, con la reserva de que su relación con Echeverría era pésima y terminó, años después, a insultos en la plaza pública. El 19 de agosto anota el director de Pemex: "Me habla el general García Barragán y me dice que Echeverría y Corona del Rosal le dicen que va a haber un gran mitin de electricistas y petroleros frente a [la refinería de] Azcapotzalco y le piden que mande la tropa. Agrega que el único error que ha cometido es que fuera la tropa el 16 de agosto. Contesto que bajo mi responsabilidad no mande ningún soldado. García Barragán contesta: 'Bajo tu responsabilidad y la mía, Tigre, pero háblale a Echeverría.' Le hablo a Echeverría y contesta: 'Bueno, si es bajo responsabilidad de ustedes está bien.' A las 15:05 me habla Echeverría y me pregunta si ya sé lo que está aconteciendo frente a la refinería. Averiguo, me habla pocos minutos después, y le digo que de los 500 obreros en turno 488 han entrado, sólo 12 no. Echeverría me insiste en que ya me lo había dicho, que a los obreros los golpean para que no vuelvan. Y le digo que eso no es posible porque en primer lugar no es muy fácil mandar golpear a obreros, y segundo, mucho politécnico es hijo de obrero petrolero y mucho obrero petrolero es hijo de politécnico. Me dice que por lo menos les diga que se vayan. A las 15:40 le hablo por teléfono y le digo que los 500 obreros están trabajando, los 200 politécnicos ya se fueron y le recuerdo otros incidentes [...]. Muy piadosos para detener a cinco o seis provocadores, muy decididos para armar una zafarrancha [*sic*] en la que puede haber cinco o seis muertos."

Dos semanas después, Reyes Heroles detecta de nuevo una extraña insistencia del secretario de Gobernación por descubrir vínculos entre Pemex y el movimiento estudiantil. Narra Federico, leyendo los apuntes de su padre: "A las 13:50 se comunica el licenciado Echeverría con el director de Pemex: 'Jesús: un grupo de revoltosos van hacia Petróleos Mexicanos; sería conveniente que la fuerza pública estuviera ahí.' Le pido a Echeverría unos minutos para verificar de qué se trata, si había algún conflicto interno, laboral o de alguna otra índole que pudiera servir de pista para que alguna manifestación se presentara en el edificio de Juárez. A los cinco minutos me comunico con el secretario de Gobernación y le digo: 'Luis, no he encontrado absolutamente nada al interior de la institución; no tenemos reportado ningún tipo de movimiento, el equipo de seguridad de Pemex, en el edifico mismo, no ha reportado nada, no sé si tú tengas más información.' 'Sí, Jesús, sé que hay un grupo que se está aproximando al edificio de Petróleos y por eso sería conveniente que fuera la fuerza pública.' A los cinco minutos se presenta un camión, se levanta un individuo y empieza a vociferar contra el Presidente de la República. No sólo no eran petroleros, sino que algunas de las consignas que lanzaban eran contrarias a las reivindicaciones de los trabajadores de Petróleos que habían perdido hijos en el enfrentamiento de la preparatoria y de la vocacional. Era una provocación al propio sindicato. Pocos minutos después llega la fuerza pública no solicitada por el director de Pemex al edificio de Petróleos y hay un conato de violencia entre dos fuerzas que no tenían nada que ver con Petróleos."

Los apuntes de Reyes Heroles, efectuados en principio sobre la marcha, afectados tal vez por su escasa simpatía por Echeverría pero no, en este caso, por un afán inculpatorio, coinciden con la tesis de una protagonista lejana y próxima a la vez. Rosa Luz Alegría era una joven estudiante de la Facultad de Ciencias, estrechamente relacionada con uno de los líderes más inteligentes, hábiles y carismáticos del movimiento: Marcelino Perelló, a quien con frecuencia acompañaba a las reuniones del Consejo Nacional de Huelga. En los primeros días de agosto de ese año empieza a salir con el hijo mayor de Luis Echeverría, y un mes después contraen matrimonio; el siete de septiembre los recién casados parten a París, becados por el gobierno, conforme a planes esbozados con mucha antelación. El secretario de Gobernación se mantuvo incólume en su empeño por impedir que cualquier contacto con los estudiantes contaminara su nexo con Díaz Ordaz; pidió a Rosa Luz que por ningún motivo apareciera Perelló en la boda. Ella no pertenecía a la dirigencia estudiantil, pero conocía a los dirigentes; no vivió el movimiento en el seno de la familia del secretario de Gobernación, pero formaba parte de ella. Piensa hoy que su exsuegro "quiso aprovechar el movimiento, y de alguna manera le salió; lo infla para después resolverlo con bombo y platillo. Les da vuelo a los muchachos, da permiso para las manifestaciones, incluso el mismo día en la misma zona [el 26 de julio]. Luego se le va de las manos, sin embargo al final lo resuelve con un golpe de timón, hace la maniobra y eso es lo que yo siento que le ganó la candidatura."

En el abigarrado acervo de documentos sobre el 68 publicados o filtrados en ocasión del trigésimo aniversario de los acontecimientos, destaca un informe de Inteligencia Militar norteamericana, sin fecha pero probablemente redactado en marzo de 1969, a propósito de la remoción del general Mario Ballesteros Prieto, oficial mayor de la Defensa Nacional, y de la caída en desgracia ante el secretario de la Defensa del general brigadier Luis Gutiérrez Oropeza, jefe del Estado Mayor Presidencial. Según el informe, ambos militares fueron acusados de haber contradicho o malinterpretado las órdenes del secretario, Marcelino García Barragán. Entre las instrucciones más trascendentes pasadas por alto por dichos militares figuraba, según el informe, la de enviar un batallón de paracaidistas a Tlatelolco el 2 de octubre sólo para "observar lo que sucedía y para impedir que los actos se extendieran a otras partes de la Ciudad". La incursión del batallón dentro de la Plaza, que desató el violento enfrentamiento con los estudiantes, "no formaba parte de la actividad militar señalada". Enseguida el informante —cuyo nombre aparece tachado en el documento— del Departamento de Defensa de Estados Unidos aclara: "El general García Barragán no pudo determinar en el momento si el general Ballesteros había malinterpretado sus órdenes o las había cambiado a propósito; sin embargo los acontecimientos subsiguientes convencieron a García Barragán de que Ballesteros y Gutiérrez Oropeza estaban tratando directamente con otras autoridades por encima de él y de hecho habían deliberadamente cambiado sus órdenes."

Un último elemento —difícil de corroborar y de descifrar— nutre esta alambicada interpretación. Una plétora de fuentes —desde Irma Serrano, la supuesta amante del Presidente, hasta Carlos Monsiváis y la familia Reyes Heroles— indica que Díaz Ordaz se refugió esos días cerca de Guadalajara, de acuerdo con algunas reminiscencias, en la casa de Juan Gil Preciado, su secretario de Agricultura, en el pueblo de Ajijic, a la orilla del Lago de Chapala, donde por cierto pasaría parte de los últimos años de su vida. Los periódicos locales o de la capital omitieron la noticia, y varios colaboradores cercanos del Presidente consultados por el autor no pudieron confirmar el hecho, aun cuando no lo niegan. Los diarios nacionales (*Excélsior* y *El Universal*) dan cuenta de un encuentro del Presidente con los directivos de la prensa el 2 en la mañana, pero sin ubicar la reunión. Ahora bien, si damos por válida la ausencia de Díaz Ordaz, las dos versiones siguientes cobran todo su sentido y pertinencia. Según Federico Reyes Heroles, tiempo después su padre le relató cómo el 2 de octubre de 1968, una vez puestos a resguardo su esposa, Gloria, y sus dos hijos, Federico y Jesús, en el rancho familiar de Hidalgo, se trasladó en el avión de Petróleos Mexicanos a Guadalajara. Pretendía manifestarle a Díaz Ordaz su creciente preocupación por los acontecimientos, y en particular por el peligro de una tragedia en Tlatelolco, donde se había programado un mitin estudiantil; buscaba convencerlo de retornar a la Ciudad de México y seguir de cerca los acontecimientos. Díaz Ordaz escuchó a su director de Pemex y se limitó, a finales de la tarde, a tranquilizarlo: ya habló con el secretario de Gobernación, quien le aseguró que todo se encontraba bajo control, sin requerir de un regreso intempestivo del primer mandatario que además podría alarmar a la opinión pública.

Al mismo tiempo, fuentes cercanas al general Corona del Rosal sostienen que esa tarde, en las oficinas de la Regencia de la capital, se reunieron el jefe del Departamento, el secretario de la Defensa, el de Gobernación y el director de la policía del Distrito Federal, el general Hernández Cueto. Allí, rayando las 18 horas, Luis Echeverría comenzó a presionar para que giraran órdenes al batallón miltar apostado en los aledaños de la Plaza de las Tres Culturas de dispersar la manifestación. Corona del Rosal y García Barragán se resistieron, insistiendo en que una instrucción de esa índole sólo podía provenir del Presidente de la República, y éste se hallaba fuera de la capital. Echeverría logró comunicarse con Díaz Ordaz; cuando le informan que el Presidente está en la línea, toma la llamada en un despacho adyacente, explicando que él es la máxima autoridad en ausencia del titular del Ejecutivo. Sale minutos más tarde, e informa que Díaz Ordaz ya autorizó el desalojo de la plaza; sólo el titular de Gobernación supo en qué términos se le solicitó a Díaz Ordaz la autorización de proceder, y en qué términos la concedió. Puede ser cierto, o la historia entera puede pertenecer a la leyenda negra urdida por los años contra Luis Echeverría, un expresidente que ha despertado más inquina en su contra de la que podría merecer.

La tesis de un Díaz Ordaz engatusado por su secretario de Gobernación siempre se ha sustentado en una lógica implacable y siempre se ha estrellado contra una deducción lógica impecable. La tesis es la que ya describimos: Echeverría magnifica el movimiento; se abstiene de negociar o resolverlo pacíficamente; conforme se avecina la

Olimpiada va colocando las piezas políticas, militares y sicológicas de una salida militar; al final, orquesta la provocación en Tlatelolco que obliga a la intervención castrense y a la matanza, logrando de esa manera descalificar a todos sus rivales, descabezar y anular el movimiento, y ganarse la candidatura presidencial por eliminación. Es un esquema descabellado, nacido de la especulación, del silencio y de la lucha descarnada por el poder en México. Por ello no puede obviarse, aunque investigaciones recientes, como la de Sergio Aguayo, sostienen que la versión del Presidente engañado no es verosímil: "Díaz Ordaz ejercía el poder a plenitud y no iba a dejar que sus subordinados lo engañaran en algo tan sensible." Choca igualmente con el contraargumento sobre las oportunidades de desengaño del Presidente: entre el instante en el que todo esto sucede y aquel en el que Echeverría es notificado de su triunfo —junio de 1969— o formalmente postulado —octubre de 1969— transcurren muchos meses, durante los cuales Díaz Ordaz hubiera podido descubrir —o ser informado— de los ardides de su antiguo subordinado en Bucareli. En particular, el mandatario podía recurrir a la amistad, la franqueza y la intuición de dos fuentes en cuyas manos reposaba la opción y la voluntad de descalificar a Echeverría por haber, justamente, engañado al primer mandatario. Esas dos fuentes eran el general García Barragán y Jesús Reyes Heroles. Ambos disponían de la información, de la escucha y todavía, aunque en menor medida, de la confianza presidenciales para actuar en consecuencia y advertirle a Díaz Ordaz: "Lo engañaron; Tlatelolco fue una emboscada; Echeverría lo va a traicionar; no le entregue un poder con el que lo va a destruir." No sucedió nada por el estilo.

En el caso de Reyes Heroles, escasean las evidencias de que haya propuesto rescatar a su amigo el Presidente de la maraña echeverrista. En sus apuntes, o en los recuerdos de conversaciones con su hijo Federico, faltan referencias a una gestión de esta naturaleza. García Barragán sigue representando un enigma: su hijo, el recién fallecido Javier García Paniagua, se negó a ser entrevistado o siquiera a conversar sobre estos temas, y de haber dejado el viejo militar henriquista memorias inéditas o en forma de borrador, éstas no se han abierto al público. De todo ello, y sobre todo del curso posterior de los acontecimientos, se desprende una hipótesis deductiva difícilmente impugnable: no hubo engaño, ya que no era factible ocultárselo a Díaz Ordaz; se hubiera enterado, vía alguno de dos confidentes o por otro medio, y jamás le hubiera cedido la Presidencia al autor de una maniobra de esa magnitud. Las cosas se complican, sin embargo, si incorporamos a la especulación un elemento adicional, constante en todas las sucesiones.

La tentación de imaginar una manipulación echeverrista del movimiento del 68 se halla estrechamente vinculada con un cuarto factor que puede haber coadyuvado a la derrota de Corona del Rosal y al triunfo del secretario de Gobernación. El mecanismo sucesorio mexicano, unipersonal y subjetivo al extremo, adolece de un defecto central, entre muchos otros: todo depende de la mirada del Presidente, pero por varias razones dicha mirada se nubla conforme se aproxima el momento de la decisión. Para empezar, como lo ha sintetizado Fernando Gutiérrez Barrios de manera notable, el saliente juzga a los candidatos tratando de adivinar cómo serán cuando conquisten el poder. Pero sólo el Presidente tiene el poder. El poder cambia a los hombres, y el triunfador está llamado a pasar de un poder raquítico o nulo al poder absoluto en menos en un año: un tránsito vertiginoso, cuyo desenlace es imprevisible. Además, cada candidato se esfuerza por presentarle al Presidente los rasgos y atributos más atractivos para él, no sus verdaderas virtudes ni sus auténticos vicios. En la medida en que se agudiza este proceso, se acentúa también la soledad del portador de la última palabra: no sólo ve menos, sino que debe abstenerse de acudir al lente de sus amigos, colaboradores y familiares para poder enfocar su propia mirada. Cree, y en parte sabe, que toda mirada es oblicua. Aunque apele a amplias y variadas fuentes de información, acaba pensando que nadie dice la verdad, y en parte así es. Toda opinión, todo informe, viene empañado por la realidad o la sospecha de la inclinación política del sujeto. ¿Por qué alguien trae tal o cual versión, chisme o crítica? El mejor ajedrecista o político intuitivo siente rápidamente mermadas sus facultades visuales, auditivas y hasta de olfato para detectar las emboscadas y engaños que se tienden unos a otros.

En estas circunstancias suele surgir un personaje clave, el de la palabra fiel y de la mirada confiable, el Lazarillo que compensa la mirada cada vez más borrosa del Presidente, el que lo conduce en la penumbra creciente de su mandato, cumpliendo su cometido simultáneamente con lealtad y con agenda propia. Se trata de un colaborador cercano, del círculo íntimo, carente de aspiraciones presidenciales propias, por lo menos en ese momento, debido a su edad, a su cargo, a la naturaleza de su vínculo con el Presidente o a otros motivos inconsecuentes. Sin caer en la ingenuidad de pensar que el primer político del país pueda despojarse de toda suspicacia o aprensión frente a un asistente o familiar, es evidente que cierto tipo de nexos generan, con el tiempo, una confianza especial. El personaje en cuestión se vuelve un especie de falso fiel del "fiel de la balanza", siguiendo la conocida expresión de José López Portillo: el que en apariencia "dice la verdad", y cuyas apreciaciones, intervenciones, sugerencias y recomendaciones presentan una limpidez y honestidad de la que carecen los demás. El Presidente puede saber que el personaje en cuestión simpatiza con la candidatura de uno u otro de los posibles; pero al mismo tiempo cree que dicha simpatía no acelaja su mirada ni sesga su actuación: es el clásico *honest broker*, el Watson de la lealtad a toda prueba, el Richelieu que trabaja, mata o roba sólo para la Corona.

Prácticamente en cada sexenio de la serie aquí reseñada ha emergido y brillado una figura de esta índole, por lo menos en lo que a la sucesión se refiere. Los tres casos más notorios son, por supuesto, José Ramón López Portillo, Emilio Gamboa y José Córdoba. Miguel de la Madrid, Carlos Salinas y Ernesto Zedillo deben en alguna medida su acceso a la Presidencia a las tres figuras mencionadas, no tanto porque los apoyaron, aunque en efecto así fue, sino porque, de diferentes maneras, contribuyeron a convencer de los talentos y cualidades de su amigo a quien debía ser convencido. Quien le proporcionó a Carlos Salinas los argumentos "más persuasivos" a favor de Ernesto Zedillo en los *idus* de 1994 fue José Córdoba; quien avaló la buena fe de Miguel de la Madrid en las discusiones presupuestales y burocráticas de 1980 y 1981 a ojos de su padre fue José Ramón López Portillo; quien revelaba el tenor y la sustancia de los acuerdos presidenciales de rivales como Jesús Silva Herzog a Carlos Salinas de Gortari era Emilio Gamboa. Así lo recuerda Silva Herzog: "Cuando yo iba a un acuerdo con el Presidente De la Madrid, a la media hora el licenciado Salinas era informado de cuál había sido el contenido de mi acuerdo, de si había yo dejado de buen humor al Presidente o de mal humor, de acuerdo con los asuntos o propuestas que yo había llevado en la cartera. Esto le dio, por supuesto, a Salinas* una información privilegiada."

---

* Al igual que sus entrevistados, el autor cita invariablemente a los personajes a los que menciona por su nombre completo, y con su título o cargo; para agilizar la lectura, después de la primera mención, se ha optado por suprimir o abreviar nombres y cargos (Nota del editor).

Según Mario Moya Palencia, quien cumplió esta función de vínculo entre Luis Echeverría y Gustavo Díaz Ordaz fue Luis Gutiérrez Oropeza, el encargado del Estado Mayor Presidencial durante el sexenio de Díaz Ordaz, y el director de Industria Militar entre 1970 y 1976: "Es la persona que yo siento que dentro de Los Pinos tenía más cercanía con el licenciado Echeverría y pudo tener ese encargo o autoencargo. Creo que pudo ser el general Gutiérrez Oropeza porque siempre lo vi muy bien dispuesto con Echeverría, y a veces le transmitía seguramente comentarios o instrucciones del Presidente de la República." Fue el aliado interno leal y eficaz de Echeverría, sin dejar nunca de inspirarle una confianza merecida a su jefe, Díaz Ordaz. Moya Palencia se hallaba en situación de saber: fue nombrado subsecretario de Gobernación el 1 de julio de 1969, y a partir de noviembre de ese año, al ser designado Echeverría candidato del PRI, quedó como encargado del despacho de esa dependencia. Desde antes gozaba de una relación más o menos cercana con Díaz Ordaz, a pesar de las diferencias generacionales. A tal punto que, según el propio Moya supo de buena fuente y refiere ahora, en el ocaso del régimen del poblano, al término de un almuerzo con empresarios que lo visitaron para felicitarlo por la candidatura de Echeverría, Díaz Ordaz fue obsequiado con dos botellas de champaña. Una se abrió para brindar por el candidato en turno. Respecto de la segunda, el Presidente dijo: "Esta otra botella no nos la vamos a tomar porque tenemos que ir a trabajar; guárdenla para brindar por el licenciado Mario Moya Palencia dentro de seis años."

Tal vez en esta ocasión habría que escindir al personaje en dos: un colaborador estrecho adicional de Díaz Ordaz, en quien confiaba inmensamente y que según todas las apariencias también cooperó con Echeverría fue otro Gutiérrez: don Fernando. El entonces director de la Federal de Seguridad inició su colaboración con Díaz Ordaz a principios de los años cincuenta, cuando el futuro mandatario era oficial mayor y Gutiérrez Barrios, jefe de control político de las áreas de seguridad. Después, siendo titular de Gobernación Díaz Ordaz, no se entendía con el director de la Federal de Seguridad de entonces, el general Rangel Escamilla —una herencia del general Gómez Huerta, jefe del Estado Mayor Presidencial de Adolfo López Mateos—. Díaz Ordaz se brincaba al titular para acordar directamente con Gutiérrez Barrios; ya en la Presidencia seguía tratando esporádicamente asuntos con Gutiérrez Barrios, y éste, como recordó hace poco a propósito de su memorándum sobre el 2 de octubre filtrado a la prensa en 1997, enviaba siempre dos copias de sus informes: una a su jefe directo, Luis Echeverría, que concluía "Respetuosamente", y otra al Presidente, con el colofón "Muy respetuosamente".

Gutiérrez Barrios podía presumir de la confianza tanto de Díaz Ordaz como de Echeverría. En noviembre de 1969, cuando este último pronuncia su famoso discurso en la Universidad Nicolaíta de Morelia, pidiendo un minuto de silencio para los caídos del 2 de octubre, y origina un profundo malestar en las filas castrenses y en particular del secretario de la Defensa, el mensajero de Díaz Ordaz para resolver el entuerto será justamente Gutiérrez Barrios, provocando que al día siguiente el candidato Echeverría dedique su primer discurso a un reconocimiento a las Fuerzas Armadas. A principios de 1970, y por la misma vía, se concertará un encuentro entre ambos excolegas de gabinete en el rancho del general García Barragán en Autlán, para limar asperezas.

El papel desempeñado por personajes de Palacio como los aquí mencionados es crucial en el mecanismo sucesorio mexicano, y el de Gutiérrez Oropeza y Gutiérrez Barrios pudo haber resultado decisivo, sobre todo a la luz de los acontecimientos de 1968. La hipotética advertencia de un Reyes Heroles o de un García Barragán a Díaz Ordaz a propósito de una conspiración echeverrista para aprovechar los acontecimientos a su favor se encontraba parcialmente viciada de origen. Tanto el director de Petróleos Mexicanos como el general secretario pecaban de ser adversarios de Echeverría, y a partir del movimiento de 1968 el diálogo, por lo menos entre Reyes Heroles y Díaz Ordaz, se vio afectado. Según los recuerdos de Federico Reyes Heroles, su padre le confesaba que el Presidente se había encapsulado, que ya no consultaba a nadie salvo al secretario de Gobernación, y que Marcelino García Barragán albergaba la misma sensación: ya no se podía hablar con Díaz Ordaz. Alfonso Martínez Domínguez cree que Reyes Heroles y el jefe del Departamento Agrario, Norberto Aguirre Palancares, procuraron prevenir por separado a Díaz Ordaz de la conducta sospechosa de Echeverría en el 68; según lo manifiesta ahora, él procedió del mismo modo en mayo o junio de 1969. Quizás a eso corresponda el críptico comentario atribuido por uno de los hombres de Palacio aquí citados a Díaz Ordaz y dirigido a un integrante de su gabinete, poco después del destape: "Cuando pensaban que con la actitud del secretario de Gobernación en 1968 habían quemado a un Presidente, en realidad estaban haciendo a un Presidente." En todos los casos, Díaz Ordaz simplemente escuchó las críticas y dudas y permaneció callado. Con Reyes Heroles nunca se restauró totalmente el nexo, y el tuxpeño tardó en visitar al expresidente, recluido a partir de 1971 en sus casas del Pedregal, de Ajijic y de Cuernavaca. Si a ello sumamos el apabullante desgaste físico de Díaz Ordaz —fue operado de los ojos a inicios de 1969, y prácticamente permaneció sin visión en un ojo durante varios meses— y su deteriorado estado de ánimo —su esposa se asomaba al precipicio de la locura y su hijo al de la drogadicción—, no es difícil comprender que remontar la corriente y romper el cerco echeverrista se antojaba ya a esas alturas imposible.

Pero además, de haber surgido la posibilidad de una gestión ante Díaz Ordaz para denunciar el hipotético complot de Echeverría, sus dos simpatizantes en el ámbito presidencial —Luis Gutiérrez Oropeza y Fernando Gutiérrez Barrios— la habrían podido neutralizar sin por ello volverse cómplices de la misma. Gracias a los dos personajes de marras, tal vez, Luis Echeverría pudo evitar que quien debía ungirlo poco tiempo después jamás comprendiera que, si se quedó sin cartas, fue porque las demás habían sido borradas o marcadas por el propio Echeverría. Por ello, la tesis de la inevitable conciencia de Díaz Ordaz de una conspiración echeverrista no cuaja del todo: si a la consabida ceguera presidencial de fin de sexenio añadimos la posible actuación de los dos Gutiérrez, comprobamos que pudo haber existido la maquinación sin que Díaz Ordaz se percatara de ella. De igual manera, la maquinación puede ser enteramente producto de la imaginación febril de quien esto escribe, y de muchos otros autores.

Las sucesiones por descarte, dijimos, aminoran la sensación de engaño entre los perdedores, pero agudizan el sentimiento de traición por parte del gran elector. Ello no significa, por supuesto, que los aspirantes derrotados festejen su fracaso; son heridas, sin embargo, que cicatrizan pronto. En cambio, en este esquema, los conflictos y las tensiones entre sucesor y sucedido surgen casi de inmediato al postularse el candidato, y no cesan nunca, ni años después. Luis Echeverría comenta en su entrevista que detectó un pequeño malestar en el Presidente desde el arribo de la "cargada de los búfalos" al Palacio de Covián, en la Avenida Bucareli; nunca más el resentimiento y el rencor abandonarían a Gustavo Díaz Ordaz. En el transcurso de la campaña de Echeverría se producen dos altercados significativos, uno a propósito del ya mencionado incidente en Morelia, y el otro en enero de 1970, por motivos aún no esclarecidos. Ambos ilustran las tiranteces propias de este tipo de sucesión y la inmensa fragilidad del proceso.

Según la versión que, detalles más, detalles menos, ha repetido ya varias veces Alfonso Martínez Domínguez, en noviembre de 1969 —el día en que Echeverría guarda un minuto de silencio por los muertos de Tlatelolco—, siendo presidente del PRI y ya entonces coordinador de la campaña, recibe una llamada del secretario de la Defensa: "Tenemos que ir juntos a ver al Presidente para pedirle que retire a Echeverría como candidato." Responde que si van los dos en mancuerna, Díaz Ordaz reaccionará negativamente ante una presión conjunta del partido y de las Fuerzas Armadas; es preferible actuar por separado. Se comunica en seguida con el titular de la Presidencia y es citado para esa misma tarde; allí le externa las preocupaciones de García Barragán. En ese momento, Díaz Ordaz aún defiende a Echeverría: "Marcelino es una gente limpia, honesta, pero vamos a establecer un cuerpo de seguridad de guardias presidenciales vestidos de civil para que protejan al candidato. Tú dirás cuántos se necesitan en cada ciudad, empezando mañana en Guanajuato. Ellos cuidarán todo; le voy a dar órdenes a Gutiérrez Oropeza." Y en efecto, durante el resto de la campaña de Echeverría se destacarán contingentes especiales del Estado Mayor Presidencial para brindarle seguridad. Vía Gutiérrez Barrios, Díaz Ordaz convenció a García Barragán de que desistiera de sus exigencias, e indujo a que el candidato pronunciara un discurso elogioso y respetuoso de las Fuerzas Armadas al día siguiente. Mario Moya Palencia, el flamante subsecretario de Gobernación encargado del despacho, recuerda cómo esa misma noche, alrededor de las 11, le telefoneó Echeverría: "Oiga, licenciado: mañana que voy a Apatzingán mándeme en el avión un discurso hablando muy bien de las Fuerzas Armadas. Usted sabe lo que yo pienso del Ejército, pero la prensa ha destacado que guardé un minuto de silencio como si estuviera de acuerdo con quienes lo promovieron. Yo pensaba hacer ese discurso en otra parte, pero en este momento lo debo decir aquí; hágalo por favor." Moya ocupó la noche entera, junto con Manuel Bartlett, en redactar el borrador del discurso en cuestión. Como recuerda Martínez Domínguez, a partir del borrador de Moya y Bartlett, él, su secretario de prensa Carlos Reta y el propio Echeverría confeccionaron el discurso que el candidato pronunciaría el día siguiente en Guanajuato —no en Apatzingán—. Como vimos, más adelante, en enero, el candidato efectuaría una escala en el rancho de García Barragán en Jalisco para hacer las paces, y en principio así concluyó ese embrollo.

Su conexión con el próximo conflicto permanece bajo las tinieblas de la historia de las sucesiones presidenciales. Según lo ha relatado Martínez Domínguez repetidas veces, y de acuerdo con la primera semi-confirmación proporcionada por Luis Echeverría en su entrevista para este libro, en enero de 1970 se produce otro incidente, de mayor gravedad. Al regresar de su prolongada gira por el noroeste del país y Baja California, Echeverría es esperado en el aeropuerto por un Martínez Domínguez desencajado: "Tengo algo muy grave y urgente que platicarle. Usted ha descuidado mucho al Presidente; empieza a formarse un sentimiento adverso en contra suya; sus giras son demasiado largas, y los candidatos derrotados siguen aquí en México y le dan malos informes al Presidente. Hay que tomar medidas; repórtese diario con el Presidente." Echeverría, que no había llegado hasta allí por ingenuo o tonto, entendió que Díaz Ordaz y/o Martínez Domínguez buscaban retomar las riendas de la campaña; optó, obviamente, por no permitirlo. Su respuesta a Martínez Domínguez fue breve y contundente: "El Presidente está enterado de todo, no hay que distraerlo con minucias. Le agradezco el consejo. De todas maneras, vámonos usted y yo a Los Pinos para verlo de una vez y acabar con estos rumores, que no dudo estén tratando de dañarnos." Al llegar a Los Pinos se anunciaron los dos, pero el Presidente ordenó que sólo pasara Echeverría; al cabo de unos minutos de espera en la antesala, Martínez Domínguez le mandó una tarjeta a Echeverría vía un ayudante, indicándole que lo aguardaría en el PRI. Según Martínez Domínguez, no quiso escuchar las imprecaciones de Díaz Ordaz a Echeverría a través de la puerta, calificándolo de inmaduro, tonto, incongruente y desleal.

Días después, siempre en la versión de Martínez Domínguez, Díaz Ordaz lo recibe al entrar al despacho presidencial con un lapidario: "¿Qué dice tu pinche candidato?" Según el jerarca priista, Díaz Ordaz prosigue: "Anda diciendo que va a haber un cambio; ¿cuál cambio? Ya vamos a acabar con eso; se va a la chingada. Vamos a enfermar a este cabrón, y se va a enfermar de a deveras. Está desatado; habla de todo, por todo y para todo. No sabe lo que dice. Insiste en que hará cambios, pero no dice hacia dónde; no sabe con qué va a sustituir el sistema. Todavía tenemos tiempo para rehacer la convención del PRI; vete preparando para eso. Estate en tu casa sin salir tres o cuatro días; vigila al PRI por teléfono." Martínez Domínguez confiesa que nunca consideró oportuno interrogar al Presidente Díaz Ordaz sobre el desenlace del drama; sólo recuerda cómo "supo" tiempo después que el entrante y el saliente arribaron a un acuerdo: Echeverría pidió disculpas y Díaz Ordaz lo perdonó. En una entrevista publicada en la revista *Milenio*, fragmentos de la cual se asemejan a los comentarios de Martínez Domínguez enviados por escrito al autor, el exlíder de la FSTSE aseveró: "Me presenté con el candidato y me dijo: 'Ya no va a haber problema con el Presidente. Tenía usted razón, pero ya quedó todo arreglado. Vamos a organizar, usted se encarga, nueve grandes actos nacionales que tengan como objeto rendir homenaje a Díaz Ordaz, que ha sido un magnífico Presidente. Uno en Coatzacoalcos, sobre el petróleo. Otro será en Chihuahua, en materia ganadera, etcétera. Y estos actos los realizamos. Uno cada semana."

El propio Martínez Domínguez reconoce que su versión no es del todo desinteresada. Después del 2 de febrero de 1970 cualquier remoción del candidato obligaba a sustituirlo con alguien excluido del gabinete, y el único posible era, justamente, Martínez Domínguez. Él representaba, como recuerda con nostalgia, "la única opción de Díaz Ordaz; no la tomó." Nada impide pensar que los hechos narrados por el expresidente del PRI correspondan a la realidad, pero las intenciones de los protagonistas se antojan más confusas. Díaz Ordaz puede haber deseado enviarle un mensaje a Echeverría de no olvidar de dónde venía y a quién le debía la candidatura y por ende la Presidencia; en su caso, el recurso a Martínez Domínguez como mensajero cumplió un doble propósito: brindarle seriedad al mensaje y permitirle a su amigo regiomontano cobrarle el favor de la reconciliación ulterior a Echeverría, consolidando de esa manera el paso de Martínez Domínguez no sólo al próximo gabinete, sino a un puesto de primera línea. Y también es cierto que quizás el sistema le debe treinta años de vida a Echeverría: sin su ruptura con Díaz Ordaz, sin sus intentos de renovación y apertura, sin su afán impetuoso de cambio, no es seguro que el sistema hubiera sobrevivido a la crisis del 68. Los adversarios de ese sistema pueden reprochar a Echeverría su faena y su empeño; los partidarios del sistema deben agradecérselos apasionadamente. Los incidentes citados, en todo caso, ilustran dos patrones recurrentes del proceso sucesorio mexicano, cuya exposición nos permite una transición cómoda, si no elegante, a la siguiente sucesión, en 1975-1976.

Uno de los defectos, por así llamarlos, del destape por descarte, yace en la ilusión de autonomía o autosuficiencia que suscita en el elegido. Como no fue preseleccionado, como siente que "se la ganó de buena lid", como sabe que venció a los demás en una contienda real y no inventada *ex profeso* para despistar, el candidato triunfante tiende a atribuirse a sí mismo los méritos de su victoria. Si seguimos una parte de la tesis de Porfirio Muñoz Ledo sobre las dos leyes de la sucesión mexicana —la complicidad y la filiación (a la romana)—, el descarte debilita el reconocimiento al padre. Éste puede seguir convencido de su paternidad, pero el hijo putativo comienza a cuestionarla: "a mí no me inventó nadie, soy producto de una concepción, si no inmaculada, por lo menos asexual y neutra; mi nacimiento obedece a mi propia voluntad". El caso extremo, sin duda, corresponde a Ernesto Zedillo: en repetidas ocasiones ha afirmado que debe su Presidencia a los diecisiete millones de votos que alcanzó en las urnas, y no al dedazo que lo colocó en la boleta electoral. Un caso de menor despropósito, pero de consecuencias análogas, involucró a Miguel de la Madrid: gobernó con la aparente convicción de haber vencido en la sucesión gracias a una pericia administrativo-política superior a la de sus rivales, y por ello no tenía nada que aprender o recibir de ellos. Ganó el mejor, y el mejor no necesita a nadie.

De modo previsible, el elegido comienza a perder con mayor celeridad que en otros casos la sensación de deuda o gratitud para con el elector. A la vez, la inevitable desilusión por parte del saliente degenera más rápidamente en un sentimiento de traición; no habrá manera de desterrarlo después. La ruptura se acelera y se ensancha: con el tiempo puede alcanzar dimensiones e intensidades intolerables para el sistema. Echeverría insiste hoy en que después del 1 de diciembre de 1970, cuando Díaz Ordaz le entregó la banda presidencial, nunca volvió a ver a su predecesor ni a cruzar palabra con él, aunque Fausto Zapata, su exvocero y amigo, asegura que en una ocasión en 1972 el Presidente acudió al aeropuerto de la Ciudad de México para recibir al exmandatario, que retornaba de Europa, acompañado de su esposa, en condiciones de salud muy mermadas. Los familiares de Díaz Ordaz, por su parte, recuerdan cómo le advirtieron a Echeverría que no asistiera a ninguno de los actos fúnebres de la familia, y en particular al sepelio de Díaz Ordaz en 1978. La relación entre José López Portillo y Miguel de la Madrid permanece inexistente un decenio después de la salida de éste de la Presidencia, y la animosidad palpable entre Carlos Salinas y Ernesto Zedillo no augura nada bueno para el país en los años venideros.

Más allá de estas fricciones —cuyas consecuencias para la sociedad pueden alcanzar magnitudes calamitosas—, la mecánica sucesoria induce a reflexionar sobre un problema sempiterno en la historia del México independiente: la transmisión del poder. Si el gran hallazgo de la Revolución fue efectivamente, siguiendo a Womack, la confección de un mecanismo que permitiera la transferencia pacífica y regular del poder al cabo de un siglo, ya sea de monopolio unipersonal —Santa Anna y Díaz—, ya sea de una retahíla infinita de golpes, pronunciamientos y contragolpes, la disección minuciosa de dicho mecanismo muestra su increíble fragilidad, incluso en su época de madurez o crepuscular. Lograr que el mandatario saliente entregue el poder, que el elegido lo acepte sin hostigar, fusilar o crucificar a sus anteriores rivales y, sobre todo, a quien lo invistió, aparece como una hazaña de proporciones hercúleas y exige la precisión de la relojería ginebrina. Los resentimientos, las venganzas, las ilusiones y los intereses de por medio en un desalmado juego de suma cero contribuyen todos a crear una vorágine de ambiciones y excesos cuya contención descansa en un sistema de extrema precariedad. Díaz Ordaz tal vez nunca se propuso reemplazar a Echeverría, pero ganas no le faltaron. Echeverría quizás no se excedió en sus afanes protagónicos, de renovación y de rompimiento con su antecesor, pero por un pelo apenas. Marcelino García Barragán posiblemente no procuró de verdad destituir a Echeverría como candidato priista, pero su grado de irritación alcanzó niveles críticos. Y el hecho, singular en nuestro relato y perteneciente ya a un pasado remoto de nuestra historia, de que la sucesión de 1969-1970 aconteciera todavía en un contexto de crecimiento económico y tranquilidad de mercados, contribuye a menospreciar los tenues equilibrios siempre prestos a romperse. Al sacar el balance de las ventajas e inconvenientes del mecanismo construido palmo a palmo desde los años veinte, en el débito figura sin duda el costo de tragedias como la represión del movimiento estudiantil de 1968 y muchas otras más; entre los haberes aparece la capacidad de dominar fuerzas extraordinariamente difíciles de controlar y encauzar, y en condiciones casi siempre adversas. La lección para el futuro es inapelable: el sistema democrático que construyamos para mañana deberá poder también contener esas pasiones e intereses, y resolver un número igual o mayor de contradicciones, enfrentamientos y amarguras. No es una tarea fácil, ni reductible al formalismo de las urnas: condición necesaria, mas no suficiente, a la luz de esta lectura.

1976

En nuestro esbozo taxonómico de sucesiones por descarte o por elección, 1976 ocupa un lugar paradójico. Por un lado ejemplifica espléndidamente la preselección *in pectore* de un candidato; pero por el otro, las dramáticas implicaciones de este camino no aparecen de manera diáfana en este caso; para ello habremos de esperar las coyunturas ulteriores. Ahora bien, aunque la designación de José López Portillo, el 22 de septiembre de 1975, fue en cierta medida la menos traumática de las sucesiones aquí reseñadas, el costo para el país fue igualmente oneroso. La singularidad reside en la incidencia clave de las peculiaridades personales en esta sucesión. La edad de los protagonistas, sus rasgos de carácter, la actuación de terceros: todo contribuyó a allanarle el camino a un sucesor adelantado. De allí que la relación entre López Portillo y Luis Echeverría, a pesar de sus momentos tormentosos y teatrales —el famoso "*Quoque tu*, Luis?" de José López Portillo en 1983—, haya resistido al paso del tiempo mejor que ninguna otra.

Al final, ya a mediados de 1975, se mantenían en liza tres candidatos verdaderos y dos adicionales, pero en realidad todos, salvo el bueno, eran de bisutería, útiles para embaucar a los espectadores e interesados con cuentas de vidrio. Los tres eran: el que ganó, el que arrancó el sexenio con una ventaja en apariencia irrecuperable por los demás, y Porfirio Muñoz Ledo, quien según él mismo era el *second best* del Presidente Echeverría y quien efectivamente fue colocado en el lugar privilegiado del relevo o salto transexenal. A pesar de la declaración, probablemente espontánea, de Leandro Rovirosa Wade, secretario de Recursos Hidráulicos —y, a la postre, gobernador de Tabasco—, señalando siete nombres, y de la conmoción que despertó su "destape de los tapados" al suponer la prensa y los políticos que "venía con línea", el hecho es que varios de los aspirantes que mencionó jamás contaron. Los expresidentes, como regla general, suelen abstenerse de nombrar a los que sirvieron "de relleno", ya que, en muchos casos, siguen siendo sus amigos y podrían ofenderse al ser puestos en evidencia como meros instrumentos del maquiavelismo presidencial. Ello no es óbice, sin embargo, para que efectivamente se presten a esa función, consciente o inconscientemente. En este caso, Hugo Cervantes del Río, secretario de la Presidencia a lo largo de todo el sexenio echeverrista, y Augusto Gómez Villanueva, secretario de la Reforma Agraria durante casi seis años también, claramente protagonizaron ese papel. Cervantes lo asumió al final —como recuerda Gutiérrez Barrios—, al atraer todos los reflectores durante el inagotable recorrido tercermundista de Luis Echeverría en el verano de 1975 y en los últimos días previos a la designación de López Portillo, acudiendo en representación del Presidente a eventos que no eran de su incumbencia, como el Congreso de Educación del Tercer Mundo, la reunión del Club de Roma y otros por el estilo, con lo que daba de pronto la impresión de estar "cerrando fuerte". Gómez Villanueva cumplió su misión como espantapájaros para la derecha ideológica y pudiente, convirtiéndose en el candidato "de izquierda" a quien un Echeverría magnánimo y resignado hubiera descartado en aras de pacificar al empresariado nacional, y regiomontano en particular.

Otro precandidato incluido en la lista —y mencionado con mayor énfasis que otros por el propio Echeverría en su entrevista— fue Carlos Gálvez Betancourt, el director del Seguro Social, exgobernador de Michoacán y colaborador cercano del Presidente desde los primeros años en la secretaria de Gobernación. Su caso es difícil de descifrar: Echeverría sentía un afecto y un respeto reales hacia el michoacano, y el poderío presidencial era tal que hubiera podido imponerlo perfectamente; sin embargo a la distancia carece de verosimilitud como Presidente. El séptimo pretendiente mencionado por Rovirosa, Luis Enrique Bracamontes, secretario de Obras Públicas —apodado en ocasiones "Rapamontes" por el empeño que mostraba en su cargo—, apareció en la lista por deferencia de su amigo de Recursos Hidráulicos. No existía justificación alguna para incluirlo.

Todo indica que el sexenio de Luis Echeverría atravesó por dos etapas desiguales, cuya demarcación permenece aún nebulosa. Durante el primer año o dos de su mandato, el Presidente parecía disponer ya de un candidato a sucederlo, que nada ni nadie podría detener: Mario Moya Palencia, el joven, carismático y leal secretario de Gobernación. Como asegura Porfirio Muñoz Ledo, con un suspiro evocador: "Nunca hubo un precandidato más predestinado que Mario." Recién cumplidos los 37 años, era el ocupante del Palacio de la Avenida Bucareli más joven del México moderno; su vinculación con Echeverría se remontaba a la campaña de Adolfo López Mateos en 1958, y lo había seguido peldaño por peldaño en su ascenso del escalafón de la política mexicana. Gozaba de excelentes relaciones con el régimen anterior, e igualmente con el alemanismo, habiendo sido amigo de infancia y de la universidad de Miguel Alemán Velasco. Liberado desde el 10 de junio de 1971 de un precandidato prematuro e indeseable, pero poderoso, en la persona de Alfonso Martínez Domínguez, Echeverría podía en principio dedicarse a gobernar y a proteger al magnífico prospecto. Conviene subrayarlo: el regente despedido había logrado casi lo imposible al alcanzar un puesto de gabinete con fuerza real a partir de la presidencia del partido en el sexenio anterior. No suele ser el caso: ni Muñoz Ledo en 1977, ni Pedro Ojeda Paullada en 1983, ni Jorge de la Vega Domínguez en 1989, ni Fernando Ortiz Arana en 1995 ocuparán cargos de primera línea en los gabinetes presidenciales correspondientes.

Existen poderosos motivos para suponer que en algún momento del primer o segundo año del sexenio —Fausto Zapata da la fecha de principios de 1973—, Mario Moya quedó descartado en la mente de Luis Echeverría —y según Moya, en su propia cabeza—. No obstante, seguirá fungiendo como señuelo durante el resto del sexenio para embozar a quien desde ese mismo momento sustituyó a Moya en la estrategia de Luis Echeverría para proseguir su obra: su amigo de adolescencia, de la universidad y de los primeros años de la madurez, el abogado litigante de reciente ingreso al sector público, José López Portillo. Durante la segunda etapa del sexenio, de mayor duración, Echeverría utilizará todas las mañas y artes aprendidas a lo largo de su cuarto de siglo en las entrañas de la política mexicana para asegurar el advenimiento de un postulante inexperto, de mediana edad y carente de apoyos propios, a la candidatura del PRI y a la Presidencia de la República, sin ser aniquilado por sus adversarios. La única manera de alcanzar esta meta radicaba en el engaño: López Portillo sólo accedería al premio mayor de la política en México si nadie o casi nadie sospechaba de sus perspectivas.

Existen múltiples explicaciones de por qué Mario Moya, quien satisfacía a plenitud el conjunto de requisitos para alcanzar la candidatura, no fue seleccionado. Para empezar, es preciso aquilatar la teoría del propio Moya, producto de sus conocimientos del método histórico de las generaciones de Ortega y Gasset, y quizá de un soplo de autojustificación. El ahora embajador en Italia, inspirado además por sus conversaciones de los años setenta con el filósofo español Julián Marías, discípulo de Ortega y Gasset, construyó un esquema general de las sucesiones, de acuerdo con el cual él no podía suceder a Echeverría; lo solía comentar en la intimidad, con sus amigos. La teoría descansa en una axioma, de difícil demostración pero empíricamente comprobable, a saber: desde Cárdenas, la transmisión del poder presidencial en México ocurría dos generaciones de por medio, o en todo caso hacia una generación anterior, pero jamás pasando de una generación a otra más joven en un solo sexenio. Así, Cárdenas entregaba a Ávila Camacho, miembro de su misma generación —entendida ésta con una diferencia de siete años, más o menos—. Ávila Camacho pasó la estafeta a Alemán, quien pertenecía a la generación siguiente —arriba a Los Pinos a los 39 años de edad— y ciertamente no entrega la Presidencia a un hombre de su misma generación, sino de la anterior: Adolfo Ruiz Cortines. Éste vuelve a la norma y cede el poder a un hombre mucho más joven, Adolfo López Mateos, quien a su vez escoge a un coetáneo como sucesor: Gustavo Díaz Ordaz, con quien había compartido años en el Senado y en el gabinete. Éste ejecuta de nuevo el salto generacional: opta por Luis Echeverría, once años menor que él; por tanto, Echeverría debía ser sucedido por un hombre de su misma generación, tal y como sucedió: José López Portillo nació en 1920 y Echeverría en 1922. Según la teoría de Moya, si seguimos la secuencia, López Portillo seleccionaría a alguien de la generación siguiente, como efectivamente ocurrió con Miguel de la Madrid. Sin embargo, éste fue el primero en violar la regla al brincarse a su propia generación y entregarle el poder a Carlos Salinas, desestimando a Jesús Silva Herzog o a Manuel Bartlett, quienes eran sólo un poco más jóvenes que él. Allí comenzaron a soplar los vientos de la desgracia del sistema, como diría García Márquez; la movilidad alentada por el mecanismo bigeneracional se coartó dejando fuera a un gran número de políticos de la generación perdida, que se frustraron, se amargaron, o se fueron: Cuauhtémoc Cárdenas, Porfirio Muñoz Ledo, etcétera.

Moya agrega que Luis Echeverría ejemplificaba al político del sistema: conocía a la perfección sus secretos y reglas no escritas, y tendía de manera irreprimible a repetir lo que había demostrado su eficacia. En esta óptica, Echeverría estaba consciente de la regla de las dos generaciones y se hallaba convencido del óptimo funcionamiento del mecanismo. Por ende, se condenaba necesariamente a reproducirlo y jamás hubiera contemplado su modificación.

No es absurda la teoría, y en efecto, después de Miguel de la Madrid, ha mantenido su vigencia. Carlos Salinas cumplió dos veces con su obligación generacional, primero con Luis Donaldo Colosio y enseguida con Ernesto Zedillo. De acuerdo con el esquema de Moya, este último debería transferir la batuta a un hombre más joven que él, sólo que por la omisión de De la Madrid el margen se ha estrechado: de los precandidatos mencionados al momento de escribir estas líneas, sólo Esteban Moctezuma cumplía con las condiciones biológicas indispensables, y apenas.

Existían, sin embargo, otras razones para explicar el derrumbe del proyecto moyista. En primer término, Moya, tal vez sin proponérselo, acumuló demasiado poder: fue, como ha comentado Muñoz Ledo, el último de los precandidatos en buscar la nominación del PRI vía la creación de una fuerza política propia. Ese era el camino indicado hasta Ruiz Cortines, quizás; después, sin duda, dejó de serlo. Moya agrupó a gobernadores, diputados, senadores, dirigentes priistas locales, empresarios, el sector financiero de la administración pública a través de Mario Ramón Beteta y Ernesto Fernández Hurtado, intelectuales, en fin: todo lo necesario para ganar. Salvo un ingrediente decisivo: la disposicón presidencial para aceptar un sucesor con fuerza propia. Según Muñoz Ledo, al final, de los 31 gobernadores, 28 apoyaron a Moya, dos a López Portillo, uno a nadie, y nadie a él. El saldo era lógico. Moya preparaba en Gobernación los informes sobre los estados, y sobre los candidatos a gobernador: "Esto lo venía haciendo Gobernación desde antes, cuando el licenciado Echeverría era secretario, y yo lo seguí haciendo. Era algo que yo sabía que se hacía y cómo debía hacerse, porque yo había sido subsecretario de Echeverría. Para mí la Secretaría tenía una vía fácil, que era hacer lo mismo que el predecesor, porque éste, entonces, era el Presidente de la República. Yo no me equivocaba si hacía lo mismo que él." Claro, en algunas ocasiones Echeverría le llegó a reprochar la manera en que cargaba los dados: los casos de Luis Ducoing en Guanajuato y Pedro Zorrilla en Nuevo León, por ejemplo; pero cuando Moya argumentaba, el Presidente asentía y le permitía seguir adelante con la preparación de los expedientes de las gubernaturas. Así fue hasta fines del sexenio, cuando los jóvenes afines a Moya comenzaron a ser sustituidos por gobernadores de mayor edad; un ajuste casi imperceptible, que sin embargo insinuaba el fin de los años de vacas gordas para Mario Moya.

Un tercer elemento, citado por varios colaboradores de Luis Echeverría, consistió, volviendo a una metáfora útil, en un camachismo al revés. Mario Moya conquistó con excesiva facilidad la simpatía de muchos resentidos con Echeverría, y el Presidente lo sabía. Empresarios, políticos ostracizados o desplazados, diazordacistas y alemanistas, intelectuales liberales y periodistas reaccionarios: todos comulgaban en la Secretaría de Gobernación. Este hecho, ajeno innegablemente a la voluntad de Moya, pudo compaginarse con otro, inconsciente pero demoledor a ojos de Echeverría, quien había cultivado durante largos años una imagen de sobriedad personal, de dedicación obsesiva al trabajo, y de evitar cualquier ocasión que pudiera transformarse en pretexto para criticar al Presidente.

Es la cuarta explicación de la derrota de Moya y presenta varias facetas, unas de mayor importancia que otras, pero todas englobadas en su comportamiento personal. Veremos más adelante cómo se impuso a través de los años uno de los efectos perversos más nocivos del tapadismo: la evicción de la sustancia de la política de poder en México. Adelantemos por ahora una consecuencia involuntaria de esa evicción: la homogeneización del campo político mediante el tapadismo y el filtro del gabinete. Ello condujo a una especie de norteamericanización de la política en México *avant la lettre*, al reducir el ámbito de las diferencias entre rivales al terreno personal. Lo personal no sólo se tornó político, sino que se erigió en *lo* político, a falta de un fondo evacuado por el mecanismo sucesorio. La vulnerabilidad de Moya en este frente la ilustra un chiste referido repetidamente por él, según Muñoz Ledo, siendo Presidente Echeverría, a propósito de un califa árabe. Se levantaba tarde, comía dátiles toda la mañana, citaba a sus ministros un rato al mediodía, luego dormía una siesta, y en la noche frecuentaba su harem o a sus amigos. Un visitante extranjero le preguntó una vez: "Oiga, usted descansa todo el día; ¿quién gobierna?" La respuesta lo dice todo: "El que gobierna soy yo, los que trabajan son otros."

Porfirio conserva también con precisión la remembranza de una noche de junio de 1973, ya siendo secretario del Trabajo, poco después de su boda con Berta Yañez, celebrada en abril de ese año, en casa de Moya, justamente. Al cabo de varios días de una desacostumbrada frialdad y hasta hostilidad presidencial para con él, fue citado en Los Pinos, donde al término de una larga espera, Echeverría le disparó a quemarropa: "Yo entiendo, licenciado, las relaciones generacionales, pero nunca debe haber alianzas en un gabinete que puedan lesionar a un Presidente. Ni aun de amigos de generación. No debe ser; la lealtad es con el Presidente." Se despidió con una expresión sibilina y lapidaria, de detalles borrosos en la memoria de Porfirio, pero clara en su acepción: "Usted conoce la historia de México, licenciado; una familia dostoyevskiana no puede gobernar México. Buenas noches." De una manera más elegante y elogiosa para Moya, en referencia a Marcela Ibáñez, la esposa de éste, un amigo y colaborador del precandidato puntero comenta hoy con nostalgia: "En la ortodoxia priista, Marcela no cuadraba en el esquema tradicional de primeras damas." O, en la fórmula aterciopelada de otro político cercano a los acontecimientos, cuya esposa era amiga de doña María Esther Zuno de Echeverría: "La primera dama y Marcela se encontraban absolutamente en las antípodas." Jorge de la Vega recuerda cómo Marcela Ibáñez trabajaba con entusiasmo en las actividades del voluntariado nacional; sin embargo, estima a pregunta *ex professo* que los estilos de hacer política social de la señora de Echeverría y de Marcela Ibáñez eran distintos y no siempre compatibles.

De acuerdo con todas las confidencias recogidas por el autor de parte de los principales y más cercanos colaboradores de Luis Echeverría —todas *off-the-record*—, aquí reside la explicación central del resbalón de Moya hacia finales del primer o segundo año del sexenio. El Presidente no era ni un puritano mojigato, ni un *workaholic* empedernido *per se*, sino un político compulsivo que pretendía retener todos los hilos de todas las madejas todo el tiempo. Es probable, por cierto, que este país sólo se haya podido gobernar bajo ese sistema, en aquel momento, de esa manera. En otra ocasión Echeverría le suministró a Porfirio una explicación nada puritana y eminentemente política de su animadversión por la peligrosa mezcla de vida bohemia y política mexicana. Obligaba a sus colaboradores a trabajar hasta muy tarde porque no le gustaban las fiestas en casas de funcionarios: "Yo no quiero que ustedes jueguen canasta, ni póker, ni dominó. Esos eran los escenarios de los sábados en las noches, en los que las esposas de los secretarios hablaban contra el Presidente. Por eso los tengo aquí los sábados; no me gustan las fiestas en casas de los funcionarios, allí se acaba hablando mal del Presidente." Pero Echeverría sí era un *control-freak*, un hombre obsesionado con el autocontrol y el dominio absoluto del entorno personal inmediato. Y la dos veces esposa de Mario Moya, Marcela Ibáñez, contribuía sistemáticamente a diseminar una impresión diametralmente opuesta a la de un hogar o matrimonio en orden. En las palabras de un semimoyista, colega de gabinete del secretario de Gobernación: "Marcela era un relajo; Echeverría pensó que si Mario no podía controlar su casa, ¿cómo podría controlar el país?" En la formulación de otro cercanísimo allegado al Presidente: "Se perdió la Presidencia por la naturaleza de una mujer." Hacia finales del sexenio, Moya se divorciará por primera ocasión de Marcela; Echeverría hubiera podido comentar, al enterarse: "Ya era hora, licenciado". Francisco Javier Alejo, que terminara el sexenio como colega de Moya en el gabinete, tiene grabada en la mente una escena del desfile del 20 de noviembre de 1974. Al entrar al Zócalo por la avenida del mismo nombre el contingente de Gobernación, el Presidente lo divisó como si lo esperara, afiló la mirada y, casi cerrando los ojos, enfocó a Marcela Ibáñez. Sabía que a la cabeza de los de Bucareli figuraba la esposa del titular, vestida de bastonera. Según Alejo, el gesto de Echeverría lo decía todo: "Esto no puede ser."

Mario Moya, que admite haber organizado algunas fiestas en su casa y ser bohemio —"lo que ni entonces ni ahora he escondido"—, niega que hubieran existido fricciones entre su esposa y la primera dama, y minimiza el punto en general; insiste en la ya citada explicación generacional. Pero tal vez, a pesar de su conocimiento íntimo de Echeverría, menosprecia la obsesión controladora de su exjefe y la lógica de esa sucesión: para ganar había que seducir, y Moya, a pesar de ser un gran seductor en el buen sentido de la palabra, no comprendió que la popularidad, la gregariedad, la acumulación de fuerzas y aliados y la competencia política pura representaban la peor de las tácticas para embelesar al Presidente. A pregunta expresa sobre la vida "desordenada" de Moya, Echeverría, en un pasaje no transcrito de su entrevista, respondió elípticamente: "Yo nunca le veía aspectos de vida desordenada; no sé si después, como embajador, se haya... [risas]."

Moya Palencia olvidó quizá que el ámbito personal, en una contienda despojada de todo contenido, resultaba aplastante. En una noche donde todos los gatos son pardos, los escasos rasgos peculiares de cada uno adquieren un significado extremo. La homogeneidad predeterminada de posturas políticas en la noche sucesoria mexicana hace resaltar la heterogeneidad de todo lo demás. Diversidad deviene en heterodoxia, y ésta puede conducir al desfiladero por derroteros serpenteantes: un matrimonio desbaratado en los hechos, pero formalmente intacto, como el de José López Portillo, no impide acceder a la Presidencia; una esposa agitada, jocosa y en ocasiones indiscreta, parece propia de un hogar disipado y tumultuoso, en una palabra, dostoyevskiano. Cuesta el poder, si no la vida.

Porfirio Muñoz Ledo ofrece otra anécdota en apoyo a la confesión de Echeverría en su entrevista sobre las señales tempranas enviadas a López Portillo; el relato muestra simultáneamente las razones de la desilusión presidencial con Moya Palencia. Meses antes del destape, durante una visita de Estado a México de Carlos Andrés Pérez, Presidente de Venezuela y alma gemela de Luis Echeverría, el honorable huésped se despabiló en casa del hermano de su anfitrión, cantando, tocando el piano, intercambiando chistes con Cantinflas y hablando de política con Mario Moya. A la mañana siguiente su ademán y rostro en el aeropuerto delataban la velada anterior, y Echeverría, fino fisonomista, no desaprovechó la oportunidad para bromear con su colega: "Conque se desveló ayer, Presidente". "Bueno, señor Presidente, es que ando averiguando quién va a ser su sucesor", replicó el venezolano. Echeverría la pescó al vuelo: "No se anda averiguando oyendo piano, Presidente; mejor véngase conmigo y yo se lo voy a decir." Echeverría requiere a su ayudante del Estado Mayor, ordenándole convocar a José López Portillo y al propio Muñoz Ledo. Los invita a acompañar a los dos presidentes en un vuelo a Chiapas para conmemorar allá el aniversario de la expropiación petrolera. En el pequeño avión de cuatro plazas, Echeverría suscita el tema del control de las empresas públicas —Pérez se aprestaba a nacionalizar las compañías petroleras en su país— y López Portillo disertó extensamente sobre el mismo. Según Carlos Andrés Pérez, citado por Muñoz Ledo, el mensaje fue inconfundible: no debía haberse ido de farra con Mario Moya; el elegido era López Portillo, y el *second best* se llamaba Porfirio. Volvemos al desencuentro de las señales; aunque López Portillo recuerda el incidente en su entrevista, no manifiesta haberle otorgado mayor importancia en el momento; Echeverría, en cambio, lo considera como uno de los episodios estelares de su intercambio sutil y terso con López Portillo, a la luz del cual éste debería intuir su destino. Los guiños y sobreentendidos son tan disimulados, complejos y entreverados, que no cumplen siempre su propósito, aunque satisfacen un requisito: ser a la vez negables, plausibles y susceptibles de ser recordados años después.

¿Por qué no fue Porfirio el candidato de Echeverría? En parte, debido a los elementos aportados por el propio Muñoz Ledo, porque no había filiación posible, en vista de la paternidad abiertamente reivindicada de Jaime Torres Bodet; no había dominación teórica posible ante alguien que escribía los discursos de Echeverría; también, en las palabras de Muñoz Ledo, porque "Echeverría nunca pensó que yo fuera capaz de matar"; y parcialmente porque Echeverría —cuya fascinación por el general Cárdenas era inocultable, no sólo en tanto Presidente, sino por su manera de administrar la sucesión— sintió que era preciso marcar una pausa en el proceso de cambio iniciado en su gobierno. En este esquema, Porfirio personifica a Francisco Mújica, no a Ávila Camacho; Moya era Almazán. Pero ante todo, Porfirio perdió porque ganó López Portillo; a partir del momento en que Luis Echeverría se desencanta con Moya Palencia como sucesor posible, la suerte estaba echada. A menos de que cometiera errores irreparables, de los cuales ni siquiera el Presidente podía protegerlo, el compañero de viaje de aquellos periplos mexicanos y sudamericanos sería el sucesor.

Lograrlo, sin embargo, exigía la cabal realización de dos faenas de filigrana: mantener la ficción de la candidatura de Mario Moya, y esconder o "tapar" a López Portillo con el fin de prepararlo para el porvenir previsto. El engaño echeverrista fue magistral; el Presidente echó mano de todas sus artes y de todos sus recursos. La educación política de López Portillo lo fue también, aunque inevitablemente se tropezaba con las vicisitudes personales y nacionales de las sucesivas coyunturas. Antes de proponernos desenredar la madeja de sentimientos, ambiciones y expectativas encontradas que condujeron al Presidente mexicano de mayor envergadura estratégica —otros dirían calculadora— de los últimos tiempos a coronar a su amigo de infancia, conviene escudriñar algunos detalles de esta doble tarea: engaño y capacitación.

El engaño debía contar con la complicidad —es decir, con la inclusión— de su objeto: el propio Moya. El exsecretario de Gobernación resuelve el problema con elegancia; afirma hoy de manera inequívoca que siempre supo que no sería candidato: "Jamás me hice ilusiones, todo iba encaminado a que fuese una persona de la misma generación que Echeverría; pero algo podía suceder en el camino." Antiguos colegas de Moya lo formulan de otro manera, como Francisco Javier Alejo, joven consentido del Presidente durante casi todo el sexenio y al final secretario de Patrimonio Nacional: "El *gut-instinct* [las tripas] de Moya le decía que no iba a ser; mantuvo la ilusión hasta el último momento, pero inconscientemente sabía que no." Al mismo tiempo, por la cartera que le fue asignada, y para mantener la tranquilidad política entre los priistas, Moya debía actuar como si pensara que podía salir victorioso: "El Presidente no me usó como engaño. Él sabía que yo estaba muy consciente de que a mí me tocaba jugar con el farol rojo, pues yo era el secretario de Gobernación y de ahí habían salido los dos últimos candidatos. Él me había puesto junto al riel, no quería decir que yo iba a ganar, pero ese era el puesto de los buenos corredores." En esta visión, a pesar de su convicción de no poder ser, Moya asumió la postura opuesta, ya que ese era el comportamiento obligado en el puesto que ocupaba, y esas las reglas del juego. Y conforme jugaba el juego y lo jugaba bien, crecía la percepción externa del engaño, al crecer su propia figura. "Insisto en que el Presidente no usaba a su secretario de Gobernación como señuelo o engañabobos, pero de todas maneras, si ese era el juego, yo no podía irme a otro lado, pues además de los asuntos propios del cargo, el Presidente me confiaba en ocasiones otros con los sindicatos, con los banqueros, diversos grupos sociales y hasta algunos de carácter internacional, y eso empezó a contar también, pues sin querer...". Entre más cumplía Moya, peor le iba, porque más ensanchaba su cartel en los desayunadores frecuentados por la clase política y en los medios, y menos convencía a Echeverría de ser el sucesor idóneo, al generar más celos de su parte. En las palabras de Manuel Bartlett, director general de Gobierno de Moya y, desde la campaña de Luis Echeverría, colaborador en la confección de las piezas oratorias encargadas a, o pronunciadas por, su jefe: "Cada discurso de éxito de Moya era una puñalada contra sí mismo."

Pero había engaños también, como lo ilustra el incidente de la encuesta, que resume el conjunto de maniobras y reacciones involucradas en una sucesión. Rosa Luz Alegría, para entonces joven funcionaria de la Secretaría de Educación Pública, ya se había separado de Luis Vicente Echeverría, el hijo mayor del Presidente, pero aún vivía en Los Pinos, a donde su suegra la había convidado para brindarle la seguridad y comodidad deseable para su nieto recién nacido. Entre otras tareas, elaboraba encuestas de opinión en un organismo descentralizado de la SEP, justamente sobre las candidaturas presidenciales. Rosa Luz pecaba de moyista, como muchos funcionarios —de hecho era asesora de Moya en el Consejo Nacional de Población—, pero sus encuestas mostraban seriedad a pesar de su naturaleza incipiente. Dichas encuestas favorecían ampliamente a Moya Palencia; era el precandidato más conocido y más mencionado en los medios y entre los políticos. A principios de 1975, el equipo encuestador empieza a entregar los frutos de su trabajo al Presidente, es decir al suegro de Rosa Luz. Echeverría recibe una de las encuestas, la revisa y ordena a su nuera: "Llévasela a Moya", quien, en la memoria de Rosa Luz, se sintió enormemente halagado, no tanto por los resultados, sino por el hecho de que el Presidente le enviara con su nuera una encuesta de opinión que lo favorecía descaradamente. A pesar de su desencuentro matrimonial, las relaciones de Rosa Luz con la primera familia permanecían estrechas y sólidas; su llegada con un regalo de la casa presidencial —por envenenado que fuera— constituía toda una señal. Como lo recuerda Porfirio: "Esa fue una de las grandes maniobras de Echeverría. Va Rosa Luz de parte del Presidente a ver a Moya con una encuesta donde Moya está en 90%; ¿cómo carambas Moya no iba a creer…?"

¿A creer qué? Fernando Gutiérrez Barrios, entonces ya subsecretario de Gobernación, recuerda cuando Moya recibió la encuesta, y cómo lo convoca a su despacho para comentarla: "Mire esto, qué interesante, pero usted sabe que no voy a ser." Ciertamente, la encuesta llegó a Bucareli después de otro incidente que condujo a un colaborador de Moya y de Luis Echeverría, ya un experimentado observador de presidentes en la sucesión, a dudar seriamente de las posibilidades de Moya. Meses antes del asunto de la encuesta, en una de las maratónicas sesiones finsemanales de cine que acostumbraba organizar Echeverría en Los Pinos, el Presidente había recriminado vigorosamente a Moya Palencia delante de los demás. Según un testigo del regaño: "Era sobre algo que tenía que ver con el cine; le llamó la atención como a un director general. Allí supe que no iba a ser." Al final, cuando la caída de Moya resultaba demasiado estrepitosa, casi grosera, Echeverría inventó a Hugo Cervantes del Río, enviándolo a pronunciar discursos a nombre del gobierno a diversos foros trascendentales, y encauzando a destacados políticos, como Jorge de la Vega y Carlos Hank González, hacia él. La maniobra, sin duda, mantuvo encubierta la candidatura de López Portillo y le permitió a Mario Moya acostumbrarse paulatinamente a su derrota. Sobre todo, esmeriló la sensación de engaño: para cuando fuera destapado López Portillo, Mario Moya Palencia habría superado el coraje de no haber triunfado.

De todas maneras, él no se contaba cuentos, dice ahora. No pensó que la encuesta o la mensajera portaban buenas nuevas. "Antes —evoca— el toro se toreaba al revés. Tenías que demostrar que tú no tenías fuerza personal." Tal vez Echeverría envió la encuesta a Gobernación para realzar los ánimos de la víctima del engaño; tal vez lo hizo para fortalecer el engaño; tal vez Rosa Luz Alegría exageró una indicación de su suegro y transmitió una información privilegiada con ansias de vender posteriormente el favor. En cualquier caso, Moya Palencia perdió porque tuvo demasiada fuerza, y porque Luis Echeverría había decidido desde antes que su sucesor sería otro, manteniendo obsesivamente la ficción de los demás. Un colaborador muy cercano del Presidente evoca la obstinación de Echeverría con asombro. Una noche de gira por San Luis Potosí, pocos meses antes del lanzamiento de la candidatura del PRI, el Presidente pide cenar en su cuarto de hotel, solo con su colaborador. Lo interroga sobre la sucesión, indagando sobre sus preferencias y vaticinios. El ayudante, miembro más bien del equipo de apoyo personal al Presidente, confiesa que sólo cuenta con informacion de prensa; nadie se atreve a conversar con alguien tan cercano al primer mandatario. Echeverría le pregunta por fin a bocajarro: "¿Quién crees que va ser, y quién crees que deba ser?" En ambos casos, el ayudante responde: "Mario Moya." "¿Y si surgieran dudas?", prosigue Echeverría. "Igual Moya", replica el ayudante. Echeverría agradece la franqueza a su colaborador y se retira a descansar. A la mañana siguiente, reconoce que llevaba meses sin dormir tan bien. Años después, el colaborador osará indagar por qué el Presidente lo interrogó con tanta insistencia, y por qué sus respuestas lo tranquilizaron a tal grado. La respuesta fue contundente: "Si tú, que eras como mi sombra, pensabas que iba a ser Moya, y ni me mencionaste a López Portillo, es que el secreto estaba bien guardado y yo no mostraba ninguna carta. Quise cerciorame de que nadie, ni tú, podía adivinar cómo venían las cosas." Cierta o no, la anécdota revela la compulsión conspirativa de Echeverría y su empeño por disimular la candidatura de su amigo.

El propio Moya lo reconoce: "Echeverría empieza a pensar en López Portillo cuando lo nombra secretario de Hacienda." Habría que matizar la aseveración. Muñoz Ledo conserva el recuerdo, cuando aún era subsecretario de la Presidencia y redactaba los discursos que pronunciaría Echeverría en sus viajes al extranjero, de cómo el Presidente le encomienda a López Portillo una gestión en Tokio, ante la Casa Imperial. Se trataba de dispensar al Presidente de México de usar frac en la recepción de Estado que ofrecería el emperador en su honor durante su próxima visita. Porfirio mantiene su perplejidad hasta la fecha: ¿por qué enviar a un subsecretario de Patrimonio a realizar esa delicada faena diplomática? Tal vez por confianza, o quizás porque ya había arrancado el periodo de formación de López Portillo.

Moya Palencia agrega otra fecha fatídica; recuerda que Echeverría le había encargado, como secretario de Gobernación, que resolviera el problema entre los dos sindicatos de electricistas —el que encabezaba el "Charro Negro", Francisco Pérez Ríos, y el que conducía Rafael Galván— en pugna por la titularidad del contrato colectivo en la Comisión Federal de Electricidad. El problema había rebasado al director de la Comisión, Guillermo Villarreal Caravantes, y no convenía que lo negociara el secretario del Trabajo, Rafael Hernández Ochoa, pues el diferendo había llegado ya a la fase contenciosa en la Junta Federal de Conciliación y Arbitraje. Por eso Echeverría encomienda a Moya Palencia, dotado de mayor experiencia y fuerza políticas, que negocie un arreglo y asegure el desenlace venturoso del conflicto. Una vez que Moya interviene, acerca a las partes y lo resuelve, en septiembre de 1971, Echeverría despide a Villarreal y nombra director general de la CFE a López Portillo. La prensa informó cómo el conflicto entre los dos sindicatos había sido arreglado por el flamante director; en realidad le habían puesto la mesa para ayudarle a manejar los espinosos capítulos laborales del organismo descentralizado. Según Moya, el ascenso de López Portillo comienza entonces: "El Presidente Echeverría ya lo había perdonado." El perdón al que se refiere Moya abarca un problema sugerido por el mismo López Portillo en sus memorias. Él había sido subsecretario de la Presidencia durante el sexenio de Gustavo Díaz Ordaz, y por ende su candidato lógico para la sucesión era el doctor Martínez Manatou. Como era amigo de juventud de Echeverría, logró esquivar las inercias de la lealtad burocrática, pero no pudo alinearse abiertamente con Echeverría como lo hubiera deseado el entonces secretario de Gobernación. En realidad, según José Antonio Ugarte, sobrino de López Portillo y su secretario particular o coordinador de asesores desde los años sesenta hasta el final de su mandato presidencial, el abogado criollo cobijaba innegables simpatías por Martínez Manatou. López Portillo menciona en sus memorias que careció por completo de contacto con su amigo Echeverría durante toda la campaña presidencial de este último, y anota un comentario enigmático del Presidente electo cuando finalmente se entrevistan en San Jerónimo, días antes de su toma de posesión: "Te felicito por tu lealtad." Moya también recuerda cómo en una ocasión, despachando Echeverría en Bucareli, entra a acuerdo después de observar a un López Portillo impaciente en una larga antesala. No pudo imaginar que Echeverría hiciera esperar deliberadamente a su amigo por tanto tiempo, y al entrar le comenta: "Señor licenciado, José López Portillo está en la sala de audiencia esperando." A lo cual Echeverría, lacónica y fríamente, respondió: "¿Cree usted, señor director, que el secretario de Gobernación no sabe quién está en su audiencia?" Moya Palencia evoca incluso un rumor que circulaba al iniciar el sexenio de Echeverría: el padre de López Portillo, quien conocía al nuevo Presidente desde que él y su hijo eran amigos juveniles, procuró interceder —en vano— a favor del último para que fuera designado director de Petróleos Mexicanos. José López Portillo comienza el sexenio como subsecretario de Patrimonio Nacional, bajo las órdenes de Horacio Flores de la Peña, y sin el tipo de nombramiento que hubiera esperado de su amigo Luis. Para 1972 vería recompensada su paciencia.

Echeverría comienza a construir paso a paso la candidatura de López Portillo desde la Comisión Federal de Electricidad y, sobre todo, a partir del 29 de mayo de 1973, desde la Secretaría de Hacienda. Ello no significa, por supuesto, que todo estaba escrito desde un principio: el pupilo, por bien cuidado que fuera por el maestro, podía tropezar o descalabrarse. Cuando el expresidente explica hoy —como explicó a Moya el 23 de septiembre de 1975, durante una breve conversación en Los Pinos, después del destape— que el candidato triunfador fue el más enterado en materia económica, no contradice la verdad, pero la deforma. López Portillo era el aspirante más familiarizado con los asuntos económicos del país porque Echeverría lo colocó donde podía compenetrarse de ellos; lo nombró secretario de Hacienda porque lo pensaba hacer Presidente, no fue Presidente por haber fungido como secretario de Hacienda. Y si López Portillo no ocupó una cartera alternativa —Patrimonio, por ejemplo, o Presidencia— fue porque sólo en la otrora —y nuevamente, a partir de 1992— poderosísima Secretaría de Hacienda podía contarrestar, entre los empresarios y gobernadores, la tremenda ventaja acumulada por Mario Moya en la contienda. La decisión de colocar a su amigo en Hacienda se deriva de la intención de Echeverría de entregarle el mando, no al revés. Una demostración adicional de la intención presidencial yace en un pequeño guiño a López Portillo, de aquellos insinuados por el propio Echeverría. Javier Alejo, era, como dijimos uno de los hijos predilectos del régimen: joven —menos de treinta años al comenzar el sexenio—, brillante, imaginativo y ambicioso. Echeverría lo veneraba y, conscientes de ello, varios secretarios de Estado se habían propuesto, inútilmente, atraerlo a sus dependencias como subsecretario. Sólo López Portillo logró que el Presidente autorizara a Alejo a despedirse del Fondo de Cultura Económica para aceptar la invitación del nuevo secretario de Hacienda.

Los presidentes responsables de los destapes anticipados *in pectore*—Echeverría, De la Madrid y Salinas— suelen invocar diversas reservas o acotamientos en contraposición a esta tesis: nada era seguro, el ungido podía trastabillar, "proporcioné oportunidades pero también riesgos", etcétera. No son falsos los desmentidos ofrecidos, pero omiten algo: el propio Presidente en funciones velará por la suerte del privilegiado, evitando, hasta donde sea posible, que se tambalee, o que los escollos lo devasten, o que los enemigos lo destruyan. Ciertamente, el señalado se halla en la cuerda floja, pero con red y con arnés, y amparado por el consejo del alambrista en jefe. En esas condiciones, un error o un resbalón, sin ser descartables, resultan altamente improbables.

Así sucedió con López Portillo en dos puntos nodales de la historia moderna de México, que se juegan justamente durante el sexenio de Luis Echeverría: la salida de la era del tipo de cambio fijo, y la reforma fiscal indispensable para comenzar a poner fin a la astringencia secular de recursos del Estado mexicano. Ambos temas atravesaron por atractivas oportunidas de cambio y por severas resistencias al mismo tiempo, antes de la llegada de López Portillo a Hacienda. En agosto de 1971, cuando Nixon decretó el fin del sistema de Bretton Woods y del patrón dólar, se enterabrió una magnífica ocasión para ajustar el tipo de cambio en México, congelado desde 1954. Aprovecharla fue la recomendación conjunta de David Ibarra, Leopoldo Solís, Gerardo Bueno, Javier Alejo y Víctor Urquidi; a pesar de ello, Echeverría no se convenció y la coyuntura se cerró con la misma celeridad con la que se había despejado.

Asimismo, el primer secretario de Hacienda, Hugo B. Margáin, intentó impulsar una reforma fiscal a principios de sexenio, incluyendo, entre otras medidas, el fin del anonimato de las acciones. El empresariado detuvo la tentativa; la consiguiente exigüidad de recursos, aunada al incremento políticamente motivado del gasto público, comenzó a exacerbar las presiones deficitarias e inflacionarias. Cuando Echeverría, en parte con razón, descarta cualquier intento de detener el crecimiento del gasto, pero al mismo tiempo se resigna a no aumentar los impuestos, se condena a una de tres opciones: una mayor inflación, el endeudamiento externo desbocado, o una combinación de ambos. Todavía hasta mayo de 1973, estos temas figuraban entre los puntos de discusión en el gabinete; a partir del nombramiento de López Portillo, en los hechos, dejaron de hacerlo. Como recuerda Alejo: "Entrando López Portillo a Hacienda, se deja de discutir el tema devaluatorio." Lógicamente: era absurdo nombrar al futuro candidato presidencial en Hacienda, para luego obligarlo a devaluar la moneda o aumentar los impuestos. Convendría reconocer, sin embargo, que en materia fiscal se lograron algunos avances.

El propio López Portillo verbalizaba su situación mejor que nadie, advirtiéndole a sus colaboradores cercanos que ni le hablaran de la "deva", y diciéndole a Porfirio Muñoz Ledo en abril de 1975, en medio de fuertes presiones contra el peso, que "Aquí no se devalúa nada, porque aquí hay muchos huevos." Cuando en agosto de 1976 no hubo más remedio —a pesar de los huevos no quedaban dólares—, López Portillo ya era Presidente electo y la deuda externa del país casi se triplicó al finalizar el sexenio.

Por lo demás, López Portillo fue el tipo de secretario de Hacienda que Echeverría quería: con guayabera, saliendo de la oficina, otorgando crédito a los campesinos y permitiendo que "las finanzas se manejaran en Los Pinos". Ocupó la Secretaría de Hacienda porque Echeverría concluyó que desde esa plataforma resultaría más fácil elevarlo a la Presidencia y prepararlo para ella, en una sucesión indolora; ejerció el cargo de secretario de Hacienda de una cierta manera porque así lo indujo, lo quiso y lo promovió Echeverría, en función de sus fantasmas y de sus cálculos políticos. Como lo afirma su hijo, José Ramón, su padre no pudo superar la polarización entre técnicos ortizmenistas de Hacienda, anteriormente encabezados por el secretario saliente, Hugo Margáin, y los nacionalistas económicos de la Secretaría de Patrimonio, de donde provenía López Portillo, lidereados por Horacio Flores de la Peña, "porque su falta de experiencia en los asuntos financieros y en las negociaciones internacionales lo alentó a conservar a los técnicos, sin desbandarlos como lo esperaba Flores de la Peña."

En el caso de López Portillo, sí parece cierta la afirmación tácita o explícita de todos los presidentes en el sentido de que no idearon o aplicaron estrategia alguna para alcanzar la candidatura, sino que sencillamente se dedicaron a trabajar. El estratega era el Presidente, no el candidato. En las palabras de Rosa Luz Alegría: "Desde un principio Echeverría lo tenía planeado para que toda la cargada y todos los compromisos se fueran con Moya, se polarizaran allí y poder sacarse un candidato de la manga, que fue López Portillo. Desde que lo saca de la Comisión Federal de Electricidad lo va acercando poco a poco. Uno de los primeros sorprendidos es López Portillo, cuando se lo dice. Él pensaba: 'Estoy en la jugada, no hay posibilidades pero estoy en la jugada.' No tenía grupo, ni estaba maquinando nada para conseguirla [la candidatura], simplemente trataba de hacer lo mejor posible su trabajo. Es de los primeros sorprendidos cuando se lo comenta el Presidente, se queda verdaderamente pasmado." Como se sabe, semanas después de su designación como candidato, José López Portillo inicia una relación personal con Rosa Luz Alegría. A los dos meses del destape, durante una gira, López Portillo toma la iniciativa de acercársele; poco tiempo después ese acercamiento se transforma en la relación "más intensa de su vida". Es preciso subrayar este hecho, no por morbo, sino porque le brinda contundencia y conocimiento al análisis de Rosa Luz Alegría. Como veremos, el hecho mismo de esta relación —con sus tiempos y efectos— ilustra algunas de las razones por las cuales Echeverría optó desde muy temprano por su amigo López Portillo.

Por lo pronto, convengamos en que lo llevó de la mano a la candidatura. En distintos momentos lo escudó, lo apoyó y lo educó, tejiéndole alianzas y compromisos. Porfirio Muñoz Ledo lo percibía desde la Secretaría del Trabajo. El movimiento obrero, a través de un viejo compañero de banca de López Portillo, el abogado laboral Joaquín Gamboa Pascoe, se aproximaba al secretario de Hacienda: "Desde mucho antes de lo que se supone, el Presidente Echeverría empezó a canalizar al movimiento obrero hacia López Portillo, tejiéndole redes con sectores ajenos a su ámbito. Hizo lo mismo con los banqueros y otros factores de poder en el país." Y Fidel Velázquez, como en tantas otras ocasiones, le "adivina la pichada" a Echeverría, entendiendo que si el Presidente propicia una confluencia entre el movimiento obrero y el secretario de Hacienda, ello se debe al destino del secretario. Después de los escarceos iniciales entre Echeverría y la CTM a principios de sexenio, quizás el Presidente buscaba sellar la reconciliación inaugurada con el Infonavit y con las únicas alzas sostenidas del salario real acontecidas en México hasta entonces y desde entonces (en relación con el máximo histórico).

Para Muñoz Ledo, el momento definitorio se produce a principios de 1975, cuando fue necesario colocar claramente al Infonavit, de reciente creación y, para Echeverría, la gran reforma social del sexenio —la niña de sus ojos— bajo la responsabilidad o bien de la Secretaría de Trabajo, o bien de la Secretaría de Hacienda. Muñoz Ledo plantea la disyuntiva en una junta de gabinete, expone sus razones, y Echeverría, con toda la habilidad y calculadora frialdad que lo caracterizaban, emite su fallo. Muñoz Ledo acierta: el Infonavit y su director, Jesús Silva Herzog, deben ser ubicados bajo la clara égida de una de las dos dependencias; pero la indicada es la Secretaría de Hacienda. Echeverría no sólo enviaba una señal a Muñoz Ledo y a López Portillo de quién iba encabezando la contienda, sino que le avisaba nuevamente a Fidel Velázquez de la identidad del bueno: López Portillo.

En la medida en que Echeverría cumplía la función del estratega, López Portillo no precisaba de un confidente o protector en Los Pinos o en la cercanía presidencial, como en los demás casos comentados. En esta sucesión no hubo un Gamboa, un Córdoba, o un José Ramón López Portillo, porque no fue necesario. El Presidente podía prescindir de quien le fuera barriendo el camino al candidato, o haciendo interferencia como en el futbol americano, auxiliándolo a esquivar emboscadas y sortear obstáculos: él mismo se ocupaba de ello. Y el precandidato no procuró, ni sintió que fuera indispensable, disponer de un canal indirecto y privilegiado con el Presidente; su canal era directo y existía con treinta años de antelación.

Asimismo, el engaño flagrante de los rivales y el consiguiente sentimiento de traición —la condición de posibilidad de la sucesión vía elección anticipada— no surtió efectos tan perniciosos como en otras ocasiones porque el principal rival, si bien fue engañado, se resignó, por edad, por temperamento y por su capacidad notable de autoconvencimiento, a que la suerte no lo favoreciera. Como lo ha demostrado de diversas maneras durante los últimos veinte años, Mario Moya posee una extraña mezcla de intensa vida interna —sus excelentes novelas, su gozo por la vida, su curiosidad intelectual y viajera— y de disciplina institucional, ciñéndose a la línea oficial contra viento y marea, en puestos de primera o de segunda. Además, el "destape" a la española en el que se sumerge después de su derrota no causó perjuicios mayores; por fortuna López Portillo carecerá de contrincante en la elección de 1976, y el deprimido ánimo del secretario de Gobernación no perjudicará a nadie, a diferencia del fiasco de 1988. Su actitud no contradice las versiones a propósito de la supuesta propaganda ya impresa o fabricada para lanzar su candidatura, ni tampoco los rumores sobre un hipotético "madruguete" que Moya, o los moyistas, se encontraban a punto de fraguar cuando se produce la designación de López Portillo. O bien pueden haber acontecido sin el conocimiento o consentimiento de Moya, o bien formaban parte de aquel juego de autoengaño/lucidez que hemos comentado. Moya sabía que no era, pero tenía que actuar como si fuera, para poder ser si algo sucedía: Von Neuman en Tepatitlán.

Porfirio Muñoz Ledo y Augusto Gómez Villanueva —medalla de plata el primero y carnada para despistar el segundo— pudieron a su vez consolarse con las evidentes implicaciones de la decisión presidencial para el futuro. Ambos pasan a ocupar cargos fundamentales en la estructura priista, el día mismo del destape de López Portillo —Porfirio como Presidente del PRI, Gómez Villanueva como secretario general del partido, e incluso otro precandidato, Hugo Cervantes del Río, es nombrado líder priista en el Distrito Federal— y ambos comprenden de distintas maneras que el echeverrismo posee una clara ambición transexenal. Como sucederá en efecto: Gómez Villanueva será el primer presidente de la Cámara de Diputados de la siguiente legislatura, y Porfirio aspirará a ocupar la Secretaría de Gobernación durante el próximo sexenio, pensando, como dice hoy, que Echeverría en el fondo intentó un doble destape: a López Portillo para 1976, y al propio Porfirio para 1982. No sería la última vez que un Presidente formula planes de largo alcance o de doble destape; Manuel Camacho ha evocado, con una mezcla de asombro y de incredulidad, cómo: "Salinas siempre pensó en Zedillo, si no como primero o segundo candidato, sí como el que vendría después." La debacle económica de 1976, tal vez más que las famosas reglas no escritas del sistema, darán al traste con esta ilusión echeverrista, pero en su momento sirvió. Ni Muñoz Ledo o Gómez Villanueva, ni Cervantes del Río o Moya Palencia resintieron el engaño. Porfirio tuvo un momento de esperanza —"en la boca del estómago", dice él, "donde se siente la política"— cuando, el primero de mayo de 1975, Echeverría lo designó orador oficial de la conmemoración obrera, y Moya nunca se despojó del todo de sus ilusiones. Las consecuencias dañinas de la designación anticipada aparecerían más adelante, al estallar la primera de una serie de interminables crisis económicas, el 31 de agosto de 1976.

El misterio central consiste, por supuesto, en saber por qué Luis Echeverría se inclina por José López Portillo desde el primer o segundo año de su mandato, y en todo caso a partir de 1973. Según la versión escrita de José Ramón López Portillo —que aparece en su espléndida tesis de doctorado, presentada en la Universidad de Oxford en 1994—, su padre "fue escogido por Echeverría como candidato presidencial en parte porque tenía el menor número de deudas políticas, ningún compromiso secreto y ningún involucramiento en juegos políticos sucios, en parte por su habilidad personal y su experiencia adminstrativa, y en parte por su afinidad ideológica y amistad con Echeverría." Ya en una conversación, José Ramón es menos elíptico: "López Portillo definitivamente no tenía camarilla, sólo tenía equipo, y éste era un tanto suelto, porque incluía a gente de diversas naturalezas, que no compartía una visión única del país. López Portillo no se veía completamente ajeno al proyecto presidencial, compartía con Echeverría anhelos de juventud; no era mal visto por la élite política, era ajeno simplemente, no generaba resistencia porque no se le conocía quizás [...] y Echeverría tenía un conocimiento íntimo de él." En otras palabras, López Portillo se insertaba en las tres determinaciones de toda sucesión, según José Ramón: "El perfil ideológico del Presidente saliente, la correlación de fuerzas sociales, políticas e internacionales, y las características personales del candidato." López Portillo se identificaba plenamente con la visión de Echeverría, si no con el estilo: discrepaba tal vez, como se creería durante los primeros años de su propio sexenio, de la estridencia echeverrista, pero compartía los postulados económicos, sociales e internacionales básicos. Ninguna fuerza política interna o externa lo vetaba, y más bien había conquistado, gracias a la conducción de Echeverría y a su propio carisma, la simpatía de varias: el movimiento obrero, en alguna medida el empresariado, ante quien aparecía como un improbable mal menor frente a opciones como Porfirio, o sobre todo Gómez Villanueva; y una lealtad personal suficiente, no férrea ni incondicional —véase el caso de Martínez Manatou y los que sobrevendrían meses después—, acompañada del conocimiento detallado, minucioso, profundo, que de él poseía Echeverría, acotado sólo por la máxima de Gutiérrez Barrios: nadie los conoce mientras no tengan el poder.

Rosa Luz Alegría agrega un elemento central: la idea que, según ella, Echeverría se había formado de cómo se acoplaría el Presidente saliente con su sucesor designado, una vez entronizado: "López Portillo se encargaría del *glamour*, de toda la parafernalia y las ceremonias, y él seguiría manejando los hilos internos de la política. No porque pensaba manipularlo; lo conocía, y sabía que no podía hacerlo ciertamente. Era otra cosa: la parafernalia y una cantidad de asuntos que ocupan el tiempo completo, y dejarle lo demás a él, tranquilamente." El proyecto, posiblemente descabellado pero verosímil en cuanto a su existencia, entrañaba una división del trabajo, no un maximato: Echeverría volvería a ser, metafóricamente y a través de Porfirio Muñoz Ledo, el secretario de Gobernación a la vieja usanza; a López Portillo le correspondería la economía, lo internacional, lo ceremonial.

Cuando por fin se produce el destape, Echeverría, como todos los presidentes, lo consuma con un cuidado y esmero extremos, demostrando una vez más su notable pericia política y su afán calculador. Despacha a Muñoz Ledo y a Moya Palencia a un acto en la Casa del Obrero Mundial, para que allí se enteren, sin poder moverse; desde antes, según Porfirio, había desplegado una especie de "campo o vacío quirúrgico" en Los Pinos, a donde sólo llegaban colaboradores cercanos como Ignacio Ovalle, Juan José Bremer y Fausto Zapata, todos ellos, según Muñoz Ledo, convencidos ya a esas alturas del triunfo de López Portillo.

Fausto Zapata, vocero de Echeverría a lo largo de todo el sexenio, agradece haber recibido un pitazo presidencial semejante a los narrados por Jorge de la Vega y Fernando Gutiérrez Barrios en el capítulo anterior. A medio camino del inacabable periplo de Echeverría por el Tercer Mundo en el verano de 1975, apenas un par de meses antes del destape, recuerda una noche libre en Dakar, cuando el Presidente, después de cenar con su familia y algunos colaboradores, lo jala a un lado y lo invita a conversar a solas. Echeverría le pregunta: "¿Quién cree que vaya a ser, Fausto?" El subsecretario de la Presidencia, hombre institucional hasta la médula, responde de la única manera posible: "Si me pregunta, señor Presidente creo que debe ser mi jefe, el secretario de la Presidencia, Hugo Cervantes del Río." "No, es un buen hombre pero no —contesta Echeverría—; se necesita a un hombre que conozca las finanzas, la economía internacional." Semanas más tarde, el Presidente colocaría a Zapata bajo las órdenes de José López Portillo para protegerlo en la recta final, pero Fausto ya habrá disfrutado de un intervalo apropiado de ventaja para acomodar sus fichas. Era el premio por seis años de lealtad y eficiencia.

El día de marras, primero arriban los hermanos presidenciales, luego los líderes. Jesús Reyes Heroles —presidente del PRI y partidario de elaborar un programa de gobierno para el próximo sexenio y sólo después nombrar al candidato— desembarca en la casa presidencial hasta la tarde; por la mañana había presidido un acto público del PRI, durante el cual, mediante telefonemas intempestivos, Echeverría buscó exhibir su carácter de subordinado. El Presidente recibe a Muñoz Ledo pasado el mediodía, después de Reyes Heroles. Le anuncia que López Portillo ha sido seleccionado como candidato; es un patriota. Le informa que el PRI exige una revolución en su seno, conducida por alguien que, junto con el candidato, enarbole las banderas de la Revolución mexicana y además coordine la campaña con habilidad y sensibilidad, tarea que Reyes Heroles, un gran intelectual pero un hombre poco práctico, según Echeverría, no podría realizar. La persona idónea para cumplir con todas esas misiones, para ser el abanderado de la Revolución a la par del Presidente patriota que será López Portillo, es Muñoz Ledo. Porfirio se atreve a preguntar sobre la opinión del candidato al respecto; interrogante ociosa, ya que Echeverría, con el antecedente de 1969 de Martínez Domínguez y Díaz Ordaz en la mente, contesta de bote pronto: "No, está muy de acuerdo." "Casi me dijo, recuerda Porfirio, que el candidato le había sugerido mi nombre, que me tenía un gran aprecio." El nuevo presidente del PRI ve en esta maniobra de Echeverría una intención más estratégica y ambiciosa, destinada a rebasar las consideraciones coyunturales: "Un equilibrio ideológico, una cierta dualidad política, cuyo objetivo último consistiría en un doble destape: 1976 y 1982." Reyes Heroles verá un propósito más acotado, pero igualmente funesto; le comentará a López Portillo al salir de Los Pinos esa tarde: "Eres un príncipe encorsetado, Pepe." Lo importante era ser príncipe, pensó López Portillo; del corsé me ocupo después. Tardaría más de dos años.

Uno de los primeros roces en la campaña, inmediatamente después de la designación intempestiva e impositiva de Muñoz Ledo y Gómez Villanueva en el PRI, vino a confirmar muchas de las motivaciones abrigadas por Echeverría al nombrar a López Portillo. Implicó, justamente, a Rosa Luz Alegría, que aún vivía en Los Pinos y que muy pronto, a pesar de haber sido partidaria de Mario Moya, se propuso colocarse ventajosamente en la campaña del flamante candidato. Buscó a López Portillo, a quien había conocido ya socialmente, fuera de horas de trabajo pero aún de lejos, un par de años antes en la Embajada de Noruega. El candidato, sin duda sensible a la cercanía de Rosa Luz con su amigo Luis, la encaminó al IEPES, donde Julio Rodolfo Moctezuma empezaba a organizar la campaña. Simultáneamente, Rosa Luz, una mujer ambiciosa y ya para esas alturas diestra en su dominio de los procedimientos florentinos de la política de Palacio, concita la intervención de su suegro para incorporarse a la campaña. Echeverría le pide al recién nombrado presidente del PRI que acomode a su nuera en la campaña. Porfirio no le presta demasiada atención a la solicitud presidencial, entendiendo que era modesta y desprovista de una insistencia excesiva. Más aún, tal vez había que obedecer pero no cumplir: "La instrucción era para una tarea limitada." Rosa Luz, a su vez, adquiere la misma impresión muy pronto: según ella, "Echeverría le da instrucciones a Porfirio de que no me dé entrada. Me empiezan a bloquear; Echeverría no quiere que me acerque." ¿A qué se debe la reticencia de Echeverría, confirmada posteriormente por Porfirio? De nuevo Rosa Luz: "Yo creo que a motivos personales. Conoce a López Portillo, que es muy coqueto, y sabe que yo estoy separada de su hijo, que no tengo compromiso; además no le gusta mucho que las mujeres se metan en lo que no les corresponde." Alegría se brinca las trancas, busca de nuevo a López Portillo durante una gira en Puebla, y le plantea frontalmente el asunto. El candidato promete resolverlo con Moctezuma, y a partir de allí Rosa Luz empieza a incorporarse a las reuniones y giras de campaña. Echeverría, según su exnuera, se molesta, pero calla su irritación; ella, sin embargo, intuye que el bloqueo ejercido por Muñoz Ledo viene de arriba. En la versión del propio Echeverría, así sucedieron las cosas: "Le hablé al presidente del PRI, Porfirio Muñoz Ledo, y le dije: 'Hay que renovar cuadros femeniles; allí le mando a la exesposa de Vicente, Rosa Luz.' Y no le simpatizó la idea a Muñoz Ledo, que se lo platique: 'No, pues no vaya a haber aquí algún contacto; no les va a caer bien que esté casada con un influyente.' No la admitió para la primera gira; a la segunda gira estaba el autobús de López Portillo en la puerta del partido, y cuando entró ya estaba Rosa Luz adentro."

Y en efecto, un par de meses después, ya presente Rosa Luz en los estrados y en los actos de campaña, Echeverría resucita el tema con Muñoz Ledo: "Licenciado, ¿qué hace mi nuera en la campaña? No es conveniente que esté en la campaña, yo le rogaría que la llamara y le diera una tarea distinta. Por muchas razones no es conveniente que esté en la campaña." Porfirio recuerda entonces cómo, sin entender bien por qué a Echeverría le desagradaba la asistencia de su nuera a las giras, giró instrucciones a Alejandro Carrillo Castro, coordinador de las reuniones del IEPES, para alejarla de donde se encontrara el candidato. En enero, es decir, ya iniciada la relación entre José López Portillo y Rosa Luz Alegría, según las fechas indicadas por ella misma, a Muñoz Ledo le cae el veinte: de regreso de algún evento, en el avión del PRI, pasa a acuerdo con López Portillo, en la sección delantera del aparato. Frente a Porfirio: el exsecretario de Hacienda, una mesita de trabajo, y un lugar vacío al lado del candidato; éste, al iniciarse la plática, manda traer a Rosa Luz Alegría de la parte posterior del avión, y la sienta junto a él durante el resto del trayecto. Cuando pocos días después Echeverría le llama de nuevo la atención a Muñoz Ledo sobre la presencia de Rosa Luz en la campaña, Porfirio aclara que el candidato dispone históricamente de la prerrogativa de convocar a quien así lo desee; ni el presidente del partido ni el partido mismo pueden interferir en esos menesteres. Si el Presidente de la República cuenta con argumentos para impedirle que acuda a la campaña, debe comunicárselos al candidato en términos personales; el partido y el propio Porfirio no deben entrometerse.

La serie de incidentes y anécdotas vienen a colación por un motivo. Luis Echeverría probablemente temió que una cercanía excesiva de su nuera con su amigo desembocara en una relación que podría rebasar lo profesional: conocía extremadamente bien a los dos, y Echeverría fue, y sigue siendo, un hombre de gran sensibilidad sicológica. Se enteró "de inmediato", según él mismo, de la relación que entablaron en la campaña Rosa Luz y López Portillo: la seguridad y la logística del candidato se hallaban enteramente en las manos del Estado Mayor Presidencial, controlado hasta sus últimos detalles por Echeverría. La noticia de la confirmación de sus temores debe haberlo enfurecido —aunque, en un pasaje no transcrito de la entrevista para este libro, Echeverría menosprecia el asunto limitándose a decir "allá ellos, es una cosa sentimental y física, cosa de él y ella, ¿y a mí qué?"—, por un dejo de celos de suegro y protector, por una pizca de envidia varonil —los encantos de Rosa Luz Alegría eran ya legendarios— y por un primer impacto de ofensa personal: ¿cómo su amigo de juventud podía empujar el descaro y la frivolidad a esos límites, de seducir a la exesposa, separada pero no divorciada, de su hijo? No obstante, muy pronto, Echeverría comprobó lo esencial de esta telenovela, a saber, que el comportamiento de López Portillo resultaba fiel a sí mismo y corroboraba muchas de sus intuiciones e intenciones. En la visión de Rosa Luz, "el acercamiento del candidato hacia mí, le confirma al Presidente (a mi suegro) que su amigo es como es: vital, bohemio, orgulloso, caballeroso, temerario". En una palabra, nada político. Cae en el esquema previsto.

López Portillo revela así una extraña veta de carácter: pone en peligro su candidatura, o en todo caso su relación con el Presidente, por una mujer. Que hubo algo de desplante y de afirmación de autonomía de López Portillo: es probable; que su amigo Echeverría era un político de abolengo, y por ello adoptaría a final de cuentas una actitud política y no personal ante las aventuras de su amigo y su nuera: no lo ignoraba. Pero la señal para Echeverría no podía ser más clara: la política no le interesaba tanto a López Portillo como otras cosas; más allá de lo personal, había escogido bien Echeverría, desde un principio, y hasta el final.

Tiranteces como esta, y muchas más a lo largo de la campaña, ocurridas durante el interregno que separa la elección de la toma de posesión de López Portillo, e incluso ya en curso la administración del legatario de Luis Echeverría, caracterizarán esta sucesión. De nuevo, parece casi increíble que a pesar de tantos roces, conflictos y malentendidos se haya podido transferir pacíficamente el poder; o, si se prefiere, asombra la fuerza del mecanismo a la luz de tanta contradicción y oportunidad de ruptura. Echeverría le cargará la mano a López Portillo de varias maneras: diputados y senadores en las listas, personajes incrustados en el equipo de campaña, decisiones finisexenales comprometedoras para el mandatario siguiente, incontables invitaciones indeclinables a actos o inauguraciones de obras de término de mandato —el Colegio Militar, El Colegio de México, la presa de Chicoasén y otros, citados por López Portillo en su entrevista—. Revisemos únicamente dos incidentes emblemáticos, uno antes y uno después de la entronización de López Portillo: la selección del general Hermenegildo Cuenca Díaz, secretario de la Defensa Nacional de Luis Echeverría, como candidato del PRI a la gubernatura de Baja California, y las llamadas por la red de Echeverría a miembros del gabinete y al propio Presidente, desde el despacho de Porfirio Muñoz Ledo, secretario de Educación. Dichos telefonemas desembocaron en la partida de Augusto Gómez Villanueva de la jefatura de control político de la Cámara de Diputados y, posteriormente, en la evicción de Muñoz Ledo de la Secretaría de Educación Pública.

El sistema mexicano prevé que varias designaciones de candidatos a gobernador se efectúen durante el lapso entre el destape y el advenimiento del nuevo Presidente. Las postulaciones, antes garantía absoluta de elección, se solían realizar por acuerdo mutuo, o por el candidato, sobre todo conforme se avecinaba el cambio federal de poderes. Estados de fin de periodo como Morelos, Chiapas, Tabasco, y Jalisco "elegían" a su gobernador aún bajo el mandato del Presidente saliente, pero ese gobernador coincidiría en el poder con el nuevo Presidente; por ello, su selección corría por cuenta de éste. La gobernatura de Baja California no cabía dentro de este esquema: la elección se celebra en julio del primer año de gobierno del nuevo Presidente, no en el último del anterior, y por tanto la designación del candidato priista de ninguna manera le correspondía a la Presidencia en vías de extinción, sino a la que renacía de las cenizas del mandato fenecido. De los tres casos citados, un par —Leandro Rovirosa Wade en Tabasco y Flavio Romero de Velasco en Jalisco— fueron más bien designaciones-imposiciones de Echeverría, mientras que Jorge de la Vega Domínguez pudo haber sido ungido de común acuerdo entre López Portillo y el Presidente en funciones. Pero en esta ocasión las candidaturas del *interregnum* no se limitaron a éste.

Recién designado candidato, López Portillo recibió una solicitud expresa de su amigo Luis. El general Cuenca Díaz —un secretario de la Defensa altamente funcional a Echeverría por haber roto las líneas promocionales, generacionales y regionales que le habían conferido (y le seguirían confiriendo hasta la fecha) a la "tanda" militar del henriquismo y de Marcelino García Barragán una virtual hegemonía en el Ejército— aspiraba a la candidatura del PRI por el gobierno de Baja California. Echeverría, por su parte, deseaba complacer a su leal colaborador. Al momento de asumir el compromiso relativo a Cuenca Díaz —todavía en 1975, al inicio de su campaña—, López Portillo no podía prever las circunstancias bajo las cuales arribaría a la silla presidencial catorce meses después, ni qué impresión o efecto podía generar una designación tan abiertamente transexenal como esa. Además, se acostumbraba realizar el anuncio sobre Baja California a principios del nuevo sexenio, de tal suerte que en el peor de los casos López Portillo podría cambiar de parecer. Echeverría, tan conocedor de las reglas del sistema y habitualmente tan ceñido a ellas, debía albergar poderosas razones para imponerle un lastre de esa magnitud a su amigo, a menos de que se tratara justamente de demostrar que podía imponerle lo que quisiera. La traumática devaluación del peso el 31 de agosto —la primera en 22 años— hundió al sexenio en la histeria y la zozobra, y exacerbó las tensiones entre la administración agonizante y los sectores desencantados desde antes. Echeverría comenzó a tratar de remontar la debacle financiera con un frenesí inaugurador y a través de medidas con pretensiones históricas: la expropiación de las tierras del Valle del Yaqui en el noroeste, por ejemplo. En ese contexto, una demostración de fuerza en materia de la designación de candidatos a gobernador encerraba una cierta lógica.

Ya en el ocaso de su estancia en el poder, Echeverría le recordó a López Portillo su compromiso. Éste convocó al presidente del PRI —ya palomeado para la Secretaría de Educación Pública—, y con una solemnidad casi teatral le indicó que era preciso proceder a la postulación del general Cuenca Díaz como candidato a gobernador de Baja California. Muñoz Ledo objetó vigorosamente la decisión, invocando varios argumentos esgrimidos un año antes, cuando el recién proclamado candidato había suscitado por primera vez el tema a raíz de la petición de Echeverría. López Portillo cubrió el expediente de presentar el asunto como una decisión propia, pero no pudo mantener la ficción: se trataba obviamente de una imposición del Presidente, no sólo en cuanto a la persona del candidato, sino en lo tocante a la fecha. Adelantar el destape de Baja California significaba exhibir ante todo el poderío de Echeverría, la docilidad de López Portillo y la desconfianza del primero por el segundo: para garantizar la postulación de Cuenca Díaz, Echeverría era capaz de imponer una designación anticipada. El Presidente electo finalmente confiesa: se lo ha exigido Echeverría, y no puede negarse.

Porfirio se retuerce y le avisa a López Portillo que va a procurar hablar con Echeverría. Se dirige a San Jerónimo —el Presidente ya había desalojado Los Pinos—, donde se encuentra a un Echeverría sereno, de buen humor, a quien le expone sus desacuerdos y razonamientos. Echeverría toma nota y responde con la habilidad secular de los políticos mexicanos: López Portillo está de acuerdo, ¿por qué se opone Porfirio? Justo en ese momento, como por casualidad, entra una comunicación por la red presidencial; Echeverría la recibe en una de las múltiples casitas que pueblan el paisaje de la exgranja de San Jerónimo y vuelve con Muñoz Ledo para avisarle que tiene una llamada. Es López Portillo, quien, alterado y emotivo, le demanda a Muñoz Ledo cesar su oposición al Presidente Echeverría y respetar los acuerdos celebrados entre ellos. Porfirio regresa con Echeverría, e informa de su conversación con el Presidente electo. Echeverría gira entonces las instrucciones pertinentes para el destape en Baja California. Indica que al día siguiente, él mismo se comunicará por teléfono con el gobernador Milton Castellanos para enseguida pasarle el auricular a Muñoz Ledo; éste le anunciaría la decisión presidencial. Mientras, la Presidencia había organizado a los sectores, de tal manera que para la tarde del próximo día el general Cuenca Díaz era proclamado candidato del PRI a la gobernatura de Baja California, contra viento y marea. Para alivio de todos los protagonistas, fallecerá semanas después, ya en campaña; López Portillo podrá designar a un candidato propio —Roberto (Bob) Delamadrid—; Echeverría le habrá cumplido a su amigo y leal colaborador. El colofón de la historia proviene de la versión, aún inverificable, que circuló en esos días en la Ciudad de México: justamente en ese momento el Presidente convocaba a Cuenca, a Augusto Gómez Villanueva, recién nombrado líder de la Cámara de Diputados, y a Carlos ("el Negro") Sansores Pérez para advertirles que en ellos confiaba para que "Pepe se ponga la banda y se siente en la silla", todo ello ante el temor de una pronunciamiento militar tendiente a impedirlo. Algunos recordarán cómo, en los últimos días y semanas del sexenio, proliferaron los rumores sobre un posible golpe de Estado, sin que jamás se comprendiera con claridad quién daría dicho golpe, ni contra quién se ejercería —ni mucho menos por qué motivo—. La coincidencia del incidente de Cuenca, de la versión sobre la advertencia de Echeverría y de los rumores de una asonada siguen dejando un mal sabor de boca.

Rosa Luz Alegría no cree que López Portillo se haya molestado en exceso con motivo de la imposición de Cuenca, y es plausible que tenga razón. A escasos días de llegar por fin a Palacio Nacional, los presidentes electos albergan una gran tolerancia frente a los desplantes y humores de sus predecesores, a sabiendas de que en lo esencial llevan las de ganar. Además, López Portillo en particular parece sincero en sus constantes proclamas de candor y magnanimidad frente a Luis Echeverría: pensó en aquel momento —y sigue convencido hoy— que su querido amigo y excelso político jamás descuidaría o ignoraría las reglas y normas del sistema mexicano al grado de osar conservar el poder una vez salido de la Presidencia. Pero incluso teniendo razón —y no es para nada evidente que la tuviera—, las impresiones eran otras, y las ambiciones y maniobras de los colaboradores y simpatizantes de los dos amigos de juventud de la colonia Roma, también. En todo caso, según uno de sus más cercanos y perdurables colaboradores, López Portillo se molesta lo suficiente por el incidente de Cuenca para desacatar una sugerencia de Echeverría anteriormente aceptada: no incluir al profesor Carlos Hank González en su gabinete. Días antes de acceder a su nueva investidura, decide nombrarlo jefe del Departamento del Distrito Federal, a pesar de las admoniciones echeverristas sobre los negocios del profesor y sus peculiares vinculaciones políticas.

A partir de su memorable discurso de toma de posesión el primero de diciembre de 1976, López Portillo se vio obligado a actuar a la luz de las ya mencionadas impresiones, es decir, de las apariencias políticas, y quizás de las mismas realidades. Sobre todo cuando el propio Luis Echeverría alimentaba todas las especulaciones y el nuevo secretario de Gobernación, Jesús Reyes Heroles, transmitía fielmente a su jefe cada movimiento, acto o insinuación del inquieto expresidente. Para mayo de 1977, los desmanes del incómodo amigo desbordarán el cauce de las reglas no escritas del sistema. El uso y abuso de la red presidencial, y sus constantes visitas a diversos secretarios de Estado, así como las maledicencias de sobremesa a propósito de las perpetuas juntas y conciliábulos celebrados por Echeverría en su casa de San Jerónimo, le permitieron a Reyes Heroles convencer al nuevo Presidente de quebrar el cerco echeverrista. El exdirector de Pemex ocupaba un intersticio clave; se transformó rápidamente en el ariete del antiecheverrismo, aprovechando una cartera tal vez destinada a otro. Muñoz Ledo conjetura hoy que perdió la Secretaría de Gobernación en 1976 justamente por su cercanía con Echeverría y debido a las presiones que ejerció este último sobre el Presidente entrante en distintos ámbitos. Acierta al creerlo, pero su nombramiento en Bucareli se antoja sencillamente inverosímil: que un precandidato, Presidente del PRI y estrechísimo colaborador del Presidente saliente ocupara la cartera política más poderosa del gabinete no cabía dentro de las tradiciones. Resultó que los angostos límites del mecanismo sucesorio ni siquiera abarcaron la Secretaría de Educación.

Durante todo ese año, Echeverría hacía gala de hiperactividad. Un día del mes de mayo de 1977, Porfirio recibe una llamada por la red presidencial en el antiguo despacho de Vasconcelos, en la sede de la SEP: era Luis Echeverría, comunicándose desde la oficina en Tlatelolco de Santiago Roel, secretario de Relaciones Exteriores. Crecía la campaña contra Augusto Gómez Villanueva, líder del Congreso. Echeverría pide visitar a su excolaborador allí mismo en las oficinas de las calles de Argentina; resignado, Porfirio accede. Pasada una hora se presentó Echeverría; después de consumar las formalidades del caso, se sienta a platicar de política con Muñoz Ledo. Lamenta los rumores contra Gómez Villanueva que aparecían en la prensa, y en general profesa cierto malestar sobre un murmullo de hostilidad hacia él mismo que comienza a entreoír de bocas de funcionarios lópezportillistas, en particular de Reyes Heroles. Porfirio mantiene la calma hasta que, de repente, Echeverría le ruega que lo comunique por la red con López Portillo. Desesperado, Muñoz Ledo asiente, consciente de que sus largos esfuerzos por mantener un relativo equilibrio entre su antiguo y su nuevo jefe acaban de naufragar. López Portillo solía contestar personalmente la red; atiende él mismo y Porfirio no tiene más remedio que pasarle la bocina a Luis Echeverría. Éste se queja amargamente de la campaña contra sus colaboradores en general y contra Gómez Villanueva en particular. López Portillo escucha y responde con parquedad.

Días después, según Muñoz Ledo, Jesús Reyes Heroles llevará a su acuerdo con López Portillo la grabación de la conversación por la red presidencial —una extensión de la cual Echeverría había conectado en el Centro de Estudios del Tercer Mundo—, como muestra del giro intolerable que había cobrado el comportamiento de Echeverría. López Portillo reconoce la pertinencia del razonamiento de su secretario de Gobernación, y se aviene cuando éste sugiere comisionar a Gómez Villanueva a una embajada, dejando la presidencia de la Cámara en manos de un lopezportillista de cepa. Un par de días más tarde, estando López Portillo de viaje por Sudamérica, Reyes Heroles cita a su oficina a Gómez Villanueva en fin de semana y exige su renuncia. Lo obliga allí, amenazas y acusaciones de corrupción mediante, a aceptar un embajada, la que él quisiera. El líder agrarista opta por Italia, donde se había refugiado otro excolaborador de Echeverría, Fausto Zapata, quien deberá ser reubicado a México. Carlos Sansores Pérez —el senador y sucesor de Porfirio en la presidencia del PRI, también a instancias de Echeverría— puso rápidamente sus barbas a remojar. Comentó poco tiempo después con Porfirio: “Vamos a salir los tres, Augusto, tú y yo. De Augusto y de mí lo que quieren es la jaulita, de ti lo que quieren es el pajarito." De los dos primeros, el nuevo régimen deseaba los cargos; de Porfirio, su presencia en el gabinete. Así sucedió a finales de 1977: Muñoz Ledo fue conminado a renunciar a la Secretaría de Educación Pública, después de haber procurado sacudirse la campaña en su contra, de haber buscado persuadir a López Portillo, y de haber recibido como respuesta a sus argumentos la razón de Estado y la frase lapidaria, típicamente lopezportillista: "Tiene usted mi confianza mientras no se la quite."

Para Navidad de ese año, se la quitó. La brecha personal entre ambos sexenios se ensanchaba, alcanzando su paroxismo con la designación del expresidente Echeverría como embajador, primero ante la Unesco en París y posteriormente en Australia. La derecha regiomontana y el empresariado en su conjunto acertarán más tarde en su apreciación resentida e interesada de un capítulo crucial de esta serie: la ruptura entre los equipos de ambos sexenios y el relativo distanciamiento que se gestará entre los dos mandatarios no revestirá una divergencia de sustancia. Ambos sexenios se parecerán como dos gotas de agua en muchas de sus ambiciones, metas y ánimos, y representarán, juntos, el último suspiro del proyecto económico y social surgido de los años de gloria de los regímenes de la Revolución. Las dos intepretaciones atinan: la ruptura de grupos, equipos y personalidades autorizó la continuidad de fondo; los cambios de personal y de estilos paliaron —y permitieron posponer— la renovación sustantiva, económica, social y política del rumbo nacional. López Portillo posiblemente reunió al gabinete más fuerte y notable de la época moderna: en distintos momentos, sus encargados de despacho en Gobernación, Relaciones Exteriores, Hacienda, Programación y Presupuesto, Educación, el Departamento del Distrito Federal y Petróleos Mexicanos le imprimieron una marca a sus dependencias que no han vuelto a tener, o que no tuvieron antes. Pero el aliento renovador del lopezportillismo se agotó en la contienda transexenal. Como lo ha resumido con elegancia José Ramón López Portillo: "La complicidad entre los presidentes consiste en aceptar que las reglas del sistema, y por lo tanto su reproducción, se van a garantizar, y el Presidente siguiente no va a romper con esas reglas porque depende de ellas y tarde o temprano se va a encontrar con ellas. Por ello, los presidentes difícilmente han llevado a cabo reformas de tal trascendencia que rompan con el autoritarismo, con el corporativismo, con el presidencialismo y con las reglas íntimas del Estado. Se van casi con las manos amarradas; por más que después se trató de vincular la liberalización económica a la liberalización política, no se pudo."

Las sucesiones por elección o por decisión encierran innegables ventajas sobre las realizadas por descarte. Ciertamente, la sensación de engaño permanece, pero se traslada a los rivales, y éstos siempre pueden ser controlados, cooptados, tranquilizados o neutralizados más fácilmente que los predecesores. Pero la sucesión resuelta de antemano comprende también inconvenientes, ante todo al amortiguar y suavizar la ruptura intersexenal, y al revertir el engaño del sucesor al sucedido. En las sucesiones por descarte, el sucesor siempre termina por engatusar o cegar al sucedido con sus virtudes, lealtades o complicidades; tanto la realidad como la percepción de los protagonistas los arrastran por ese derrotero. En las sucesiones del otro molde, el engaño corre por cuenta del sucedido: logra convencer al sucesor de que lo dejará gobernar, que lo escogió por inteligente, fuerte y carismático, y que los roces entre ellos emanan exclusivamente de malentendidos o conspiradores dedicados a "amarrar navajas". Por ende, el sucedido selecciona al sucesor más apto para ser seducido, para ser conducido por una senda muy especial.

Si antes el toro se toreaba al revés, como decía Mario Moya, también la lectura se llevaba a cabo de fin a principio. Echeverría captó con delectación y terror la angustia de Díaz Ordaz al encontrarse sin fichas y en manos de una única opción que no le agradaba; sólo él sabía hasta qué punto había maniobrado para colocarse a sí mismo, y a Díaz Ordaz, en esa disyuntiva. No en vano insistió varias veces, durante las pláticas que componen la entrevista con la que comienza este libro, en que Díaz Ordaz ni siquiera lo designó subsecretario de Gobernación en 1958, sino que recibió su nombramiento directamente de López Mateos y que así se lo indicó con todas sus letras el propio Díaz Ordaz. Nunca, podrá haber concluido Echeverría, me expondré a un dilema tan estrujante: mejor escoger a tiempo y con pleno conocimiento de causa, que desesperarme al final y verme obligado a optar a ciegas, con resignación y resentimiento. Pero entonces el objeto de la selección debe reunir ciertas características, entre otras, portar sus debilidades a flor de piel, y ser dotado de una fortaleza que puede ser fácilmente mermada o acotada por los instrumentos políticos al alcance del Presidente en turno. Como ningún político carece, por definición, de sensiblidad sicológica e intuitiva, no suelen equivocarse en la detección de las debilidades, y en el empeño de enflaquecer las fibras más potentes del sucesor. Éste, a su vez, tampoco es un niño de pecho: cultiva los rasgos que enternecen y obnubilan al jefe, y disimula los que pudieran ahuyentarlo o provocar su ira. Pero estos últimos constituyen su naturaleza misma, mientras que aquéllos son *contra natura*. Por ello se acentúan los primeros, se opacan los segundos, y el sucesor termina por ser, precisamente, lo que el sucedido buscaba que fuera: un Presidente de la continuidad, de los compromisos asumidos y cumplidos, de las reglas respetadas. He allí, a todas luces, la historia de estos dos amigos, que hasta la fecha mantienen el afecto que los unió en sus mocedades defeñas de los años treinta, pero cuya continuidad sin ruptura entrañó un costo exorbitante para el país.

1982

Tal vez porque José López Portillo cobró conciencia poco a poco del costo de colocar a un compañero de juventud en Los Pinos, desistió de intentarlo. O, quizás, y más probablemente, fue perdiendo a sus candidatos amigos en el camino, y al final acabó como Díaz Ordaz: designando a un candidato cuya fortaleza consistía en ser la única carta posible y restante; todos los demás ya habían sido descartados por otros motivos. Otra similitud con ese antecedente es cómo la sensación de engaño permeó todo el proceso. Miguel de la Madrid conquistó la candidatura del PRI en 1981 por varias razones, pero entre ellas destaca la de haber comprendido que si las aves de mal agüero y los heraldos de malas noticias nunca ganan, los portadores de buenas nuevas arrastran una ventaja implícita, a menudo insuperable. La sucesión de José López Portillo aparece como el descarte por excelencia; así lo será hasta que Ernesto Zedillo arribe a la Presidencia, en apariencia por la misma vía, en 1994.

El sexenio comienza con tres corredores en la pista, dos de largo aliento y uno sin grandes perspectivas de éxito. Carlos Tello y Julio Rodolfo Moctezuma conformaban las cartas de arranque de López Portillo, y Pedro Ojeda Paullada representaba la opción de la amistad, del afecto y de la lealtad. Como señala el propio expresidente, si hubiera prosperado su peculiar obsesión por el equilibrio de fuerzas, de preferencias y de personas, la inercia institucional habría corregido los defectos de los dos hombres de la economía, fortaleciéndolos enormemente. Al inicio de su mandato, de haber podido insertar a Tello en Hacienda, obligándolo a entenderse con el empresariado y en particular con la banca mexicana, sus ímpetus estatistas, nacionalistas y populares se habrían moderado. A la inversa, de enfrentarse Moctezuma con la responsabilidad del gasto en la recién creada Secretaría de Programación y Presupuesto, y por ende con el drama mexicano de las carencias, la pobreza y la desigualdad, todo ello hubiera mitigado su ortodoxia hacendaria. Al desplazarse Tello hacia el centro y Moctezuma hacia la izquierda, los dos precandidatos contrarrestaban sus debilidades y le habrían permitido a López Portillo organizar una sucesión ordenada, sobre todo en vista de la inhabilitación —de nuevo por impedimentos constitucionales— de los dos integrantes más poderosos del gabinete: Reyes Heroles en Gobernación y Hank González en el Departamento del Distrito Federal.

Sin embargo, se perdió el balance desde un principio y las cosas salieron al revés: López Portillo se vio obligado a nombrar al hacendario conservador que era Moctezuma... en Hacienda, y tuvo que situar a Tello, partidario de un gasto público vigoroso... en SPP, la dependencia encauzadora del gasto. Y el enfrentamiento entre Tello y Moctezuma a propósito del presupuesto de 1978 precipita los acontecimientos: el esquema entero de López Portillo se derrumba antes de cerrar el primer año de gobierno, cuando Carlos Tello presenta su renuncia y, acto seguido, para preservar sus sacrosantos equilibrios, López Portillo le solicita la suya a Julio Rodolfo Moctezuma. Se queda, como él mismo lo reconoce, sin sus dos primeras cartas. Cuando Ricardo García Sainz, el sustituto de Tello en SPP, fracasa en el intento de diseñar un Plan Global de Desarrollo, que supuestamente pondría orden en la administración pública y en la planeación económica nacional, se produce un tercer descarte. Para finales de 1980 persisten en la contienda seis precandidatos factibles, de los cuales sólo dos o tres son verdaderamente viables. Los seis son Pedro Ojeda, quien desde un principio figuró entre los elegibles, pero cuyas desventajas —personales, políticas, profesionales— chocaban demasiado con las fantasías lopezportillistas de grandeza mexicana y de pericia administrativa; Jorge de la Vega Domínguez, cuyo traslado de la gobernatura del estado de Chiapas a la Secretaría de Comercio lo introducía en el gabinete económico —que se convertía, cada vez más, en el centro neurálgico del gobierno— y le permitía desplegar sus múltiples y versátiles dotes y apoyos políticos; David Ibarra, quien, al sustituir a Moctezuma en Hacienda, ocupaba la cartera más poderosa entre las contendientes, sin jamás establecer la química adecuada en su relación personal con el Presidente; Jorge Díaz Serrano, cuya vieja amistad con López Portillo y aparente magia productiva en Pemex elevaban día a días sus bonos; Miguel de la Madrid, el tercer titular de SPP, quien logró lo que escapó a sus predecesores, a saber, la aceptación — aunque fuera a regañadientes— de un plan aceptado por las demás dependencias interesadas; y por último, Javier García Paniagua, un extraño personaje cuyo prodigioso ascenso durante el sexenio lopezportillista asombra aún a tirios y troyanos, y culmina en la presidencia del PRI y en el penúltimo peldaño previo a la primera magistratura.

Uno por uno, todos fueron saliendo de la lista, hasta que al final le quedaron a López Portillo no más que una o dos fichas, según a quién se prefiera creer. Al igual que en el caso de Díaz Ordaz, el mejor derrotero para comprender el dilema que termina por estremecer al Presidente reside en proceder como él: por eliminaciones o por aproximaciones sucesivas. Pedro Ojeda Paullada, compadre de López Portillo, había salido venturoso de un larga aflicción de alcoholismo, pero —en parte por las advertencias de otro amigo exalcohólico, Jorge Díaz Serrano—, López Portillo, según varios de sus más cercanos colaboradores, tenía la convicción de que ese padecimiento era incurable, por lo menos bajo las presiones de la Presidencia. En segundo lugar —y tal vez pesaba más esta objeción—, Ojeda ostentaba, contrariamente al apotegma porfirista, mucha política y poca administración. No parecía estar compenetrado de la compulsión planificadora del sexenio, ni dominar los temas administrativos, económicos y financieros que pronto devoraron al gobierno. Tampoco logró formar alianzas favorecedoras a su causa en el gabinete, y mostró, en un debate decisivo, una cierta falta de audacia y consistencia que posiblemente lo perjudicó. Tal y como lo señalan las entrevistas de los dos expresidentes interesados, el ingreso de México al Acuerdo General de Comercio y Aranceles (GATT) consumió buena parte del tiempo y de las pasiones del gabinete a comienzos de 1980. López Portillo pidió al final que cada secretario votara, y Ojeda vaciló, buscó la dirección del viento y actuó con una pizca de oportunismo, viciando de esa manera el procedimiento escogido por el Presidente. En las palabras de José Ramón López Portillo, quien mantuvo excelentes relaciones con el secretario del Trabajo: "Ojeda me explicó que él simpatizaba con la entrada al GATT, y que su posición importaba para lograr un equilibrio entre los que estaban a favor y en contra, pero que antes de la reunión del gabinete económico en la que se tomaría la decisión, su lectura de la correlación de fuerzas lo hizo cambiar de posición, inclinando la balanza en contra."

López Portillo detectó perfectamente quiénes ajustaron sus posturas para complacerlo y desconfió de las convicciones, sinceridad o firmeza de quienes así se comportaron. Ojeda Paullada fue uno de ellos. Y por último, en la opinión de Porfirio Muñoz Ledo a propósito de sí mismo —pero el principio podía resultar aplicable en menor medida a Ojeda—, después de tantos litigios con el expresidente, López Portillo se "mosqueó" con cualquiera que conservara contacto con Echeverría; Ojeda había sido Procurador durante el régimen anterior y moyista de hueso colorado. Por todas estas razones, Pedro Ojeda Paullada, a pesar de su estrecha amistad con el Presidente, y aunque más adelante fuera comisionado como segundo relevo del candidato, no accedió al puesto más codiciado de la política mexicana. Como su amigo Mario Moya, tenía todo para ser presidente; casi lo fue, pero el sistema le fue ingrato, disfuncional o injusto.

Algo semejante sucedió con Jorge de la Vega Domínguez, el político chiapaneco reconocido en ocasiones como afín a Carlos Hank González. Si bien su dependencia había llevado a cabo todas las negociaciones del protocolo de adhesión al GATT, y por lo tanto era institucionalmente favorable a la entrada, De la Vega le cedió la voz cantante en las discusiones internas a su subsecretario de Comercio Exterior, Héctor Hernández. A López Portillo no le gustó la falta de definición de la De la Vega; según José Ramón López Portillo, el de Comitán de Domínguez "no agarró vuelo en la lucha por la entrada al GATT. No luchó suficientemente por ese proyecto; dejó que Héctor Hernández diera la lucha por él, porque no sabía cuál era la posición del Presidente: entrar al GATT o no. Pensó: 'Si yo lucho por entrar y él no quiere, ya quemé mis posibilidades'." No le pudo adivinar el pensamiento a López Portillo, ya que el Presidente no fijó su parecer hasta el final, días antes del anuncio de la decisión. De acuerdo con uno de sus colaboradores más cercanos, López Portillo concluyó que De la Vega, por ser demasiado cuidadoso, "le echaría la culpa de todo al predecesor si las cosas le salían mal." Así aconteció, en realidad, pero no fue De la Vega el autor del vituperio contra López Portillo. Fue el ungido: Miguel de la Madrid. Si a su cautela congénita agregamos una cierta inhibición intelectual inspirada en el gabinete económico por Ibarra y Oteyza, comprendemos parte de las razones de su derrota.

Huelga decir que el propio De la Vega ofrece una explicación diferente. Se basa en su pragmatismo y realismo políticos. Aunque muchos factores abonaban a su favor —edad, cercanía a grupos políticos importantes, habilidad política, competencia administrativa—, su puesto le jugaba las contras. Así lo recuerda él: "La Secretaría de Comercio no tenía instrumentos reales para controlar los precios; la inflación crecía incontrolable y el desgaste personal era una consecuencia ineludible. Pensar en ser candidato elegible del PRI resultaba ilusorio, y mucho más a la luz del nuevo perfil del candidato que en aquel momento necesitaba el país. A mis amigos les comentaba que por mi conocimiento del Presidente López Portillo, así como por su experiencia política, veía con claridad mis limitaciones." Se podría añadir que su cercanía con Hank, justamente, tal vez lo perjudicó a ojos de alguien como López Portillo, quien recurrió al profesor para manejar el Distrito Federal y forjó una estrecha y larga amistad con él, pero no necesariamente lo hubiera colocado tan cerca del poder como habría acontecido de arribar Jorge de la Vega a la presidencia.

Una multiplicidad de factores explica también la eliminación de David Ibarra de la contienda, en una fecha difícil de precisar. El secretario de Hacienda permitió la agudización de dos rasgos de su personalidad, a la postre intolerables para López Portillo; al final, lo sepultaron políticamente. En primer término, su innegable capacidad intelectual tendía a ser percibida como —y en ocasiones a transformarse en— una arrogancia insensible o irreverente, la cual podía resultar irrespetuosa o francamente odiosa para un hombre como López Portillo, a la vez jactancioso de su propio calibre intelectual y cultural, y consciente de sus deficiencias de formación en materia económica; peor aún, Ibarra exhibía a los "gallos" de López Portillo, poniendo en evidencia su ineptitud técnica o retórica. Le salió el tiro por la culata. Por no gozar de una vieja amistad con el Presidente, Ibarra quizás desestimaba el papel del orgullo en el carácter de su jefe. Y por haber llegado tarde a la política —como el propio López Portillo—, tal vez carecía de los modales y mañas indispensables para moverse en aguas tan infestadas y obscuras como las del gabinete económico, las columnas de prensa y la sucesión presidencial en su conjunto. La falta de química con el Presidente se constituyó en un factor crucial en la caída de David Ibarra, que desde otros puntos de vista reunía la mayoría de los requisitos mencionados por el mismo primer mandatario para sucederlo. El propio Ibarra reconoce hoy que "en el sentido real, no estaba en la jugada, porque no estaba en el corazón de López Portillo." Probablemente sí lo estuvo hasta que, hacia finales de 1980, la economía inició su acercamiento al desfiladero. Si recurrimos a la jerga pugilística de años atrás, Ibarra quizás era, kilo por kilo y desde la perspectiva del destino del país, el candidato idóneo; pero bajo las reglas del juego de aquel entonces, resultó ser un pésimo competidor.

En segundo lugar, el queretano deja entrever en ocasiones un agudo espíritu de contradicción ligeramente pesimista, lo cual lo vuelve un estupendo conversador e interlocutor intelectual, convirtiéndolo simultáneamente, sin embargo, en un personaje incómodo dentro un ámbito engolado o beato, como suele ser un gabinete poblado por personajes pagados de sí mismos y deseosos de encontrarle la mejor cara a las cosas. Manuel Bartlett, ya para entonces asesor político de Miguel de la Madrid y virtual coordinador político de su precampaña, proporciona una visión alternativa, ligeramente autojustificatoria: Ibarra nunca quiso darle un contenido político a su candidatura ni a su discurso, desde sus comparecencias en la Cámara de Diputados hasta sus apariciones en los medios; se mantuvo en la ortodoxia de economista. El exsecretario de Hacienda tiene evidentemente una explicación distinta de los motivos por los cuales fue descalificado. Según él, dos factores contribuyeron a su descalabro: la política palaciega y las consideraciones personales, y el ser predicador de tormentas en ciernes. La primera razón ofrecida por Ibarra es la menos sustantiva, pero tal vez la más crucial: "López Portillo escoge a Miguel de la Madrid porque cree que sabe de economía, porque garantiza la carrera política de su hijo, porque va a proteger a Rosa Luz, a Oteyza y a Margarita, su hermana, y porque la familia también lo apoya. García Paniagua era sólo el *second-best* de Margarita."

La explicación se antoja esquemática, pero refleja ciertas verdades. El hecho es que, en efecto, por lo menos dos de los tres personajes citados —José Ramón y Oteyza— efectivamente apoyaron a De la Madrid; Rosa Luz tal vez se cuidó más o reconoce menos hoy —se limita a decir que "también pensaba que era el menos malo, pero la verdad es que no tenía candidato"—, pero fungió durante casi dos años como subsecretaria de Evaluación con De la Madrid. Para López Portillo resultaba lógico descontar que la buena relación de trabajo entre la subalterna y el secretario sentara las bases para una futura e igualmente estrecha colaboración. En cuanto a la objeción simplista de acuerdo con la cual un Presidente de México no puede decidir algo tan trascendente para el país a partir de criterios tan frívolos y mezquinos, pasa por alto la mecánica ya descrita del círculo de Palacio y del falso fiel del fiel de la balanza. Por supuesto que ni Oteyza o José Ramón, ni Rosa Luz Alegría, desfilaron delante del Presidente recomendando por unanimidad a De la Madrid; tampoco ignoraba López Portillo las simpatías, resentimientos y esperanzas que albergaban sus allegados más íntimos, como todo mundo. El mecanismo es diferente: consiste en la manera de presentar la información, de organizar la agenda, de avalar determinadas tesis, de apoyar ciertos argumentos, de iluminarle el camino a quien nunca pierde la vista pero cuya mirada se empaña conforme se acerca el momento de la entrega real del poder.

La segunda explicación sugerida por Ibarra es más de fondo, y empieza a acercarnos al meollo de la sucesión de 1982. Tanto su naturaleza como su sentido de responsabilidad y lucidez económicas condujeron al titular de las finanzas a pronosticarle a López Portillo, desde mediados de 1980, un sobrecalentamiento de la economía mexicana; además, las paralizantes divisiones imperantes en el gabinete económico obstaculizaban un sano proceso de toma de decisiones. Para Ibarra, la única solución consistía en el nombramiento de un especie de zar económico plenipotenciario. López Portillo atendió la conclusión y no la premisa; descalificó el análisis de Ibarra, atribuyéndolo a sus ambiciones personales —conquistar el mando de la política económica—, y presidenciales: volverse indispensable, y por ende el mejor candidato. Ambas sospechas de López Portillo revestían cierto fundamento —al fin y al cabo, esas eran las reglas del juego, junto con la consecuencia ineluctable de haber escindido el gasto público de los ingresos federales a través de la creación de SPP en 1977—, pero el diagnóstico de Ibarra permanecía válido. A tal punto que López Portillo apuntará en su diario, a finales de 1981, lo siguiente: "1981 terminará con un déficit de 715 mil millones de pesos. Yo, desconcertado, no lo podía creer. Ibarra, sonriente, contestaba: ¿Qué tal?: se lo dije." La infinita soberbia que se apoderó de López Portillo en esos años de éxito, tan fugaz como deslumbrante, contribuyó a su incredulidad: lo cegó y lo ensordeció e inhibió el uso de sus considerables facultades analíticas, psicológicas e históricas. Transformó a un hombre dotado y sensible en un Quetzalcóatl errático y beato ante sus propios triunfos.

Como veremos, y como lo reconoce a medias y con tirabuzón López Portillo en su entrevista, el desconcierto y el error no fueron gratuitos. Ibarra se ubicó en una minoría de uno en el gabinete, contra el optimismo y el entusiasmo de sus rivales —Miguel de la Madrid, Jorge de la Vega y Javier García Paniagua—, y contra los análisis autocomplacientes de quienes debieron apoyarlo: José Andrés de Oteyza, el joven e influyente secretario de Patrimonio y Fomento Industrial, que contaba con el afecto de López Portillo y con la ventaja de no ser presidenciable por impedimento constitucional; Rafael Izquierdo, el mal nombrado asesor presidencial; Gustavo Romero Kolbeck, quien al igual que Oteyza encerraba mayor afinidad ideológica por Ibarra que por De la Madrid pero prefirió jugar la carta de la alianza personal; y por José Ramón López Portillo, que siguió una trayectoria ambigua en todo el proceso. Con todos ellos en su contra, el emisario del mal se vio irremediablemente condenado a la derrota: sin cuartel, sin apelación, sin salida. En la opinión de Ibarra, López Portillo lo descartó justamente por pesimista, por advertir contra las tensiones inflacionarias que una economía sobrecalentada acumulaba paulatinamente, y contra las presiones deficitarias en las cuentas públicas y externas que a su vez alimentaban la inflación. Desde antes, Ibarra se había opuesto a las metas de crecimiento maximalistas —superiores al 10% anual— formuladas por José Andrés de Oteyza; Hacienda, en voz de Ibarra, prefería fijar un objetivo cercano al 6%. A partir de finales de 1980, los desequilibrios externo y fiscal comenzaron a tensionar las finanzas públicas e Ibarra, en lugar de disimular los nubarrones en el horizonte, los apunta con tono y mirada melodramática. Cierto es que en parte se trataba de una táctica sucesoria. Consistía en pintar un panorama sobrecogedor, cuyo manejo y despejamiento descansaban exclusivamente en la entrega del poder al autor del diagnóstico: el propio secretario de Hacienda, quien debía recibir la encomienda presidencial de coordinar la política económica en su conjunto. López Portillo, como comenta su hijo, "interpretó este afán de Ibarra como un reflejo de su ambiciones presidenciales", y lo desechó. Las cifras de 1980 tendían a validar el escepticismo de Ibarra, sin llegar a corroborarlas del todo: el déficit fiscal alcanzó 7.5% del PIB, duplicando un pronóstico de la mitad; el déficit en cuenta corriente sumó siete mil millones de dólares en vez de los tres mil millones previstos. Nada del otro mundo, pero sí una señal de alarma.

Hacia mediados de 1981 sobrevino el inicio de la crisis económica de fin de sexenio, precipitada por el alza de las tasas de interés mundiales —desatada a su vez por las políticas monetarias restrictivas puestas en práctica por Paul Volcker en la Reserva Federal de los Estados Unidos— y una caída en los precios del petróleo —de menos de 10% en relación con los precios existentes, pero percibida en México como una debacle—. Jorge Díaz Serrano trató de ajustar los precios mexicanos a la baja para evitar la pérdida de mercados, pero procedió sin consultar al gabinete económico, descuido que en esta ocasión le costó la dirección de Pemex y, tal vez, la Presidencia de la República. Fue en ese trance que Miguel de la Madrid se ganó el premio mayor; simultáneamente se produce lo que por fin, dieciséis años más tarde, López Portillo accedió a llamar un engaño, y que algunos de sus colaboradores denominan traición.

La salida de Díaz Serrano encierra aún enigmas y orígenes misteriosos. Dos de los colaboradores más cercanos del Presidente —Rosa Luz Alegría y José Antonio Ugarte, el coordinador de asesores en Los Pinos— insisten formalmente en que, antes de su debacle, la candidatura era suya. Según Rosa Luz, "El verdadero candidato de López Portillo era Díaz Serrano; cuando lo saca para empezar a ver cómo lo ven, le cortan la cabeza. Él realizó la gran hazaña de su administración; la relación personal con él era más intensa, como amigos. Le tenía una gran confianza; el que llevaba la voz cantante en el gabinete económico era Díaz Serrano." Ugarte afirma, categórico: "Si no se caen los precios del petróleo, no tengo ninguna duda de que hubiera sido Jorge Díaz Serrano." El hijo del Presidente matiza su postura y detecta un mayor número de engorros al respecto, pero no contradice la evaluación de los dos allegados anteriores: "Sí era un candidato real, con una serie de limitaciones de entrada: poca experiencia en el sector público, poco contacto con la élite política, poca exposición con el PRI, una serie de conflictos constantes con sus colegas, una situación familiar un tanto difícil, los problemas de comunicación no necesariamente claros...". A ello se había sumado la advertencia que el propio Díaz Serrano había compartido con su amigo y jefe: él también arrastraba antecedentes de alcoholismo.

La discusión sobre la viabilidad de Jorge Díaz Serrano resulta, en todo caso, ociosa, ya que en junio de 1981, por haber actuado unilateralmente, sin consultar al gabinete económico, o por convertirse en el chivo expiatorio de un cambio de opinión de López Portillo, se ve obligado a renunciar. El propio hijo del primer mandatario no arriba a una conclusión al respecto en su tesis: formula las dos eventualidades —acción unilateral o confusión-malentendido-marcha atrás de su padre—. Tanto Ugarte como José Ramón López Portillo rechazan la idea según la cual Oteyza organizó una especie de Fronda en el gabinete económico para derrocar a Díaz Serrano y cerrarle el paso a la Presidencia, aunque Rosa Luz Alegría sugiere precisamente esta hipótesis. Los dos familiares del Presidente opinan que el poderoso secretario de Patrimonio no valoraba las perspectivas sucesorias de Díaz Serrano y por tanto no necesitaba montar una operación de sabotaje; Rosa Luz conserva la impresión contraria. El hecho es que Díaz Serrano cae, ante todo, por motivos burocráticos, no de sustancia; los acontecimientos le dieron la razón en lo tocante a los precios, aunque, como lamenta David Ibarra, gastaba demasiado, por ejemplo en el edificio de Pemex, en la anchura del gasoducto y en el desarrollo de los yacimientos de Chicontepec, y no generaba ahorro; por ello y por los excesos de gasto de Pemex en la campaña personal de su director después del discurso de "mesa pasarela" de Hermosillo, fue que Ibarra participó igualmente en su linchamiento en el gabinete económico. Y el hecho es también que el candidato favorecido por Oteyza, Miguel de la Madrid, sale fortalecido de la crisis veraniega de 1981: sólo deberá vencer a un rival restante. Se trata de un adversario temible por sus características personales, pero fácilmente vencible a la luz de sus atributos políticos: Javier García Paniagua.

La secuencia de junio-septiembre de 1981 sirve para matizar la tesis de la sucesión por descarte: cuando se produce un proceso sucesorio de esta naturaleza, el ganador siempre contribuye en alguna medida a crear una situación en la que la única carta disponible es justamente él. En otras palabras, la eliminación de los demás nunca es inocente, y el vencedor no debe su sobrevivencia exclusivamente a factores aleatorios. Si Díaz Ordaz no tuvo más remedio que seleccionar a Luis Echeverría, ello obedeció en parte a las maniobras del secretario de Gobernación para descalificar a otros candidatos, y en parte a que algunas opciones —Reyes Heroles, por ejemplo— no prosperaron por motivos ciertamente ajenos a la intriga echeverrista. Asimismo, si al final Miguel de la Madrid permanece como el único candidato viable, o acompañado únicamente de un rival inverosímil, ello se explica por las circunstancias de la sucesión —la salida prematura de Tello y Moctezuma, los diversos factores de carácter de Ibarra, De la Vega y Ojeda— pero también por la intervención del propio De la Madrid. En el caso de la caída de Díaz Serrano, aún concediendo que Oteyza no lo derrocó como parte de una gran y maquiavélica maquinación para abrirle el camino a De la Madrid, la radical ausencia de defensores del director de Pemex en el gabinete económico no sólo selló el destino de Díaz Serrano, sino que fue claramente producto de la confabulación sucesoria. Resulta especialmente flagrante el comportamiento de De la Madrid, Ibarra y De la Vega: los tres sabían perfectamente que la insólita postura de Oteyza de sostener los precios del petróleo a toda costa —amenazó a los franceses con suspenderles el contrato del Metro de la Ciudad de México en plena negociación secreta de la Declaración Franco-Mexicana sobre El Salvador, si no levantaban petróleo mexicano a la tarifa anterior— era aberrante, y que más allás de su arrogancia e insubordinación, Díaz Serrano tenía razón. Nadie lo defendió, porque su descalabro dejaba a uno menos en la pista. Y si, como muchos sospechan, López Portillo autorizó inicialmente el rescate de precios, para luego recular y endilgarle la responsabilidad a Díaz Serrano, el único culpable de la flacura cada vez más visible de la caballada fue justamente el arriero: en su engreimiento, comprensible pero preñado de consecuencias pavorosas para el país, el Presidente se ensimismaba de día en día. Díaz Serrano pagó los platos rotos de su amigo.

Los incidentes de junio y julio impactan la sucesión de una manera adicional, quizás de mayor envergadura que la simple renuncia de Díaz Serrano. Ciertamente López Portillo perdía una carta más, pero la pérdida de su amigo también marcó el inicio del declive de su administración, y el de su desesperación frente a la inexorable tragedia griega que comenzaba a envolverlo. De allí su renuencia creciente a escuchar malas noticias y su propensión, cada vez mayor, a dejarse persuadir por informes optimistas y en el fondo ilusos. El desplome de los precios del petróleo y el alza de las tasas de interés trastocaron los equilibrios fiscales; era preciso rehacer las cuentas de 1981 para determinar el monto del déficit fiscal y para calcular la magnitud del consiguiente ajuste del gasto y de los ingresos. Dos factores contribuyeron a condensar la última etapa real de la sucesión presidencial en este proceso de definción de cifras y de consecuencias fiscales: la anterior división en dos de la Secretaría de Hacienda, que engendró un aparato bicéfalo de generación de números para el gobierno, y la sustitución, desde 1979, de José Antonio Ugarte por Carlos Salinas de Gortari en el Secretariado Técnico del gabinete económico. A lo largo del verano de 1981, las dos secretarías, pero en realidad, detrás de ellas, dos precandidatos —Ibarra, ya virtualmente eliminado, pero por ello más comprometido con una posición de rigor (como dice Rosa Luz Alegría: "El único que se atreve a sacar la carota es Ibarra, los demás mejor no se meten porque las patadas estaban muy fuertes"), y De la Madrid, cada vez menos involucrado en el detalle de los números y terriblemente conciente del peligro de deprimir a López Portillo— se enfrentaron empuñando las armas de la estadística, de la ilusión y del engaño.

La secuencia de entrega de cifras expuesta por José Ramón López Portillo —partidario de De la Madrid, conviene recordarlo— es demoledora. En la primera reunión del gabinete económico dedicada a esa discusión, el 21 de agosto, la Secretaría de Programación y Presupuesto presenta una estimación del déficit para 1981 de 490 mil millones de pesos, un aumento moderado en relación con las previsiones anteriores; tres días después, el secretario técnico del gabinete económico, Carlos Salinas, tambien director de Política Económica de la SPP, propuso una cifra de 530 mil millones —más o menos lo mismo—. SPP ya había argumentado que un leve recorte del 4% en el gasto público bastaría para mantener el déficit bajo control y para absorber la reducción de ingresos procedente de la baja del petróleo. Hacienda, por su parte, vaticinó desde agosto un déficit de 640 mil millones; por ello recomendaba una poda superior y una devaluación de la moneda que, aunada a un ajuste en el gasto y a un alza en las tasas de interés internas pemitiría equilibrar la situación. SEPAFIN y SPP se opusieron, arguyendo que el déficit no se dispararía tanto y que una devaluación sólo atizaría la hoguera inflacionaria. El Banco de México tendía a compartir las estimaciones de Hacienda, sin pelear por ellas con vigor excesivo. A principios de septiembre, SPP revisó sus estimaciones a la alza, alcanzando ahora 594 mil millones de pesos; para mediados de octubre, la dependencia de donde salió el candidato predijo un déficit para el año de 642 mil millones, igual a la cifra propuesta por Hacienda dos meses antes. A finales de octubre la Secretaría de Programación volvió a ajustar sus números, fijando el déficit en 761 mil millones: un aumento de 277 mil millones, o 56%, en 45 días. El año cerró con un déficit de 866 mil millones de pesos. Entre tanto, el 22 de septiembre, el secretario de Programación y Presupuesto, Miguel de la Madrid, fue lanzado como candidato del PRI a la Presidencia de la República, acontecimiento en alguna medida inconcebible en un contexto de recesión inminente, de desajuste brutal de las cuentas internas y externas, y de manipulación de los números.

¿Hubo mala fe? En su tesis, José Ramón López Portillo cita un razonamiento atribuído a Carlos Bazdresch, del Banco de México, y a Pedro Aspe y Javiera Gala, de Hacienda, quienes sostuvieron que SPP sólo incluyó cifras hasta el mes de abril de ese año, lo cual permitió llegar a una estimación del déficit promedio mensual para el resto del año de 35 mil millones de pesos; la cifra para la segunda mitad se derivaba de una extrapolación indebida de esos 35 mil millones al mes. Aducen que dicha magnitud se antojaba totalmente ireal; todos sabían que el gasto se desbocaba en los últimos meses del quinto año de gobierno, el año de la sucesión, justamente.

Uno de los más elevados costos del mecanismo sucesorio mexicano ha residido en la proclividad a imponerle su propio ritmo al ciclo económico. La dinámica de gasto público desbordado al final de un sexenio y de austeridad presupuestal al inicio del siguiente, en una economía aún hoy tremendamente sensible a la acción estatal, es un fenómeno bien conocido de la política mexicana. En un reciente estudio confidencial, el Banco Mundial concluye: "El año electoral y el año anterior a las elecciones casi siempre exhiben una tasa de crecimiento del PIB significativamente superior a la del año posterior a la elección. De hecho, este patrón de comportamiento se comprueba en cada una de las ocho elecciones presidenciales celebradas desde 1950, salvo uno (la elección de 1988). La probabilidad de que esta recurrencia constituya una mera coincidencia es cercana a cero."

De la Madrid, Salinas y el equipo de SPP experimentarán ellos mismos los estragos de la excepción de 1988. Pero resulta dudosa, por lo menos, su ignorancia, empírica o conceptual, de esta tendencia estable y duradera de la economía mexicana. De todo ello se deriva la eventualidad creíble de una manipulación de las cifras por SPP, probablemente de origen político-sucesorio. La motivación era sencilla: de haberse producido un consenso en el seno del gabinete económico desde el mes de julio sobre las dimensiones reales del déficit, y de haberse acordado un ajuste compatible con dichas dimensiones, en primer término la dependencia responsable del recorte hubiera sufrido un desgaste monumental ante otras secretarías, gobernadores, empresas paraestatales, etcétera. Esa dependencia era, obviamente la Secretaría de Programación y Presupuesto. En segundo lugar, al haber surgido tal consenso, el papel de "Casandra" de David Ibarra se habría desvanecido: o bien Miguel de la Madrid pasaba a engrosar también las filas de los pesimistas y compartía la suerte de Ibarra, o bien se revaloraba el análisis de Hacienda y se volvía a abrir el juego sucesorio. En tercer lugar, un consenso sobre el déficit y los recortes hubiera implicado, también, un consenso sobre el imperativo de devaluar la moneda —una medida contraria a las perspectivas de Ibarra, pero también de De la Madrid.

A la luz de los acontecimientos que vendrían y de las opciones al alcance de López Portillo, ¿es plausible descartar una manipulación de las cifras por parte de SPP y del Secretariado Técnico del gabinete económico para asegurar la candidatura de Miguel de la Madrid? No se trata únicamente de una postura abstracta, como la que somete a consideración José Ramón López Portillo en su tesis de doctorado: "Los secretarios de Estado tienden a retener información y a manipular los argumentos a su favor. Los precandidatos, especialmente en un año político, tratan de proteger sus aspiraciones y relaciones clientelares en la medida de lo posible. Por lo tanto, a pesar del inmenso poder del Presidente, puede verse privado de información confiable y de la lealtad de los miembros del gabinete. Puede terminar envuelto en un proceso de engaño e incertidumbre." El Presidente de México es el hombre mejor informado del país mientras no suceda lo contrario, es decir mientras sus fuentes de información no se sequen o se cieguen, y mientras las instituciones que lo respaldan no sucumban a la tentación de apostarle al futuro en vez de al presente. Los colaboradores del Presidente de México suelen figurar, de un tiempo largo a esta parte, entre los funcionarios más competentes y honrados de América Latina, hasta el instante en que les pica el mosco sucesorio y se transforman en políticos, desplazándose entonces en un terreno de juego con reglas claras, pero tortuosas y perversas. Todo político se ve tentado por la oportunidad de subordinar sus posturas de fondo a sus ambiciones personales; el oportunismo consiste, justamente, en eso, y no lo inventamos en México. Pero en un sistema más abierto, donde las fuerzas políticas reales se dispersan más y gozan de mayor autonomía, los límites al oportunismo parecen más estrechos e infranqueables: la prensa, la oposición, la historia, el futuro, las instituciones, etcétera. Todas estas fuentes de poder forman parte de las etapas incontornables por las que es preciso transitar para alcanzar la cima; las consideraciones personales cuentan, pero revisten una importancia secundaria. En el sistema mexicano, en cambio, si bien fuerzas de acotación como las recién mencionadas existen y operan, se ven opacadas por la trascendencia suprema de la mirada del *factotum*. Él se torna en el objeto de todas las seducciones, de todas las ilusiones, de todas las actuaciones. En una de las más irónicas y fascinantes paradojas del mecanismo sucesorio, el instante de mayor poder del Presidente es también el momento de su ceguera máxima. La suma expresión de su poderío consiste en la imposición del sucesor de su agrado; pero ese acto, culminación de años de preparativos, de empeños, de artes y mañas, se consuma en la noche más oscura de su vida: cuando nada ni nadie ilumina el camino ni los escollos por venir.

El aspirante a elegido —el seductor— sabe que no todas las trampas y trucos funcionan; entre otros resbalones fatales figuran ser descubierto en un treta, exhibir en exceso las ansias de engañar o las ganas de ganar, e invalidar los argumentos propios a ojos del elector al aderezarlos con una ambición desmedida. Bajo estas condiciones, se requiere o bien de una gran insensibilidad, o de un temperamento de kamikaze para no ajustar las posturas de fondo a los intereses personales; a la inversa, resulta irresistible la tentación, primero, de alinear la postura de fondo con la personal, y segundo, de convencerse a uno mismo del origen altruista de la postura propia: "me opuse a una devaluación porque no le convenía al país, no porque me inhabilitaba como precandidato".

Parece difícil creer que errores garrafales como los enumerados en la estimación del déficit hayan sido cometidos por inadvertencia o por falta de información; aterra que decisiones de enorme trascendencia para el país se hayan pospuesto, en este caso de julio de 1981 a febrero de 1982, debido a la ausencia de cálculos confiables y certeros sobre la magnitud de la tempestad económica a punto de azotar al país; y que dicha ausencia a su vez correspondió a una astucia sucesoria consciente, osada e irresponsable, por parte del ganador de la contienda de 1981. La racionalización interna es más que factible: casi segura. A ojos de sus partidarios, la dependencia a cargo de Miguel de la Madrid no se opuso a una devaluación, ni subestimó deliberadamente la dimensión del hoyo fiscal de la federación, para lograr la candidatura de su titular; opinó que una devaluación no era conveniente y participó de una confusión explicable por las prisas y las presiones en relación con el déficit, lo cual, en efecto, condujo a la candidatura de De la Madrid. Ahora bien, los funcionarios —principalmente Carlos Salinas, José Córdoba y Francisco Rojas— de la SPP no fueron inconscientes, y las consecuencias de sus actos no desaparecen por ignorarlas. El multicitado doctorante de Oxford apunta, en una elíptica nota a pie de página, que tanto su padre como José Andrés de Oteyza reconocieron, en sendas entrevistas en 1990, que de haber dispuesto de estimaciones confiables en julio o agosto de 1981, hubieran impuesto recortes presupuestales draconianos y una devaluación de la moneda. A toro pasado todo es más fácil, por supuesto; hoy se conocen las consecuencias de haber demorado la aplicación de medidas rigurosas. La inversa es igualmente válida: de haberse procedido de otra manera, el país habría librado el temporal en mejores condiciones, pero el desenlace sucesorio tal vez hubiera sido diferente. Es cierto, por otro lado, que como recuerda David Ibarra: "Había un gran desmadre en el gabinete económico; no se convenía en nada. Por un lado estaba yo, por el otro SPP, Oteyza y José Ramón; Jorge de la Vega no dijo mayor cosa, aunque después reconoció que tenía la razón pero no me creyeron. Y los de arriba nunca, nunca se meten a las cifras."

¿Quién maquilló las cifras? Ningún actor susceptible de aclararlo hoy carece de intereses, ni se priva de llevar agua a su molino. Emilio Gamboa, a la sazón secretario particular de Miguel de la Madrid, José Antonio Ugarte, coordinador de asesores de López Portillo, y Rosa Luz Alegría, ya en aquel entonces secretaria de Turismo, coinciden, por motivos diferentes, en pensar que Miguel de la Madrid no fue el verdadero artífice del disimulo estadístico. Gamboa insiste en que el secretario no veía tan de cerca los números, que descansaba mucho en su equipo, y que se encontraba ya de alguna manera arrastrastado por la vorágine de la sucesión. Rosa Luz dice abiertamente: "Sí hubo engaño en las cifras; pero el que las maquilló no fue De la Madrid, sino Salinas. De la Madrid también fue manipulado; no sabía que las cifras estaban tan maquilladas. No le dijeron que iban a engañar a López Portillo; De la Madrid no lo hubiera aceptado a tal punto." Conviene recordar que Rosa Luz Alegría inició su larga travesía del desierto con De la Madrid: éste jamás le otorgó el nombramiento de alto nivel que esperaba; como Presidente electo la invitó a colaborar en su gobierno sin confirmar jamás el ofrecimiento. Ugarte se pregunta si Miguel de la Madrid contaba con la imaginación y perversión necesarias para idear la maniobra de la manipulación de las cifras. Por último, David Ibarra cita sus propias reminiscencias: "Los calculadores estaban haciendo sus cifras y tenían la intención de que SPP ganara; además, había compromisos de gastos económicos y políticos. Miguel de la Madrid estaba imperfectamente informado." Nadie puede dudar, sin embargo, de que Carlos Salinas, el encargado de elaborar los expedientes para el gabinete económico, exudara esa malicia y mucho más, ni de que José Córdoba, ya desde entonces su cercano colaborador en la Dirección de Política Económica y Social de la SPP, mostrara la pericia técnica para concebir la maniobra e implementarla. Se antoja creíble la autoría de la joven y audaz mancuerna en esta, la primera de sus múltiples y habilísimas operaciones cosméticas, tan redituables para ellos, y tan costosas para el país.

El retoque estadístico derivó en la nominación de Miguel de la Madrid por las mismas razones que la hipotética manipulación del movimiento de 1968 desembocó en la postulación de Luis Echeverría: contribuyó a crear una coyuntura en la que no había otro candidato posible. Existe en este caso una objeción: el propio José López Portillo ha argüído que al final le quedaron dos opciones: Miguel de la Madrid, si el desafío central ante el país era de índole económica, o Javier García Paniagua, si el reto principal revestía características de orden y seguridad. De tomarse al pie de la letra esta aseveración, el "afeitado" de las cifras del presupuesto por Salinas y Córdoba —con o sin la bendición o complicidad por omisión de De la Madrid—, sin ser perdonable, no resulta decisivo: igual tenían que vencer a un contrincante adicional, y era de talla. No obstante, una revisión de la trayectoria de García Paniagua y de las opiniones del círculo cercano lopezportillista, sugiere una versión ligeramente distinta: el Presidente inventó a García Paniagua para jugar con más cartas, y luego perseveró en el invento, incluso ya salido de la Presidencia, para no herirlo. En el fondo, sin embargo, su candidatura nunca adquirió verosimilitud.

El hijo del general García Barragán comenzó su carrera en los sótanos de la política mexicana, vinculado al aparato de seguridad de los años cincuenta y sesenta. Durante el movimiento de 1968 desempeñó un papel de enlace al lado de su padre —aunque formalmente ocupaba el modesto cargo de director de BANRURAL en el estado de Michoacán—, fraguando nexos con la generación militar que sucedería al entonces secretario de la Defensa, entre otros con su secretario particular, Felix Galván López. Probablemente conoció a López Portillo en los pasillos de Palacio, cuando éste trabajaba en la Secretaría de la Presidencia, pero en todo caso la relación no es entrañable en aquel momento. No era militar en sentido estricto, y más bien operaba en las tinieblas de la seguridad nacional civil. Durante el sexenio de Luis Echeverría paga el precio de la animosidad imperante entre los dos excolaboradores de Gustavo Díaz Ordaz: ocupa sin pena ni gloria un escaño en el Senado. Cuando concluye el sexenio echeverrista, aspira a prosperar dentro del aparato de seguridad.

Así sucede: al tomar posesión, López Portillo procura allegarse dos tipos de servicios en los sótanos de la seguridad nacional; en primer lugar, requiere de alguien para terminar de limpiar los restos de movimientos armados aún activos en el país: la Liga Comunista 23 de Septiembre, responsable de perpetrar el atentado contra su hermana Margarita poco antes de su acceso al poder; el Güero Medrano en Oaxaca; las FLN en el centro del país, etcétera. El nuevo Presidente, "ciscado" por el fallido golpe contra su hermana, prefiere actuar sin involucrar al Ejército; si los métodos resultan inconfesables, mejor no saberlo. En segundo lugar, busca colocar una cuña en el férreo control echeverrista del dispositivo de seguridad, personificado por Fernando Gutiérrez Barrios. Nadie podía dudar de la institucionalidad o de la lealtad de Gutiérrez Barrios, pero su vínculo con Echeverría era demasiado largo e intenso para ser ignorado.

García Paniagua cumple ambos propósitos admirablemente: sabía seguir órdenes sin formular preguntas comprometedoras. José López Portillo ratifica como subsecretario a Fernando Gutiérrez Barrios, pero para establecer un equilibrio entre el legendario veracruzano y Jesús Reyes Heroles, secretario de Gobernación, coloca como director de la Federal de Seguridad a Javier García Paniagua. El propio Gutiérrez Barrios lo recuerda: el nombramiento de García Paniagua fue a petición expresa de López Portillo, y el nuevo director acordaba, como ya era costumbre, directamente con el Presidente. El esquema pronto se prestó a otros propósitos, y en particular a uno: se convirtió en la pieza que faltaba en la pugna entre el secretario de Gobernación y otra titular de una poderosa dirección casi autónoma de la misma dependencia, Margarita López Portillo, responsable de Radio, Televisión y Cinematografía, y verdadera Ministra de Cultura de México durante el sexenio. Su relación con Reyes Heroles era imposible: por la manera de ser del tuxpeño —hosca, irónica, no siempre desprovista de machismo—, por la arrogancia y los excesos de la hermana presidencial, y por los clásicos conflictos entre subalternos con vinculaciones superiores y sus jefes. Reyes Heroles comienza a hostilizar, a acotar y a enemistarse con Margarita. Ésta empieza a ampararse en la amistad y protección del director de la Federal, que a su vez comprueba el deterioro de su relación con Reyes Heroles en la medida en que acuerda directamente en Los Pinos.

García Paniagua va escalando los peldaños de la política mexicano en esos años, de director de la Federal a subsecretario de Gobernación en 1978, de allí a secretario de la Reforma Agraria, de donde pasa a la presidencia del PRI en agosto de 1980. En el edificio de Insurgentes Norte se desboca su ambición, y los malentendidos clásicos del mecanismo sucesorio siembran la típica confusión de esta etapa del proceso. López Portillo exhibe especial afecto y confianza para con "Javier", entre otros miembros del gabinete y en el ambiente político de los desayunos. García Paniagua comienza a tomar vuelo; se rodea de periodistas y asistentes, entre ellos José Luis Mejía, quienes redactan discursos más densos y articulados que lo esperado de parte de un personaje identificado más bien con la vieja escuela y el viejo estilo, y con una cierta sabiduría popular. Se le empieza a mencionar en las columnas y Margarita López Portillo, tal vez acompañada en pequeña medida por su hermana Alicia, comienza a insinuarle que tiene posibilidades "para la grande". Como no enfrenta grandes resistencias ni vetos, en lugar de comprender que ello se debía tal vez a la falta de viabilidad de su candidatura, deduce un significado opuesto: anuencia o apoyo. Cultiva cada vez más sus relaciones con las Fuerzas Armadas, y en particular con el secretario de la Defensa Nacional, Félix Galván, antiguo colaborador de su padre.

Interpreta las palmadas en la espalda del Presidente en un sentido estrecho y personal, no "genérico", como lo eran en realidad, según uno de los principales allegados de López Portillo. Los gestos de la familia presidencial —entre otros, un retrato al óleo encargado por Margarita— y los saludos afectuosos que le envía José Ramón López Portillo a través de colaboradores suyos reciben una explicación sucesoria. Es el caso específico de los reiterados abrazos transmitidos a García Paniagua por dos peronas cercanas al hijo del Presidente: Gilberto Fierro, colaborador de García Paniagua desde la Reforma Agraria, y Rocío Culebra, funcionaria de la subsecretaría de Evaluación de la SPP, a cargo de José Ramón. Ambos, quizás para venderle el favor a García Paniagua, o tal vez por ingenuos, toleran o fomentan que el líder del PRI traduzca mensajes simplemente cariñosos en muestras presidenciales de adhesión a su candidatura. Cuando las cosas no resultan y García Paniagua se siente engañado y traicionado, su furia se dirige contra el hijo del Presidente, al que incluso amenaza de muerte. Otros cercanos colaboradores de López Portillo también le darán ínfulas al político jalisciense: en una ocasión, en 1981, invita a cenar a una de sus casas en la Ciudad de México a Carlos Tello, José Andrés de Oteyza y Jorge Leipen, a quienes intentará seducir junto al resto del círculo íntimo del Presidente —Ugarte, Cassio Luisselli, José María Sbert, etcétera—, solicitándoles ayuda en materia de política económica.

José López Portillo repite hasta la saciedad que, al final, permanecieron en la contienda dos aspirantes: Miguel de la Madrid, si el problema era económico; García Paniagua, si era político. Su hijo corrobora el planteamiento y confirma la viabilidad de la candidatura, e incluso piensa que hasta el último día, y en todo caso al pronunciar su quinto Informe de gobierno el 1 de septiembre de 1981, tres semanas antes del destape, su padre no había decidido: "Si la situación en México se deteriora rápidamente o mi padre siente que el problema de México es la estabilidad política del país, sí creo que hubiera tomado esa decisión [nombrar a García Paniagua]." Otros colaboradores cercanos del Presidente no comparten esa convicción; piensan que López Portillo se fabricó una carta adicional conforme se le caían las anteriores, para no quedarse sin ninguna al final —aunque en realidad así sucedió—, y sospechan que, debido a su falta de oficio político —nunca había jugado en las "grandes ligas"—, García Paniagua se dejó embaucar por la corriente y por los simpatizantes; así se fraguó un mecanismo autoperpetuador de la creencia. Por tratarse de un hombre recio, vengativo, proclive a los métodos de fuerza y violencia, no se pudo desenmarañar posteriormente el engaño: ni López Portillo ni nadie podía abiertamente confesar que García Paniagua nunca había figurado en la terna finalista.

En realidad, en una clásica sucesión por descarte, López Portillo careció por completo de opciones al precipitarse los acontecimientos. Francisco Javier Alejo, interlocutor confiable para López Portillo a pesar de su destierro dorado como embajador en Tokio por su filiación echeverrista, recuerda una conversación en Los Pinos, en enero de 1982, semanas antes de la primera devaluación de aquel año fatídico. Después de haber conversado con David Ibarra para formarse una idea del estado de la economía mexicana, interpeló al Presidente: "¿Por qué no le aceptó a Ibarra la carta de intenciones con el Fondo Monetario Internacional, junto con una devaluación, un recorte al gasto, un aumento de impuestos y un enfriamiento general de la economía, en verano, como recomendaba el secretario de Hacienda?" López Portillo, impasible, no tuvo más remedio que aceptar la verdad: "Porque me hubiera quedado sin candidato." Después de cuarenta años de beneficios, el país, por tercera vez consecutiva, comenzaba a pagar los exorbitantes costos de su idiosincrático mecanismo sucesorio.

Quizás su excepcional instinto político le permitió a Porfirio Muñoz Ledo captar el aprieto del Presidente, llevándolo al extraordinario gesto que recuerda aún con orgullo y asombro. En junio o julio de 1981 realizaba una de sus innumerables visitas de Nueva York y la ONU a México y Los Pinos; allí conversaba con el Presidente, de política más que de asuntos internacionales. López Portillo le pregunta cómo ve su cuadro de precandidatos, pues los comentarios de Porfirio lo llevan a concluir que éste está pensando en otro nombre. "Me es muy difícil descalificar a ninguno o buscarles defectos porque son mis amigos, pero creo que hay una gente más, Presidente", dice Porfirio. "¿Quién?", pregunta López Portillo. "Está sentado enfrente de usted, es absolutamente obvio. El mejor candidato está enfrente de usted, discúlpeme." López Portillo le da largas, promete brindarle la oportunidad de pronunciar un discurso de promoción en septiembre, etcétera; muy pronto sobreviene la nominación de Miguel de la Madrid, adelantada casi un mes en relación con el calendario anunciado por el Presidente, debido a consideraciones que confirman en parte la tesis de la invención de García Paniagua.

López Portillo había notificado a la clase política su deseo de detener la designación del candidato del PRI hasta después de la Reunión Internacional de Cancún (llamada Norte-Sur), por celebrarse a finales de octubre. Lo repitió en varias ocasiones, justificando su decisión por el imperativo de "llegar con toda la fuerza de la Presidencia" a la reunión. No era especialmente necesaria la demora, pero López Portillo se convenció a sí mismo de su tesis. Es entonces imaginable la sorpresa cuando, a mediados de septiembre, a su regreso de un viaje oficial a Estados, el mandatario mexicano deja caer una bomba: "El PRI tal vez adelante sus decisiones." Un par de días más tarde se producía la postulación de Miguel de la Madrid. Como en casi todos los casos, los tiempos le fallaron al Presidente. En la lógica sucesoria impera una comprensible tendencia innata a parar la marcha inmisericorde del tiempo, retrasando al máximo el principio del fin. Nunca se logra.

En este caso, el motivo específico de la prisa, según la versión relatada a Porfirio Muñoz Ledo por Enrique Olivares Santana, el secretario de Gobernación, y confirmada en lo esencial por José Ramón López Portillo, se derivó de la precandidatura de Javier García

Paniagua. Porfirio recuerda: "Me saca al jardín Enrique, platicamos y le digo: '¿Por qué me saca al jardín? ¿Qué no maneja usted todas las grabaciones?' Contesta algo así como: 'Bueno, también existe la inteligencia militar', indicando que otra gente nos puede estar escuchando. Entonces me dice: '¿Ya hablaste con el Presidente? ¿Cómo ves lo del destapamiento? Yo lo veo inminente; siento que las cosas ya llegaron a un límite. Mi sensibilidad me dice que no tiene objeto esperar si el Presidente ya tiene la decisión. No quisiera que un día se presentara el secretario de la Defensa con el Presidente y le dijera: queremos que el candidato sea Javier'." Es cierto que Olivares Santana se consideraba el guardián civil de la relación de García Paniagua con el Ejército, y quizás exageraba; era, como dice Porfirio, "el centinela de la civilidad desde Gobernación". Muñoz Ledo se entrevista a las pocas horas con López Portillo; narra parte de su conversación con el titular de Bucareli y se percata de que el Presidente ya había tomado una decisión. Sugiere que, siendo el caso, es mejor anunciarla de una vez. Muñoz Ledo no pretende haber convencido a López Portillo; simplemente le permitió confirmar una resolución ya adoptada. Porfirio cree hoy que el secretario de Gobernación buscaba evitar que García Paniagua, con su carácter impulsivo, fuera a imponerse: "Lo que la clase política cercana a López Portillo quería evitar era que los movimientos de carácter del Presidente no fueran a hacer que Javier se impusiera." Temían menos una decisión de López Portillo que un acto de fuerza de García Paniagua. José Ramón López Portillo lo ratifica a su manera: "En agosto de 1981, el general Galván le deja saber a José López Portillo que estaba con García Paniagua. En buena medida por eso, y porque ya con la situación económica deteriorada daba lo mismo llegar a Cancún con o sin destape, se adelanta la postulación de Miguel de la Madrid." A pesar de ello, García Paniagua nunca fue un candidato viable: lo inventó López Portillo, por las razones ya expuestas y para que sus adversarios no descabezaran al único candidato sobreviviente, Miguel de la Madrid Hurtado, pero ya echada a andar la ficción, ésta cobró vida propia y hubo que actuar en consecuencia.

El secretario de Programación y Presupuesto triunfó porque captó mejor que nadie el deseo y la ambición de trascendencia de López Portillo, y porque sorteó mejor que los demás la maraña de exigencias objetivas y de artificios, intrigas e insidias en las que se había convertido la sucesión presidencial. En particular, evitó hasta el final infundirle cualquier sensación de pesimismo y derrumbe a López

Portillo; al contrario, le inspiró una gran confianza en lo tocante a su pericia administrativa. Comprendió que para un hombre sin ambición de poder una vez concluido su sexenio, pero terriblemente vanidoso y simultáneamente dotado de un bagage intelectual sin parangón en los anales recientes de la presidencia, su lugar en la historia era lo primordial. Por ello, mantener la ficción de un cierre sexenal con broche de oro resultaba imperativo: el crepúsculo de la administración lopezportillista debía parecer el alba de la nueva era inaugurada por el "mejor expresidente de la historia de México". De la Madrid incurrió en las mismas intrigas y estratagemas que sus adversarios, pero lo hizo mejor. Según Ibarra, su secretaría gastó en la campaña del titular, a través de funcionarios como Ramón Aguirre y Carlos Salinas, y para reclutar a gobernadores, diputadores y senadores, sumas equivalentes a las que empleó Díaz Serrano. Sólo que el exceso no le perjudicó. Atacó a sus rivales con la misma ferocidad desalmada que todos: cuando López Portillo le reclamó a Ibarra los ataques de Óscar Levín a De la Madrid, el secretario de Hacienda invocó las grabaciones que obraban en su poder, de Ramón Aguirre fomentando invectivas de prensa en su contra.

El Presidente anhelaba legar un país ordenado, planificado, acomodado de acuerdo con criterios racionales y claros. Más que un abogado, economista o político puro, López Portillo hizo sus pininos en el sector público como administrador. Lo motivaba una verdadera obsesión administrativa, sana y pertinente para el país, y Miguel de la Madrid, desde que orquestó y consumó la negociación intragubernamental del Plan Global de Desarrollo, acogió al fantasma de su antiguo profesor de Teoría del Estado. Enseguida organizó su equipo y sus relaciones personales en Palacio con el fin de tranquilizar a López Portillo en cuanto al destino de sus allegados más cercanos —José Ramón, Rosa Luz, Oteyza, Cassio Luisselli: se les abrirían mayores perspectivas con él que con los demás—. Y finalmente, cuando la crisis se abatió sobre el país, De la Madrid comprendió que lo esencial consistía en mantener el estado de ánimo del Presidente, en posponer hasta después de la postulación priista —y de preferencia hasta pasadas las elecciones de 1982— las graves disyuntivas que confrontaría la nación. Es intrascendente si el engaño o la traición son responsabilidad de él o de sus subalternos. La lógica del sistema inducía a colaboradores como Salinas y Córdoba, en el caso de De la Madrid, y Óscar Levín y Heriberto Galindo, en el caso de David Ibarra, por ejemplo, a actuar desenfrenadamente. Subordinar todo a la conquista de la candidatura, luego a la elección y finalmente a la toma de posesión, formaba parte tanto de la mecánica sucesoria como de la política del poder en cualquier latitud. La diferencia radica en la ausencia de salvaguardas o muros de contención en el sistema mexicano, a raíz de la unicidad de la decisión. Salinas y Córdoba, suponiendo su responsabilidad por la maniobra presupuestal, extremaron el cinismo y la audacia hasta límites previamente insospechados, aunque cabe la pregunta de si sus emboscadas y ardides fueron más perniciosos para el país que los de Luis Echeverría en 1968, por ejemplo. Haber comprendido que disimularle a López Portillo la severidad de la crisis casi garantizaba la designación de su candidato y no proceder en consecuencia hubiera resultado incongruente y absurdo: otros sí se habrían comportado de esa manera, ganando la partida. El mecanismo sucesorio obliga a engañar al gran elector, ya que la verdad es inaceptable para él; el elector, a su vez, se ve forzado a engañar al elegido y a los inelegibles: la verdad revelada antes de tiempo se vuelve mentira.

En la lógica de nuestra clasificación binaria de las sucesiones presidenciales, establecimos que el elegido, cuando lo es por eliminación, suele rebelarse más rápidamente y con mayor intensidad que en la otra hipótesis. Nada más natural: el afortunado sobreviviente de las guerras sucesorias concluye, no sin razón, que su triunfo obedece a sus propias artes y virtudes, no al capricho o a la imposición del caudillo otoñal. Obviamente, la sensatez no se desvanece por completo: el ganador sabe que fue escogido por el Presidente, y sólo el tiempo puede borrar esta certeza. Pero también concluye que si lo escogieron fue gracias a su superioridad política y personal, de encanto y de rudeza, de pericia y de experiencia, de sutileza y de sabiduría, frente a los demás. En el caso que nos ocupa, Miguel de la Madrid no carecía de motivos para reforzar esta convicción: en efecto, uno de los criterios centrales en la decisión de José López Portillo fue precisamente la competencia técnico-administrativa de De la Madrid. Además, aun sin ser el responsable directo del engaño de las cifras, se preció de navegar con gran destreza en lós rápidos de la crisis petrolera y fiscal del verano de 1981, sobre todo al cotejarse su actuación con la de otros dos candidatos posibles, pero derrotados por la crisis: Jorge Díaz Serrano y David Ibarra. Si la victoria de De la Madrid se originó en su habilidad y no en la magnamidad de López Portillo, a nadie podría extrañar que la relación entre éstos se agriara, lentamente al principio, con mayor celeridad después, a partir del destape. Al final, la ruptura rebasará el terreno personal para abarcar una infinidad de ámbitos, y entrañará un pago oneroso para el país, no sólo para los interesados.

Como lo señalan los propios expresidentes en sus entrevistas, López Portillo acarició la idea de ubicar a García Paniagua en la Secretaría de Gobernación en el sexenio siguiente. Supuso, además, que De la Madrid y el presunto finalista perdedor se entendían correctamente, y por ello ratificó a García Paniagua en la presidencia del Comité Ejecutivo Nacional del PRI en los primeros días posteriores al destape. Pero la reacción iracunda del jalisciense no se dejó esperar, ni permitió la materialización de estas perspectivas: empezó a vociferar contra López Portillo y su hijo, llegando a proferir amenazas de muerte contra ambos, que fueron debidamente transmitidas a quien correspondía: por Gilberto Fierro, el exsubsecretario de la Reforma Agraria, a José Ramón López Portillo, y vía Ignacio Ovalle a Miguel de la Madrid. García Paniagua se permitió una expresión imperdonable el mismo día del destape, a propósito de la ratificación de la candidatura de De la Madrid por la próxima convención del PRI: "Eso está por verse", y sencillamente desistió de figurar en los diversos actos de lanzamiento de la campaña. Cuando López Portillo le propone a De la Madrid la permanencia de García Paniagua en el PRI y su eventual paso a Gobernación, el candidato se muestra escéptico y renuente: no le agrada la facilidad con la que García Paniagua ha recurrido a la fuerza o la violencia en el pasado. Finalmente solicita un reemplazo, petición a la cual accede López Portillo. En principio, Pedro Ojeda Paullada llena los requisitos para ser un candidato viable al salto transexenal y para fungir como seguro de vida de López Portillo en el próximo sexenio, pero De la Madrid aprovecha hábilmente la coyuntura para adelantar la designación de Manuel Bartlett como secretario general del PRI y coordinador de la campaña, de tal suerte que Ojeda representará poco más que una figura de adorno a lo largo de los próximos meses y no podrá aspirar a un cargo destacado en la siguiente administración (ocupará la Secretaría de Pesca). El mandatario saliente había perdido su primera batalla, provocando su propio desamparo ulterior al abrir el flanco a ataques sin respuesta ni defensa en el sexenio por venir.

Conforme pasan los meses, López Portillo comienza a atisbar, en el atardecer sexenal, el tamaño de la crisis que enfrenta y su vinculación causal con las reuniones de gabinete económico. Se desencanta con De la Madrid por ese motivo y por algunos temas de su campaña —la renovación moral, por ejemplo—, pero llevan la fiesta en paz por un tiempo. Al momento de seleccionar a los candidatos para las Cámaras, López Portillo se descobija de nuevo, rehusándose a incluir a colaboradores suyos entre los diputados y senadores, con muy contadas excepciones, como Jorge Díaz Serrano. La desprotección se vuelve de doble partida, ya que no sólo carecerá de defensores en el Congreso futuro, sino que habrá hostilizado a colaboradores esperanzados con seguir en el candelero gracias al apoyo del "Jefe Cejas". Con el antecedente del cerco echeverrista clavado en la memoria, López Portillo procurará dejarle las manos libres a De la Madrid, sin prever ni un fin de sexenio tan desastroso como lo fue, ni una actitud tan vengativa y excesiva como la que a sus ojos exhibirá más tarde De la Madrid.

De ello se deduce, por cierto, una mayor verosimilitud de la tesis de Miguel de la Madrid que de la de López Portillo en torno a la autoría de la inclusión de José Antonio Zorrilla, el asesino de Manuel Buendía, como director de la Federal de Seguridad. Lo habrá notado el lector: los dos expresidentes disienten diametralmente en sus entrevistas sobre el nombramiento de Zorrilla. López Portillo asume insistentemente la culpa, mientras que De la Madrid, vía Manuel Bartlett, hace lo mismo. Parece más lógico, sin embargo, que el equipo de De la Madrid, en este como en todos los demás casos, haya tomado la iniciativa de un nombramiento previo al cambio de poderes, aunque formalmente la designación sea firmada todavía por el Presidente en funciones; así sucedió con Jesús Silva Herzog en la Secretaría de Hacienda y, de cierto modo, con el de Bernardo Sepúlveda como embajador en Washington. No es de extrañar que un Manuel Bartlett ya abocado a la Secretaría de Gobernación buscara arrebatarle a Fernando Gutiérrez Barrios el control de un aparato de seguridad dominado por éste durante casi un cuarto de siglo.

Cuando la crisis cambiaria, fiscal y sicológica cimbra al país en agosto de 1982, madura el caldo de cultivo para un rompimiento definitivo entre López Portillo y De la Madrid. Hasta ese momento las tensiones naturales y crecientes propias de una sucesión por descarte cupieron dentro de los límites tradicionales, entre otros motivos porque De La Madrid se esmeró por dejar abierta la posibilidad —o la ficción— de una reconciliación transexenal del núcleo lopezportillista más querido: José Ramón, Rosa Luz, José Andrés Oteyza, José Antonio Ugarte, Luisselli, Rafael Izquierdo, etcétera. Pero la nacionalización de la banca y las medidas puestas en práctica por el nuevo director del Banco de México, Carlos Tello, durante los noventa días de su gestión, hipotecarán esa eventualidad, que por otro lado contradecía en exceso la lógica de la sucesión por descarte. En su entrevista, Miguel de la Madrid señala que en el transcurso de una primera conversación al respecto en mayo de 1982, el Presidente lo previno sobre la posibilidad de la expropiación bancaria, asegurándole sin embargo que nada estaba decidido; en todo caso, le avisaría a tiempo. No lo hizo; el mensaje portado por José Ramón López Portillo llega a su destinatario en la víspera de la nacionalización. En parte por eso, en parte porque no concordaba con la idea, y en parte porque una acción tan drástica violaba la regla no escrita de abstenerse de aplicar medidas de impacto futuro al final de la administración —regla violada ciertamente por Echeverría en Sonora y Sinaloa, por ejemplo, aunque en una acción, a fin de cuentas, puramente local—, De la Madrid la rechaza. Cuando además es requerido al Informe Presidencial, donde habrá de aplaudir la medida y simultáneamente desaprobarla con un retorcido lenguaje corporal, la ruptura se consuma. López Portillo, a su vez, se arrepentirá de su elección de sucesor —al igual que Díaz Ordaz años antes, y que Carlos Salinas años después— y tratará de consolidar constitucionalmente su acto, heroico o de immolación, según se quiera ver. Al final, López Portillo clausura su mandato en la zozobra y la desgracia. Comisionado por Miguel de la Madrid, Salinas le advierte a José Ramón de la intención del nuevo régimen de cargarle la mano a su padre; Jorge Díaz Serrano, por su parte, pasará el sexenio en la cárcel: una extraña mezcla de destinos de chivo expiatorio y de hombre de la máscara de hierro.

La arrogante omnipotencia de los delamadridistas, engendrada por el previsible, pero no por ello aceptado, convencimiento de su adalid de haber vencido gracias a la superioridad técnica demostrada en la contienda, entrañará graves consecuencias para el país. En primer término, angostará el círculo de reclutamiento del nuevo gobierno y de las élites administrativas y políticas en general: la Secretaría de Hacienda, el Banco de México y la Secretaría de Programación y Presupuesto se adueñan de la administración pública, por ser ellos los mejores a ojos de su líder. Hasta la fecha, la nación padece los efectos de la consiguiente exclusión de los demás. En segundo lugar, la pericia manifiesta de los recién llegados no será tal: cometerán error tras error, en parte por la exigüidad del radio de opiniones que escuchaban, y en otra por la monocromía burocrática, ideológica y política de los emisores de dichas opiniones. Por último —aquí radica tal vez el mayor peligro—, las bases de sustentación política y generacional del régimen se angostarán a tal punto que, cuando sea preciso cambiar de rumbo, al cabo de seis años de estancamiento económico y desplome del nivel de vida de los mexicanos, el único apoyo disponible provendrá de fuerzas exteriores al ámbito tradicional del sistema: la Iglesia, Estados Unidos, los nuevos núcleos empresariales, ya sea formados deliberadamente para ello, ya sea de origen o vocación misteriosa o inconfesable. Las raíces del salinismo surgen de la tierra fértil del atrincheramiento delamadridista; ésta, a su vez, fue barbechada por una sucesión sobrecargada de tensiones. Al igual que 1976, la mágica orfebrería sucesoria de la época de oro sucumbió ante el embate de la deriva económica y de los años de uso. Las dos próximas —y últimas— sucesiones sufrirían las consecuencias.

1988

Nunca dejó de figurar la economía en las sucesiones; se filtraba y penetraba por innumerables conductos, a través de diversos derroteros, rectos o sinuosos. No obstante, a partir de 1976, su injerencia comenzó a revestir ramificaciones y rasgos más directos; en 1982 la lógica de la sucesión, y los estragos más notorios de su desenlace, cobraron visos claramente económicos. Ya para 1988, dos mutaciones profundas se apoderaron del mecanismo mexicano de transferencia del poder: la economía pasó a ocupar el puesto de mando en la contienda, y las implicaciones y daños más perversos del sistema sucesorio vigente desde los años cuarenta también adquirieron un cariz ante todo económico.

Miguel de la Madrid comienza su sexenio en peores circunstancias que cualquiera de sus predecesores, incluso los dos inmediatamente anteriores. La crisis política que le heredó López Portillo en la estela de la nacionalización bancaria y del establecimiento de los mex-dólares no sólo cercenó los frágiles hilos de confianza entre el sistema y las clases medias surgidas de su propio éxito, sino que destruyó la complicidad y convergencia de antaño entre gran empresariado y clase política. Con la clase media, el conflicto superó en intensidad al de 1968; con los dueños del dinero, el enfrentamiento rebasó los límites previamente establecidos por Echeverría y los magnates regiomontanos. Pero la crisis política de 1982 empalidece a la luz del derrumbe económico padecido por el país: De la Madrid recibe un gobierno sin reservas, con las finanzas públicas hechas trizas y con el crédito internacional del país prácticamente agotado. Si a todo ello agregamos un contexto internacional especialmente funesto —altas tasas de interés, recesión en Estados Unidos, reanudación de la Guerra Fría gracias a la elección de Ronald Reagan dos años antes—, comprendemos por qué el nuevo Presidente no yacía precisamente en un lecho de rosas. En estas condiciones, no debe extrañar que De la Madrid —a esas alturas forzosamente sensible a las artimañas y engaños que facilitaron su acceso a la candidatura del PRI— haya, consciente o inconscientemente, procurado evitar el desgarrador dilema de López Portillo: resignarse a escoger entre sucesores por descarte, a pesar de la infinidad de indicios de su inadecuación a los anhelos y ambiciones de su gobierno. De la Madrid se dejará regir por la regla implícita de la alternancia de las sucesiones: después de una transmisión del poder por descarte, sigue una por decisión. Con una pequeña variante: todas las indicaciones apuntan, en este caso, hacia una doble candidatura *in pectore*, y hacia un descarte antes de la mitad del camino.

El nuevo Presidente, abrumado por las demás dificultades del arranque de su gobierno y sin dedicarle demasiado tiempo y empeño al asunto, coloca a dos contendientes en la pista, situados en las dos secretarías clave para él: Hacienda y Programación y Presupuesto. El tercero, que al final conquistará una dosis de viabilidad autoconsentida, ocupará durante todo el sexenio la Secretaría de Gobernación; sin embargo, Manuel Bartlett nunca tuvo grandes probabilidades de lograr la candidatura "por no ser de la familia".

Los dos competidores posibles fueron Jesús Silva Herzog y Carlos Salinas de Gortari. El primero gozaba de indudables ventajas: la generacional —nació en 1934, igual que De la Madrid—; la profesional —su carrera siguió casi la misma trayectoria que la del Presidente, con la excepción de sus estudios en la Facultad de Economía, a diferencia de la Facultad de Derecho—; y la ideológico-política, pues además de ser amigos de tiempo atrás y de desenvolverse en los mismos círculos sociales y familiares, Silva Herzog y De la Madrid compartían idénticos puntos de vista económico-financieros: los criterios ortodoxos, por no decir conservadores, propios del Banco de México y de Hacienda, donde ambos se iniciaron en el sector público. Por último, en la medida en la que la negociación internacional y el ordenamiento de las cuentas públicas constituían las primeras e impostergables tareas del nuevo régimen, Silva se situaba en el vértice ideal: con oportunidad de figurar a nivel internacional debido a la deuda externa, y relativa protección frente a las consecuencias internas de los desequilibrios foráneos. A primera vista, la candidatura del PRI en 1988 le pertenecería a Silva Herzog, a menos de que la perdiera o se la arrebataran. Como advierte uno de sus colegas en el gabinete, "Silva Herzog era su hermano; de no haber sido un discípulo de Luzbel, hubiera sido Presidente. Era el candidato natural."

Durante cinco años —en realidad desde 1981, cuando fue destapado Miguel de la Madrid—, Carlos Salinas se dedicó a cumplir dos propósitos: destruir la opción de la "Perla Negra", como se (auto)-apodó el porfiado secretario de Hacienda, y promoverse como el único relevo posible. Lo hizo con varios ases en la mano, y con diversas razones para creer que no se trataba de una aspiración desmedida. En primer término, desde la SPP y a partir de 1979, Salinas construyó paulatinamente una relación de mayor confianza y cercanía con De la Madrid que Silva Herzog. El joven subalterno trabajaba día y noche; contribuyó de manera decisiva a la designación de De la Madrid como candidato; desempeñó un papel central en la campaña, e incluso, según se lee en su entrevista, en la formación del gabinete. Su lealtad hacia De la Madrid se había probado en las enlodadas trincheras de la sucesión presidencial, no en las elegantes cenas y bodas de las familias hacendarias y empresariales, ni en los años mozos del Banco de México.

En segundo lugar, Salinas se ubicó, o fue ubicado, en la dependencia cercana al corazón de De la Madrid: Programación y Presupuesto, de donde provenía el Presidente, y a partir de la cual Salinas tejió una red de alianzas, apoyos, deudas y compromisos políticos que una Secretaría de Hacienda, amputada de la función del gasto, no podía hilar. Y para terminar, aunque tanto Silva como Salinas se abocaron en cuerpo y alma a construir sus candidaturas, este último lo hizo en el golpeteo y la violencia larvada de la política palaciega, de las pugnas burocráticas y de la edificación de alianzas regionales y políticas, mientras que el primero canalizó sus esfuerzos hacia el ámbito internacional, de medios de comunicación y de la clase empresarial. La estrategia de Salinas no sólo confluía con el temperamento del gran elector en turno, sino que cumplía un requisito esencial del proceso: trabajar en las sombras, sin disputarle al mandatario los rayos de luz, por cierto pálidos y esporádicos, que le daban vida; la táctica de Silva conducía directamente al despeñadero.

Muy rápidamente, Salinas fraguó con Bartlett una alianza inicial contra Silva, antes de competir directamente contra él. También se acercó a Emilio Gamboa y Manuel Alonso, en la Presidencia; y consolidó su antigua amistad con Francisco Rojas, en la Secretaría de la Contraloría. Más adelante se allegaría una simpatía valiosa: la de Miguel Mancera, director del Banco de México, un antiguo y querido compañero de armas de Miguel de la Madrid. La alianza decisiva, sin embargo, fue con Gamboa: como se aclaró al principio, el secretario particular del Presidente desempeñó un papel crucial en esta sucesión, al igual que sus homólogos en otras coyunturas. Silva recuerda cómo, después de cada acuerdo con el Presidente, éste "le pasaba todos los papeles que yo le dejaba a su secretario particular, y luego el secretario particular acompañaba a su casa a Salinas para la comida, en donde obviamente se daban comentarios sobre lo que había sucedido en la mañana y sobre el acuerdo —o desacuerdo— con el secretario de Hacienda. Entonces el licenciado Salinas sabía que yo había propuesto tal medida y que había sido recibida con buenos o malos ojos por el Presidente; podía llegar al día siguiente con una propuesta que fuera totalmente distinta a la que yo había hecho y que estuviera más al gusto del propio Presidente de la República."

En cambio, con excepción de su efímero concordato con Francisco Labastida, secretario de Energía, Minas e Industria Paraestatal —quien a principios de 1986 se va como candidato a gobernador de Sinaloa—, Silva se encaminó por un sendero lógico y accesible, pero provisto de una desventaja innegable: tendía a desplazar del escenario a quien debía ocupar siempre el centro del mismo, tanto por inseguridades propias como por inercia institucional. Nada merma en mayor grado las perspectivas de triunfo en este juego que situarse como *vicefactótum*, cerebro, estrella o verdadero artífice del éxito de un régimen. Cada portada de revista internacional donde aparecía Silva Herzog representaba un golpe, leve al principio, artero al final, al ego de Miguel de la Madrid; cada comentario de tirios y troyanos sobre la falta de carisma del Presidente, o sobre la exuberancia carismática de su "segundo de abordo", demolía las oportunidades de Silva. Hoy asevera haberlo entendido, y lamenta que sus intentos por corregir la situación hayan fracasado, en parte por las contramedidas adoptadas por Salinas: "Le dije a mi jefe de prensa, Rafael Reséndiz: 'Estoy saliendo demasiado en la prensa, no conviene. Vamos a hacer un esfuerzo para evitar la reiterada aparición en la prensa.' Pero esto resultaba difícil; yo atraía todos los reflectores. Recuerdo una reunión con el sector agropecuario, donde hablamos el secretario de Agricultura, el de Programación, el de Comercio y el de Hacienda; la nota al día siguiente era lo que había dicho el secretario de Hacienda, por encima de lo que había dicho el propio Presidente." Y además, Salinas no permanecía impasible ante este flanco cada vez más vulnerable de Silva Herzog. Según Silva, al ser nombrado Ministro de Finanzas del Año en 1984 por la revista *Euromoney*, "empezaron a correr rumores de si yo había comprado la distinción; los rumores corrían mucho del lado norte de Palacio Nacional, es decir de Programación. La gente de Salinas promovía esas versiones en la prensa."

Tiempo después, Carlos Salinas confiaría su proyecto a un amigo norteamericano: permitir y fomentar que Silva Herzog se adelantara, se destapara y se desbocara, para recoger en el instante propicio la vajilla quebrada y deslizarse casi subrepticiamente hacia el vacío desocupado por el secretario de Hacienda. Sin olvidar que las estrategias retrospectivas suelen acertar, mientras que los designios fracasados carecen siempre de viabilidad a toro pasado, la versión salinista parece ajustarse a la verdad. Pero pasa por alto un capítulo decisivo: la campaña sistemática de la SPP para aniquilar a Silva Herzog, recurriendo para ello a todas las zancadillas y engaños del sistema sucesorio mexicano. De nuevo, carece de sentido denostar a los individuos: se veían obligados a actuar de esa manera; de no hacerlo los unos, lo hubieran hecho los otros. Ello no obsta, sin embargo, para contabilizar, entre los pasivos de un mecanismo tan perverso, la maquinaria implacable que condena a sus operadores a adoptar un comportamiento de esa naturaleza.

El equipo de Programación cavó la tumba de Jesús Silva Herzog, y el "financiero del año" de 1984 colaboró a ello. Las tensiones se agudizaron conforme se acercaban los plazos inexorables de la sucesión, y sobre todo al precipitarse los acontecimientos económicos y financieros de 1986. Ya en la confección del presupuesto para el ejercicio de 1984, normalmente negociado entre Hacienda y Programación en el otoño del año anterior, las primeras escaramuzas devinieron en conflicto —una riña atribuida principalmente a Silva Herzog—. Luego, debido al terremoto de septiembre de 1985, a una primera caída de los precios del petróleo y a una merma de ingresos fiscales provocada por la atonía económica, las cuentas no cuadraban. Salinas propugnaba la búsqueda de mayores entradas, internas y sobre todo externas, y se negaba a recortar el gasto que hábilmente administraba para fines políticos a través de varias subsecretarías, ante todo aquélla capitaneada por Manuel Camacho durante el primer trienio de la administración; inflaba a propósito el gasto en algunos rubros política y burocráticamente claves, como Agricultura y el Departamento del Distrito Federal. Silva delataba las maniobras, pero eso desgastaba su relación con De la Madrid. Ya en las discusiones sobre el ejercicio de 1985, Hacienda, según su titular, predijo que el programa económico previsto por Programación era insostenible: la inflación sería mayor y el déficit también, en vista de la celebración de elecciones de medio periodo, siempre detonantes de una expansión del gasto público superior a lo programado.

Salinas, por su parte, exhibía las inconsistencias fiscales de Silva Herzog, insistiendo en la imposibilidad de reducir mucho más las erogaciones y denunciando la renuencia del secretario de Hacienda a incrementar los ingresos del gobierno por temor a las consecuencias políticas personales de una alza de impuestos. En diciembre de 1984, recuerda Silva, "el problema había llegado a tal extremo que yo hablo con el secretario de Programación y le digo que no estoy dispuesto a firmar el presupuesto. Había omisiones muy evidentes en materia de gasto público, renglones que se sabía iban a significar erogaciones; recuerdo un caso muy claro, por 44 mil millones de pesos [viejos] de pago por intereses de una empresa descentralizada; en el presupuesto se puso un pago de cuatro mil millones de pesos. Hubo una idea muy clara de ocultar gastos que de todas maneras íbamos a tener que hacer en el curso del siguiente año." La SPP, a su vez, alegaba que Hacienda subestimaba los ingresos, lo cual en efecto sucedía. De la Madrid le dio la razón a Salinas, aunque ordenó mayores recortes en el gasto hacia el futuro.

El derrumbe de los precios del petróleo hasta ocho dólares por barril a principios de 1986 fue el principio del fin de la candidatura de Silva Herzog. La consiguiente caída draconiana de los ingresos fiscales, así como la incidencia dramática en las cuentas externas, obligaban a reajustar el conjunto de las finanzas públicas. A lo largo del primer semestre del año, la disputa entre Silva y Salinas, entre Hacienda y Programación, entre ingreso y gasto, se agravó, paralizando a un Presidente obsesionado por el imperativo de la unidad en el gabinete económico, profundamente irritado por el protagonismo de Silva Herzog, y seducido por la diligencia y seriedad superficial de Salinas y de su equipo. En síntesis, la pugna oponía las posiciones ambivalentes pero realistas de Silva Herzog, cuyos colaboradores sostenían que cuando mucho era posible obtener tres mil millones de dólares de apoyo externo para paliar los daños de la caída del petróleo; el saldo debía provenir de un recorte interno adicional, o de una reducción sensible del servicio de la deuda externa, o de un déficit fiscal ligeramente superior. Hacienda opinaba, además, que los recursos foráneos fluirían únicamente si se ejecutara un ajuste interno más drástico, y por ende más convincente. Para finales de la primavera, el equipo de la SHCP, compuesto entre otros por Francisco Suárez, Ángel Gurría, Jesús Reyes Heroles González Garza y Luis Fonserrada, logró un acuerdo tentativo con el Fondo Monetario Internacional en Washington. Contemplaba "recursos frescos" (como se decía en la jerga financiera de entonces) relativamente cuantiosos, un ajuste interno más severo al gasto y un déficit de 2.5% del Producto Interno Bruto. Ese acuerdo había sido objeto de un consenso previo en México de SPP y el Banco Central, y al regreso del equipo negociador a la capital de la República fue presentado por Hacienda en cuatro libretas amarillas ultraconfidenciales, una para cada dependencia involucrada y una para la Presidencia.

Salinas se percata pronto del peligro que entraña el convenio, y decide romper *a posteriori* el consenso interno; en reuniones de gabinete económico, sin la presencia de De la Madrid, denuncia el acuerdo. Además de su aliado y fuente privilegiada en Palacio, disponía de otra "garganta profunda", en la propia oficina de Silva Herzog: Jaime Serra Puche, el coordinador de asesores del secretario, devuelto a su anterior fidelidad a José Córdoba. Según algunos colaboradores de Córdoba, Serra compartía información con la SPP y dejó de manifestarse en las reuniones de trabajo de su dependencia para no delatar su traición. Silva Herzog no niega la posibilidad de esas filtraciones, sin tampoco acusar a su excolaborador; sí siente que al menospreciar las notas preparadas por Serra, abría el flanco al traspaso de sus lealtades al otro lado de Palacio Nacional.

Pronto se reabren las discusiones, ya en un contexto de tensiones incontrolables entre Hacienda y Programación, y ante un Presidente cada vez más exasperado por el conflicto y con su responsable o autor, en su opinión, el Negro Silva. Salinas pronuncia su famosa frase —"se ha llevado el recorte hasta el hueso; no se puede más"— y Silva Herzog se orilla de manera creciente hacia posiciones unilaterales en lo tocante a la deuda externa, aunque nunca con la intención explícita de suspender pagos. Las exigencias financieras se incrementan y la crisis estalla en junio de 1986. Salinas vence con dos hábiles maniobras, propias del mecanismo sucesorio y, por consiguiente, preñadas de un costo estremecedor para el país.

En primer término, en el frente interno, Programación gana la batalla al convencer a De la Madrid de que las cuentas pueden cuadrar sin más ajuste, consiguiendo recursos foráneos adicionales, e incrementando ligeramente los ingresos. Salinas y su equipo —recompuesto meses antes, mediante la sustitución de Rogelio Montemayor y Sócrates Rizzo por Pedro Aspe y un José Córdoba consolidado en la Dirección de Política Económica— presentan expedientes más consistentes, en apariencia mejor elaborados. Por añadidura, propagan con maledicencia la impericia y desidia de Silva Herzog y de sus colaboradores, tesis falsa, obviamente, pero eficaz: como vimos, De la Madrid otorgaba un enorme significado a la competencia técnica —sin necesariamente poseerla del todo— y Salinas aprovechó esta debilidad de su jefe en una forma que los excelentes técnicos de Hacienda no supieron contrarrestar.

Un ejemplo de la discusión y del estado de ánimo del Presidente lo ofrece el propio Silva, a propósito de la decisión de buscar un ajuste adicional en el gasto de seis sectores del gobierno. Hacienda propone un recorte en las erogaciones de la Secretaría de Agricultura; se oponen la dependencia interesada y SPP; se lleva el diferendo a gabinete económico, donde el Presidente no sólo falla contra Hacienda sino que extiende una ampliación de recursos a Agricultura. Silva Herzog evoca la escena: "El Presidente de la República me voltea a ver y con el dedo índice me dice: 'Al secretario de Hacienda le pido que encuentre los recursos, y que si no los encuentra, los invente.' Entonces yo pido la palabra y le digo: 'Señor Presidente: sus instrucciones serán cumplidas, pero yo quiero que se asiente en el acta de manera formal que el secretario de Hacienda está en desacuerdo pleno con la decisión del Presidente de la República.' Miguel de la Madrid da un manotazo en la mesa y dice: 'Hemos terminado'." Terminaba también la campaña presidencial del Diamante Negro.

Salinas fortalece simultáneamente su alianza técnica, ideológica y sucesoria con dos personajes clave en esta coyuntura: Mancera, como ya vimos, y Leopoldo Solís, una especie de *Chief of Economic Advisers* del Presidente, quien avalará la tesis macroeconómica en la que descansará la victoria de Salinas. En efecto, allí donde Silva Herzog postulaba la necesidad de un mayor ajuste interno del lado del gasto, incluso como condición para obtener los tres mil millones de dólares de apoyo necesarios y asequibles, Salinas insiste en la factibilidad de convencer a los mercados y a las agencias internacionales de Washington de la magnitud descomunal del ajuste ya realizado, y de que éste debía ser recompensado sin exigir recortes adicionales. Su equipo usa como caballo de batalla el concepto de "déficit operacional" para ilustrar a los proveedores de fondos sobre la hazaña presupuestal mexicana. La noción parte de un cálculo del déficit público y del gasto federal, descontando la inflación y las exorbitantes tasas internas de interés nominales, impulsadas por una inflación a su vez provocada por la astringencia de recursos. Salinas y su gente buscan persuadir a las autoridades norteamericanas de que, excluyendo el contenido inflacionario, la poda del gasto en México y la reducción del déficit ya representan un esfuerzo enorme que debe ser valorado y premiado. De la Madrid se aferra al ingenioso instrumento técnico como a un clavo ardiente: gracias al déficit operacional se podrá cuadrar el círculo y obtener cuantiosos apoyos foráneos sin ajustar el gasto ni aumentar los impuestos. La solución milagrosa seduce al atribulado Presidente y además, a la postre, resulta "cierta": semanas después de la renuncia de Silva Herzog, Washington aprueba un paquete (del Fondo Monetario Internacional, del Banco Mundial, del gobierno norteamericano y de los bancos privados) de nueve mil millones de dólares para el año, sin exigir a cambio ni recortes ni elevación tributaria. El triunfo de Salinas es total; de allí en adelante, como recuerda Silva Herzog, todo era pan comido: "En el momento en que Salinas adquiere una posición de puntero es después de mi renuncia como secretario de Hacienda. Abusando un poco de los términos, sin mi renuncia, difícilmente Salinas hubiera sido Presidente de la República, o le hubiera costado mucho más trabajo."

En este entorno, las irresponsabilidades —o las imprudencias, como él las llama— de Silva revisten un aire desorbitado. Un miembro del gabinete económico recuerda una reunión donde Alfredo del Mazo, recién nombrado secretario de Energía, Minas e Industria Paraestatal, informa que su equipo ha encontrado una fórmula para compensar la caída en los ingresos petroleros sin pedir prestado ni mermar el gasto público. Hace una larga exposición —coherente según algunos, un galimatías de acuerdo con otros— hasta que Silva se levanta e interrumpe al orador: "Señor Presidente, le pido que todos nos pongamos de pie y escuchemos estos argumentos con atención, porque es uno de los descubrimientos más importantes de la historia de México, equivalente al de los yacimientos de la Sonda de Campeche, y debemos saludarlo poniéndonos de pie." De la Madrid se enfurece, da otro manotazo y suspende la sesión.

Por todo ello la pregunta de qué vino primero, la renuncia de Silva Herzog o su despido por Miguel de la Madrid, es relativamente ociosa: el vínculo entre ellos se hallaba a tal punto dañado que la situación era inaguantable. Según sus recuerdos, Silva Herzog había redactado su carta de renuncia dos semanas antes de su salida del gabinete; la paseaba en la bolsa de su saco. De la Madrid tiende a coincidir: Silva se fue, pero de haberse aguantado hubiera permanecido en la carrera sucesoria. Emilio Gamboa objeta que antes de recibir a Silva Herzog y pedirle su renuncia, el Presidente ya había buscado a Gustavo Petricioli en Estados Unidos, donde se encontraba asistiendo a la graduación de su hija, para poder anunciar de inmediato su nombramiento. Sin duda las tres reminiscencias son ciertas, y a la vez insuficientes: el libreto ya estaba escrito.

Semanas después de la sustitución de Silva por Petricioli, una nueva misión negociadora de México, ya claramente dominada por la SPP, logra lo imposible: obtener cuantiosos recursos frescos sin reducir el gasto ni realizar, formalmente, concesión adicional alguna. O, en las cifras de las actas del gabinete económico citadas por José Ramón López Portillo en su tesis de doctorado, basada en su acceso al archivo personal del Miguel de la Madrid, Salinas y Petricioli obtuvieron, para los próximos 18 meses, 12 mil millones de dólares de "dinero fresco", más 2,400 millones adicionales para amortiguar *shocks* internos o externos derivados del precio del petróleo o de un crecimiento de la economía inferior al previsto (Acta GE/61:17/VII/86). Con ese respaldo, el gobierno podrá capotear el temporal durante poco más de un año, es decir, hasta la postulación de Carlos Salinas de Gortari como candidato presidencial del PRI, el 4 de octubre de 1987. Mes y medio después de su lanzamiento, la bolsa se desploma, se desata una feroz fuga de capitales y se precipita una maxidevaluación, con su consiguiente espiral inflacionaria. A ojos de los frustrados contrincantes de Salinas, el gobierno infló la economía durante un año para posibilitar y garantizar la designación de Carlos Salinas. Alfredo del Mazo inclusive va más lejos, explicando cómo Petricioli se suma inmediatamente a Salinas y entre los dos, a lo largo de más de un año, le presentan cifras amañadas a Miguel de la Madrid. El Presidente, a pesar de la notoria propensión salinista de no atinarle a una sola de sus previsiones, le hace caso. El costo: el endeudamiento indispensable para estabilizar la economía, la devaluación al final del camino y la nueva recaída económica de 1988. El destape *in pectore*, como vimos ya en el caso de José López Portillo en 1975, sale caro.

¿Por qué los norteamericanos repentinamente consintieron las solicitudes mexicanas, proporcionando fondos desmesurados a cambio prácticamente de nada? Sobreviven tres respuestas. La primera corresponde, *grosso modo*, a la que proporciona Carlos Salinas en su entrevista: el caso se presentó de manera más consistente, con mayor cohesión en el equipo negociador, y por ello se atendieron los sólidos argumentos esgrimidos por el gobierno de México. La segunda yace en una condensación de las tesis expuestas por Miguel de la Madrid y Jesús Silva Herzog: ya no había margen para apretarse más el cinturón (De la Madrid), el gobierno de México endureció su actitud (De la Madrid) y los Estados Unidos temieron que, en ausencia de una actitud receptiva, orillarían al país a adoptar medidas radicales y unilaterales (Silva Herzog). La renuncia de Silva Herzog asustó a los norteamericanos (Silva Herzog); se transfirieron tres mil millones de dólares de reservas mexicanas del banco de la Reserva Federal de Nueva York a Europa (Silva Herzog); la renuncia de Silva Herzog sirvió como acto catalizador para romper el *impasse*. Esta explicación cuenta además con la anuencia de los principales funcionarios de la Reserva Federal consultados para este trabajo: efectivamente llegaron a temer una moratoria mexicana.

La tercera explicación, retorcida, alambicada y tildada de improbable por todos los interesados a quienes pude interrogar, salvo uno, es la siguiente. Un protagonista de segundo nivel, pero sumamente bien informado, asevera que durante varios meses previos al desenlace de la crisis financiera, emisarios de Carlos Salinas sostuvieron entrevistas y negociaciones paralelas en Washington con las autoridades norteamericanas. Uno puede imaginar el tenor de las conversaciones: "si ustedes nos apoyan (*i.e.*: a SPP), brindándole al gobierno la ayuda necesaria y dándonos (a los partidarios de Salinas) la razón en la disputa con Silva Herzog, Salinas muy probablemente será el próximo Presidente y se abrirán vastos ámbitos bilaterales de entendimiento". Por un lado, suena excesiva la historia: implica una grado de maquiavelismo, de frialdad y de cinismo sin parangón en los anales de la sucesión presidencial en México. Pero por otro, existen datos aislados que convalidarían la estrambótica versión. Guillermo Ortiz, el compañero de cuarto de José Córdoba en Stanford y quien lo trajo a México, era el representante del país ante el Fondo Monetario Internacional en Washington. Córdoba, ya desde entonces el *alter ego*, asesor de hiperconfianza y operador discreto de Salinas, pasó semanas enteras en Washington esa primavera y verano, antes de la negociación final, hospedándose en casa de Ortiz. En alguna ocasión SPP le solicitó a Silva Herzog facilitarle el contacto con Ed Yeo, el hombre de las sombras (o *The Invisible Man*) del presidente de la Reserva Federal, Paul Volcker, quien llevaba a cabo todas las misiones secretas, turbias y oficiosas del gigante de Princeton. Córdoba reconocerá, después del acuerdo alcanzado en agosto con las instancias financieras internacionales, que todo se había fraguado a través de sus contactos informales con Yeo; nunca, sin embargo, sugirió la idea de conciliábulos previos con los norteamericanos, formales o informales, con Yeo o con quien fuera. Pero permanece la duda y la sospecha, a la luz de tantas otras conspiraciones, maniobras y estrategias inconfesables para conquistar el poder en México: ¿hubo un pacto secreto, tácito o explícito, donde se origina la sorprendente disposición de Washington a desembolsar tres veces más dinero que antes, en aras de un buen caso "técnico"? Queda a juicio del lector y de investigaciones futuras.

Miguel de la Madrid se ocupó con extremo cuidado de su sucesión, y la condujo con la misma deliberación meticulosa, no siempre eficaz ni imaginativa, pero sistemática, propia de su gobierno. Supo que Jesús Silva Herzog saldría irremediablemente del gabinete meses antes de su partida; se preparó en consecuencia. Desde la primavera llama al gabinete a su compadre y amigo Alfredo del Mazo, de quien ya se hablaba en el contexto sucesorio, con toda la intención de alzar el perfil del nombramiento y de incorporarlo plenamente a la contienda sucesoria. La razón: no quedarse sólo con dos cartas, Salinas y Manuel Bartlett, susceptibles de destruirse mutuamente en cuestión de minutos. Para permitir la escalada de Salinas, debía protegerlo; la mejor manera de lograrlo consistía, como siempre, en taparlo; las consecuencias del engaño fueron, como siempre, onerosas y estrechamente relacionadas con el sentimiento de traición y engaño sufrido por los candidatos vencidos y utilizados.

En efecto, carecía de sentido llamar a Del Mazo a una secretaría de Estado sin colocarle los reflectores de circunstancia, y sin que el propio exgobernador mexiquense se persuadiera de sus posibilidades. Para De la Madrid, poner a contender a Del Mazo correspondía a una triple lógica. En primer término, regía un vínculo personal innegable: si bien al principio de su administración el Presidente no invitó al gobernador del estado de México al gabinete, le aclaró que sólo "por lo pronto" prefería que permaneciera en Toluca; existía una especie de deuda del Presidente con "el hermano menor que nunca tuvo" y al designarlo en la SEMIP, la saldaba. En segundo lugar, De la Madrid ampliaba su baraja; conocemos ya su convicción a propósito de la imperiosa necesidad de evitar la presencia exclusiva de dos aspirantes en la carrera. Su obsesión resultó semipremonitoria: habría en efecto una escisión del PRI, pero no la encabezaría un aspirante frustrado, sino un grupo disidente por motivos ideológicos más que personales. Por último, y sobre todo, al nombrar a Del Mazo en la antigua secretaría de Patrimonio, De la Madrid daba cauce a importantes apoyos políticos y sociales en la sucesión, hasta ese momento desprovistos de candidatos afines: el movimiento obrero, parte de la añeja clase política, y un sector empresarial medio, regional e industrial. Del Mazo conservaba los viejos nexos de su padre —secretario de Recursos Hidraúlicos bajo López Mateos— y había anudado lazos propios con Fidel Velázquez, entre otros, y con el lopezportillismo. Recuerda hoy cómo José López Portillo lo instó a apurarse, tres o cuatro meses antes de su llegada a SEMIP: "Urge que se vaya al gabinete, a donde sea." Al expresidente le apremiaba el despegue de su amigo, tanto por simpatía hacia él como por antipatía hacia Salinas, a quien responsabilizaba, probablemente con razón, de la campaña delamadridista en su contra.

Alfredo del Mazo acusó recibo de varias deferencias presidenciales, muchas de ellas concebidas justamente con ese objetivo en mente y otras envueltas en la madeja de malentendidos y señales cruzadas propias de este proceso. La primera consideración de De la Madrid consistió en no reaccionar negativamente cuando Del Mazo declinó un primer ofrecimiento: la Secretaría de Desarrollo Urbano y Ecología, en septiembre de 1985, justo después del terremoto. Del Mazo prefirió no aceptar, pues la SEDUE no pertenecía al gabinete económico y su importancia se encontraba muy disminuída, comparada con el gobierno mexiquense. Meses después, al ser postulado Francisco Labastida como candidato a gobernador de Sinaloa, De la Madrid invita a Del Mazo nuevamente, ahora a la SEMIP. Ambos acuerdan el tiempo necesario para efectuar con orden la transición; el Presidente incluso conversa con el gobernador saliente sobre la designación de su sucesor y, tras considerar a una terna, resuelve que el mismo Del Mazo informe a Alfredo Baranda de su nombramiento. Pocos días más tarde, Emilio Gamboa le notifica a Del Mazo de la necesidad de apresurar el trámite, ya que Mario Ramón Beteta, director de Petróleos Mexicanos, comienza a agitarse para un enroque a la SEMIP. De la Madrid mismo da posesión a Del Mazo en Los Pinos. El anuncio causa revuelo en la prensa, "que se acelera mucho", según Del Mazo. Su arranque en la contienda adquiere entonces un impulso inusitado; entre las múltiples señales "muy fuertes" de De la Madrid y los proyectores, Del Mazo se transforma de la noche a la mañana en un virtual puntero. Crea así una confusión y un reto: iniciar la contienda con demasiado ruido, y por ende con el imperativo de adoptar un "perfil bajo o medio bajo". De acuerdo con Del Mazo, Fidel Velázquez se lo reclamará en varias ocasiones, aunque poco antes del destape le indicará que tuvo razón en no incrementar su protagonismo.

El exsecretario de Energía, Minas e Industria Paraestatal considera hoy que perdió por muchas razones, pero entre ellas destacan algunas derivadas de ese principio tan prometedor; otras constituyen reflejos invertidos de los motivos del triunfo de Salinas. Del Mazo, en su opinión, hubiera sido un sucesor más independiente que Salinas, con un modelo y un estilo personales, y dotado de una fuerza propia; la resolución sucesoria, en ese caso, no se habría debido exclusivamente a De la Madrid. En cambio, la selección del secretario de Programación descansaba únicamente en la decisión del Presidente: Salinas se la debería por completo a su mentor. Entre más proliferaban los rumores sobre el destino de Del Mazo; entre mayores las expectativas de su designación entre sus aliados, sobre todo los menos discretos, más se acentuaba esta objeción tácita de De la Madrid: el Presidente pudo haberse dicho: "Alfredo ya se la creyó; piensa que ya no me necesita." Por otra parte, Del Mazo posiblemente se hubiera apartado de un esquema económico tan radical y apegado al llamado consenso de Washington, por encontrarse institucional, personal y políticamente asociado con el movimiento obrero y con el empresariado industrial más que con el financiero; simpatizaba menos con la liberalización comercial a ultranza pregonada por Salinas.

En esta perspectiva, dos razones adicionales motivaron la preferencia de De la Madrid por Salinas. Varios integrantes del gabinete lo han sugerido: Salinas le leía el pensamiento a De la Madrid, solo y vía Emilio Gamboa; de allí a una postura sumisa, en ocasiones de fingida abyección, la distancia se acortaba. Salinas se informaba de las tesis o predilecciones del "patrón", como en ocasiones le llamaba, y luego las presentaba como suyas, con la certeza de que recibirían una acogida favorable. Y a la inversa, los posibles inconvenientes de Salinas, a saber, su apego al clan familiar y sus nexos con determinados sectores políticos y empresariales, nunca fueron evaluados por el Presidente, como él mismo lo reconoce en su entrevista, en parte porque nadie le informó a cabalidad de esas taras en potencia. Del Mazo se arrepiente hoy de no haber sido más explícito al respecto; era el único aspirante acorazado con una relación personal tan fuerte como para correr los riegos de advertir al Presidente de las implicaciones de su inclinación.

Por último, a partir de la ruptura de Cuauhtémoc Cárdenas y Porfirio Muñoz Ledo en la XIII Asamblea del PRI, en marzo de 1987, la intransigencia contra los dos disidentes se volvió primordial para De la Madrid. Según Del Mazo, "Don Miguel pensó que yo tendería puentes con Cárdenas y Muñoz Ledo, mientras que Salinas no, y esto posiblemente influyó en su ánimo." Se ha subestimado, quizás, el papel del Presidente De la Madrid en la polarización del país a partir de 1987; no sólo su encono contra los rupturistas incidió en la sucesión (incluso la cercanía juvenil y parisina de Manuel Bartlett y de Cárdenas pudo haber comprometido las posibilidades del secretario de Gobernación), sino que, como veremos más adelante, contribuyó a dificultar o impedir las negociaciones con la oposición después del 6 de julio de 1988. De la Madrid llegó a desconfiar terriblemente de los priistas escindidos, concluyendo muy temprano que no había acuerdo posible con ellos; de allí se derivaba una suspicacia igual o superior para con los partidarios de una negociación con los renegados.

Alfredo del Mazo no lo admite plenamente, pero si acierta nuestra clasificación de este proceso sucesorio, la conclusión es ineluctable: el exgobernador del estado de México fue utilizado por De la Madrid. Sigue convencido de la buena intención de De la Madrid de impulsar un cambio y de que la decisión la tomó hasta el final; sólo cree que se equivocó. Cabía ciertamente la remota eventualidad de un tropiezo fatal de Carlos Salinas, aun guiado de la mano por De la Madrid y a pesar del esfuerzo presidencial por protegerlo. En ese caso, entre Del Mazo y Manuel Bartlett, la disyuntiva podía favorecer al primero. Pero en ausencia de un accidente o error salinista, la incorporación de Del Mazo al gabinete obedeció más bien a un afán de despistar que a un deseo de auténtica apertura de la contienda, aunque Del Mazo sustente aún hoy la postura contraria: dice que Miguel de la Madrid "jugó derecho". A su manera, Del Mazo lo entendió; así lo apunta su reacción de rival engañado, típica de los perdedores en la sucesión por decisión, al percatarse final y tardíamente de su descarte. Afirmarlo no significa culpar o enjuiciar críticamente a Miguel de la Madrid: entre los aspectos más pavorosos del sistema mexicano figura el imperativo, frecuente para el gran elector, de embaucar a los precandidatos; éstos suelen ser sus amigos, incluso entrañables. Si en este caso el Presidente no engatusa a su compadre, se queda únicamente con dos cartas; o bien porque no le da vuelo a Del Mazo, o bien porque le avisa que todo es un juego, en cuyo caso éste seguramente hubiera optado por no participar. El mecanismo encierra entonces una crueldad infinita, parte consustancial de su eficacia: sólo funciona si todos creen, y nadie capta el sentido del embuste hasta que es demasiado tarde.

El otro objeto de engaño obligado fue Manuel Bartlett. Más cínico, curtido y calculador que Del Mazo, el ocupante de Bucareli no gozaba de la amistad de De la Madrid al grado de ofenderse por perder. Quizás se enojó; a lo mejor pasó a engrosar las filas de los resentidos del sexenio delamadridista; pero su reacción a flor de piel fue más política que emocional. Tal vez hubiera resultado preferible una expresión surgida de las tripas y del corazón; la otra —consciente o no— a la postre surtió efectos demoledores para la campaña de Carlos Salinas. Bartlett advirtió con mayor perspicacia que Del Mazo cómo, de no ser emboscado Salinas, la pelea estaba perdida de antemano; de allí su mayor proclividad a asestarle golpes bajos o de cualquier otra índole. Aunque, de acuerdo con la mayoría de los protagonistas, Bartlett y Salinas sellaron un virtual pacto de no agresión para no pegarse ni generar conflictos en el gabinete, las tensiones entre ellos alcanzarán grados crecientes de virulencia, en parte debido a las maniobras —o intrigas— de aliados o colaboradores.

Durante los últimos meses previos a la sucesión de 1988 abundaron las patadas bajo la mesa y las insidias; empero, dos incidentes en particular merecen resaltar, ya que muestran como se tejieron contubernios y resentimientos. En el otoño de 1986 comienza a circular el libro *Un asesino en la Presidencia*, firmado por un periodista desacreditado pero basado en hechos reales. Varios miembros del equipo de precampaña de Carlos Salinas entran en pánico; como afirma un integrante más sereno del grupo: “Fue un golpe directo en un momento clave.” El llamado “libelo” resucitaba una vieja historia de la infancia de Carlos Salinas: a consecuencia de un juego de niños con las armas de su padre, fallece una empleada doméstica de la familia; el responsable aparente es el niño Carlos, cuyo involucramiento es de inmediato encubierto por sus padres. El secretario de Programación no supo con certeza de dónde provino el porrazo, pero según varias fuentes, su virtual consejero en materia de seguridad e inteligencia, Fernando Gutiérrez Barrios, lo convenció de que el instigador probable era Manuel Bartlett, y de que, en todo caso, el titular de Bucareli tenía la obligación de frenar traicioneras jugadas como esa. Salinas le reprocha tácitamente a Bartlett haber roto su pacto de no agresión y se queja con De la Madrid; éste ordena a Bartlett investigar y ponerse de acuerdo con Salinas para atender el asunto. Pronto se celebra un reunión privada entre los dos aspirantes, seguida de una junta entre sus respectivos equipos, donde se afina la acusación. Según Programación, el encargado de comunicación social de Bartlett, Alberto Peniche, dejó pasar el golpe; Gobernación responde que no podía parar el asunto; que quienes atrajeron la atención pública sobre el tema fueron justamente los operadores de Salinas, empezando por Otto Granados, su encargado de imagen, relaciones públicas y prensa. Según Bartlett, el área de Granados acepta los argumentos de Gobernación y el diferendo queda zanjado. Salinas invita a Bartlett a almorzar a solas pero en público, en el Champs Elysées, para que se note la relación amistosa, y en el coche Bartlett le reclama a Salinas por haber dudado de Gobernación y sospechado que dejó pasar el golpe, a pesar de que, según algunas fuentes, Bartlett le había advertido previamente de la inminencia de un ataque de esa naturaleza. Allí termina el incidente, pero no sin raspaduras y roces en la relación entre los dos precandidatos. Era en realidad el primero de varios desencuentros.

De hecho, Bartlett tenía razón en un punto: Salinas, a través de Gutiérrez Barrios, sabía de dónde provenía la agresión. Desde los años sesenta, un periodista yucateco de reputación nebulosa y con relaciones inciertas con los servicios de inteligencia y seguridad cubanos y mexicanos (por lo menos) había forjado una relativa amistad con Gutiérrez Barrios. Mario Menéndez fue arrestado a finales del decenio de los sesenta, tras haber participado en una pseudoguerrilla en Tenosique, Tabasco, y en otras actividades similares en Colombia. Gracias al secuestro del cónsul de Estados Unidos en Guadalajara, fue expulsado a Cuba junto con otros presos; Gutiérrez Barrios mantuvo el contacto con él en La Habana, sobre todo cuando viajó a la isla a preparar la visita de Luis Echeverría en 1975. A finales de los setenta, Menéndez solicitó volver a México y buscó a una de las escasas relaciones de utilidad que conservaba: Gutiérrez Barrios, subsecretario de Gobernación. Éste le ayudó con la tramitación de sus papeles y por ello el yucateco le permaneció agradecido, aunque por razones políticas el funcionario cerró la revista *Por qué*, editada por Menéndez desde hacía años. En una clásica negociación de la política mexicana, Gutiérrez Barrios clausuró *Por qué* pero le consiguió a Menéndez dinero para abrir *Por esto*; dinero, entre otras fuentes, procedente de anuncios pagados por el Sindicato de Trabajadores Petroleros.

Con todos estos antecedentes, cuando aparece el libelo contra Salinas, Gutiérrez Barrios le realiza una magnífica faena al secretario de Programación. Organiza una reunión entre Menéndez y Salinas, donde el primero reconoce su autoría y se compromete a no volver a agredir al segundo. Ello tal vez explique cómo, un par de años después, bajo el régimen de Salinas, Menéndez logra lanzar un diario, el *Por esto* cotidiano, que le hará sombra y competencia al panista *Diario de Yucatán*, dirigido por su primo Carlos desde tiempo atrás. Gutiérrez Barrios se consolida como un operador político de alto calibre en el equipo salinista; confirma asimismo su intuición, afinada por décadas de observación privilegiada del proceso sucesorio mexicano: el Presidente de la República no sólo no lo disuade de su acercamiento a Salinas, sino que entre más explícita se vuelve su avenencia a la candidatura salinista, más protagonismo le brinda.

Detrás del reclamo formal de Bartlett a Salinas figuraba un reproche más serio y sustantivo al margen del incidente del libelo: hacerle caso a Gutiérrez Barrios en relación con otras insinuaciones, mucho más alarmantes. Si uno de los impedimentos de Bartlett para acceder a la primera magistratura era la sombra de la muerte de Manuel Buendía y la posible (en aquel momento) vinculación del asesinato del periodista con las fechorías diversas del exdirector de la Federal de Seguridad, José Antonio Zorrilla, todo intento de "embarrarlo" con Zorrilla y Buendía representaba un golpe —bajo y duro— a sus ambiciones. El secretario de Gobernación pudo haber pensado que Gutiérrez Barrios preparaba una doble operación: primero, debilitar al para entonces principal rival de Salinas, al tildarlo tácitamente de cómplice en la muerte de Buendía y de poseer nexos turbios con el narcotráfico, todo ello vía el siguiente silogismo: "Zorrilla era hombre de Bartlett, Zorrilla mató a Buendía, *ergo* Bartlett lo sabía." En segundo lugar, Gutiérrez Barrios quizás se proponía blanquear su propia vinculación con Zorrilla al convertir al economista prófugo de Hidalgo en un "hombre de Bartlett".

De allí la pertinencia del contraste, ya subrayado, entre las versiones de Miguel de la Madrid y José López Portillo en sus entrevistas sobre el origen del nombramiento de Zorrilla. Gutiérrez Barrios afirma hoy que, por distintas razones, él y Zorrilla ya se habían distanciado en el momento de su designación, cancelando cualquier posibilidad de que Zorrilla fuera considerado "un hombre de Gutiérrez Barrios". Bartlett, por su parte, ha insistido repetida y públicamente en lo obvio: quien manejó a la Federal de Seguridad durante casi un cuarto de siglo fue Gutiérrez Barrios; Zorrilla era un hombre de adentro; la responsabilidad del nombramiento corresponde al legendario zar de la seguridad en México. No podemos descartar que el embrollo vuelva a repercutir en otra sucesión presidencial: la de fin de siglo, sobre todo si no olvidamos que un eslabón de la endeble cadena que vincula a Manuel Bartlett con el Gran Jurado de Los Ángeles a cargo de la investigación sobre el caso de Enrique Camarena es Antonio Garate, ex "madrina" de la DEA y exagente de la DFS. Según fuentes norteamericanas impecables y que no esconden, ni en público ni en privado, su simpatía por Bartlett, Garate pudo haber sido manejado (*run*) por Gutiérrez Barrios.

El deterioro del prodigioso sistema de relojería sucesoria y la recurrencia del dilema de transferir el poder en condiciones económicas adversas acentuaron los diversos rasgos de este tipo de sucesión. Si en efecto Salinas fue el elegido *in pectore* desde el segundo año de gobierno, colocándonos de lleno en una sucesión por decisión, las tensiones entre rivales tenderían de manera irrefrenable a intensificarse, y tal vez a desbordarse. En su entrevista, Salinas manifiesta tres reparos en relación con Bartlett: uno antes de su postulación, al dejar pasar el libelo, aunque no lo haya fomentado; y dos después, que revisaremos más adelante. Las ofensas se explican: el secretario de Gobernación tuvo la sensación irremediable de haber sido engañado por De la Madrid, y a la vez comprendió que si no aniquilaba políticamente a Salinas, a pesar del pacto de no agresión entre ellos, el ascenso a la candidatura del titular de la SPP era imparable. Gutiérrez Barrios recuerda con detalle el recorrido conceptual que siguió para disipar cualquier duda pendiente sobre el triunfo inminente de Salinas: De la Madrid sabía que Gutiérrez Barrios abrigaba simpatía por Salinas, por lo que su candidatura a gobernador de Veracruz implicaba en alguna forma fortalecer a Salinas. Y ya como gobernador, el Presidente dio especial fuerza a Gutiérrez Barrios, lo cual significaba el encauzamiento de la candidatura de Salinas, y seguramente el citado gobernador sería una pieza clave en el futuro gabinete; como sucedió. Gutiérrez Barrios lo recuerda: "Tenía la seguridad de que iba a ser Salinas." Indica también que en el viejo sistema político las "señales" —como éstas— contaron siempre para orientar al priismo y a la opinión pública sobre quién sería el candidato.

Bartlett arribó a la misma conclusión, aunque por otras vías. En efecto, desde su perspectiva, hasta la llamada pasarela priista de agosto de 1987, la suerte estaba echada. Para él, la tendencia hacia Salinas era evidente desde un principio, y sobre todo desde la defenestración de Silva Herzog. Las alianzas forjadas por Salinas en Palacio —Emilio Gamboa, Manuel Alonso, el encargado de comunicación social, el general Bermúdez en el Estado Mayor Presidencial—, así como incontables nombramientos a lo largo y ancho del gobierno, ilustraban el ascendiente de Salinas sobre De la Madrid y la debilidad del Presidente por su heredero en la Secretaría de su predilección: Programación y Presupuesto. La nominación de Gutiérrez Barrios como candidato a gobernador de Veracruz, e incluso la llegada de Jorge de la Vega Domínguez a la presidencia del PRI en octubre de 1986 podían, en efecto, interpretarse en ese sentido. De la Vega era un viejo amigo político del profesor Carlos Hank González, un antiguo colaborador de don Raúl Salinas Lozano y más recientemente su jefe durante el paso del padre de Carlos Salinas por el Instituto Mexicano de Comercio Exterior; las relaciones de Hank —familiares, de amistad, de negocios— con el empresario regiomontano Roberto González pertenecían al dominio público, al igual que los lazos entre González y la familia Salinas; al salir de la Secretaría de Industria y Comercio en 1964, como lo señala Miguel de la Madrid, don Raúl había sido asesor del llamado "Maseco".

Por más institucional que fuera la actuación de De la Vega en la jefatura del partido, su historia política personal daba una pauta, pensaba Bartlett. Y aunque De la Vega no considera que su propio nombramiento haya constituido una señal, confiesa hoy que cuando De la Madrid lo coloca a la cabeza del PRI para conducir la sucesión a buen puerto, "nunca tuve duda de que el precandidato mejor ubicado en la concepción del Presidente era Salinas". De la Madrid lo telegrafiaba cada vez más claramente, como lo hizo también al nombrar a Petricioli, su viejo y querido amigo, en la Secretaría de Hacienda, y al permitir o auspiciar que el nuevo titular se situara bajo la tutela de Salinas y la SPP. Según De la Vega: "Basta recordar que dos hombres de gran proximidad y afecto de De la Madrid, Gustavo Petricioli y Emilio Gamboa, cuya eficiencia y lealtad a su jefe eran sus atributos principales, tenían abierta simpatía e impulsaban la candidatura de Salinas."

Otros indicios también resultaban inconfundibles para Bartlett. A principios de 1986 tuvo lugar una gira por la frontera norte, de Tijuana a Matamoros. Inicialmente se trataba de una iniciativa de Gobernación y del Programa de Promoción y Defensa de la Nacionalidad en la línea con Estados Unidos. Pero a última hora De la Madrid convoca al acto a Salinas y a Miguel González Avelar, secretario de Educación. En el acto de Tijuana le da la palabra a Salinas y cambia el sentido de la gira; de una gira de Gobernación se transforma en un acto de "placeo" de varios precandidatos. Según el círculo de simpatizantes de Bartlett, la proclividad del Presidente por Salinas se entendía: era un asunto de familia, en el sentido político del término. Existen familias políticas; Bartlett no pertenecía a la del Presidente: De la Madrid, Salinas, Petricioli y los funcionarios de Hacienda y del Banco de México habían realizado sus posgrados en Estados Unidos, él en París; ellos estudiaron economía, él, derecho; ellos habían ascendido por el escalafón burocrático del aparato financiero, él por Gobernación y el PRI. En las cenas y fiestas, ellos se congregaban automáticamente; él permanecía al margen, en una esquina, en ostracismo inconsciente, pero al fin excluido. Su amigo Antonio Ortiz Salinas le recordó a Bartlett en varias oportunidades cómo su padre, Antonio Ortiz Mena, quien no carecía de posibilidades de ser el candidato en 1964, fracasó porque "no era de allí, del círculo interno de López Mateos". Y al final de cuentas, Miguel de la Madrid creyó que se continuaba él mismo en Salinas, como sucede en las familias.

Esta visión general coincide con el análisis de Manuel Camacho, en ese momento secretario de Desarrollo Urbano y Ecología, y el hombre más próximo a Salinas en materia política. Al enumerar las razones del triunfo de Salinas, Camacho extrae la misma conclusión que otros, utilizando palabras distintas y ampliando las dimensiones referidas. El secretario de Programación pertenecía a la cofradía compuesta por los de Palacio, Francisco Rojas en la Contraloría y en menor medida Ramón Aguirre del Departamento del Distrito Federal; Bartlett sencillamente era ajeno a ese "grupito". Alfredo del Mazo agrega que el "grupo cercano" no simpatizaba con Bartlett; otras fuentes sugieren que Emilio Gamboa era tan partidario de Salinas como adversario de Bartlett, cuya consecución de la candidatura prefería evitar a toda costa. Lo logró, según Alfredo del Mazo: "ya que Bartlett perdió la confianza de De la Madrid más de un año antes del final del proceso", lo cual se debía quizás a tres factores: en primer lugar, al tropezón de Manuel Buendía con Zorrilla; en segundo lugar, a que el estilo político de Bartlett no convencía al Presidente, por mucho que estimara a su colaborador en lo personal; y tercero, a la enemistad del grupo de allegados a De la Madrid.

Bartlett evoca hoy su plena conciencia de este conjunto de explicaciones; sólo recuerda haber dudado del triunfo ineluctable de Salinas cuando de repente Miguel de la Madrid cambia la jugada con la "pasarela", es decir, con la comparecencia pública de seis "distinguidos priistas" —Bartlett, Del Mazo y Salinas, además de Ramón Aguirre, Miguel González Avelar y Sergio García Ramírez— ante el Comité Ejecutivo Nacional del PRI entre el 17 y el 27 de agosto de 1987. Resulta difícil evaluar la veracidad de su pretensión: por un lado, los argumentos esgrimidos son categóricos y transparentes; por el otro, los políticos mexicanos suelen mirar hacia al frente, no a los lados, y las canalladas siempre son oblicuas y laterales, nunca frontales. Bartlett se hallaba fuera del ánimo de Miguel de la Madrid, pero no de la clase política, según Del Mazo. Por otra parte, en el *rating* de Jorge De la Vega, si bien el secretario de Gobernación perdió el apoyo de su base natural —los gobernadores— porque, de acuerdo con un colega suyo del gabinete, los trataba con la punta del pie, consolidó mayoritariamente el respaldo de senadores y diputados. Todo ello no podía dejar de incidir en la moral del precandidato, que tal vez leía con acuciosidad estas seductoras señales a su favor y despreciaba naturalmente las que estaban en su contra. Debe haberse resignado a su derrota, hasta el momento en que se reabre en apariencia la contienda, con la idea gradualista, moderadamente audaz pero discrepante con las reglas no escritas del sistema, de la pasarela pública y formal.

Los dos verdaderos candidatos perdedores —los demás, por distintas razones, fueron de relleno— concuerdan en su apreciación de las implicaciones de dicha pasarela. Tanto Del Mazo como Bartlett convienen en que de haberse ya inclinado la balanza hacia Salinas, De la Madrid no hubiera corrido el riesgo del cotejo abierto. Para Del Mazo, al celebrar la pasarela, su jefe sabía que "unos iban a salir mejor que otros; quien no iba a verse favorecido era Salinas. Miguel de la Madrid sí tenía la intención sana de abrir el proceso." El joven secretario de Programación podía haberse rodeado de excelsos redactores de discursos y operadores, pero en aquella época pasaba pésimo en televisión, leía mal y concitaba un escaso entusiasmo entre los políticos tradicionales del PRI. La manifestación organizada en su contra por mujeres priistas en la explanada del partido el día de su comparecencia fue todo menos que espontánea —la fomentó La Quina, aunque Salinas llegó a sospechar de Bartlett, otra vez—, pero reflejaba un malestar innegable en el seno del partido oficial.

De allí la conclusión tentativa de Bartlett y Del Mazo, cada uno por su cuenta: si De la Madrid los lanzó a todos a competir sin red, ello se debía a que nada estaba decidido. Bartlett entrevió una espléndida oportunidad para alcanzar la candidatura, si es que iba en serio y la última palabra se pronunciaba en función de la opinión pública; de lo contrario igual habría perdido. También aprovechó esa ocasión adicional para atacar a su rival más temible; por ello, tal vez, empieza desde Gobernación a manipular a los medios en torno a la pasarela, según Del Mazo. De la Madrid gira instrucciones expresas de no mover prensa y corta de tajo el intento de Bartlett. Era una señal. Cuando, seis semanas más tarde, es destapado Salinas, Bartlett no puede más que concluir que fue engañado de nuevo: la pasarela no fue una auténtica "prueba del añejo". Las encuestas levantadas después de las comparecencias indicaban una clara ventaja de Del Mazo y de Bartlett (seguidos por Sergio García Ramírez); Salinas ocupó el cuarto o quinto lugar. Del Mazo, Bartlett y la opinión pública se percataron de que la pasarela fue, según el primero, "un intento democrático fallido". No importaba: las razones del triunfo de Salinas no radicaban en su desempeño en la pasarela. Como concluye Manuel Camacho hoy: "El nivel de confianza hacia Salinas era mayor que hacia Bartlett o Del Mazo, por tres razones: una, el trabajo de Salinas; dos, haber penetrado en el corazón de De la Madrid y cubrirle su lado flaco —la política económica—, que ni Bartlett ni Del Mazo defendían, pero Salinas sí, compartiendo sus animadversiones; y tres, la influencia del pequeño grupo de Los Pinos, del cual Salinas formaba parte."

El resentimiento invade inevitablemente el ánimo de los perdedores; en el caso de Del Mazo se expresará en un comportamiento errático el día de la postulación de Salinas, y en un perceptible debilitamiento anímico ulterior; en el caso de Bartlett, en una caída de ánimo seguida por un deseo —consciente o no— de revancha, manifestado principalmente a través de una comprensible postura de brazos caídos en su puesto de Bucareli. Ambas consecuencias formarán parte del precio sufragado por Miguel de la Madrid y el país entero por no haber acatado las famosas máximas no escritas del sistema. Carlos Salinas fue un precandidato sin duda talentoso y pletórico de ambiciones y proyectos, pero portador de excesivos inconvenientes, hostilidades y francos rechazos para ser impuesto sin costo.

Existen discrepancias y consensos sobre el origen de dichos costos. Los protagonistas aclaran hoy, por ejemplo, que Fidel Velázquez albergaba preferencias y renuencias contundentes, pero se contradicen en cuanto a su contenido. Así, Miguel de la Madrid asiente al ser interrogado sobre un rechazo del líder obrero a Bartlett por "rudo". Del Mazo sostiene que el viejo sindicalista se opuso con "claridad" a la candidatura de Salinas; un colega cetemista de Velázquez le confió a un grupo de senadores tres semanas antes del destape, a propósito de Del Mazo: "Dice don Fidel que ya ni equivocándose el Presidente la perdemos." Y Bartlett afirma, categórico: "Yo tenía una estrecha relación con Fidel Velázquez y la dirigencia de la CTM." Pero casi todos los entrevistados e interesados convergen en lo tocante al manejo sesgado de la economía durante el periodo previo al destape. De acuerdo con Del Mazo, quienes formaban parte del gabinete económico, el secretario de Hacienda y el secretario de Programación, le presentaban cuentas amañadas a De la Madrid. El equipo salinista infló artificialmente el tipo de cambio, la bolsa de valores y las expectativas económicas para impulsar la candidatura del "zar económico". Si revisamos las actas de las reuniones del gabinete económico (por ejemplo GE65:16/I/87), el estimado de 70 a 80% para la inflación de 1987 resultó ser absurdamente optimista; el alza de precios al consumidor en 1987 alcanzó 159%. En la opinión de un miembro del gabinete económico, a partir de la salida de Silva Herzog "la política económica quedó al servicio de Salinas; truena la bolsa porque la retienen hasta el anuncio de la candidatura de Salinas; no hay ningún descuido que provoque la debacle posterior, sino un manejo de la economía para aguantarla hasta la postulación de Salinas. La burbuja estaba creciendo." En la conclusión terminante de José Ramón López Portillo, quien trabajó de cerca con Carlos Salinas entre 1979 y 1982 y se distanció seriamente de él después, hasta reconstruir un relación de amistad y respeto mutuo a finales de los años noventa en Inglaterra: "Una vez que De la Madrid tomó la decisión de postular a Salinas —justo antes del colapso del Programa económico de Aliento y Crecimiento (PAC)—, actuó con firmeza para darle una tercera oportunidad al grupo salinista de lograr la recuperación económica que les había fallado hasta entonces. Es difícil imaginar que De la Madrid hubiera podido escoger a Salinas después del colapso del PAC. El primer fracaso del programa económico de Salinas ocurrió en 1984-1985. El segundo tuvo lugar en 1986, a partir de su triunfo sobre Silva Herzog."

Miguel de la Madrid violó muchas, demasiadas reglas al escoger a Carlos Salinas de Gortari para sucederlo. Como se lo dijo José López Portillo a un amigo —su sagacidad no enturbiada en este caso por su descontento—: "Los presidentes siempre hemos sido los fieles de la balanza; Miguel quiso ser la balanza entera." Pasó por alto la regla generacional invocada páginas atrás por Mario Moya; le correspondía una selección coetánea, no brincarse una generación. No atendió los murmullos disidentes de unos y otros: ni de Porfirio y Cuauhtémoc, ni del movimiento obrero, ni de los expresidentes. Menospreció el costo económico de prolongar artificialmente una coyuntura favorable, sin la cual el nombramiento de su preferido rebasaba los límites de lo factible, y no averiguó, o prefirió ignorar, los gritos y susurros de alarma —muchos ciertamente tenues, latentes, elípticos— sobre el clan Salinas y sus círculos concéntricos, presentes ya en los conversaciones de los políticos. Una primera señal surgió el mismo día del destape, cuando un cúmulo de accidentes o una comedia de errores amenazaron con quebrar el precarísimo equilibrio imprescindible para el nacimiento feliz de un sucesor.

Algunos conservan aún en la memoria el tremendo fárrago de aquella mañana dominguera del 4 de octubre de 1987, cuando un Alfredo del Mazo desconcertado felicita muy temprano a Sergio García Ramírez, procurador general, por su postulación como candidato del PRI a la Presidencia de la República. Desde la media noche la noticia se había regado como pólvora; ya los noticieros de la radio en la madrugada la difundían con auténtico frenesí informativo. En el fondo nada lo profetizaba; más bien todos los síntomas y premoniciones se canalizaban por el lado de Carlos Salinas. Y en efecto, horas más tarde Salinas sería ungido en una desangelada asamblea del PRI, rodeada de confusión y barullo. Sólo el silencio de García Ramírez y un insólito olfato de la clase política, aunado a su excelente sistema de información informal, evitaron lo peor: un destape en falso. Pero el incidente auguró el porvenir: la candidatura de Salinas arrancaba con el pie izquierdo.

Con los años se ha facilitado la reconstrucción de los hechos. La noche previa, al despedirse del Presidente De la Madrid antes de ir a cenar con su querido y premiado amigo Carlos Salinas, Emilio Gamboa se topa en la residencia presidencial con Federico, el hijo mayor de don Miguel, de 20 años de edad. Le pregunta qué va a hacer; el joven responde que piensa asistir a una cena informal en compañía de Rafael Lebrija, un amigo de toda la vida de Alfredo del Mazo, del general Juan Arévalo Gardoqui, secretario de Defensa, y de un empresario coahuilense, Jaime Kamil. Aquí existe una pequeña discrepancia en el detalle: Emilio Gamboa sostiene que se limitó a aconsejarle a Federico de la Madrid Cordero que mejor permaneciera en casa; incluso, según Gamboa, Federico lo exculpa ante su padre al día siguiente, pero otras fuentes, en situación de saber, aseguran que al día siguiente, al rendirle cuentas a su padre iracundo por el percance provocado, Federico confesó que Gamboa, ante su insistencia, soltó una infidencia ambigua: "Es SG" según algunos, "Es Sergio García Ramírez" según otros, sin disponer de una confirmación o autorización presidencial al respecto. Ya en la cena, el vástago presidencial se ve a tal punto presionado por los comensales que a su vez comete una indiscreción, también preñada de malentendidos: "Me dijo Gamboa que era SG" (según unos) o "Sergio García Ramírez" (según otros). Las iniciales de marras significaban Salinas de Gortari, pero igualmente podían corresponder a Sergio García. Uno de los comensales, ya sea Rafael Lebrija, ya sea Jaime Kamil, se comunica con un colaborador cercano de Del Mazo, quien a su vez transmite el dato a su jefe. Éste, si bien ya se hallaba resignado ante su evidente descarte, dedujo, extrañado, que tal vez De la Madrid había optado por un tercero en discordia: ni Salinas ni Del Mazo, sino García Ramírez.

El secretario de Energía le comunica la noticia a su amigo Alejandro Carrillo, que partía a una cena en un restorán de Reforma con Heribero Galindo y Jesús Salazar Toledano. Carrillo pensaba pasar a saludar a Del Mazo más noche; Del Mazo prefiere posponer la visita y le comenta por teléfono la noticia: no es él, y aparentemente es García Ramírez. Los tres, pero en particular Galindo, esparcen la noticia por toda la ciudad. Se produce entonces un concatenamiento de autoridades morales y de credibilidad. Federico de la Madrid le cree a Gamboa porque tiene plena consciencia de la cercanía del secretario particular con su padre. Lebrija o Kamil le creen a Federico porque es el hijo del Presidente. Del Mazo le cree a Lebrija o a Kamil porque citan a una fuente impecable: el hijo de Miguel de la Madrid. Y los correligionarios de Del Mazo, por las mismas razones, le creen al candidato descartado.

Muy temprano a la mañana siguiente, Jorge de la Vega Domínguez convoca a los principales líderes del PRI a su casa. De allí pasan a la residencia de Fidel Velázquez para dirigirse todos juntos al desayuno programado con el Presidente en Los Pinos, de donde se seguirán a la sede priista para proclamar la candidatura del elegido. En el camino intentan sintonizar el noticiero de las 7:30, pero el radio de la camioneta no funciona, de manera que el presidente y la plana mayor del PRI ignoraban la difusión generalizada de la falsa noticia. El propio De la Vega no se enterará sino hasta las 10:30, pasado el desayuno con De la Madrid, cuando Gamboa se comunica a sus oficinas en Insurgentes Norte por la red y le pregunta qué está sucediendo. El incidente no entraña mayores consecuencias, salvo en el ánimo de Alfredo del Mazo, doblemente golpeado por no haber sido y por su insólita *gaffe*. A media mañana recibe una llamada de De la Vega, instándolo a acudir a las ceremonias en el PRI; se niega. Lo conmina De la Madrid por la red para que por lo menos felicite a Salinas; Del Mazo se rehúsa de nuevo: "No están las condiciones." Finalmente accede, pero cuando Salinas comienza a invitar a sus antiguos adversarios a acompañarlo a diversos actos de campaña, Del Mazo, congruente con sus convicciones, llega a su límite. Pide ser relevado de su cargo y comisionado a una embajada; pasará tres años en Bruselas.

Las dudas sobre los acontecimientos persisten, a pesar del conocimiento de los hechos. ¿Por qué Gamboa, sibilinamente, soltó las enigmáticas iniciales citadas? ¿Por qué Manuel Bartlett, que controló como nunca ese día los medios, permitió que se difundiera una noticia a todas luces falsa? ¿Fue una manifestación más de su política de brazos caídos? ¿García Ramírez visitó o no Los Pinos el sábado? ¿Fue todo una cadena de *faux pas* y confusiones, o una estrategia deliberada para facilitar la nominación de un Salinas impuesto a contrapelo? En cualquier caso, la precariedad del mecanismo quedó nuevamente demostrada, y las rispideces entre los actores volvieron a salir a la palestra. El desgaste del sistema se notaba cada vez más.

El "destape" en sí del abanderado del PRI ocurrió conforme a los planes minuciosamente elaborados por De la Madrid y De la Vega. Éste comenta que en reunión con el Presidente a mediados de aquella semana, le había pedido detalles acerca de cómo se organizaría el acto priista donde se revelaría el nombre del candidato; había preguntado con énfasis si habría algún manteado para proteger a los integrantes del presídium de los intensos rayos del sol. De la Vega sonrió hacia sus adentros, intuyendo que sólo había dos asistentes que podrían sufrir quemaduras de sol en la cabeza, precisamente por su falta de pelo: Salinas y él. No dijo nada, salvo para rogarle al Presidente que no le mencionara ningún nombre: "las almohadas tienen oídos"; temía que se filtrara alguna indiscreción atribuida a su persona.

De acuerdo con de De la Vega, las comparecencias fueron ampliamente difundidas por todos los medios de comunicación y, al término de las mismas, se realizó una consulta a las organizaciones priistas de todos los estados de la República para conocer, a través de sus liderazgos, su preferencia electoral. De las opiniones recabadas se dio debida cuenta al líder nacional del PRI —el Presidente de la República— y, concluido el proceso, se convocó al Consejo Político Nacional del partido. El acuerdo unánime consistió, según De la Vega, en: "Informar al señor Presidente de la República que su partido considera elegibles a cualesquiera de sus distinguidos militantes, citados en orden alfabético: Manuel Bartlett, Alfredo del Mazo, Carlos Salinas, sobre la base de que los tres habían sido mencionados desde el principio del proceso y habían llegado con el mayor número de preferencias al final del mismo." Se decidió, igualmente, que una comisión encabezada por el presidente del PRI visitara a De la Madrid para darle a conocer el acuerdo ulterior y "para pedirle su orientación en torno a los tres precandidatos seleccionados por el Consejo". De la Vega recuerda también que, en principio, se había elegido el lunes 5 de octubre para efectuar el destape, pero esta fecha hubo de adelantarse al domingo 4, debido a la intervención de Fidel Velázquez, quien percibió riesgos en prolongar el proceso por eventuales filtraciones a la prensa que podrían generar desconcierto, pronunciamientos adelantados y fracturas en la militancia.

Una vez instalados los jerarcas del PRI en Los Pinos, De la Vega hizo un recuento de los principales acontecimientos políticos desde el día en que se inició el proceso para elegir al candidato hasta su culminación; y transmitió textualmente el acuerdo del Consejo de pedir la opinión y orientación del Presidente De la Madrid. En seguida, éste desplegó un análisis de la personalidad, capacidades y méritos de los contendientes, y en particular de los tres finalistas, describiendo el contexto internacional y las condiciones políticas, económicas y sociales del país. Concluyó que ya que le preguntaban su opinión, el candidato idóneo del PRI era Carlos Salinas. Poco tiempo después, al arribar a sus oficinas del PRI, De la Vega se enlazó con los seis precandidatos para informarles y echar a andar la tradicional faramalla del destape.

Desde esa mañana Salinas se había comunicado con Manuel Bartlett para avisarle de su postulación y pedirle permanecer en la Secretaría de Gobernación. Lo hizo por dos motivos: la conveniencia aparente de mantener en su puesto a un verdadero perito en materia electoral para organizar los comicios de julio, y porque Miguel de la Madrid probablemente le hizo sentir su deseo de ver protegido y bien atendido a Bartlett. Pero también buscó afianzar su antiguo pacto con quien fungiría como su secretario de Educación Pública por otro motivo. Desde el mismo domingo 4 de octubre Salinas solicitó a De la Madrid el reemplazo de Jorge de la Vega en la jefatura del PRI por Manuel Camacho; no podía demandar dos cambios de esa magnitud a la vez, como lo ilustró la negativa del Presidente en relación con el citado relevo en el PRI. Allí comenzaron los problemas de Salinas, en parte provocados por la obstinación de De la Madrid en retener a De la Vega, en parte por la sobrevivencia de Bartlett en el cargo, en parte por la manera en que el candidato construyó sobre la marcha un virtual partido paralelo en el PRI, carente de la pericia y experiencia necesarias para manejar una campaña en circunstancias cada día más adversas.

El primer golpe a la incipiente gesta electoral salinista aconteció el 14 de octubre, cuando el Partido Auténtico de la Revolución Mexicana, la vieja organización "palera" y paraestatal creada en los años cincuenta, lanzó la candidatura del ingeniero Cuauhtémoc Cárdenas a la Presidencia de la República. Por primera vez desde el episodio henriquista en 1952 se producía una escisión significativa en el partido oficial; como sabremos ocho meses más tarde, era igualmente el principio del fin del sistema de partido de Estado. La responsabilidad de "atender" a los partidos minoritarios solía corresponder al secretario de Gobernación; además, a raíz de las modificaciones recientes en la legislación electoral, Manuel Bartlett había alcanzado una relación y control de los pequeños partidos —tales y como el PARM, el Partido Popular Socialista y el Partido del Frente Cardenista de Reconstrucción Nacional— superior al de sus predecesores en Bucareli. Por ello la postulación de Cárdenas suscitó tantas interrogantes: ¿Cómo era posible que un titular de Gobernación tan meticuloso y macizo como Manuel Bartlett tolerara semejante desliz?

Las opiniones permanecen divididas. Jorge de la Vega y hasta Manuel Camacho insisten en la imposibilidad de impedir la jugada cardenista, aunque De la Vega advierte que "es una de las cuestiones que hay que investigar; si esto normalmente se ha manejado de otra manera, ¿cómo es que ahora se consolida el Frente Democrático Nacional?" Según Camacho, Bartlett no hubiera podido parar la candidatura de Cárdenas: "Tenía influencia en los partidos, pero ya estaba debilitado por ser un secretario derrotado. Las reformas a la ley de 1986 colocaron a los partidos pequeños en un elevado riesgo de perder su registro, por lo que la candidatura de Cárdenas representaba su única posibilidad real de sobrevivir." El equipo de Salinas —y Patricio Chirinos en particular— intentaron en vano frenar la nominación de Cárdenas al apoyar a una disidencia interna del PARM, pero Carlos Cantú Rosas, el presidente en turno del partidito, entendió su estratagema como una astucia: decidió moverse antes de que el gobierno lo derrocara. En la opinión de Bartlett, la responsabilidad por los asuntos políticos se había desplazado hacia el PRI. Le correspondía a De la Vega organizar los apoyos al candidato del partido; ello ya no era de la incumbencia del secretario de Gobernación: "Yo ya no tenía el manejo; lo tenían ellos." Obviamente, De la Vega, De la Madrid y Salinas no comparten este enfoque, pero tampoco acusan necesariamente a Bartlett de mala fe o de intenciones ocultas; sólo lo responsabilizan del hecho. Fernando Gutiérrez Barrios, quien las ha visto todas, señala que había que tener muy cerca a Carlos Cantú Rosas, un verdadero costal de mañas. Sólo una persona, vecina a los procesos electorales y a sus protagonistas, recuerda hoy cómo desde los primeros días posteriores al destape le advirtió a Manuel Camacho, en esos tiempos auténtico *alter ego* del candidato, con un lenguaje gráfico pero premonitor: "Van a empinar la elección; la van a dejar ir." Se refería a los comicios en sí mismos, pero también al desempeño de la campaña. En efecto, el descuido de Bartlett con el PARM, de buena o mala fe, provocó lo que Salinas llama la primera crisis de su ascenso a la Presidencia. No fue la última.

La explicación yace tal vez en el instersticio de la lealtad y la desidia, insertas ambas en un contexto de indolencia: nadie preveía la enorme simpatía que despertaría la candidatura de Cárdenas entre los mexicanos. Es cierto que Cuauhtémoc y Porfirio Muñoz Ledo se habían desenvuelto con gran agilidad desde antes de la postulación de Salinas, y sobre todo a partir de su designación; con independencia de saber si su cisma se hubiera consumado con otro desenlace en el PRI, la selección de Salinas confirmó su decisión y le engendró un ambiente más propicio. Muchos se han preguntado si Cárdenas y Muñoz Ledo se habrían comportado de igual manera en la hipótesis de una candidatura de Manuel Bartlett, por ejemplo. La interrogante no carece de pertinencia, ya que imperaba una anterior amistad entre Bartlett y Cárdenas (doña Amalia Solórzano Vda. de Cárdenas trataba al secretario de Gobernación de "Manolo"), una relación cordial entre Bartlett y Muñoz Ledo, que databa de la campaña de López Portillo, y una menor identificación explícita del poblano-tabasqueño con el modelo económico en boga. Pero la interrogante es, a final de cuentas, ociosa, si confiamos en nuestro esquema: Salinas había vencido tiempo atrás justamente gracias a su compromiso con el modelo, y a su ferocidad anti-cardenista/populista. En todo caso, para cuando Salinas y Camacho se percatan de la inminente escisión cardenista, quizás era demasiado tarde para detenerla. Lograrlo hubiera exigido un secretario de Gobernación alerta, empeñoso, fortalecido y dispuesto a cuidar cada flanco de su jefe, del Estado y de su ámbito de acción: todo lo que Bartlett había hecho y sido durante cinco años; su profesionalismo innegable se mostraba, sin embargo, ya impotente para contrarrestar el desánimo y la percepción social de su revés.

Regresamos así al problema discernido desde un principio: la amargura resentida por un rival vencido y engañado es inevitable, aun cuando se recluya en las honduras del inconsciente. En 1976 Mario Moya desahogó su pesadumbre en la bohemia y en un esfuerzo por poner en orden sus asuntos personales; con o sin éxito, las consecuencias fueron acotadas por un hecho privilegiado: José López Portillo no tuvo contrincante en la elección de 1976. En 1993, la siguiente sucesión por adelantado, Manuel Camacho fue desterrado preventivamente del Departamento del Distrito Federal para evitar una repetición del 88: ni Colosio ni Salinas osaron colocar la elección en la plaza principal del país en manos de un adversario herido y perdedor. Pedro Aspe permaneció en su cargo hasta el término del mandato de Carlos Salinas, pero uno puede cuestionar hasta dónde las decisiones de política económica adoptadas a lo largo del año —emisión desmedida de Tesobonos, explosión del circulante, hoyo negro del gasto en Nacional Financiera, defensa a ultranza de la paridad— no reflejaron, tal vez inconscientemente, un relajamiento de la disciplina y concentración indispensables para sortear un lance de tan dramática naturaleza. Conservar en el gabinete a los damnificados del torneo sucesorio acarrea riesgos; apartar a las víctimas de la derrota debilita al Presidente saliente antes y más de lo debido. La solución estriba, tal vez, en exigir la renuncia de los "cardenales" con un lapso significativo de anterioridad a la contienda; lo hizo Lázaro

Cárdenas en 1940; lo meditó Echeverría al inicio de su administración, sin persuadirse de ello; ojalá suceda así en 1999, en el ocaso del sexenio de Ernesto Zedillo.

La persistencia en sus cargos de Jorge de la Vega y de Manuel Bartlett, a pesar de las buenas relaciones gradualmente reconstruidas entre Salinas y el segundo, marcó la sucesión entera de Miguel de la Madrid. Al rechazar el Presidente la solicitud salinista de nombrar a Manuel Camacho a la cabeza del PRI, condenó a su candidato a realizar su campaña ya sea con un equipo ajeno, ya sea con un equipo paralelo reñido con el primero. Opta por la primera vía, y durante los meses por seguir los profesionales de la cuestión electoral y de campaña del PRI serán marginados de las decisiones, de los recursos, de la organización de actos y mítines, y de la preparación de los comicios. Como dice Jorge de la Vega: "Ya no era una campaña priista tradicional y de probada eficacia, era la campaña de un nuevo candidato buscando la Presidencia con una nueva estrategia que yo no compartía, implantada por Salinas y su equipo: menos PRI y más candidato." Los lazos entre Bartlett y Salinas se fortalecerán notablemente hacia el final de la campaña; no será sin embargo el caso entre De la Vega y el candidato: el presidente del PRI pedirá ser relevado en varias ocasiones, pero Miguel de la Madrid insistirá en conservarlo hasta el final.

Cuando Manuel Camacho rechaza el premio de consolación de la Secretaría General del PRI o la dirección del IEPES, renuncia también a asumir un papel preponderante dentro del equipo cotidiano de campaña de Salinas; la ausencia de la propincuidad indispensable así como la disponibilidad de tiempo de un secretario de Estado, por dinámico y allegado que fuera, no daban para tanto. Poco a poco José Córdoba y Patricio Chirinos desplazan a Camacho de las decisiones; Luis Donaldo Colosio, coordinador de la campaña, asumirá la responsabilidad operativa. Apoyado por un secretario de Gobernación cercano, leal y dedicado; o sin rivales de la talla de Cárdenas y de Manuel Clouthier; o a salvo de la nueva catástrofe económica y financiera que azotará al país a finales de noviembre de 1987, quizás la novatez de los salinistas y el alejamiento de los "dinosaurios" hubiera perdido importancia. En el contexto de esas otras calamidades para Salinas, trajo consecuencias devastadoras.

La clave, sin duda, reside en la verdadera naturaleza de la mecánica electoral en México hasta 1997, y en todo caso durante los años setenta y ochenta. Las elecciones se organizaban, no sólo se celebraban. El Estado, a través de la Secretaría de Gobernación y del Registro Nacional de Electores, y en menor medida mediante la acción de los gobernadores, garantizaba el triunfo del partido oficial: por las buenas y por las malas. El padrón electoral, en particular, servía ese propósito. En él se hallaban inscritos —activamente, o vía la no depuración— los cientos de miles o más "muertos" necesarios —con sus respectivas direcciones: eran los "invitados falsos" a domicilios verdaderos, en la jerga de los operadores— para entregar credenciales correspondientes a cientos de delegados y candidatos distritales priistas. Gracias a esas credenciales, a las brigadas volantes compuestas por fieles que votaban cinco o seis veces cada uno, y a determinadas claves —a partir de 1982, los "puntitos" en las listas nominales de electorales— utilizadas para identificar a los "muertos", se conseguían los votos pertinentes para alcanzar los totales deseados. Esos totales emanaban de la presencia de la oposición en un distrito "peligroso", o de cálculos distintos: por ejemplo, los votos conquistados por el candidato presidencial anterior. Cada abanderado y delegado distritales acudían a la autoridad en Gobernación para negociar su "ayuda": cuántos votos tenía y cuántos quería. El Estado le entregaba las respectivas credenciales, cuyo número se estimaba a partir de un acervo gigantesco de información política, censal, social, de cada distrito, y del conocimiento perfecto de los cuadros priistas del mismo. Los gobernadores desempeñaban igualmente su papel: coordinaban, proponían, organizaban, pero siempre en interlocución con el centro; sin el centro, se desataba el caos. La autoridad —el secretario de Gobernación, el director del Registro Nacional de Electores, el titular de la Dirección de Investigaciones Políticas y Sociales— negociaba la elección distrito por distrito, candidato por candidato, delegado por delegado. Nada se dejaba al azar. La meticulosidad era merecidamente legendaria. Junto con muchas otras razones, así ganaba el PRI todas las elecciones, por márgenes amplios y admitidos.

Pero alguien debía realizar la tarea, y en 1988 no la hizo nadie: en esto radica una de las explicaciones cruciales de la debacle salinista del 6 de julio de aquel año. Huelga decir que, sin contrincantes audaces, consecuentes y anclados en el imaginario social de los mexicanos, nada hubiera sucedido. Pero sólo con el arrastre de Cuauhtémoc Cárdenas, quizás tampoco. Cuando Manuel Bartlett pierde la sucesión y permanece en el puesto; cuando Jorge de la Vega no es sustituido, pero tampoco conserva la plena confianza de Salinas ni se muestra dispuesto a romperse el lomo por alguien cuyo primer paso como candidato consistió en pedir su cabeza; y cuando Manuel Camacho, desprovisto de todas maneras de la experiencia necesaria, no se consolida como jefe de la campaña salinista, surge un vacío. Bartlett concluye, resignado e inevitablemente molesto, ¡que consigan sus votos como puedan! De la Vega, que tampoco era un especialista electoral, no se vuelca a la campaña. Y los Chirinos, Colosios, Córdobas y Granados del círculo de Salinas se limitan a efectuar acuerdos cupulares sin concretar abajo los amarres de los que depende la elección. Bajo esas circunstancias, a nadie debió extrañar que las redes se voltearan, que los votos desaparecieran, que el tradicional fraude electoral *ex ante* no bastara, y que al tabular los sufragios en las urnas los salinistas se llevaran la sorpresa de sus vidas.

Mucho se ha escrito sobre los acontecimientos de antes y después del 6 de julio de 1988, fecha de la elección más disputada y cuestionada en México desde 1940. El recuerdo de aquellos días —desde la caída del sistema hasta las multitudinarias manifestaciones cardenistas en el Zócalo— permanece fresco en la memoria de millones de mexicanos; no es útil volver sobre el conjunto de los hechos. Nos limitaremos a revisar elementos directamente relacionados con la sucesión, o cuya novedad justifique un escrutinio repetido. En los capítulos dedicados a las sucesiones anteriores a 1988, el espacio ocupado por la jornada electoral fue nulo por una razón evidente: el poder no se conquistaba en las urnas, sino en los conciliábulos descritos en esas páginas. A partir de 1988, no necesariamente por la voluntad o previsión del sistema o de sus integrantes, sino por la fuerza de la sociedad mexicana, el poder comenzó a disputarse a base de votos. Los comicios de 1988 forman parte de la historia sucesoria, y por ello recorremos algunas de sus aristas.

Según José Newman, director del Registro Nacional de Electores y hasta poco tiempo antes de la elección de 1988 principal operador electoral del aparato oficial, los problemas comienzan con un cambio de parecer repentino, irreflexivo y parcialmente inexplicable de Manuel Bartlett. Durante semanas, el presidente *ex oficio* de la Comisión Federal Electoral se había negado a aceptar una de las principales reivindicaciones de la oposición, representada por Diego Fernández de Cevallos del PAN y por Jorge Alcocer del PMS (que formaba parte de la coalición cardenista denominada Frente Democrático Nacional). Se trataba de la entrega pública de resultados rápidos y preliminares, lógicamente parciales, en cuanto cerraran las casillas el 6 de julio y conforme se recibieran en Bucareli. Si bien la solicitud formal de los opositores se refería a la creación de un sistema *ex professo* de entrega de datos, en realidad su petición se centraba en demandar la transparencia de lo existente: el Sistema Nacional de Información Político-Electoral, o SNIPE, el inmenso aparato diseñado por Óscar de Lasse, el coordinador de asesores del secretario de Gobernación. La oposición ya se había percatado de su instalación en los sótanos de Gobernación, gracias a las numerosas e indiscretas contrataciones realizadas por De Lasse para organizarlo. Pero, por varios motivos, Bartlett se resistía a consentir a las exigencias opositoras. No regía obligación legal alguna; no era fácil obtener datos con celeridad, y quizás, en efecto, tal y como lo temía la oposición, el plazo entre el momento de depositar el voto en la urna y el anuncio oficial del resultado abría un ancho compás potencial de manipulación.

De pronto, en la última sesión de la CFE previa a los comicios, Bartlett da la voltereta y accede a la enésima súplica del PAN y del FDN: anuncia sorpresivamente que la noche de las elecciones se entregarán los resultados a la brevedad posible, aun desprovistos de todo carácter oficial, y sin garantías de que fluyan cifras cuantiosas y confiables. A quemarropa le pasa la pelota a Newman, encargándole que al día siguiente se reúna con los partidos y explique el funcionamiento de un supuesto sistema de cómputo adicional, por instalarse en el Registro de Electores en Insurgentes Sur. Allí se dispondrán terminales para los partidos, brindándoles acceso directo a los resultados conforme se reciban. Newman sabía que no existía tal sistema; las terminales se limitarían a reproducir los números recibidos por la computadora central de la Secretaría, la UNYSIS de Bucareli; nunca habrá otra, ni en Bucareli, ni en el PRI, ni en Insurgentes Sur o en la calle de Cracovia, ni en el Archivo General de la Nación o en donde sea (ante la pregunta sobre la existencia de uno o varios centros, Manuel Bartlett se remite a sus declaraciones del 30 de junio de 1988 ante la Comisión Federal Electoral).

Al término de la sesión, Newman interroga a Bartlett y a Fernando Elías Calles, subsecretario de Gobernación y secretario técnico de la CFE: "¿Qué debo explicar de un sistema que no tengo? ¿Qué tanto les digo?" Bartlett convoca a De Lasse, ordena que se pongan de acuerdo él y Newman, y se retira. En presencia de Calles, De Lasse le expone a Newman el mecanismo real: "Te vamos a poner una pantalla para cada partido en Insurgentes Sur. De la información que yo reciba aquí en el SNIPE, voy a mandar para allá la que resulte más conveniente. La demás se queda aquí." Newman le advierte: "Si te falla, porque prenden la maquina y no hay datos, o porque salga información comprometedora, se va a crear un problema. Si me piden ver el centro de acopio de datos en Insurgentes, ¿qué les digo?" De Lasse remata: "Que no se puede por razones de seguridad y de tiempos." Newman le aclara de nuevo el conjunto de complicaciones a Calles y más tarde a Bartlett, pero De Lasse instó a sus jefes a despreocuparse. Ante el escepticismo de Newman frente a tanta presunta facilidad y precisión, De Lasse los tranquiliza, confiado: todo va a salir bien. El sistema de los teléfonos magneto conectados a cada cabecera distrital para enviar la información funcionará a la perfección; las computadoras de Bucareli la captarán sin contratiempos y se dosificará con criterio político su retransmisión a los partidos.

En el transcurso de la semana, Newman describe el funcionamiento del sistema de Insurgentes Sur a los partidos y a la prensa. Lo agobian a preguntas; se escabulle, tergiversa, evade, y cuando no tiene más remedio, miente: ¿A qué hora habrá información? ¿Dónde se encuentran el centro de acopio y las computadoras? Da la cara y genera el mito: la noche de las elecciones se proporcionará información preliminar conforme se capte; sin embargo, comprende perfectamente que cuando Bartlett acepta entregar resultados y confirma la existencia de una instancia central de acopio de datos preliminares, se prefigura un riesgo. O bien no fluirán adecuadamente las cifras, en cuyo caso la oposición comenzará a sospechar y luego a protestar, o bien los resultados recolectados en Gobernación vendrán sesgados —primero los de entidades más cercanas a la capital y más urbanas, es decir, favorables a la oposición—, generando todo tipo de distorsiones, conflictos y malentendidos. Justamente para evitar el problema del flujo sesgado de datos, De Lasse discurrió que bastaba instalar un dispositivo en el *software* de la computadora para bifurcar el flujo: las casillas o distritos "buenos" —aquellos donde el candidato del PRI llevaba la delantera— pasarían al archivo accesible desde Insurgentes Sur por los partidos; las casillas o distritos "malos" —aquellos donde el PRI perdía— permanecerían en el archivo abordable únicamente en Bucareli, hasta la nivelación de los totales gracias a la recepción de un número superior de datos "buenos". Según Manuel Camacho: "Conforme se fue conociendo la información del D.F., totalmente favorable al FDN y negativa para el PRI, para impedir que la primera información desfavorable del D.F. no desarrollara un efecto de bola de nieve, el gobierno tomó la decisión de administrar la salida de los resultados."

Newman supone hoy que Bartlett actuó de buena fe al aceptar la entrega anticipada de resultados —sin verse obligado por la ley a hacerlo, y sin disponer de la capacidad técnica pertinente—. Recuerda que Bartlett creía casi ciegamente en las promesas de De Lasse, y aunque pretendió disimular los resultados lesivos para el PRI, no buscó desaparecerlos sino sólo "guardarlos" y/o disimularlos hasta su compensación por datos más favorables. Newman tampoco acusa a Bartlett de haber asumido el compromiso de adelantar números a sabiendas de que la decisión causaría incontables problemas para el PRI y para el candidato Salinas, pero no puede evitar un murmullo de suspicacia: sigue sin entender cabalmente por qué el secretario de Gobernación y presidente de la Comisión Federal Electoral cambió de opinión.

A pregunta expresa, Bartlett respondió que "No cambié de postura; no es cierto. No estaba obligado a aceptar su petición, les hice un favor porque lo estaban pidiendo. Esa información era pública, desde el primer instante en la casilla hasta el último en el Comité Distrital. Esa información la tenían los partidos de acuerdo con la ley. Por tanto, el favor era darles las sumas hechas en Gobernación para información nuestra y hacerlos partícipes de esa operación aritmética en la medida en que se iba recibiendo y en la inteligencia de que se trataba de una cifra extraoficial." De hecho, Bartlett cede frente a las presiones de la oposición como parte del toma y daca de la negociación; y quizá también porque no previó que el procedimiento acordado pudiera causar problemas inmanejables; confiaba en que funcionaría y nunca contempló un resultado tan favorable a Cárdenas o a Clouthier. Y por último, tal vez, en algún recoveco del inconsciente, no vio con malos ojos acotarle el margen de manipulación a Salinas, no por razones éticas o de simpatía por la oposición, sino para evitar que el desempeño priista de 1988 —ajeno a Bartlett— superara al de 1982 —conducido por él.

El resto de la historia es más o menos conocido. Alrededor de las cinco de la tarde surge el primer resultado "bueno" en las pantallas de Insurgentes Sur: unas cuantas decenas de casillas de Hidalgo. Por desgracia, según el relato, hasta ahora inédito, de Newman, un técnico del PAN, jugando con las teclas para ingresar al archivo "cerrado", más completo, recurre a un *password* detectado esa misma mañana durante una demostración del funcionamiento del sistema en la sala de terminales. De pronto acontece el llamado "pantallazo": aparecen resultados de casillas "malas"de Hidalgo. El técnico panista imprime el listado y procura conseguir más información. Uno de los representantes del PRI lo levanta casi por la fuerza de su terminal, se comunica con De Lasse en Bucareli y siete minutos después "se cae el sistema"; se apagan las pantallas. Los representantes partidistas en Insurgentes Sur entran en contacto con sus colegas en Bucareli y relatan lo ocurrido; de inmediato, a las 19:50, surgen las protestas en la sesión plenaria de la CFE; Bartlett ordena a Newman retirarse del Salón Juárez, averiguar con De Lasse qué está pasando y, sobre todo, no volver a la mesa.

De Lasse informa, a su estilo, a Calles y a Newman: "Aquí ya se armó un desmadre. Pero no hay pedo; ahorita lo arreglamos." No del todo: la protesta crece en la Comisión Federal Electoral, y los tres candidatos de oposición —Cárdenas, Manuel Clouthier y Rosario Ibarra de Piedra— se encaminan a la Secretaría de Gobernación. Bartlett suspende la sesión de la CFE, se dirige a su despacho e interpela, furioso, a De Lasse, Newman, y Calles: "¿Qué pasó? ¿Qué números hay?" De Lasse, el único provisto de cifras reales, confiesa: "Tengo un buen de números; están de la chingada." Eran las famosas 6,000 casillas, de las cuales 1,100 serían entregadas horas después a la oposición, cuando no hubo más remedio. Bartlett ordena formular una aclaración y que Newman la exponga. Éste responde: "Yo no sé qué explicar, que explique Óscar." Bartlett los deja; es el momento en que el secretario de Gobernación se comunica con el Presidente a Los Pinos y le informa de la situación, tal y como lo relata Miguel de la Madrid en su entrevista. El de Bucareli describe los malos resultados e informes y propone, según De la Madrid, demorar la entrega de más datos hasta que se "emparejen", o sea, hasta que se recopilen cifras de los estados "fuertes" del PRI: Veracruz, Oaxaca, Chiapas, Campeche, etcétera. De la Madrid lo autoriza y Bartlett regresa al Salón Juárez, donde informa que se ha producido una "insuficiencia técnica" (saturación de líneas telefónicas); pronto habrá más resultados. Confía a los comisionados que Calles y De Lasse pronto ofrecerán una explicación detallada, así como un recorrido por las instalaciones del centro de acopio, allí mismo en Bucareli. Algunos representantes visitan las computadoras; mientras, Jorge de la Vega Domínguez, en la sede del PRI en Insurgentes Norte, pronuncia el famoso discurso sobre el triunfo "claro y contundente" de Carlos Salinas; la discusión en la CFE se orienta entonces hacia el ineluctable desmentido de la proclama priista por la autoridad.

Los motivos de Bartlett son evidentes. En un ambiente de desconfianza y denuncia, y a la luz de la abundancia de anomalías electorales sucedidas durante el día, el hecho de que los primeros números procedieran de la capital y de las zonas aledañas —el estado de México, Morelos, etcétera—, y por ende pintaran un panorama de triunfo cardenista, podía desatar un ímpetu irreversible a favor del candidato opositor. La divulgación de esos datos propagaría una impresión generalizada de fraude una vez que se incorporaran al cálculo los resultados de zonas priistas —manoseados o no—. La disyuntiva para Bartlett yacía en permitir que la información se difundiera como fuera cayendo, consciente de que ello implicaba la percepción, probablemente irremontable, de una victoria de Cárdenas antes del cierre de los periódicos nacionales y extranjeros; o en interrumpir el flujo, esperar que se captaran números favorables al PRI y sólo anunciar un resultado parcial parejo o favorable a su partido. Optó por el segundo camino, sin medir todas sus consecuencias. En el ínterin se había producido la visita intempestiva y la protesta en Bucareli de los tres candidatos de oposición, y el principio del fin del mundo para Carlos Salinas. Empezaba la noche más larga de la historia del PRI, y probablemente de la vida de su candidato.

Como lo recuerda un experimentado protagonista de esos días, provisto de un escaso afecto por el secretario: "Bartlett opta por detener la información, porque como iba la tendencia se perdía. Y salva la elección así. Se compusieron las cosas, en forma natural o no natural." Fernando Gutiérrez Barrios, a la sazón gobernador del estado de Veracruz, la reserva electoral estratégica del PRI recuerda el ambiente a las 8 de la noche: "Llegaron informes donde se estaba perdiendo la elección en el Distrito Federal, estado de México, Morelos y Guerrero, ya que eran las entidades de las cuales, por su cercanía al órgano superior electoral, ubicado en la Ciudad de México, llegaban los resultados de las casillas; en ellas se contemplaba la desventaja del PRI. También en el estado de Veracruz influyó la votación del Frente Democrático Nacional, aunque en mucho menos proporción." Carlos Salinas persiste en reprocharle, más o menos tácitamente, a su exrival el haber manejado con desaseo los acontecimientos de aquella noche, si no en el fondo, por lo menos en la forma. Para Bartlett, en cambio, la especie de acuerdo con la cual el titular de Gobernación deliberadamente ensució los comicios como venganza o represalia contra Salinas, será inventada y diseminada por Manuel Camacho. La máxima expresión de dicha tesis aparecerá semanas más tarde en un desplegado de título "¿Quién es Cassio Bruto?", publicado en la cadena de periódicos *El Sol,* que concluía contestando: "Cassio Bruto es Manuel Bartlett." A final de cuentas, apunta Bartlett, dicha tesis perjudicó, más que a nadie, a Salinas.

En todo caso, Bartlett pagó los platos rotos. Merecidamente, tal vez. Como afirma José Newman, psicólogo, cercano colaborador de Bartlett durante varios años, marginado de la cocina electoral desde antes y, a pesar de la leyenda negra, en gran medida un espectador lejano de las trapacerías por venir: "De haber sido Manuel el candidato, hubiera sido obsesivo con los detalles de la elección, como lo fue en las que él manejó (por ejemplo las de 1985 como secretario de Gobernación, o las de 1982 en tanto secretario general del PRI y coordinador de la campaña de Miguel de la Madrid)." Volvemos a la traición del inconsciente: es probable que un vencido avasallado por la amargura no sea el mejor escudero de su vencedor: naturaleza humana obliga. Aún así, la deuda de Salinas con Bartlett no es despreciable. Sin el error de Bartlett de la entrega de resultados sobre la marcha, parte de la refriega del 6 de julio se hubiera evitado y el fraude electoral, independientemente de su magnitud, habría pasado, si no inadvertido, por lo menos ajeno a los reflectores. Pero sin el audaz acto de mano de Bartlett de suspender el flujo de información, los acontecimientos políticos probablemente hubieran rebasado al gobierno. Quien en su momento vaticinó que la naturaleza humana impondría su ley y las elecciones saldrían mal, habría confirmado su presunción; por su parte, Manuel Camacho podría haberse arrepentido: "¿Por qué no le hicimos caso?"

Al mismo tiempo se escenificaba un drama estrujante en la sede del PRI. Desde temprano se abarrotó el auditorio Plutarco Elías Calles; mil cuatrocientos adeptos, incluyendo, entre otros, a Fidel Velázquez, aguardaban la proclamación del triunfo del abanderado oficial y su discurso de victoria. Pero arriba, en las oficinas de Salinas, el ambiente no se prestaba a festejos ni a proclamas. Existían dos sistemas de información electoral en el PRI, de acuerdo con Jorge de la Vega: uno, del aparato tradicional del partido, vía teléfono magneto, mediante el cual cada presidente de Comité Estatal informaba de los resultados recibidos de las casillas; en una sala de trabajo se vaciaba la información, por distrito y por estado, en grandes hojas de papel. Y otro, según De la Vega y Manuel Camacho, ya que, en un pequeño cuarto adyacente a sus oficinas, Salinas había montado un dispositivo paralelo, manejado por José Córdoba y

Patricio Chirinos, que nunca operó con la eficiencia deseada. Desde las cuatro de la tarde el aparato oficial del PRI había recabado información que arrojaba un panorama desconsolador; a las nueve, De la Vega sabía que se perdía el D.F., el Estado de México, Michoacán, Morelos, tal vez Guerrero y Baja California (Norte). No obstante, según él, se disponía también de datos asegurando la victoria nacional de Carlos Salinas.

A esa hora, el presidente del PRI realiza el primero de varios intentos infructuosos por convencer a Salinas de bajar al auditorio para pronunciar su discurso de triunfo. Salinas seguía recluido en un piso superior del edificio priista, en un despacho pequeño, obscuro, del cual entraban y salían Córdoba, Chirinos y Camacho. Bajo un haz de luz tenue y de interrogatorio, Salinas se apoyaba en su escritorio, sin saco ni corbata, desolado. Su ánimo se asemejaba al de meses antes, en otros momentos terriblemente adversos, como los desafortunados incidentes de su campaña en La Laguna. Lo mismo sucedería en enero de 1994, frente a los acontecimientos en Chiapas, y luego en la estela del asesinato de Luis Donaldo Colosio. En los términos de varios testigos, Salinas se pasma; el último en verlo, el más cercano, ejerce la influencia decisiva ante una especie de parálisis provocada por el golpe fuerte, certero, inesperado.

En el Auditorio Plutarco Elías Calles se impacientaban los priistas de distintas procedencias: obreros, campesinos, intelectuales, artistas, escritores, periodistas, profesionales. Afuera, en la explanada, se arremolinaban desde las 6:00 unos 4,000 simpatizantes más o menos voluntarios y representantes de todos los medios de comunicación para celebrar y difundir el triunfo del candidato. Con el paso de las horas, la impaciencia y el desconcierto crecían; De la Vega era conminado por los priistas congregados en su despacho a invitar a Salinas para unírseles y felicitarlo, testimoniarle su adhesión y, juntos, asistir al auditorio. Entre otros, Fidel Velázquez se asomaba y con asombro exclamaba: "¡Es increíble que el candidato no baje…!" A las diez de la noche, De la Vega se comunicó con el Presidente; De la Madrid preguntó si el PRI disponía de los elementos necesarios para proclamar el triunfo —ya sabía que Bartlett no iba a proporcionar más datos hasta pasada la medianoche—. Según su entrevista, cuando De la Vega le advierte: "Mire, señor Presidente, si no salimos a proclamar el triunfo, esto se nos va a ensuciar mucho en la opinión pública, así que si usted me autoriza yo lo proclamo", De la Madrid le ordena: "Ándale, proclámalo." De la Vega, por su parte, confirma su contacto permanente con De la Madrid; todas sus decisiones se concertaron con el Presidente de la República.

En las cinco o seis ocasiones en que De la Vega ingresó al despacho de Salinas, lo halló en compañía de Camacho, Córdoba, Chirinos y Granados; entraban y salían de despachos contiguos; todos ellos, pero sobre todo Camacho y Córdoba, se oponían a una declaración unilateral de victoria. La respuesta de Salinas a la insistente invitación de De la Vega siempre fue la misma: no aceptar la invitación si antes el secretario de Gobernación no daba a conocer su triunfo, en su calidad de presidente de la Comisión Federal Electoral; no percibía que ello resultaba sencillamente imposible a esas alturas. A la una de la madrugada, De la Vega subió una vez más para exhortar a Salinas a bajar al auditorio. El aspirante priista volvió a negarse; De la Vega le informó entonces que, con o sin su presencia y anuencia, cumpliría su responsabilidad como presidente del partido para proclamar la victoria. No eran las del alba todavía cuando De la Vega salió del ensombrecido despacho golpeando la puerta, dio su discurso y se marchó; incontables priistas, desconcertados, ya habían abandonado el auditorio. Según De la Vega, ese acontecimiento habría de brindarle a los enemigos políticos de Salinas la base para calificar de ilegítimo a su gobierno. Durante la noche, el candidato recapacitará; en la mañana busca al presidente del partido, le concede la razón y le notifica su intención de pronunciar el consabido discurso sobre el "fin de la era del partido prácticamente único". El pronunciamiento se produce sin contar con la presencia de importantes figuras del partido, a las que ya no fue posible convocar.

¿Por qué Salinas desdeñó las repetidas súplicas de la organización política a la que pertenecía? Sin duda prefería esperar que la CFE legitimara el proceso en su conjunto, pero también pudo haber pesado en su ánimo el deseo de no deberle la victoria al PRI, sobre todo en ausencia de un aval institucional. Camacho corrobora hoy su oposición a cualquier acto triunfalista; pensaba que hacerlo prematuramente provocaría severos cuestionamientos ulteriores y entorpecería o impediría una negociación posterior con la oposición. Sostiene, sin embargo, que no contaba con todos los datos: "Salinas no me dio a conocer los resultados. Salía del cuarto y se iba con Córdoba a otra oficina donde estaban las cifras. Yo no tuve números, pero los gobernadores llamaban y decían que los números no eran los esperados." Su oposición a declarar la victoria inmediata, como lo sugería De la Vega, se acompañó de una recomendación a

Salinas de preparar un discurso donde reconociera lo ocurrido para conservar la credibilidad hacia el futuro. Así procuró actuar Salinas al día siguiente, con su discurso ante un PRI aturdido por el castigo electoral de los mexicanos.

Desde ese discurso se partió en dos el equipo de Salinas, compuesto hasta entonces por un grupo compacto y cohesionado de pares: Camacho, Córdoba, Chirinos, Colosio, Granados. Un bando, encabezado por Córdoba y Chirinos, en alianza con el aparato del PRI y buena parte del gobierno, incluyendo a Manuel Bartlett, se propuso asegurar un resultado igual o superior al 50% de la votación, para evitar una negociación con el FDN y facilitar la tarea posterior del gobierno. El otro bando, con un Camacho aislado, se inclinó por el diálogo con Cárdenas, Clouthier y Rosario Ibarra, para revisar la información electoral y así determinar los resultados reales. De esa manera Camacho consideró "que aunque las cifras fueran inferiores (42% en vez de 50%), de ser aceptadas por los candidatos opositores, ello legitimaría la elección y abriría la posibilidad para llegar a un pacto político con todas las fuerzas, semejante al de la Moncloa en España." Esa fue incluso la propuesta de Camacho a De la Madrid. Pero el Presidente tampoco se mostró anuente a negociar: pensaba, según Camacho, que era imposible llegar a un acuerdo con Cárdenas y Muñoz Ledo; "no les tenía confianza". Un punto unía, no obstante, a ambos bandos: la certeza de la victoria salinista, y el empeño por no entregar un poder que, a sus ojos, les pertenecía.

Al mismo tiempo que alentaba los esfuerzos por "enderezar" la elección y negociar su ascenso al poder con los poderes fácticos —con el empresariado, la Iglesia, el PAN, los Estados Unidos y parte de la vieja clase política—, Salinas accedió a la sugerencia de Camacho de encontrarse con Cárdenas el 12 de julio; en todo caso, eso afirman Salinas y Camacho en sus entrevistas. Todavía se hallaba bajo el efecto del golpe devastador del día 6, y no vislumbraba aún la salida por el otro sendero; en cualquier caso, ganaba tiempo. En esa reunión surgió la idea de aclarar conjuntamente las cifras; Salinas aceptó en principio, pero Cárdenas insistió en el imperativo de anular la elección. En las llamadas *Memorias apócrifas* (que en realidad fueron documentos robados del domicilio de éste, y cuya autenticidad, a propósito de los pasajes citados en este libro, fue corroborada por el autor con el propio Manuel Camacho), de Camacho, el entonces secretario de SEDUE señala que en esa reunión: "Propuse que, dentro de la ley [y con], un absoluto profesionalismo y buena fe, un equipo técnico, en el que hubiera gente de toda la confianza de cada una de las partes, revisara los datos electorales." Según Camacho, nunca aseguró que las elecciones habían sido totalmente limpias, como afirma Salinas en su entrevista.

Ni el FDN ni Cárdenas se atuvieron a la postura de "limpiar" la elección; el PRI y el grupo cercano de Salinas tampoco se avinieron a la propuesta. Prefirieron irse al ajuste hacia un 50% del voto, y a una mayoría de diputados conquistada en los distritos uninominales. Así se conquistó la calificación presidencial en agosto y septiembre de 1988; nunca hubo negociación con el FDN, y con el PAN sólo se consumó más tarde. El país paga aún los costos de esa decisión. El último esfuerzo por buscar un acuerdo revistió un carácter totalmente *pro forma*: el 12 de septiembre, Salinas ordena a Camacho proponerle a Cárdenas la regencia de la capital; la oferta nunca llega al líder opositor, ya que Camacho no logra entrevistarse con el michoacano antes de la manifestación del 14 de septiembre, y ya después los ánimos y las posturas se polarizaron. Nadie pensaba en ese momento que nueve años después se inauguraría la era de la cohabitación política en México con la ascensión de Cuauhtémoc Cárdenas a la jefatura de gobierno del Distrito Federal.

Las elecciones de 1988 fueron las primeras desde 1911 en que la sucesión presidencial y los comicios constitucionales compartieron momentos de simultaneidad e interacción. No había acontecido antes, ni se repetiría la experiencia: a pesar de las esperanzas e ilusiones de muchos —incluido el autor—, el poder nunca estuvo en disputa en 1994. Esta especificidad de la sucesión de 1988 impone un desvío importante en la narración: es imposible hacer caso omiso del tema electoral, pero tampoco pertenece propiamente a la secuencia sucesoria. Para mantener la simetría narrativa, política y personal, hemos optado por trasladar a un breve anexo las reflexiones, los testimonios y las conclusiones a las que condujo la investigación respectiva. Ni caben aquí, ni se pueden suprimir; el lector interesado en números, conspiraciones y litigios históricos podrá consultar con provecho el apéndice; aquel cuyo interés se limita a la sucesión puede tranquilamente obviar su lectura.

La conclusión del drama se cristaliza en una pregunta: ¿Carlos Salinas habría sido Presidente sin fraude? Una respuesta afirmativa sugiere que el país podía ahorrarse los daños y perjuicios de esta sucesión dolorosa y desgarradora; la negociación con los opositores habría sido posible y enormemente beneficiosa para México. Una contestación negativa significa que Córdoba y la fracción contraria a negociar acertaron, ya que sin la modificación del margen electoral —para abultarlo o para revertir la decisión—, la sucesión de 1988 habría desembocado en una ruptura del orden institucional. Sabemos que tanto el salinismo como las autoridades, tanto Cárdenas y Muñoz Ledo —el primero optó por calmar a sus adeptos enfurecidos y devolverlos a sus casa y el segundo no pudo convencerlo de lo contrario— como el PAN, que prefirió una negociación opaca a un enfrentamiento a velo abierto; tanto la Iglesia como el empresariado, tanto Washington como las Fuerzas Armadas, concluyeron que el riesgo resultaba demasiado alto.

A diez años de distancia, el desenlace parece inevitable y contradictorio. El tiempo perdido en la transición mexicana es invaluable, y quizás irrecuperable; muchas de las reformas celebradas durante el sexenio salinista, directamente emanadas de las transacciones con los poderes fácticos durante esos meses angustiosos, arrimaron al país al abismo. Pero también es cierto que la impericia e inexperiencia de las oposiciones encerraban sus propios costos y consecuencias, entre otros la radical incapacidad de negociar, las unas con dignidad y firmeza, las otras con flexibilidad y realismo. Desconocemos por tanto si algunas de las reformas necesarias y deseables realizadas en estos años no se habrían estrellado contra la barrera de la inercia y de la tradición, de no haber arribado Salinas al poder como lo hizo: por las malas, en una sucesión anticipada, descompuesta y malograda; en una palabra, fracasada. Pagamos aún el precio de ese fracaso.

1994, I

El naufragio de la sucesión de 1988 debió bastarle a Carlos Salinas para evitar otra avería del mecanismo heredado. Cuidar la mecánica sucesoria mexicana se transformó con los años en la responsabilidad central legada por cada Presidente a su descendiente directo: más que la economía, las relaciones internacionales o la estabilidad social, el dispositivo de transferencia ordenada del poder debía ser resguardado como la niña de los ojos del mandatario en turno. Por ello extraña que un hombre tan arraigado en los usos y costumbres del sistema político mexicano, tan imbuído de sus vicios y virtudes, haya menospreciado ciertas recurrencias de la sucesión presidencial. Si le damos libre juego a la especulación e imaginamos la toma de posesión de Luis Donaldo Colosio el 1 de diciembre de 1994, así como sus primeros años de gobierno, salta a la vista y a la mente la similitud con la sucesión de 1976, pero también destaca la naturaleza temeraria del desafío encarado por Carlos Salinas: repetir, casi veinte años después y en condiciones económicas, políticas, internacionales y culturales infinitamente distintas, la porfiada hazaña echeverrista de designar a su amigo en la Presidencia, contra viento y marea, labrando el camino con toda la osada e imprudente antelación necesaria. Tal vez habría prosperado el albur; quizás el proyecto transexenal de Salinas —tan complejo, florentino y ambicioso como el de Luis Echeverría, aunque mucho más sofisticado— encerraba elevadas probabilidades de éxito, que fueron destruidas por, y sólo por, la tragedia de Lomas Taurinas, aquella tarde polvorienta del 23 de marzo de 1994. Esa tragedia, entre muchas otras consecuencias incomparablemente más significativas para el país, imposibilita un relato de la sucesión idéntico o siquiera simétrico a los otros casos analizados en este texto; falta, obviamente, la entrevista y la consulta con el protagonista principal, Luis Donaldo Colosio. Por ello, la reconstrucción de este cambio de mando adolecerá de modo ineluctable de lagunas, indefiniciones y de un grado mayor de especulación.

Hemos comprobado cómo la implacable lógica de las sucesiones cobró un ritmo propio, libre de la voluntad deliberada de los participantes, pero simultáneamente inserto en su actuación inconsciente. Así, se produjo a lo largo de los tres decenios aquí reseñados una alternancia casi perfecta: cada sucesión por descarte era seguida de una por elección, a su vez la antesala de una por eliminación. La secuencia previa —así como la propensión humana de no infligir a los seres cercanos o queridos los calvarios sufridos por uno— auguraba una sucesión por descarte en 1993-1994. De acuerdo con la alternancia sucesoria, el siguiente candidato del PRI no debía ser escogido desde un principio, para evitar justamente las contradicciones y dolores del parto que dio luz al régimen salinista.

Pero el joven Presidente, ambicioso y maquiavélico como ninguno de sus predecesores desde Echeverría, concibió un plan diferente: a partir del inicio mismo del sexenio prepararía a un sucesor perteneciente a su propia generación —como correspondía— y dotado de innegables talentos políticos, pero también permeado de severos defectos. Buscó un candidato susceptible, al mismo tiempo, de llegar a la Presidencia en condiciones cabales y de caber en un esquema transexenal. Éste podría abarcar desde una modificación constitucional para permitir la reelección de Carlos Salinas en 1998 (si se pasara al sistema norteamericano de dos periodos de cuatro años cada uno) o en el año 2000, hasta una continuidad completa del equipo, de las políticas y de una cierta manera de compartir del poder, reminiscente de la intención de Luis Echeverría con López Portillo. En este caso, a diferencia sin embargo de 1976, Salinas conservaría el manejo económico e internacional y algunos ingredientes políticos —inteligencia y seguridad, información electoral y de opinión pública—, mientras que el sucesor se encargaría de la cocina política pura.

La apuesta era audaz y peligrosa, pero preñada de enormes recompensas de resultar ganadora. Involucraba, indudablemente, inmensos peligros por el camino; no obstante, abría la perspectiva de una continuidad en el poder, directa o a distancia, inmediata o de acción demorada, que por primera vez en la historia moderna del país le brindaría a un mandatario saliente en la cúspide de sus facultades —como Cárdenas o Alemán— la delicia de conservar el mando, o una parte apreciable del mismo —a diferencia de los dos ilustres predecesores citados y del conjunto de sus colegas—. Al mismo tiempo, parecía un despropósito para un Presidente cuyo advenimiento tuvo lugar en condiciones de extrema debilidad, bajo circunstancias económicas adversas, con un partido fraccionado, y en un país postrado. Como la mayoría de los "volados" de todo o nada, la ganancia implícita era descomunal y el costo del fracaso también.

Ahora bien, Salinas sí extrajo diversas lecciones de su propia debacle en 1988. Varias se reflejan en su entrevista: cuidar con exquisita precaución la unidad del partido oficial; no crear pasarelas o desfiles públicos de contendientes para evitar el sentimiento de derrota o descarada manipulación entre aspirantes y adeptos; descartar la colocación de precandidatos vencidos en puestos delicados; cerciorarse de que el conjunto de poderes fácticos en México se familiarizara con los candidatos y aplaudiera la selección de cualquiera de ellos. Los problemas, sin embargo, retoñaron muy pronto, debido la naturaleza misma del sistema y a las peculiaridades de la coyuntura de los años noventa.

Las conclusiones sacadas por Salinas de su propia experiencia se expresaron en su actitud ante la sucesión y en su comportamiento frente a los tres candidatos finalistas: Manuel Camacho, Pedro Aspe y Luis Donaldo Colosio. Al igual que en otros casos, resulta ociosa la disquisición sobre los motivos de la no designación de los perdedores; valga la redundancia: fueron derrotados porque ganó el ganador. La primera y principal razón por la cual Manuel Camacho o Pedro Aspe no sucedieron a Carlos Salinas consiste en la selección de Colosio. Salinas no miente: no fueron los demás, porque fue Colosio, lo cual no implica menospreciar las circunstancias concretas de la contienda ni las motivaciones más específicas del Presidente, tanto en positivo como en negativo.

Al arrancar su sexenio, Salinas de Gortari entrega a Fernando Gutiérrez Barrios la cartera política por excelencia: Gobernación. Parecía un nombramiento acertado, pero súbitamente despertó múltiples tensiones en el círculo de allegados presidenciales. La lógica era impecable: el gobernador de Veracruz se la había jugado con Salinas, como vimos en el capítulo anterior; su fama de hombre firme y experimentado lo precedía; la clase política, desde Echeverría hasta los gobernadores delamadridistas, lo consideraban un interlocutor confiable y trabajador. Pero carecía de dos atributos cruciales para un secretario de Gobernación: la pertenencia al ámbito más cercano al Presidente, y ser percibido como un postulante verosímil a la siguiente candidatura priista. Si a ello agregamos el debilitamiento de la dependencia vía la amputación de su aparato coercitivo y de inteligencia, a través de la disolución de la Federal de Seguridad en 1985 y de la creación del Centro de Investigaciones y Seguridad Nacional (CISEN), detectamos fácilmente las raíces de los conflictos venideros. Sobre todo si incorporamos al cálculo la designación a la cabeza del CISEN de Jorge Carrillo Olea, un personaje enigmático y desconcertante, cuyos desencuentros con don Fernando databan de muchos años atrás. Así, con la devolución de la Secretaría de Programación y Presupuesto a su antigua dueña en Hacienda —en 1991—, las dos dependencias de donde procedieron cuatro de los cinco presidentes anteriores eran marginadas de la carrera: una exclusión pletórica de consecuencias.

El primero en protestar por el nombramiento de Gutiérrez Barrios fue Manuel Camacho. En sus así llamadas *Memorias apócrifas* (cuya autenticidad, como ya aclaramos, fue confirmada al autor por el propio Camacho), el amigo universitario del nuevo Presidente narra cómo Salinas encomendó a cuatro colaboradores la preparación de las listas del gabinete: al propio Camacho, a Luis Donaldo Colosio, a José Córdoba y a Patricio Chirinos. En el caso de Gobernación se adelantaron tres nombres, excluyendo a Camacho; según éste, Colosio propuso entonces la inclusión del entonces secretario general del PRI (versión negada por Salinas, por cierto). Finalmente, a escasos días del 1 de diciembre de 1988, el Presidente electo notifica a Camacho: "Vas a ser jefe del Departamento del Distrito Federal." Camacho afirma haber contestado con una pregunta —"¿Quién va a Gobernación?"— y varias protestas. Salinas se escabulle y Camacho formula tres condiciones para responsabilizarse del Departamento: control completo de la Procuraduría del D.F. y de la Policía, y que nadie expida una orden de represión en la ciudad sin su aprobación previa; participar en la reforma política y conservar sus relaciones con la oposición y las organizaciones sociales; por último, disponer de la responsabilidad política total en la ciudad. Salinas accede, tal vez sin divisar en el horizonte el riesgo de quedarse de pronto sin secretario de Gobernación eficaz y con un regente sobrado. Camacho insiste en que Salinas le ofrece "moverse a cualquier otro lado" al cabo de tres años en la capital; pero el ofrecimiento sólo confirma un elemento adicional en la comedia de equívocos. Salinas enviaba así una señal ambigua, más bien desalentadora para la sucesión del año 2000; pero a pesar de este primer mensaje no tan cifrado, Camacho nunca perdió la esperanza. Hoy reflexiona, con cierta autojustificación, comprensible por lo demás: "Yo sí pensé que había una posibilidad, si tenía éxito en el gobierno de la ciudad, que era el cargo más riesgoso de la administración. De lo que no tenía duda, por la experiencia vivida en 1988, era de que se requería de un candidato que pudiera ganar la elección sin un gran gasto y de manera limpia; desde los primeros días aposté a ser un político que contara con el apoyo de la opinión pública y tuviera presencia alta en las encuestas y la posibilidad de dialogar con todas las fuerzas de oposición."

La gran desventaja de la sucesión anticipada radica en su indefectible recurso al engaño: para impedir que el candidato preseleccionado sea devorada por sus rivales, por la prensa o por los enemigos del régimen, es preciso que figuren varios competidores en la contienda. Ellos, a su vez, deben conservar la convicción íntima y acorazada de su habilidad y permanencia en la carrera. La única manera de lograrlo es mediante el aliento presidencial, las claves implícitas y los mensajes explícitos, todos ellos encaminados a persuadir a cada interesado de su vigencia como aspirante. Por definición, la abrumadora mayoría de las señales son falsas, pero el destinatario las considera auténticas y actúa en consecuencia. Así comenzó el primero de varios malentendidos entre Carlos Salinas y Manuel Camacho: el segundo se mostró completamente convencido del beneplácito presidencial para con sus aventuras políticas no directamente derivadas de su puesto en el gabinete; el primero, por su parte, no podía frenar o disuadir a su amigo. De hacerlo, o bien inducía a Camacho a cesar de creer en sus perspectivas, o bien lo obligaba a desistir de sus valiosas e indispensables funciones extraburocráticas. Un político hábil y ambicioso como Manuel Camacho hubiera suspendido intempestivamente su intervención en asuntos ajenos a su cargo, o habría cortado sus lazos con la oposición, al instante de discernir o recibir una indicación presidencial correspondiente. Sólo que entonces Salinas quedaba manco: sin un secretario de Gobernación dotado de la fuerza propia de un aspirante creíble y sin un colaborador alterno ocupando el vacío.

Dos ejemplos esgrimidos por el mismo Camacho revelan el grado de contradicción y desconcierto imperantes en los prolegómenos de la sucesión salinista. Desde 1989 surgió la primera gran movilización social del sexenio posterior al conflicto electoral: la disidencia magisterial en la Ciudad de México, cristalizada en la Coordinadora Nacional de Trabajadores de la Educación. Ciertamente, las protestas se celebraron en gran medida en la capital de la República; no obstante, la atención al movimiento no entrañaba necesariamente la injerencia directa del regente. Así describió Camacho la evolución de su involucramiento: "El asunto incumbía a los secretarios de Educación, de Gobernación, del Trabajo y a los colaboradores directos del Presidente de la República. Conforme pasaban las semanas, el problema se volvía más difícil y, con ello, las disyuntivas para el gobierno se estrechaban. Con el paso de los días, el Presidente de la República fue depositando creciente responsabilidad en el jefe del DDF para la solución del conflicto. Me metí de tiempo completo." El talento de Camacho coadyuvó a desenredar la madeja y a iniciar un proceso de renovación y democratización del sindicato de maestros. Pero también suscitó asperezas y envidias inevitables en Gobernación y en Educación: enemigos potenciales para las aspiraciones sucesorias del regente. Camacho, lógicamente, concluyó que el Presidente se hallaba satisfecho al extremo con su desempeño, sin considerar que, al aportarle una solución, también originaba un problema: el resentimiento de diversas fuerzas antagónicas a su amigo.

El segundo ejemplo cobró una relevancia mayor a lo largo del sexenio. Camacho podía inmiscuirse en mil asuntos alejados de su responsabilidad burocrática, pero su perpetua insistencia en propiciar encuentros, entendimientos, pactos y convergencias, con la oposición en general y con Cárdenas y el PRD en particular, despertaba una irritación sin límite en el círculo salinista. Además de la mala fama surgida de las llamadas "concertacesiones" atribuidas a Camacho por sus enemigos, y generalmente referidas a la solución extralegal de los conflictos electorales, ante todo con el PAN en los estados, el jefe del Departamento fortaleció a sus adversarios en un ámbito específico. Después de haber pregonado y organizado el encuentro de Salinas con el excandidato presidencial inmediatamente después de los comicios de 1988, y al término de varias reuniones con Cárdenas y Muñoz Ledo, Camacho volvió a la carga. A finales de 1990, consolidado Salinas y en evidente declinación el movimiento cardenista, Camacho lanzó una nueva tentativa de avenencia entre el Presidente y Cárdenas. Primero consultó con un amigo del opositor, que acogió con agrado la propuesta. Después sometió la idea a Salinas: "sin que yo encontrara gran receptividad, me dio su anuencia para que así procediera". De allí pasó a entrevistarse directamente con Cárdenas;

la respuesta fue positiva: "Al final de la cena en mi casa, Cárdenas estuvo de acuerdo con la reunión. Se precisaron fechas, lugares y agendas, cuidando ambos la posición del secretario de Gobernación. Don Fernando, por su parte, insistió en distintas ocasiones, en buscar ese acercamiento." Camacho dedujo que el asunto se encaminaba bien, sin tomar en cuenta las mañas y las proclividades del Presidente. Todo se vino abajo a las primeras de cambio. Lo relata con una extraña mezcla de candor y realismo: "El Presidente convocó a una reunión de su gabinete más cercano para tratar el tema. El rechazo fue casi generalizado. Algunos dijeron que podía ser una trampa; otros, que ello debilitaría al gobierno. El tono de agresión en contra de Cárdenas era [tan] visceral... Al final de la reunión, el Presidente no cerró la posibilidad de mantener la comunicación con el ingeniero Cárdenas o incluso de llegar a un encuentro. Le encargó el asunto a Gutiérrez Barrios. Sentí que se había perdido la oportunidad. De ahí en adelante, cualquier acercamiento con Cárdenas tendría un costo político, aún mayor, para mí."

Así, las consecuencias del imprescindible engaño sucesorio se hicieron sentir casi desde el inicio del sexenio; Camacho creyó que estaba en el juego, no a pesar de sus faenas metainstitucionales, sino en buena medida gracias a ellas; actuaba por órdenes y con el visto bueno *ex ante* y *ex post* del gran elector. Salinas no podía detenerlo sin socavar la credibilidad del mecanismo de la sucesión, pero tampoco podía controlar los efectos de tener a Camacho desbocado, inmerso en un febril y constante desempeño político. El regente sabía que, para Salinas, la pasarela de Miguel de la Madrid había fracasado; dedujo que no sobreviviría el ejercicio y que, por tanto, sería preciso diseñar un nuevo esquema. Ajustó su acción política en la sucesión a su idea de las nuevas reglas del juego. Salinas, por su parte, lo engañó nuevamente con la verdad: la sucesión se ceñiría a la más pura ortodoxia sistémica.

Pedro Aspe fue —como Jesús Silva Herzog en alguna medida— un candidato natural para la Presidencia. Obviamente regían grandes diferencias entre ambos secretarios de Hacienda: Silva gozaba de una larga amistad con Miguel de la Madrid, mientras que Pedro Aspe era un recién llegado al círculo estrecho salinista; a Silva le tocó administrar la austeridad y la crisis, a Aspe una relativa recuperación económica; Silva padeció durante tres años los destrozos y dolores de su rivalidad y conflicto con la Secretaría de Programación y Presupuesto, en cambio Pedro Aspe logró, al tercer año del sexenio salinista, la desaparición de la SPP y su fusión bajo la férula de Hacienda. Pero en un aspecto se parecían como dos gotas de agua: difícilmente un Presidente vapuleado por las circunstancias, como De la Madrid, o tan vanidoso como Salinas, se deleitaría con el excepcional cartel internacional adquirido por Silva Herzog y Aspe. El secretario de Hacienda de Carlos Salinas se convirtió de pronto en el "arquitecto" de las reformas económicas; se consolidó una tendencia, ajena a Aspe en parte, entre los medios internacionales y en algunos ámbitos empresariales mexicanos, a ensalzar al economista egresado de MIT. Esa adulación no perturbaba mayormente a Salinas —su propia imagen era inmejorable— mientras él fuera Presidente y Aspe su leal y eficaz subalterno. Pero la idea de entregarle su legado, su lugar en la historia y la integridad de su persona y de su familia a un personaje provisto de una personalidad propia y tan prominente en el mundo nunca sedujo a ningún ocupante de Los Pinos. Fue probablemente un primer motivo del revés a Pedro Aspe. Asimismo, como lo comenta un miembro del gabinete de Salinas: "No fue Aspe por ser demasiado conservador y cercano a los empresarios, y porque no era un incondicional del grupo de la corte, ni de las confianzas o de todas las complicidades internas."

Un segundo grillete arrastrado por el secretario de Hacienda fue detectado desde temprano por los partidarios y colaboradores de Luis Donaldo Colosio, en sus diversas conversaciones, estrategias y documentos de precampaña. Otra de las lecciones surgidas de la debacle de Salinas de julio del 88 estribó justamente en la aparición del factor "elecciones" en la sucesión presidencial en México. A partir del auge electoral del PAN, a mediados de los años ochenta, y del fulgor cardenista de 1988, el imperativo de disponer de un candidato susceptible de sacar votos se volvió acuciante: no bastaba ganar la nominación; había que vencer en la elección. Dentro de la tradición priista ello significaba dos cosas: en primer lugar, saber y poder movilizar a las "fuerzas vivas" del aparato —esto es al PRI, a Gobernación y a los gobernadores de los estados— para "organizar" los comicios; y, en segundo término, implicaba el reclutamiento de un abanderado carismático, cuyas características personales —ya no estrictamente políticas— agradaran al electorado. En ambos casos, Aspe presentaba inconvenientes reales, aunque no insuperables.

No sólo desentonaba con el PRI y con los operadores de Bucareli y los llamados "mapaches", expertos en trapacería electoral y media, sino que, a pesar de sus innegables talentos como expositor y defensor de sus posturas en corto, carecía de la experiencia y de los atributos aparentemente imprescindibles para embrujar a los votantes. Salinas experimentó el impacto del encono y de la renuencia del aparato para con el portaestandarte; su sensibilidad le sugería que, si bien con empeño, tiempo y autoridad presidencial, Aspe podía transformarse en una opción viable, también encerraba peligros: desencanto priista, hostilidad de la vieja clase política y de los dinosaurios, resistencia posible del movimiento obrero, escisión de un aspirante perdedor pero respaldado por sectores significativos del partido. Concluyó que el candidato requería de un baño de PRI y de una trayectoria más netamente partidista, menos tecnocrática: su retrato hablado dibujaba a un político priista con formación técnica y afinidad generacional, ideológica, regional y personal con Salinas. Aspe no encajaba; Camacho sí, pero menos que Colosio. Y, aunque no reconociera fácilmente las consecuencias de su propia falta de carisma y "pegue" como orador y proselitista, Salinas no era insensible a su falta de adecuación al medio y a la cultura política del PRI en 1988. La debilidad potencial de Aspe se acentuaba a la luz de la probable recandidatura de Cuauhtémoc Cárdenas. El fogueo, la identificación y el arraigo del perredista con un sector considerable del electorado no toleraba márgenes de error: la disputa electoral se anunciaba feroz, y cualquier desventaja inicial podía acarrear consecuencias fatales.

Así lo señalaba un documento interno de los colosistas, elaborado en 1992: "La alternativa del secretario de Hacienda, muy sólida en una primera etapa, se debilitó esencialmente por las reducidas garantías electorales que ofrecía su perfil. Había sido identificado como la cara más ortodoxa de la reforma económica, y sin tolerancia hacia los diferentes propósitos de flexibilización. Para bien o para mal, Pedro Aspe fue identificado como la cara más representativa de una visión economicista de la gestión gubernamental, en la que se restaba importancia a factores políticos y sociales. Por otra parte, también lo descalificaba el hecho incuestionable de una etapa de mayor competencia electoral. La figura del secretario de Hacienda no ofrecía ventajas para ganar nuevos votos, por el lado de la imagen del candidato. Adicionalmente se ubicó con claras desventajas como resultado de declaraciones como las de los 'mitos geniales'; algún periodista comentó que si Pedro Aspe era el candidato del PRI, lo único que tenía que hacer la oposición era exhibir esas declaraciones del secretario de Hacienda, y entonces dirían: esto es lo que opina el candidato del PRI."

Por último, algunos colaboradores de Salinas advierten hoy haber desentrañado una constante y abusiva inclinación de Aspe por exagerar la magnitud y la vigencia de sus hazañas al informar de ellas al Presidente. No inventaba nada, pero vendía la piel del oso antes de cazarlo. Trátese de privatizaciones como las de Aeroméxico y Las Truchas, o de la renegociación de la deuda externa, el secretario de Hacienda en ocasiones daba por consumadas gestiones pendientes, inciertas o enredadas. Salinas se percataba de ello, ya sea por su cuenta, ya sea gracias a los reportes o a las insidias de colaboradores cercanos escasamente afectos a Aspe. Como veremos en el último capítulo, Aspe puede haberse convertido en el candidato de relevo idóneo para Salinas después del asesinato de Colosio, pero en la primera sucesión de 1994 no lo fue. Como afirma, tajante, el citado documento colosista: "El ejercicio de eliminación de los presuntos candidatos priistas concluyó con sólo la posibilidad Camacho-Colosio, Colosio-Camacho." Aunque se atisbaron otras opciones remotas, sólo una revistió visos mínimos de verosimilitud: la de Ernesto Zedillo, secretario de Educación Pública. Pero a pesar del respaldo crucial de José Córdoba y de Jaime Serra —por lo menos hasta el escándalo de los libros de texto en 1992—, su ambición no cuajó. El propio Zedillo así lo sugirió en su famosa carta privada a Colosio, publicada el 3 de octubre de 1995 y fechada el 19 de marzo de 1994, cuatro días antes de la muerte del sonorense: "Hoy me congratulo más que nunca de haber tomado muy pronto una decisión muy firme y no haber especulado con ninguna otra posibilidad." A pesar de ello, Manuel Camacho llegó a acreditar la viabilidad de un triunfo de Zedillo; en una conversación con Colosio, ya en vísperas del destape, recuerda que "le insisití [a Colosio] en que yo veía la posibilidad de que el candidato finalmente fuera Zedillo, por su enorme cercanía con Jóse Córdoba". Intelectuales afines a Salinas llegaron igualmente a contemplar la opción de Zedillo como viable al final del camino. Pero el veredicto de Miguel de la Madrid en su entrevista parece más factible: después de la ira despertada por Zedillo en el seno de las Fuerzas Armadas, entre los expresidentes y en el magisterio, debido a la revisión de los manuales de historia de la primaria, Córdoba cambió de caballo. Prefirió, sabiamente, apuntalar la candidatura de Colosio, más para cerrarle el paso a Camacho, y en menor medida a Aspe, que por simpatía o afinidad por Colosio. Para Córdoba, el secretario de Desarrollo Social representaba un mal menor, no un ideal; al deslizar Córdoba su respaldo de Zedillo a

Colosio, el extitular de Programación y Presupuesto perdió sus únicos y últimos sostenes.

Tal vez Carlos Salinas haya exagerado al confesar —supuestamente— cómo resolvió encaminar a Luis Donaldo Colosio a sucederlo desde el instante en que lo nombró coordinador de su campaña en 1987, pero sólo en cuestión de grado y meses: la antelación salinista tiene como único parangón en esta saga la resolución echeverrista a favor de López Portillo, y ni siquiera. Salinas se cuida todavía en sus alocuciones públicas; al hablar sobre la designación de Colosio, en una entrevista concedida al diario *Reforma* a finales de 1996, el expresidente desterrado aseveró: "En ese sentido —y sólo en ese sentido— puede decirse que su candidatura [de Colosio] haya estado cuidadosamente construida por varios años." Las razones de tanta prudencia son las mismas que hemos discernido en los demás casos análogos: aminorar el sentimiento de traición y trampa en el corazón de contendientes derrotados que nunca figuraron verdaderamente en el ánimo del gran elector. Simulación y exageración aparte, sin embargo, Colosio encuadraba a la perfección en el esquema del candidato *in pectore*, escogido con años de anticipación y conducido de la mano por el gran conductor. Al inicio del sexenio fue colocado a la cabeza del partido oficial para terminar de aderezarse de priismo; al mismo tiempo, alcanzó un escaño en el Senado para hacer embarnecer su figura política. Después de la victoria abrumadora del PRI en las elecciones de medio periodo y al cabo de la XIV Asamblea del PRI, cuando resultó imposible consumar una reforma partidista decorosa, Salinas siguió el camino ortodoxo: ubicó a su preferido en el sitio preciso del gabinete donde podría allegarse de los atributos faltantes... pero sin excesos.

Así, en la Secretaría de Desarrollo Social, Colosio entró en contacto con el gabinete económico, mas sin acaudillar una dependencia estrictamente económica; a través de la representación de SEDESOL en las conferencias mundiales sobre el medio ambiente, se introdujo en el ámbito internacional —salvo por algunas reuniones de la COPPAL en el PRI, un mundo desconocido para él— sin adentrarse de lleno en las relaciones exteriores, políticas, comerciales y financieras de México; y mediante Solidaridad y el gasto social en los estados y municipios, se compenetró de la pavorosa problemática mexicana de desigualdad y pobreza, sin controlar el nuevo aparato salinista, remitido a Carlos Rojas y al Pronasol. Salinas alcanzaba, pues, dos objetivos simultáneos: empapar a Colosio de los grandes temas del país, de los cuales su incultura era palpable, y "placearlo" por los diversos dominios administrativos y políticos del país para que "entrara" sin resistencias mayúsculas, sin facilitarle un dominio completo de alguno de ellos ni rodearlo de un equipo autónomo, competente y amplio de colaboradores especializados para que pudiera volar solo llegado el momento. No corría, pues, el riesgo representado por Camacho y Aspe, cada uno a su manera: el regente con sus redes y lazos con la oposición, las organizaciones sociales y la intelectualidad; Aspe con la comunidad financiera internacional y el empresariado nativo. Colosio accedería, pues, a la candidatura con la simpatía o familiaridad de todos, pero sin ninguna fuerza auténtica propia; debería su victoria exclusivamente a su mentor y, sobre todo, dependería de él por completo para tejer sus vínculos externos, económico-financieros y con sectores ajenos al PRI y al sistema. Recuerdo una curiosa coincidencia al respecto: en el transcurso de una prolongada sobremesa con el Presidente, el 22 de diciembre de 1993, en casa de Carlos Fuentes, Salinas inquirió sobre mi relación con el recién designado candidato del PRI. Al advertir la virtual inexistencia de cualquier nexo, sugirió coadyuvar a construirlo; al día siguiente, una amiga común concertaba un rápida visita de Colosio a mi casa, el 24 de diciembre al mediodía. En síntesis, al mismo tiempo que Salinas le permitía a su elegido rozarse con todos los círculos del país, lo aislaba de los contactos duraderos, sustantivos y consolidados que todo candidato construía durante su ascenso burocrático. De nuevo, la semejanza con el diseño echeverrista es impactante.

Las señales cifradas se emitían cada vez con mayor claridad. La visión retrospectiva nunca se despoja por completo de sospechas, pero colegas del gabinete de Colosio recuerdan cómo la certeza de su designación fue apoderándose de ellos. Fernando Gutiérrez Barrios no esconde su certidumbre: "Desde que nombró a Colosio en el PRI, Salinas hacía sentir su afecto y reconocimiento hacia él. Nunca tuve dudas de que iba a ser Colosio; cuando Colosio llega a SEDESOL, yo celebraba reuniones con varios secretarios en tanto titular de Gobernación. En todos los temas, Salinas me ordenaba que incluyera a Colosio: educación, agricultura, asuntos internacionales. Lo hacía para que conociera los problemas del país. El único que iba a todo era Colosio." Los colosistas interpretaron de modo análogo otras señales similares de Salinas, como por ejemplo cuando el Presidente invita a Colosio a acompañarlo a su reunión con el Presidente electo de Estados Unidos, en enero de 1993.

A su vez, Luis Donaldo afinaba su excepcional intuición política y su don notable de cautivar a Salinas; en lugar de cometer errores con mayor frecuencia al acercarse a la meta, los esquivaba con habilidad creciente. Salinas, por su parte, y al igual que Echeverría con López Portillo, velaba por el bienestar de su heredero: cuando se tropezaba, lo levantaba; cuando lo atacaban, lo escudaba. Así aconteció en un ocasión a principios de sexenio; Salinas se marcha de una boda de Estado en compañía de Emilio Gamboa, pastor por excelencia de los medios de comunicación, y le advierte: "Se están metiendo muy duro con Donaldo en los medios; el que se meta con él, se mete conmigo." El sentido de la instrucción era cristalino: Gamboa debía colocar sus múltiples talentos mediáticos al servicio de una imagen vulnerable de Colosio. De la misma manera, cuando Colosio trastabilla en la estela de la explosión de Guadalajara, el 22 de abril de 1992, menospreciando inicialmente la magnitud y las repercusiones de la tragedia, Salinas interviene para rectificar las pifias del secretario más directamente afectado por el estallido.

Esto nos conduce a una reflexión sobre las sucesiones por elección y sobre la naturaleza de la clase política mexicana, tal y como fue evolucionando a lo largo de los interminables años de vida del sistema. Hemos procurado demostrar que la tipología esbozada en estas páginas no sirve únicamente para ordenar acontecimientos y tendencias históricas, sino que permite también dilucidar las implicaciones de las diversas modalidades de sucesión; entre ellas destacan las relacionadas con las reacciones de los distintos protagonistas: las sucesiones por descarte crían y nutren tensiones entre elector y elegido, las de elección originan rispideces y resentimientos entre ganadores y perdedores. No obstante, ello sucede en el ámbito de las pasiones y actos humanos: nada es puro, simple, fácilmente clasificable. Argüir que en una sucesión por decisión, como la de 1993, el Presidente en funciones urdió desde el principio de su mandato la trama para imponer al sucesor anunciado, no significa que el afortunado beneficiario de su predilección haya permanecido inmóvil, esperando el regalo del cielo. Al contrario: el ungido debió conservar la simpatía y el apego del factótum del proceso durante tres, cuatro o cinco largos años; debió mantener el sortilegio durante todo el sexenio, sosteniendo la mirada seductora ante el seducido bajo todas las tempestades, en medio de todas las rabias, humillaciones y exaltaciones; debió aferrarse a su intento perseverante de lectura del pensamiento presidencial, sin aflojar un instante el esfuerzo: un descuido puede resultar fatal. Las reglas son trasparentes y categóricas: sólo brilla un sol; únicamente una virtud personal cuenta: la lealtad. Se comparten todas las batallas y derrotas del Presidente, y ninguna de sus victorias: todos los enemigos del mandatario son propios; ninguna de sus amistades lo es.

Ganar una contienda por descarte constituye una hazaña de sobrevivencia y suerte; recorrer indemne el trayecto entero de una sucesión anticipada constituye una proeza de disciplina y ambición. Luis Donaldo Colosio y sus asesores lo intuían; en sus documentos preparatorios de la campaña sobresale la voluntad de atender críticas acertadas a la figura del precandidato: "falta de definición ideológica, carencia de personalidad propia, carrera sobreprotegida, debilidad de la candidatura". Para José Luis Soberanes y Samuel Palma, dos de sus colaboradores más leales y preciados, se trataba de "un juego deliberado de Colosio, de no tener una personalidad propia, y de presentar las características personales idóneas a Salinas. Era una lucha pragmática para ganar: entregarle siempre el escenario a Salinas; evitar las grandes definiciones". Huelga decir que dichos rasgos no eran exclusivos de Colosio, sino del conjunto de los competidores, en la totalidad de las sucesiones; de unos más que de otros, en unas más que en otras. Las tres sucesiones correspondientes a esta categoría —Echeverría a López Portillo, De la Madrid a Salinas y Salinas a Colosio— albergaron potencialmente el menor número de contradicciones y roces entre saliente y entrante —sin que ello entrañe ausencia de asperezas—, y el mayor cúmulo de tensiones entre ganador y perdedores. Por supuesto, sólo podemos hablar en términos hipotéticos de la evolución del nexo entre Salinas y Colosio, pero si rechazamos la tesis de la autoría salinista de la muerte del candidato —sugeriremos en el capítulo siguiente la incompatibilidad de esta tesis con una explicación racional de la segunda sucesión de 1994—, es presumible una cohabitación apacible, más allá de los deseos y vaticinios de los colaboradores de ambos protagonistas.

Las sucesiones citadas también imponen una lógica implacable de preselección del tipo de contendiente exitoso: no cualquiera puede ganar en ese juego, aunque muchos participen. Las virtudes imprescindibles para competir y vencer se contraponen descaradamente a las características idóneas para gobernar, como en todo sistema político de competencia por el poder, democrático o no. Es de sobra conocida la dinámica de los sistemas electorales modernos: el talento requerido para sacar votos no suele contribuir a la comprensión y solución de los grandes retos nacionales o globales de la actualidad; a la inversa, la formación, la cultura y la concentración necesarias para gobernar con sustancia tienden a enajenar a votantes y activistas. Luis Echeverría disimuló durante decenios su tendencia a la verbalización de sentimientos y ocurrencias, así como su afinidad, por momentos confusa y contradictoria, pero siempre sincera, por causas populares y progresistas; Carlos Salinas supo ocultar su propensión a deslizarse de la evidente ambición de cualquier político al lindero de la megalomanía, así como su afición por actuar en clan; Luis Donaldo Colosio, quien careció del tiempo y del poder para ver aflorar las profundidades de su alma, encubrió mañosamente sus eclipses depresivos, así como su encantadora frivolidad ocasional; no sabemos qué otros rasgos habría mostrado al asumir el poder. Todas estas contenciones y disfraces dejan huella en la psique; nadie se emboza impunemente. El poder desenmascara, libera y transforma, mas lo hace a partir del material existente: del código genético de una clase política marcada por decenios completos de inercia sistémica.

Porfirio Muñoz Ledo acertó al afirmar que los regímenes neoliberales habían vaciado al PRI de pueblo; podríamos parafrasearlo y aventurar que el sistema político mexicano vació a su clase política de sustancia. Las divisiones entre administración y política, entre empresa privada y gobierno, entre sectores corporativizados y pueblo desorganizado, junto con las reglas sucesorias aquí descritas, desembocaron en una serie de filtros que a su vez pergeñaron dos divisiones adicionales, imperceptibles en ocasiones, pero más dañinas tal vez: entre política y sustancia, y entre sustancia y definiciones. La política en México fue despojada del tratamiento de temas de fondo por la mecánica de la sucesión —la especie de *tabula rasa* en la que se transformó el gabinete y cada escalón inferior— y por la repartición de labores: los políticos se especializaban en la grilla, los administradores en la burocracia, los empresarios en ganar dinero y los intelectuales dizque en pensar. Para cuando se acercaban al gabinete, los políticos habían dejado atrás la sustancia y los administradores, mejor formados, confundían competencia técnica con tomas de posición. Al ingresar a la pista de la carrera presidencial, los políticos puros lo hacían desprovistos por completo de sustancia: leguleyos, retóricos o vacíos. Los administradores, por su parte, arribaban a la línea de salida avituallados de pericia técnica, pero privados de las preferencias personales indispensables para darle contenido. Ya incorporados unos y otros al gabinete, e inscritos en el torneo sucesorio, los restos de sustancia se desvanecían por completo, y subsistían exclusivamente las habilidades y los instrumentos pertinentes para la contienda: la seducción, la disciplina, la lealtad, la hipersensibilidad para con la mirada presidencial. Con el paso del tiempo, todos estos trazos se acentuaron; Luis Donaldo Colosio se convirtió en el epítome del fenómeno.

El colmo de esta tendencia se concretó en la incoherente conformidad de posturas entre los aspirantes a suceder a Salinas frente a los descomunales trastocamientos de las tradiciones económicas, culturales e internacionales del país provocados por el salinismo. Con pleno conocimiento de causa de la motivación personal y transexenal erguida detrás de cada reforma impulsada por el régimen, Camacho, Aspe, Zedillo, Colosio y todos los demás avalaron —o no manifestaron discrepancias con— la abrupta liberalización comercial, las privatizaciones a mansalva, el Tratado de Libre Comercio, el reestablecimiento de relaciones con la Iglesia y la modificación del estatuto de tenencia de la tierra, con el conjunto de consiguientes lastres e inconvenientes. Tal vez Camacho, como me confió en 1992, efectivamente le manifestó al Presidente su preocupación acerca de los rumores sobre la corrupción que envolvía desde aquel momento a la familia "real" y en particular a Raúl Salinas; quizás algunos funcionarios altos y medios del aparato económico-financiero adivinaron el compromiso tácito o explícito asumido con Estados Unidos, desde principios de 1993, de no devaluar la moneda ni antes ni inmediatamente después de la aprobación del TLC, y dedujeron que ello imposibilitaba cualquier ajuste cambiario hasta finales de 1994. (Como lo recuerda el profesor Jorge Domínguez, de Harvard, su ya para entonces excolega Lawrence Summers, a la sazón subsecretario del Tesoro norteamericano, dejó caer un comentario en una cena a mediados de 1994, según el cual el gobierno mexicano se comprometió a defender la estabilidad del peso frente al dólar, y el gobierno de Washington apoyaba esa política.) Y, por último, posiblemente algunos de los integrantes más avezados y viejos del gabinete salinista intuían que el país carecía por completo del marco regulatorio imprescindible para consumar con transparencia y probidad un traslado masivo de activos públicos a manos privadas. Nada importó: la disonancia sustantiva había sido desterrada para siempre de la contienda por el poder en México. La *tabula rasa* o cámara de homogenización de antes se transformó primero en recinto de unanimidad, y luego en cuna de complicidad.

Para finales de 1993, las perspectivas de cada aspirante comenzaban a esclarecerse. Un nuevo integrante del elenco hizo su aparición, aunque en principio no participaba en la contienda: el flamante secretario de Gobernación, Patrocinio González Garrido, nombrado para apaciguar los ánimos de la clase política y mantener el control en un año agitado. Pero posiblemente recibió mensajes ambiguos del Presidente: aun cuando se descartó de la carrera, le confesó a varios amigos cómo, al designarlo, Salinas le insinuó que bajo determinadas circunstancias podría ser el agraciado. Y en efecto, muchos pensaron que, de haberse pospuesto o rechazado la aprobación del Tratado de Libre Comercio con Estados Unidos y Canadá, el exgobernador de Chiapas representaba una opción; así, para Manuel Camacho, "Si no salía el TLC, podría haber sido Patrocinio." Pero, aparte de esa eventualidad remota y altamente riesgosa para el régimen, la disputa iba reduciéndose a dos: Colosio y Camacho. Los tiempos se estrechaban también: la posposición de la fecha de los comicios hasta mediados de agosto de 1994 y el desplazamiento del Informe presidencial al 1 de noviembre retrasaban el calendario en alguna medida, pero los tradicionales plazos sucesorios —septiembre u octubre del año previo a la elección— pesaban todavía. La ventana para Salinas era minúscula y fugaz: después del Informe de 1993, después del voto del TLC en Washington y antes del 12 de diciembre, al inicio del puente "Lupe Reyes".

Los golpes entre competidores se agravaban; Camacho o su colaborador Marcelo Ebrard, por ejemplo, organizaron manifestaciones ante la Secretaría a cargo de Colosio, como la del 21 de septiembre, después de la cual los manifestantes parapetados frente a las instalaciones de SEDESOL fueron golpeados por la policía durante la noche, y los medios —según los colosistas, inducidos por Camacho— acusaron a Colosio de la represión. Pero Salinas se enteró y se abstuvo de responsabilizarlo. A su vez, Patrocinio patrocinaba la campaña de "Todos contra Camacho", en estrecha mancuerna con José Córdoba. Al avecinarse las fechas fatídicas, Salinas reparaba en las agudas contradicciones del proceso: Camacho se perfilaba cada día más confiado, y desataba al tiempo violentas resistencias en sectores de la clase política y del empresariado, que sin embargo nunca socavaron la posibilidad de imponerlo. Una prenda de la seguridad de Camacho —y también de su imprudencia— surgió a principios de octubre, cuando presenté un nuevo libro en la Ciudad de México: al restringido convivio celebrado esa noche en mi casa de San Ángel acudió Camacho, consciente de la probable asistencia de Cuauhtémoc Cárdenas y de la previsible filtración a la prensa. Un par de meses después, Salinas compartiría con Carlos Fuentes y conmigo, en la cena ya evocada, su desconcierto por el gesto de Camacho: ¿Para qué se juntaba tan ostensiblemente con los adversarios o críticos de su régimen?

Colosio crecía medianamente, pero sus problemas personales, entre otros la enfermedad de Diana Laura Riojas, su esposa, no facilitaban los preparativos: en febrero de 1990 le fue diagnosticado un cáncer en la ámpula de Vater, un conducto ubicado entre el hígado y el páncreas, y fue operada con aparente éxito. En octubre de 1992, embarazada por segunda vez, sufrió una recaída; el padecimiento había invadido el páncreas: una aflicción terminal. Diana Laura y Luis Donaldo Colosio decidieron permitir que el embarazo continuara, a pesar de la obvia consecuencia: toda quimio o radioterapia se proscribía hasta el parto. Diana Laura fue intervenida nuevamente en La Jolla; su enfermedad fue monitoreada en México en el Instituto Nacional de Nutrición, donde la gravedad de su dolencia podía ser reportada con precisión y regularidad a Salinas. El matrimonio no asumió a plenitud el inevitable desenlace de un cáncer pancreático, aunque los médicos norteamericanos les expusieran el caso de manera directa, con menos eufemismos que sus colegas mexicanos; sin embargo, las autoridades disponían de la información completa. Por ello, quizás, y entre muchos otros motivos, se produjo una proliferación de señales sucesorias. Unas provenían de Salinas y otras del propio Colosio, dirigidas a su *entourage*.

El 13 de agosto se celebra en la ciudad de Mérida la tercera visita del Papa Juan Pablo II a México. Salinas invitó a asisitir a varios miembros de su gabinete y a los principales dirigentes de la oposición, pero sólo a una esposa de ministro: a Diana Laura Riojas de Colosio. Despachó inclusive un avión de la Fuerza Aérea para recogerla en Huatulco, donde vacacionaba. En Yucatán, el mandatario la colocó al principio de la fila de salutaciones y la presentó a Juan Pablo II como "La esposa de Luis Donaldo Colosio, uno de mis colaboradores más queridos." Es cierto, como lo explica el arquitecto Fernando Gamboa, amigo y virtual secretario de Diana Laura, que la invitación a saludar al Papa podía deberse a la precaria salud de Diana Laura, o a una deferencia dedicada a una persona vinculada a la Iglesia a través de los Legionarios de Cristo; Diana Laura era egresada de la Universidad Anáhuac. Pero cabía otra motivación presidencial, junto a las anteriores. A pocos meses de la designación, Salinas levantaba paulatinamente la capucha del tapado al favorecer con descaro a la esposa del aspirante agraciado, aprovechando toda la simbología y parafernalia envuelta en un viaje santo a México. Semanas más tarde, Diana Laura padecería una nueva y visible manifestación de su enfermedad mortal: un desmayo y debilitamiento en Palacio Nacional el 15 de septiembre, en la ceremonia del Grito de Independencia.

A principios de septiembre, Colosio se permitió un pequeño desplante revelador de su estado de ánimo. Normalmente cuidadoso al extremo en evitar signos ostentosos de gasto u opulencia, decidió regalarle un automóvil de lujo a Diana Laura en su cumpleaños; los colaboradores de ambos integrantes del matrimonio se asombraron ante el gesto: algo ha de haber empezado a sospechar Colosio, y algo ha de haber comenzado a telegrafiar Salinas para que Colosio, dada su enorme sensibilidad frente a los humores presidenciales, incrementara su certeza de ser "el bueno". Al aproximarse las fechas, se intensificaba no obstante la necesidad de engañar al rival; Salinas procedió entonces a hilar con mayor esmero y malicia la malla de mensajes y claves equívocas o falsas en la que envolvió a Manuel Camacho entre principios de septiembre y finales de noviembre. Resultará tanto más delicada la faena, porque la fijación de la fecha del destape escapaba al mandatario: dependía de la Cámara de Representantes en Washington y de la ratificación del TLC.

Una primera señal a Camacho emanó del almuerzo organizado por el Presidente en Los Pinos el 2 de septiembre: frente a Fidel Velázquez y medio gabinete, Salinas desplegó sus conocimientos de los temas nacionales y de la personalidad de cada uno de los precandidatos. Según Camacho, se expresó tan favorablemente de él que, a pesar de declaraciones vehementes en su contra por varios de los comensales, por lo menos dos de ellos vaticinaron su nominación al abandonar la residencia presidencial. De acuerdo con el propio Camacho: "Saliendo de Los Pinos aquella tarde, Fidel Velázquez habló con alguien que lo acompañó en su carro y le dijo: 'Va a ser Camacho.' A mí me pareció que no había duda, Salinas me estaba mandando el mensaje de que yo era el más probable, tanto por lo que dijo como por las deferencias." Pero en las semanas subsiguientes, el ambiente para su candidatura se deterioró; Salinas desistió de consultarle el contenido de su quinto Informe presidencial, y fue tentado por los consejos de varios colaboradores a no pronunciarlo personalmente, limitándose a remitirlo al Congreso. Camacho se opuso vigorosamente a la idea, sin percibir la simpatía salinista al respecto; sus bonos se desplomaban en tanto que los de Colosio subían: en la prensa nacional proliferaban notas y columnas favorables al secretario de Desarrollo Social, junto con referencias escépticas o francamente críticas al regente. Alfonso Durazo, el secretario particular de Colosio, anota cómo desde principios de noviembre fluyeron fondos por conducto de algunos amigos de Luis Donaldo, como Ricardo Canavati, para actividades preliminares rumbo a la postulación. Hoy Camacho reconoce con resignación: "Desde el Informe presidencial, Salinas ya se había decidido por Colosio." En la señal tal vez más visible de todas, Colosio busca a Camacho días después del Informe, en vísperas de la votación en Estados Unidos y, por ende, del destape. Resulta difícil creer que en esos momentos Colosio haya tomado la iniciativa de entrevistarse con su rival más peligroso sin una indicación presidencial correspondiente. Para Colosio era claro que únicamente permanecían Camacho y él en la contienda; a la protesta de Camacho a propósito de Zedillo, subrayó con cierta autosuficiencia la completa falta de perspectivas del secretario de Educación. Según Camacho, Colosio concluyó la tertulia afirmando su certeza frente a la inminente victoria de Camacho. Cabe cualquier interpretación del encuentro y de la conversación; José Luis Soberanes, subsecretario y amigo de Colosio en SEDESOL, y uno de los responsables ulteriores de su campaña, recuerda cómo, en efecto, Camacho y Colosio se reunían una vez al mes; en uno de las últimos conciliábulos previos al destape —posiblemente el mismo evocado por Camacho—, Colosio compartió con Camacho su evaluación, favorable al regente, entregándole una lista de cinco colaboradores suyos para los cuales solicitaba apoyo.

Pero la discrepancia del jefe del Departamento con Salinas a propósito del Informe presidencial, aunada a la obvia necesidad de Salinas de preparar a Camacho para su derrota y a Colosio para su victoria, generó asperezas crecientes entre los dos viejos amigos de facultad. Las tensiones se extreman el 20 de noviembre, en el desfile tradicional del Día de la Revolución, dos días después de la ratificación del TLC en Washington y ocho días antes de la proclamación de la candidatura priista. En el balcón de honor de Palacio, Camacho siente el frío presidencial: allí cobra conciencia de que la decisión estaba tomada, lo cual desencadena una dinámica que tardará años en apaciguarse. Al concluir el desfile, Salinas convoca a una junta de gabinete en Palacio para festejar la aprobación del TLC, y externa un reconocimiento público a Jaime Serra y a José Córdoba. En la opinión de Camacho, las señales de sustancia y de forma se tornaban inequívocas, incluyendo una ostensible invitación al secretario de Desarrollo Social, transmitida por un ayudante presidencial, para almorzar a solas ese día con Salinas en Los Pinos. Para Camacho, y sin duda para otros miembros del gabinete igualmente sensibles pero tal vez menos extrovertidos o ambiciosos, celebrar la consumación del TLC el día de la Revolución, y atribuirle el éxito de la gestión a José Córdoba, equivalía a un acto que lindaba con lo insultante y revelaba el afán desbordado de poder y de trascendencia transexenal del salinismo. El Tratado de Libre Comercio dejaba de ser un instrumento de política económica, objeto de acuerdo o no, para convertirse en la pieza esencial de un dispositivo cuyas dimensiones y ramificaciones sólo aparecerían más adelante, si bien algunos de sus ingredientes —como los recurrentes globos de ensayo sobre la reelección lanzados durante el sexenio— daban una pauta de la magnitud del proyecto.

Camacho, como todo aspirante finalista vencido, ponderó sus opciones en la víspera del desenlace. El tiempo apremiaba: para Salinas, ya que seguramente tendría que develar a su candidato antes de la próxima visita de Al Gore, vicepresidente de los Estados Unidos, programada para fines de mes; para el propio Camacho, cuya comparecencia ante la Cámara de Diputados el miércoles 24 de noviembre representaba la última oportunidad de influir públicamente en la sucesión presidencial, en un sentido u otro. Decidió buscar una confrontación privada con Salinas, para exponer los argumentos a favor de su candidatura y contra la línea política que en su opinión reflejaría la designación de Colosio. Se propuso también objetar ciertas declaraciones de Salinas y responder a algunas de las críticas dirigidas en su contra. Recuerda hoy cómo "Antes de hablar ese lunes con Salinas, pensé seriamente en lanzar mi candidatura a la Presidencia el día de mi comparecencia. Decidí que era correcto hablar antes con Salinas. Todo indica que lo que siguió fue un engaño para controlar la situación." En efecto, es probable que alguien del equipo cercano del regente le comunicara al mandatario la eventual intención de Camacho de adelantarse, mediante un clásico madruguete, o a través de un anuncio novedoso y adelantado de su propia aspiración. Para alguien tan obsesionado como Salinas con el imperativo de evitar un desgajamiento del PRI, los augurios del desencanto camachista no podían ser más ominosos. Si faltara algo, la conversación del día siguiente convenció a Salinas del tremendo peligro enfrentado por la pulcra e indolora sucesión de sus sueños.

Camacho reproduce en sus *Memorias* el guión de los comentarios destinados a ser expuestos a Salinas; el expresidente se limita, en su entrevista para este libro, a corroborar la esencia de la conversación, sin admitir que los detalles proporcionados por Camacho concuerden necesariamente con sus reminiscencias. En donde Salinas sí coincide con Camacho es a propósito de la respuesta escueta, sin contemplaciones, esgrimida frente a la tesis central de Camacho —autocomplaciente y, por cierto, discutible— sobre las dos líneas presuntamente confrontadas a lo largo del sexenio: una de apertura y otra de retroceso autoritario; una dura y otra de conciliación; una decidida a abrir el sistema político, otra a cerrarlo. Salinas concluye la discusión y se despide con un remate inapelable: "En este sexenio sólo ha habido una línea, Camacho: la del Presidente." Fracasa la tentativa del regente de introducir el tema del futuro personal y político de su amigo ("Comigo, le había dicho, habrá un cierre menos difícil, una buena elección y un país en paz. Sabré mantener tu prestigio nacional e internacional; no al retiro, sino formas nuevas de aprovechar tu capital político en beneficio de México; admiración por tu talento y tu trabajo": compromisos que hoy tal vez añore Salinas). Camacho se acuerda todavía de las últimas palabras del Presidente al salir del despacho: "En la puerta, al despedirse, Salinas dijo: 'La decisión sobre el candidato no está tomada'."

La realidad era otra, pero Salinas debió moverse ágil y rápidamente para atajar el desborde de su amigo. Arranca ese mismo lunes; en la tarde, Patrocinio González, resignado ya, con la ratificación del TLC, a ser únicamente el custodio de la sucesión y no su artífice principal, invita a Camacho a una cena la noche siguiente con los colaboradores más cercanos del Presidente. Acudirán los mismos de la comida en Los Pinos de principios de septiembre, con la excepción de Fidel Velázquez: Aspe, Lozoya, Colosio, Fernando del Villar del CISEN, Camacho, Zedillo, Jaime Serra. La reunión se desarrolló de manera previsible: los partidarios de José Córdoba, principalmente Ernesto Zedillo, sostuvieron una acendrada e inteligente defensa del papel del asesor presidencial en la negociación del TLC. Jaime Serra advirtió que los ataques al equipo negociador se debían a desacuerdos fundamentales con el modelo económico. Camacho se limitó a exponer los mismos argumentos esbozados ante Salinas el 20 de noviembre en Palacio, con un pequeño matiz: no era conveniente atribuir el mérito del TLC a Córdoba y no a Salinas. En eso llegó, justamente, Salinas. Asistía a la sobremesa para perseverar en el engaño e impedir que Camacho aprovechara la tribuna del Congreso al día siguiente para su autodestape. Su objetivo era uno solo: convencer al regente de la vigencia de su candidatura, insinuándole que si se atenía a las reglas podía ganar, mientras que una ruptura con las tradiciones lo condenaría a la derrota y al ostracismo. Para lograr este propósito, el mandatario echó mano de toda la seducción y simulación de la que era capaz. Reprodujo en sus intervenciones los razonamientos de Camacho; exhibió un cariño y respeto excepcionales hacia él; al hablar de cada uno de los precandidatos, se mostró especialmente elogioso de Camacho, y en alguna medida humillante frente a Colosio. Según Camacho: "En la cena, Salinas dijo de Colosio: 'Su mayor mérito es haber trabajado con Camacho'. Salió Salinas un momento y Donaldo se abatió, se puso a mirar las luces del candil a través de su copa. Se sentía ofendido."

No sabemos si ese Colosio era ya un candidato ungido, desenvolviéndose con la absoluta certeza de su triunfo, dedicado en cuerpo y alma a disimular su regocijo, o un aspirante deprimido, objeto del mismo engaño. José Luis Soberanes cree que su jefe fue informado de su victoria desde el miércoles, es decir el día siguiente —otros colosistas citan el jueves, o incluso el viernes, como día del anuncio privado—, pero confirma en lo esencial la descripción de Camacho: "Salinas elogió a todos, y luego a Camacho más que a Colosio." Otras fuentes convienen en un punto: Colosio terminó la velada desconsolado, convencido de su derrota.

En todo caso, el mismo miércoles, Colosio y Camacho acompañan al Presidente a un acto de vivienda en la Magdalena Mixhuca; allí, según Camacho, Colosio lamenta —en relación con la cena de la noche anterior— que "estas cosas sean demasiado duras; Manuel, para el futuro, esto ya no debe volver a suceder". Del acto, los dos finalistas se trasladan al aeropuerto en la camioneta presidencial; en el camino, de acuerdo con la versión de Camacho, "Salinas no hizo otra cosa más que felicitarme por mi comparecencia (llevada a cabo esa misma mañana en la Cámara) y preguntarle a Colosio si no le había parecido magnífica." Salinas tenía de qué felicitarse a sí mismo: Camacho había perdido su última oportunidad para saltarse las trancas. A partir de ese preciso instante, al iniciar Salinas su gira por el Pacífico, se dedica a la otra vertiente de la doble tarea en curso: contentar a Colosio y acabar de izar la capucha. El miércoles en la noche tiene lugar una cena en Ciudad Obregón con don Luis Colosio, el padre de Donaldo, y toda la familia del hijo predilecto de Sonora. Asisten también José Carreño, encargado de comunicación social de la Presidencia, y el gobernador del estado y acendrado colosista, Manlio Fabio Beltrones. Ya en la tarde, al llegar a Ciudad Obregón, Salinas había recurrido a dos nuevos guiños: referirse a Sonora en su discurso como una tierra de triunfadores, y aconsejarle a dos periodistas incluidos en la gira y especialmente allegados al mandatario, Fidel Samaniego y Joaquín López Dóriga, tratar bien a Colosio: "Les conviene."

Salinas rebosa de afecto por los familiares de Colosio; según Soberanes, allí fue cuando Colosio tuvo conocimiento de su designación, y donde se restañaron las posibles heridas abiertas durante los días anteriores. Beltrones retiene una impresión ligeramente distinta: la comitiva se retiró temprano esa noche, porque habían sido requeridos por Salinas a la mañana siguiente a las siete para correr por la Laguna del Nainari, desde cuya hacienda, del mismo nombre, lanzó Álvaro Obregón su gesta reeleccionista en 1927. Al comenzar los tres la carrera matinal, Salinas y Colosio aprietan el paso; Beltrones, por tacto o por impreparación fisica, se rezaga; en su opinión, fue en el transcurso de esos minutos a solas cuando Salinas pronunció las palabras mayores. Sin coincidir del todo con la versión expuesta por el expresidente en su entrevista, no la contradice; como le confió Colosio a Samuel Palma el viernes de esa semana, volviendo a la Ciudad de México: "Ahora sí, Palma: ya me llegó la capucha hasta aquí", apuntando a sus ojos. Salinas debe haber verbalizado lo posible el jueves en la mañana, sin formalizar el anuncio; la señal definitiva vino el sábado en la tarde, en México, si nos atenemos al relato salinista. Colosio regresa de viaje el viernes en la noche y ordena a Durazo citar a una reunión de delegados de Solidaridad para el lunes. Se desaparece el sábado entero; parte del tiempo lo consagra a visitar a Salinas; la otra, aparentemente, a preparar a su familia y redactar su discurso de toma de protesta.

El domingo se produce la postulación de Colosio; Camacho patalea, procura buscar a Salinas, y se rehúsa a felicitar a Colosio antes de hablar con el Presidente. Salinas accede, pero se niega a ofrecerle explicaciones a su colaborador y compañero. Le solicita a Camacho su salida de la regencia, proponiéndole las dos carteras mencionadas por el mismo Camacho al principio del sexenio: Relaciones Exteriores o Educación. El jefe del Departamento reflexiona, consulta con sus colaboradores más próximos y acepta la Cancillería. Ante el desconcierto de los colosistas, el Presidente le brindará a Beltrones, tres semanas después, en Osaka, una explicación: "Conozco bien a Manuel; es mejor tenerlo dentro del gabinete que fuera. Un secretario de Estado a seis meses de la elección ya no puede ser Presidente." En efecto, Salinas seguía temiendo la reacción de Camacho a su derrota y engaño, porque había sufrido en carne propia el desahogo equivalente de Manuel Bartlett seis años antes. Por ello releva a Camacho del Distrito Federal: de ninguna manera deseaba dejar la organización de los comicios en el Valle de México en manos del aspirante vencido, frustrado, amargado; pero nunca imaginó que sus propias culpas, así como sus excesos de manipulación y malicia con Camacho, lo conducirían a extremos desmesurados de reconciliación y compensación, y a fuentes de infinitos malentendidos.

Antes de aterrizar en las confusiones y riñas derivadas de la mala conciencia de Salinas con su amigo y de sus insólitas consecuencias para el país, conviene repasar los hechos sobresalientes del primer mes de campaña de Colosio, y las señas anunciadoras de los acontecimientos por venir. El primer dilema colmado de repercusiones ulteriores provino del debate sobre la designación del coordinador de la campaña del flamante candidato. Existían varias posibilidades de enlace y entendimiento entre saliente y entrante, entre el sol naciente y el crepúsculo creciente. Una, la más socorrida, consistía en la designación de un nuevo Presidente del PRI; sin embargo, ni Salinas la contempló, ni constituía una petición fácil para un Colosio sacudido por las vicisitudes de su propio parto y aturdido por la evidencia de su debilidad. Además, tres presidentes del PRI habían desfilado ya por Insurgentes Norte (Colosio, Genaro Borrego y Fernando Ortiz Arana); un cuarto exponía al "partidazo" a la crítica de servir como mero apéndice del gobierno y del Presidente. Relevar al secretario de Gobernación tampoco parecía plausible: Patrocinio llevaba apenas un año en el cargo, y asestarle el doble golpe de perder la "grande" y enseguida verse despedido por el Presidente no correspondía a las formas y normas del sistema. Quedaba la solución al estilo Bartlett en 1981, o al estilo Camacho a mediados de 1988: colocar en la Secretaría General del PRI a un hombre del candidato, bajo la tutela de un Presidente del partido desprovisto de poder real. He allí, detalles más, detalles menos, la solución propuesta por Salinas a Colosio, ya sea el sábado 27 de noviembre, es decir, la víspera del destape, si confiamos en la memoria de Salinas, o el lunes 29, si nos atenemos a los recuerdos de los colosistas, y en particular de los tres colaboradores cercanos del candidato entrevistados para este trabajo: Alfonso Durazo, Samuel Palma y José Luis Soberanes. Estos últimos aseveran que todavía el domingo 27 en la tarde, durante la primera reunión del equipo restringido, Colosio anuncia que el coordinador de su campaña será Carlos Rojas, titular del Progama Nacional de Solidaridad, subsecretario de SEDESOL, salinista de la primera hora y organizador nato de comunidades y grupos sociales.

El primer enigma pendiente estriba en el origen de la propuesta; en apariencia, tal y como lo señala Salinas, Colosio pide a Rojas y el Presidente se opone. La verdadera interrrogante yace, sin embargo, detrás de la secuencia formal: ¿por qué Colosio propone a Rojas? La respuesta quizá resida en el procedimiento acostumbrado por Colosio, detectado por cierto en casi todas las sucesiones: el recurso al intermediario perfecto, al mensajero leal, al intérprete genial del pensamiento del jefe, cuyos pitazos y vaticinios nunca yerran. En este caso se trataba de José Córdoba, ciertamente un adversario tempranero de la candidatura de Colosio, pero a la postre, después del fiasco zedillista de los libros de texto, un simpatizante resignado, pasando a ocupar un sitio privilegiado en el dispositivo de alianzas de Colosio. Los allegados del candidato corroboran una parte de la versión de Salinas, pero no toda. Admiten que la primera propuesta de Colosio para dirigir su campaña era Carlos Rojas; Salinas efectivamente rechazó la solicitud correspondiente, por los motivos citados. Pero, según Alfonso Durazo, la idea de nombrar a Rojas partió de un acto de reciprocidad de Colosio con Salinas, no de los méritos intrínsecos de Rojas. El de Solidaridad constituía una correa de información de Colosio a Salinas, totalmente confiable para el Presidente; Colosio sondeó quizás la sugerencia con Córdoba, y éste aventuró que Salinas la descartaría, pero recibiría con beneplácito una propuesta alternativa: Ernesto Zedillo. También José Luis Soberanes asevera que la sugerencia de Rojas, y por ende de Zedillo, se gestionó vía Córdoba, como tanteo: "Así operaba Donaldo; en esta ocasión y en muchas otras." El secretario de Diana Laura, Fernando Gamboa, va más lejos: quien adelantó el nombre de Zedillo fue Salinas, para tranquilizar a Colosio: "El verdadero coordinador de tu campaña vas a ser tú mismo; Zedillo te va a aportar el componente financiero." En otras palabras, en el mejor de los casos Colosio escogió a Rojas, pero para complacer a Salinas; en la peor hipótesis, fue manipulado por Córdoba y posiblemente por Salinas para formular una solicitud que sería denegada, y enseguida someter a la consideración del Presidente una segunda sugerencia deslizada anteriormente por Córdoba, susceptible, esa sí, de ser aceptada.

Los mismos colosistas confiesan que cuando Colosio revira con el nombre de Ernesto Zedillo, pretende ante todo aplacar a Salinas; ansía también mantener un puente ancho y sólido con ellos, con los medios financieros y con el resto del equipo restringido de Salinas —Córdoba, Jaime Serra, el propio Zedillo, Guillermo Ortiz, Carlos Ruiz Sacristán, Herminio Blanco, etcétera—. El hecho es que Zedillo, si bien pudo haber sido designado con la anuencia previa y real —no meramente formal— de Salinas, no era su *first choice* para el *second choice*, ni fue colocado en el famoso puesto del reaseguro con esa función en mente.

Así, Colosio abre su campaña con un coordinador al que respeta y estima, pero que está totalmente subordinado a Los Pinos, vía Córdoba. No es un Bartlett o un Camacho; ni siquiera un Porfirio Muñoz Ledo. Se lanza también con un equipo de seguridad precario, con fondos restringidos y con todas las taras de su impreparación como candidato: sin cuadros para la campaña. Meses más tarde, en vísperas de la muerte de Colosio, su coordinador de campaña pondrá el dedo en la llaga: Ernesto Zedillo lamenta ante su jefe, en su carta del 19 de marzo, "la calidad insuficiente de los recursos humanos en el equipo de campaña". La mejor prueba la ofrece el caso de Santiago Oñate, político excepcional y hombre de todas las confianzas del candidato, obligado a cumplir dos misiones totalmente separadas y agotadoras: delegado del PRI ante el IFE y el Consejo Federal Electoral, y titular de la Secretaría de Asuntos Internacionales del partido. Lo revela igualmente la proclividad de Colosio a rodearse de amigos como Beltrones, Gamboa y Rubén Figueroa, recién electo gobernador de Guerrero: políticos de gran destreza todos ellos, pero con lealtades previas: Beltrones con Gutiérrez Barrios, Gamboa con Salinas y Miguel de la Madrid, Figueroa con el propio Zedillo y con el cacicazgo familiar de su estado natal.

El equipo de Colosio se integra con representantes de las distintas corrientes en el gabinete y en la sucesión: Óscar Espinoza entra a Finanzas por su presunta cercanía con Pedro Aspe, Antonio Argüelles como enviado de Serra y Raúl Zorrilla de Gamboa. El ungido busca ante todo sumar, y tal vez por ello se tarda demasiado en echar a andar; la luna de miel dura todo diciembre, pero termina violentamente el 1 de enero con la rebelión en Chiapas. Allí, en opinión de sus amigos y colaboradores —Soberanes y Beltrones en particular—, Colosio comete su primer error grave: deja solo a Salinas, en lugar de pegársele como chicle; bruscamente, los perdedores en la contienda por la candidatura rodean y envuelven al presidente, y su conspiración tradicional no tarda en fraguarse. La escena es idéntica a la ocurrida con la eterna gira de Luis Echeverría por el noroeste a finales de 1969, y la advertencia de principios de 1970 de Alfonso Martínez Domínguez valía en 1994: Colosio desprotegió el flanco de la capital, donde los adversarios vencidos no cesaban de tratar de vengar su derrota. El tránsito de subordinado a actor independiente, siempre escarpado, fue demasiado vertiginoso, y la relación con Salinas se ensombreció en consecuencia: comenzó el desgaste de siempre, pero de modo prematuro. Colosio trató de actuar por su cuenta; expidió solo su plan de paz para Chiapas, que duró medio día: sus candidatos a mediador sencillamente no caminaron en los medios. Peor aún, José Córdoba, quien *stricto sensu* no figuraba entre los perdedores, pasó a engrosar sus filas, debido quizás a sus propias fobias y a los exabruptos de Colosio, incluyendo un conato de pleito el 8 de diciembre sobre la inclusión de ideas cordobesas en el discurso de toma de protesta del candidato; exasperado por las sugerencias de Córdoba, Colosio exclamó: "Inclúyanlas, pero por última vez." Como lo recuerda Beltrones, las fricciones databan de tiempo atrás: el 16 de septiembre de ese año, en un restorán argentino de Polanco, el entonces secretario de Desarrollo Social le había jurado al gobernador de su estado: "Si yo llego, Córdoba no sólo no va a tener lugar en mi gobierno, sino tampoco en el país." Exacta o no la reminiscencia de Beltrones, la hostilidad hacia la persona de Córdoba en el entorno de Colosio no podía permanecer oculta o menospreciable para alguien tan próximo al aparato de seguridad, a las encuestas y a la maquinaria de la casa presidencial. Se desvanecía así el único vínculo auténtico y eficaz entre la campaña y Los Pinos, entre candidato y Presidente, entre saliente y entrante. Los malentendidos se precipitaban.

Al manifestarse los primeros estragos políticos de la crisis en Chiapas, dos temas distintos contribuyen a agriar las relaciones entre Salinas y el sucesor designado, o, para ser más precisos, entre el candidato y Salinas. El litigio de menor importancia abarca la nueva reforma electoral, surgida a raíz de la insurrección zapatista. Desde el 24 de enero, Colosio busca colocarse al frente del impulso para la reforma; Salinas se resiste a celebrar un periodo extraordinario de sesiones del Congreso; Colosio acepta la renuencia salinista, pero después el Presidente cambia de opinión, y deja a Colosio "chiflando en la loma" y apareciendo como contrario a la mentada reforma. Lo mismo sucede con el tema del tope de los gastos de campaña: la fórmula y los números finalmente acordados no provienen del PRI, sino del gobierno. Los temas de la reforma electoral en su conjunto eran evidentes; incluía todo lo excluido de la reforma de 1989, aprobada gracias a la ignominiosa "concertacesión" (una de tantas) del PAN y de Diego Fernández de Cevallos con Salinas: la ciudadanización del IFE, la configuración de delitos electorales, y toda la agenda de la llamada Mesa de Barcelona. La reforma implicaba enmiendas al COFIPE y a los artículos pertinentes de la Constitución, por lo que el PRI y Colosio procuraron efectuar todos los cambios en un periodo extraordinario, pero de nuevo Salinas se las averigua para remitir las reformas al COFIPE a una sesión ordinaria posterior. Ya para finales de febrero, la molestia de Colosio al respecto era tangible, pero empalidecía ante la irritación y el coraje suscitados por el comportamiento de Salinas en Chiapas. Aquí debemos proceder a la luz de los antecedentes acumulados a lo largo de estas páginas, más que en función de los acontecimientos ulteriores y de las diversas creencias, dudas y certidumbres surgidas después. Las tensiones entre Presidente y candidato adquieren muy pronto intensidades inesperadas para ambos, incluso en el marco de una sucesión por decisión; abundan los ejemplos de desencuentros transformados en conflictos y reproches, atizados por las fuerzas centrífugas emanadas de colaboradores del saliente y del entrante. Es en este contexto que conviene escudriñar la evolución del vínculo entre Salinas y Colosio hasta el 23 de marzo, cuando de repente rebasa todos los cánones previos y se sitúa en un entorno radicalmente distinto, ya no estrictamente de la incumbencia de este trabajo.

El levantamiento encabezado por el subcomandante Marcos surtió en Salinas un efecto semejante a otros estrujantes reveses ya citados: se aletarga el Presidente; casi se desploma, tal como sucedió el 6 de julio de 1988; o en las localidades de Francisco I. Madero y San Pedro de las Colonias, en Coahuila, en febrero de 1988, cuando es prácticamente explusado de la Comarca Lagunera por una población enardecida y motivada por la inminente llegada de Cuauhtémoc Cárdenas en el aniversario del reparto agrario; o como volvería a ocurrir en los días inmediatamente posteriores al asesinato de Luis Donaldo Colosio. El golpe asestado por los zapatistas no era para menos: de repente se esfumaba el sueño salinista de ingreso al Primer Mundo, de una sucesión indolora, de un prodigioso proyecto transexenal cargado de tacto, sensibilidad y convicción. Sin información precisa —el hombre más poderoso y mejor informado de México es también el destinatario del mayor número de mentiras y embustes— y atribulado por la sorpresa, Salinas aletea, da bandazos y patina. La conjunción del alzamiento en Chiapas propiamente, de los bombazos en la Ciudad de México y en varias instalaciones eléctricas vecinas a la capital, y del auténtico estallido en los medios provocado por la rebelión indígena, magnificó el impacto, si no la realidad, de los acontecimientos del sureste. Salinas no vio emerger ante sí una insurrección local, raquíticamente armada y dirigida con genialidad táctica pero sin estrategia; sintió urdirse frente a sus ojos una gigantesca conspiración para destruir su gobierno. Sus primeros balbuceos de solución fracasan: ni la tentativa de culpar a los extranjeros o la de resolver el conflicto localmente prosperan. En ese contexto, Manuel Camacho promete una doble salida: un paquete de iniciativas políticas coherente y viable, y un bálsamo personal para sanar las heridas de noviembre. Si Salinas descargó con deslealtad y doblez sus obligaciones para con su compañero de mil batallas en la sucesión, ahora podría expiar sus flaquezas, si no sus pecados. Sin estos dos elementos, toda explicación se antoja trunca, o inverosímil: el impacto demoledor del primero de enero explica la avidez de Salinas por soluciones imaginativas; su culpabilidad ante Camacho da razón de su acogida favorable a las tesis y maniobras oblicuas del Canciller.

La miscelánea de medidas recomendada por Camacho es sensata y pertinente: cese al fuego unilateral en Chiapas; inicio de negociaciones; relevo en Gobernación, y por ende en la Procuraduría; nueva línea en el trato y en la actitud hacia la oposición de izquierda, para quebrar el monopolio del PAN en la interlocución con el gobierno. La evicción de Patrocinio González de Bucareli era inevitable; en tanto exgobernador de Chiapas debía haber impedido o en todo caso intuído la revuelta. La designación de Jorge Carpizo permitía organizar las elecciones de manera más amable con el PRD, y el nombramiento de Diego Valadés en la PGR aseguraba que las acuerdos conseguidos en Chiapas no fueran contrarrestados por arrestos y excesos en el Distrito Federal. Y por último, la selección de Manuel Camacho como negociador o mediador cumplía con varios objetivos simultáneamente: aprovechaba las ventajas comparativas innegables del exregente; impedía una ruptura de Camacho con el régimen, al removerlo de la Cancillería en circunstancias aceptables e incluso sugeridas por él; y lo volvía a colocar en el candelero. Chiapas se convirtió en una especie de premio de consolación por la derrota de noviembre.

Hasta allí todo era miel sobre hojuelas. Los primeros murmullos de desavenencia entre Salinas y Colosio respecto del pacto adelantado por Camacho parecieron sorteables en un momento inicial, pero la vastedad de las grietas hendidas auguraba lo peor, y debió haberse presentido. Colosio nunca asimiló del todo el paso de Camacho a Relaciones, ni se repuso por completo de la retahíla de engaños efímeros pero lastimosos empleados por Salinas para consumar la sucesión. Cuando el Presidente le expone a su excolaborador las ideas de Camacho, hechas suyas, Colosio se limita a explicitar su desacuerdo con la hipotética ubicación del exregente en Gobernación; devolverle el diseño electoral de todo el país a quien se le retiró la organización de los comicios incluso en el Distrito Federal hubiera representado una aberración. La mancuerna de Carpizo y Valadés probablemente no complació al candidato, en vista de la obvia afinidad de ambos funcionarios con Camacho, pero no la objetó; asimismo, la decisión presidencial de recurrir a Camacho, sin agradarle, correspondió a criterios políticos que Colosio podía comprender y admitir.

La gota que derramó el vaso tal vez consistió en la modalidad acordada por Salinas y Camacho para encargarle a este último la negociación en Chiapas: Comisionado de Paz sin sueldo ni cartera en el gabinete. Camacho recuerda hoy que: "Yo propuse no tener sueldo, pero era algo simbólico; no quería depender de algún miembro del gabinete. No hubiera aceptado ir a Gobernación." Y es posible que, a pesar de una indisimulable propensión del exregente por la maniobra, la media verdad y la argucia en ocasiones tenebrosas, no necesariamente haya contemplado en ese momento un *repèchage* sucesorio, reinaugurando la contienda presidencial. La idea de una destitución salinista de la candidatura de Colosio y su sustitución por Camacho parecía peregrina al extremo en esa coyuntura. El razonamiento público de Camacho, avalado por Salinas en su entrevista, suena cierto: si continuaba en el gabinete, se evaporaría su credibilidad con Marcos y los zapatistas; además, ¿a dónde ir? El significado simbólico de efectuar la negociación de un conflicto interno desde la Cancillería resultaba intolerable; Gobernación estaba excluida; tampoco abundaban, pues, las opciones. Además, el esquema entero de la sucesión dependía del prestigio de Salinas, y éste se había visto severamente socavado por la insurrección. En las palabras de Camacho: "El triunfo electoral de Colosio como candidato del PRI habría estado en entredicho si no se recuperaba la imagen de Salinas. Había una completa equivalencia entre el prestigio del gobierno y la popularidad del PRI; los votos del PRI eran prueba del nivel de aprobación del Presidente."

La conducta de Salinas arroja muchos enigmas e interrogantes. O bien equivocó el cálculo y no previó la reacción de Colosio, o deliberadamente reabrió el juego sucesorio, resucitando una opción descartada, al nombrar Comisionado a Manuel Camacho, sin sueldo ni ubicación burocrática asimilable a las prohibiciones de la fracción VI del artículo 82 constitucional. Según Samuel Palma, el 14 de enero, días después de la divulgación de la noticia, Colosio, golpeando la mesa y afligido por el curso de los acontecimientos, exclamó: "No se vale. Me dijo de Carpizo y de Valadés. Me dijo que iba a involucrar a Camacho en la negociación de paz como canciller, pero no como comisionado." El desconcierto y enojo de Colosio alcanzaron tal extremo que, según José Luis Soberanes y Palma, el candidato se preguntó: "¿Y si renuncio?" Al preguntarle a Salinas, específica y expresamente, si le avisó a Colosio de su intención de responsabilizar a Camacho de las negociaciones en un puesto extraministerial sin sueldo, el expresidente declinó responder. Todos los colosistas interrogados al respecto mantienen, por su parte, una postura unánime: Salinas no notificó a su protegido de la rehabilitación *de facto* de Manuel Camacho como candidato presidencial, aunque él mismo, en la citada conversación con Beltrones en Osaka, trajo a colación el tema del artículo 82 para asignarle la cartera de Relaciones Exteriores.

Los allegados de Colosio, y futuros adversarios o acusadores de Carlos Salinas, extraerán un gran provecho de la omisión o del silencio salinista: una y otra vez, durante los próximos dos meses, instarán al candidato a cesar de creerle ingenua y sistemáticamente al Presidente. El discurso de Salinas del 17 de enero, con su famosa y desafortunada expresión de "No se hagan bolas; el candidato es Colosio", no fue una respuesta a la opinión pública ni a la clase política, sino un intento por apaciguar a Colosio y a su equipo. Hasta mediados de marzo, cuando comienza a notarse un cambio, no habrá forma de convencer a Colosio y a sus colaboradores de la ausencia de perversidad de Salinas y de sus intenciones ocultas de jugar la carta de Camacho en algún momento. Todo embonaba: la presencia de Camacho en los medios y la dificultad para las campañas de penetrar en la opinión pública; el deseo de Colosio de trasladarse a Chiapas y la renuencia de Salinas a permitírselo; la coincidencia del anuncio de los nombramientos de Camacho, Carpizo y Valadés con el lanzamiento formal de la campaña de Colosio; las rispideces en relación con el desempeño y figuración de distintos políticos o personajes involucrados en la campaña o en el círculo de Colosio; los meandros de la reforma electoral; la falta de recursos para la campaña y las dificultades para integrar un equipo de seguridad y de inteligencia propios. Cualesquiera que hayan sido las intenciones reales de Salinas y de Camacho, la impresión generada fue palmaria y demoledora para Colosio y los suyos: desde Los Pinos y Observatorio se gestó una complicidad, conspiración o "campaña" contra la campaña. Una vez desatado el fantasma de la remoción o sustitución, nada parecía detenerlo, aunque sobraran las razones para descreer o disipar la falsa impresión de los colosistas. Salinas descuidó, o a propósito agravó el problema, hasta la conclusión de la primera ronda de negociaciones en la Catedral de San Cristóbal, a finales de febrero. El descontento de Colosio y de su gente se acrecentaba, pero el Presidente, probablemente con razón, resolvió que lo esencial estribaba en resolver el tema de Chiapas, provisto, a sus ojos y a los de la opinión pública, de una dimensión monumental —quizás retrospectivamente exagerada—. Pero al concluir las pláticas con Marcos en Chiapas, Salinas conmina a Camacho a desdecirse de cualquier aspiración presidencial. El comisionado primero se opone, esgrimiendo los mismos argumentos invocados por el propio Salinas frente a Colosio en enero. A su vez, el acongojado candidato del PRI había lanzado ya varias críticas públicas a la actuación de Camacho en el DDF; su presión sobre Salinas también se incrementaba, junto con las quejas y recriminaciones de sus colaboradores. Finalmente, Salinas corta por lo sano, y le exige a Camacho un rechazo explícito a toda tentación sucesoria; Camacho accede el 22 de marzo, un día antes de la muerte de Colosio. Hasta la fecha carecemos de una explicación coherente de su desistimiento, así como de una respuesta categórica a la pregunta: ¿Quiso Salinas destituir a Colosio? Si nos atenemos a la historia de conflictos y desencuentros entre presidentes y candidatos aquí reseñada, debemos arribar a una doble conclusión: al igual que a todos sus predecesores, a Carlos Salinas no le faltaron ganas ni designios, en varios instantes, de arrepentirse y cambiar de parecer. Pero al igual también que en los casos anteriores, nunca pasó al acto, porque no se podía sin pagar costos exorbitantes.

Al mismo tiempo se desenvolvía otro drama en la campaña del sonorense: cartas, cambios, discursos de definición y un sentimiento de frustración, derivado —hasta donde se puede por ahora desenredar la madeja de pasiones, intereses y estados de ánimo— de los problemas propios de toda sucesión y del equilibrio psíquico del candidato. Una persona medianamente amiga de Colosio recuerda que lo buscó en Queretaro, a mediados de enero, para invitarlo a ser testigo, junto con Manuel Camacho, de la boda civil de su hija; lo encontró solo en la noche, recluido en un hotel de hombres de negocios, con una cena fría e intacta en la mesa, en un estado de virtual depresión. Otros interlocutores de Colosio durante esos mismos meses retienen panoramas análogos: un hombre solitario, entristecido, en ocasiones preso de una nube negra que descendía a su alrededor. Su familia padecía cada vez más el maleficio que se abatió sobre ella: el cáncer pancreático y hepático de Diana Laura devastaba su cuerpo; enfermedades menos terribles, pero lacerantes también, agobiaban a la madre y a la hermana de Colosio. El sucesor designado ni siquiera parecía disfrutar de la situación de poder recién caída en sus manos. Si incorporamos al análisis de su humor las incomprensibles maniobras de su amigo Carlos Salinas, vislumbramos a un candidato casi arrepentido, del cual deben haber brotado expresiones de desesperación, renuncia, coraje y resentimiento. Al rememorar diversos gritos hipotéticos de frustración de Colosio, aludiendo a la posibilidad de renunciar a su postulación o, al revés, a su intención indomable de perseverar hasta las últimas consecuencias, conviene interpretarlos como una manifestación espontánea de auténtica angustia, producto de una situación personal difícil y de un contexto político adverso. Contexto idéntico en su naturaleza a los de sucesiones de antaño, pero exacerbado por los rasgos peculiares de ésta: la ambición transexenal del presidente, la existencia de un solo finalista derrotado, especialmente enfurecido, un sistema corroído y un entorno político deteriorado al extremo.

Desde principios de marzo la situación hace crisis; Colosio procura retomar el control de la campaña, o relanzarla, como dirán sus colaboradores y Salinas. El mes de marzo se dedicará a ese objetivo; la tarea se dividirá en tres partes: la definición del tradicional deslinde con el Presidente; cambios draconianos en el equipo de campaña; y resolver el problema de Camacho y de su relación personal con Salinas. El cercenamiento del cordón umbilical entre Presidente y candidato constituye siempre un momento traumático de la dinámica sucesoria. Nunca existe realmente una coyuntura propicia para el mandatario saliente; toda distancia, por inevitable y saludable que parezca, es penosa. Para el aspirante, cada oportunidad es peligrosa: la correlación de fuerzas siempre es desfavorable, y el riesgo de una sobrerreacción del Presidente jamás se disipa. Esta contradicción, omnipresente en las sucesiones estudiadas, se agudiza en las que hemos denominado herencias electivas, por los mismos motivos estipulados capítulos atrás. El Presidente opina, en parte atinadamente, que el candidato le debe todo: ¿con qué cara, ropa o derecho se atreve a alejarse de su régimen, a cuestionar algunos errores, a proponer rectificaciones? El candidato, por su parte, desarrolla una sensibilidad extrema ante el Presidente —afinada durante la contienda previa— para descubrir el momento, el tema y las circunstancias que le permitan afirmarse y responder al clamor nacido del descontento ineluctable al cabo de seis difíciles años de gobierno. Si además el sexenio cierra con percances severos —devaluación, represión, rebeliones sociales—, la tarea de seleccionar el instante y el modo de separarse resulta más ardua: casi imposible.

Colosio intentó un primer desprendimiento a través de su discurso del aniversario del PRI el 6 de marzo; se han publicitado varias versiones sobre el ir y venir del borrador —enviado por Colosio a Córdoba, corregido por éste, devuelto al candidato con cambios o sin cambios—; circula igualmente la interpretación proporcionada por Salinas, según la cual recibió el texto de Colosio, sin animarse a sugerir modificación alguna. También sabemos que la noche anterior, en una reunión de trabajo, Colosio suprimió un largo párrafo de elogios y admiración dedicado al Presidente; en un comentario aparte, le avisó a Zedillo que más adelante hablarían de eso. Es un hecho que discursos similares se pronunciaron en todas las sucesiones aquí examinadas, y todos han provocado malestares pasajeros. El intercambio de cartas entre Colosio, Salinas y Ernesto Zedillo, coordinador de campaña pero también enlace entre los dos primeros, refleja la complejidad de los litigios en cuestión. La correspondencia se inscribe en el contexto de los inminentes cambios en el equipo de Colosio, quien, como se ha comentado ampliamente, desde enero había transcrito en tarjetones tamaño media carta diversas listas de sustituciones en su grupo de colaboradores más cercanos. Conforme avanzaba la campaña y se extremaban las tensiones internas, su voluntad de realizar esos relevos se fortalecía. Entre otros remplazos en puerta figuraba el de Ernesto Zedillo, que sencillamente "no termina de embonar", en las palabras de Colosio. Los conflictos entre él y otros integrantes del equipo se multiplicaban; cada presentación de Zedillo en las reuniones de Insurgentes Sur era demolida por los colosistas, en particular por César Augusto Santiago. Por otro lado, la carga para Santiago Oñate se tornaba inmanejable y los problemas de dinero, seguridad, organización e interlocución con distintos sectores se incrementaban exponencialmente. A raíz del discurso del 6 de marzo y de las tormentas subsiguientes, Zedillo le propuso a Colosio reexaminar el conjunto de facetas de la campaña, y en particular el aspecto internacional y electoral. Formuló una propuesta, desechada por Colosio, y a partir de ese momento se perfilaron con mayor nitidez los movimientos previstos.

Colosio barajó distintas variantes. Liébano Sainz estaba destinado a la Contraloría del Distrito Federal, junto a Ernesto Zedillo, presentido para la regencia; José Luis Soberanes a la Secretaría de Finanzas del PRI. Para atomizar la coordinación de la campaña y dejarla acéfala como tal, se preveía el nombramiento de Juan S. Millán en la Secretaría de Organización, de Eduardo Robledo en la Dirección Operativa, y de Santiago Oñate o bien en la Secretaría General del partido, en lugar de José Luis Lamadrid, o en la Oficina de la Presidencia, en lugar de José Córdoba, si Salinas aceptaba, para transformarse en la liga entre Colosio y el Presidente. Según las versiones de algunos colosistas, el contendiente priista ya había resuelto solicitar la salida de Córdoba, pero Salinas se resistía: era la única persona que aún conservaba toda su confianza.

La clave de los relevos se concentraba en el desplazamiento de Zedillo. Los colosistas, aparentemente, buscaban tres objetivos en uno al reubicar al coordinador en el Distrito Federal. El primero consistía en imprimirle mayor cohesión y eficiencia al equipo de campaña; Zedillo no funcionaba adecuadamente en esa responsabilidad. La segunda meta residía en arrebatarle a Manuel Camacho cualquier apoyo en la capital, en la remota eventualidad de una candidatura independiente o de un partido paraestatal. Manuel Aguilera, el nuevo regente nombrado en diciembre en sustitución de Camacho, siendo un hombre de gran institucionalidad, pertenecía al círculo de amigos más antiguos y fieles de éste; si Salinas llevara sus coqueteos con Camacho hasta tolerarle contender por la Presidencia, las lealtades de Aguilera podrían desviarse. A tal grado creía el colosismo en un posible desafío camachista, que Zedillo, en la carta ya mencionada, le atribuye a Camacho una intención de esa índole: "Sus opciones pasan también por ser candidato de un partido distinto al PRI." El virulento anticamachismo de Zedillo constituía una garantía al respecto en el Distrito Federal. Por último, sin ser "la razón de la propuesta", como lo recuerda Alfonso Durazo, la inhabilitación de Zedillo para aspirar a la Presidencia —al volver al gabinete— también era "una consecuencia contemplada, consciente". Otra posibilidad avizorada implicaba colocar a Zedillo como vicegobernador del Banco de México, la vieja casa de donde provenía el exsecretario de Educación; allí se encaminaría a suceder a Miguel Mancera cuando éste se jubilara en 1997. En cualquiera de los casos, Zedillo abandonaba la coordinación de la campaña, sin pleito ni ruptura con Colosio y conservando su afecto y admiración, pero con un claro balance negativo. En la medida en que José Luis Lamadrid también sería removido de la Secretaría General del PRI, las dos piezas de José Córdoba en la campaña se anulaban; a partir de ese momento, la influencia del poderoso asesor presidencial se vería seriamente mermada, si no eliminada. Por ello, tal vez, Salinas no acababa de convencerse de la pertinencia, necesidad o acierto de la remoción de Ernesto Zedillo.

Es este el entorno en el que Zedillo redacta su famosa misiva a Colosio el 19 de marzo: ante su inminente desplazamiento, frente a la evicción de Córdoba de la campaña, y en el contexto de un deslinde cuidadoso pero firme anhelado por Colosio en relación con Salinas. El Presidente, como lo asegura en su entrevista, había enviado su propia carta a Colosio (copia de la cual Salinas no me entregó), aconsejándole el establecimiento de una distancia con su régimen, pero fijando claramente los límites de la misma, así como la autoría del diseño de dichos límites. Dos reuniones de enlace en esos días contribuyen aparentemente a definir la correlación de fuerzas, y a la vez a exacerbar las tiranteces. Salinas y Emilio Gamboa, cada vez más un emisario colosista ante el Presidente —a pesar de las crecientes asperezas con su antiguo amigo, aún podía hablarle con una franqueza inaccesible a los demás colaboradores de Colosio—, conversan, según ciertas fuentes, el sabado 19 de marzo: la reunión es tensa. De acuerdo con otras fuentes, Gamboa y Córdoba también conversaron ácidamente en esos días, en una cena en casa de terceros; la tesis atribuida a Salinas en dicho encuentro hubiera sido: Colosio tiene que sentir el rigor de la fuerza salinista, y los límites del distanciamiento los determina Salinas, no Colosio. El sentido de esta tesis, e inclusive el lenguaje, se asemejan al contenido de la carta de Zedillo, sobre todo en el primero de los cuatro puntos allí abordados, donde se propone una "alianza política" entre Colosio y Salinas. Diversos protagonistas de aquellos días sospechan que el destinatario real de esa misiva era Salinas; de ser el caso, el origen de la carta radicaría en la voluntad de Zedillo (y Córdoba) de dejar constancia de su lealtad frente a Salinas, al presentarse como los adalides de una convergencia duradera, estratégica, entre el Presidente y el candidato. En esta óptica, tal vez Ernesto Zedillo se oponía a marcar una distancia justamente porque anhelaba el mencionado nombramiento en Banco de México o en el D.F., y eso dependía de Salinas, no de Colosio.

Después de muchas contrariedades, y de una última posible reunión entre Córdoba y Colosio el 19 de marzo —excepcionalmente difícil de agendar, según Alfonso Durazo—, se observa un relajamiento de tensiones entre los dos bandos. El hecho central, por supuesto, se plasma en el desistimiento público de Camacho; de allí se derivan dos aclaraciones de Colosio a todos sus colaboradores en esas fechas: nadie debe volver a tratar el tema de Camacho con Salinas; él mismo va cenar y tomarse un par de botellas de vino con el Presidente al volver de su gira por el noroeste, antes de Semana Santa. Allí se dilucidarán las cosas, se concertarán los cambios y se definirá el relanzamiento de la campaña para después de los días de asueto de principios de abril. En esta perspectiva se inscribe también la célebre cena de Colosio y Camacho en casa de Luis Martínez, justo antes del retiro explícito y final de Camacho de la contienda de 1994. Algunos colosistas aún no se persuaden del término de las hostilidades; recuerdan un incierto incidente al respecto. El domingo 20 de marzo Colosio le ordena a José Luis Soberanes comunicarse con Otto Granados —el gobernador de Aguascalientes y exjefe de prensa de Carlos Salinas—; Soberanes, siguiendo las instrucciones de su jefe, le advierte: "Luis Donaldo está enterado de que le has dado tu apoyo a Camacho como candidato." Granados se aterroriza y replica, sumamente alterado: "¿Ya lo sabe? Le tengo que dar una explicación a Colosio. Dile que Salinas me pidió darle el apoyo, e hizo lo mismo con Chirinos y con Gamboa. Pero yo necesito hablar con Donaldo; lo único que quiero es que Colosio me llame. Su llamada será una señal de que él me entiende." El martes 22, en Culiacán, Soberanes le informa de este intercambio a Colosio, quien, lógicamente, se pone frenético.

Todavía esa noche el subalterno colosista recibe una comunicación de Granados: "No me ha llamado." Meses después, Soberanes se enteró de la versión entregada por Granados al fiscal especial que investigaba la muerte de Colosio: el embrollo se aclaró en una conversación teléfonica por celular entre Granados y Colosio, quien estaba a bordo del avión que lo llevaría de La Paz a Tijuana, el 23 de marzo en la mañana, y en todo caso, a lo que se refirió Granados cuando relató la instrucción salinista de "darle su apoyo a Camacho", fue a su labor como comisionado de paz en Chiapas. Queda a juicio del lector la interpretación idónea de los hechos. A nadie le consta la conversación; varios la invocan repetida y resignadamente.

Luis Donaldo Colosio fue, en un doble sentido, el último de los mohicanos: ya no habrá tapados provistos de garantías de triunfo, y nunca más se podrá asegurar el acceso a la Presidencia de la República "toreando el toro al revés". Como en casi todo lo demás, la primera sucesión de 1994 agudizó los rasgos consagrados de las transferencias anteriores. En particular, acentuó el contraste entre los rivales derrotados, que acapararon una fuerza propia nada despreciable, y un competidor victorioso, despojado de cualquier poder personal. Pedro Aspe y Manuel Camacho, cada uno a su modo, y en ámbitos distintos o incluso diametralmente opuestos, conquistaron un considerable respaldo político autónomo, aunque no siempre espontáneo. El arrastre de Camacho en las organizaciones sociales, en el seno de la intelectualidad y dentro de la oposición superó con creces el poderío acumulado por aspirantes previos, con la posible excepción de Mario Moya Palencia; el hecho de que su arraigo haya sido a veces producto de sus propias maquinaciones, al punto de crear, estimular o subsidiar membretes sociales de apoyo, no altera la magnitud de la fuerza alcanzada. Y la afición por Aspe en la comunidad financiera internacional y dentro del empresariado mexicano dejaba poco que desear en comparación con apoyos equivalentes amarrados por Antonio Ortiz Mena o Jesús Silva Herzog, por ejemplo; el peso representado por el reparto de los bienes públicos privatizados con la conquista de esa popularidad no anula el hecho en sí. Colosio, en cambio, arribó a la candidatura quizás con menos arraigo o potencia política que cualquiera de sus predecesores, con la posible excepción de José López Portillo, aunque por edad, experiencia política y cargos burocráticos ocupados, el sucesor de Luis Echeverría gozaba de un empaque y una personalidad política que el sonorense aún no mostraba.

Sería absurdo plantear una relación causal entre esta característica y su trágico destino en Lomas Taurinas, pero es irresistible la tentación de concluir que, en parte, Colosio falleció por "débil", de un debilitamiento impuesto por la lógica sucesoria, no por las personas, los verdugos o las circunstancias. El apremio por despertar la simpatía popular, por lograr una mayor penetración en los medios, por romper el cerco salinista (= diazordacista, echeverrista, lopezportillista, delamadridista), por aventajar a adversarios acaudillados como Cárdenas y Fernández de Cevallos, lo condujeron a correr riesgos. De todo tipo: personales, políticos, de seguridad, de temeridad. El dispositivo de la sucesion presidencial a la mexicana nació indirectamente de la muerte de Álvaro Obregón; no se podían dirimir a balazos las ambiciones contrapuestas. Comenzó su ocaso con el asesinato de Colosio; ya no operaba como debía. Ya lo advertimos en el "Manual del usuario" que antecede a estas páginas: no es el propósito de esta reseña elucidar la identidad de el o los autores intelectuales del crimen de Tijuana. No obstante, se leerá en el siguiente y último capítulo que la tesis de la autoría intelectual salinista del asesinato de Colosio es incompatible con una explicación coherente de los acontecimientos del año más negro de nuestra historia moderna. Esa explicación yace en el demoledor y triste epitafio de la vida política de Carlos Salinas de Gortari: no perdió todo por su perversión con los débiles, sino por su debilidad con los perversos.

1994, II

La última sucesión que aborda esta obra, y quizá la última sucesión tradicional a secas, presenta una amplia gama de dificultades epistemológicas y de investigación que la distinguen de las demás. Para empezar, falta un aporte documental decisivo: por respeto a su investidura y para evitar falsas simetrías, no solicité una entrevista al Presidente Ernesto Zedillo Ponce de León. En segundo lugar, en parte por acuerdo previo, en parte por una reticencia creciente, el expresidente Salinas de Gortari se mostró especialmente parco y renuente a hablar en detalle de la sucesión presidencial celebrada a finales de marzo de 1994, inmediatamente después del asesinato de Luis Donaldo Colosio. En tercer término es preciso incorporar el peso de la creencia, indemostrable hasta ahora pero no por ello menos engorrosa, de una supuesta liga entre la designación de Zedillo y la muerte de Colosio. Aun si no se comparte tal postulado, como es mi caso, su existencia misma dificulta la pesquisa histórica, cegándola ante un factor desconocido cuya elucidación corresponde a las autoridades judiciales, no a la academia. Por último, y de manera previsible, los principales protagonistas del drama de aquella primavera se han mostrado mucho menos anuentes a contar su historia que sus pares en los casos anteriores: el resplandor de los acontecimientos aún deslumbra e intimida.

Ello no entraña, por supuesto, ausencia de datos, hipótesis y elementos narrativos; sólo exige un tratamiento diferente. Por ese motivo, hemos preferido en este caso proceder por preguntas más que por afirmaciones, presentando las respuestas tal como son: especulativas; no consensuales; carentes del tipo de corroboración propia de los demás capítulos; apoyadas por testimonios serios y confiables, pero menos numerosos y contundentes que en las otras sucesiones.

Primera pregunta, ya sugerida en las páginas precedentes: ¿Fue la sucesión de Salinas a Zedillo la madre de todos los descartes? ¿Se trató realmente de un proceso condensado, acelerado, de auscultación-eliminación-decisión que comprimió, en un lapso de cinco días, etapas y ritos de largo aliento? Así ha procurado escribir la historia Carlos Salinas, sobre todo conforme se agudiza el antagonismo entre la familia del expresidente y el mandatario en turno, y al ingresar el sexenio actual en su fase crepuscular sin el centelleo esperado y deseado por muchos. En esta versión de los hechos, Salinas procedió por fases sucesivas de eliminación. Primero exploró la posiblidad de modificar la fracción VI del artículo 82 de la Constitución, donde se estipula que para ser candidato a la Presidencia es preciso haber renunciado a puestos de gabinete o de gobernador de un estado seis meses antes de la elección federal. Salinas consultó al PRI y a la dirección del PAN, en la persona de Carlos Castillo Peraza, sobre esta eventualidad, y recibió una negativa categórica: ni las legislaturas estatales en manos del PRI ni los diputados del PAN accederían a una solicitud de esta naturaleza, ya que llevaría dedicatoria. En principio le abriría las puertas al tercer integrante de la terna original de la sucesión de 1993, Pedro Aspe. A tal punto posee credibilidad esta versión, que fuentes cercanas a Aspe citan una conversación entre el mandatario y el secretario en la que el primero pregunta si el segundo aceptaría la nominación, y Aspe contesta que está puesto. Otra versión, de fuente inmejorable, evoca un diálogo entre Fidel Velázquez y Salinas, donde el viejo líder obrero se pronuncia sin ambages a favor del secretario de Hacienda, argumentando que era el primer encargado de las finanzas, en muchos años, que defendía el poder adquisitivo de los trabajadores; Salinas, desconsolado, respondió: "No puedo, don Fidel; no puedo." En cualquier caso, los intentos fueron en vano; Salinas cerró ese expediente y procedió a examinar las siguientes opciones.

Por desgracia, este elegante guión contiene demasiadas imperfecciones. Para empezar, algunos protagonistas ponen en tela de juicio la descripción de Salinas. Ha sido posible corroborar, por ejemplo, la versión de un allegado colosista, según la cual a las 2:30 a. m. del día de la muerte de Colosio, es decir la noche misma de su asesinato, un asesor del secretario de Gobernación, Jorge Alcocer, por instrucciones de su jefe, Jorge Carpizo, se comunicó telefónicamente con Castillo Peraza para indagar si el PAN aceptaría la reforma constitucional del artículo 82. La respuesta —"Claro que sí; no queremos ser los buitres de la fiesta."— fue tan contundente que allí mismo, en Gobernación, se redactó el borrador de un transitorio del inciso constitucional pertinente, obviando los requisitos ya mencionados. En cuanto a la dedicatoria, si el problema consistía en una implicación *ad hominem*, la solución era fácil: excluir a Pedro Aspe, aunque de los contendientes habilitados por una hipotética reforma de la Constitución, el secretario de Hacienda parecía ser el más aceptable para Acción Nacional. Además, una reforma al artículo 82 no llevaba una dedicatoria tan diáfana, ya que le abría asideros a varios candidatos, unos del gabinete, otros de los gobiernos estatales: entre los primeros, a Jorge Carpizo, Emilio Gamboa y Emilio Lozoya, además de Pedro Aspe, y entre los segundos a Manuel Bartlett de Puebla y Manlio Fabio Beltrones de Sonora.

El mismo allegado colosista plantea otra objeción adicional de peso. Sostiene que, por lo menos en una primera instancia, Salinas recurrió a "auscultadores" prácticamente condenados a entregarle una respuesta sesgada. Su escepticismo reproduce casi textualmente la recomendación de López Portillo de evitar encuestas formales: en su entrevista, el expresidente insiste en que la auscultación debe celebrarla personalmente el auscultador en jefe. En este caso, según nuestra fuente, Fernando Ortiz Arana, presidente del PRI y uno de los precandidatos más poderosos, fue comisionado para consultar a los priistas: lógicamente, le reportó a Salinas una reacción negativa, centrada en la oposición de las legislaturas estatales a aprobar una reforma constitucional; dicha negativa favorecía sus propias perspectivas. Salinas despachó a José Córdoba a indagar sobre la postura de los panistas; el asesor presidencial, como dijimos desde un principio de estos capítulos, simpatizaba fuertemente con la candidatura de Zedillo, y por ello a nadie extrañó que la respuesta panista también fuera negativa. Por último, el Presidente responsabilizó a Carpizo de dialogar con el PRD; la contestación fue igualmente contraria; nuestra maquiavélica fuente colosista recuerda que Carpizo podía haber simpatizado con la candidatura de Manuel Camacho, su exmentor en el gabinete y el autor en parte de su ascenso a la Secretaría de Gobernación. Así, cada emisario cargó los dados y Salinas debió haber sospechado que todos ellos aportarían informes interesados. Por otra parte, Salinas reconoce que no conversó con Cuauhtémoc Cárdenas o con Porfirio Muñoz Ledo durante la coyuntura de marras. En la estela de la muerte de Colosio se justificaba con creces una entrevista con el máximo dirigente perredista y candidato a la Presidencia. Por todo ello, puede uno preguntarse si Carlos Salinas llevó a cabo una cabal y profunda encuesta sobre la posibilidad de reformar la Constitución, o si de hecho, efectuó sólo una consulta *pro forma*, contentándose *ex ante* con la salida cómoda, a saber: ungir a Ernesto Zedillo como candidato del PRI.

La segunda opción contemplada por Salinas consistió en recorrer la fecha de las elecciones federales, aplazándolas cinco semanas. De esa suerte, mediante su renuncia, determinados miembros del gabinete o gobernadores estatales cumplían con el requisito de los seis meses sin cargos. De haber sido el caso, las elecciones se hubieran celebrado, por ejemplo, el primero de octubre: cuarenta días después de la fecha prevista (el 21 de agosto), y todos los candidatos ya mencionados habrían satisfecho las exigencias legales. Este procedimiento, en teoría, permitía prescindir de una reforma constitucional, ya que la fecha de las comicios no figura en la Carta Magna; por ende, no se requería de una mayoría de dos tercios en la Cámara de Diputados, ni mucho menos pasar por las legislaturas estatales. Sin embargo, sí parecía indispensable la anuencia de los partidos de oposición (o por lo menos de uno de ellos), de los consejeros ciudadanos del IFE, y del titular de Gobernación y virtual ministro de las Elecciones.

Jorge Carpizo fue consultado por Salinas, y según lo relata éste en su entrevista y lo confirma Carpizo, se opuso a la propuesta. Consideró que presentaba una serie de objeciones técnicas insuperables —entre otras, la fecha de la instalación de la nueva Cámara de Diputados, la duración del periodo del interregno, etcétera— y, sobre todo, hizo la reflexión siguiente: "En 1994 luchábamos por elecciones legales, imparciales, y se dieron muchos pasos en esa dirección. Haber atrasado las elecciones habría demostrado que no había imparcialidad y hubiera revelado preferencia por uno de los partidos. De haber sido asesinado un candidato de oposición: ¿se plantearía la posibilidad de posponer las elecciones?" Salinas no presionó a Carpizo, ni vinculó la opción de aplazar cuarenta días las elecciones con la probable consecuencia de no hacerlo: transformar a Ernesto Zedillo en el próximo Presidente de la República. Quizás Salinas no intentó forzar a su secretario de Gobernación porque intuía que era inútil, o quizás se abstuvo porque no le entusiasmaba demasiado el procedimiento. Carpizo fue uno de los personajes cercanos al Presidente dispuesto a manifestarle una opinión escéptica frente a la eventual candidatura de Zedillo; Salinas nunca formuló la alternativa en términos de: "o corremos las elecciones, o es Zedillo". De haber sido confrontado Carpizo con esta disyuntiva, quién sabe cuál hubiera sido su reacción. Y, de nuevo, la opción no fue examinada con el PRD, que a cambio de otras reformas democráticas posiblemente habría valorado la perspectiva de rescatar a Salinas de su naufragio.

La tesis de una auscultación meramente superficial y formal podría explicarse de dos maneras. La primera descansa en un hecho en apariencia incontrovertible, que figura en todas las versiones asequibles, incluso de fuentes desprovistas hoy de cualquier afecto, respeto o miedo por Carlos Salinas: se encontraba deshecho desde la noche del asesinato, y por lo menos hasta los primeros días de la semana siguiente. Se derrumbaba su esquema entero para el porvenir, inmediato y de mediano plazo, político y personal, táctico y estratégico. Es el argumento más potente a favor de la inocencia de Salinas: se antoja inconcebible fingir tal debacle personal y política.

Apenas anunciada la noticia del atentado, antes del aviso formal de la muerte de Colosio, un miembro del gabinete que debió tratar con el Presidente el destino de la cena de Estado esa noche en honor del Primer Ministro del Canadá, lo halló completamente desencajado. De acuerdo con uno de sus amigos, que lo frecuentó repetidamente a lo largo de la semana, perdió cinco kilos de peso en siete días: una barbaridad para un hombre de complexión y estatura modestas. Otra persona, cuyas visitas recibió Salinas en varias ocasiones durante esos días, lo describe casi "en posición fetal". El Presidente fue devastado por el asesinato de su sucesor designado, y a la luz de sus antecedentes de lenta y difícil reacción frente a acontecimientos adversos, pudo perfectamente haberse inclinado por una solución de simplicidad, absteniéndose, en los hechos y casi involuntariamente, de desplegar sus talentos seductores y de convencimiento al servicio de otra causa.

Tanto Miguel de la Madrid, cuyo conocimiento minucioso del personaje se remonta a 1979, como Jorge de la Vega, menos apegado pero igualmente perceptivo, han remarcado un rasgo caracterial de Carlos Salinas: en las buenas y en las regulares, es un formidable político y adversario, pero carece la capacidad de un Bill Clinton, por ejemplo, que frente a la inusual y desmedida adversidad inmediata se crece y se supera; Salinas, normalmente arrojado y vivaz, se pasma, se ofusca y yerra. Por ello no sorprende del todo que ninguno de sus interlocutores retenga la impresión de una fuerte presión presidencial a favor de la reforma constitucional. Parece haberla descartado de oficio. La segunda explicación no contradice a la primera, sino que la complementa: la salida vía Zedillo no fue sólo la más cómoda y expedita; también fue la inducida por el personaje de Palacio presente en todas las sucesiones, y que en esta oportunidad aprovechó el desasosiego de su jefe para recuperar el terreno perdido y colocar, en una revancha tácita y exitosa, a Ernesto Zedillo en una silla que no le tocaba.

Así pues, si nos hallamos efectivamente frente a la madre de todos los descartes, no fue porque Salinas escrutó hasta sus últimas consecuencias las variantes acechables; se resignó ante una adversa situación de hechos, difícilmente modificable, pero sensible a mayores esfuerzos o empeño que los esgrimidos por el Presidente durante esos días. De nuevo, permanece el misterio: ¿Su pasividad se debió a un quebranto de ánimo e imaginación, o a su convencimiento paulatino de que la salida de facilidad, la más despejada y sencilla, encerraba innumerables atractivos y beneficios para todos: el país, el equipo, el propio Salinas, su familia? Las posibles justificaciones de un rodeo tortuoso para desembocar en una solución obvia y simple yacen en los malentendidos y misterios de los días cercanos a la nominación de Luis Donaldo Colosio como candidato del PRI. Es preciso volver al conjunto de las sucesiones para comprender por qué la salida evidente no era tal a las primeras de cambio.

La noche de la cena en honor del Premier Jean Chrétien de Canadá, el secretario de Agricultura y viejo lobo de mar de la política mexicana, Carlos Hank González, vaticinó a un par de colegas del gabinete la designación de Ernesto Zedillo. A pesar de su simpatía manifiesta por Pedro Aspe y la reforma constitucional, el profesor recurrió a la más o menos socorrida teoría del delfín, según la cual, en vista de la exigencia constitucional de seis meses sin cargo antes de la elección, cada Presidente, al escoger al candidato, también inviste a un relevo, o *second choice*, al cual puede apelar legalmente en caso de un accidente político, médico, físico o de cualquier otro tipo. El delfín suele ocupar el puesto de presidente del PRI, aunque no necesariamente. Así, Alfonso Martínez Domínguez fungió como delfín para Díaz Ordaz en la nominación de Luis Echeverría, aunque don Alfonso recuerda que Díaz Ordaz le ofreció a Echeverría su renuncia, brindándole la posibilidad de nombrar a su propio jefe de campaña en la Presidencia del PRI; Porfirio Muñoz Ledo figuró como delfín de López Portillo, designado por Echeverría en 1975-1976; Javier García Paniagua y luego Pedro Ojeda Paullada ejercitaron el cargo de sustitutos hipotéticos en 1981-1982; y Jorge de la Vega Domínguez cumplió esa misión en 1987. El problema con la sucesión que nos ocupa surge del hecho de que Fernando Ortiz Arana, el presidente del PRI en funciones, no había sido colocado a la cabeza del partido con esa intención, mientras que Ernesto Zedillo, extraído del gabinete junto con Colosio, tampoco. Según Carlos Salinas, nunca designó a Zedillo como delfín o segunda alternativa, sino a petición expresa del candidato, y ni siquiera como primera elección —el preferido por Colosio era, recordémoslo, Carlos Rojas—. De comprobarse esta versión, Zedillo nunca llenó un vacío análogo al de los otros políticos recién mencionados; le correspondía más bien una función derivada de los impedimentos o inconvenientes de otros. En una interpretación extrema y perversa de aquellos eventos —improbable, pero nunca descartable—, cabría la tesis según la cual Zedillo no era el delfín, ni Salinas insistió en ubicar a un relevo en la campaña, porque desde un principio el delfín era... Manuel Camacho, destinado a salir del gabinete, de una manera u otra, antes de la fecha fatídica del 21 de febrero (seis meses antes de la elección federal).

En cualquier caso, la idea de ungir a Zedillo como sucesor de Colosio no resultaba tan natural ni tan sencilla como nos imaginamos. Salinas debía persuadirse, o ser persuadido, de las ventajas de Zedillo frente a las alternativas, y limar las asperezas u hostilidades en su contra opuestas o contempladas por algunos. Antes de pasar a revisar este acervo de especulaciones, conviene explorar el conjunto de fichas disponibles para Salinas. Desechada la maniobra de correr la fecha de las elecciones y eliminada la variante de una reforma constitucional, el abanico en efecto carecía de anchura, diversidad y, sobre todo, de prospectos sin taras. Primero figuraban los exsecretarios de Estado del régimen: Fernando Gutiérrez Barrios, en primer lugar; Manuel Camacho, en segundo (o a la inversa), y Pedro Joaquín Coldwell en un distante tercer lugar. Algunos dirigentes sociales plantearon el nombre de Camacho; Salinas asegura no haberlo siquiera considerado, por resultar imposible, tal y como lo demostraba la manifestación anticamachista celebrada en Gayosso el día del velorio de Luis Donaldo Colosio. Pero otros aseveran que el griterío contra el comisionado de paz fue escasamente espontáneo, tratándose más bien de un acto orquestado por los directivos del PRI en el Valle de México, y en particular por Manuel Jiménez y Emilio Chuayffet. En esta óptica, de habérselo propuesto, Salinas disponía de la fuerza suficiente para imponer a Camacho, sólo que así volvíamos al punto de arranque. ¿En qué estado de ánimo hubiera accedido a la candidatura un Camacho pasado por alto la primera vez, objeto de las tensiones y resentimientos con Salinas descritos por éste en su entrevista, y urgido de probar su independencia frente al Ejecutivo saliente? Más aún: ¿cuál hubiera sido la reacción de los colosistas, desde el equipo estrecho del candidato ultimado hasta Diana Laura, al atestiguar la sustitución del mártir por el presunto verdugo? Paradójicamente, concediendo la factibilidad de designar a Camacho, su misma debilidad inicial —entrar a contrapelo, y frente a la animadversión del PRI y de los colosistas— se habría transmutado en una fuerza incontrolable para Salinas. Y, entre otros inconvenientes, el núcleo duro salinista —Córdoba, Serra, Zedillo, incluso Aspe— difícilmente hubiera rebasado el umbral sexenal.

Lo mismo sucedía con Gutiérrez Barrios, sólo que en mayor medida, gracias al deterioro de la comunicación y al factor generacional. El exsecretario de Gobernación no había salido en óptimos términos del gabinete; conservaba vínculos con varios grupos políticos de otra época hostiles a Salinas, y por edad y vocación no compaginaba con los estilos y esquemas salinistas. No era un candidato verosímil para Carlos Salinas, aunque la clase política mexicana hubiera podido juzgarlo con más receptividad que el Presidente. Lo mismo podía suponerse de Joaquín Coldwell, aunque pertenecía a la misma generación que Salinas: provenía de otro mundo. Las únicas cartas remotamente viables para el Presidente consistían en los miembros del gabinete ampliado cercanos a él de tiempo atrás, y el presidente del PRI, Fernando Ortiz Arana. Los primeros se reducían a dos: José Francisco Ruiz Massieu, director del Infonavit, exgobernador de Guerrero y excuñado de Carlos Salinas, y Francisco Rojas, director de Petróleos Mexicanos, exsecretario de la Contraloría y hermano de Carlos Rojas, el titular de SEDESOL y primer aspirante a coordinar la campaña de Colosio. Según algunas versiones, Salinas discutió con Ruiz Massieu la posibilidad de nominarlo, pero éste le advirtió de un obstáculo potencial debido a su nacimiento en Guatemala; se autoexcluyó de la contienda.

Rojas constituía, junto con Ortiz Arana, la única auténtica carta alternativa. Su relación con Salinas era antigua y estrecha; había sido el primer "colega" en el sector público del joven funcionario recién doctorado en Harvard a mediados de los años setenta. La experiencia administrativa de Rojas no dejaba nada que desear; su pericia política, sin ser ideal, tampoco resultaba despreciable. Así lo creyó Miguel de la Madrid, quien probablemente fue más explícito en su apoyo a Rojas al desayunar con Salinas el sábado 26 de marzo de lo que reconoce en su entrevista: ¿Cómo dirigir Petróleos Mexicanos durante casi siete años sin capacidad política? Cuatro razones preliminares coadyuvan a explicar por qué Salinas no se inclinó por Rojas, un candidato más cercano a su carrera, a su afecto y a su bienestar futuro que Ernesto Zedillo. La primera ha sido expuesta por algunos colaboradores de Rojas, y fue compartida por él, según ellos: la explosión de Guadalajara del 22 de abril de 1992 se convirtió en un lastre insostenible para el director de Pemex, la institución responsable de la tragedia. Postular a Rojas equivalía a reabrir el expediente, las heridas y el escándalo; Salinas reculó. Una segunda explicación la ha sugerido en alguna ocasión el mismo Salinas: el relevo debía ser alguien más lejano al Presidente que Colosio, no más cercano; de lo contrario la sospecha —de por sí creciente— de una autoría intelectual salinista del asesinato del candidato se propagaría con mayor virulencia. La gran ventaja de Rojas —su proximidad al primer mandatario— se transformó así en su pecado principal; no faltarían quienes elucubraran sobre un complot salinista contra Colosio, culminando con la sustitución del fallecido sonorense por un allegado de la "familia feliz", el núcleo más íntimo de Carlos Salinas.

La tercera objeción reposaba en argumentos más sustantivos. Francisco Rojas, desde Pemex, había discrepado vehentemente con Córdoba y con Jaime Serra a propósito del futuro de la paraestatal, y en relación con el capítulo de energía en las negociaciones del Tratado de Libre Comercio. Desde la explosión de Guadalajara, Córdoba procuró remover a Rojas de Pemex, culpándolo del percance, y buscando sustituirlo con Adrián Lajous. La maniobra fracasó, en parte debido a la defensa de Rojas por Manuel Camacho: para los propósitos sucesorios de 1994, el beso del diablo. Peor aún, Rojas se rodeó de asesores poco proclives al salinismo, y el círculo más fundamentalista lo veía como un enemigo del modelo económico en su acepción más pura. Tal vez Córdoba le advirtió a Salinas de las probables consecuencias de heredarle el poder a Rojas: el equipo se desmantelaría, la homogeneidad ideológica se disiparía, y volverían a puestos de responsabilidad figuras jóvenes o viejas pero ajenas al proyecto salinista.

Por último, Salinas conocía bien a Rojas y se percataba de dos atributos esenciales del personaje: en primer lugar, mantenía una relación de igualdad con Salinas —relación sin duda atemperada durante su Presidencia, pero destinada a volver a su cauce anterior al concluir ésta—, contraria a cualquier supeditación política, intelectual o personal; y en segundo, el Presidente poseía plena conciencia de la dureza y rudeza de Rojas, así como de sus mañas y maniobras: un hueso duro de roer, un sucesor difícil de controlar, un Presidente sin gran estatura política e intelectual tal vez, pero de laboriosa o imposible manipulación transexenal. Un amigo y excolaborador de Rojas resume la dicotomía enfrentada por Salinas en una formula sucinta: "Rojas era su cuate; Zedillo era su empleado."

Finalmente, Salinas contaba con Fernando Ortiz Arana, quien presentaba varios bemoles para el mandatario: la escasa afinidad con el modelo económico y con el equipo salinista, generacional o profesionalmente, y la posible reacción escéptica o negativa de la comunidad financiera internacional. Ciertamente, un compromiso de Ortiz Arana de apoyarse en los mismos funcionarios hacendarios y comerciales del régimen saliente hubiera atemperado algunas de esas reservas —en cierto sentido, un esquema semejante subyacía a la noción de la vicepresidencia sugerida aparentemente por Miguel de la Madrid—, pero no se trataba de la única objección al político queretano. Ante la mención de su nombre por varios de sus interlocutores de esos días, incluyendo a De la Madrid y a Jorge de la Vega, Salinas evocó el problema de su lealtad. Es probable que Ortiz Arana haya tenido conocimiento de las gestiones realizadas por varios diputados y políticos del PRI, inmediatamente después del asesinato de Colosio, con el fin de impulsar su candidatura. Algunos dirigentes sociales han incluso asegurado que Ortiz Arana efectuó llamadas o acudió a entrevistas para pedir respaldo; Salinas compartió con un integrante de su gabinete, al volver de Sonora el 25 de marzo en la noche, después del entierro de Colosio en Magdalena de Kino, su sospecha de que alguien intentaba dar un "madruguete" y resolver la sucesión al margen de las normas clásicas: no se pensaba dejar. Para el sábado 26, cuando Salinas comienza a transmitir la sensación de favorecer a Zedillo, Ortiz Arana había sido marginado del juego, ya sea por motivo de su designio de desborde, ya sea por otras razones para las cuales la tentativa de adelantarse a la decisión constituyó un taparrabos eficaz y creíble.

En conclusión, Carlos Salinas acarició en efecto opciones, pero sin dar la impresión de haber creído en ellas con excesivo entusiasmo; no obstante, algunas de las alternativas desechadas abrigaban, desde el punto de vista del país y dentro de los cánones clásicos de la sucesión, virtudes por lo menos equiparables a las de la solución retenida. El Presidente terminó con una sola carta porque no le gustaron las demás, porque se las desmontaron y porque se convenció de las ventajas ontológicas de la carta restante. Antes de tratar de elucidar cuáles pueden haber sido los méritos de la misma, conviene estudiar un problema siempre clave en la sucesión, y en particular en ésta: el de los tiempos y el de la prisa. De allí la segunda pregunta: ¿Por qué no pudo esperar Salinas, como le aconsejaron diversos colaboradores (aunque otros le recomendaban proceder con la máxima prontitud)?

Varios allegados a Salinas recuerdan hoy haberle sugerido, al comprobar su estado de ánimo vapuleado y la depresión motivada por el asesinato, diferir la decisión un par de semanas para reflexionarla con más calma. Aun quienes lo instaban a resolver lo más pronto posible no menospreciaban el carácter abatido, apabullado del hombre, y la manera quizás inconsciente, pero innegable, en que paulatinamente le entregó a Pedro Aspe el mando económico del país y a José Córdoba su conducción política. Debido a su mayor complejidad, las alternativas anteriormente mencionadas requerían de un lapso superior para ser consensadas o impuestas; Salinas no tenía la cabeza en esos días para grandes estratagemas de ajedrez, con cinco o seis jugadas calculadas por adelantado. Resolver rápido era resolver fácil; por ello muchas de las recomendaciones de celeridad llevaban jiribilla. Otras eran, sin duda, bien intencionadas, y descansaban en un argumento irrebatible: las presiones y las pasiones se rebalsaban día a día, y de no decidir pronto, surgiría el peligro de perder el control de la sucesión por primera vez en la historia.

Un primer intento de arrebatarle el proceso de las manos al Presidente ha sido descrito por el propio Salinas en varias ocasiones: se trata de la conspiración de los faxes enviados desde las oficinas del PRI, en particular de Amador Rodríguez Lozano y de Augusto Gómez Villanueva —también del despacho de César Augusto Santiago, según algunos—, a favor de Fernando Ortiz Arana. El Presidente achacó este intento, quizás *ex post*, al grupo de políticos de vieja escuela y alcurnia vinculados a Luis Echeverría. Cierta o no, la tentativa hubiera podido prosperar, justamente por contar con la anuencia del interesado —Ortiz Arana, como dijimos, sí se involucró activamente— y por responder a un deseo natural —revanchista y anacrónico quizás, pero comprensible— de sectores desplazados por el salinismo de volver por sus fueros. Salinas logró detener la intriga, pero con un costo y un desgaste manifiestos, que probablemente lo dejaron ciscado y escéptico en relación con su aptitud para neutralizar otras asonadas sucesorias. Cuando surgieron conatos de dos más, por lo menos en la mente de Carlos Salinas y quizás en la realidad, decidió definir a la brevedad, más para evitar lo peor que por los méritos intrínsecos de la presteza.

El primer intento adicional de "madruguete" pudo haberse fraguado durante una reunión realizada en casa del gobernador guerrerense Rubén Figueroa, alrededor del sábado 26 de marzo. Allí se congregaron varios jefes de gobierno estatales, según se relata, para debatir la postulación de Emilio Gamboa Patrón, secretario de Comunicaciones y Transportes, como candidato del PRI. Conocían el reparo opuesto por el artículo 82 constitucional, pero opinaban que habría manera de sobreseírlo. De esa reunión, el mismo día o al día siguiente, los gobernadores involucrados se trasladaron a la oficina de Gamboa, donde el sábado 26 y domingo 27 de marzo le exponen su plan y comprueban que no lo descarta; infieren una luz verde de su falta de reticencia, y alguno de ellos traslada la noción a Salinas en Los Pinos, o a un colaborador cercano al mandatario que a su vez la transmite a su jefe. El Presidente se enfurece, lógicamente; desactiva el subterfugio, pero de nuevo se debilita en el intento; concluye que carece de tiempo. En una interpretación altamente alambicada, de esta maquinación fallida provendría el acentuado deterioro de la relación personal entre Salinas y Gamboa, ya corroída por el anticamachismo exhibido por Gamboa en la estela del alzamiento chiapaneco, principalmente a propósito del nombramiento de Camacho. Algunos, inclusive, atribuyen a este incidente la acusación lanzada mucho tiempo después por Salinas, y citada nuevamente en su entrevista para este libro, contra el expresidente Luis Echeverría. Al visitarlo la noche del 23 de marzo en Los Pinos para extenderle el pésame por la muerte de Colosio, Echeverría, según Salinas, propuso la candidatura de Gamboa. De acuerdo con la versión contraria, expuesta por Echeverría y, en honor a la verdad, el expresidente jamás adelantó la idea de Gamboa; Salinas la fabricó para tildar a Gamboa de echeverrista y envenenar su carrera política posterior.

Emilio Gamboa desmiente categóricamente la historia entera. La mención de su nombre por Echeverría se debe, según le confesó tiempo después el propio Echeverría, al agradecimiento del expresidente por el trato que se dio a su esposa en las instalaciones del Seguro Social, dependencia conducida por Gamboa durante varios años. Ofrece su propia explicación de cada hecho real que alimentó la insidia en su contra. Es cierto, afirma, que aquel sábado y domingo de primavera desfilaron por su despacho gobernadores, expresidentes del PRI y numerosos políticos locales y nacionales, pero no debido a su intención de postularlo o porque los hubiera convocado para tal finalidad, sino por otra razón evidente. Los políticos se desesperaban por comprender lo que acontecía; resultaba imposible entrevistarse con el Presidente o con asesores y allegados en Los Pinos, y en vista de la presunta relación estrecha de Salinas con Gamboa desde 1979, y del lazo supuestamente tejido por Gamboa de nuevo con Colosio durante su efímera campaña, era comprensible que lo visitaran para hablar de política. Nunca lo "candidatearon" o lo consultaron al respecto, ni pasó por su mente la idea de ser un relevo viable. Pero Salinas sí parece haber detectado un movimiento en este sentido, y la amistad entre los dos se enfrió severamente a partir de entonces. Luis Echeverría sugiere en su entrevista que las filtraciones de 1995 sobre una supuesta relación entre Emilio Gamboa y Marcela Bodenstedt brotaron de fuentes vecinas al expresidente en el exilio.

Es difícil, si no imposible, demostrar la existencia de tal complot de gobernadores. Tal vez Salinas, obnubilado por los acontecimientos y pasmado por el colapso de su esquema sucesorio, vio moros con tranchete. Es factible, asimismo, que haya percibido dos conspiraciones en una, al traslaparse los protagonistas de ambas, y puesto que la segunda atrajo adeptos mucho más próximos a la casa presidencial. Se trata de la tendencia —que pudo o no haber rebasado ese estadio, y volverse movimiento— a favor de la candidatura de Manlio Fabio Beltrones. Demasiadas fuentes han coincidido, en la factura de este libro y en innumerables comentarios de prensa, en afirmar que el hermano del Presidente, Raúl, simpatizó con y promovió la candidatura de Beltrones, como para no advertir visos de seriedad en este segundo madruguete nonato. José Luis Soberanes —el exsubsecretario de SEDESOL y encargado de organización en la campaña de Colosio— recuerda cómo el 25 de marzo en la tarde, a bordo del avión presidencial de vuelta de Hermosillo, mientras esperaba su turno para conversar con el mandatario, Raúl Salinas pretendió convencerlo durante treinta minutos de las bondades de la "opción Beltrones", y de la necesidad de que Soberanes y los colosistas persuadieran de ello a su hermano. Si Raúl concibió la idea por simpatía hacia Beltrones o para cerrarle el paso a Zedillo, carece de importancia en este contexto. No parecía una idea absurda: Beltrones provenía del estado natal de Colosio; era un amigo cercano destinado a ocupar un cargo importante en el gobierno siguiente, de no haber perdido la vida Colosio; mantenía excelentes relaciones con su exjefe en la Secretaría de Gobernación, Fernando Gutiérrez Barrios; y, a través de su amistad con Emilio Gamboa, guardaba sólidos nexos con muchos políticos identificados con el sexenio de Miguel de la Madrid. Era joven, con experiencia administrativa y política, y susceptible de ser bien recibido por la mayoría de los poderes fácticos en México. Salvo uno: el gobierno de los Estados Unidos, que meses después filtraría a la prensa versiones involucrando a Beltrones con el narcotráfico.

La aparente indiferencia de los adeptos de esta solución al impedimento legal del cual el gobernador era víctima tenía dos explicaciones: en primer lugar, la inclusión de la categoría de gobernadores entre los funcionarios vetados por el apartado sexto del artículo 82 constitucional resultaba desconocida para muchos políticos —entre otros, como me consta, un exsecretario de Estado y un expresidente del PRI, aun cinco años después de los acontecimientos— ostentaban gran ignorancia sobre si un gobernador en funciones podía ser candidato o no. La segunda explicación quizá residía en la convicción de Raúl Salinas —impunidad obliga— de que a través de una argucia u otra sería posible pasar por alto la restricción constitucional en el caso de su amigo Manlio: él era el "bueno". Y la confusión de ambos "complots" —el que favorecía a Gamboa y el que postulaba a Beltrones— puede a su vez haber nacido de la apretada amistad entre los dos presuntos aspirantes y su igualmente ceñido vínculo con Colosio. Los domingos en las tardes solían juntarse los tres con Rubén Figueroa a jugar dominó y beber unas copas; ambos le realizaban faenas políticas a Colosio y se vieron con frecuencia durante esas jornadas eternas entre el 23 de marzo y el momento de la segunda sucesión de Carlos Salinas. De tal suerte que, en horas de gran tensión y de escasa información, no debe extrañar la aprensión presidencial —fundada o no— de que Gamboa apoyaba a Beltrones, o Beltrones a Gamboa, o que cada uno se lanzaba por su cuenta. Si además algunos colaboradores amplificaron pequeños indicios

—para convertirlos en grandes intrigas— ello magnificó el sentimiento de acoso de Salinas y su urgencia de resolver de inmediato.

De esta segunda conclusión tentativa podemos pasar a la pregunta central de esta sucesión, como de todas las que hemos escudriñado: ¿Por qué ganó el ganador? Ya insinuamos que el descarte de los demás fue un factor decisivo, pero no excluyente de otras explicaciones; ya sugerimos cómo dos procesos avanzaban acompasados: la eliminación de opciones y la construcción de la "alternativa Zedillo". Ahora toca explorar una segunda fase, subrayando de nuevo la precariedad de muchas de las conjeturas, de los testimonios y de las deducciones aventuradas.

De varias fuentes se deriva la tesis según la cual el factótum del desenlace del drama de esos días fue el jefe de la Oficina de la Presidencia, José Córdoba. No porque haya manipulado al Presidente, o porque conspiró indebidamente a favor de un candidato o en contra de otro, sino sencillamente porque un Carlos Salinas despojado ya de algunos de sus principales consejeros de antes —el propio Colosio, Manuel Camacho, su hermano Raúl por tener un candidato— y apesadumbrado por el derrumbe de su proyecto transexenal, descansó como nunca en su más leal y eficaz colaborador desde 1980. Según Salinas, fue Córdoba quien le suministró los argumentos más "convincentes y oportunos" a favor de Ernesto Zedillo; en esa medida la sucesión por descarte se transformó parcialmente en una sucesión por elección: Salinas descartaba y Córdoba alentaba una elección a sus ojos intrínsecamente virtuosa, en contraste con otras opciones y por méritos propios. Desde antes de la desgracia de Lomas Taurinas y del destape de Luis Donaldo Colosio, Ernesto Zedillo gozó de la simpatía de José Córdoba para su precandidatura; sólo el incidente de los libros de texto convenció al asesor palaciego de las magras perspectivas del entonces secretario de Educación. Como se recordará, en septiembre de 1992 se procuró repartir en las primarias del país una nueva versión de los libros de texto gratuitos de historia, preparada por un grupo de historiadores comisionado por la Secretaría de Educación Pública; el contenido de los libros dio origen a una acre polémica entre intelectuales, maestros, dirigentes sindicales, expresidentes y las Fuerzas Armadas; todo ello condujo al retiro y quema de los libros en cuestión, y a posponer la confección de nuevos manuales. A partir de esa fecha, los bonos de Ernesto Zedillo cayeron y Córdoba se resignó ante la candidatura de Colosio, con quien mantenía relaciones correctas, si no afectuosas, mejores, en todo caso, que con Camacho o Pedro Aspe, ambos arrollados por una creciente animosidad contra el llamado "Mazarino de Los Pinos". Cuando fallece Colosio y es preciso encontrar un nuevo candidato, podemos especular sobre cómo Córdoba capta perfectamente que, si se deja todo en manos del destino, de los descartes y de las decisiones y estados de ánimo de Salinas, cualquier cosa puede suceder; por ello aboga en favor de Zedillo, y no tanto quizás, en contra de otras opciones. Es factible suponer que recurrió a cuatro tipos de argumentos con el propósito de persuadir a su patrón; para que fueran considerados "convincentes y oportunos", debían haberse distinguido, por lo menos en parte, de aquellos aportados por otros, y servir para rebatir los razonamientos contra Zedillo que proliferaban en el entorno del Presidente Salinas.

La primera y más evidente tesis a favor del coordinador de la campaña de Colosio puede haber consistido en la continuidad del proyecto económico. Si bien Pedro Aspe también garantizaba la permanencia del modelo, ninguno de los demás podía prometer lo mismo, y en particular Francisco Rojas o Fernando Ortiz Arana no ofrecían seguridad alguna al respecto. Nadie como Córdoba podía convencer a Salinas de las virtudes del proyecto —y además Salinas no requería mayor persuasión al respecto— y de la necesidad de atenerse al modelo el tiempo indispensable para que rindiera los frutos esperados. Otros le habrán ofrecido a Salinas este mismo enfoque, pero Córdoba disponía de más información sobre las convicciones íntimas de cada una de las candidaturas alternativas a Zedillo y podía contrarrestar con mayor eficacia sus hipotéticas ventajas.

La segunda categoría de argumentos quizás revistió características exclusivas de Córdoba y más centradas en lo esencial. Sólo Zedillo brindaba garantías de continuidad del *equipo* de Salinas, continuidad que a su vez constituía la mejor prueba de devoción a —e identificación con— el *proyecto* de Salinas. Ni Rojas, u Ortiz Arana, entre los posibles sin cambios jurídicos, ni Aspe, Lozoya, Beltrones, Gamboa o el remoto caso de Bartlett, entre los vetados constitucionalmente, auguraban la conservación del equipo "duro" más allegado al Presidente: el propio Córdoba, Jaime Serra, Ernesto Zedillo, Guillermo Ortiz, en el primer círculo, Francisco Gil, Carlos Ruiz Sacristán, Adrián Lajous, Juan Rebolledo y otros en el ámbito más amplio. El único susceptible de reconducir a ese equipo era Zedillo, tal y como ocurrió, por cierto, hasta que el "error de diciembre" trastocó todos los planes y todas las aspiraciones.

El tercer argumento puede haber girado en torno al compromiso de Zedillo de velar por la integridad y tranquilidad del expresidente y de su familia. A esas alturas, aun en la remota eventualidad de carecer de información precisa, Carlos Salinas escuchaba pasos en la azotea. Pululaban los rumores a propósito de los negocios y excesos de su hermano Raúl; Colosio había desconfiado de él, según sus colaboradores, y Camacho también compartió su recelo con el Presidente. Salinas no podía corroborar dichos rumores, tal vez; no los creía, quizás; jamás sospechó que derivarían en una persecución descarnada o en una cacería de brujas de todos sus familiares; pero debía presuponer que la resaca en su contra se tornaría más violenta y peligrosa de lo que había imaginado. En consecuencia, un elemento clave en una sucesión intempestiva, improvisada, como lo sería de manera ineluctable la sustitución de un Colosio desaparecido, consistía en asegurar al expresidente y a su familia un trato acorde con las reglas no escritas del sistema. Normalmente, dicha seguridad se arraigaba en el proceso sucesorio en su conjunto. Como en este caso un proceso —el de Colosio— se truncó, y el otro —el de Zedillo— nunca se inició, una promesa y una explicación política y lógica proporcionadas por Córdoba, incluyendo la presencia del mismo Córdoba en el próximo gobierno a título de rehén o resguardo, revestía un gran encanto para Salinas. La relación entre Córdoba y Zedillo era lo suficientemente antigua e intensa como para dar por descontada esa presencia.

Por último, figuraba el argumento de la cercanía a Colosio y de la lejanía personal con Salinas. Si una de las réplicas ante la propuesta de Rojas partía de su proximidad excesiva a Salinas y la consiguiente suspicacia que podía despertar entre los colosistas, ¿qué mejor antídoto para una crítica de esa índole que escoger a quien el propio Colosio había ungido como coordinador de su campaña, a saber, Ernesto Zedillo? Los colosistas no podrían impugnar la selección, ni tampoco cabría una censura motivada por una amistad demasiado estrecha con Salinas. Con Zedillo no imperaba un lazo de juventud o de pininos en el sector público, como en el caso de Camacho, Lozoya o Rojas, ni la relación de "familia feliz" que floreció con Gamboa durante una época. Recuerdo una ocasión, en julio de 1994, durante una conversación con el Presidente en la cual vino a colación doña Nilda Patricia Velasco, la esposa de Zedillo, y la agradable impresión que me había causado tras haber conversado brevemente con ella en San Luis Potosí; Salinas confesó casi no conocerla y estar deseoso de hacerlo en alguna oportunidad. En otras palabras, Zedillo cumplía a cabalidad con el requisito de la distancia frente a Salinas y con el de la simpatía anterior del candidato asesinado, criterios que, vista la estatura cobrada por su viuda, doña Diana Laura Riojas, en los días recién transcurridos, no pecaba de impertinencia.

En este intersticio se asoma un episodio delicado y enigmático en la trama fatal de aquella primavera: algunos lo tildan de traición, otros de malentendido, pero independientemente de la estridencia del caso, lesionó o clausuró una de las colaboraciones más intensas y decisivas en la historia reciente del país. El relato de los hechos, detalles más, detalles menos, ha aparecido ya en la prensa; aquí sólo se agrega la verificación de la identidad y confiabilidad de la fuente —un colaborador cercano tanto de Colosio como de Salinas— y la correspondencia de los hechos con la visión del expresidente. Muy poco tiempo después del anuncio de la postulación de Zedillo —tal vez el mismo martes 29 de marzo en la tarde—, Salinas se reune con Diana Laura Riojas viuda de Colosio; escucha de su parte un reclamo, lamento o expresión de desagrado frente al desenlace del drama vivido durante esos días. En particular deplora el empeño de asociar al candidato recién proclamado con su esposo, recordándole al Presidente cómo Colosio ya había decidido remover a Ernesto Zedillo de la coordinación de la campaña. No embonaba con los demás colaboradores, y si bien Colosio le conservaba afecto y respeto, prefería ubicarlo en otro cargo, como vimos en el capítulo anterior. Pensaba solicitarle a Salinas el enroque en su próxima cena, programada justamente para ese lunes o martes, antes de la Semana Santa. Frente a la perplejidad de Salinas, Diana Laura alegó que Colosio le había enviado un mensaje al respecto a Salinas a través de José Córdoba, es decir, por la misma vía de siempre. Salinas protestó que nunca recibió el recado; Córdoba lo había desinformado.

El Presidente le reclamó la incomunicación a su colaborador estrella; según algunas fuentes —otras, no las mismas—, se produjo un acrimonioso altercado verbal entre ellos —algunos incluso lo sitúan en el hangar presidencial del aeropuerto— y, escasos días después, Córdoba es relevado de su cargo y nombrado representante de México ante el Banco Interamericano de Desarrollo en Washington. De acuerdo con algunas personas cercanas a Salinas pero en contacto con Córdoba, el asesor no acepta haber callado el mensaje; justifica su comportamiento aduciendo una malinterpretación del Presidente en relación con el informe rendido. El vínculo entre los dos hombres se resarció parcialmente en diciembre de 1994, cuando Córdoba coordinó desde Washington la campaña de Salinas para acceder a la Dirección General de la Organización Mundial de Comercio, comunicándose telefónicamente con embajadores en misión o con altos funcionarios comisionados por el nuevo régimen para cabildear a favor del expresidente. Pero nunca se recuperaría la confianza de antaño.

La versión concuerda con varias interpretaciones análogas, aunque algunos colosistas, como el exsecretario y amigo de la viuda del candidato, Fernando Gamboa, confiesan su escepticismo en torno a dos aspectos: que Diana Laura se hubiera manifestado con tanta vehemencia frente a un Salinas de cuya lealtad ya dudaba, y que Colosio acudiera todavía a esas alturas a Córdoba para pasar recados. Sobre la primera objeción es díficil opinar; la relación entre Diana Laura y Salinas atravesó en secuencia por varios momentos de tensión y consuelo; el reclamo es factible, aunque no necesariamente en esa forma exacta. En cuanto al proceder de Colosio, no carece de verosimilitud la versión —sugerida, entre otros, por Samuel Palma, uno de sus colaboradores más cercanos— según la cual el sonorense solía sondear a Salinas vía Córdoba; más que un mandar un mensaje o consultar, tal vez preparó el terreno para una decisión ingrata o intolerable para el Presidente o para el propio Córdoba. Manuel Camacho, por su parte, afirma que, hasta donde sabe, los mensajes de Colosio a Salinas sí pasaban por Córdoba, y Córdoba sí filtraba los recados y la información según le convenía. Evoca una ocasión, hacia mediados del sexenio, al publicarse un artículo elogioso para el regente en *The Economist*: en la copia mostrada por Córdoba a Salinas, suprimió los pasajes laudatorios al jefe del Departamento.

En el paquete de sustituciones propuestas en el equipo de Colosio aparecía el relevo de José Luis Lamadrid por Santiago Oñate en la Secretaría General del PRI; al abandonar Zedillo y Lamadrid la campaña, Córdoba permanecía sin alfiles, en ese tablero, por lo menos. Quizás por ese motivo, Colosio prefirió implicar a Córdoba en los cambios: ya sea comprometiéndolo con ellos al ser su heraldo frente a Salinas, ya sea induciéndolo a silenciar el mensaje, exponiéndose después al reproche de no actuar de buena fe como intermediario. Otros colosistas cuestionan la vigencia del vínculo entre Córdoba y Colosio, sin ir tan lejos como Beltrones —citado en el capítulo precedente—. Santiago Oñate, por ejemplo, conserva en la memoria un incidente embarazoso, a propósito de una de las eventuales reformas a la legislación electoral. Oñate le comentó a su jefe que "Pepe no estaba de acuerdo" con la propuesta correspondiente. "¿Cuál Pepe?", preguntó Colosio, y al ser informado insistió: "¿Por qué le preguntas a él? Ahora sólo me reportas a mí."

Conviene detenernos aquí para una última reflexión general. La sucesión desata afanes y codicias descomunales por muchas razones, pero sobre todo por una: hay demasiado poder de por medio. La Presidencia de la República en México no es ni un puesto de "inaugurador de crisantemos" (De Gaulle), ni siquiera una función presidencial común y corriente. Es, o ha sido, todo el poder, en todo el país, todo el tiempo, durante un sexenio. Por ese poder —de decisión, de colocación, de enriquecimiento, de transformación, de figuración— bien vale la pena pelear, engañar, robar y matar, y en todo caso conspirar sin tregua. La única manera de acotar las pasiones y los intereses en juego es limitando el poder en juego: lograr que no se justifique ni se compense tanto empeño, tanto daño, tanta desesperación. Mientras no sea el caso, cualquier mecanismo sucedáneo arrojará las mismas consecuencias y desatará los mismos furores y delirios.

Más allá de la anécdota sobre la presunta traición de José Córdoba, que en todo caso refleja únicamente una arista de la sucesión, para el fin de semana del 26 y 27 de marzo, Salinas develaba una creciente disposición hacia Zedillo, aunque la inclinación nació en realidad desde el jueves 24 de marzo, casi inmediatamente después de la tragedia. Quienes se entrevistaron con el Presidente el sábado 26, desde el expresidente De la Madrid hasta Jorge de la Vega, retienen la impresión de una defensa tan convencida y vigorosa de Zedillo, en comparación con sus comentarios frente a las demás alternativas, que parecía haber resuelto el dilema. Incluso algunos colosistas, como José Luis Soberanes, recuerdan hoy cómo concluyeron desde ese momento que el elegido sería Zedillo. Salinas conversó con Soberanes durante el vuelo, inquirió su punto de vista y éste, después de aclarar que en su opinión Salinas ya tenía un candidato —Manuel Camacho—, se pronunció a favor de Ortiz Arana. Otros colosistas —de nuevo Samuel Palma— especulan que Salinas en efecto optó por Zedillo desde temprano, pero volvió a acariciar la idea de Manuel Camacho el domingo 27 de marzo, cuando visita a Diana Laura en Tlacopac y le solicita la carta exonerando al exregente de cualquier responsabilidad por la muerte de su marido.

Muy pronto, de cualquier manera, Salinas comienza la labor de construcción del consenso a favor de Zedillo. Si bien ciertos testigos suponen que despacha a su exsecretario de Programación y luego de Educación a efectuar visitas cruciales para detectar el sentir de los consultados, más bien parece enviar a Zedillo con algunos poderes fácticos para anunciarles su elección. Disponemos de relatos fidedignos en lo tocante a tres entrevistas con sendas personalidades que por algún motivo hubieran podido disentir de la designación. Una se celebró con la dirigente del sindicato de maestros, Elba Esther Gordillo, el lunes 28, víspera del destape, ya tarde por la noche. La profesora se había confrontado con el secretario de Educación cuando el enredo de los libros de texto, y aunque no era razonable sospechar de la lealtad de alguien tan institucional, su beneplácito le importaba a Salinas. Una segunda visita fue al general Antonio Riviello, secretario de la Defensa, tanto para limar asperezas, de nuevo en torno a los libros de texto, como posiblemente para ofrecer a las Fuerzas Armadas la oportunidad de transmitirle al Presidente alguna duda basada en otros factores. La conversación con Riviello, según algunas versiones, se celebró en presencia de un tercero —un testigo y propagador de la noticia del encuentro— y antes de una reunión de Zedillo con todos los comandantes de zona militar. Allí el "tapado" logró borrar las dudas o amarguras pendientes y superó el último obstáculo a su postulación. Finalmente, Zedillo visitó a la viuda de Colosio el domingo 27 de marzo, a raíz de una petición de Salinas a Diana Laura de que recibiera al excolaborador de su marido. No era una consulta o un aviso, sino una deferencia.

Dentro del acelerado proceso de eliminación-auscultación-selección tímidamente sugerido en estas líneas, es obvio que surgieron objeciones, advertencias y zancadillas en el camino de Ernesto Zedillo a la candidatura del PRI. Muchos de quienes se opusieron entonces a la postulación del coordinador de la campaña de Colosio, o que manifestaron reticencias al respecto, hoy guardan silencio o han mudado de camiseta. Por ello resulta especialmente complejo formarse una idea de quiénes pueden haberle aconsejado cautela a Salinas, o de plano que desistiera del sendero de la facilidad. De las averiguaciones realizadas para este ensayo, y por la calidad y concordancia de las fuentes con otros testimonios, se deriva que por lo menos cuatro voces se expresaron con escepticismo ante la hipótesis de una candidatura zedillista. La primera fue la de Emilio Lozoya, secretario de SEMIP y amigo de facultad de Salinas; el contenido de su oposición permanece desconocido para mí. La segunda voz fue la de Pedro Aspe, cuyas rispideces burocráticas con Zedillo, generadas por la rivalidad institucional entre las dos dependencias —Hacienda y SPP— ocupadas por ellos, eran notorias. Además, en la medida en que Aspe identificaba atinadamente a Zedillo con Córdoba, Serra y Ortiz, provocaba roces adicionales. El sentimiento era mutuo, como se comprobo, a un alto costo para el país, en noviembre del mismo año, cuando Aspe se resistió a devaluar la moneda, Zedillo se negó a ratificarlo como secretario de Hacienda, y Aspe rechazó las eventuales ofertas de otras carteras. Existen poderosas razones para suponer que Aspe le expuso a Salinas varias reservas o experiencias engorrosas con Ernesto Zedillo en tanto colega de gabinete y corresponsable del aparato financiero y de la política económica.

La tercera voz fue la de Jorge Carpizo, secretario de Gobernación, quien sufrió los estragos de diversos conflictos con Zedillo desde la Comisión Nacional de Derechos Humanos, cuando Zedillo se hallaba en la SPP, y desde la Procuraduría General de la República, con Zedillo en la Secretaría de Educación. Carpizo recuerda así su posición: "Yo nunca intervine en cuestiones partidistas. Como secretario de Gobernación estuve lejos del PRI, como lo muestra el hecho de que nunca se me pidió y nunca di una opinión sobre las candidaturas del PRI a diputados y senadores en 1994. Realmente fui un secretario de Gobernación apartidista. En ese momento preciso, viendo cuáles podían ser las posibilidades reales ante el asesinato de Luis Donaldo Colosio, en forma extraordinariamente prudente, como una reflexión en voz alta y tratando de mostrar que no deseaba intervenir sino que estaba únicamente pensando en el país, le dije al Presidente Salinas, a propósito de la posible candidatura de Ernerto Zedillo: 'Piénselo bien, Zedillo es un hombre terco y dogmático; no tiene experiencia política'."

Por último, el hermano incómodo, Raúl Salinas, advirtió al Presidente que Zedillo resolvía un problema en ese momento, pero le daría un dolor de cabeza durante muchos años. Diversas razones fundamentaban la opinión negativa de Raúl, y no todas se convalidaban a ojos de su hermano menor. Para empezar, como vimos, Raúl respaldó a otro candidato, Manlio Fabio Beltrones, y obviamente Zedillo figuraba como su contrincante más viable. En segundo lugar, cuentan que, a finales de 1992, el futuro gobernador de Guerrero, Rubén Figueroa, invitó a Ernesto Zedillo y a su familia a pasar las fiestas en Acapulco; para ello alquiló una casa propiedad de Adriana Salinas, la hermana del Presidente. El 28 de diciembre irrumpe el Estado Mayor Presidencial en la residencia y desaloja a los Zedillo: Adriana, sin saber quiénes eran los inquilinos, había pedido la devolución de la casa para prestársela a su hermano Raúl, quien, acompañado de Paulina Castañón, pensaba celebrar allí el Año Nuevo; también los recién casados desconocían la identidad de los huéspedes anteriores. De verificarse la anécdota, Raúl podía suponer que Zedillo guardaría cierto rencor por la afrenta involuntaria, aunque tiempo después diría que el asunto se había "arreglado".

A pesar de los tapujos expresados por unos y otros, Salinas procedió. Encontró, según algunos, a un Zedillo plenamente dispuesto a ser seleccionado; según otros, a un personaje esquivo, reticente, sentido u ofendido por haber sido desestimado ya en dos ocasiones por Salinas: en noviembre de 1993, cuando el *first choice* recayó en Colosio, y en los primeros días después del asesinato de Colosio, cuando la primera opción de Salinas parecía ser Pedro Aspe vía la reforma constitucional, o Manuel Camacho sin ella y hasta la rebelión del PRI. De acuerdo con ciertos zedillistas, el exsecretario de Educación se resistió varios días, aduciendo que no iba a resolverle a Salinas un problema que no creó. Finalmente accedió. El resto de la historia es conocido: con toda delicadeza y maña, Salinas instiga el retiro explícito de Ortiz Arana y la nominación de Zedillo por un paisano, amigo y colaborador de Colosio.

En la versión, justamente, de Manlio Fabio Beltrones, el gobernador de Sonora sostuvo una primera conversación con Salinas en el helicóptero entre Magdalena de Kino y Hermosillo, el viernes 25 de marzo por la tarde. Se pronunció abiertamente a favor de la reforma constitucional, aduciendo que no se trató de un accidente, sino de un atentado; aun si la suerte favoreciera a un aspirante habilitado sin reforma, resultaría preferible ungirlo con reforma. Beltrones aterrizó en México el 26 en la madrugada y volvió a entrevistarse con el Presidente durante el día. Salinas lamentó la ausencia de respaldo para una reforma; insinuó que sólo permanecían tres contendientes en liza: Zedillo, Ortiz Arana y Rojas, y sobre todo los dos primeros. Salinas solicitó su punto de vista: "¿Qué opinión guardaba Colosio de su coordinador de campaña?"; reconstruyó elípticamente un comentario público de Colosio sobre Zedillo, realizado en ocasión de su nombramiento como coordinador; preguntó si no existiría algún registro de dicho pronunciamiento. Beltrones lo confirmó y se comprometió a buscarlo; Salinas, por último, deslizó la idea de una visita del gobernador a su amiga Diana Laura para advertirle de la inminencia de las decisiones, y que las opciones, en los hechos, parecían ser Ortiz y Zedillo, pero más bien el segundo. Beltrones se trasladó a la casa de Diana Laura en Tlacopac el sábado 26, transmitió el recado presidencial y recogió la opinión de la viuda del fenecido candidato. Carlos Salinas pasó la tarde en compañía de la viuda de Colosio; lo acompañó un rato su esposa, doña Cecilia Occelli. Parte de la conversación se dedicó a la carta exculpatoria solicitada a Salinas por Manuel Camacho; por boca de los colosistas —Palma y Durazo, entre otros— que se reunieron con Diana Laura después de la visita de Salinas, sabemos también que, tanto ella como los colaboradores de su esposo, pensaron que a pesar de los mensajes cifrados del Presidente, había vuelto a considerar la carta Camacho.

A través de la estación de televisión de la cual era propietario en Hermosillo —Telemax—, Beltrones consiguió el video de las declaraciones de Colosio a propósito de Zedillo y, siguiendo las sugerencias tácitas de Salinas, convocó a un grupo de gobernadores amigos a desayunar en su casa el martes en la mañana, en el entendido de que el "destape" acontecería horas después. De allí partieron a Los Pinos para consumar el proceso de designación del sucesor de Colosio. Discutieron en primer término el método, y luego las diferentes opciones de personas. Una vez instalados en Los Pinos, en compañía de Salinas, de los demás dirigentes del PRI y de la nomenclatura del sistema, comenzó la última escena de este relato. Salinas avisó que el presidente del PRI, Fernando Ortiz Arana, deseaba formular una declaración; proclamó su desistimiento de la candidatura. En seguida Salinas le cedió la palabra a Beltrones, quien había instalado un monitor y una videocassetera en la sala, para que el gobernador del estado natal del candidato extinto compartiera con los presentes una sugerencia póstuma de Colosio. Beltrones prendió la máquina, corrió el elogio de Colosio a Zedillo y terminó explicitando su propuesta: el candidato debía ser Zedillo. Salinas preguntó si existían otras propuestas; al cabo de un silencio sepulcral de más de veinte segundos, anunció que pronto Zedillo se uniría a ellos para que, todos juntos, los jerarcas priistas hicieran público su fallo. Según Beltrones, Salinas jamás le indicó qué hacer; sólo lo indujo a dar los pasos que dio.

¿Descarte o decisión? Si juzgamos de modo retrospectivo, por los efectos generados *a posteriori*, la conclusión se impone por su propio peso. El grado de antagonismo entre Salinas y Zedillo desde la campaña, durante el interregno y, obviamente, después del arresto de Raúl Salinas en febrero de 1995, sólo es comparable con las rupturas entre Echeverría y Díaz Ordaz —en la primera sucesión por descarte—, y entre López Portillo y De la Madrid —en la segunda—. Zedillo se creyó vencedor por cuenta propia, y Salinas se sintió engañado por alguien que no cumplió las promesas estipuladas, ni se comportó conforme a las expectativas generadas. Ciertamente surgieron también raspones con los rivales derrotados, pero nada del otro mundo, y en todo caso, la posible animosidad o desilusión de los precandidatos vencidos en marzo de 1994 no parecen provenir de esa sucesión.

Al mismo tiempo, es difícilmente ignorable el volumen de indicios sugerentes de una elección más activa, consciente y deliberada de Carlos Salinas a favor de Ernesto Zedillo desde un principio. Tal vez por ello nos hallamos ante una sucesión idiosincrática, donde se magnifican todos los rasgos, de uno y otro tipo, por la aceleración de los acontecimientos. Hubo descarte, pero también un esfuerzo desenfrenado por un falso fiel del fiel de la balanza para apresurar y asegurar la eliminación de unos y la promoción de otro. Hubo elección, pero también una estrategia urdida para eliminar lo antes posible a las demás alternativas y colocar en la silla a un aspirante predestinado. Hubo, por fin, conflicto entre rivales, al mejor estilo de las sucesiones anticipadas *in pectore*, y también ruptura brutal entre saliente y entrante, conforme a la tradición de las sucesiones por descarte. Al país le tocó lo peor de ambos mundos: la gresca entre Aspe y Zedillo que desembocó en la devaluación de diciembre, y la guerra entre Salinas y Zedillo que marcó y envenenó el último sexenio del siglo. La fragilidad del mecanismo, así como su resistencia al paso del tiempo, brilló con más claridad que nunca, difundiendo una doble señal: urgía el cambio, pero la nebulosidad e inmadurez de un dispositivo alterno, funcional y menos precario desactivaba la voluntad de cambio. En esas estamos.

Apéndice: 6 de julio de 1988

No podemos ocuparnos aquí de las infinitas divergencias surgidas de la coyuntura inaugurada el 6 de julio de 1988, entre los integrantes del círculo salinista, entre los dos principales candidatos a la Presidencia de la Repúbica, ni mucho menos entre las grandes corrientes políticas y sociales de México que se enfrentaron en esas semanas y a lo largo de todo el sexenio de Carlos Salinas. Sólo nos corresponde aportar algunos pequeños elementos adicionales a lo que ya sabemos.

Para situar debidamente el contexto de la elección, el fraude y el desenlace —la ascensión al poder de Carlos Salinas—, es preciso enfatizar la inmensa sorpresa que representó el resultado electoral contabilizado por los diversos mecanismos en manos del gobierno y del PRI. Manuel Camacho, que sin duda no fue ni tan partícipe de las fechorías de los demás salinistas como lo sostienen sus enemigos, ni tan ajeno a ellas como quisieran creer sus amigos, proporciona antecedentes de gran trascendencia, corroborados por otros —entre ellos De la Vega y Bartlett— y deducibles del comportamiento de los diversos protagonistas: "No había conciencia del tamaño de la bronca de Cárdenas. Bartlett no estaba consciente de ello; fue la primera víctima; estaba sorprendido por los resultados." El exsecretario de Gobernación confirma esta apreciación: "Yo estaba ocupado en la tarea de organizar la elección conforme a la ley; eso fue lo que hice. No estaba a cargo de encuestas ni de su análisis; eso correspondía al PRI." Pero el exlíder del PRI también lamenta su ignorancia: "No tenían claro el resultado por venir." Jorge de la Vega recuerda, asimismo, que no había una apreciación cabal del deterioro de la campaña y de la fuerza adquirida por Cárdenas. Así pues, la primera premisa para comprender los acontecimientos subsiguientes consiste en consignar el tremendo asombro provocado por los resultados iniciales al caer la noche del 6 de julio.

Es cierto, como afirma Salinas en su entrevista y también se argumenta en un libro publicado a finales de 1994 —*Elecciones a debate: Las actas electorales perdidas*, Diana, 1994: una especie de versión salinista oficiosa de las elecciones de 1988—, que el candidato y su equipo disponían de encuestas realizadas por Ulises Beltrán y la Secretaría de Acción Electoral del PRI, donde de alguna manera se pronosticaban un resultado análogo al que ulteriormente se oficializaría. Pero esas encuestas —una copia de las cuales me fue entregada por José Córdoba dos días después de la jornada electoral, aunque Carlos Salinas no me hizo llegar las que menciona en su entrevista, y que probablemente son las mismas— se podían leer de varias maneras. La última, efectuada entre el 27 de junio y el 3 de julio, arrojaba los siguientes números nacionales: 20% para el PAN, 46% para el PRI, 28% para el FDN; cifras efectivamente cercanas a las reivindicadas por Salinas como fieles al espíritu del electorado. Sin embargo, de otras conversaciones mías con José Córdoba antes del voto se desprendía un estimado inferior al 25% para Cárdenas; más aún, los datos para entidades cardenistas como el Distrito Federal y el Estado de México —levantados al principio del periodo mencionado y mucho más confiables que los del resto de la República— sufrieron una desviación considerable en relación con el resultado final: más de diez puntos de subestimación del voto para el FDN en esas dos entidades, más de 15 puntos en Michoacán y un 23% en Morelos. A la inversa, la encuesta "sobreestimó" notablemente la votación del PRI en sus estados estratégicos: Oaxaca (+16%), Veracruz (+14%), Puebla (+25%) y Chiapas (+37%). Bastaba con que los salinistas descreyeran de los datos nacionales y dieran por buenos los de la Zona Metropolitana del Valle de México —una tentación lógica— para esperar un amplio margen de triunfo: más de 55% del voto nacional. Los indicios disponibles hoy —y entonces— tienden a sugerir que el grupo salinista confiaba en un resultado por encima —y con creces— del 50% del voto, donde posiblemente perdían con el ingeniero Cárdenas en la capital y en el Estado de México, pero no por dos a uno. Habría que acotar esta conclusión con un elemento: los encuestadores salinistas han confiado a algunos de sus mentores que la tendencia de los sondeos mostraba una curva ascendente para Cárdenas y una descendente para Salinas; ellos sí sabían que, días o semanas después del 6 de julio, Cárdenas superaría a Salinas.

Ahora bien, la magnitud del "enderezamiento" retrospectivo del resultado electoral fue objeto de una agria discusión en el seno del equipo de Salinas, ya que de cada opción se derivaban conclusiones políticas muy diferentes. Si se admite la premisa de una modificación *ex post* significativa de la suma final —premisa prácticamente consensual a estas alturas—, se capta el carácter diabólico de la disyuntiva para los salinistas. Partamos, por el momento, de la hipótesis de trabajo más contraria a los intereses priistas: Cárdenas ganó y el ajuste electoral buscó entregarle a Salinas un triunfo ilegítimo; esta es la tesis del fraude para *ganar* una elección perdida. El umbral ficticio —o fraudulento— de victoria podía fijarse en un porcentaje menor o mayor al 50%, obligando en la primera vertiente a negociar con la oposición y en la segunda a imponer la calificación de Salinas exclusivamente con los votos del PRI en el Colegio Electoral. Veamos ahora la segunda hipótesis de trabajo, más favorable a los salinistas: Salinas ganó, pero por un margen muy inferior al 50% contabilizado oficialmente; esta es la tesis del fraude para *abultar* el margen de victoria. En este caso, se podía realizar un ajuste hasta el 50% para evitar una negociación indeseable con los opositores, o aceptar el resultado "real" —digamos de 42%— y negociar la calificación presidencial con la oposición.

La barrera del 50% era decisiva por una razón: con menos de la mitad de los votos, la única manera de lograr una mayoría priista en el Colegio Electoral para calificar la elección presidencial residía en conformarla con la aplicación de la clausula de gobernabilidad, es decir, el artículo 208, fracción IV, del Código Federal Electoral. Gracias a esa cláusula, de no alcanzar una mayoría absoluta de la votación ni de los escaños de mayoría relativa, el partido mayoritario en el Congreso se vería favorecido por un complemento de escaños de representación proporcional, hasta alcanzar la mitad más uno de éstos: 251. Si el PRI lograba 42% del voto, por ejemplo, y doscientas curules en los trescientos distritos de mayoría relativa, automáticamente recibiría un suplemento de 51 escaños entre los de representación proporcional, hasta capturar los 251 necesarios para consolidar una mayoría absoluta. Absoluta pero terriblemente precaria, y conducente a todos los chantajes habidos y por haber; ésta fue quizá la mayor objeción a contentarse con menos del 50%. El PRI contaría con una mayoría aterradoramente exigua, vulnerable a defecciones —como la de un diputado tabasqueño, Darwin González— y a pujas desorbitadas por pagos o recompensas políticas. El viejo apotegma de la política parlamentaria europea se conjuga en México de una manera peculiar: la mayoría más fuerte es la más pequeña, pero también la más cara. En cambio, con 50% *plus* de la votación, y descontando votos anulados y blancos del total, la aritmética electoral arrojaba 260 o 261 diputados para el partido mayoritario: colchón incómodo, pero colchón al fin. Los diez diputados de diferencia, derivados de 42% o de 50.3%, no constituían un simple detalle.

Según un estudio interno elaborado en aquel momento en la Secretaría de Gobernación, incluso con 51% del voto y 261 diputados (como sucedió) habría podido desprenderse el siguiente "escenario de pesadilla" para Salinas: "1.- El Colegio Electoral de la Cámara de Diputados se integra por los presuntos diputados que reciban constancia de mayoría y por los plurinominales. 2.- De acuerdo con los resultados, el PRI tendrá derecho a obtener 261 dipuados en el Congreso. Su distancia con respecto a la oposición para obtener mayoría en la Asamblea es de 23 diputados. 3.- De acuerdo con los resultados porcentuales de la elección, el PRI llegará al Colegio Electoral con muy pocos diputados de representación proporcional, 12, contra 188 de la oposición. Para obtener mayoría en la Asamblea, el PRI tiene que lograr 177 constancias de mayoría por encima de las que obtenga la oposición. 4.- En virtud de que hay muchos distritos impugnados, si se detienen 23 constancias de mayoría de presuntos triunfadores priistas, por encima de las constancias de la oposición detenidas, podría suceder que el PRI llegara al Colegio Electoral con mayoría relativa. 5.- Si esta situación se diera, la oposición en su conjunto, con mayoría absoluta en el Colegio Electoral, podría anular las elecciones en tantos distritos presuntamente ganados por el PRI, cuantos fueran necesarios para que, mientras se llevan a cabo las elecciones extraordinarias, el PRI quedara en minoría temporal durante la calificación de la elección presidencial. 6.- Una Cámara de Diputados con mayoría absoluta de la oposición puede declarar anuladas las elecciones presidenciales. Carlos Salinas de Gortari todavía puede perder las elecciones." Con 251 escaños, la situación hubiera sido tanto peor: insostenible.

Por último, y quizás menos importante: lograr la calificación presidencial con los votos de diputados "de segunda" o "de relleno" procedentes de la cláusula de gobernabilidad podía tensar en exceso la cuerda. Con la oposición en contra, la opinión pública enardecida y el escepticismo internacional desbordado, una declaración y calificación de triunfo votadas por diputados electos gracias a un mecanismo bizantino e incomprensible para el profano se antojaban riesgosas y criticables, aunque tal vez *peccata minuta* ante el riesgo de perder el poder. De allí la disyuntiva: con menos de 50% del voto, era imprescindible una negociación, por lo menos, con una parte de la oposición, y de todas maneras se dejarían plumas en el camino; con más del 50%, el asunto se facilitaría y el costo podría terminar siendo igual: manifestaciones, denuncias, descrédito, etcétera. Ésta fue, probablemente, la tesis más fuerte de los partidarios del 50%: el costo de ambas posturas era igual, pero el beneficio de irse por encima del 50% era muy superior al de mantenerse por debajo.

¿Con qué indicios contamos hoy sobre la magnitud del ajuste y sobre su autoría? ¿Qué respuesta podemos aportar a la dicotomía expuesta: fraude para ganar o fraude para abultar? Existen evidencias de fraude electoral —los costales de boletas de Guerrero, las inverosímiles tasas de participación electoral en Chiapas, las denuncias de "carruseles", "ratones locos", urnas rellenas, etcétera—, pero su total nunca pudo ser calculado de manera incontrovertible. Conocemos las estimaciones de casillas "zapato" o casi, es decir, aquéllas donde el PRI obtiene un porcentaje anormalmente elevado de la votación —entre 80 y 100%—, y las argumentaciones del Frente Democrático Nacional (sobre todo en el libro *Radiografía de un fraude*) sobre la distribución ilógica, incomprensible e injustificable, de la votación priista en las 55,000 casillas del país. Muchos hemos revisado también los extraños cálculos efectuados en los primeros días después de la elección, de los cuales se deriva que en un grupo de 43 distritos repartidos entre Baja California, Jalisco, Distrito Federal, Estado de México, Michoacán, Morelos y Sonora, el margen de victoria del PRI fue casi idéntico pero ligeramente inferior al número (anormalmente elevado) de votos anulados: una primera coincidencia inexplicable. Todos estos elementos apuntan con vigor y claridad hacia un triunfo de Cárdenas revertido por el fraude.

Sabemos igualmente que, a más de diez años de distancia, no ha sido posible encontrar pruebas —documentales, testimoniales, matemáticas o de cualquier otra índole— que demuestren a ciencia cierta que Salinas perdió y que Cárdenas ganó. No es posible desconocer que ni el PAN ni el FDN dispusieron de sistemas de acopio de datos eficientes y completos y, sobre todo, que nunca compaginaron sus datos para escudriñar juntos el mapa nacional en su conjunto, y no sólo cada partido por su lado. Por tanto, seguimos contando únicamente con dos tipos de razonamientos: los de fe —"creo que

Cárdenas ganó"; o bien, "creo que hubo fraude, pero que no alteró la correlación definitiva de fuerzas"— y los de inferencia, donde la conclusión lógica derivada de uno u otro raciocinio es un tipo de fraude u otro. Para cerrar este apéndice, vamos a revisar los argumentos más sólidos a favor de cada punto de vista.

En la ya citada versión oficiosa (*Elecciones a debate*) del salinismo triunfante —a esas alturas, menos inseguro con motivo de la elección de 1988— se lleva a cabo un ejercicio de "limpieza" electoral, a partir de las 55,000 actas de casilla entregadas, en las postrimerías del régimen, al Archivo General de la Nación. Como se recordará, los "paquetes electorales", es decir, el conjunto compuesto por las boletas marcadas, las no marcadas y las actas de escrutinio de cada casilla, fueron objeto de una gran reyerta en 1988 —el gobierno se negó a abrir los paquetes— y, luego de ser depositados en la Cámara de Diputados, fueron quemados gracias a una votación al alimón PRI-PAN (una más) en 1992. Pero se conservó una copia de cada acta, y la totalidad de las mismas fueron remitidas, en disquette y en "copia dura", al AGN en noviembre de 1994.

El ensayo principal de la recopilación citada da cuenta de diversos esquemas de "limpieza", esto es, de eliminación hipotética de los votos procedentes de casillas empañadas de una u otra manera: exceso de votación, ausencia de firmas de los representantes de casilla de la oposición, y diversas combinaciones de ambas características, incluyendo su impacto sobre los resultados de los adversarios del PRI. En una gama que va desde la "limpieza abrasiva" hasta el "desmaquillaje por casilla", los resultados reconstruidos de la elección oscilan desde un 41.7% del voto a favor de Salinas y un 36.6% para Cardenas (el caso menos favorable al PRI), hasta un 48% para Salinas y un 33% para Cárdenas (el más favorable para el partido oficial). De allí el analista concluye que bajo ninguna hipótesis resulta factible o demostrable la tesis cardenista de un triunfo del candidato del FDN; se deduce de su defensa la consumación de un fraude considerable, pero que sólo abultó el margen sin revertirlo. Este es el alegato más serio, más fundado y más honesto realizado por los simpatizantes de Salinas para demostrar que su "gallo" ganó en 1988, aunque puede haberse consumado un fraude descomunal (de hasta 9 puntos porcentuales), *ex ante* o *ex post*, por motivos intencionales, inerciales, o ambos.

Varias objeciones se han esgrimido ante este método: unas estrictamente técnicas, otras de índole lógico-política, que constituyen, a su vez, la prueba más convincente de la pretensión cardenista de victoria. En primer término, los analistas de las "actas perdidas" parten de una premisa sencilla, pero discutible: el fraude ocurrió en un universo determinable de casillas "sucias". Puede variar el tamaño de ese universo, según donde se fije el umbral de casilla "zapato": 90%, 80% o incluso 75% para el PRI, o según si se descalifica toda casilla carente de la firma de un partido de oposición, o de las firmas de ambos grandes bloques opositores. La magnitud del fraude cometido varía en función de la determinación del umbral, pero siempre se limita a elementos contenidos en el universo empañado. En otras palabras, los dos universos —el limpio y el sucio— son considerados compartimentos estancos. Ahora bien, este procedimiento excluye por principio la adulteración de resultados en el universo "limpio", es decir, allí donde el PRI obtuvo, por ejemplo, 50% del voto, y donde aparece la firma de ambos partidos de oposición en el acta disponible en el Archivo General de la Nación. Ello prescinde de dos elementos esenciales que caben perfectamente en el universo "limpio": un posible agregado fraudulento de votos para el PRI de 10%, es decir, de 40 a 50% en casillas "no zapato", por ejemplo; y firmas de la oposición falsificadas, ya sea en el instante mismo del conteo, ya sea días después, o compradas por vía de soborno el día de la elección.

De haberse producido masivamente este tipo de chanchullo, no aparecería en el ejercicio de "limpieza": una casilla donde el PRI pasó de 40% a 50% no es "zapato", y una casilla cuya acta presenta firmas formales de la oposición, aunque hayan sido falsificadas o compradas, no pertenence al universo sucio, pero en los dos casos el PRI se adjudica una cantidad considerable de votos adicionales y fraudulentos. Votaron en total, aproximadamente, 20 millones de mexicanos en 55,000 casillas; esto es, 363 por casilla en promedio. Pero en realidad la distribución fue sumamente dispareja; en unas casillas votaron hasta mil "ciudadanos", reales o ficticios, mientras que en otras sufragaron apenas doscientos. Por ello, un promedio de 50 votos espurios por casilla manipulada perteneciente al universo "limpio" constituiría un cálculo conservador. De haberse consumado este ajuste electoral durante los días posteriores a los comicios en un número suficiente de casillas, digamos en 20,000, el PRI habría obtenido un excedente artificial de votación de un millón de sufragios en el universo "limpio", además de la "ayuda" estimada en el universo "sucio".

Un millón de votos equivalió a entre 4 y 5 puntos porcentuales, dependiendo del total estimado de votantes. Si aceptamos la hipótesis intermedia de *Elecciones a debate*, es decir 44% para Salinas y 35% para Cárdenas en el universo "limpio", y le restamos 5% a Salinas y se los añadimos a Cárdenas para incorporar el fraude en ese mismo universo, terminamos con un resultado de 40% para el opositor y 39% para Salinas. La aritmética de la historia oficiosa salinista, aunada a un cálculo conservador de manoseo del universo "limpio", arroja un minúsculo margen de victoria cardenista, pero de victoria al fin. Todo ello no demuestra, de ninguna manera, que así haya sucedido, pero sugiere indiscutiblemente que, más allá del fraude en el "universo sucio", era posible revertir el resultado de la elección con una operación de ajuste audaz y ambiciosa —y sin embargo factible— en el universo "limpio". He aquí el primer argumento fuerte, consistente, a favor de la tesis del "fraude para ganar".

La única forma irrecusable de detectar este fraude *a posteriori* hubiera consistido en cotejar, paquete por paquete electoral, las boletas de votación con las actas de escrutinio; debido a la incineración de los paquetes, y en particular de las boletas, esa técnica periclitó. Por ello, el segundo argumento en apoyo a la citada tesis del fraude para ganar reside justamente en la imposibilidad de llevar a cabo esta verificación. El mero hecho de incinerar los paquetes por razones puramente burocráticas pone en tela de juicio todo el andamiaje conceptual del salinismo.

Una alternativa —imperfecta y no concluyente, quizá— radica en examinar minuciosamente las actas del "universo limpio" buscando anomalías: firmas falsificadas y reconocibles como tales por su recurrencia, por la escritura o caligrafía uniforme y repetida, aberraciones estadísticas, etcétera. Este ejercicio es realizable con las actas depositadas en el Archivo General de la Nación, pero aparentemente nadie se ha propuesto ejecutarlo. El AGN no lleva un registro de qué documentos consultan los investigadores; al cabo de varios intentos infructuosos, fue imposible determinar si las actas habían sido mostradas a otros investigadores y, en caso afirmativo, a quiénes y cuándo. Todo indica que no se ha efectuado investigación caligráfica, radiográfica o estadística de las actas "limpias"; los recursos, la voluntad y la pericia para ello no han coincidido en un sujeto particular o institucional deseoso de llevarla a cabo.

No obstante, una revisión sumaria y apresurada de las actas (limitada a un centenar de documentos) sugiere varias ideas, tentativas y parciales, pero interesantes. Sin poner gran empeño, surgieron casi de inmediato actas que corresponden al retrato hablado del fraude "limpio" o, si se prefiere una metáfora distinta, actas que navegan por debajo del radar tradicional de la oposición. Por ejemplo, en el séptimo distrito de Guanajuato, con cabecera en Acámbaro, en las casillas 37, 41, 41 A, y 41 C, las firmas de los partidos de oposición son idénticas (aparecen bajo la insignia del PAN, del PMS y del PFCRN) y los márgenes a favor del candidato priista son pequeños (123 contra 60; 77 contra 53, por ejemplo). Asimismo, en el primer distrito de Coahuila, con sede en Saltillo, en las casillas 3, 9, 10 y 11, las firmas de los representantes del PAN, PPS, PDM, PFCRN y PARM son todas idénticas, y de nuevo las sumas a favor del PRI son significativas, pero no apabullantes (incluso, en las casillas 10 y 11 el voto total por Cárdenas supera al del PRI, aunque en la 11 las cifras aparecen claramente alteradas). Así, estas casillas califican doblemente como "limpias", y sin embargo no resisten una mirada superficial, sin hablar de pruebas caligráficas o de radiografía de los originales. De poner en práctica una pesquisa de esta índole con las más de 30,000 casillas del universo "limpio", y de contar con los recursos humanos, técnicos y pecuniarios pertinentes, tal vez emergería por fin la verdad de la confusión y manipulación de 1988.

El último elemento que aboga por la veracidad del fraude de la victoria, susceptible de ser sumado a los ya mencionados, consiste en una versión endeble, borrosa, imposible de corroborar por ahora, y sin embargo fascinante, sobre los pasos seguidos por una parte del equipo de Salinas en los días inmediatamente posteriores a las elecciones. El problema planteado para los salinistas, suponiendo una voluntad de modificar el resultado, y con independencia de si dicha modificación aconteció para abultar el margen o para revertir la elección, era de naturaleza matemática y técnica. El problema técnico era de tiempo y potencia de computación: correr el programa necesario para resolver el problema, en la única computadora disponible —la UNYSIS de Bucareli— y en un tiempo razonable, exigía un *software* cuya confección se transformó en un desafío considerable.

En términos matemáticos, el algoritmo era fácil de construir, pero el tamaño de la matriz era apabullante. El dilema matemático había sido resuelto, años antes, por economistas dedicados a solucionar complicaciones típicas de contabilidad nacional. En efecto, desde la invención de las matrices insumo-producto por Wassily Leontieff, surgió un reto para las oficinas de estadística de gobiernos de todo el mundo: cómo construir una matriz entre periodos censales, o cómo elaborar una matriz nacional de insumo-producto sin levantar un censo entero. La pregunta técnica consistía en cómo invertir una matriz, o llenar las celdas vacías, disponiendo de algunas celdas llenas e inamovibles: datos de insumo del censo anterior, datos nuevos de medio periodo, y el resultado de la matriz, en la celda inferior derecha.

En términos electorales, el problema era idéntico. La matriz contenía unas 550,000 celdas (diez por resultados electorales, de un lado; cincuenta y cinco mil del otro, por el número de casillas, suponiendo una alteración exclusiva de la elección presidencial), y las cifras de algunas celdas eran inamovibles. Habría cuatro restricciones de índole política: no tocar las casillas perfectas, es decir, de alta votación priista y no impugnadas; dejar intactas las cifras ya anunciadas por el propio PRI, sucias o limpias; no descuadrar todo, al estilo de José Francisco Ruiz Massieu en Guerrero; y finalmente no mover las cifras correspondientes a casillas donde efectivamente comparecieron todos los partidos. El resultado (la celda inferior derecha) estaba dado —el 50% y fracción, impuesto finalmente por Córdoba, Chirinos y la vieja guardia del PRI—; la tarea consistía en cambiar los resultados en las demás casillas/celdas para cuadrar la cuenta, sin rebasar los topes impuestos por la realidad (número de empadronados por casilla, etcétera).

Cuentan que uno o dos integrantes del equipo de encuestadores de Carlos Salinas, y/o de su entorno amistoso inmediato, viajaron en los días inmediatamente posteriores al 6 de julio para entrevistarse con los autores ingleses del método RAS de cálculo de matrices biproporcionales, para conseguir su ayuda en el diseño de un programa que permitiera realizar las operaciones necesarias en el tiempo disponible. Con una salvedad adicional: era preciso poder correr el programa varias veces, porque resultaba indispensable incorporarle consideraciones políticas a la luz de los datos arrojados para ciertas celdas: el PRI no podía lograr 300 votos en la casilla 3A del cuarto distrito de Veracruz, por ejemplo, porque se ubicaba en un barrio de decenal lealtad panista. Regresan los viajeros a México, conforman un equipo compuesto por tres o cuatro operadores de las máquinas de Gobernación —presentes la noche de las elecciones, conocedores del funcionamiento técnico— y un número equivalente de expertos políticos del PRI, peritos galardonados en la cartografía electoral del país.

Muy pronto resuelven el problema político y técnico, y para la tercera semana de julio disponen de una matriz completa; ya saben cuántos votos debe haber alcanzado el PRI en cada casilla, de cada distrito, para sumar 50% plus del total, y sin violentar los cuatro criterios anteriormente mencionados. Proceden a ordenar en consecuencia las actas y los paquetes electorales, y a operar ya en la Cámara de Diputados. Las implicaciones para las actas se asemejan a las que ya entrevimos: si, a partir de la corrida del programa de la computadora, el PRI requiere de 50 votos más en la casilla 11 del primer distrito de Coahuila, se rehace el acta con actas vírgenes impresas por Talleres Gráficos de la Nación, agregando los 50 votos faltantes y adecuando la suma total, pero sin alterar los demás números, incluso permitiendo el triunfo de la oposición en la casilla. Se agregan también las firmas falsificadas de los opositores, para validar plenamente la nueva acta.

Una vez resuelto el asunto de los números, lo demás se reducía a un trámite político —formidable, sin duda— de convencimiento, presión y compra vil en el Colegio Electoral. Luis Donaldo y Manuel Camacho realizarán esta faena con eficiencia y una dosis indefectible de cinismo. Como recuerda Manuel Bartlett: "Yo terminé al mandar todo el trabajo de la CFE a la Cámara; el Colegio Electoral lo manejan Camacho y Guillermo Jiménez Morales." Camacho reconoce que él condujo la negociación en el Colegio Electoral; acepta que influyó sobre algunos diputados de oposición cuyos votos necesitaba; pero afirma tajante: "no metí las manos en los paquetes".

Habrá paquetes espléndidamente ordenados, como le confió Beatriz Paredes, gobernadora de Tlaxcala, a José Newman a propósito de los suyos: "Si hay que abrir paquetes, abran los míos; están bien." En estos casos, boletas y actas coinciden, ya que fue posible arreglar todo. Habrá paquetes sorpresa: los de los presuntos diputados del PRI que en sus respectivos distritos obtuvieron el aval de la oposición para con sus números, pero que al llegar al Colegio Electoral se percatarán de que en el acta colocada encima de las boletas figura un total de votos superior al tabulado en el Comité Distrital, provocando una impugnación opositora anteriormente inexistente. Dicen que este fue el caso, entre otros, de Orlando Arvizu en el tercer distrito del estado de Hidalgo.

No fue posible corroborar la leyenda en los plazos de ejecución de este trabajo. Las evidencias sugieren un grado serio de veracidad, pero no lo suficiente como para comprometerse con ella. Algunos colegas con quienes fue posible consultar sobre su verosimilitud objetaron, con mucho tino, que refleja un grado de sofisticación y frialdad excesivas para el caos propio de esos días. Tal vez, sugieren, la diligencia se perpetró a lo largo de muchos meses, o incluso años, más para propósitos de la historia (una limpieza a futuro) que del presente apremiante, inmediato, desesperante; constituye, por el momento, sólo un tercer argumento hipotético a favor de la tesis del fraude para ganar.

De todo ello se desprende una conclusión provisional, incierta e inevitablemente insatisfactoria. En mi opinión, no existen hoy en día suficientes elementos novedosos para cambiar la idea que cada quién albergaba en 1988 sobre la magnitud y el propósito del fraude electoral del 6 de julio de ese año. Los nuevos ingredientes tienden a respaldar la tesis del fraude para ganar; esto es, la tesis de la victoria de Cárdenas. Sin embargo, los pequeños trazos y síntomas descubiertos a título de hallazgo incidental en este trabajo me llevan a concluir que, de existir la disposición y los recursos para hacerlo, es perfectamente factible arribar a una conclusión definitiva y fundada de lo que aconteció durante aquel verano añorado y lejano de nuestro descontento. La responsabilidad de la ignorancia es de todos; nadie manifiesta una indomable voluntad de saber.

ÍNDICE ONOMÁSTICO

La herencia. Arqueología de la sucesión presidencial en México terminó de imprimirse en abril de 1999, en Litográfica Ingramex, S.A de C.V. Centeno 162, Col. Granjas Esmeralda, C.P. 09810, México, D.F. Tipografía y preprensa digital realizadas por Ediciones de Buena Tinta S.A. de C.V. La edición estuvo al cuidado de Marisol Schulz, Ulises Martínez, Rafael Luna, Josefina Jiménez, Diego Mejía, Rafael Serrano y Ramón Córdoba.